MANUSCRITS ORIENTAUX.

CATALOGUES

DES

MANUSCRITS HÉBREUX

ET SAMARITAINS

DE LA BIBLIOTHÈQUE IMPÉRIALE.

1re Série.

IMPRIMERIE IMPÉRIALE. — 1866.

A SON EXCELLENCE

LE MINISTRE DE L'INSTRUCTION PUBLIQUE.

MONSIEUR LE MINISTRE,

J'ai l'honneur de soumettre à Votre Excellence les Catalogues de nos manuscrits hébreux et samaritains, premier fascicule imprimé des Catalogues des manuscrits orientaux conservés à la Bibliothèque impériale.

Ces catalogues ne devant être rédigés que successivement, devant former chacun un travail tout à fait distinct et presque toujours l'œuvre d'un orientaliste qui n'aura pas pris part à la rédaction des autres catalogues, un rapport spécial en tête de chaque série m'a paru devoir, mieux qu'un rapport général, mettre Votre Excellence à même de bien juger de l'importance du fonds catalogué, lui faire connaître l'histoire de sa formation et apprécier ce qui est dû de gratitude au savant qui en a fait les notices.

La collection qui forme la première et de beaucoup la plus considérable partie de ce fascicule est dans ce Catalogue, comme dans celui de 1739, comprise sous le titre général de *Manuscrits hébreux*, bien qu'elle embrasse en même temps des manuscrits chaldéens écrits en caractères hébreux; de même on trouvera dans le Catalogue du fonds syriaque un certain nombre de manuscrits en caractères syriaques, mais en langue chaldéenne. Dans cette première série, aujourd'hui imprimée, figurent également quelques manuscrits en langues arabe, persane et même allemande, tous écrits en caractères hébreux.

En s'appuyant sans doute sur un texte mal interprété, Sauval a voulu faire remonter l'origine du fonds hébreu de la Bibliothèque impériale au temps de Charles VI, et l'a donné comme étant, dans son principe, un produit de confiscations opérées sur les juifs en 1397. Il serait difficile d'établir quel fut le sort de ces livres confisqués, s'ils ne furent pas rendus plus tard aux Israélites sur lesquels ils avaient été saisis, s'ils ne devinrent pas l'objet de dons royaux, ou quelle autre voie ils prirent; ce qui est constant c'est que, dans un inventaire de la Bibliothèque de Blois réunie à celle de Fontainebleau, en 1544, sous le règne de François Ier, on trouve mentionnés trois volumes seulement en langue hébraïque. On doit penser qu'en outre, parmi les manuscrits orientaux, au nombre de quarante à peu près, rapportés de l'Orient par les savants que François Ier y envoya en mission, se trouvaient un certain nombre de manuscrits hébreux; toujours est-il que l'ancien fonds ne comprend rien d'antérieur à trente manuscrits hébreux revêtus, sous le règne de Henri II, de la riche reliure de ce monarque.

En 1599, la Bibliothèque de Catherine de Médicis ayant été réunie à celle du roi, le fonds hébreu fut ainsi augmenté d'une vingtaine de volumes. Il est impossible de préciser, de soupçonner même quels sont ces volumes; tout ce qu'on sait, c'est qu'ils provenaient du cardinal Gilles de Viterbe.

Après cette époque, un siècle presque entier s'écoula sans que la Collection des manuscrits hébreux reçût un accroissement notable. Tout se borna à quelques volumes, venant les uns de Hurault de Boistaillé, les autres du cardinal de Richelieu; c'est ce qu'établissent le Catalogue de la Bibliothèque du roi dressé sous le règne de Louis XIII, par Rigault, et le Catalogue de 1645, rédigé par les frères Dupuy.

Par un arrêt rendu en son Conseil, le 12 janvier 1668, Louis XIV ordonna un échange de livres imprimés et manuscrits entre la Bibliothèque du collége Mazarin et la Bibliothèque du roi, par suite duquel cent deux manuscrits hébreux entrèrent dans ce dernier établissement.

A peu près à la même date fut acquise pour la Bibliothèque la belle collection de manuscrits orientaux de Gilbert Gaulmin, doyen des maîtres des requêtes. Dans le nombre on comptait cent vingt-sept manuscrits en langue hébraïque.

A la suite de ces deux entrées considérables, on fut sans doute amené à penser que le fonds pouvait être regardé comme ayant atteint ses dernières limites, car un des savants auxquels Colbert avait donné mission de rechercher dans le Levant les acquisitions qui pourraient être faites pour le roi, de Monceaux, reçut comme mandat de poursuivre les meilleurs manuscrits anciens en grec, en arabe, en persan et autres langues orientales, excepté en hébreu, « parce que, disaient les instructions, on en avait suffisamment. »

Néanmoins, en 1700, le fonds hébreu s'accrut de quatorze manuscrits provenant de la bibliothèque de l'archevêque de Reims; en 1712, de douze autres faisant partie de la collection orientale de Melchisedec Thevenot. Mais, c'est en 1732 que, par suite de l'acquisition si importante de la collection des manuscrits de Colbert, où se trouvaient six cent quarante-cinq manuscrits dans les différentes langues de l'Orient, le fonds hébreu reçut son accroissement le plus marqué par l'adjonction de cent soixante et onze manuscrits hébreux qui en faisaient partie et surpassaient, par leur nombre et par leur valeur, chacune des acquisitions précédentes. Quand j'aurai mentionné encore quelques manuscrits provenant de Philibert de La Mare et d'Emery Bigot, j'en aurai fini, Monsieur le Ministre, avec l'ancien fonds, et je l'aurai conduit jusqu'à l'époque où en fut publié le catalogue (1739); comprenant alors cinq cent seize numéros.

De toutes les bibliothèques ayant appartenu à des établissements religieux ou à des particuliers qui, à la Révolution, entrèrent à la Bibliothèque nationale, trois seulement renfermaient des manuscrits hébreux : celle de l'Oratoire, celle de la Sorbonne et celle de l'Abbaye

Saint-Germain-des-Prés. La première en contenait deux cent sept, tous précieux par leur rareté et leur choix, provenant en grande partie de Constantinople, et notamment de la bibliothèque de Caleb Afendopoulo, savant caraïte du xve siècle. Le fonds hébreu de la Sorbonne comprenait deux cent cinquante-huit volumes, tous reliés aux armes du cardinal de Richelieu, et celui de Saint-Germain, trente-quatre volumes.

Outre ces accroissements considérables et simultanés, le fonds dont j'entretiens Votre Excellence a été encore augmenté, toujours depuis l'impression de l'ancien catalogue, de cent quarante-huit manuscrits provenant, soit d'acquisitions partielles ; — soit de volumes trouvés dans des fonds où la distinction des différentes langues n'avait pas été établie ; — soit encore des versements opérés à la Bibliothèque impériale par les bibliothèques de Sainte-Geneviève et de l'Arsenal, en vertu de l'arrêté de Son Excellence votre prédécesseur, Monsieur le Ministre, en date du 15 novembre 1860 ; — soit enfin de l'échange ordonné par S. Exc. le Ministre d'État, par arrêté du 19 avril 1862, entre la Bibliothèque et les Archives de l'Empire [1].

Aujourd'hui notre fonds hébreu, au lieu de cinq cent seize numéros en 1739, en comprend treize cent treize.

Pour vous permettre, Monsieur le Ministre, d'apprécier notre situation relative, je vais avoir l'honneur de mettre sous les yeux de Votre Excellence celle des différentes bibliothèques de l'Europe, telle que l'établissent leurs derniers catalogues.

La Bibliothèque de Rossi, à Parme, aujourd'hui Bibliothèque royale, renfermait, d'après le catalogue publié par Rossi, en 1813, treize cent soixante et dix-sept manuscrits hébreux;

La Bibliothèque du Vatican, d'après le catalogue publié par Assemani en 1756, cinq cent douze;

La Bibliothèque bodléienne d'Oxford cinq cents, d'après le catalogue publié par Uri en 1787, époque depuis laquelle son fonds s'est considérablement enrichi, mais sans qu'un catalogue nouveau soit venu donner la mesure de ses accroissements;

La Bibliothèque royale de Turin, d'après les catalogues publiés en 1749 par Pasini, en 1820 par Peyron, comptait, à cette dernière date, deux cent quarante-neuf manuscrits hébreux;

La Bibliothèque impériale de Vienne, d'après les catalogues publiés en 1847 et 1851, deux cent trente-cinq;

La Bibliothèque des Médicis à Florence, d'après le catalogue publié par Biscioni (1752-1757), deux cent vingt et un;

La Bibliothèque de Leyde, d'après son catalogue mis au jour en 1858, cent quatorze;

La Bibliothèque royale de Copenhague, suivant son catalogue imprimé en 1846, quarante-six manuscrits;

[1] Les manuscrits entrés à la Bibliothèque par suite de cet échange sont fort anciens et paraissent devoir être ceux dont Gérard de Montaigu parle, au temps de Charles V, dans son Inventaire du Trésor des Chartes, et qu'on suppose avoir été confisqués sur les juifs par ordre de Philippe le Bel.

Enfin la Bibliothèque du Sénat à Leipzig, dont le catalogue a été publié en 1838, quarante-trois.

Le *British Museum* et les autres établissements de l'Europe n'ont publié aucun catalogue de leurs manuscrits hébreux. Ceux du premier de ces grands dépôts ne dépassaient pas, il y a un temps assez court, le chiffre de cinquante volumes.

Pour en finir tout de suite, Monsieur le Ministre, avec la statistique, j'ajouterai que notre fonds samaritain, au Catalogue duquel deux pages se trouvent suffire, qui se bornait à six manuscrits en 1739 et qui n'en comprend encore aujourd'hui que onze, n'en passe pas moins, si peu nombreuse que soit cette collection, pour le plus riche de l'Europe jusqu'à présent. Les Bibliothèques d'Oxford, de Londres, de Gotha, de Rome, et autres, ne contiennent que quelques manuscrits isolés. Toutefois, la Bibliothèque impériale de Saint-Pétersbourg se serait, dit-on, trouvée à même, assez récemment, d'acquérir, grâce aux ressources considérables dont elle dispose, un certain nombre de ces si rares manuscrits.

Le premier travail systématique de description des manuscrits hébreux de la Bibliothèque remonte au XVIIe siècle et fut entrepris par un orientaliste nommé Adolphe, dont la plupart des bulletins se trouvent collés en tête des volumes. En 1689, l'Israélite converti et baptisé sous le nom de Louis de Compiègne, qui était en relations avec Bossuet, fut chargé de rédiger un catalogue régulier de ce fonds. Son travail, revu et corrigé par l'abbé Renaudot, et qui figure sous le n° 1296, p. 233 du Catalogue ci-après imprimé, servit de base au Catalogue de 1739. Peu après cette publication, l'administration de la Bibliothèque en reconnut l'insuffisance, et s'adressa à un Israélite du comtat Venaissin, nommé Bernard Devalabrègue, qui soumit les manuscrits à un nouvel examen. La plupart de ses bulletins se trouvent également en tête des volumes.

Quant aux fonds des établissements religieux, il n'y avait que celui de l'Oratoire qui, avant son entrée à la Bibliothèque, eût été l'objet d'une description satisfaisante (voir ci-après, p. 232, n° 1295). Les descriptions, quoique très-brèves, sont dignes de leur auteur, Richard Simon.

Quand je fus appelé, Monsieur le Ministre, par le Prince président, à la direction des Catalogues de la Bibliothèque, en 1852, je trouvai M. Munk chargé du catalogue du fonds hébreu, pour la rédaction duquel ce savant était, par ses travaux, tout naturellement désigné. Malheureusement, dès cette époque, M. Munk était menacé par la cécité qui peu après est venue cruellement l'atteindre, et force lui fut de renoncer à continuer son travail, étendu au delà des proportions du cadre d'un catalogue pour un certain nombre de manuscrits de l'Oratoire, sommaire pour d'autres manuscrits du même fonds, du fonds de la Sorbonne et pour les cent quinze premiers numéros anciens du Supplément. (Voir ci-après, p. 233, n°s 1298 et 1299.)

Je m'adressai alors à M. Derenbourg, hébraïsant justement renommé, qui me fit espérer que le travail entrepris pourrait être par lui promptement complété et mené à fin. Malheureusement, d'autres travaux dont il s'était précédemment chargé, les devoirs de la fonction qu'il remplit à la section orientale de l'Imprimerie impériale, et des affaires personnelles le mirent dans l'impossibilité de réaliser cette promesse. M. Ad. Franck, de l'Institut et de la Bibliothèque impériale, voulut bien m'offrir de nous venir en aide, et y vint en effet avec beaucoup de dévouement et de savoir; mais je fus bientôt amené à reconnaître qu'après une attente qui remontait à douze années, pour compléter ces travaux, faits par plusieurs personnes, pour les refondre, pour leur donner de l'unité, pour soumettre à une forme homogène et aux justes proportions d'un travail bibliographique des bulletins, trop développés ou trop courts, dus à divers rédacteurs, pour ajouter aux notices l'âge des manuscrits et d'autres détails descriptifs qui manquaient à la plupart, enfin, pour diriger et surveiller une impression absorbante et impérieuse, il fallait tout le temps et les efforts d'un jeune et laborieux orientaliste. M. Zotenberg, déjà attaché comme auxiliaire à notre section des manuscrits orientaux, fut chargé de cette tâche difficile. Je ne saurais trop vous signaler, Monsieur le Ministre, son zèle éclairé, son intelligence active; grâce à lui, ce travail est arrivé à son terme et peut enfin voir le jour. Pour que la part de chacun soit aisément distinguée et reconnue, j'ai fait relier, sous les n°s 1298 à 1307 du Catalogue ci-après, toutes les notices manuscrites de MM. Munk, Derenbourg et Franck, qui demeureront jointes, dans le département, au catalogue imprimé de ce fonds, et seront constamment tenues à la disposition du public. Par ce moyen, chacun se trouvera avoir l'honneur comme la responsabilité de sa part dans l'œuvre générale.

Le Catalogue des manuscrits samaritains est dû à M. Zotenberg seul.

Pour bien indiquer le plan qu'il s'est tracé dans l'un et l'autre catalogue, je ne crois pouvoir mieux faire que de reproduire ici la note dans laquelle il me l'a très-modestement exposé :

«Des travaux importants relatifs à la littérature hébraïque, publiés dans ces dernières années, notamment plusieurs catalogues d'autres bibliothèques publiques et privées, nous ont beaucoup facilité notre tâche. Ces ouvrages nous ont dispensé souvent de donner à nos descriptions des développements qui, autrefois, auraient été inévitables. Nous citerons notamment le Catalogue des livres hébreux imprimés de la Bibliothèque bodléienne d'Oxford, véritable encyclopédie de la littérature hébraïque, qui nous a été d'un précieux secours. Nous avons voulu que nos descriptions fussent toujours suffisantes pour constater l'identité d'un ouvrage. Pour les ouvrages qui ont été publiés et qui par conséquent sont connus, au lieu d'en donner la description, nous nous sommes contenté d'indiquer la date et le lieu de l'édition. Souvent le texte imprimé a été collationné avec celui du manuscrit, et nous avons indiqué les principales différences entre les deux textes.

« Quant à la distribution des manuscrits, nous avons maintenu en général celle du Catalogue de 1739. Cependant, nous avons entièrement abandonné le classement par ordre de formats, fondé uniquement sur un signe extérieur et d'appréciation variable et souvent arbitraire. Nous avons, dans chaque chapitre, distribué les ouvrages, autant que possible, dans leur ordre chronologique, ou au moins dans l'ordre chronologique de leurs auteurs. Nous avons indiqué, en outre, l'âge des manuscrits, soit en transcrivant la date qu'ils portent eux-mêmes, soit en déterminant leur âge approximatif d'après les signes paléographiques. Nous nous sommes abstenu d'assigner une date à ceux chez lesquels ces signes de reconnaissance ne nous ont pas paru assez déterminants. »

Je ne saurais terminer ce rapport, Monsieur le Ministre, sans dire à Votre Excellence ce que du reste elle soupçonne d'avance comme toute l'Europe savante, c'est que, bien que la langue hébraïque n'ait pas été l'objet des études spéciales de l'illustre savant préposé à la conservation des manuscrits orientaux de la Bibliothèque impériale, les lumières si étendues, la longue expérience de M. Reinaud, l'attention constante qu'il prête, depuis un demi-siècle bientôt, à tous les travaux, à toutes les publications sur les langues et les littératures de l'Orient, l'ont mis plus d'une fois à même de fournir à M. Zotenberg des renseignements bien précieux.

J'ai l'honneur d'être,

Monsieur le Ministre,

de Votre Excellence

le très-humble et très-respectueux serviteur,

L'Administrateur général,
Directeur de la Bibliothèque impériale,

J. TASCHEREAU.

Paris, le 27 avril 1866.

MANUSCRITS

DU

FONDS HÉBREU.

ANCIEN FONDS,

SUPPLÉMENT ET FONDS DIVERS.

I.

TEXTES ET TRADUCTIONS DE L'ÉCRITURE SAINTE.

1 à 3.

Bible, accompagnée de la Massore, et divisée en trois volumes, renfermant : tome I, le Pentateuque; tome II, les livres de Josué, des Juges, de Samuel, des Rois, et les trois grands Prophètes; tome III, les douze petits Prophètes et les Hagiographes. L'écriture a le type allemand, et une note du copiste, Isaac, fils de Jacob, placée à la fin du tome III, nous apprend que cette Bible a été achevée le 24 cloul de l'an 5046 (1286 de J. C.).

3 vol. Vélin. Gr. — (Supplément 5.)

4.

Bible, accompagnée de la Massore, d'une écriture allemande. D'après une note placée à la fin des Prophètes, cette copie, exécutée par Isaac, fils de Baroukh, aurait été achevée le mardi, 27 sivan de l'an 4046, qui correspondrait à l'an 286 de l'ère chrétienne. Mais il y a dans cette date deux erreurs manifestes, l'une relative à l'année, et l'autre relative au jour. Au lieu de ארבעה אלפים (4000), il est évident qu'il faut lire חמשת אלפים (5000); et au 27 sivan, qui, dans le calendrier rabbinique, ne peut jamais coïncider avec un mardi, il faut substituer le 27 iyyar. Cette observation est confirmée par les mots פרשת במדבר, qui suivent l'indication du jour de la semaine; car, dans la division adoptée par la Synagogue pour la lecture du Pentateuque, la section de Bammidbar, ou le commencement du livre des Nombres, ne tombe jamais que dans la dernière semaine du mois d'iyyar. Ce ms. aurait donc été terminé le 27 iyyar 5046 (1286 de J. C.).

Vélin. Gr. — (Supplément 3.)

5 et 6.

Bible, accompagnée de la Massore, en deux volumes, renfermant : tome I, le Pentateuque, avec la paraphrase chaldaïque d'Onkelos, les cinq meguilloth, c'est-à-dire le Cantique des Cantiques, l'Ecclésiaste, les livres de Ruth et d'Esther, les Lamentations de Jérémie, et les haphtaroth ou les sections des Prophètes qu'on récite dans les synagogues; tome II, tous les autres livres de l'Ancien Testament, depuis Josué jusqu'à la fin des Paralipomènes. Cette Bible a été écrite l'an 5058 de la création, an 1298 de l'ère chrétienne, par Salomon Hak-Kohen. (Voyez tome I, fol. 253 v°; tome II, fol. 254 v°.) En tête du tome I on trouve, en caractères cursifs allemands, un traité des accents, rédigé par Salomon ou Zalman (זלמן).

2 vol. Vélin. Gr. — (Ancien fonds 6 et 7.)

7.

Bible, accompagnée de la Massore, et disposée dans l'ordre massorétique, à l'exception du Cantique des Cantiques, placé après le livre d'Esther. En tête du volume on trouve les variantes de Ben Ascher et de Ben Naphtali, diverses notes massorétiques, un abrégé de la chronologie des différents livres bibliques, des peintures représentant les différents vases sacrés du tabernacle de Moïse, enfin la table des haphtaroth. A la fin on rencontre d'autres notes massorétiques et un calendrier pour les années 5055 à 5301 (1295 à 1541 de J. C.). Cette copie, d'une belle écriture, a été achevée par Salomon, fils de Raphaël, dans un faubourg de Perpignan (במגרש פרפיניאן), le 8 sivan 5059 (1299 de J. C.).

Vélin. Moy. — (Oratoire 5.)

8 à 10.

Bible, avec la Massore, en trois volumes, renfermant: tome I, le Pentateuque, accompagné à chaque verset de la paraphrase d'Onkelos; tome II, les livres de Josué, des Juges, de Samuel, des Rois, les Prophètes, Ruth, les Psaumes et Job; tome III, le reste des Hagiographes. Le ms., d'un type allemand, a été exécuté par Scheniôr ou Seniôr, fils de Ḥayyim, pour R. Jacob, fils de R. Isaac, et achevé le jeudi 22 tammouz 5064 (1304 de J. C.).

3 vol. Vélin. Gr. — (Oratoire 2, 3 et 4.)

11 et 12.

Bible, d'une belle écriture, mais un peu effacée, en deux volumes, renfermant:

Tome I, le Pentateuque, les livres de Josué, des Juges, de Samuel et des Rois. Le Pentateuque est séparé des autres livres par un traité intitulé: רמזי המצות «Indication des Préceptes». C'est une énumération sommaire des deux cent quarante-huit préceptes positifs (מצות עשה) et des trois cent soixante-cinq préceptes négatifs (מצות לא תעשה) contenus dans le Pentateuque, et dans l'ordre même dans lequel ils se présentent. On y a ajouté des renvois aux livre, titre et chapitre du משנה תורה de Maïmonide, ainsi qu'à la division et au chapitre du Talmud où chacune de ces lois est expliquée.

Tome II, les Prophètes et les Hagiographes, d'après l'ordre suivi par les Juifs espagnols, à l'exception des Chroniques, qui sont placées à la fin.

Les deux volumes portent des notes marginales massorétiques. Dans chaque page, trois lignes placées au-dessus et quatre autres tracées au-dessous du texte sont réservées à deux ouvrages de R. David Kimḥi:

1° ספר השרשים «Le Livre des Racines», dictionnaire hébreu, imprimé plusieurs fois.

2° עט סופר «La Plume du Scribe», recueil de prescriptions grammaticales et massorétiques, qui s'adressent aux personnes chargées de copier la Bible. Le texte de la Bible se trouvant épuisé avant que le copiste ait atteint la fin de «La Plume du Scribe», cet écrit est resté incomplet.

2 vol. Vélin. Moy. xive siècle. — (Ancien fonds 4 et 5.)

13 et 14.

Bible, accompagnée de la Massore, et divisée en deux volumes, renfermant: tome I, le Pentateuque, les Paralipomènes, les Psaumes, les Proverbes, Job, l'Ecclésiaste, Ruth, le Cantique des Cantiques, les Lamentations de Jérémie, Esther, Daniel, Ezra-Néhémie; tome II, les Prophètes. Les livres de Josué, des Juges, de Samuel et des Rois, complétement absents dans ce ms., ont dû former un volume à part. Cette copie paraît être du xiiie siècle. (Voyez Kennicott, «Dissertatio generalis», n°s 361 et 362.) A la fin du tome I se trouvent quelques notes massorétiques.

2 vol. Vélin. Gr. — (Oratoire 9 et 10.)

15.

Bible, accompagnée de notes massorétiques, et ornée au commencement d'une riche enluminure; d'une magnifique écriture du xive siècle. Les notes placées au bas des pages sont d'une date plus récente. Au commencement et à la fin se trouvent les variantes du Pentateuque de Ben Ascher et de Ben Naphtali, et diverses notes massorétiques.

Vélin. Moy. — (Ancien fonds 3.)

16.

Bible, accompagnée de la Massore. Les caractères sont d'une belle écriture allemande, qui paraît remonter au xiiie siècle. Le commencement, jusqu'au 20e verset du chapitre xii de Josué, et le dernier feuillet, contenant la fin des Paralipomènes, manquent.

Vélin. Gr. — (Ancien fonds 16.)

17 et 18.

Bible, en deux volumes, accompagnée de la Massore et des paraphrases chaldaïques: celle d'Onkelos pour le Pentateuque, celle de Jonathan pour les livres de Josué, des Juges, de Samuel, des Rois, et les Prophètes, et, pour les Hagiographes, les Targoumim ou paraphrases de divers auteurs. A la suite du livre d'Esther on lit le songe et la prière de Mardochée et d'Esther, en chaldéen. C'est un fragment compris dans les livres apocryphes, qui se trouve aussi dans quelques mss. du Targoum, et qui a été publié par de Rossi, «Specimen variar. lection.», page 138. L'ordre dans lequel les livres de l'Ancien Testament se suivent dans cette Bible diffère complétement de celui qui est adopté ailleurs. Le tome I renferme le Pentateuque, Job, les Proverbes, les cinq meguilloth, en commençant par Ruth, les Psaumes, Daniel, Esdras-Néhémie et les Chroniques. Dans le tome II, contenant les livres de Josué, des Juges, de Samuel, des Rois, et les Prophètes, on voit le livre d'Ézéchiel précéder celui d'Isaïe. Le ms. est d'une belle écriture allemande, et on lit, dans une note placée à la fin de chaque volume, que la révision en a été faite à Mantoue, dans l'année 5272 (1512 de J. C.). Les deux volumes sont magnifiquement reliés et ornés de riches fermoirs. Il y a dans le fonds italien de la Bibliothèque impériale, sous le numéro d'entrée 1123, un ms. entièrement consacré à la description de cette Bible.

2 vol. Vélin. Gr. — (Supplément 6.)

19.

Bible, d'une bonne écriture allemande, portant sur les marges les deux Massores. L'ordre des Hagiographes est celui qui est prescrit par le Talmud dans le traité «Baba bathra», page 14 v°. On commence par le livre de Ruth, puis viennent successivement les Psaumes, Job, les Proverbes, l'Ecclésiaste, le Cantique des Cantiques, les Lamentations de Jérémie. Le livre de Daniel précède celui d'Esther; les autres gardent leur place accoutumée. A la suite du Pentateuque on trouve la liste des haphtaroth.

Vélin. Gr. XIIIe siècle. — (Ancien fonds 2.)

20.

Bible, accompagnée de la Massore. Le ms., d'une belle écriture espagnole, est de la main de Josué Ben Abraham Ben Gaon, et a été écrit l'an 5061 (1301 de J. C.). En tête se trouve un calendrier rabbinique pour treize cycles lunaires, en commençant par le cycle 266, ou par l'année 5036 (1276 de J. C.). A la suite du Pentateuque il y a quelques notes massorétiques. Les deux dernières pages renferment le livre d'Antiochus (מגלת אנטיוכס), ou l'Abrégé de l'histoire des Machabées, en langue chaldaïque.

Vélin. Moy. — (Supplément 1.)

21.

Bible, accompagnée de la Massore. Elle est de la main du même copiste que le n° précédent. En tête on trouve un calendrier pour quinze cycles lunaires, à commencer par le cycle 267, ou l'année 5055 (1295 de J. C.); mais il manque quelques feuillets au milieu de ce calendrier. Les dernières pages renferment un abrégé de cosmologie, où l'on établit des rapports entre les dix commandements et les dix sphères célestes. Entre les Chroniques et les Psaumes il y a un acte de vente du XIVe siècle, en portugais.

Vélin. Moy. — (Supplément 4.)

22.

Bible, accompagnée de la Massore. Les Hagiographes, dans l'ordre espagnol, suivent immédiatement le Pentateuque. Le ms., dont l'écriture a le type espagnol, est d'une époque incertaine. Quelques dates, inscrites par les propriétaires de ce volume, ont été évidemment falsifiées. Au commencement et à la fin il y a quelques notes massorétiques.

Vélin. Moy. XIIe ou XIIIe siècle. — (Oratoire 1.)

23.

Bible, accompagnée de la Massore, et disposée dans l'ordre donné par le Talmud dans le traité «Baba bathra», page 14 v°. L'écriture appartient au type espagnol.

Vélin. Moy. — (Oratoire 6.)

24.

Bible, accompagnée de la Massore, et écrite d'une main espagnole. L'ordre des Hagiographes est celui de la synagogue espagnole. Au commencement il y a diverses notes massorétiques.

Vélin. Moy. XIVe siècle. — (Oratoire 7.)

25.

Bible, accompagnée de la Massore. En tête du volume se trouvent la table des sections du Pentateuque (paraschoth), la table des sections prophétiques (haphtaroth) et la table des Psaumes. Puis viennent trois petites pièces de vers et quelques notes massorétiques. Quelques pièces de vers, dont l'une renferme le nom du copiste et la date du ms., terminent le volume. Le ms. a été exécuté par un certain Israël, l'an 4992 de la création (1232 de J. C.), pour «le seigneur Élisée» (השר אלישע); mais il a été achevé par un autre copiste à une époque plus récente. L'ordre des livres bibliques et l'écriture sont espagnols.

Vélin. Pet. — (Ancien fonds 27.)

26.

Bible, accompagnée de la Massore, et disposée selon l'ordre espagnol, avec cette exception que le livre de Job suit celui des Proverbes. Dans un petit poëme, placé en tête du volume, le copiste fait valoir l'exactitude rigoureuse qu'il a mise dans son travail. A la fin, on lit son nom, Ḥayyim, fils d'Israël. Le ms. a été exécuté à Tolède pour Moïse, fils de Joseph, en 5032 de la création (1272 de J. C.). Le volume finit par quelques notes massorétiques.

Vélin. Pet. — (Ancien fonds 26.)

27.

Bible, écrite en caractères cursifs, en grande partie dépourvue de points-voyelles, et accompagnée de quelques notes marginales, tirées de divers commentaires. Le ms. est de l'an 1295.

Vélin. Pet. — (Sorbonne 20.)

28.

Bible, accompagnée de la Massore. Le ms. a été achevé le 25 ab de l'année 5104 de la création (1344 de J. C.).

Vélin. Pet. — (Ancien fonds 28.)

29.

Bible, accompagnée de la Massore, et disposée selon l'ordre espagnol. Les deux premières pages sont occupées par des arabesques, formées avec des lettres qui représentent des portions de la Massore. Elles sont entourées de versets de la Bible ayant trait au patriarche Abraham, et qui sont autant d'allusions à un certain Abraham, fils de Moïse Hak-Kohen, dont le nom se trouve en tête de la seconde page, ainsi qu'à la fin du volume, et qui était le premier propriétaire du ms.

(Fol. 3 v°-13 v°.) Énumération sommaire des six cent treize préceptes, semblable à celle du n° 6. L'ordre suivi dans ce petit traité, imprimé à la fin de la Bible rabbinique de 1517, est attribué ici (fol. 3 v°) à Abraham Ben Ḥassan Hal-Levi. Les pages suivantes contiennent des miniatures avec le nom de Juda. A la fin du volume il y a un acte de vente avec cette fausse date, 4254 de la création, et quelques notes massorétiques. Il y a dans le corps du volume de riches miniatures.

Vélin. Pet. xve siècle. — (Ancien fonds 30.)

30.

Bible, accompagnée de la Massore. L'ordre des Hagiographes est l'ordre prescrit par le Talmud. Le ms. a été exécuté en 5117 de la création (1357 de J. C.) par Ruben, fils d'Abraham Hazzoref.

Vélin. Gr. — (Ancien fonds 1.)

31.

Bible, accompagnée de la Massore. Les Hagiographes sont disposés d'après l'ordre prescrit par le Talmud, à l'exception du Cantique des Cantiques, qui précède l'Ecclésiaste. Le volume commence par quatre feuillets ornés de miniatures, la table des haphtaroth et les variantes de Ben Ascher et Ben Naphtali. A la fin il y a une division particulière de la Bible et quelques notes massorétiques. Le ms. a été exécuté par Ḥayyim, fils de Saül, nommé Vidal Satori (סטורי), à Saragosse, en 5164 de la création (1404 de J. C.).

Vélin. Pet. — (Ancien fonds 31.)

32.

Bible. L'ordre des livres et l'écriture sont espagnols.

Vélin. Pet. xiie siècle. — (Ancien fonds 29.)

33.

Bible, suivie d'un livre de prières; le tout sans points-voyelles. Le Pentateuque est accompagné, verset par verset, de la paraphrase d'Onkelos. Le livre de prières contient plusieurs morceaux inédits. Deux acrostiches, placés en tête du volume et à la fin du Deutéronome, donnent le nom du copiste, Ḥayyim, fils de Meschoullam. Le commencement du livre de Josué et la fin du second livre des Chroniques, depuis le 16e verset du chapitre xxxi, manquent.

Vélin. Pet. — (Ancien fonds 53.)

34.

Le Pentateuque, les livres de Josué, des Juges, de Samuel et des Rois, accompagnés de la Massore. L'écriture a le type allemand. A la suite du Pentateuque on lit le nom d'Isaac, fils de Nathanael, et à la fin du volume le nom d'Aron, fils d'Éliézer. Il manque un feuillet au commencement.

Vélin. Pet. xive siècle. — (Ancien fonds 32.)

35.

Quelques fragments du livre des Nombres, puis les Psaumes, les Proverbes, Job, Daniel, Esdras, Néhémie et les Chroniques. Une note, placée à la suite de Néhémie, nous apprend que ce volume faisait partie d'une Bible entière, écrite par Isaac, fils d'Abigdor, pour R. Salomon, fils de Moïse, en 5044 de la création (1283-1284 de J. C.). L'écriture a le type espagnol.

Vélin. Gr. — (Ancien fonds 12.)

36.

Le Pentateuque, accompagné de la paraphrase chaldaïque d'Onkelos, et suivi des cinq meguilloth, des haphtaroth dans l'ordre espagnol, et du livre de Job. La paraphrase suit le texte verset par verset. Le tout est accompagné de la Massore. Le ms. a été écrit par un certain Joseph, fils de Benjamin Ẓebi, de Pontarlier (דפונטרליאה), et achevé le 12 tammouz 5060 (1300 de J. C.), à Poligny (פולני).

Vélin. Gr. — (Sorbonne 1.)

37.

Le Pentateuque, les cinq meguilloth et les haphtaroth, le tout accompagné du commentaire de Raschi. Le ms. est du type germanique. Une grande lacune, qui s'étendait du chapitre xxxiv, verset 11 de l'Exode, jusqu'au chapitre xxiii, verset 17 du livre des Nombres, a été remplie en partie par le fragment d'un autre ms. dont le texte est accompagné en outre, verset par verset, de la paraphrase d'Onkelos, et qui s'étend du chapitre xiv, verset 4 du Lévitique, jusqu'au chapitre iv, verset 23 du livre des Nombres.

Vélin. Gr. xiiie siècle. — (Supplément 81, St-Germain 1.)

38.

Le Pentateuque, accompagné de la Massore et en outre, verset par verset, de la paraphrase d'Onkelos, suivi des cinq meguilloth et des haphtaroth. Le ms. a été exécuté par Moïse, fils de Yehiel, et achevé le jeudi 4 ab de l'an 5063 (1303 de J. C.).

Vélin. Gr. — (Supplément 83, St-Germain 3.)

39.

Le Pentateuque, avec la paraphrase chaldaïque, suivi des cinq meguilloth, des haphtaroth, du livre de Job, du livre de Jérémie jusqu'au verset 6 du chapitre XXIII, et des chapitres XXXIV et XXXV d'Isaïe. Le tout est accompagné de la Massore. Le volume ne commence qu'au verset 25 du chapitre XLII de la Genèse.

Vélin. Gr. XIIIe siècle. — (Sorbonne 2.)

40.

Le Pentateuque, avec la paraphrase d'Onkelos, les cinq meguilloth et les haphtaroth dans l'ordre espagnol, une partie de ces dernières avec la paraphrase chaldaïque à chaque verset, le tout accompagné de notes massorétiques. Le premier feuillet manque. Le ms. est de 1335. Les deux derniers feuillets contiennent un acte de vente du ms., en hébreu, de l'an 1347, et un fragment de la Mischnah.

Vélin. Pet. — (Sorbonne 36.)

41.

Le Pentateuque, avec la paraphrase chaldaïque, suivi des cinq meguilloth et des haphtaroth.

Vélin. Gr. XIIIe siècle. — (Sorbonne 3.)

42.

1° Le Pentateuque, accompagné de la paraphrase d'Onkelos et du commentaire de Raschi, et suivi des haphtaroth, avec les Psaumes et les Proverbes sur les marges.

2° Le Livre de Ruth, avec le commentaire de R. Levi Ben Gerson.

3° Le Cantique des Cantiques, avec un double commentaire, l'un littéral, l'autre allégorique (נסתר), par R. Abraham Hal-Levi, fils d'Isaac.

4° L'Ecclésiaste, avec le commentaire de R. Levi Ben Gerson.

5° Le Livre d'Esther, avec le commentaire du même R. Levi.

6° Les Lamentations de Jérémie, avec le commentaire de Raschi.

7° Job, avec le commentaire de R. Levi Ben Gerson.

Ce ms., qui date des années 1473 et 1474 (voir à la fin de la Genèse et de l'Exode), se fait remarquer par des initiales ornées et par de jolis encadrements placés au commencement de chaque livre. Il manque le premier feuillet, qui ne renfermait que le premier mot de la Genèse (בראשית), probablement entouré d'ornements.

Vélin. Pet. — (Sorbonne 226.)

43.

Le Pentateuque, suivi des haphtaroth et des cinq meguilloth. Il y a quelques lacunes et transpositions de feuillets. A la fin se trouve le livre d'Antiochus (מגלת אנטיוכס), ou l'Abrégé des Machabées, en hébreu.

Vélin. Moy. — (Sorbonne 6.)

44.

Le Pentateuque, accompagné de la Massore et suivi des cinq meguilloth et des haphtaroth. Les haphtaroth des jours de fête sont suivies de leur paraphrase chaldaïque. Le nom du copiste a été effacé et remplacé par un autre. Un acte de cession du ms., de l'an 5149 de la création (1389 de J. C.), se trouve à la dernière page. L'écriture est espagnole.

Vélin. Gr. — (Supplément 122.)

45.

Le Pentateuque, accompagné, verset par verset, de la paraphrase chaldaïque, et suivi des cinq meguilloth et des haphtaroth. L'écriture se rapproche du type espagnol et semble appartenir au XIIIe siècle.

Vélin. Moy. — (Supplément 116.)

46.

Le Pentateuque, suivi des haphtaroth, des cinq meguilloth et du livre d'Antiochus. Les haphtaroth et les cinq meguilloth sont disposées d'après le rite de la synagogue espagnole. Ce ms. pouvait servir aux scribes de modèle pour les rouleaux des synagogues. On y a observé, entre autres, la règle des six lettres ביה שמו, dont chacune doit servir de tête de page dans les passages suivants du Pentateuque : 1° le 1er verset de la Genèse, commençant par le mot בראשית; 2° le verset 8, chap. XLIX de la Genèse, commençant par יהודה; 3° le verset 28, chapitre XIV de l'Exode, commençant par הבאים; 4° le verset 8, chapitre XVI du Lévitique, commençant par שני; 5° le verset 5, chapitre XXIV des Nombres, commençant par מה. L'écriture a le type espagnol.

Vélin. Moy. XIVe siècle. — (Ancien fonds 8.)

47.

Le Pentateuque, accompagné, sur les marges supérieures et inférieures, des haphtaroth, des cinq meguilloth et du livre d'Antiochus, ce dernier en langue chaldaïque. L'ordre des haphtaroth et l'écriture sont espagnols. Le commencement, jusqu'au 5e verset du chapitre XII de la Genèse, manque.

Vélin. Pet. XIVe siècle. — (Sorbonne 17.)

48 et 49.

Le Pentateuque, accompagné, verset par verset (à l'exception du verset 22 du chapitre XXXV de la Genèse), de la paraphrase d'ONKELOS et du commentaire de RASCHI, suivi des haphtaroth et des cinq meguilloth, également avec le commentaire de RASCHI. Le texte hébreu est reproduit à chaque page une seconde fois sans les points-voyelles. Le tome I contient la Genèse, l'Exode, Esther, le Cantique des Cantiques et l'Ecclésiaste; le tome II, le Lévitique, les Nombres, le Deutéronome, Ruth et les Lamentations de Jérémie. Pour les premiers chapitres de la Genèse, on trouve un commentaire insignifiant, travail d'un Allemand (on y voit un mot hébreu expliqué par un mot allemand). En tête du n° 48 se lit un acte de vente passé à Venise en 5242 (1482 de J. C.). Le premier mot de chaque livre est orné de miniatures.

2 vol. Vélin. Moy. XIIIe siècle. — (Ancien fonds 36 et 37.)

50.

Le Pentateuque, accompagné de la paraphrase d'ONKELOS et du commentaire de RASCHI, et suivi des haphtaroth et des cinq meguilloth, également accompagnées du commentaire de RASCHI. Autour des haphtaroth, sur les marges supérieures et inférieures, se trouvent les Psaumes. L'ordre des haphtaroth et l'écriture sont espagnols. La ponctuation du volume a été achevée le 27 iyyar 4256 (1496 de J. C.).

Vélin. Pet. — (Sorbonne 15.)

51.

Le Pentateuque, suivi des haphtaroth et des cinq meguilloth dans l'ordre espagnol. L'écriture a le type espagnol. Le commencement, jusqu'au chapitre XIV de la Genèse, et la fin, depuis le chapitre IV du livre d'Esther, manquent.

Vélin. Pet. XIVe siècle. — (Sorbonne 16.)

52.

Le Pentateuque, suivi des haphtaroth et des cinq meguilloth. L'écriture a le type allemand. Le copiste dit à la fin du Pentateuque qu'il a apporté dans son travail une exactitude qui le rend digne de servir de modèle aux exemplaires dont on se sert dans les synagogues. Il manque à la fin quelques feuillets des haphtaroth.

Vélin. Moy. XIVe siècle. — (Ancien fonds 9.)

53.

Le Pentateuque, accompagné de notes massorétiques, suivi des cinq meguilloth et des haphtaroth dans l'ordre espagnol. Sur les marges se trouvent de nombreuses miniatures. Le commencement, jusqu'au milieu du chapitre XIV de la Genèse, et plusieurs feuillets de la fin des haphtaroth, manquent. Il y a aussi quelques lacunes dans le corps du volume.

Vélin. Pet. XIVe siècle. — (Sorbonne 27.)

54.

Le Pentateuque, suivi des cinq meguilloth. Les vingt-quatre premiers chapitres de la Genèse sont accompagnés de la paraphrase chaldaïque. Le volume a été écrit par Samuel, fils de David, et achevé à Ancône, le 15 adar 5129 (1369 de J. C.).

Vélin. Pet. — (Sorbonne 28.)

55.

Le Pentateuque, accompagné, verset par verset, de la paraphrase d'ONKELOS et du commentaire de RASCHI, et suivi des haphtaroth, également accompagnées du commentaire de RASCHI.

Vélin. Pet. XVe siècle. — (Sorbonne 21.)

56.

Le Pentateuque, sans points-voyelles, à l'usage des synagogues. L'écriture est espagnole et paraît appartenir au XIIIe siècle.

Vélin. Gr. rouleau. — (Supplément 11.)

57.

Le Pentateuque, sans points-voyelles, à l'usage des synagogues. L'écriture est espagnole et semble un peu plus moderne que celle du numéro précédent.

Vélin. Rouleau. — (Supplément 12.)

58.

Le Pentateuque, sans les points-voyelles, à l'usage des synagogues. Les lettres ש ע ט נ ז ג ץ sont dépourvues des ornements ordinaires (תגין); mais les lettres ח et ל sont ornées d'une façon particulière.

Vélin. Gr. rouleau. XIVe siècle. — (Ancien fonds 22.)

59.

Le Pentateuque, sans les points-voyelles, à l'usage des synagogues. Les lettres ש ע ט נ ז ג ץ sont sans les ornements ordinaires. Quelques parties du ms. ont été remplacées par d'autres plus modernes.

Vélin. Gr. rouleau. XIVe siècle. — (Ancien fonds 23.)

60.

Le Pentateuque, sans les points-voyelles, à l'usage des synagogues. L'écriture se rapproche du type espagnol.

Vélin. Gr. rouleau. — (Ancien fonds 24.)

61.

Le Pentateuque. Le commencement, jusqu'au 36e verset du chapitre XIX de la Genèse, et la fin, depuis le 63e verset du chapitre XXVIII du Deutéronome, manquent.

Vélin. Pet. XIVe siècle. — (Sorbonne 26.)

62.

Le Pentateuque, d'une écriture presque cursive. La fin, depuis le 8e verset du chapitre XXIV du Deutéronome, manque.

Vélin. Pet. XIVe siècle. — (Sorbonne 23.)

63.

Le Pentateuque, en caractères rabbiniques, avec les points-voyelles. Le ms. porte la date du 14 tebeth 5086 (1326 de J. C.).

Vélin. Pet. — (Sorbonne 25.)

64.

Le Pentateuque. Texte composé de phrases tronquées. Ce texte étrange a dû être destiné à ceux qui voulaient apprendre à réciter le Pentateuque sur les exemplaires des synagogues. Les accents sont mis assez régulièrement, rarement les points-voyelles. Le volume commence ainsi : בשם יי אלהי ישראל · בראשית את השמים ואת : מרחפת ויקרא אלהים ולאור (*sic*) ויהי ערב ויהי בקר : ויאמר אלהים יהי רקיע. . .

Vélin. Pet. — (Supplément 115.)

65.

Le Pentateuque, avec des notes massorétiques marginales. Pour les alinéa et les espaces interlinéaires consacrés par la Massore (פתוחות וסתומות), on signale souvent la différence des opinions présentées dans le ספר תגי avec celles de Maïmonide, désigné par ces deux lettres, ר"ם. Au lieu de cette abréviation, on lit une fois (Deutéronome, XXX, 11) לרבינו משה «de ou à notre maître Moïse», en toutes lettres. Ce sont, en effet, les prescriptions de Moïse, fils de Maïmon ou Maïmonide, dans son Mischnah Thorah, הלכות תפילין, chapitre VIII, paragraphe 4, qui sont indiquées ainsi. Une observation de R. David Kimḥi se trouve citée dans une glose (Genèse, II, 23). D'après un acte de vente qui est placé à la fin du ms., la copie remonte pour le moins au XIVe siècle.

Vélin. Moy. — (Ancien fonds 11.)

66.

Le Pentateuque, accompagné de la Massore, d'une bonne et ancienne écriture espagnole. A la première page, le propriétaire du ms. a noté (en arabe, avec les caractères hébreux) un événement de famille, au mois d'eloul de l'an 1599 des contrats, date qui répond à 1287-1289 de l'ère chrétienne.

Vélin. Moy. — (Ancien fonds 10.)

67.

Le Pentateuque, accompagné en partie de notes marginales, tirées principalement du commentaire de R. Moïse Ben Naḥman. Le commencement et la fin sont d'une autre écriture que le reste. La fin n'a été écrite qu'au XVIe siècle.

Vélin. Moy. — (Sorbonne 24.)

68 et 69.

Le Pentateuque, accompagné de la paraphrase d'Onkelos et du commentaire de Raschi, en deux volumes, renfermant : tome I, la Genèse et l'Exode; tome II, le Lévitique, les Nombres et le Deutéronome. La ponctuation du tome II n'est pas terminée. Belle écriture espagnole du XIVe siècle.

2 vol. Vélin. Pet. — (Sorbonne 19.)

70 et 71.

Le Pentateuque, en hébreu, accompagné à chaque verset d'une version persane, écrite en caractères hébreux. Cette version, qui reproduit presque toujours littéralement la paraphrase chaldaïque d'Onkelos, est différente de la version imprimée dans la Polyglotte de Constantinople et dans le tome VI de la Polyglotte de Londres. (Voyez Munk, dans le tome IX de la Bible de J. Cahen, pag. 135 et suivantes.) L'écriture de ce ms. a un type particulier. La ponctuation est peu soignée. La version commence ainsi : באוולין אפריד כֿודאי מר אן אסמאן ומר אן זמין : ואן זמין בוד ויראן ותוהי ותאריכי אבר רוי תהום באד אז פִיש כודאי פרזנא אבר רוי אבהא : . . .

2 vol. Papier. Moy. — (Ancien fonds 34 et 35.)

72.

Les trois premiers livres du Pentateuque, accompagnés de notes massorétiques jusqu'au commencement de l'Exode. Les premiers chapitres de la Genèse seuls sont ponctués. La fin, depuis le 17e verset du chapitre XX du Lévitique, manque.

Vélin. Pet. — (Ancien fonds 33.)

73.

Les trois derniers livres de Moïse, accompagnés, verset par verset, de la paraphrase d'Onkelos, et suivis des haphtaroth de ces trois livres, du Cantique des Cantiques, de Ruth et des Lamentations de Jérémie; le tout accompagné du commentaire de Raschi.

Quelques notes massorétiques sont écrites à la marge. Le commentaire de Raschi renferme un grand nombre de variantes et finit par cette phrase : נלקח ארון האלהים קדש קדשים יועץ וחכם חרשים הרזים הרב הגדול רבינו שלמה בן הקדוש ר' יצחק הצרפתי ז"ל שנת ר' אלפים תתס"ח בכ"ט בתמוז ביום חמישי, ובן ס"ה שנה היה, ונהה נהי ונהיה, וסימן ובעוד ששים וחמש שנה יחת אפרים מעם, הקב"ה יקיים בו מקרא שכתוב והיתה נפש אדוני צרורה בצרור החיים את יי אמן (De Rossi, Cod. 175, et «Diz. stor.», I, 161.) L'écriture se rapproche du type espagnol.

Vélin. Gr. XIIIe siècle. — (Ancien fonds 13.)

74.

Feuillets provenant de reliures, contenant des fragments des Nombres, du Deutéronome (avec la paraphrase chaldaïque), du livre de Job et du rituel des prières (מחזור) à l'usage des synagogues allemandes. Il y a en outre quelques pièces en allemand sans valeur. Sur quelques feuillets on trouve le nom de la ville de Butzbach, avec différentes dates du XVIe et du XVIIe siècle.

Vélin et papier. Gr. — (Supplément 128.)

75.

1° La Paraphrase chaldaïque d'ONKELOS sur le Pentateuque, et de JONATHAN sur les livres de Josué, des Juges, de Samuel, des Rois et des Prophètes. Les versets 25 et 26 du chapitre XXXVIII et le verset 18 du chapitre XLIV de la Genèse sont donnés d'après la paraphrase d'Onkelos et d'après celle de Jérusalem. Il manque quelques feuillets au milieu de la Genèse.

2° (Fol. 300 v°.) תוספת תרגום לרני ושמחי «Paraphrase additionnelle pour la haphtarah rânî vesimḥi» (c'est-à-dire pour le sabbat de la fête de ḥanoukkah). C'est le texte chaldaïque du livre d'Antiochus.

3° (Fol. 302 v°.) ... צואת נפתלי בן יעקב «Testament de NAPHTALI, fils de Jacob ...», incomplet. (Voyez sur ce livre apocryphe, différent du livre publié par Fabricius «Cod. pseudoepigr.», tome I, et portant le même titre, Steinschneider, «Jewish Literature», page 281.)

Le ms., écrit en caractères rabbiniques avec les points-voyelles, porte en trois endroits différents des dates ajoutées après coup, qui ne s'accordent pas entre elles et dont aucune n'est exacte. Ce sont les années 3250, 3577 et 4035 de la création, qui répondent aux années 510, 183 avant et 275 après J. C. (Voyez les fol. 98 v°, 300 r° et 302 r°.)

Vélin. Moy. — (Ancien fonds 57.)

76.

La Paraphrase chaldaïque du Pentateuque d'ONKELOS, en caractères rabbiniques et avec les points-voyelles. Sur les marges se trouvent de nombreuses variantes. D'après une note placée à la fin, le ms. a été exécuté par Schêm tôb Baroukh, pour Salomon Matathyas, et achevé au mois de nisan 5164 (1404 de J. C.).

Vélin. Moy. — (Sorbonne 33.)

77.

La Paraphrase chaldaïque d'ONKELOS, en caractères rabbiniques sans les points-voyelles.

Vélin. Moy. — (Sorbonne 34.)

78.

La Paraphrase chaldaïque d'ONKELOS sur le Pentateuque. Belle et ancienne écriture rabbinique. Le commencement, jusqu'au verset 9 du chapitre XXX de la Genèse, et la fin, depuis le chapitre VI du Deutéronome, manquent.

Vélin. Moy. — (Provenant des Archives de l'Empire.)

79.

Le Pentateuque, en arabe, écrit en caractères hébreux. Cette version est, à quelques variantes près, la même que celle que renferme le commentaire de Yepheth (Supplément 32, etc.), et appartient sans doute à cet auteur. Elle avait, selon toute probabilité, chez les caraïtes, la même autorité que celle de Sa'adya chez les rabbinistes. En tête du volume il y a une préface incomplète. Il manque un feuillet dans l'Exode, chap. XXVIII, verset 20 jusqu'au verset 39.

Papier. Pet. — (Supplément 43.)

80.

Les livres de Josué, des Juges, de Samuel, des Rois, les Prophètes et les Hagiographes.

Vélin. Pet. XIIIe siècle. — (Sorbonne 254.)

81.

Les livres de Josué, des Juges, de Samuel, des Rois, et les Prophètes. Le ms. a été achevé, le dimanche 20 schebat 5072 (1312 de J. C.), par Benjamin, fils de Baroukh, à Corneto sur la Marta (בכרך קורניט היושבת על נהר מרטיו). L'écriture se rapproche du type espagnol.

Vélin. Gr. — (Sorbonne 4.)

82.

Les livres de Josué, des Juges, de Samuel, des Rois, et les Prophètes, accompagnés de la Massore, d'une très-belle écriture du type espagnol. On voit par une note du copiste placée à la fin du livre des Rois, et répétée à la fin du volume, que ce ms. faisait partie d'une Bible complète, exécutée par Moïse Kohen, fils de Salomon Kohen, pour le nasi Todros ou Théodore (טדרוס), fils du nasi Meïr Hal-Levi, et achevée à Burgos en 4967 (1207 de J. C.). Ce nasi Todros est sans doute le père du célèbre Meïr Levita, de Burgos, Aboulafia. (Voyez de Rossi, «Diz. stor. degli aut. ebr.», II, 45.)

Vélin. Moy. — (Oratoire 8.)

83.

Les livres de Josué, des Juges, de Samuel, des Rois, et les Prophètes. Belle écriture du XIIIe siècle.

Vélin. Moy. — (Sorbonne 5.)

84.

Les livres de Josué, des Juges, de Samuel, des Rois, et les Prophètes. Le dernier feuillet, contenant le nom du copiste et la date, est endommagé; il n'en est resté que les mots ...וחמשים לבריאת עולם « ... et cinquante de la création du monde».

Vélin. Moy. XIIIe siècle. — (Ancien fonds 15.)

85.

Les livres de Josué, des Juges, de Samuel, des Rois, et les Prophètes, accompagnés de la Massore.

Vélin. Pet. XIVe siècle. — (Supplément 2.)

86.

Les livres de Josué, des Juges, de Samuel, des Rois, et les Prophètes. Les livres de Josué et des Juges sont accompagnés du commentaire de RASCHI. L'écriture a le type allemand. Il y a deux grandes lacunes dans ce volume : l'une s'étendant de Jérémie, chap. XXIX, verset 19, au chapitre XXXVIII, verset 2; l'autre de Osée, chapitre IV, verset 4, à Amos, chapitre VI, verset 12.

Vélin. Moy. XIIe siècle. — (Supplément 82, St-Germain 2.)

87.

Les livres de Josué, des Juges, de Samuel, des Rois, et les Prophètes, accompagnés de la Massore. Au commencement et à la fin du ms., ainsi qu'après les livres des Rois, il y a quelques notes massorétiques. L'écriture a le type espagnol.

Vélin. Moy. XIVe siècle. — (Ancien fonds 14.)

88.

Les livres de Josué, des Juges, de Samuel et des Rois.

Vélin. Moy. XIVe siècle. — (Sorbonne 38.)

89.

Les livres de Josué, des Juges, de Samuel et des Rois. Le commencement, jusqu'au 10e verset du chapitre VIII, et le dernier feuillet, contenant le dernier verset du livre II des Rois, manquent.

Vélin. Gr. XIVe siècle. — (Ancien fonds 17.)

90.

Les livres de Josué, des Juges, de Ruth, d'Esdras et de Néhémie, en persan, écrits en caractères hébreux.

1° ספר יהושע «Livre de Josué». Commencement: ובוד פס ופ̄את יאפ̄תן משה בנדה כ̄ודאי...

2° (Fol. 35 v°.) ספר שפטים «Livre des Juges». Commencement : ...ובוד פס ופ̄את יאפ̄תן יהושע

3° (Fol. 69.) ספר רות «Livre de Ruth». Commencement : ...ובוד ברוזיגאראן חוכם ברדן חאכמאן

4° (Fol. 75.) ספר עזרא «Livre d'Esdras». Commencement : ...בסאל יכום בכורש פאדשאה פארס

5° (Fol. 87.) ספר נחמיה «Livre de Néhémie». Commencement : ...סכונאן נחמיה פוסר חכליה ובוד במאה כסלו

Cette version est traduite de l'hébreu et très-littérale. L'écriture a le même type et semble de la même main que celle des n°s 70 et 71. A la dernière page on lit, ajoutés par une autre main, ces mots : נבשתה שוד אין כתאב דר מוצע לאר תאריך סאל הזאר וגות צד וסיזדה «Ce livre fut écrit dans la ville de Lâr, dans l'année 1913» (des Séleucides), c'est-à-dire 1601 de J. C.

Papier. Pet. — (Ancien fonds 38.)

91.

Les livres de Samuel, des Rois et des Paralipomènes, en persan, écrits en caractères hébreux.

1° ספר שמואל «Livre de Samuel». Commencement : ...ובוד מרד יכי אז רמה אז תלמידאן נב̄יאן

2° (Fol. 74 v°.) ספר מלכים «Livre des Rois». Commencement : ...ופאדשאה דוד פיר שוד שוד ברוזיגאראן ופושאנאאן באוי בלבאסהא

3° (Fol. 148 v°.) ספר דברי הימים «Livre des Chroniques». Commencement : ...אדם שת אנוש

Cette paraphrase suit exactement la paraphrase chaldaïque de Jonathan.

A la fin on lit, en hébreu et en persan, que le ms. a été terminé le jeudi 12 tammouz de l'an 5361 de la création, 1912 des Séleucides (1600-1601 de J. C.), dans la ville de Lâr.

Papier. Pet. — (Ancien fonds 39.)

92.

Paraphrase des deux livres de Samuel, ou histoire de Saül et de David, en vers allemands du XVIe siècle, écrits en caractères rabbiniques. Le volume paraît avoir fait partie d'une paraphrase complète des livres historiques de la Bible. Il manque plusieurs feuillets au commencement.

Papier. Pet. — (Sorbonne 107.)

93.

Les Prophètes. Très-belle écriture, qui paraît appartenir au XIIIe siècle.

Vélin. Moy. — (Sorbonne 81.)

94.

Les Prophètes. Le ms. paraît appartenir au XIIIe siècle.

Vélin. Moy. — (Sorbonne 39.)

95.

Les Prophètes. Le commencement, jusqu'au chap. XLIX, verset 7, d'Isaïe, manque; lacunes au milieu.

Vélin. Pet. XIVe siècle. — (Ancien fonds 49.)

96.

Les livres de Jérémie, d'Ézéchiel, d'Isaïe et des douze petits Prophètes, dans la paraphrase chaldaïque de JONATHAN. Beau caractère rabbinique, avec les points-voyelles.

Vélin. Moy. — (Ancien fonds 96.)

97.

Les livres d'Isaïe, de Jérémie et d'Ézéchiel, en persan, écrits en caractères hébreux.

1° ספר ישעיה «Livre d'Isaïe». Commencement : נבוות ישיעיהו פוסר אמוץ אנצֿי נבוות ברד אבר יהודה וירושלם...

2° (Fol. 79.) ספר ירמיהו «Livre de Jérémie». Commencement : סכֿונאן ירמיהו פוסר חלקיהו אזאן (*sic*) כהנאן אנצֿי דר ענתות דר זמין בנימן...

3° (Fol. 164 v°.) ספר יחזקאל «Livre d'Ézéchiel». Commencement : ובוד בסיהומין סאל במאה צֿהארומין בפנגֿום במאה ומן דר מיאן גלות אבֿר רוד כבֿר...

Cette version, faite sur le texte massorétique et suivant la paraphrase chaldaïque de Jonathan et le commentaire de R. David Kimḥi, a été décrite dans le tome IX de la Bible de S. Cahen, page 141 et suivantes. L'écriture du ms. est la même que celle des n°s 70 et 90. Il a été transcrit en caractères neskhi au commencement du XVIe siècle. (Voyez fonds St-Germain, 15.) La fin du livre d'Ézéchiel, depuis le 4e verset du chapitre X, manque.

Papier. Pet. — (Ancien fonds 44.)

98.

1° Paraphrase chaldaïque de JONATHAN sur le livre d'Isaïe. L'écriture appartient au XVIe ou au XVIIe siècle. La fin, depuis le 12e verset du chapitre XLVI, manque.

2° (Fol. 40.) Fragment d'une concordance hébraïque et chaldaïque. Sur les marges ont été ajoutés après coup les passages bibliques en latin et quelques explications également en latin. L'ouvrage s'arrête à la lettre ד. Écriture rabbinique, avec les points-voyelles.

Papier. Moy. — (Ancien fonds 93.)

99.

Les livres de Jérémie, d'Ézéchiel et de Daniel. Ms. à deux colonnes, dont l'une contient le texte hébreu, l'autre la version de la Vulgate. La copie commence du côté gauche et les livres sont disposés dans l'ordre de la Vulgate. Il est donc probable que ce ms. a été exécuté par un chrétien ou au moins pour un chrétien. L'écriture, tant hébraïque que latine, est du XIIIe siècle et a le type du Midi. (Le ms. provient probablement de Narbonne ou de Carcassonne.) Quant aux points-voyelles, on a toujours mis le kamez pour le pathaḥ, et le ẓêrê pour le segol. Le commencement, jusqu'au 10e verset du chapitre XXV de Jérémie, manque.

Vélin. Moy. — (Ancien fonds 21.)

100.

דברי ירמיה «Paroles de Jérémie». Le livre de Jérémie, en persan, écrit en caractères hébreux. Commencement : סכונאן נבוות ירמיה פוסר חלקיה אז סרדאראן גזאה דאריש כוהנאן אן אמיראן אנצֿי בודנד דר ירושלים מרדי אנצֿי קבול ברד אחסנתה אוי דר ענתות דר זמין שבטה בנימן...

Cette version, très-différente de celle du n° 97, a été faite sur la paraphrase chaldaïque. L'écriture a le même type que celle des n°s 70, 90, 97, mais elle n'est pas du même copiste.

Papier. Moy. — (Ancien fonds 25.)

101.

Les Lamentations de Jérémie et les douze petits Prophètes, en persan, écrits en caractères hébreux.

1° מויה כרדן ירמיה בראי ישראל «Lamentation de Jérémie sur Israël». Commencement : צֿינונה בנשינם תנהא בשהר פור קום בוד צֿון ביבה בזורג בקווסאן אמיר דר שהרהא בודנד כֿוראנֿ גזאר...

2° (Fol. 11 v°.) Le prophète Osée. Commencement : סוכן כֿודא אונצֿי בוד אוור הושע פסר בארי באיום עוזיה...

3° (Fol. 21.) יואל «Joel». Commencement : סוכֿן כֿודא אונצֿי בוד בר יואל פוסר פתואל:...

4° (Fol. 26.) עמוס «Amos». Commencement : סוכֿן עמוס אונצֿי בוד בנקודים אז תקוע אונצֿי נבואת כרד בר ישראל...

5° (Fol. 35 v°.) אינסת כתאב עובדיה «Ceci est le livre d'Obadyah». Commencement : נבואת עובדיה המצֿנין פרמוד כֿודא באדום...

6° (Fol. 37.) אינסת כתאב יונה «Ceci est le livre de Jonah». Commencement : בור סוכֿן כֿודא בר יונה פסר אמיתי נופתן רא :...

7° (Fol. 40 v°.) Micha. Commencement : סוכֿן כֿודא אונצֿי בוד בר מיכה המרשתי...

8° (Fol. 48.) אינסת כתאב נחום «Ceci est le livre de

Nahum ». Commencement : בר דאר נינוה כותאב נבואת נחום האלקושי :. . .

9° (Fol. 50 v°.) אינסת כתאב חבקוק « Ceci est le livre d'Habakuk ». Commencement : נבואת אונצֿי נבואת כרד חבקוק הנביא :. . .

10° (Fol. 54.) אינסת כתאב צפניה « Ceci est le livre de Zephanyah ». Commencement : סוכן כֿודא אונצֿי בוד בר צפניה . . .

11° (Fol. 57 v°.) Haggaï. Commencement : בסאל דואם בפאדשאה דריוש במאה ששום ברוז יכאם. . .

12° (Fol. 60.) אינסת כתאב זכריה « Ceci est le livre de Zacharie ». Commencement : (sic) במאה השדום בצאל דואם בדריוש בוד סוכֿן כֿודא בר זכֿריה. . .

13° (Fol. 75 v°.) אינסת כתאב מלאכי « Ceci est le livre de Malachie ». Commencement : סוכֿן כֿודא בר ישראל בדסת מלאכֿי. . .

Tous ces livres sont traduits sur le texte hébreu, mais la traduction contient beaucoup de contre-sens. L'orthographe est très-négligée. Les marges du ms., qui est d'une autre main que les n°s 90 et 101, sont remplies de notes explicatives et de transcriptions en caractères neskhi.

Papier. Pet. — (Ancien fonds 47.)

102.

Les haphtaroth et les Hagiographes, disposés dans l'ordre prescrit par le Talmud. Le ms., d'une très-belle écriture, a été exécuté en Italie, par 'Aryê, fils d'Éliézer Halphan, et achevé le jeudi 11 marḥeschvan 5242 (1581 de J. C.).

Vélin. Moy. — (Sorbonne 146.)

103.

Les haphtaroth et les cinq meguilloth. Le ms. porte à la dernière page, ajoutée après coup, la fausse date de 963 des Séleucides. C'est en 1674 que cette copie a été rapportée d'Alep.

Vélin. Pet. xve siècle. — (Ancien fonds 51.)

104.

Les haphtaroth, dans l'ordre de la synagogue espagnole.

Vélin. Moy. xve siècle. — (Sorbonne 147.)

105.

Les Hagiographes, d'après l'ordre espagnol, et les livres de Josué, des Juges et de Samuel (jusqu'au verset 24 du chapitre xi du livre ii), accompagnés de la Massore. Le ms. a été terminé à Tolède, au mois de tebeth 4958 de la création (1198 de J. C.). (Voyez fol. 147.)

Vélin. Pet. — (Ancien fonds 48.)

106.

Les Hagiographes, disposés d'après l'ordre prescrit par le Talmud, accompagnés de notes massorétiques.

Vélin. Pet. — (Sorbonne 29.)

107.

1° Les Psaumes, accompagnés du commentaire de R. David Kimḥi. Les passages antichrétiens du commentaire sont rayés, comme dans la plupart des mss. de cet ouvrage. (Voy. de Rossi, « Mss. cod. hebr. », I, cod. 204.)

2° (Fol. 76.) Le livre de Job, accompagné du commentaire de R. Levi, fils de Gerson. L'interprétation des mots de chaque discours est suivie de l'explication philosophique des idées.

3° (Fol. 108.) Les Proverbes, accompagnés des commentaires de Raschi et de Kimḥi. Les commentaires s'arrêtent au chapitre xvi, verset 22. Il n'est pas indiqué lequel des trois Kimḥi est l'auteur de ce fragment; c'est sans doute R. Moïse. La préface rhythmique dont parle de Rossi, cod. 694, manque. Imprimé sous le nom d'Aben-Ezra dans les Bibles rabbiniques.

4° (Fol. 131.) Les cinq meguilloth, accompagnées du commentaire de R. Abraham Aben-Ezra. A la fin de l'Ecclésiaste, le commentateur indique l'année 4900 (1140 de J. C.) comme celle où il avait terminé l'explication de ce livre.

5° (Fol. 156.) Les livres des Chroniques, de Daniel, d'Esdras et de Néhémie, accompagnés du commentaire de R. Levi, fils de Gerson.

A la fin de chaque livre, l'auteur dit avoir terminé son commentaire en 5098 (1338 de J. C.).

Vélin. Moy. xive siècle. — (Ancien fonds 19.)

108.

Les Hagiographes. Ms. défectueux : des Psaumes et du livre de Job il ne reste que des fragments; il manque la fin de Néhémie et les Chroniques tout entières.

Vélin. Pet. xiiie siècle. — (Sorbonne 31.)

109.

Les Hagiographes, à l'exception des Chroniques. Les cinq meguilloth se trouvent placées entre les Psaumes et le livre de Job. Le ms. paraît appartenir au xiiie siècle.

Vélin. Moy. — (Ancien fonds 18.)

110.

תוספתות מחמשה חומשי תורה עוד תרגום הכתובים לרב יוסף « Suppléments au Pentateuque, puis paraphrase des Hagiographes, de R. Joseph ».

1° תוספות וחילופין תרגום ירוש׳ לתורה « Additions et

variantes de la paraphrase de Jérusalem sur le Pentateuque ». Cette paraphrase s'accorde en général avec celle dite de Jérusalem, mais elle offre de nombreuses variantes. Commencement : בחכמא ברא יי ושכליל ית שמיא ויח ארעא... Pour le cantique de Moïse et les dix commandements, le copiste, comme il a soin de l'indiquer, a introduit des fragments empruntés à une autre paraphrase.

2° (Fol. 17.) תרגום הכתובים דמתרגם רב יוסף « Paraphrase des Hagiographes, par le traducteur R. JOSEPH ». Cette paraphrase ne comprend que le livre de Ruth, les Psaumes, Job, les Proverbes, le Cantique des Cantiques, l'Ecclésiaste, les Lamentations de Jérémie et le livre d'Esther; elle est conforme à celle qui se trouve dans les Bibles rabbiniques. Un deuxième targoum du livre d'Esther, qui termine le volume, diffère du deuxième targoum imprimé. Le ms., écrit dans le caractère cursif du Levant, a été exécuté à Tlemcen, par Nathan Kohen, fils de Saadyah, entre 5215 et 5217 (1455 et 1457 de J. C.).

Vélin. Moy. — (Ancien fonds 58.)

111.

Les Psaumes, accompagnés du commentaire de RASCHI, et les Proverbes, suivis du commentaire du même auteur.

Vélin. Pet. XIIIe et XIVe siècles. — (Sorbonne 32.)

112.

Les Psaumes. Le ms. a été exécuté par Isaac, fils de Meschoullam. Le commencement, jusqu'au psaume LVII, et les psaumes CXVIII-CXXIV, manquent.

Vélin. Pet. XIIIe siècle. — (Sorbonne 35.)

113.

Les Psaumes. Écriture allemande. Les marges sont couvertes de gloses latines formant une traduction partielle du texte, et dont l'écriture appartient au XIIIe siècle. Le nombre des psaumes est de cent cinquante-deux (les psaumes CXVIII et CXXXV sont divisés en deux).

Vélin. Pet. XIIIe siècle. — (Ancien fonds 50.)

114.

Les Psaumes, accompagnés de la Massore, de la paraphrase chaldaïque et du commentaire de R. DAVID KIMHI. Le commentaire commence par une préface poétique, qui porte le nom de l'auteur. Il y a en tête du volume une table, où le nombre des psaumes n'est que de cent quarante-sept. Le ms. a été exécuté pour Abraham, fils de Joseph Kohen, d'Alexandrie (Italie), par Levi Halphan; les points-voyelles ont été mis par Nathanael Trevaut ou Trevoux (טרבוט).

Vélin. Moy. XIVe siècle. — (Ancien fonds 20.)

115.

Paraphrase chaldaïque du psaume CXIX.

Vélin. Pet. rouleau. — (Supplément 131.)

116.

Les Proverbes, le Cantique des Cantiques, Ruth, l'Ecclésiaste et le livre d'Esther, accompagnés, verset par verset, d'une traduction persane, écrite en caractères hébreux. Le texte hébreu est pourvu de points-voyelles.

1° Les Proverbes. Commencement de la version : מתלהא שלמא פוסר דוד פארשאה ישראל... בשנאכתן חכמת ופנד בפהם כרדן נופתארהא פהימי:...

2° (Fol. 85 v°.) Le Cantique des Cantiques. Commencement de la version : ...סרוד אן סרודהא אנצי בשלמה בוסה דה מרא אז בוסהא דהאן אוי כי ניכותראן הנד דוסתי תו אז מיי:...

3° (Fol. 102 v°.) Ruth. Commencement de la version : ...ובוד ברוזגאראן חוכם אן חוכםכונאאן ובוד קחט דר זמין

4° (Fol. 117 v°.) L'Ecclésiaste. Commencement de la version : ...סכונאן קהלת פוסר דוד פארשאה דר ירושלם הרזה הרזהא גופת קהלת הרזה הרזהא הםה ציוהא הרזה:...

5° (Fol. 156 v°.) מגלת אסתר « Livre d'Esther ». Commencement de la traduction : ובוד ברוזגאראן אחשורוש אוי הסת אחשורוש פאדשאהי דאנא אז הנדואסתאן ותא חבשסתאן...

Tous ces livres sont traduits sur l'hébreu. Les marges du ms. sont couvertes de nombreuses variantes. (Voyez le ms. persan Supplément 1, et le ms. persan St-Germain 14.)

Papier. Pet. — (Ancien fonds 43.)

117.

Les Proverbes de Salomon, l'Ecclésiaste et le Cantique des Cantiques, accompagnés, verset par verset, d'une traduction persane, écrite en caractères hébreux. Le texte hébreu est pourvu de points-voyelles. Le texte de la traduction s'accorde en général avec celui des mêmes livres contenus dans le n° précédent, mais il offre de nombreuses et importantes variantes. A la première page le propriétaire du ms. a consigné un événement de famille (la mort de sa femme), l'an 1194 des Séleucides (1505 de J. C.). (Voyez sur ce ms. Hassler, dans les « Theolog. Studien und Kritiken », tome II, 1829, pages 469 et suivantes.)

Papier. Pet. — (Supplément 106, St-Germain 113.)

118.

Le livre de Job et les Lamentations de Jérémie, accompagnés à chaque verset d'une traduction persane, écrite en caractères hébreux. Le texte hébreu est pourvu de points-voyelles.

1° Le livre de Job. Commencement de la version : מרדי בוד דר זמין עוץ איוב נאם אוי ובוד אן מרד תמאם ובוב ותרסירגאר כודא וגשתה אז בדי:...

2° (Fol. 54.) Les Lamentations de Jérémie. Le commencement (chapitre I, verset 1) manque; on l'a remplacé par un feuillet (53) contenant, en dialecte juif-persan, un fragment d'une espèce de paraphrase de ce même premier verset. Un fragment pareil se trouve en tête du volume. Le ms. se termine par le commencement d'une élégie (קינה), composée dans le même dialecte. (Voyez la Bible de S. Cahen, tome IX, page 140.)

Papier. Pet. — (Ancien fonds 40.)

119.

Le livre de Job. Écriture du XIVe siècle.

Vélin. Pet. — (Ancien fonds 54.)

120.

Le livre de Job, accompagné à chaque verset d'une traduction persane, écrite en caractères hébreux. Le texte hébreu est pourvu de points-voyelles. La traduction s'accorde en général avec celle qui est contenue dans le n° 118, mais elle offre de nombreuses variantes. Les trois premiers versets du chapitre I, les dix-sept premiers versets du chapitre III et les trois derniers versets du dernier chapitre manquent.

Papier. Pet. — (Ancien fonds 42.)

121.

Le livre de Job, accompagné à chaque verset d'une traduction persane, écrite en caractères hébreux. Le texte hébreu est pourvu de points-voyelles. Le texte de la traduction s'accorde presque toujours avec celui du n° précédent. Le ms. est incomplet et ne renferme que les portions suivantes : chapitre XX, versets 22 à 29 ; chapitre V, verset 4, à chapitre XVI, verset 12 ; chapitre XVIII, verset 2, à chapitre XX, verset 13; chapitre XXI, verset 10, à chapitre XXII, verset 18; chapitre XXII, verset 28, à chapitre XXXVI, verset 10; chapitre XXXVI, verset 19, à chapitre XXXVII, verset 10.

Papier. Pet. — (Ancien fonds 41.)

122.

Le livre d'Esther, sans les points-voyelles, à l'usage des synagogues. Belle écriture espagnole.

Vélin. Pet. rouleau. — (Supplément 7.)

123.

Le livre d'Esther, sans les points-voyelles, à l'usage des synagogues. Les lettres ne portent pas les ornements ordinaires (תגין). Le texte est entouré de miniatures.

Vélin. Pet. rouleau. — (Supplément 8.)

124.

Le livre d'Esther, sans les points-voyelles, à l'usage des synagogues. Écriture du type allemand.

Vélin. Pet. rouleau. — (Supplément 117.)

125.

Le livre d'Esther, sans les points-voyelles, à l'usage des synagogues. Écriture très-fine, du type espagnol.

Vélin. Pet. rouleau. — (Supplément 123.)

126.

Le livre d'Esther, sans les points-voyelles, à l'usage des synagogues. Écriture espagnole.

Vélin. Pet. rouleau. — (Supplément 124.)

127.

Le livre d'Esther, accompagné à chaque verset d'une traduction persane, écrite en caractères hébreux. Le texte hébreu est pourvu de points-voyelles. La traduction offre les mêmes particularités que les autres traductions hébreu-persanes. Au commencement et à la fin du livre se lisent les bénédictions qu'on récite dans les synagogues avant et après la lecture du livre d'Esther. Ces bénédictions sont conformes à celles des Juifs de l'Europe. En tête du volume se trouve un calendrier de l'année liturgique, dont le commencement manque, et qui finit par l'année 1834 des Séleucides (1523 de J. C.). L'auteur dit à la fin qu'il a rédigé ce calendrier en 1591 des Séleucides, c'est-à-dire en 1280 de J. C. Le volume se termine par le commencement d'un chant pour la fête de Pourim intitulé : שירה עלי פורים, en hébreu et en persan.

Papier. Pet. — (Supplément 93, St-Germain 224.)

128.

1° ספר דניאל « Livre de Daniel », accompagné à chaque verset d'une traduction persane, écrite en caractères hébreux. Le texte hébreu est pourvu de points-voyelles. Commencement de la version : בסאל סהום בפאדשאהי יהויקים פאדשאה יהודה אמד נבוכדנצר פאדשאה בגדאד ירושלם והצארדארי כרד אבר אן:...

2° (Fol. 72 v°.) קיצה דניאל « Histoire de Daniel », en persan (mêlé d'hébreu), écrite en caractères hébreux. Commencement: אנא דניאל מבני יכניה מלכא דבית יהודה .מנם דניאל אז פוסראן יכניא פאדשאה כאבדאן יהודה כי בודם דר ירושלם. דר בית המקדש:... C'est une histoire apocryphe de Daniel, qui semble être traduite d'une paraphrase chaldaïque, comme le montre la première phrase. (Voyez sur ce livre la Bible de S. Cahen, tome IX, page 140.)

Papier. Pet. — (Ancien fonds 45.)

129.

ספר דניאל «Le livre de Daniel», en persan. La version s'accorde avec celle du n° 128. Sur le verso du dernier feuillet se trouve le commencement de la formule rabbinique de la lettre de divorce (גט), qui est appliquée ici par le propriétaire à la cession du volume. Elle renferme la date de mardi, premier jour d'iyyar 1771 des Séleucides (1460 de J. C.).

Papier. Pet. — (Ancien fonds 46.)

130.

1° זה ספר טובי בן טוביאל בן חננאל . . . ממטה נפתלי «Ceci est le livre de Tobie, fils de Tobiel, fils de Ḥananel, ... de la tribu de Naphtali», en persan, écrit en caractères hébreux. Le titre forme en même temps le commencement. C'est la traduction persane du texte hébreu publié pour la première fois en 1516, à Constantinople, et reproduit dans la Polyglotte de Londres, tome IV.

2° (Fol. 21 v°.) מעשה יהודית «Histoire de Judith», en persan, écrite en caractères hébreux. Commencement : ובוד ארפכשד פארשאה עראק בוזורג בוד בגאית ממלכת אוי.... Cette histoire est également traduite du texte hébreu qui a été publié à Venise vers 1650, sous le titre : מעשה יהודית ודניאל, et qui probablement provient aussi de Constantinople.

3° (Fol. 48.) L'histoire de Bel et du Dragon, en persan, écrite en caractères hébreux. Elle porte comme épigraphe : ודיגר אין נסחה כרדם אוירא «J'ai également transcrit ceci», et commence ainsi : ובוד דניאל מיאן דוסתאן פארשאה עזיז ומחתשם בגאית אז המה דוסתאן אוי.... C'est la traduction du texte hébreu publié à Venise dans le volume cité ci-dessus.

4° (Fol. 51 v°.) Le livre d'Antiochus, en persan, écrit en caractères hébreux.

A la fin du ms. se trouve répétée, écrite de la même main, la formule qui se trouve à la fin du n° 91.

Papier. Pet. — (St-Germain 236.)

131.

«Novum Testamentum, ad Vulgatæ editionis jussu Clementis VIII postremo recognitæ fidem, hebraice redditum a P. GEORGIO MAYR, Societatis Jesu. Pars prima, continens quatuor sacrosancta Evangelia. Pars altera, continens Actus Apostolorum, Epistolas, etc., cum Apocalypsi». On apprend par une lettre qui se trouve au commencement, que ce ms. avait appartenu au P. Nicosaus Widman, qui l'avait donné au P. Jésuite Jean Bolland, à Anvers, en 1646.

Papier. Moy. — (Supplément 9.)

132.

Évangile selon St Matthieu, traduit en hébreu, et suivi de vingt-trois questions adressées aux chrétiens. Ce ms. a servi à l'édition de S. Tilius (... בשורת מתי «Evangelium hebraicum Matthæi»...). Paris, 1555, in-8°.

Papier. Pet. — (Ancien fonds 52.)

II.

CONCORDANCES, OUVRAGES MASSORÉTIQUES ET COMMENTAIRES.

133.

Concordance de la Bible hébraïque connue sous le titre de מאיר נתיב, par R. ISAAC NATHAN, de Rome. Cette copie ne s'étend que jusqu'à la lettre כ. Elle a été exécutée par Ḥayyim, fils de David, nommé Vidal de Tournon, pour la communauté de Carpentras, et achevée au mois d'addar 5279 (1519 de J. C.). Cet ouvrage a été imprimé pour la première fois à Venise en 1523.

Papier. Moy. — (Ancien fonds 55.)

134 et 135.

ספר זכרונות «Livre des souvenirs», ou concordance hébraïque, composée par R. ÉLIE LEVITA. L'auteur raconte dans la préface qu'il avait commencé cet ouvrage à Rome, lorsque la prise de cette ville, en 1527, le força de s'enfuir à Venise; qu'il avait perdu à cette occasion presque toute la partie déjà rédigée de son travail, et que c'est sur les instances de l'ambassadeur du roi de France à Venise, à qui Élie donna des leçons d'hébreu, qu'il s'était décidé à le reprendre et à le terminer. Notre ms. est l'autographe de l'auteur, que celui-ci avait envoyé à Paris pour l'y faire imprimer. Il se compose de deux volumes de cinq cent quatorze et six cent six feuillets. Dans l'introduction R. Élie expose la méthode qu'il a suivie dans la rédaction de son ouvrage; il parle de l'utilité qu'il s'en promet pour la connaissance de l'hébreu biblique, l'étude du Talmud, et même pour la poésie. Les mots sont pourvus de points-voyelles, et les racines sont généralement accompagnées d'une traduction allemande, et souvent d'une traduction française en caractères hébreux, ajoutées après coup par l'auteur lui-même. En tête du premier volume se trouvent ces vers : ספר הזכרונות · מבקש חשבונות · מכל מלות שונות · אנה הן חונות · ומגיד אמונות · בדקדוק לשונות · ומגלה צפונות · במסורת טמונות. Voici le commencement de l'ouvrage : אתחיל

אות האלף · אבב · ענין בכור בל"א צייטיגונג ובל"ע. . . אביבו כי השעורה אביב שמות ט'. . .

2 vol. Papier. Moy. — (Ancien fonds 479 et 480.)

136 à 138.

Concordance de la Bible hébraïque, par ARNOLD BOOT. Les mots hébreux sont traduits en latin et souvent longuement expliqués. Les passages bibliques sont également cités en latin. Le ms. est de 1634.

3 vol. Papier. Moy. (2 vol.) et Pet. (1 vol.) — Supplément 90, St-Germain 190, 191, 461.)

139.

«Compendium concordantiarum Kircheri», par ARNOLD BOOT, en hébreu, grec et latin.

Papier. Pet. — (Supplément 96, St-Germain 227.)

140 à 144.

Concordances de la Genèse, de l'Exode, du livre des Nombres et du Deutéronome, en hébreu et en latin, par ordre alphabétique des racines hébraïques. Chaque mot hébreu est suivi de ses transcription et traduction latines, de l'indication des passages où il se trouve et souvent d'une analyse grammaticale très-détaillée. Au commencement du volume qui contient l'Exode, on lit cette note: «Hebraici totius Exodi analysis, alphabetico distincta ordine et hoc uno volumine contenta, cujus utilitatem facile lector conjiciet ex his quæ in secundo Geneseos tomo fuerunt relata, ubi et de libri inscriptione et auctore aliquid intelliget. — Dominus opem tulit illi super lectum doloris ejus. Parisiis, 1704». La description à laquelle cette note se rapporte a été arrachée.

5 vol. Papier. Pet. — (Supplément 129 A-E.)

145.

Table, par ordre alphabétique, d'une concordance hébraïque. Elle porte la date de 1710.

Papier. Moy. — (Supplément 130.)

146.

«Dictionnaire des noms propres et des noms de lieux qui se trouvent dans la Bible, avec l'indication des livres, chapitres et versets», en hébreu et en latin. L'ouvrage n'est pas terminé; la plupart des lacunes qu'on avait laissées pour l'indication des passages n'ont pas été remplies.

Papier. Moy. — (Supplément 120, Arsenal.)

147.

1° «Compendium biblicum, auctore JOHANNE LEUSDEN, . . . Ultrajecti, MDCLXXIX».

2° «Concordantiale lexicon hebræo-latino-biblicum, auctore GULIELMO ROBERTSON. Cantabrigiæ et... Londini, 1686».

3° «Linguarum orientalium, hebraicæ, rabinicæ, samaritanæ, syriacæ, græcæ, arabicæ, turcicæ, armenicæ, alphabetum. Parisiis, A. Vitray, 1636. Hos omnes tractatus manu propria exaratos hoc in volumine includi curavit Fr. Bartholomæus de Lacroix, monachus Benedictus San-Germanensis e congregatione Sancti-Mauri».

Les deux premiers de ces ouvrages sont des copies d'imprimés, le troisième est lui-même un imprimé.

Papier. Pet. — (Supplément 111, St-Germain 634.)

148.

«La grande Massore». Commencement de l'ouvrage : בעזרת שוכן מעלה אכתב מסרת הגדלה אלפה ביתא מן חד וחד חד א' וחד וא' ולית דכותהון: אכלה ותקם חנה אחרי אכלה ואכלה ויאמר יעקב אל אביו אנכי. . . C'est la célèbre Massore אכלה ואכלה, que R. Élie Levita (ספר מסורת המסורת, Venise, 1538, pages 27 et 28) croit être le seul ouvrage exclusivement consacré à la Massore encore existant. R. Élie Levita a probablement eu entre les mains notre exemplaire. Cette Massore contient trois cent quarante-neuf articles dont voici le dernier : י"ח פסוקי דסליקי' ונחתין בתו' פי' שאין שם געיא והם במאריך וסימ' ויבא יעקב מן השדה בערב · ויקרא פרעה שם יוסף. . . La dernière page contient encore un certain nombre d'articles ajoutés après coup et qui ne font pas partie de l'ouvrage. Belle et ancienne écriture rabbinique du type allemand. Au milieu de la première page on lit ces mots : טרבוט בן מהרר נתנאל נ"ע, qui rappellent le nom de celui qui a ponctué le n° 114. L'ouvrage vient d'être publié à Hanovre, 1864.

Vélin. Moy. — (Ancien fonds 56.)

149.

Le Midrasch rabbah de la Genèse, du Lévitique et des Nombres.

1° בראשית רבה «La grande Genèse», ou «la Genèse de (R. OSCHAYA) RABBAH».

2° (Fol. 99.) ספר ויקרא רבה «Le grand Lévitique», ou «le Lévitique de (R. OSCHAYA) RABBAH».

3° (Fol. 152 v°.) Les cinq premiers chapitres du Midrasch rabbah du livre des Nombres, במדבר רבה.

(Voyez sur cet ouvrage, qui a été publié pour la première fois à Constantinople en 1512, Zunz, «Gottesdienstliche Vorträge», pages 174 et suivantes.)

Le texte de ce ms. se distingue par sa grande exactitude et pourrait servir à corriger celui des éditions. Le commencement du Bammidbar rabbah diffère considérablement du texte imprimé. Le ms. a été exécuté par Mardochée, fils d'Isaac, pour Menaḥem, fils de Ruben, et achevé à Arles (בארלדי) le 8 adar 5054 (1291 de J. C.). Belle écriture.

Vélin. Moy. — (Ancien fonds 59.)

150.

Bammidbar rabbah ou Midrasch rabbah du livre des Nombres. Belle et ancienne écriture rabbinique.

Vélin. Moy. — (Sorbonne 51.)

151.

Commentaire sur le Midrasch Koheleth rabbâti. Ce ms. a été exécuté à Constantinople et terminé le jour de Lag be'omer de l'an 5348 de la création (1588 de J. C.).

Papier. Moy. — (Supplément 86, St-Germain 44.)

152.

1° מדרש תילים «Midrasch des Psaumes». (Voyez sur cet ouvrage, imprimé plusieurs fois, Zunz, «Gottesdienstliche Vorträge», pages 266 et suivantes.) Le texte de notre ms. diffère de celui des éditions, non-seulement par de nombreuses variantes, mais aussi par le nombre et le choix des psaumes expliqués. La copie s'arrête au psaume CXVIII, verset 22.

2° (Fol. 121.) מסכת אבות להחכם הר' יצחק זצ"ל «Le traité Aboth (expliqué) par R. Isaac». L'auteur a composé cet ouvrage étant très-jeune, en se servant des ouvrages de ses prédécesseurs et surtout d'un commentaire écrit en arabe par R. Israël, qu'il nomme le sage, le divin philosophe. Notre commentaire commence par ces mots : ...תחלת דברי וראשית מאמרי אהלל, et se termine par ceux-ci : בשכבך תשמור עליה והקיצות היא תשיחך.

3° (Fol. 204.) מדרש משלי «Midrasch des Proverbes». Imprimé pour la première fois à Constantinople, en 1512. (Voyez sur cet ouvrage Zunz, «Gottesdienstliche Vorträge», page 268.)

4° (Fol. 234.) פי' ספר איוב מהחכם הר' יעקב אלגֿיאיני «Commentaire du livre de Job, par R. Jacob Aldjiéni» (de Jaen). L'auteur était contemporain de R. Salomon, fils de Adereth, dont il cite le commentaire sur les agadoth (fol. 313 v°). Il cite aussi un commentaire sur «Baba bathra», par R. Joseph Ibn-Megas. L'ouvrage commence par ces mots : ...מה רב טובך אשר צפנת, et se termine par ceux-ci : והנאה שבע ימים שבע רצון ומלא ברכת יי

5° (Fol. 320.) מגלת אסתר «Le livre d'Esther». C'est un commentaire de ce livre qui commence par les mots : זכרתי משפטיך מעולם יי ואתנחם · ויהי בימי אחשורוש הנזכר בעזרא ובמלכות..., et qui se termine par ceux-ci : ודובר שלום לכל זרעו.

Ce ms., d'une très-belle écriture, a été exécuté par Moïse, fils de Schêm tôb, en 5293 (1533 de J. C.), dans la ville de Noglidano (נגלידאנו).

Papier. Pet. — (Ancien fonds 135.)

153.

Midrasch du livre de Ruth, par un auteur inconnu. Le commencement manque et les feuillets sont dans le plus grand désordre. L'ouvrage se termine par ces mots : כתות של צדיקים בדרגין יתיר על כוליה. Écriture du XIVe siècle. Miniature à la fin.

Vélin. Pet. — (Ancien fonds 122.)

154.

Commentaire de R. Salomon, fils d'Isaac, nommé Raschi, sur la Bible. Le commentaire des Paralipomènes, faussement attribué à cet auteur, se trouve compris dans ce volume. Le Pentateuque porte sur les marges de nombreuses corrections. Le ms. a été exécuté en 5058 (1298 de J. C.) par David, fils de Gerson, pour son frère, Levi, fils de Gerson. Le commencement, jusqu'au chapitre XIV du Lévitique, manque.

Vélin. Moy. — (Sorbonne 50.)

155.

Commentaire de Raschi sur le Pentateuque, le livre d'Esther, le Cantique des Cantiques et les Lamentations de Jérémie. Il y a plusieurs lacunes dans le corps du volume.

Vélin. Moy. XIIIe siècle. — (Ancien fonds 62.)

156.

Commentaire de Raschi sur le Pentateuque. Le ms. porte de nombreuses corrections et variantes à la marge et entre les lignes. L'écriture appartient au XIIIe siècle; celle des corrections est plus récente. Le premier feuillet manque.

Vélin. Pet. — (Sorbonne 55.)

157.

Commentaire de Raschi sur le Pentateuque. Le texte de ce ms. contient divers passages qui ne se trouvent pas dans les autres exemplaires du même ouvrage, soit manuscrits, soit imprimés (par exemple : Genèse, chap. XXIV, v. 60; chap. XXXI, v. 39; chap. L, v. 26, etc.). Ces passages sont quelquefois expressément désignés comme des gloses marginales (גליון) qu'on a incorporées dans le texte et qui appartiennent pour la plupart à R. Joseph, fils de Siméon Haq-Qârâ. (Voyez Genèse, chap. XXIV, v. 7.) L'écriture de ce ms., qui semble avoir été exécuté par trois copistes différents, a le type allemand. Le premier feuillet manque.

Vélin. Moy. XIIIe siècle. — (Oratoire 14.)

158.

Commentaire de Raschi sur le Pentateuque. Écriture espagnole du XIIIe siècle. Ce ms. a appartenu à Élie, fils de Joseph Sason, de Safad en Palestine, qui a écrit sur la dernière page une note qui renferme des détails sur son père, son fils et les autres membres de sa famille, célèbre dans la littérature rabbinique du XVIe siècle. Nous y apprenons que Joseph arriva à Safad l'an 5287 (1527 de J. C.), et qu'il y mourut le 1er tebeth 5316 (1556 de J. C.). Élie, fils de Joseph, y naquit en 5290 (1530 de J. C.).

Vélin. Pet. — (Oratoire 15.)

159.

Commentaire de Raschi sur le Pentateuque. On lit à la première page le nom de l'un des propriétaires du ms.: נחמי׳ יזיי״א בכמ״ר משה מן הארומים.

Vélin. Pet. XIVe siècle. — (Ancien fonds 64.)

160.

Commentaire de Raschi sur le Pentateuque. Il y a quelques gloses marginales, dont l'une (Exode, ch. XXXV, v. 3) porte la signature de מרדכי המאיר. La dernière partie du ms. a été exécutée par Ahron, fils de Benjamin le médecin, pour Salomon, fils de Nissim, et achevée le vendredi 27 sivan 5184 (1424 de J. C.). Le commencement, jusqu'au 16e verset du chapitre XXXIX de la Genèse, manque.

Vélin. Moy. — (Ancien fonds 65.)

161.

Commentaire de Raschi sur les livres de Josué, des Juges, de Samuel, des Rois, les Prophètes et les Hagiographes. Le commentaire sur le livre de Job est accompagné, jusqu'au chapitre XXXVI, de celui de R. Joseph Qârâ; au 20e verset du chapitre XL le commentaire de Raschi s'arrête également, et le copiste déclare qu'il donne la fin du livre de Job d'après le commentaire de R. Jacob Nazir. Ce morceau se trouve en entier, attribué à Raschi, dans l'appendice que R. Siméon, fils de Ẓemaḥ, a ajouté à son commentaire de Job. (Voyez אוהב משפט, ed. Ven., fol. 200 v°.) Le commentaire des Paralipomènes, faussement attribué à Raschi, se trouve également compris dans ce volume. Il présente souvent des additions qui finissent par la lettre ת (probablement abréviation du mot תוספות « glose »), beaucoup de variantes et plusieurs traductions en langue vulgaire, qui manquent dans les éditions. L'écriture du ms., du type allemand, semble appartenir au XIIIe siècle. Le dernier feuillet manque.

Vélin. Pet. — (Ancien fonds 83.)

162.

Commentaire du livre de Josué, des Juges, de Samuel, des Rois, des Prophètes et des Hagiographes, en partie de Raschi et en partie de R. Joseph Qârâ. Les commentaires des livres de Josué, des Juges, des Rois, d'Ézéchiel, des Psaumes, des Proverbes, du Cantique des Cantiques, du commencement de Samuel et de la seconde partie de l'Ecclésiaste s'accordent en général avec les textes de Raschi; ceux des autres livres appartiennent plus exclusivement à R. Joseph, à l'exception du livre de Daniel, pour lequel on trouve le commentaire qui est attribué à R. Saʿadya Gaon. Le texte du commentaire de Job diffère beaucoup de celui qui est contenu dans le n° précédent. Au premier chapitre du livre I de Samuel, et vers le milieu de l'Ecclésiaste, le copiste indique qu'il a dû remplacer le texte de R. Joseph par celui de Raschi, parce que dans son exemplaire il n'avait pas trouvé ces passages du commentaire de R. Joseph. De nombreuses notes, tirées des commentaires de R. David Kimḥi, de R. Isaïe, d'Ibn Djanaḥ, etc., couvrent les marges. Le ms. est probablement du XIIIe siècle. On trouve à la première page des notes des différents propriétaires du volume, dont l'une porte la date de 5102 (1342 de J. C.). La fin du livre d'Esdras-Néhémie et les Paralipomènes manquent.

Vélin. Moy. — (Sorbonne 139.)

163.

Commentaires de Raschi sur les livres de Josué, des Juges et des Rois, et de R. Joseph Qârâ sur les livres de Samuel, d'Isaïe et de Jérémie. Le premier chapitre du livre I de Samuel appartient également à Raschi, et nous y trouvons répétée la note du ms. précédent, indiquant que le copiste n'avait pas trouvé ce passage dans son exemplaire du commentaire de R. Joseph. Il est donc probable qu'il manquait aussi dans l'original.

Vélin. Pet. XIVe siècle. — (Ancien fonds 119.)

164.

Commentaire de Raschi sur les Hagiographes. Le volume est incomplet et ne renferme qu'une portion du livre de l'Ecclésiaste, avec les livres d'Esther, de Daniel, d'Esdras-Néhémie et les Paralipomènes. Le ms. a été exécuté par Isaac, fils de Meïr, en 5010 (1250 de J. C.).

Vélin. Moy. — (Sorbonne 18.)

165.

Commentaire de Raschi sur les Proverbes, les cinq Meguilloth et les Psaumes. Le ms. semble appartenir au commencement du XIIIe siècle. Le commencement manque.

Vélin. Pet. — (Oratoire 31.)

166.

Commentaire de Raschi sur les Psaumes. Le ms. commence par une double explication du premier psaume. Les derniers feuillets, à partir du psaume cxxxiii, manquent.

Papier. Pet. — (Ancien fonds 132.)

167.

1° Fragment d'un ouvrage intitulé : נופת צופים «Miel des rayons», et qui est une explication du commentaire de Raschi sur le Pentateuque. Notre ms. ne renferme que le commencement de la Genèse et celui du Lévitique. L'auteur, dont le nom nous est inconnu, est postérieur à celui du livre Ḥizkouni (voir 3° ci-après), qui est cité par lui. L'ouvrage commence par ces mots : יען היות דברי רש"י פאירים בסמירים. . .

2° (Fol. 51 v°.) «Gloses (תוספות) de R. Tam» sur le commentaire du Pentateuque de Raschi. L'auteur ne doit pas être confondu avec son célèbre homonyme, l'un des auteurs des tosephoth ou gloses du Talmud; ce dernier est cité lui-même dans notre ouvrage, qui commence par : . . . ויברך אלהים את יום השביעי, et se termine par ces mots : חוני בדת וכונים והגונים. Plusieurs feuillets du livre des Nombres ont été transposés et intercalés dans le Lévitique. Le ms. a été exécuté par Elkana, fils d'Élie, pour Élie, fils de Juda, et achevé le 20 iyyar 5203 (1443 de J. C.). L'écriture a le type grec ou karaïte.

3° Le livre Ḥizkouni (ספר חזקוני), ou Gloses sur le commentaire du Pentateuque de Raschi, par R. Ḥizkiah Ben Manoaḥ. Cet ouvrage a été imprimé pour la première fois à Venise, en 1524. La copie faite par Elkana, fils d'Élie, a été achevée le 8 tammouz 5203 (1443 de J. C.).

Papier. Pet. — (Sorbonne 223.)

168.

ביאור לפירוש רבי שלמה ז"ל מחמשה חומשי תורה «Explication du commentaire de R. Salomon (Raschi) sur le Pentateuque», par Juda, fils d'Éliézer, auteur du xive siècle. Cet ouvrage, connu sous le titre de מנחת יהודה «Offrande de Juda», a été publié à Livourne, en 1783, dans le recueil דעת זקנים. Le commencement de la préface et une partie du premier feuillet manquent.

Papier. Pet. — (Ancien fonds 108.)

169.

1° ביאור נחמד על רש"י ז"ל לרב המובהק מהרר יהודה עוזיאל וצוק"ל... «Explication (du commentaire sur le Pentateuque) de Raschi, par R. Juda ʿOuziel», de la ville de Fez, auteur du xve siècle. Le ms. a été exécuté par Samuel Kohen pour R. Ruben, et terminé à Fez le premier nisan 5274 (1514 de J. C.).

2° (Fol. 115.) פי' מסכת אבות חברו ר' יצחק ס"ט בר' יצחק בר' שלמה בר' יצחק בר' ישראל הסופר בן ישראל ז"ל «Commentaire sur le traité Aboth, par R. Isaac, fils d'Isaac, fils de Salomon, fils d'Isaac, fils d'Israël le scribe, fils d'Israël», de Tolède, auteur du xive siècle. (Voy. Uri, Cat. bibl. Bodl., cod. 220, et Zunz, «Zur Geschichte, etc.», page 426.) L'écriture de cette partie du ms. est différente de celle de la première. La fin, depuis le milieu du chapitre iv, manque.

Papier. Pet. — (Supplément 72.)

170.

פירוש רש"י מהגאון כמהרר אליהו מזרחי מאיר הגולה «Explication (du commentaire sur le Pentateuque) de Raschi, par R. Élie (fils d'Abraham) Mizraḥi,...», auteur du xvie siècle. Cet ouvrage a été imprimé pour la première fois à Venise en 1527. Le ms. ne commence qu'au Lévitique. La fin, depuis le 8e verset du chapitre xvi du Deutéronome, manque.

Papier. Pet. — (Sorbonne 227.)

171.

פירוש התורה וביאורו לרש"י ז"ל «Explication du Pentateuque et du commentaire de Raschi», par un auteur inconnu. L'ouvrage commence par ces mots : . . . אמר ר"י יש לציין כזה הענין וזה המאמר איך הוא איפשר ..., et finit par ceux-ci : ואין קטינור נעשה סניגור א"כ נראה שפי' אשר שברת יישר כוחך וכו'. Ce commentaire, qui est très-étendu (il comprend trois cent treize feuillets d'une écriture rabbinique assez serrée), répond souvent pour Raschi aux objections de Naḥmanide. L'auteur était postérieur à Siméon Douran, dont il cite le commentaire sur Job, et à Joseph Albo, dont il connaît le Sêpher ha-ʿIkkarim (fol. 306).

Papier. Pet. — (Ancien fonds 109.)

172.

Explication du commentaire de Raschi sur le Pentateuque. On y voit souvent cités מהרי"ק נימוקי et ר' עובדיה ירא יוזי"א. La copie s'arrête au chapitre xxx du Deutéronome. Le commencement, jusqu'au milieu du chapitre iii de la Genèse, manque. Voici le commencement de l'Exode : פי' רש"י לחודיע חבתם שנמשלו לכוכבים שמוציא במספר ומכניסן כג' במספר ובשמותם. . .

Papier. Pet. — (Ancien fonds 103.)

173.

1° Explication du commentaire de Raschi sur le Pentateuque. En voici le commencement : בראשית ברא אמר ר' יצחק . . . קשה איך אמר שמצות החדש היא מצוה ראשונה והרי קודם זה יש המילה וגיד הנשה שנצטוו קודם לכן. . . Dans un grand nombre de passages se trouvent cités מהר"ם (R. Manoaḥ) et מהר"ר; et au passage de l'Exode, chapitre VI, verset 3, מהרי"ק (R. Joseph Qolon, fils de Salomon, auteur du XVe siècle). L'auteur de ce commentaire vivait probablement en Italie, comme il résulte du passage de la Genèse, chapitre VI, verset 2. Chaque section se termine par un distique.

Entre la troisième et la quatrième section de la Genèse se trouve inséré :

2° Un petit traité qui contient des observations sur les passages du commentaire de R. Moïse, fils de Naḥman, dans lesquels cet auteur attaque les opinions de Raschi.

3° (Fol. 175.) Explication des passages obscurs du commentaire d'Aben-Ezra sur le Pentateuque. C'est l'ouvrage סוד יי ליראיו. (Voyez plus loin n° 185.)

4° (Fol. 205.) Commentaire sur le Pentateuque, au moyen du procédé cabalistique appelé guematria, ou de l'interprétation des mots par les nombres. On y cite R. Juda Ḥasid et R. Moïse Ibn-Tibbon.

5° (Fol. 216.) זה הספר חיבר ר' שלמה בר' משה בר' יקותיאל «Ce livre a été composé par R. Salomon, fils de R. Moïse, fils de R. Yeqouthiel», auteur du XIIIe siècle. C'est une apologie du judaïsme dirigée contre les tentatives de prosélytisme chrétien, et probablement identique au traité qui dans le Catalogue de de Rossi (cod. 402), est appelé ויכוח «Disputation». En voici le commencement : אני עם לבבי לבנות בית המנוחה לארון ברית ה'...

Papier. Pet. — (Ancien fonds 100.)

174.

1° פירוש קהלת מלקח טוב שחבר רבינו טוביהו זק"ל «Commentaire de l'Ecclésiaste, tiré de l'ouvrage appelé la Bonne Doctrine, par R. Tobiah». (Voyez, sur cet ouvrage et son auteur, Zunz, «Gottesdienstliche Vorträge», pages 293-295.) A la suite des explications de l'auteur sur chaque verset, on trouve celles de Raschi, qui cependant n'est nommé que la première fois. Voici le commencement du commentaire : כתוב טוב טעם ודעת למדני כי במצותיך האמנתי... Il se termine par les mots יביא אותו במשפט עליו ואע"פ שעשה טוב.

2° (Fol. 46 v°.) Commentaire de Raschi sur le Cantique des Cantiques.

3° (Fol. 64 v°.) Commentaire de Raschi sur le livre de Ruth.

4° (Fol. 73.) Commentaire sur les Lamentations de Jérémie, par R. Tobiah, fils d'Éliézer, tiré du même ouvrage que 1° ci-dessus. Ce commentaire commence par les mots כתוב כי טוב קויתי ויבא רע ואיחלה..., et se termine par ceux-ci : ונזכה לראות מלכות משיח בן דוד אמן. Les psaumes CXXXVII et LXXIX, accompagnés d'un petit commentaire, sont placés à la suite.

5° (Fol. 97 v°.) מדרש אסתר וכל ההגדה כמו שכתובה בתלמוד «Midrasch du livre d'Esther et toutes les hagadoth (se rapportant à ce livre), telles qu'elles se trouvent dans le Talmud». Chaque verset du texte est suivi d'explications et de paraphrases portant en tête le mot מדרש, puis d'autres explications tirées des différentes parties du Talmud, réunies sous le titre de הגדה. L'ouvrage commence par les mots ויהי אבא אודיון איש ציידון... et se termine par ceux-ci : ואלה ימי שני חיי ישמעאל וכו'. Le poëme, qui commence par les mots ארון חסדך כל יחדל et qui a pour sujet l'histoire d'Esther, termine le volume. Écriture du XIIIe siècle.

Vélin. Pet. — (Ancien fonds 137.)

175.

Commentaire d'Abraham, fils de Meïr, Ibn ou Aben-Ezra, de Tolède, sur le Pentateuque. Cet ouvrage a été imprimé pour la première fois à Naples en 1488. Notre ms. porte comme cette édition, à la fin de l'Exode, la date de 4913 (1153 de J. C.), année dans laquelle ce livre fut terminé. Au commencement de ce même livre se trouvent quelques vers de l'auteur, qu'on rencontre également dans différentes éditions. Deux passages antichrétiens, fol. 19 et fol. 25 v° (Genèse, chap. XVIII, vers. 1; et chap. XXVII, vers. 40) ont été rayés. Le ms. a été exécuté par Meïr, fils de Nathan, pour Don Schealtiel, et achevé en 5031 (1271 de J. C.).

Vélin et papier. Moy. — (Oratoire 13.)

176.

Commentaire d'Aben-Ezra sur le Pentateuque. Le ms. a été exécuté par Benjamin, fils de Joab, pour R. Salomon, fils de Moïse, fils de Yeqouthiel, et pour R. Juda; il a été achevé à Viterbe le 23 sivan 5044 (1284 de J. C.).

Vélin. Pet. — (Sorbonne 165.)

177.

Commentaire d'Aben-Ezra sur le Pentateuque. D'après deux notes placées à la suite du Lévitique et du Deutéronome, le ms. a été exécuté par Élie, fils de Joseph, et achevé le jeudi 26 iyyar 5068 (1308 de J. C.). Le volume se termine par un poëme commençant par זכר שמי תניד..., à la suite duquel on lit une note dont voici la traduction : «Le lundi, jour de la néoménie du mois d'addar premier 4927 (1167 de J. C.), mourut R. Abraham Aben-Ezra, à l'âge de soixante-quinze ans...». Cette note est suivie d'un autre poëme.

Vélin. Pet. — (Ancien fonds 99.)

178.

1° Commentaire d'Aben-Ezra sur le Pentateuque.

2° (Fol. 193.) Explication des passages obscurs de

ce commentaire. En voici le commencement : בשם חי העולמים · אתחיל סודי נעלמים · אשר לאברהם בן עזרא · בעזרת עוטה אורה : לא מפני היותי איש חכם ... La fin de ce traité, depuis le chapitre XXVIII de l'Exode, manque.

Le ms. a été exécuté par Pinéas, fils de Yaïr, en 5191 (1431 de J. C.).

Papier. Moy. — (Ancien fonds 68.)

179.

פירוש התורה מהר"ר רב אברהם בן עזרה הספרדי «Commentaire du Pentateuque de R. Abraham Ben-Ezra l'Espagnol». D'après une note placée à la fin, le ms. a été exécuté par Ẕemaḥ, fils de Yedidyah, en 5285 (1525 de J. C.). A la première page on lit en outre ces mots : כתיבה (*sic*) יד קראשקאש מקשלאר בשנת מלחמת בורבון «Écriture de Crescas de Qaslar, dans l'année de la guerre de Bourbon». Nous savons en effet que Ẕemaḥ, fils de Yedidyah, portait aussi le nom de Crescas.

Vélin et papier. Moy. — (Ancien fonds 66.)

180.

1° Commentaire d'Aben-Ezra sur le Pentateuque. On lit à la fin un poëme de l'auteur qui commence par les mots ... חדשים מעשי אל לבקרים.

2° (Fol. 214.) Traité de morale, par un certain Joseph, dont le nom est donné dans un acrostiche en tête de l'ouvrage. Le traité commence par ces mots : אשרי אנוש יעשה זאת ובן אדם יתחזק להעמיק ברצון בוראו..., et finit par ceux-ci : והבורא חפץ בלב ובכל דרכיך דעהו ויראת מאלהים כי זה כל האדם.

Vélin. Pet. — (Sorbonne 64.)

181.

1° ב"עה ... פירוש התורה שעשה רבי אברהם ן' עזרה זצ"ל «Commentaire du Pentateuque d'Abraham Ibn-Ezra, ...».

2° (Fol. 128.) השגות שהשיג הרב ר' אברהם בר' דוד זצ"ל על הרב רבינו משה זצו"ל «Critiques faites par R. Abraham, fils de David, sur [l'ouvrage appelé יד חזקה de] R. Moïse (Maïmonide)...». Cet ouvrage a été imprimé pour la première fois en même temps que le livre de Maïmonide, en 1509, à Constantinople.

3° (Fol. 235.) רסאיל אלרב יהונתן הכהן ז"ל בעל הפירושים מלוניל ונהחא לרבינו משה ז"ל יסאלה פי כ"ד מסלה «Lettres de R. Jonathan Hak-Kohen, auteur des commentaires de Lunel, adressées à R. Moïse (Maïmonide), et dans lesquelles il lui fait vingt-quatre questions (relatives à l'ouvrage יד החזקה)». Chaque question est suivie de la réponse du célèbre docteur. Voici le commencement de cette lettre: ... עתה אקום יאמר אומר ועושה.

4° (Fol. 242 v°.) ותם רסאלה רבינו משה בר' מימון זצ"ל ונהחא ללרב ר' יהונתן הכהן מלוניל ז"ל בעד תשובת עאלי אלשאלות «Suit la lettre de R. Moïse Maïmonide adressée à R. Jonathan Hak-Kohen, de Lunel, en réponse à ses questions». Cette réponse commence par les mots : מי זה בא מאדום ... On voit que la lettre et la réponse diffèrent de celles des mêmes auteurs qui se trouvent dans la bibliothèque du Vatican. (Voyez Assemani, «Mss. cod. bibl. apostol. Vatic.», I, cod. 286; Jos. del Medigo, נובלות חכמה, pages 92 et suiv., et la collection des lettres de Maïmonide.)

5° (Fol. 243.) פירוש שיעורי איסורין «Commentaire du traité Schi'ouré 'isourin», en quatorze chapitres. Il commence par ces mots : א"ר יהושע בן לוי כל איסורין שבתורה מ' ...

6° (Fol. 245 v°.) פירוש מעלינו לשבח «Commentaire de (la prière) 'alênou lêschabê'aḥ», sous forme de lettre adressée par «R. Haï (Gaon) aux rabbins Qalonimos, Nathan et Schealtiel, dans l'île d'Arnolq, qui est à l'extrémité de la mer occidentale de l'Inde». Cette lettre apocryphe a été imprimée dans l'ouvrage מאור ושמש, Livourne, 1838-1839.

7° (Fol. 247.) פירוש הרב רבינו אשר ז"ל במאמר אין מזל לישראל «Commentaire de R. 'Ascher sur cette sentence : «Israël n'est point sous l'influence d'une constellation». Ce petit traité se trouve imprimé à la suite de l'ouvrage חובות הלבבות.

8° (Fol. 248.) Commencement d'un petit traité sur les précautions qu'il faut prendre contre toute excitation charnelle. Il commence par ces mots : ת"ר ונשמרת מכל דבר רע · מלמד שלא יסתכל אדם באשה ...

Les deux derniers traités sont d'une autre écriture que le reste. Le ms. a été exécuté en Orient.

Papier. Moy. — (Ancien fonds 67.)

182.

Commentaire d'Aben-Ezra sur le Pentateuque, renfermant la rédaction abrégée de l'Exode, au lieu du commentaire développé qu'on trouve dans les éditions et dans presque tous les manuscrits. Cette rédaction abrégée a été imprimée à Prague en 1840. Le ms. a été exécuté par Moïse le médecin, fils de Benjamin, pour Joab, fils de Benjamin, et terminé le jeudi 4 adar I de l'an 5052 (1292 de J. C.). Le commencement, jusqu'au 11° verset du chapitre VII de la Genèse, manque.

Vélin. Moy. — (Sorbonne 63.)

183.

פירוש חמש מגלות מר' אברהם אבן עזרה ז"ל «Commentaire des cinq Meguilloth d'Abraham Aben-Ezra». Les livres se suivent dans l'ordre suivant : le livre de Ruth, les Lamentations de Jérémie, l'Ecclésiaste, le livre d'Esther et le Cantique des Cantiques. Ce commentaire a été imprimé un grand nombre de fois.

Vélin. Pet. — (Ancien fonds 91.)

184.

1° Explication du commentaire d'Aben-Ezra sur le Pentateuque, par R. Joseph Ibn-Caspi (fils d'Abba-Mari, fils de Joseph, fils de Jacob), auteur qui florissait au commencement du xiv° siècle. Cet ouvrage est connu sous le titre de פרשת הכסף. (Voyez de Rossi, Catal. cod. 755 et Catal. cod. Lips., pages 303 et 323.) Il y a plusieurs lacunes dans cette copie.

2° (Fol. 102.) Fragment d'une explication de différents passages du commentaire d'Aben-Ezra. Ce fragment s'étend du chapitre II de la Genèse au chapitre III de l'Exode.

3° (Fol. 116.) Commentaire sur les Proverbes, par R. Joseph Ibn-Caspi. Cet ouvrage est connu sous le titre de חצוצרות כסף ou הנורת הכסף. Le ms. s'arrête au 26° verset du chapitre xxx.

Papier. Pet. — (Oratoire 23.)

185.

1° Explication des passages obscurs du commentaire d'Aben-Ezra sur le Pentateuque, par «R. Esdras, fils de Salomon Ben-Gatnio, nommé Astruq Salomon». Cet ouvrage porte pour titre : סוד יי ליראיו «Le mystère de Dieu est révélé à ceux qui le craignent». L'auteur dit dans la préface (fol. 2 v°) qu'il avait composé une explication plus étendue du commentaire d'Aben-Ezra, ou du Pentateuque même, sous le titre de ספר הזכרנות «Livre des choses mémorables». Il cite très-fréquemment les explications de Franqo (פרנקו), quelquefois celles de Don Souleiman Ben Ya'isch Has-Sephardi, de Don Joseph Vaqir et de R. Joseph Ben Vibas (ויבש). Il appelle ce dernier son maître. (Voyez en outre Wolf, «Bibl. hebr.», tome III, page 870.) La copie a été achevée en 5235 (1475 de J. C.).

2° (Fol. 45.) Traité du microcosme (מאמר עולם קטן), par R. Moïse, fils de Samuel Ibn-Tibbon. Ce petit traité paraît avoir fait partie d'un plus grand ouvrage. (Voyez le commencement et la fin dans Assemani, Bibl. vatic., cod. 292.)

3° (Fol. 55 v°.) Fragment d'un commentaire du premier chapitre du «Mischneh tôrâh» de Maïmonide, commençant par ces mots : ... עת הבנות באו לדלות.

Ces deux derniers ouvrages sont de la même écriture que le premier.

4° (Fol. 63.) Explication philosophique des visions d'Isaïe (Isaïe, chap. VI), d'Ézéchiel (Ézéchiel, chap. I) et de Zacharie (Zacharie, chap. IV), par «R. Ḥanokh, fils de Salomon Ben-el-Qostantini, de la famille des Ḥanokhites», auteur du xiv° siècle. Cet ouvrage porte le titre de ספר מראות אלהים «Livre des visions du Seigneur». (Voyez Cat. codd. heb. acad. Lugd. Bat., page 259.) Notre ms. a été copié d'après un exemplaire incomplet; mais les lacunes ont été remplies à une époque plus récente. L'ouvrage se termine par quelques vers composés par R. Isaac, fils de David, en l'honneur de l'auteur.

5° (Fol. 87.) Commentaire de l'ouvrage בחינת עולם, par «Léon» (R. Levi, fils de Gerson). (Voyez sur cet ouvrage «Die Handschr. hebr. Werke der K. K. Bibl. zu Wien», von Krafft und Deutsch, page 99.) La copie du ms. a été faite par Joseph, fils de Nahschon Aschkenazi, pour Ḥizqiah, fils de Ḥayyim.

6° (Fol. 99.) (lisez מסיר) באור משלי מהחכם מאיר ליאון «Explication des Proverbes, par le sage messire Léon» (R. Levi, fils de Gerson). Cet ouvrage a été imprimé pour la première fois en 1492.

7° (Fol. 123.) ספר השינה והיקיצה לארסטו «Le Livre «De somno et vigilia» (Περὶ ὕπνου καὶ ἐγρηγόρσεως) d'Aristote». Cet ouvrage, traduit de l'arabe en hébreu, n'est pas le traité «De somno et vigilia» lui-même, mais une paraphrase de ce livre, ainsi que du livre Περὶ ἐνυπνίων et du livre Περὶ τῆς καθ' ὕπνου μαντικῆς. L'ouvrage est écrit dans la manière d'Averroès, et appartient peut-être à ce philosophe.

8° (Fol. 142.) Histoire de Job, exposition de ses opinions et de celles de ses amis, et apparition de Dieu, racontées en deux cent vingt-neuf vers du mètre مفاعيلن et rimant en נים, par «Zareq Barfath». Au milieu du poëme se trouvent des explications en prose. L'ouvrage commence ainsi : אדון עולם מחולל כל ותולה ארמה על בלי מה שם אדנים... Il se termine par un acrostiche avec le nom de l'auteur, dont voici le dernier vers : חזק לבי ותן תורה לבורא ארמה על בלי מה שם אדנים. Une note placée à la fin dit que l'auteur a terminé son ouvrage en 5124 (1364 de J. C.). Imprimé à Venise en 1544. La copie date de l'an 5212 (1452 de J. C.).

9° (Fol. 151.) (sic) ספר השכל והמושכלות לאבי נצר אלפארבי «De l'Intellect et des choses intelligibles; par Abou-Naṣr al-Farabi». C'est la traduction hébraïque du traité arabe intitulé : كتاب العقل والمعقولات, dont une traduction latine a été publiée dans les «Opuscula Alpharabii». Paris, 1638.

Papier. Pet. — (Ancien fonds 110.)

186.

1° מגלה סתרים והוא ביאור פי' התורה לרבי אברהם א"ע

ז"ל «Livre des secrets, c'est-à-dire explication du commentaire du Pentateuque de R. Abraham Aben-Ezra», par R. Samuel Môtôt, fils de Sa'adyah, auteur du xive siècle. Cet ouvrage a été imprimé à Venise en 1553. La copie a été exécutée par Matathyah, fils de Nathan, pour son maître R. Mardochée.

2° (Fol. 142 v°.) Commentaire sur le livre de Job, par R. Levi, fils de Gerson. Cet ouvrage a été imprimé pour la première fois à Ferrare en 1477.

Papier. Pet. — (Ancien fonds 111.)

187.

1° Livre des secrets, ou explication du commentaire d'Aben-Ezra, par R. Samuel Môtôt. (Voyez le n° précédent.) La copie date de 1505.

2° (Fol. 55.) Mélanges et fragments divers. On y trouve les morceaux suivants :

1. Fragment du traité סדר הלכות תשובה «Ordre des règles de la pénitence»; par R. Éliézer,...
2. סדר חתנים «Ordre ou rite des fiancés», traité sur les rites du mariage.
3. סדר חליצה «Rite du déchaussement» (Deutéronome, chap. xxxv, v. 9), extrait du ספר מצות קטון et du ספר תרומה.
4. סדר גירושין «Rite du divorce».
5. Recueil de formules de contrats.
6. סימני רפפות «Signes des tremblements des membres».
7. פתרון חלומות «Interprétation des songes», extrait du Talmud. (Berakhoth, chap. ix.) Une série de ces interprétations est attribuée au patriarche Joseph, une autre au prophète Daniel.
8. מעשה תורה «Histoire de la loi», recueil de sentences et de traditions, attribué à R. Juda le Saint (רבינו הקדוש).
9. ...פירוש המשקלות «Exposé des poids et mesures hébraïques».
10. Quelques passages du Talmud, qui sont sans rapport apparent entre eux.
11. שמות מחברי המשנה וסיפרא וסיפרי ובריתות ותלמוד ירושלמי ותלמוד בבל «Noms des auteurs de la Mischnah, des livres Siphra et Siphri, des Baraïtoth, du Talmud de Jérusalem et du Talmud de Babylone».
12. Autres extraits du Talmud et de divers ouvrages, parmi lesquels se trouve le Sêder 'Ôlam.
13. מסכת תמורה «Traité sur la permutation ou les contrastes», attribué à R. Ismaël et à R. 'Aqîba. Imprimé à Livourne en 1786.

3° (Fol. 78.) כד הקמח «Pot de farine»; par R. Baḥya, fils d'Ascher, auteur du xiiie siècle. Ce sont des dissertations sur divers sujets de théologie et de morale, par ordre alphabétique. Imprimé pour la première fois en 1515.

4° (Fol. 224.) ואלה שמות רבה «Le grand Exode, ou l'Exode de (R. 'Oschâya) Rabba», ouvrage du xie siècle. (Voyez Zunz, «Gottesdienstliche Vorträge», page 256.) Imprimé un grand nombre de fois. La fin, depuis le milieu du chapitre l, manque. Le ms., qui est d'une seule main, date de 1505.

Papier. Moy. — (Sorbonne 151.)

188.

1° אתחיל לכתוב סודות של אב"ע ז"ל «Je commence à écrire les mystères d'Abraham Ben Ezra,...». Explications des passages obscurs, des difficultés grammaticales, physiques, astronomiques et philosophiques, et des idées cabalistiques du commentaire d'Aben-Ezra sur le Pentateuque. L'ouvrage commence par ces mots : בראשית כי מאור השכל יצא החפץ· ר"ל כי מסוג המלאכים יצא השכל הפועל..., et finit par ceux-ci : אכן לא דקדק המתרגם בלשון באשר ידוע בדרכי הדקדוק כי מורא מודע מוצא מנחי הפא· Les auteurs cités sont : R. Éliézer, de Worms; Moïse Maïmonide, l'auteur du livre מלמד, etc. La copie a été exécutée en 5192 de la création (1432 de J. C.).

2° (Fol. 132.) Recueil de formules de contrats, d'actes judiciaires, de testaments, etc.

3° (Fol. 143.) Épître adressée par R. Abraham à un autre R. Abraham, dans laquelle l'auteur, qui est sans doute le célèbre cabaliste Abraham Aboulafia, vivant au xiiie siècle, expose que des sept méthodes qu'on peut suivre dans l'étude de l'Écriture Sainte (שבע נתיבות התורה) la méthode cabalistique est la meilleure, car c'est elle qui nous fait entrer en communication directe avec l'intellect actif. Voici le commencement de l'ouvrage : ראשית הדבור והתחלת החבור... Il se termine par les mots : ולא צדק הגורס בט׳·

4° (Fol. 167.) ...פירוש התפילות «Commentaire (cabalistique) des prières journalières», par un auteur inconnu. Le ספר העיון de R. Hamaï y est cité. L'ouvrage commence par ces mots : ...פתח ר׳ אליעזר, et finit par : המברך את עמו ישראל בשלום·

5° (Fol. 232.) אבן בוחן שעשה החכם ר׳ קלונימוס ב"ר קלונימוס ז"ל... «La pierre de touche; par R. Qalonimos, fils de R. Qalonimos, surnommé Maestre Qalonimos,...», traité de morale imprimé plusieurs fois.

6° (Fol. 284.) Lettre allégorique adressée par R. Joseph, fils de Juda, à son maître, Moïse Maïmonide, et une partie de la réponse de ce dernier. Cette pièce a été publiée dans le «Journal asiatique», juillet 1842.

Vélin et papier. Pet. — (Oratoire 24.)

189.

1° Explication du commentaire d'Aben-Ezra sur le Pentateuque, différent du סודות א"ע du ms. précédent, quoique traitant le même sujet. En voici le commencement : בראשית ברא אלהים · עד"ה וברא אתהן לשון חיתוך.... L'ouvrage se termine par les mots : והוא לשון ספר היצירה.

2° (Fol. 15.) ספר אותות השמים «Le Traité des météores», d'Aristote, traduit de l'arabe en hébreu et accompagné d'un commentaire par R. Samuel Ibn-Tibbon. Dans sa préface, le traducteur raconte qu'il n'a eu à sa disposition que la traduction arabe très-confuse d'Albatrik, dans une copie défectueuse, mais qu'il a pu rectifier les contre-sens de cette traduction au moyen du commentaire d'Alexandre d'Aphrodisée.

3° (Fol. 56.) ספר התחלות לאבונצר אלפרבי «Livre des principes d'Abou Nazr Alfarâbi», traduit de l'arabe. Dans deux autres mss. qui contiennent le même traité (Supplément 15 et Oratoire 184 *bis*), il est intitulé : ספר התחלות הנמצאות «Livre des principes des choses qui existent». C'est dans ces deux mss. aussi que nous trouvons le nom du traducteur, Moïse, fils de Samuel Ibn-Tibbon, et la date de la traduction, 1248. L'ouvrage commence par ces mots : אמר אבונצר ההתחלות אשר בהם עמידת הגשמים, et se termine par ceux-ci : והוא יומה ולילה ·. Un poëme qui termine l'ouvrage commence par les mots קרבי להורותי ונגן נגינותי... et finit par : וקרא לו משרת משה. Dans ce livre, Al-Farâbi ramène tout ce qui existe à six principes : 1° le principe divin ou cause première, qui est unique; 2° les causes secondaires ou les sphères célestes; 3° l'intellect actif; 4° l'âme; 5° la forme; 6° la matière.

4° (Fol. 72 v°.) (lisez הטעמים) ספר העצמים «Livre des raisons», par Aben-Ezra. L'ouvrage, qui traite de l'astronomie, commence par les mots השער הראשון חלק הגלגל... et finit par ceux-ci : בעוז רם על כל רמים ·. Il diffère de l'ouvrage du même auteur portant le même titre, qui se trouve dans le n° 258 ci-après.

5° (Fol. 87 v°.) ספר המולדות «Livre des nativités», par le même auteur. Cet ouvrage a été traduit en latin en 1293 par Petrus Paduanus, et publié avec les traductions des autres ouvrages astronomiques d'Aben-Ezra à Venise, en 1507, sous le titre : «Abrehæ Avenaris, Judæi astrologi, opera (s. l. n. d.)». Ce livre est terminé par le chapitre תקופות השנים.

6° (Fol. 109.) ספר השאלות «Livre des consultations» (des astres), par le même auteur. Cet ouvrage est compris dans la traduction de Paduanus sous le titre «Interrogationes».

7° (Fol. 120.) ספר חמאורות «Livre des luminaires», par le même. Traduit par Paduanus.

8° (Fol. 125 v°.) ספר המבחרים «Livre des choix ou des élections», par le même. Traduit en latin.

9° (Fol. 134.) ספר העולם ומחברות המשרתים כולם «Livre du monde et des conjonctions des planètes». Dans la traduction latine ce traité est intitulé : «De conjunctionibus planetarum et annorum revolutione».

10° (Fol. 146.) זה הכתב אשר שלח השבת להרב אבן עזרא «Lettre adressée par le Sabbat à R. Aben-Ezra». Cette lettre ne forme que l'introduction d'un traité étendu d'Aben-Ezra sur la célébration du sabbat, traité qui a été imprimé dans le recueil «Kerem Hemed», tome IV, pages 159 et suivantes. Elle fut écrite en 1159, probablement en Angleterre. A la suite de cette lettre rhythmique se trouve un autre petit poëme qui commence par les mots היום בחברת הידידי ... et qui finit par ceux-ci : כאשר יחנו כן יסעו ·

11° (Fol. 147.) שער המתג «Chapitre sur le metheg (nom d'un accent)». Ce chapitre est tiré de quelque traité de grammaire; il commence par les mots כללו כל דבר... et finit par אותיות הכרת כהכרת אֶת.

12° (Fol. 147.) Quelques notes détachées sur différents sujets. La dernière est tirée des notes que Samuel Ibn-Tibbon joignit à sa traduction du Guide des égarés.

13° (Fol. 148.) Extrait de l'ouvrage צורת הארץ «La Forme de la terre», par R. Abraham-Bar-Hayya, qui a été publié plusieurs fois. Ce ms. ne renferme que les trois premiers chapitres et une partie du quatrième.

Le ms. a été exécuté par un certain Siméon de Provence pour son maître Élie de Provence.

Papier. Pet. — (Oratoire 25.)

190.

Explication du commentaire d'Abraham Aben-Ezra sur le Pentateuque. C'est une compilation d'un grand nombre de gloses tirées d'autres ouvrages, avec l'indication des sources où elles ont été puisées. On a mis à contribution le commentaire intitulé : אות נפש, qui est attribué à R. Levi, fils de Gerson (voyez de Rossi, cod. 326; Uri, p. 24, n° 130), et qui est indiqué ici par les initiales א"ן; celui de R. Samuel Môtôt (מטוט), représenté par מ' ou זל"ם (זה לשון מטוט); celui de R. Joseph Caspi, marqué par un כ'; celui d'un nommé שכחו (folios 2 v°, 4 v°, 17, 22 et *passim*), ordinairement désigné par l'initiale ש'; et enfin une interprétation qui est précédée ou suivie des lettres נח"ל, et qui commence presque toujours par le mot כלומר «c'est-à-dire». Trois feuillets au commencement et trois autres entre les pages 57 et 58 ont été arrachés. Écriture orientale.

Papier. Moy. — (Ancien fonds 74.)

191.

1° Commentaire de la Bible appelé ספר העושר «Livre de richesse»; par R. Jacob, fils de Ruben, savant karaïte du xiie siècle. (Voyez, sur cet ouvrage et son auteur, Triglandi, «Notitia Karæorum», page 140; Catal. Cod. hebr. bibl. acad. Lugd. Batav., auct. Steinschneider, p. 24.) Les Hagiographes sont expliqués dans l'ordre suivant : le livre de Ruth, le Cantique des Cantiques, les Paralipomènes, les Psaumes, Job, les Proverbes, l'Ecclésiaste, les Lamentations, le livre d'Esther, Daniel, Esdras et Néhémie. Des épigraphes, placées à la fin de plusieurs parties du commentaire, nous apprennent que ce ms. a été exécuté par Joseph Ẓadiq, fils d'Éliézer Ẓadiq, ministre officiant et maître d'école de la communauté de Constantinople, d'après un exemplaire qui portait le nom de Joseph, fils de Juda. Il a été achevé jusqu'au livre d'Isaïe, en 5377 de la création, 1026 de l'hégire (1617 de J. C.); le livre d'Ézéchiel a été achevé en 1620, les Paralipomènes en 1621, et le livre de Néhémie en 1626.

2° (Fol. 326.) ספר העתקת התורה וחלוקת הרבנין והקראין ואופני ההקש ומצות עשה ולא תעשה להחכם כה"ר משה בשייצי ז"ל «Sur la composition du Pentateuque, les controverses des rabbinistes et des karaïtes, les modes de l'interprétation et les préceptes positifs et négatifs; par R. Moïse Beschyaẓi», fils d'Élie, fils de Moïse, auteur du xvie siècle. Cet ouvrage fait partie du livre appelé מטה אלהים, qui a été décrit et dont on trouve un extrait dans Triglandi, «Notitia Karæorum», pages 95 et suivantes. Les passages cités dans la «Notitia Karæorum» se retrouvent dans notre ms. avec de nombreuses et d'importantes variantes (ainsi, par exemple, il y est dit que l'auteur est mort à l'âge de vingt-huit ans). L'ouvrage commence par une préface du rédacteur, suivie de quelques vers; puis vient une pièce de vers de l'auteur (avec l'acrostiche de son nom), qui commence par ces mots : ... מהולל אל ומלך כל יצורים, et qui finit par les mêmes mots. La préface de l'auteur, écrite en prose rimée, commence par les mots הקדמה נאם משה בן לאדוני אבא מארי ... שלו הייתי בביתי ורענן בהיכלי· היכל המלך ה' צבאות...

Le premier traité finit par les mots ומשה רבינו מהר סיני מפי הגבורה מאת ה' מן השמים. (Voyez Triglandi, page 120.) Le second traité (חלוקת הקראין והרבנין, fol. 336) commence par ces mots : דע לך ששני תלמידים ולכן מקנאתם ... מתלמידי אנטיגנוס, et finit par ceux-ci : קוראים לנו צדוקים אין לי לדבר אלא עד שיתקנא ה' קנאתנו·. Le troisième (אופני ההקש, fol. 339 v°) contient cette partie de l'ouvrage מטה אלהים qui manquait dans l'exemplaire de Mardochée. (Voyez Triglandi, page 126.) Il commence ainsi qu'il suit : וקודם שאכנס ... ר' ישמעאל אומר משלש עשרה מדות התורה נדרשת..., et finit par ces mots : אלו השני אופנים בטלום החכמים·. Le quatrième et dernier traité (מצות עשה ולא תעשה, fol. 344 v°) commence par : ...ומהנה אחל ואל ה' אקוה ואחל, et finit par deux pièces de vers, dont la première commence par : ... ואלו חן מנורה שוה, et la seconde par : מצות אלי שעה היקרים...

Papier. Moy. — (Ancien fonds 61.)

192.

1° פירוש ירמיה «Commentaire de Jérémie», par R. Menaḥem, fils de Siméon, de Posquiers en Languedoc. L'auteur se donne pour un disciple de R. Joseph Kimḥi, et dit, à la fin du commentaire, qu'il a composé cet ouvrage l'an 4951 de la création (1191 de J. C.). En voici le commencement : המלמד לאדם דעת יבינני לדעת בספר ירמיה החוזה לפרש בו כל כתום ויגלהו לעיני ואחוה לי אני ... עבדו המחבר מנחם. Il se termine par ces mots : ברוך לעד יוצרי למדני ספר ולשון עברי והנחני בדרך ישרה לחבר זה הספר שנת תתקנ"א ליצירה·

2° (Fol. 53 v°.) פירוש ספר יחזקאל «Commentaire du livre d'Ézéchiel», par le même auteur. En voici le commencement : נאום מנחם ב"ר שמעון נ"ע מפשקיירש המחבר זה הספר· זה הנביא הגלה מירושלים עם הגולה אשר הגלתה ... עם יכניה. La copie s'arrête au milieu du chapitre xl, où elle se termine par ces mots : לא נמצא מזה פי' יותר.

3° (Fol. 115.) Un autre commentaire d'Ézéchiel, qui commence au chapitre xl et qui finit par ces mots : ועוד יש לפתור ושם העיר יהיה לעתיד מיום נכינה ולה לו יקראו לה יי שמה·

4° (Fol. 126.) פי' מן המשכנה מרבינו חננאל «Traité sur le temple, par R. Ḥanan'êl», de Kaïrouân. C'est également une explication des chapitres xl et suivants d'Ézéchiel. La copie n'est pas terminée.

Vélin. Pet. — (Sorbonne 85.)

193.

Commentaire sur la Genèse, par R. David (fils de Joseph) Kimḥi. Cet ouvrage a été publié d'après ce ms., en 1842, à Presbourg. Le commencement, jusqu'au 13e verset du chapitre i, et la fin, depuis le verset 28 du chapitre xlix, manquent.

Vélin. Pet. — (Sorbonne 49.)

194.

Commentaire sur la Genèse, par R. David Kimḥi. La fin, depuis le verset 14 du chapitre xxxi, manque.

Papier. Gr. — (Ancien fonds 75.)

195.

Commentaires sur les livres de Josué, des Juges, de Samuel, des Rois, et la prophétie d'Isaïe; par R. David Kimḥi. Dans les nombreuses éditions de cet ouvrage, on a négligé les vers qui se trouvent ordinairement en tête de ces commentaires. Le ms. semble appartenir à la première moitié du XIVe siècle. Plusieurs passages antichrétiens ont été effacés.

Vélin. Moy. — (Ancien fonds 81.)

196.

1° Commentaires sur les livres de Josué, des Juges, de Samuel, des Rois, et les douze petits Prophètes; par R. David Kimḥi. La copie a été exécutée en 1440 par Élie, fils de Moïse, pour Salomon, fils d'Abraham, à Cordoue. Le commencement, jusqu'au chapitre X de Josué, manque.

2° פירוש מעשה המרכבה על דרך הנסתר .לר' דוד קמחי « Commentaire cabalistique du chariot (vision d'Ézéchiel), par R. David Kimḥi ».

Ces ouvrages ont été imprimés.

Vélin et papier. Pet. — (Sorbonne 74.)

197.

Commentaire de R. David Kimḥi sur les livres de Josué, des Juges, de Samuel et des Rois. La fin, depuis le verset 7 du chapitre XXIII du livre II des Rois, manque.

Vélin et papier. Pet. — (Sorbonne 73.)

198.

Commentaires de R. David Kimḥi sur les livres de Josué, des Juges, des Paralipomènes et du prophète Jérémie.

En tête du volume se trouve un petit traité (pages 1-7) portant ce titre : דברי רבותינו התנאים על מועד עצרת והקרבת העומר ודעת הגאון ז"ל שבאקלימנו ודעת רבינו סעדיה והחכם ר' אברהם ן' עזרא ז"ל ודעתנו . « Avis de nos maîtres, les Tana'îm, concernant la fête de Schebouʿôth et l'oblation de l'ʿOmer; opinion du docteur de la loi qui vivait dans notre province, opinion de R. Saadyah et de R. Abraham Aben-Ezra, et notre propre avis (sur le même sujet) ». L'auteur s'appelle יה"נה. L'ouvrage commence par ces mots : גרסינן במסכת מנחות פסק ר' ישמעאל מתמניא . . . Il finit par ceux-ci : פסח שענוש כרת לא כל שכן .

La première page contient des observations sur différents passages d'Aben-Ezra, et la dernière le fragment d'un commentaire du יד החזקה.

Vélin et papier. Moy. — (Ancien fonds 82.)

199.

Commentaire de R. David Kimḥi sur les livres de Samuel et des Rois.

Papier. Moy. — (Ancien fonds 85.)

200.

Commentaire de R. David Kimḥi sur les livres d'Isaïe et de Jérémie. Il y a dans le livre d'Isaïe une lacune qui s'étend du chapitre XLVIII, verset 7, jusqu'à la fin du chapitre LIII.

Vélin. Moy. XIIIe siècle. — (Ancien fonds 95.)

201.

Commentaires de R. David Kimḥi sur le livre d'Isaïe et les Psaumes. Le ms. a été exécuté par Aron, fils de Menaḥem, et achevé le jeudi 9 kislev 5131 (1371 de J. C.). Les feuillets contenant des passages antichrétiens ont été arrachés ou déchirés. La fin, depuis le psaume CIV, manque.

Papier. Moy. — (Ancien fonds 94.)

202.

Commentaire de R. David Kimḥi sur le livre d'Isaïe. Le ms. a été exécuté par Abraham, fils de Ḥayyim, pour Salomon, fils de David, et terminé le 4 marḥeschvan 5207 (1447 de J. C.). Aux chapitres XX et XXI il y a deux feuillets déchirés.

Papier. Pet. — (Sorbonne 77.)

203.

Commentaire de R. David Kimḥi sur les livres de Jérémie et d'Ézéchiel.

Papier. Moy. — (Sorbonne 78.)

204.

Commentaire de R. David Kimḥi sur le livre de Jérémie. Belle et ancienne écriture. Un cahier qui manquait a été remplacé par une copie plus récente. Elle s'étend du chapitre XLVI, verset 27, au chapitre XLVIII, verset 26.

Papier. Pet. — (Ancien fonds 97.)

205.

Commentaire de R. David Kimḥi sur le livre de Jérémie. Le premier feuillet manque.

Papier. Moy. XVe siècle. — (Ancien fonds 98.)

206.

Commentaire de R. David Kimḥi sur le livre d'Ézéchiel et les douze petits Prophètes. La copie est de la main de Moïse Bonavita.

Papier. Moy. — (Sorbonne 79.)

207.

1° Commentaire de R. David Kimḥi sur les Psaumes. Le texte des Psaumes est transcrit sur les marges. Plusieurs passages antichrétiens ont été rayés.

2° (Fol. 299 v°.) Commentaire sur le livre de Job, par un auteur inconnu. Cet ouvrage porte sur le premier feuillet le nom de R. David Kimḥi et lui est attribué également dans une note placée à la fin. Mais R. David Kimḥi ne peut pas en être l'auteur, parce qu'on y trouve des explications absolument contraires à celles qu'il a données dans son dictionnaire; d'ailleurs il y est cité lui-même (au verset 9 du chapitre XXIV). L'auteur paraît avoir été un juif de Provence, car on rencontre en plusieurs endroits des explications en langue provençale. L'ouvrage commence par ces mots : איש עוץ הוא שם ארם כמו ובני ארם. Il finit par ceux-ci : המקום יחיינו מיומים ומיום השלישי יקימנו ויזכנו לראות משיחינו ובנין בית מקדשינו אמן. Le texte du livre de Job est transcrit sur les marges. Une note à la fin du volume nous apprend que le ms. a été vendu à Avignon en 1380.

Vélin et papier. Moy. XIVe siècle. — (Sorbonne 75.)

208.

Commentaire de R. David Kimḥi sur les Psaumes. Dans les passages antichrétiens le nom de Jésus seul est rayé. Le ms. a été exécuté par Menahem, fils de Yeḥiel Galliqi (ממשפחת הגליקי, le Gallicien), pour Joseph, fils de Mardochée Ẓarphâthî (le Français), et achevé le 6 tebeth 5155 (1394 de J. C.).

Vélin. Pet. — (Ancien fonds 129.)

209.

Commentaire de R. David Kimḥi sur les Psaumes. Le ms. est composé de deux moitiés d'écritures différentes, du commencement du XVe siècle. En tête du volume se trouve un poëme de vingt et une strophes du même auteur, dont voici la première : מסלות בלבבי אכונן אל אבי בעוֹד נשמה בי וקולי לו ארים.

Vélin et papier. Moy. — (Ancien fonds 90.)

210.

Commentaire de R. David Kimḥi sur les Psaumes. Le nom du copiste a été effacé. Il raconte dans une note, placée à la fin du volume, qu'il avait traité, comme médecin, le capitaine commandant le château de la ville de משאפרא, et qu'il y avait achevé cette copie le 6 tebeth 5231 (1470 de J. C.).

Papier. Pet. —(Ancien fonds 130.)

211.

Commentaire de R. David Kimḥi sur les Psaumes. Plusieurs passages antichrétiens ont été rayés.

Vélin. Pet. — (Sorbonne 255.)

212.

Commentaire de R. David Kimḥi sur les Psaumes. Les passages antichrétiens ne sont pas effacés, mais ils sont réfutés à la marge, en hébreu, par un chrétien. Le texte est très-abrégé.

Vélin. Pet. — (Ancien fonds 88.)

213.

Commentaire de R. David Kimḥi sur les Psaumes. Exemplaire abrégé, dans lequel on a retranché tous les passages contraires au christianisme. Copie bien écrite et moderne. A la fin se trouve la même pièce de vers qu'on lit dans le n° 202 au commencement.

Papier. Moy. — (Supplément 17.)

214.

1° Fragment d'un commentaire sur les Proverbes, commençant au chapitre XXI, verset 30, et finissant au chapitre XXXI, verset 7. Les auteurs cités sont R. Sa'adya Gaon, Ibn-Djanaḥ, R. Moïse Kimḥi, R. Joseph Kimḥi et principalement R. David Kimḥi.

2° (Fol. 12.) Extraits d'un ouvrage philosophique ayant pour titre : הואיל משה « Et Moïse montra ». L'auteur de ces extraits a laissé de côté les chapitres purement philosophiques de l'original, et n'a recueilli que les passages qui donnent des explications du texte du Pentateuque. Ainsi au commencement du livre III l'auteur dit, dans une note marginale, que les chapitres I à VII étaient écrits dans un sens philosophique (בחכמה), et il passe au chapitre VIII. L'ouvrage original avait au moins trois livres, dont le premier comprenait soixante-dix chapitres, le second quarante-huit et le troisième plus de cinquante-quatre. Ces extraits sont incomplets et les feuillets transposés.

3° (Fol. 43.) פירוש דברי הימים להר' בנימן ב"ר יהודה נ"ע ממשפחת הענוים מרומה « Commentaire des Paralipomènes, par R. Benjamin, fils de R. Juda, de la famille des 'Anavim de Rome », auteur de la fin du XIIIe siècle. Cet ouvrage commence par ces mots : בעבור אשר ראיתי בני אדם ואם הם חכמים נמנעים ללמוד ספר דברי הימים... Il y a une grande lacune au milieu, et la fin manque.

4° (Fol. 66.) Les chapitres XXII à XXV du livre III du Guide des Égarés de Maïmonide.

Ces quatre fragments sont d'écritures différentes.

Papier. Pet. — (Ancien fonds 140.)

215.

מלמד התלמידים « L'Aiguillon des élèves », commentaire philosophique en sermons sur les différentes sections du Pentateuque, par R. Jacob, fils d'Abba Mari Ben-Antolio. L'auteur, connu par ses traductions des ouvrages philosophiques des Arabes, dit dans la préface de ce livre que, poussé par son beau-père, le célèbre R. Samuel Ibn-Tibbon, quoique préoccupé encore des choses mondaines, il a composé et prononcé ces sermons en plusieurs occasions, et que, plus tard, il les a divisés d'après les sections du Pentateuque. C'est sous cette forme qu'ils se trouvent dans le ms., bien qu'ils se rapportent peu au contenu de chaque section, comme, par exemple, le sermon sur la cinquième section de la Genèse, qui avait été composé à l'occasion du mariage de la fille de l'auteur. Le ms. a été exécuté par Joseph, fils de Guedalyah Franqo, et terminé le 5 ab 5058 (1298 de J. C.), à Torres-Vedras, en Portugal.

Vélin. Pet. — (Supplément 69.)

216.

ספר מלמד התלמידים חברו החכם ר' יעקב ב"ר אבא מרי ב"ר שמשון ב"ר אנטוליו ז"ל חתן ה"ר שמואל ן' תבון ז'ל «Livre [appelé] l'Aiguillon des élèves; par R. Jacob, fils d'Abba Mari, fils de Samson, fils d'Antolio, gendre de R. Samuel Ibn-Tibbon». Le ms. a été écrit et complété par trois mains différentes.

Papier. Pet. — (Ancien fonds 101.)

217.

1° Commentaire sur les livres de Josué, des Juges, de Samuel, des Rois, et les Prophètes; par R. Isaïe, fils de Mali, de Trani, nommé l'Ancien, auteur du XIIIe siècle. Quelques parties de ce commentaire ont été publiées dans les Bibles rabbiniques, et à Leipzig, 1712. Le commencement du commentaire de Josué manque dans notre ms., et le commentaire des Rois s'arrête I Rois, chap. VII, verset 14, comme le ms. n° 393 de de Rossi et le ms. hébreu n° XV de la Bibliothèque du sénat de Leipzig. (Voyez de Rossi, cod. 393, et «Catalogus libr. mss. qui in Bibl. senat. civ. Lipsiensis asservantur», page 281.) Sur les marges des premiers feuillets se trouvent de nombreuses gloses signées, pour la plupart, par les initiales תאב ou תואב (תוספות ר'אב). Le commentaire des Prophètes s'arrête Nahum, chap. II, verset 5. Pour remplacer la partie qui manque, on a mis à la suite :

2° (Fol. 106.) פירוש תרי עשר אשר הועתק מפי הגאון הר' אברהם ב"ר מאיר הספרדי המכונה אבן עזרא זצ"ל «Commentaire des douze petits Prophètes, d'après . . . R. Abraham, fils de Meïr l'Espagnol, surnommé Aben-Ezra». A la fin de l'ouvrage, un propriétaire a effacé les mots לאבן עזרא, et les a remplacés par לרבינו ישעיה. Le commentaire d'Aben-Ezra a été imprimé plusieurs fois. Le texte de notre ms. en diffère notablement. (Voyez de Rossi, cod. 470.) Il offre surtout plusieurs interpolations provenant du copiste ou du premier rédacteur; par ex. Hosée, chap. XII, verset 9, fol. 97 : ואני הכותב שמעתי מפי רבי . . .

3° (Fol. 125 v°.) פירוש תהילים לרבינו ישעיה ז'ל «Commentaire des Psaumes, par R. Isaïe». Il commence par ces mots : אשרי האיש מלה זו אינה באה לעולם בלא יו"ד אפי' ליחיד והוא כמו יור אדוני הארץ . . ., et finit par ceux-ci : והם שני כלי מתכות שמכין זה בזה ומשמיעין קול·

4° (Fol. 165.) פירוש איוב לרבינו ישעיה ז"ל «Commentaire de Job, par R. Isaïe». Il commence par ces mots : ועבודה רבה מאד· יש לומר עבודת קרקעות שדות וכרמים וזתים . . ., et finit par ceux-ci : בפוך אבנייך· אבן טובה היא וקרן הוא ניהוץ כמו כי קרן עור פניו·

Le ms. a été exécuté par David, fils d'Élie (בן הקדוש ר' אליה זצוק"ל), et terminé le mercredi 4 ab 5057 (1297 de J. C.).

Vélin. Moy. — (Ancien fonds 84.)

218.

1° פירוש ספר יהושע לרבינו ישעיה מטרני «Commentaire du livre de Josué [et des Juges, de Samuel et des Rois], par R. Isaïe, de Trani». Le commentaire s'arrête au même verset du livre I des Rois que le ms. précédent, et se termine ici par le même distique qui se trouve dans le ms. de la Bibliothèque de Leipzig. Seulement au lieu de פרי הצדיק, on lit dans notre ms. פי הצדיק.

2° (Fol. 65 v°.) ספר ישעיה שפרש רבינו ישעיה זל"ע מטרנאי (*sic*) «Livre d'Isaïe [et les autres Prophètes], interprétés par R. Isaïe de Trani». Comme R. Isaïe s'était abstenu de commenter les derniers chapitres d'Ézéchiel (depuis le chapitre XL), le copiste en donne le commentaire de Raschi, mais sans aller plus loin que le chapitre XLVIII, verset 1. Le distique mentionné plus haut termine également le commentaire incomplet de Nahum.

Vélin. Pet. XIVe siècle. — (Ancien fonds 120.)

219.

Commentaire sur le Pentateuque, par R. Moïse, fils de Nahman, appelé Ramban (רמב"ן), auteur du XIIIe siècle. Cet ouvrage a été imprimé plusieurs fois. Quelques passages antichrétiens ont été rayés dans cette copie. La dernière page contient plusieurs actes de vente du ms. Les trois premiers chapitres de la Genèse manquent.

Vélin. Moy. XIVe siècle. — (Sorbonne 9.)

220.

Commentaire de R. Moïse, fils de Nahman, sur le Pentateuque. De nombreuses notes couvrent les marges. Le dernier feuillet est déchiré. — A la fin du volume il y a un fragment d'un traité cabalistique.

Vélin et papier. Moy. XIVe siècle. — (Oratoire 19.)

221.

פירוש חומש לרבינו משה ב"ר נחמן זצ"ל «Commentaire du Pentateuque, par R. Moïse, fils de Nahman». La copie s'arrête au milieu de la troisième section de l'Exode. A la dernière page se trouve un post-scriptum de l'auteur, qui manque dans la plupart des manuscrits et qui commence par ces mots : ...ברכני י"י עד כה שזכיתי ובאתי לעכה, et qui se termine par ceux-ci : ושלום עלינו ועל ישראל. Puis vient une autre note qui commence par les mots מצאתי במדרש משלי..., et qui se termine par cette phrase : אילו הדברים אשר עשיתי (sic) בהיותי בארץ מקדוניאה כשהלכתי בעיר ברזילונא. Ces deux notes sont suivies d'un fragment d'un autre commentaire du commencement de la Genèse.

Vélin. Moy. xive siècle. — (Sorbonne 40.)

222.

Commentaire de R. Moïse, fils de Naḥman, sur le Pentateuque. Le ms. a été exécuté par Joseph Ẓarphâthî, pour le médecin Juda ʿAlî, fils de Moïse ʿAlî, et achevé le 8 adar 5244 (1484 de J. C.), aux environs de Lisbonne, dans un endroit où plusieurs habitants de cette ville s'étaient réfugiés à cause de la peste. Le premier feuillet manque.

Papier. Moy. — (Sorbonne 52.)

223.

Commentaire de R. Moïse, fils de Naḥman, sur le Pentateuque. Quelques passages, omis par le copiste, ont été ajoutés après coup en marge. Quelques passages antichrétiens ont été rayés. Le ms. semble appartenir au xve siècle.

Vélin. Moy. — (Sorbonne 41.)

224.

Commentaire de R. Moïse, fils de Naḥman, sur le Pentateuque. Le ms. semble appartenir au xve siècle.

Papier. Moy. — (Oratoire 20.)

225.

1° Abrégé du commentaire de R. Moïse, fils de Naḥman, sur le Pentateuque. La préface est restée sans changement. L'ouvrage se termine par ces vers : ונשלם ספר אלה הדברים · בהילול י"י קולי ארים · ונשלמו ה' הספרים · ראש הדברים ··· ויחון על ישראל לזכור בריתם · למהר ולהחיש את ישועתם · בעגלא ובזמן קריב ונראה בשמחתם ·

2° (Fol. 47 v°.) Commentaire du Cantique des Cantiques. En voici le commencement : שיר השירים · נעים זמירות · ומבחר השירות · אמרות טהורות · ודבר נכורות... Le dernier chapitre de l'ouvrage, qui renferme l'explication d'un chapitre du prophète Zacharie, se termine par ces mots : והיה אור הלבנה כאור החמה ואור החמה יהיה שבעתים כאור שבעת הימים ביום חבוש יי את שבר עמו ומחץ מכתו ירפא. Suit une explication du psaume xxix, qui n'est pas terminée. Ce commentaire est sans doute le même que celui dont parle Azoulaï (שם הגדולים, tome II, page 52) et qui est attribué dans quelques manuscrits et par plusieurs auteurs à R. Moïse, fils de Naḥman. (Voyez de Rossi, « Mss. cod. heb. », cod. 1072.)

3° (Fol. 66 v°.) Commentaire du livre d'Isaïe, par R. Abraham, fils d'Esdras (Aben-Ezra). Ce commentaire est imprimé dans la Bible rabbinique de Bâle, mais le texte de ce ms. est plus correct. Plusieurs passages antichrétiens sont rayés. La copie s'arrête au chapitre lxiii, verset 18.

L'écriture de ces trois ouvrages a le type allemand du xive siècle. En tête du volume se trouve un petit traité (2 pages) sur le calcul astronomique des fêtes et péricopes.

Vélin. Moy. — (Ancien fonds 63.)

226.

1° פירוש איוב להר' משה ב"ר נחמן ז"ל « Commentaire de Job, par R. Moïse, fils de Naḥman ». Cet ouvrage a été imprimé. Dans notre ms. le texte se termine par l'explication du verset ויחי איוב, qui manque dans celui de la Bible rabbinique d'Amsterdam.

2° (Fol. 83 v°.) Les chapitres xxii et xxiii du livre III du Guide des Égarés de Maïmonide, relatifs au livre de Job.

3° (Fol. 90.) Commentaire cabalistique du Guide des Égarés, par R. Abraham, fils de Samuel, Aboul ʿafya, qui se donne, fol. 98 v°, le nom mystique de Raziel (רזיאל), comme ailleurs celui de Zacharie (זכריהו), sans doute parce que les lettres de ces deux noms ont la même valeur numérique que celui d'Abraham, c'est-à-dire deux cent quarante-huit. Cet ouvrage, qui n'est qu'une nouvelle rédaction d'un ouvrage du même auteur intitulé : חיי נפש, se trouve dans plusieurs bibliothèques de l'Europe et porte le titre de : סתרי תורה « Mystères de la loi ». (Voyez-en la description dans « Catal. Bibl. senat. Lips. », page 302 ; dans Assemani, « Catal. mss. Vatic. », page 160, et « Literaturblatt des Orients », VI, page 416.) Dans notre ms. l'ouvrage commence ainsi : הנה אכתוב בדרך קצרה הכלל העולה בדרך קצרה ממה שנגלה לי מסודות הספר הנקרא ביאור סודות המורה... Après une courte introduction on lit ces mots : בשם אלהי ישראל אכתוב פי' סודות מורה הנבוכים הנקראים ספר סתרי תורה. Suit une pièce de vers qui commence par : קנה חכמה קנה בינה, puis une nouvelle introduction commençant par ces mots : באשר לו הגדולה והגבורה..., la liste des chapitres de l'ouvrage de Maïmonide, au nombre de cent soixante et dix-sept (ג"ן ער"ן), et celle des chapitres de l'ouvrage d'Aboul ʿafyâ, au nombre de trente-six. Ce livre se termine par un poëme qui forme en acrostiche les mots בני הנביאים, suivis, à la même page, d'une explication abrégée du מעשה מרכבה appartenant probablement au même auteur. Elle est intitulée : זאת החכמה אליהו מסרה זהו ביאור מעשה מרכבה בדרך קצרה.

4° (Fol. 184.) La troisième et la quatrième partie du ספר התמונה «Livre de la configuration», attribué à R. Ismaël, fils d'Élischa, ou par d'autres à R. Neḥonya Ben Haq-Qânâh.

Vélin. Pet. xiv° siècle. — (Ancien fonds 127.)

227.

1° פירוש איוב לר"מ ב"ן וצ"ל «Commentaire de Job, par R. Moïse, fils de Naḥman».

2° (Fol. 108 v°.) ספר הקץ «Livre de la fin», par le même auteur. Cet ouvrage, qui traite de la fin du monde et de l'époque messianique, commence par ces mots : נאם המדבר אחרי הלל האלהים ותן לו תודה מרחשת המחשבה ומארשת השפתים בכל לב ובכל נפש ..., et finit par ceux-ci : ונראה אור בהיר בתורתו ובחסדיו הרבים נחזה מופת ואות בהקרב קץ הפלאות. (Voyez sur cet ouvrage As. de Rossi, מאור עינים, pages 133-143.)

Le ms. a été exécuté l'an du monde 5102 (1342 de J. C.).

Papier. Pet. — (Ancien fonds 128.)

228.

1° Commentaire sur l'Ecclésiaste, par R. Isaac Ibn-Latif, fils d'Abraham, auteur du xiii° siècle. Cet ouvrage a été imprimé à Constantinople au xvi° siècle. Le commencement de la préface manque dans notre ms., et le copiste, n'ayant eu à sa disposition qu'un exemplaire incomplet, a laissé plusieurs lacunes au milieu de l'ouvrage. La copie s'arrête au chapitre xii, verset 6.

2° (Fol. 30.) Homélies sur le Cantique des Cantiques, interprété selon la doctrine de la cabale et d'après la philosophie péripatéticienne par R. Ya'isch, fils de Samhoun Andalousi, appelé Ibn-Soda, et R. Isaac Ḥalâw. Ces sermons, au nombre de trente, portent pour la plupart le nom de l'un des deux auteurs à la fin. L'ouvrage commence par ces mots : ישקיני... דמתה המדברת הגעת אור השכל הפועל אליה בנשיקות הפה וזה לפי שיעשו הנשיקה בשפתים.... La fin manque. Ces sermons sont suivis (fol. 170) du fragment d'une explication sur le livre de Ruth et sur quelques passages des Proverbes, rédigée dans le même sens.

3° (Fol. 177.) פסוקים משיר השירים «Passages du Cantique des Cantiques». Ce sont des explications cabalistiques sur divers passages du Cantique des Cantiques. En voici le commencement : רצה השם להראות האהוב עם האהובה ע"י שלמה...

4° (Fol. 183.) Notes analogues sur divers passages des Psaumes. En voici le commencement : לא ממוצא ומִמערב ... אמרו במדרש אל תחשוב לפי שהאדם משתדל ממזרח וממערב...

5° (Fol. 190.) Notes analogues sur divers passages des Proverbes. En voici le commencement : אני חכמה שכנתי ... לפי שהחכמה היא ראשונה ובה נברא העולם וזהו סוד בראשית בחכמתא ברא...

6° (Fol. 200.) Notes analogues sur divers passages de l'Ecclésiaste. En voici le commencement : מה יתרון לאדם ... תחת השמש הוא דלית ביה שכר בעולם הזה אבל למעלה מן השמש יש לו שכר...

7° (Fol. 204.) Notes analogues sur l'histoire du prophète Jonas et l'histoire d'Élie et d'Élisée.

8° (Fol. 213.) Notes analogues sur l'Ecclésiaste. Incomplet.

Papier. Pet. — (Sorbonne 61.)

229.

Commentaire sur les livres des Nombres et du Deutéronome. Ce sont les deux derniers livres du commentaire sur le Pentateuque, de R. Beḥay, fils d'Ascher, auteur du xiii° siècle, qui a été imprimé pour la première fois à Naples en 1492. Ce ms. a été exécuté par Joseph, fils de Lévi, fils de Moïse, fils de R. Lévi Haq-Qadôsch, fils d'Éliad (אלייד), pour David, fils de Salomon, et achevé à Jérusalem le 28 tammouz 5251 (1491 de J. C.). Les feuillets sont transposés.

Papier. Moy. — (Ancien fonds 76.)

230.

ספר המבחר «Livre de choix», commentaire sur le Pentateuque, par R. Ahron, fils de Joseph, auteur caraïte du xiii° siècle. Cet ouvrage, dont quelques extraits avec une version latine ont été publiés en 1705 à Amsterdam, a été imprimé en 1835 à Eupatoria, en Crimée. Ce ms. date de la première moitié du xiv° siècle.

Vélin et papier. Moy. — (Oratoire 17.)

231.

ספר המבחר «Livre de choix», commentaire sur le Pentateuque, par R. Ahron, fils de Joseph. Les lacunes de ce ms., qui semble appartenir au xiv° siècle, ont été remplies à une époque récente.

Papier. Moy. — (Ancien fonds 70.)

232.

1° חידושי התורה לרבינו צרפת וצ"ל «Gloses sur le Pentateuque, par les rabbins de France». Cet ouvrage a été publié dans le recueil דעת זקנים, à Livourne, en 1783. Un acrostiche placé à la fin donne le nom du copiste de ce ms., Ahron Hak-Kohen.

2° (Fol. 188.) ויכוח הנפש עם הגוף «Dialogue de l'âme

et du corps», en prose rimée. En voici le commencement : ...ידוע תדע כי ביום מעמד הדין. Il finit par ces mots : ותמיד יש לבטוח על אלהינו כי ירבה לסלוח.

Papier. Pet. xve siècle. — (Ancien fonds 102.)

233.

Commentaire sur les Psaumes, par R. Immanuel, fils de Salomon, auteur du xive siècle. En voici le commencement : אשרי האיש אשרי זאת המילה מצאנוהו ליחיד ולרבים כמו אשרי איש ירא י"י... Il finit par ces mots : או יאמר נשמת כל חי מרגיש מורה תהילתו וכבודו ותפארתו ברוך אלהים אשר לא הסיר תפילתי וחסדו מאיתי. (Voyez sur cet ouvrage et son auteur «Literaturblatt des Orients», t. IV, page 1 et suivantes; X, page 11 et suiv.) Il y a un autre exemplaire de cet ouvrage dans la collection de Rossi (cod. 613). Les fragments que de Rossi a publiés d'après son ms. («R. Immanuelis, F. Salom., scholia in selecta loca Psalmorum», Parmæ, 1806) s'accordent en général avec les passages correspondants de notre ms., mais celui-ci est plus complet. Le copiste de ce ms., n'ayant eu à sa disposition qu'un exemplaire incomplet (voyez fol. 199 v°), a laissé des lacunes au milieu et à la fin des psaumes xxix, lxxxv, lxxxix, civ, et omis entièrement le psaume cv et la moitié du psaume cvi. Pour remplir ces deux derniers vides, il a substitué le commentaire de R. David Kimhi à celui de R. Immanuel. Les lettres du nom de אליה «Élie», indiquant le copiste, sont marquées à plusieurs endroits au commencement des lignes (par exemple fol. 121 v°, 124 v°, etc.).

Vélin. Moy. xive siècle. — (Ancien fonds 89.)

234.

Commentaire sur les Proverbes, par R. Immanuel, fils de Salomon. Cet ouvrage a été imprimé pour la première fois à Naples, en 1486, sous le nom d'Immanuel, fils de Jacob. Ce ms. a été exécuté par Ḥayyim Ẓarphâthî pour David, fils de Menahem Finzi, et achevé le 29 adar II 5236 (1476 de J. C.).

Vélin. Pet. — (Sorbonne 84.)

235.

1° Commentaire de R. Immanuel, fils de Salomon, sur le livre de Job. Le commencement de la préface manque. Voici le commencement du commentaire : ...איש היה הספר הזה והוא ספר איוב. לא נזכר בפירוש מי חברו אמנם רז"ל אמרו משה כתב ספרו וספר איוב... Il finit par ces mots : ...וימת איוב... ר"ל שבמותו היה זקן ושבע מרוב הימים אשר חיה.

2° (Fol. 94.) Commentaire du même auteur sur le Cantique des Cantiques. En voici le commencement : אמר עמנואל בכ"ר שלמה זצ"ל. אחרי הורות לאל י"י על טוב גמולותיו אומר כי הספר הזה על דעת רז"ל הוא מבחר הספרים שנאמרו ברוח הקדש... La fin manque.

3° (Fol. 129.) Explication des mots chaldéens des livres de Daniel et d'Esdras, par R. David Kimḥi, formant l'appendice du Dictionnaire hébreu de cet auteur.

Papier. Moy. — (Sorbonne 58.)

236.

פירוש רבי יעקב «Commentaire de R. Jacob», fils d'Ascher, sur le Pentateuque. L'abrégé de ce commentaire a été imprimé dans plusieurs Bibles rabbiniques. L'ouvrage complet a été publié pour la première fois en 1806.

Papier. Moy. xve siècle. — (Ancien fonds 60.)

237.

Homélies sur le Pentateuque, par R. Josué Ibn-Schô'eb, auteur du xive siècle. L'ouvrage a été imprimé pour la première fois à Constantinople en 1520. Cette copie, qui est très-fautive, commence par les mots : בסימנא טבא אחל לכתוב ספר בן שועי (sic) ר"ל בן איוב ויש שקורין אותו שועיק... Dans l'épigraphe on lit également : ...בן שועי ויש שקורין אותו שועיק... (Le mot شعيب est le nom que les Arabes ont donné à Jéthro.) Ce ms. a été exécuté par un certain Élie et achevé le 6 tammouz 5197 (1437 de J. C.), à Castoria. Il y a quelques lacunes.

Vélin et papier. Moy. — (Ancien fonds 77.)

238.

דרשות התורה לר' יהושע ן' שאעיב (sic) «Homélies sur le Pentateuque, par R. Josué Ibn-Schâ'ib». Cet exemplaire commence par une pièce de vers qui ne se trouve pas dans le n° précédent. Dans ce ms. l'auteur se donne lui-même le nom de יהושע בנו שועיב. Le ms. a été exécuté par Moïse, fils de Salomon Gabbaï Ḥazzan, et terminé le 16 sivan 5221 (1461 de J. C.), dans une ville appelée ביגאר דל קשטכיאל. Le copiste avertit qu'il l'a copié sur deux mss. fautifs.

Papier. Moy. — (Oratoire 27.)

239.

Homélies sur le Pentateuque, par R. Josué Ibn-Schô'êb. Le nom de l'auteur n'est mentionné nulle part dans cette copie. Ce ms. a été exécuté par Éléazar, fils de Gerson, et achevé le 4 tammouz 5229 (1469 de J. C.).

Vélin et papier. Moy. — (Ancien fonds 73.)

240.

Commentaire du livre de Job, par R. Siméon, fils de Ẓemaḥ, Douran. Cet ouvrage, connu sous le titre de : אוהב משפט «Ami de la justice», a été imprimé pour la première fois en 1589 à Venise, et plus tard dans la Bible rabbinique d'Amsterdam, sans l'introduction. Ce ms. a été exécuté par Abraham, fils de Tamou (תמו), pour Moïse, fils de Joseph.

Papier. Moy. xve siècle.— (Ancien fonds 87.)

241.

1° Commentaires de la Genèse et de l'Exode, par R. Lévi, fils de Gerson, de Bagnols, nommé Ralbag, ou maître Léon. Ces commentaires font partie d'un commentaire complet sur le Pentateuque, ouvrage qui a été imprimé pour la première fois à Mantoue, entre 1476 et 1480.

2° (Fol. 120 v°.) ביאור איוב של החכם ר' לוי ב"ר גרשם נ"ע. «Commentaire du livre de Job, par R. Lévi, fils de Gerson». Imprimé pour la première fois en 1477.

Ces copies portent à la fin (de même que dans plusieurs autres mss. et dans quelques éditions) la date de leur composition.

Ce ms. a été exécuté à Montpellier par Moïse, fils d'Abraham, et achevé le 14 tebeth 5151 (1391 de J. C.). Nombreuses notes marginales de date plus récente.

Papier. Moy. — (Ancien fonds 78.)

242.

Commentaires de R. Lévi, fils de Gerson, sur la Genèse et l'Exode. Très-belle écriture du type espagnol. La fin, depuis le chapitre xxxviii, verset 22 de l'Exode, manque.

En tête du volume se trouvent une décision d'un certain R. Meïr, une circulaire adressée à quelques communes juives, et une dissertation cabalistique sur l'époque du Messie, par R. Joseph Schraga, auteur de la seconde moitié du xve siècle (קץ מהחכם המקובל ר' יוסף שראגא ז"ל). Cette dissertation commence par ces mots : צעיר אני לימים ואתם ישישים..., et finit par ceux-ci : והנה בלעם הרשע חתם הדבר מלאך רע על כרחו עונה אמן ואמר דרך כוכב מיעקב בודאי ד"רך כו"כב שהם [ר]ע"ב.

Papier. Moy.— (Ancien fonds 71.)

243.

Commentaire de R. Lévi, fils de Gerson, sur la Genèse. A la fin de la première et de la dernière section se trouve la date de leur composition.

Papier. Pet. xve siècle. — (Sorbonne 66.)

244.

Commentaire de R. Lévi, fils de Gerson, sur le Lévitique, les Nombres et le Deutéronome. Le commentaire du Lévitique s'arrête à la fin de la section בהר. Les commentaires des livres des Nombres et du Deutéronome portent à la fin la date de leur composition ; le dernier se termine en outre par la note suivante : צריך לדקדק כל זה הספר כי עשיתי ביאורו בעיר אבניון בנחץ גדול בזולת ספרי התלמוד והפסוק... תם ונשלם ת"ל יוצר כל ובורא עולם אמן., phrase qui se trouve également dans le cod. de Rossi, n° 157. Le ms. a été exécuté par un certain Isaac, pour le philosophe R. Isaac, fils de Schem tôb, et achevé le 6 du mois adar ii 5217 (1357 de J. C.), à Aguilar de Campo (באגילאר דיקאנפה), en Espagne.

Papier. Moy. — (Ancien fonds 79.)

245.

Commentaire de R. Lévi, fils de Gerson, sur le Lévitique.

Vélin et papier. Pet. xve siècle. — (Ancien fonds 116.)

246.

1° Commentaire de R. Lévi, fils de Gerson, sur les premiers Prophètes, c'est-à-dire les livres de Josué, des Juges, de Samuel et des Rois. Imprimé pour la première fois en 1494.

2° (Fol. 207 v°.) Commentaire de R. Lévi, fils de Gerson, sur les Proverbes, ouvrage imprimé pour la première fois en 1492. Cette copie commence par une introduction et finit par une épigraphe qui manquent dans les éditions. L'introduction commence par ces mots : אמר לוי בן גרשום. בעבור שראינו זה הספר ר"ל ספר משלי עמוק מאד והוא רב התועלת... (Pour l'épigraphe, voyez de Rossi, cod. 805.)

Vélin. Pet. xive siècle. — (Oratoire 29.)

247.

1° Commentaire de R. Lévi, fils de Gerson, sur le livre de Job. Le premier feuillet manque.

2° (Fol. 74.) Commentaire du même auteur sur les Proverbes. Introduction et épigraphe comme dans le n° précédent.

3° (Fol. 141.) Commentaires du même auteur sur le Cantique des Cantiques, le livre de Ruth, l'Ecclésiaste et le livre d'Esther. Chaque livre se termine par la date de sa rédaction. Imprimé à Riva di Trento, en 1560.

4° (Fol. 214.) פירוש דניאל מהחכם הכולל מאשטרי לאון נ"ע דיבניולש «Commentaire du livre de Daniel, par maître Léon di Bagnols». Imprimé avant 1480.

5° (Fol. 240.) ביאור ספר עזרא «Commentaire du livre d'Esdras (-Néhémie)», par le même auteur. L'ouvrage commence par ces mots : בשנת... עד ובמלכות אחשורוש בתחלת מלכותו לכלות דבר י"י מפי ירמיה..., et finit par ceux-ci : ולזה אמר במקום מקום מאלו הפעולות זכרה לי אלהי לטובה למשוך האנשים להדמות פעולותיהם לפעולותיו. תם

ונשלם ביאור עזרא מהחכם מאשטרי ליאן דיבניוליש המכונה ר׳ לוי בן גרשום והיתה השלמתו בירח כסלו שנת ארבעים ושבעה לפרט...

Papier. Moy. xve siècle. — (Sorbonne 82.)

248.

1° Commentaire de R. Lévi, fils de Gerson, sur le livre de Job.

2° (Fol. 91 v°.) Commentaires du même auteur sur le Cantique des Cantiques, l'Ecclésiaste et le livre d'Esther. Texte conforme à celui des mêmes livres du n° précédent.

3° (Fol. 171 v°.) Commentaire du même auteur sur le livre de Daniel. La date qui se trouve à la fin est un peu différente de celle qui termine le même livre dans le n° précédent et dans d'autres exemplaires. Au lieu de אדר שני, il n'y a que אדר.

4° (Fol. 203 v°.) ביאור ספר עזרא מרלב״ג « Commentaire du livre d'Esdras (-Néhémie), par R. Lévi, fils de Gerson ». Le texte est conforme à celui du même livre du n° précédent, mais la date à la fin est complétement différente et semble y avoir été mise par erreur. Voici la dernière phrase : ובכאן נשלם ביאור זה הספר . והיתה השלמתו בירח אדר שני של שנת תשעים ושמונה לפרט האלף הששי ליצירה...

5° (Fol. 227 v°.) ביאור דברי הימים לרלב״ג « Commentaire des Paralipomènes, par R. Lévi, fils de Gerson ». Voici le commencement de l'ouvrage : אדם שת אנוש וגו׳ עד ויקבצו כל ישראל אל דוד חברונה אדם שת אנוש . הנה כלם עד נח היה אב הראשון לשני וזה שאדם הוא אבי שת ושת אבי אנוש וכן כלם עד נח והוא אבי שם חם ויפת... Il finit par cette phrase : ולזה נשלמו בשנת אחת לכורש כמו שנ׳ בסוף זה הספר ... ובכאן נשלם זה הביאור . והיתה השלמתו בשני לחדש ניסן של שנת תשעים ושמונה לפרט האלף הששי . ישתבח ... אמן .

Vélin. Pet. xive siècle. — (Oratoire 30.)

249.

1° Commentaire de R. Lévi, fils de Gerson, sur le livre de Job.

2° (Fol. 129 v°.) ביאור שיר השירים אל החכם הפילוסוף האלהי ר׳ לוי י״נ בן כבוד החכם ר׳ גרשום נ״ע « Commentaire du Cantique des Cantiques, par R. Lévi, fils de Gerson ».

La copie de ces deux ouvrages a été terminée le 29 tammouz 5105 (1345 de J. C.).

3° (Fol. 184 v°.) Commentaire sur le livre d'Esther. En voici le commencement : ויהי ... הוא אחשורוש יתכן שהיה במלכי מדי ופרס אחשורש אחר אבל האחר לא מלך בהודו וכוש וזה מלך בהודו וכוש... La fin manque. La manière de l'interprétation se rapproche le plus de celle d'Aben-Ezra. L'écriture de cet ouvrage est la même que celle des deux premiers.

4° (Fol. 209.) Commentaire de l'Ecclésiaste, par R. Lévi, fils de Gerson. Le commencement manque.

Vélin et papier. Pet. — (Sorbonne 67.)

250.

1° פירוש איוב לר׳ לוי בן גרשון « Commentaire du livre de Job, par R. Lévi, fils de Gerson ».

2° (Fol. 107.) פירוש מגילת רות למ״ר לוי בן גרשום ז״ל « Commentaire du livre de Ruth, par R. Lévi, fils de Gerson ».

3° (Fol. 112 v°.) פירוש מגילת אחשורוש למ״ר לוי בן גרשום ז״ל « Commentaire du livre d'Ahasvérus (d'Esther), par R. Lévi, fils de Gerson ». Au dernier chapitre, au 17° résultat (תועלה), le copiste termine par cette note : עד הנה מצאתי בהעתק ולפי הנראה אינם מושלמין עדיין התועלות מזאת המגלה. La fin a été ajoutée plus tard.

Papier. Pet. xive siècle. — (Sorbonne 68.)

251.

1° Commentaire de R. Lévi, fils de Gerson, sur le livre de Job.

2° (Fol. 86.) קצור ספר איוב באור החכם ר׳ לוי בן גרשום ז״ל הפילוסוף האלהי « Abrégé du commentaire de Job, de R. Lévi, fils de Gerson, ... ». A la fin : תם ונשלם קצור באור איוב מהשלם מאישטר לאון דבנילאש...

3° (Fol. 96 v°.) באור ספר דניאל « Commentaire du livre de Daniel », par le même auteur.

Vélin et papier. Pet. xve siècle. — (Ancien fonds 125.)

252.

ביאור ספר איוב להחכם השלם האלהי מאישתרי ליאון דבננולש זלה״ה « Commentaire du livre de Job, par.... maître Léon, de Bagnols (Lévi, fils de Gerson) ». Le ms. semble appartenir au xive siècle. Sur la dernière page l'un des propriétaires de ce ms. a noté un événement de famille, l'an 1429, et un inventaire d'une cinquantaine d'ouvrages en sa possession.

Papier. Pet. — (Ancien fonds 126.)

253.

Commentaire de R. Lévi, fils de Gerson, sur le livre de Job.

Papier. Moy. xive siècle. — (Ancien fonds 86.)

254.

Commentaire de R. Lévi, fils de Gerson, sur le livre de Job. Les marges portent de nombreuses corrections.

Papier. Pet. xve siècle. — (Sorbonne 69.)

255.

Commentaire de R. Lévi, fils de Gerson, sur le livre de Job. Le commencement, jusqu'au milieu du chapitre v, manque. Les trois dernières pages du ms. contiennent le commencement de la traduction hébraïque du livre Khozari.

Papier. Pet. xive siècle. — (Sorbonne 70.)

256.

1° Commentaire de R. Lévi, fils de Gerson, sur les Proverbes. Introduction comme dans le n° 246, mais sans épigraphe.

2° (Fol. 147 v°.) Commentaire du même auteur sur le Cantique des Cantiques.

Les versets bibliques sont cités en entier. Copie moderne.

Papier. Pet. — (Supplément 97, St-Germain 228.)

257.

1° Commentaire de R. Lévi, fils de Gerson, sur le Cantique des Cantiques.

2° (Fol. 44 v°.) Commentaire du même auteur sur les Proverbes. Introduction et épigraphe.

Vélin et papier. Pet. xive siècle. — (Sorbonne 71.)

258.

Commentaire de R. Lévi, fils de Gerson, sur le Cantique des Cantiques. Le ms., d'une très-belle écriture, a été exécuté par Ḥananyah, fils de Menaḥem Kohen, pour David, fils de Nathan, à Sirmouni (בכרך סירמוני), en 1474.

Papier. Pet. — (Sorbonne 72.)

259.

1° Commentaire de R. Lévi, fils de Gerson, sur le livre de Daniel.

2° (Fol. 33.) Commentaire du même auteur sur l'Ecclésiaste. Incomplet à la fin.

3° (Fol. 45.) Quelques tables astronomiques et astrologiques; puis deux tables chronologiques, dont la première renferme la concordance des calendriers julien et musulman pour l'espace de dix-neuf ans (les années 1447-1466); la seconde, la concordance des calendriers julien et juif pour la même époque.

4° (Fol. 54.) ס' ראשית חכמה «Livre du principe de la sagesse», par R. Abraham Aben-Ezra. Introduction à l'astrologie. Ce traité a été traduit en latin par Petrus Paduanus, et publié dans l'ouvrage cité ci-dessus (n° 159).

5° (Fol. 94.) ספר המולדות לחכם ן' עזרא ז"ל «Livre des nativités, par Ibn-Ezra», terminé par le chapitre תקופות השנים. (Voyez ci-dessus n° 189, 5°.)

6° (Fol. 120.) ספר המאורות להחכם ר' אברהם ן' עזרא ז"ל «Livre des luminaires, par R. Abraham Ibn-Ezra». (Voyez ci-dessus n° 189, 7°.)

7° (Fol. 127.) ספר העולם ומחברות המשרתים כלם «Livre du monde et des conjonctions des planètes». (Voyez ci-dessus n° 189, 9°.) Ce traité se termine par cette phrase : נשלם ספר משפטי העולם ובו נשלמו ספרי הדינים כלם והודות לשם המבין כל נעלם במרחשון שנת תתק"ט לעלם. L'ouvrage fut donc terminé en 1148.

8° (Fol. 137.) ספר הטעמים לר' אברהם ן' עזרא «Livre des raisons, par R. Abraham Ibn-Ezra». L'ouvrage commence par ces mots : הנה הואלתי לשום מוסד לספר ראשית החכמה, et finit par ceux-ci : אם יהיה בתחלת אחת היתדות או השמש כהם ביום והלבנה בלילה. Cet ouvrage est identique à celui qui, dans la traduction latine, porte le titre de «Liber rationum»; mais il diffère de celui du même auteur et portant le même titre, qui se trouve dans le n° 189, 4°.

Les quatre derniers ouvrages sont de la main du même copiste, qui a terminé son travail le 11 tammouz 5249 (1489 de J. C.).

9° (Fol. 154.) Fragment d'un ouvrage d'astrologie (3 feuillets).

10° (Fol. 160.) Fragment d'un ouvrage de médecine. Les deux chapitres (le xxie et le xxiie) dont se compose ce fragment traitent de la lèpre. Les mots espagnols qu'on y rencontre permettent de supposer comme auteur un juif espagnol.

Papier. Pet. — (Oratoire 35.)

260.

Commentaire sur le Pentateuque, par un auteur inconnu. Une autre main que celle du copiste a écrit en tête du ms. ces mots : פי' התורה להר' אליעזר מגרמישה וצ"ל «Commentaire du Pentateuque, par R. Éliézer de Worms». Mais cette indication est fausse, puisque R. Éliézer est cité lui-même dans ce commentaire. (Voyez fol. 227 v°, 232 v°, etc.) L'ouvrage, tout en offrant des explications tirées des meilleurs midraschim, repose principalement sur le commentaire de Raschi, cité presque à chaque verset. Les auteurs cités sont R. Moïse, fils de Naḥman; R. Saadya, Aben-Ezra, R. Bekhor Schor, R. David Kimḥi, R. Isaac, fils de Moïse; R. Abigdôr Cohen-Ẓedeq, R. Ḥayyim, R. Yerouḥam, fils de Ḥayyim, l'auteur de Ḥizqouni. Il résulte de quelques passages que l'auteur était Allemand (fol. 146 v° et 292 v°). Il indique comme son contemporain un certain R. Menaḥem. L'ouvrage commence par ces mots : בראשית. למה פתח הקב"ה התורה

בכי"ת וסיים בלמ"ד וש"ה לא עשה כן לכל גוי ומשפטים בל ידעום... Le Deutéronome manque.

Vélin et papier. Pet. — (Oratoire 78.)

261.

1° מגלת אחשורש להרמ"ה «Livre d'Esther, par Ramah». C'est un commentaire sur le livre d'Esther, par un auteur dont le nom n'est pas suffisamment indiqué par les initiales qui sont transcrites ci-dessus, et qu'on peut lire Moïse Hal-Lévi. L'auteur cite souvent R. Lévi, fils de Gerson. L'ouvrage commence par ces mots : בימי אחשורוש כפי מה שראיתי שנבוכדנאצר החריב ירושלם אויל מרודך בנו בלשצר בנו כשהרגו לבלשצר..., et finit par ceux-ci : אל תמנע טוב מבעליו לא שם עליה המס כי אם על הארץ.

2° (Fol. 16.) ביאור משלי להרש"ט זצ"ל «Commentaire des Proverbes, par R. Schem-tob», auteur d'une époque incertaine. Ce commentaire n'explique que les passages difficiles du texte biblique. Il commence par ces mots : אחר השבח והתהלה לאל כפי מדרגת מציאותו ראינו להעיר קצת הערות בספר משלי..., et finit par ceux-ci : עם שיש בהרבה פסוקים פירושים רבים חדשים על המפרשים.

3° (Fol. 40.) פירוש מגלת שיר השירים «Commentaire du Cantique des Cantiques», par Joseph. L'ouvrage commence par ces mots : אמר יוסף אחרי התהלה לאל אשר עזרני ברובי חסדו לפרש הרבה מספר הנבואה ומספר רוח הקדש..., et finit par ceux-ci : ולפי שחברתי הפי' בזמן קצר התיצב עליו התיצבות ב' ואשלים מה שחסר ממנו בהתיצבות הראשון. Dans sa préface l'auteur rend compte des méthodes selon lesquelles ce livre a été interprété avant lui par R. Saʿadya Gaon, Raschi, R. Lévi, fils de Gerson; Aben-Ezra et R. José ʿAkouïn, disciple de Maïmonide. Sa propre méthode consiste à expliquer d'abord les mots de chaque verset, puis le sens littéral du verset entier, ensuite le sens allégorique (en substituant Israël et Dieu aux deux interlocuteurs du poëme), et enfin le sens métaphysique (en substituant aux mêmes personnages l'âme et l'intellect actif).

4° (Fol. 110.) שרש ישי פירוש על מגלת רות חברו החכם השלם המקובל האלהי מוהר"ר שלמה הלוי בן אלקבץ... «La Racine de Jessé. Commentaire du livre de Ruth, par ... R. Salomon Hal-Lévi, fils d'Alqâbiẓ». Cet ouvrage a été imprimé. Une table des passages bibliques et des citations des rabbins, dressée par R. Moïse, fils de l'auteur, termine le commentaire.

Ces quatre ouvrages sont écrits de la main de Joseph Birbigo, qui acheva sa copie le 12 schebat 5326 (1566 de J. C.).

5° (Fol. 251.) Explications des divers passages bibliques que le copiste des ouvrages précédents donne d'après les leçons de הר"יע (probablement R. Isaac ʿAramah). Commencement : פי' פסוקים שמעתי מהרי"ע.

6° (Fol. 265.) בחינת העולם «Examen du monde», par R. Yedaya Hap-Penini (nommé En-Bonet, ou Prophiat), fils d'Abraham, de Béziers. Cet ouvrage, qui a été publié plusieurs fois, est accompagné ici du commentaire anonyme qui est imprimé dans l'édition de Soncino de 1484.

Papier. Pet. — (Ancien fonds 123.)

262.

1° Commentaire philosophique et allégorique du livre de Job, par R. Isaac 'Arondi ou 'Aronas. (Voyez Uri, Cat., pag. 27.) Voici le commencement de l'ouvrage : אמר יצחק המיוחס לבית ארונדי. אחר השבח וההודאה לאשר גמלנו ברחמיו וברוב חסדו. הנה או' כי לפי שהיה זה הספר גדול התועלת מאד... Il finit par ces mots : ובכבוד ובבנים ובאריכות החיים הזמניים ויראה את ... ושבע ימים. L'auteur cite dans la préface, et plusieurs fois dans le commentaire lui-même, le ס' המלחמות de R. Lévi, fils de Gerson. On rencontre dans le texte beaucoup de mots arabes.

2° (Fol. 108.) אגרת ששלח מאישטרי לבוניט חברו באמונות «Lettre de Maëstro [Prophiat Douran] à Bonnet, son ami, sur les croyances», avec le commentaire de R. Joseph, fils de Schem-tob. Cette lettre, dont chaque paragraphe commence par les mots אל תהי כאבותיך, a été imprimée avec ce commentaire, vers 1577, à Constantinople, et publiée de nouveau à Breslau, en 1840. Le texte de notre ms. diffère de celui de l'édition de Constantinople par de nombreuses variantes. A la suite de ce livre une main plus moderne a ajouté : ועל הכתב היה כתוב. לדוד בשנותו..., comme dans l'édition mentionnée ci-dessus.

3° (Fol. 132.) מאמר תחיית המתים... «Traité de la résurrection des morts. Réponse de R. Moïse Maïmonide à R. Samuel Hal-Lévi, chef de l'Académie de Babylone, concernant la résurrection des morts». Cette lettre, traduite de l'arabe en hébreu par Samuel Ibn-Tibbon, a été imprimée pour la première fois à Constantinople, en 1569.

4° (Fol. 144 v°.) Introduction dans la Mischna, par R. Moïse Maïmonide, traduite de l'arabe en hébreu par «R. Juda, fils de Salomon Has-Sephardi, nommé Ben-Ḥarizi». Cette pièce a été imprimée.

Papier. Pet. — (Supplément 78.)

263.

1° Commentaire allégorique et mystique du Cantique des Cantiques, par R. Abraham Hal-Lévi, fils d'Isaac. Cet ouvrage est identique à celui qui se trouve dans le n° 42, et qui a été imprimé pour la première fois à Sabionetta, en 1558. La copie de ce ms. a été terminée le 10 avril 5241 (1481 de J. C.).

2° (Fol. 41.) Tables astronomiques et chronologiques établissant des règles pour la fixation du calendrier ecclésiastique des Juifs, et des concordances des mois de l'année lunaire et de l'année solaire depuis 5226 jusqu'à 5301 de la création (1461-1540 de J. C.); et

3° (Fol. 68.) Note de R. Ahron, de Lunel, écrite en 4964 (1204 de J. C.), sur l'année de la naissance de Jésus-Christ. (Une page.)

4° (Fol. 73.) Table des passages bibliques cités dans le Guide des Égarés de Maïmonide, suivie de l'indication des passages du même livre auxquels l'auteur renvoie en disant que tel sujet a été ou sera expliqué ailleurs.

5° (Fol. 105.) Division des chapitres pour tous les livres dont se compose la Bible.

Papier. Pet. — (Ancien fonds 139.)

264.

Commentaire de la Genèse intitulé : אמרי שפר « Paroles gracieuses », par R. Juda, fils de Moïse Ben-Ḥalava. L'auteur dit avoir composé cet ouvrage en 5180 (1420 de J. C.), en se servant des travaux sur le Talmud (חרושים) que son père lui avait laissés en mourant. Par quelques vers à la fin du volume on voit que l'auteur a dû continuer son commentaire. L'ouvrage commence par ces mots : אמר יהודה בן הרב ר' משה בן חלאוה ז"להה אני יודע שאיני יודע לא מהיותי יודע . כיודע שאינו יודע יודע . . ., et finit par ceux-ci : י'ה ה'ו'ד'ך ה'ראה לעולם מקוה. ישע יקרב · ח'זק ל'א'ו'ה'בי תורתך בשלום רב.

Papier. Pet. — (Ancien fonds 112.)

265.

Commentaire du Pentateuque, par R. Mardochée, fils d'Éliézer, Komtino. L'ouvrage commence par quelques vers, dont voici le premier : מבטח חכמים וכל אנשי בריתך. Le commentaire lui-même commence ainsi : אמר מרדכי בן אליעזר כומטינו יעמ"ש הקושטנדיני היוני להיות שהדבור..., et finit par ces mots : והאר חשכה . באורה סמוכה. תהי נא תמוכה. וזאת הברכה. Chaque section est terminée par un distique, et l'ouvrage entier par une longue pièce de vers, dont le premier est : אלהי מה מאד גדלו ורבו. L'auteur dit avoir fini son livre le 13 ab 5220 (1460 de J. C.). Le titre de : כתר תורה, que de Rossi (« Diz. stor. », I, 94) attribue à cet ouvrage, ne se trouve pas dans cet exemplaire ni dans celui du n° suivant. Le ms. a été exécuté par Joseph, fils de Schem-tôb Has-Sephardi, élève de l'auteur.

Vélin et papier. Moy. — (Ancien fonds 72.)

266.

Commentaire du Pentateuque, par R. Mardochée, fils d'Éliézer, Komtino. La pièce de vers de la fin manque dans ce ms.

Papier. Moy. — (Oratoire 18.)

267.

Commentaire sur les premiers et les derniers Prophètes et les Psaumes, par R. Mardochée, fils de Moïse. L'ouvrage commence ainsi : משה עבדי מת פי' אלו היה קיים כו הייתי בוחר יותר מכל הנביאים . והלבנון ל' יער וכן כל לבנון שבמקרא פשוטו ל' יער . . . L'auteur a pris pour guide le commentaire de Raschi et l'enseignement de son père, Moïse, fils d'Israël. Il traduit presque toujours le texte en allemand. Ce volume, qui est autographe, a été terminé par l'auteur dans la maison de son père, à Wiringen (וירינגן), le mardi 13 tammouz 5224 (1464 de J. C.).

Papier. Pet. — (Ancien fonds 121.)

268.

ביאור מגלת איכה להחכם הכולל הה"ר יואל בן שועיב זלה"ה תושב עיר תטילא « Commentaire des Lamentations de Jérémie, par R. Joel Ben-Schô'êb, de Tudèle ». Cet ouvrage, composé à Tudèle en 5245 (1485 de J. C.), a été imprimé en 1589 à Venise. Ce ms. a été exécuté à Fez, en 1603.

Papier. Pet. — (Supplément 74.)

269.

Commentaire du Cantique des Cantiques, par R. Moïse, fils d'Isaac, Ḥalayo, auteur du xve siècle. L'auteur voit dans ce poëme l'aspiration de l'âme à l'union intime avec Dieu. Voici le commencement de l'ouvrage : תפוחי זהב במשכיות כסף דבר דבור על אופניו . שלמה ע"ה הודיענו בזה הפסוק עקרים גדולים... Il finit par ces mots : טהור ברא לי אלהים ורוח נכון חדש בקרבי. (Voyez, sur l'auteur et sur cet ouvrage, Assemani, « Cat. Bibl. Vatic. », cod. lxix et lxx.) Ce ms. a été exécuté par Mardochée, fils d'Isaac, de Tivoli.

Papier. Pet. — (Ancien fonds 138.)

270.

עיני העדה « Les Yeux de la communauté », ou Commentaire philosophique et mystique sur les cinq premiers chapitres de la Genèse, par R. Joḥanan 'Alman. Cet ouvrage porte une épigraphe qui commence ainsi : עיני העדה מעשה בראשית הוא ידיעת היצירה הנודע מספר יצירה ותכליתו לדעת... Voici le commencement du commentaire : הן אני כאשר היה עם לבבי להב נצב. . . .

Le ms. semble être autographe.

Papier. Pet. — (Sorbonne 65.)

271.

1° פירוש ישעיה להה"ר מאיר ן' ערמה זצ"ל «Commentaire d'Isaïe, par R. Meïr Ibn-ʿAramah», auteur du xvi° siècle. Cet ouvrage a été publié avec le commentaire de Jérémie du même auteur, à Venise, en 1603, sous le titre de : אורים ותמים.

2° (Fol. 49.) פירוש המזמורים שחבר כמה"ר יוסף טיטצאק ז"ל «Commentaire des Psaumes, par R. Joseph Titzâq», suivi de notes sur quelques passages des Proverbes. L'ouvrage commence ainsi : אשרי האיש מאי דכתי' מוקנים אתבונן אתה מוצא כשבי לך...

3° (Fol. 80.) פירוש קצת מעניות איוב «Commentaire de quelques discours du livre de Job», par le même auteur. L'ouvrage commence par ces mots : איש היה וכו' כבר תראה דברי הרב המורה כי ביאר תיבת עוץ מלשון עצה... Ce commentaire s'étend sur différents passages des chapitres i-xxiii.

4° (Fol. 102.) פירוש על דניאל «Commentaire sur le livre de Daniel», par le même auteur. L'ouvrage commence par : ...אז"ל לא רצו למנות לבנינו, et finit par : בידנו כמשפטו וזה מבואר.

La dernière page contient un petit poëme de R. Salomon Ibn-Gebirol, commençant par : ככלות ייני, et qui a été imprimé dans le recueil בכורי העתים, année 1824.

Papier. Pet. — (Oratoire 33.)

272.

1° Sermon sur un texte tiré d'Isaïe et traitant de la crainte et de l'amour de Dieu, commençant par : כה אמר יי מלך יש'..., et finissant par : תושלם היראה והאהבה מאד.

2° (Fol. 5.) פי' ישעיה להרמ"ע ז"ל «Commentaire d'Isaïe, par R. Meïr ʿAramah».

3° (Fol. 40.) Commentaire des Psaumes, intitulé: נורה ההלות, par R. Joël Ibn-Schôʿêb. Cet ouvrage a été imprimé à Salonique, en 1569. Cette copie ne s'étend que jusqu'au psaume xviii.

4° (Fol. 77.) Commentaire sur le livre de Job. Le commencement, jusqu'au chapitre v, verset 23, manque. L'ouvrage finit par ces mots : וימת שבע רואה חסרון העולם הזה שהוא עוזב ויתרון העולם הבא. אשרי מי שבא לזאת המדה. Le copiste dit à la fin qu'il a donné de ce commentaire tout ce qu'il a pu trouver, qu'il n'en connaît pas l'auteur, qui ne cite aucun autre ouvrage, mais qu'il doit être postérieur à Maïmonide, un homme fort érudit et grand philosophe. Une main plus moderne a ajouté à la marge que l'auteur est le philosophe R. Abba Mâri.

5° (Fol. 103.) Commentaire allégorique du livre de Ruth. En voici le commencement : בשם אלהי אברהם אתחיל לכתוב המגילה. כי חמשה ספרים הם חמשה מגלות... Il finit par ces mots : אפי' כגלותם כשיגלה שיאיר אותה שלמה אמן נצח סלה.

6° (Fol. 107.) Trois séries d'observations détachées sur divers passages de la Bible, du Talmud et des midraschim. La première est de R. Meïr ʿAramah et porte le titre de : פירוש המאמרים להרמ"ע ז"ל. Les deux autres fol. 120) contiennent plusieurs morceaux attribués à מהרי"ט, à מהרי"ף, à ר"י כהן, de Constantinople, ר"י ן' לב et autres; quelques-uns sont signés par Abraham Hal-Lévi.

7° (Fol. 136.) Extraits de plusieurs sermons, dont le premier (דרוש לשבת הגדול) commence par ces mots : זאת תורת העולה היא העולה במדרש רבה...

8° (Fol. 158.) Tables des citations de plusieurs ouvrages, entre autres pour le מאיר איוב, ou commentaire du livre de Job, de R. Meïr ʿAramah, et une table analytique pour le דרך אמונה.

La dernière partie du ms. a été exécutée par Ḥabîb Ben-Ḥabîb (חביב בן חביב בואין וארון).

Papier. Pet. xv° et xvi° siècle. — (Ancien fonds 141.)

273.

1° Commentaire anonyme sur le Pentateuque. Les explications données sont en grande partie allégoriques et philosophiques. On n'y voit cité aucun autre ouvrage. Le commentaire commence par ces mots : לקרוא בשם יי. כל אדם חייב להודות לשי"ת כמ"ש מרע"ה בפרשת וזאת הברכה אין כאל ישורון. מעונה אלהי קדם גו' אשריך ישראל..., et finit par ceux-ci : ובכל מאודך היא כנגד נפש המשכלת וההתחלה בחירייה שהוא המאודות של אדם. Cet ouvrage semble avoir été rédigé en Orient à une époque assez récente.

2° (Fol. 150.) פירוש האזהרות ... לר' יצחק בן טודרוס נ"ע. «Commentaire des ʾazhârôth [poëme de R. Salomon Ibn-Gebirol], par R. Isaac, fils de Todros». Cet ouvrage commence ainsi : ראיתי רבים מסתפקים בעיקרי המצות הנרמזות באזהרות אשר יסד הפייט ר' שלמה... La fin manque. (Voyez sur ce livre «Literaturblatt des Orients», VIII, p. 405.) L'auteur s'est servi des ʾazhârôth du siddour de R. ʿAmran, commençant par: אחגיר חיל לרומם הבורא; des halakhoth, et des ouvrages de Maïmonide et de Naḥmanide relatifs au même sujet.

3° (Fol. 207.) קבלה על מלאכת השיר «Tradition sur la prosodie», commençant par : ...פנה אלי וקח דברי אמרי, et finissant par : אם כבת נכרי וניכל בעל. L'ouvrage a été composé vers 1391 (voyez fol. 208 v°), et est attribué à R. Absalon, fils de Moïse Mizraḥi. L'auteur, parmi les modèles qu'il donne, parle aussi de la fameuse lettre adressée, sous le titre de : מנחת קנאות, par R. Isaac Palqari, au juif converti Abner.

4° (Fol. 214. Astronomie; par R. Abraham, fils de

Ḥiyya Has-Sephardi. Cet ouvrage a été publié sous le titre de : צורת הארץ, et traduit par O. Schreckenfuchs, Bâle, 1546. Le texte de l'édition est plus développé que celui de notre ms. La fin manque.

5° (Fol. 240 v°.) Différentes dissertations :

a. Sur les combinaisons de prémisses qui donnent cent huit, deux cent seize et neuf cent soixante et douze conclusions différentes. (Voyez Maïmonide, מלות ההגיון.)

b. Traité sur les diverses figures trilatérales et quadrilatérales.

c. Lettre de Maïmonide, commençant par ces mots : מה ששאלת לידע טוב הנפש...

d. Chapitre commençant par ces mots : שמע מה שיהנך בעולם הזה ובעולם הבא, extrait d'un traité du même auteur.

e. Explication des paroles de R. Josué, fils de Lévi, relatives aux trois cent dix mondes.

f. Quelques figures mathématiques, avec explications.

Ce ms. a été exécuté par plusieurs mains et à diverses époques.

Papier. Pet. — (Ancien fonds 217.)

274.

Commentaire du livre de Job, précédé d'une introduction générale (הערה) qui forme le tiers de l'ouvrage. L'introduction commence par ces mots : הנה בעל העקרים ברברו בנושא ההשגחה כמאמר..., le commentaire par ceux-ci : ...ביען כי רָאשי האמה היו מספר, et il finit par ceux-ci : וימת איוב... כמו שנ׳ כי ימותו זקנים בחכמה ובשנים ובזכות זה תעלה צדקתם למרום עד שנפשם תחיה צרורה בצרור החיים את ה׳אלקים. Après avoir discuté les questions d'origine du livre de Job, et les opinions des anciens docteurs, l'auteur explique le psaume LXXIII, le chapitre LXIII d'Isaïe, le chapitre XII de Jérémie, les prophéties d'Habacuc et de Malachie, et enfin le psaume XCIV. Les nombreuses corrections au milieu du texte et les notes marginales portent à penser que le manuscrit est autographe. L'auteur était probablement originaire de l'Allemagne, comme on le voit par l'explication du nom de Luther (fol. 5), «fondateur de la nouvelle foi». On lit à la fin du volume une note qui semble appartenir à l'auteur, et qui dit que le ms. a été exécuté par Schealtiel, fils de Salomon, en 5322 (1562 de J. C.), à Salonique.

Papier. Moy. — (Ancien fonds 198.)

275.

Commentaire des Psaumes, par R. 'Obadya Sforno, fils de Jacob, auteur du XVIe siècle. Ce commentaire a été imprimé pour la première fois à Venise, en 1586. Dans ce ms. la préface manque et les feuillets sont transposés.

Papier. Pet. — (Ancien fonds 134.)

276.

1° Commentaire du livre de Job, par R. 'Obadya Sforno, fils de Jacob. Ce commentaire a été imprimé à Venise, sous le titre : משפט צדק, en 1590, et dans la Bible rabbinique d'Amsterdam. Il y a dans ce ms. une préface qui manque dans l'édition et qui commence par ces mots : [החכמי]ם אנשי השם אשר... להתבונן ושום שכל ולהביט נפלאות תמים רעים במציאות נרמים...

2° (Fol. 35.) Homélies sur le Cantique des Cantiques, prononcées en quatre parties, les deux premiers et les deux derniers jours de la fête de Pâque. L'auteur exprime sa pensée sous l'allégorie de deux femmes unies à un seul mari, mais objet d'un amour très-inégal, et dont la moins heureuse adresse la parole à sa compagne préférée. L'ouvrage commence par ces mots : ...חזית איש מהיר במלאכתו, et finit par ceux-ci : יזכנו להחזיר הנבואה בישראל ואת רוחו ישׂעוך עלינו משיח צדקנו. L'ouvrage date du XVIe siècle.

3° (Fol. 55.) Quelques sermons, dont l'un est l'oraison funèbre de R. Mardochée Qanârôti (קנארוטי), instituteur des enfants de R. Abraham de Pise. Ces sermons appartiennent à la seconde moitié du XVIe siècle, puisqu'il y est fait mention des persécutions des juifs dans les États de l'Église.

4° (Fol. 112.) Lettre adressée à ses parents par R. Élie, de Pesaro, et datée de Famagouste, 18 octobre 1563. L'auteur donne dans cette lettre des détails intéressants sur Venise et son commerce, sur les îles de la Méditerranée et les communautés juives qu'il avait visitées, sur celle de Famagouste et son rabbin R. Éliézer 'Aschkenazi, etc. (Voyez Carmoly, «Histoire des médecins juifs», p. 147; «Ltbl. des Or.», II, p. 444.) Le porteur de cette lettre était ce même Éliézer, allant à Venise pour chercher sa bru, fille de R. Samuel Juda, petite-fille du célèbre R. Meïr de Padoue. Cette pièce a été traduite en allemand par M. Jost, dans le «Jahrbuch der Israeliten».

Le ms. offre la même écriture que le ms. précédent.

Papier. Pet. — (Ancien fonds 124.)

---

277 et 278.

Commentaire sur la Genèse, en arabe, écrit en caractères hébreux, par R. Japhet Ben-'Ali Hal-Lévi, surnommé 'Abou 'Ali Ḥassan Al-Baẓry (de Bassore), auteur caraïte du Xe siècle. Chaque verset du texte est accompagné de sa traduction arabe et de son commentaire. Ce commentaire ne forme que la première partie d'un commentaire complet sur la Bible, dont il n'existe en Europe que des fragments. (Voyez les nos suivants.) Le ms., relié en deux volumes, et dont le premier va jusqu'à la fin du chapitre XXII, est défectueux en différents endroits et d'une écriture moderne. Ce ms., ainsi que les nos suivants, a été décrit par M. Munk dans les Annales israélites de Jost, 1841, pages 76 et suivantes; dans le Journal asiatique, 1850, tome XV, pages 247 et suivantes, et par M. Bargès, dans «R. Yapheth Ben-Heli ... in librum Psalmorum specimen...», Paris, 1846.

2 vol. Papier. Pet. — (Supplément 30 I et II.)

279.

Commentaire des trois premières sections de la Genèse, en arabe, écrit en caractères hébreux; par R. Japhet Ben-ʿAli. C'est une partie de l'ouvrage contenu dans le ms. précédent. La copie date du XVIe siècle et offre plusieurs variantes.

Papier. Pet. — (Supplément 31.)

280.

Commentaire des IIIe et IVe sections de l'Exode, en arabe, écrit en caractères hébreux; par R. Japhet Ben-ʿAli.

Papier. Pet. — (Supplément 32.)

281.

Commentaire de la ve section de l'Exode, en arabe, écrit en caractères hébreux; par R. Japhet Ben-ʿAli. Il manque un feuillet entre le verset עתה ידעתי וכו' et le verset ויחי ממחרת וכו'.

Papier. Pet. — (Supplément 33.)

282.

Commentaire sur les sections V, VI et VII du Lévitique, en arabe, écrit en caractères hébreux, avec les points-voyelles arabes; par R. Japhet Ben-ʿAli. La copie a été exécutée par Juda Ibn-Alnaqqâsch entre les années 1825 et 1827 des Séleucides (1514-1516 de J. C.), en Égypte. Le dernier feuillet contient un poëme en hébreu, qui commence par ces mots : חפשו רודפי צדק. ונתיבות חקים, et qui forme l'acrostiche du nom de l'auteur. Il a été publié par M. Bargès dans l'ouvrage cité ci-dessus.

Papier. Moy. — (Supplément 34.)

283.

Commentaire sur les sections IV, V, VI, VII et VIII du livre des Nombres, en arabe, écrit en caractères hébreux; par R. Japhet Ben-ʿAli. Le ms. a été exécuté par Abraham, fils de Moïse Hal-Lévi, et son fils Samuel, entre les années 1685 et 1711 des Séleucides (1374-1400 de J. C.), à Jérusalem. Il y a plusieurs lacunes dans ce ms.

Papier. Moy. — (Supplément 35 A.)

284.

Commentaire sur les sections IX et X du livre des Nombres, en arabe, écrit en caractères hébreux; par R. Japhet Ben-ʿAli. Le ms. a été exécuté par Samuel, fils d'Abraham Hal-Lévi, au mois d'ab 1711 des Séleucides. (Voyez le n° précédent.) Le commencement manque.

Papier. Moy. — (Supplément 35 B.)

285.

Commentaire sur les sections IX et X du livre des Nombres, en arabe, écrit en caractères hébreux; par R. Japhet Ben-ʿAli. Très-belle écriture carrée.

Papier. Pet. — (Supplément 36.)

286 à 289.

Commentaire sur les Psaumes, en arabe, écrit en caractères hébreux; par R. Japhet Ben-ʿAli. Cet ouvrage est divisé en quatre volumes, dont le premier comprend les psaumes I à XLI; le second, les psaumes XLII à LXXII; le troisième, les psaumes LXXIII à CVI; et le quatrième, les psaumes CVII à CL. Des extraits de cet ouvrage (la préface et les deux premiers psaumes) ont été publiés par M. Bargès en 1846 («R. Yaphet Ben-Heli Bassorensis... commentarii in librum Psalmorum»... etc.), et la version arabe tout entière, sans le commentaire, en 1861. Cette copie a été exécutée entre 5372 et 5374 de la création (1612-1614 de J. C.). Il y a une lacune dans le second volume (du ps. L) et une autre dans le troisième volume (du ps. XC).

4 vol. Papier. Pet. — (Supplément 37 I-IV.)

290 et 291.

Commentaire du premier et du cinquième livre des Psaumes, en arabe, écrit en caractères hébreux; par R. Japhet Ben-ʿAli. Ce ms. a été exécuté par plusieurs mains différentes. Il semble plus ancien que le n° précédent, mais le texte est moins correct. Il y a quelques lacunes au milieu et à la fin.

2 vol. Papier. Pet. — (Supplément 38 I et II.)

292.

Commentaire sur les Proverbes, en arabe, écrit en caractères hébreux; par R. Japhet Ben-ʿAli. Voici le commencement de la préface : בשם יי אל עולם נעשה ונצליח תבארך אללה אלקדים אלואחד אלחי אלקאדר אלחכים אלעזיז ואהב אלחכמה... Le commentaire lui-même commence par ces mots : נסב הדא אלכתאב עלי סלמיאן (sic) בן דאוד עליהמא אלסלאם ליערפנא אן קאילה חכים בן חכים נבי בן

וקד יכון אחמר עלי צבג׳ נבי. . ., et finit par ceux-ci : אלארגואן תם קאלת זרע (l. בורע) בשערים בעלה ארדת. . .

Papier. Pet. — (Supplément 39.)

293.

Commentaire du Cantique des Cantiques, en arabe, écrit en caractères hébreux; par R. Japhet Ben-ʿAli. L'ouvrage commence par une préface en hébreu, dont voici les premiers mots: בשם אל אחד ואין אלוה זולתו ואין צור בלתו. . . Le commentaire lui-même commence par ces mots : אעלם אן לשלמה ע״ל״ם עלמאן אחדהמא הו עלם דניאיי ולם ידוונה לנא והו אלדי ידכרה אלמדוון. . ., et finit par ceux-ci : שמה ישבו כסאות למשפט כסאות לבית דוד. ברוך יוי לעולם אמן ואמן ושלום. La copie date de l'an 1626.

Papier. Pet. — (Supplément 40.)

294.

1° Commentaire de l'Ecclésiaste, en arabe, écrit en caractères hébreux; par R. Japhet Ben-ʿAli. La préface hébraïque commence par ces mots : בשם יהוה נע׳ ונצ׳. בשם יהוה אל חי וקים ראשון ואחרון בורא הכל. . . Le commentaire lui-même commence par ces mots : קד תקדם אלקול מנא פי צדר שיר השירים גׄרץׄ כל ספר מן הדא אלאספאר פעלי חסב אוקאתהם אלתי לשלמה. . ., et finit par ceux-ci : פי פעלהם כדאך יכון אלמגׄזאה ופי דלך קאל לתת לאיש כדרכיו וג׳ ושלום. La copie date de 1612.

2° (Fol. 177 v°.) שרח מגלה רות «Commentaire du livre de Ruth», en arabe et en caractères hébreux, par le même auteur. Commencement de la préface : תבארך אללה אלאה אסראיל אלקדים אלעזיז אלדי כלק אלסמאואת ומא פיהא. . . Le commentaire lui-même commence par ces mots : אול מא יגב נצדר בה דכר גׄמל גׄרץׄ הדה אלמגלה פנקול ועליה תנבא סי״י : אנה קד תקדם. . ., et finit par ceux-ci : חגי ע״ה ביום ההוא אקחך זרובבל בן שאלתיאל עבדי. . . נאום יוי צבאות ושלום.

L'écriture est la même pour les deux ouvrages.

Papier. Pet. — (Supplément 41.)

295.

1° Commentaire des Lamentations de Jérémie, en arabe, écrit en caractères hébreux; par R. Salomon Ben-Yerouḥam. Voici le commencement du commentaire : קולה רבתי בגוים שרתי רסם ללעבראני אן יכון אדא אחתאגׄ אלי תפכים כלמה. . . Il finit par ces mots : חזקו ויאמץ לבבכם כל המיחלים ליוי: כן יהי רצון במהרה ובימינו קרוב ואמרו אמן. La copie date de 1618.

2° (Fol. 124 v°.) Commentaire du livre d'Esther, en arabe et en caractères hébreux, par R. Japhet Ben-ʿAli. Le commentaire commence par ces mots : קד אכברנא במא פעלה בכתנצר בבית אלמקדס תלאת דפעאת. . ., et finit par ceux-ci : לא תבושו ולא תכלמו עד עולמי עד ושלום. La copie date de 1663.

Papier. Pet. — (Supplément 42.)

296.

Sermons sur les différentes sections de la Genèse, en arabe, écrit en caractères hébreux, par un auteur inconnu. Ces sermons ne forment que la première partie d'un ouvrage qui embrasse toutes les sections du Pentateuque. Il résulte d'un passage de la section וישב que cet ouvrage a été composé l'an 1814 des Séleucides (1503 de J. C.), et que, par conséquent, il ne peut pas appartenir à R. David, fils d'Abraham, fils de Moïse Maïmonide (voyez Azoulaï, שם הגדולים s. v. ed. Wilna, p. 43), auquel on l'a faussement attribué. Le langage de ces sermons est rempli d'expressions appartenant à l'arabe vulgaire. En voici le commencement : בשם אל נאזר בגבורה כתוב יוי בחכמה יסד ארץ ובתבונה יתכונן ובדעת חדרים ימלאו כל הון. . .

Papier. Pet. — (Supplément 53.)

297.

Sermons sur les différentes sections de l'Exode, en arabe, écrit en caractères hébreux, par l'auteur du n° précédent, également attribué à R. David, fils d'Abraham. L'ouvrage commence par ces mots : כתוב מגיד מראשית אחרית ומקדם אשר לא נעשו. . . La fin manque. Très-belle écriture. La copie date de 1645.

Papier. Pet. — (Supplément 54.)

298 et 299.

מקדמאת «Prolégomènes» ou discours pour servir d'introduction aux différentes sections du Pentateuque, en arabe, écrit en caractères hébreux; par R. Samuel le médecin, fils de Moïse, fils de Josué, Al-Maghrebi, auteur caraïte du xvie siècle. Ces discours étaient suivis d'un commentaire sur le Pentateuque, sous forme de questions et de réponses. Quelques feuillets au commencement manquent, et la copie s'arrête à la ive section du livre des Nombres.

2 vol. Papier. Pet. — (Supplément 45 I et II.)

300.

מקדמאת «Prolégomènes» ou discours pour servir d'introduction aux différentes sections du Pentateuque, en arabe, écrit en caractères hébreux; par R. Samuel Al-Maghrebi. Ce ms. est composé de cahiers d'écritures différentes; il s'arrête à la ve section du Deutéronome.

Papier. Pet. — (Supplément 44.)

301.

Gloses sur les livres de Josué, des Juges, de Samuel, des Rois, sur les Prophètes et sur les Hagiographes, à l'exception des Paralipomènes. Chacun des mots expliqués est accompagné de sa traduction française, écrite en caractères hébreux, et d'un exemple tiré d'un autre passage de la Bible. La plus grande partie de l'ouvrage est disposée en trois colonnes, dont la première contient les mots à expliquer, la seconde les mots français, la troisième les exemples. Quelquefois le commentaire est plus développé et l'on y cite la version chaldaïque de Jonathan et les gloses de R. Saadya Gaon, de Raschi, de Menaḥem Ben-Sarouk et de Dounasch Ben-Librat. Voici le commencement de l'ouvrage : יהושע· תדרוך מַרְקְרַאשׁ (marcheras) כ׳ מדרך כף רגל · מבא קוייקְמֶנט (couchement) כ׳ השמש לבא · חזק אֶנְהַרְדִי (enhardi) כ׳ וחזקהו · מוש רְמוּאֵרַא (remuera) כ׳ לא ימיש... Le livre d'Esdras finit par ces mots : מקדמת דנא דאבנט (d'avant cet) צייט ל׳ מקדם זאת · שנין שגיאין אנץ אשייץ (anz asuz) ל׳ שנים רבות · הב בנהי · רויי גרנט איאיגא לויי (roi grant et... lui) ל׳ מלך גדול בנהו · ושכללא · איפונדמנטא לויי (et fondamenta lui) ל׳ וייסד אותו ·. Cet ouvrage est entièrement différent des commentaires analogues conservés dans la Bibliothèque de Leipzig et dans celle de de Rossi. (Voyez Delitzsch, «Jesurun», p. 251 ; «Literaturblatt des Orients», 1844, p. 294 ; de Rossi, «Biblia heb.», passim.) A la fin de plusieurs livres bibliques se lit le nom du copiste de notre ms., Éliézer, fils d'Isaac, et une fois (fol. 121) le nom d'Isaac de Kaisersberg.

Vélin. Pet. — (Ancien fonds 485.)

302.

Gloses sur la Bible, en hébreu et en français, écrites en caractères hébreux. Cet ouvrage, appelé לעזים «Interprétations ou traductions en langue vulgaire» (voyez fol. 114 v°), est différent de l'ouvrage analogue contenu dans le n° précédent. Les mots, quoiqu'en plus grand nombre, sont en général expliqués par les mêmes mots français, mais les exemples sont presque toujours différents. Les interprétations de Raschi et des auteurs mentionnés dans le n° précédent sont également employées dans cet ouvrage, sans que les sources soient indiquées. Commencement de l'ouvrage : בראשית כתרג׳ בקדמין אֵינְשְׁוּיְיש (ainçois) בל׳ כמו הראשון אדם תולד : תוהו אֵישְׁטוּרְדִיזוֹן (estourdison) בל׳ · לשו׳ שממון · ובוהו אֵיבוּיְידְטֵי (et vuideté) בל׳ · לשון ריקנות : מרחפת אַקֻוְבֵיטוּנְץ (acouvetans) בל׳ ... Les Paralipomènes finissent par ces mots : וישיש · אֵיוְויֵילְא (et viel) בל׳ יב׳ בישישים חכמה : מלעיבים גָאבוּנְץ (gabanz) בל׳ כ׳ מלעיגים · ומתעתעים · אֵיאַקְרְנִושׁוּנְשׁ (et escarnissans) בל׳ כ׳ והייתי בעיניו כמתעתע ·. Le ms. a été exécuté par Joseph, fils de Samson, pour R. Samuel, fils de Jacob, et terminé au mois de kislev 5001 (1241 de J. C.).

Vélin. Moy. — (Supplément 125, provenant des Archives de l'Empire.)

303.

Notes d'Arnold Boot sur le livre de Job, les Psaumes, les Proverbes, l'Ecclésiaste, le Cantique des Cantiques, les prophéties d'Isaïe et de Jérémie, les Lamentations, Ézéchiel, les douze petits Prophètes, et sur le livre de Daniel. En latin.

Papier. Moy. — (Supplément 84, St-Germain 4.)

304.

«Commentarius in Jobi textum hebraïcum, collatum cum versione græca, syriaca, chaldaïca, cum expositionibus rabbinorum, cum translationibus Hieronymi, Pagnini, Munsteri, Tigurinorum, Stephani, Castalionis, Tremellii, Piscatoris et Genevensium ; itemque cum commentariis Merceri, Osiandri et Coccrii. Per Arnoldum Bootium». Ce ms. est autographe. L'auteur termine son travail par ces mots : «Finis scholiorum in Jobi textum hebraïcum, collatum cum versione syriaca, hieronymiana, Tigurinorum, cum scholiis Stephani, et gallica Genevensium, nec non Radicibus Davidis Kimchi. Parisiis, 13/23 maii 1648, cœptum ibidem ante tres circiter annos». Il ajoute que les vingt-quatre premiers chapitres devront être recopiés, et le tout collationné avec les versions de Tremelli, etc. Dans une note ajoutée plus tard, il rend compte des diverses études et collections qu'il avait faites au sujet de ce commentaire, entre les années 1649 et 1651. Outre les auteurs cités ci-dessus, il a encore fait usage des travaux de Pineda, de Lud. de Dieu, du Dictionnaire syriaque de Ferrari, de Buxtorf, de Grotius, etc.

Ce commentaire est suivi d'un glossaire du livre de Job, qui porte cette souscription : «Transcriptionem Indicis istius (cœpti colligi, cum duobus aliis, latino et illo locorum scripturæ, exeunte julio 1649, ac absoluti 15/25 augusti) finivi 5/15 septembris 1649. Parisiis. Arnoldus Bootius». Les deux tables mentionnées dans cette note terminent le volume.

Papier. Pet. — (Supplément 114, St-Germain 223.)

305.

«Ysayas, litterali sensu juxta hebreum textum primigenium explanatus per R. Patrem Fratrem Joannem Giffre, dictum de Rechac, et in religione a Sta-Maria nuncupatum, Gallum Neustrium Quillebovicensem, ord. FF. Prædicatorum conventus Parisiensis SS. Annunciationis B. M. V. ad S.-Honorat. strictioris observantiæ congregationis S^ti-Ludovici, regis Francorum....vicarium sanctimonialium ordinis Prædicat. apud S^tum-Stephanum de Nemoribus ad Lugdunum Galliæ, quo fungens munere... die 9 aprilis 1660, ætatis suæ 36° nondum expleto, pie obdormivit...». Au-dessus de ce titre, et de la même main, se trouve cette note : «Ex bibliotheca FF. Prædicatorum conventus Parisiensis S. M. Annunciat. via nova ad S.-Honorat., 1661. — Protographon ms. authoris propria manu exaratum 1660».

Papier. Pet. — (Fonds des traductions 1, provenant des Jacobins St-Honoré.)

*

«Commentarius in Psalmos», par Fourmont l'aîné. (Voyez fonds Fourmont l'aîné, n^{os} vii à xiv.)

*

«Les Psaumes de David», autre commentaire de Fourmont l'aîné. (Voyez fonds Fourmont l'aîné, n^{os} xv à xvii.)

*

«Traductions bibliques». Traductions et explications de quelques passages bibliques, principalement des Psaumes, par Fourmont. (Voyez fonds Fourmont l'aîné, n° xviii.)

III.

HALÂKHA.

TALMUD, DROIT CANON ET DROIT CIVIL, PRATIQUES RELIGIEUSES.

306.

מסכת אבות «Le traité de la Mischna אבות». Texte avec points-voyelles. Cette copie faisait partie d'un rituel, comme on le voit par les mots תפילות דראש השנה, qui se trouvent à la dernière page.

Vélin. Pet. xive siècle. — (Sorbonne 258.)

307.

1° La partie haggadique des traités קידושין, כתובות, סוטה, גטין et חולין du Talmud de Babylone.

2° (Fol. 102.) Quatre sermons philosophiques. On y voit cités l'ouvrage ארון העדות de R. Isaac Aboab; R. David, de Duca Martino (דוקא מרטינה), R. Sabbathaï et R. Éliézer Qresqas, auxquels l'auteur demande la permission de prêcher. Le premier de ces sermons commence par ces mots : כתי"ת למאור להעלות נר תמיד· גרסינן במסכת סנהדרין ת"ר כי אדם לעמל יולד..., et finit par ceux-ci : והלכו גוים לאורך ומלכים לנוגה זרחך אמן וכן יהי רצון·. Le second commence par : נברך לאלהינו שהשמחה במעונו· אמר ר' חלבו·אמר·ר' הונא כל הנהנה מסעודת חתן..., et finit par : ונאמר נברך לאלהינו שהשמחה במעונו אמן וכן יהי רצון·. Le troisième commence par : ויאמר אלהים יהי אור ויהי אור· אמרו במדרש תלים בפי' וירא אלהים את האור..., et finit par : ונהיה שלמים כמו שהיינו עת מתן תורה וכן יהי רצון אמן·. Le quatrième commence par : ותאמר האשה אל אליהו עתה זה ידעתי כי איש האלהים אתה ודבר ה' בפיך אמת· גרסינן במסכת שבת.... La fin manque.

Papier. Pet. — (Ancien fonds 252.)

308.

שאלתות «Questions ou décisions légales» de R. 'Aḥaï Gaon de Sabḥa, auteur du viiie siècle. Cet ouvrage a été imprimé pour la première fois à Venise en 1546; mais cette édition diffère considérablement de notre copie, dont le texte, plus correct, offre de très-nombreuses variantes et de longs passages qui manquent dans le texte imprimé. La division cependant est à peu près la même dans l'une et dans l'autre. (Voyez sur cet ouvrage Rapaport, תולדות ר' נתן, p. 20, et Fürst, «Literaturbl. des Orients», XII, p. 313 et suiv.) Notre ms. a été exécuté par Menaḥem, fils de Joseph (surnommé ויונטי), pour le médecin Samuel, fils de David Eben-Scholiam (Beryllo), et terminé le 3 iyyar 5227 (1467 de J. C.).

Vélin. Moy. — (Ancien fonds 293.)

309.

שאלתות «Questions ou décisions légales» de R. Aḥaï Gaon de Sabḥa. Le texte de ce ms. se rapproche quelquefois de celui du ms. précédent, surtout quant à l'exactitude des mots et de l'orthographe; mais plus souvent il s'en éloigne, et à plusieurs endroits il est encore plus incomplet que celui de l'édition de Venise. Ce ms. a été exécuté par Yeḥiel, fils de Moïse de Mazitara (מזיתרא), et terminé le 19 sivan 5241 (1481 de J. C.). Le dernier feuillet contient une anecdote tirée du Talmud et commençant par ces mots : מעשה בר' חנינא שירד לבבל ועיבר שנים וקבע חדשים בחוצה לארץ. Elle est écrite par le même copiste.

Papier. Pet. — (Oratoire 26.)

310.

1° הלכות ר' יצחק בן יהודה «Décisions de R. Isaac, fils de Juda», surnommé Ibn-Ghayath, auteur du xie siècle. Copie défectueuse au commencement et à la fin, avec quelques lacunes au milieu du texte. (Voyez sur cet ouvrage une notice de M. Derenbourg dans Geiger, «Zeitschrift für wissenschaftliche Theologie», t. V, p. 397, et Dukes, «Literaturblatt des Or.», 1848, p. 536.) Le copiste a intercalé au milieu de l'ouvrage deux fragments des סדרים de R. Salomon; l'un (fol. 37) intitulé : הלכות פסח מבית מדרשו של רבינו שלמה ז"ל; l'autre (fol. 41) : סדר ערוך שסידר רבינו שלמה מ"כ·. Quelques parties de cet ouvrage ont été publiées récemment d'après ce ms., à Fürth, 1861-1862, et à Berlin, 1864.

2° (Fol. 136.) פולמת. Fragment du traité talmudique appelé שבת.

3° (Fol. 139 v°.) חרז של הלכות שחיטה «Décisions légales concernant la manière de tuer les animaux; en vers». Les premières strophes forment l'acrostiche du nom de l'auteur: מחר בר יפת הספר, et le reste du poëme forme l'acrostiche de l'alphabet trois fois répété. En voici le premier vers : מרום בחר אל בעמו ישראל והנחילם דת האל בהיתר ואיסורים בראשית הטבח קודם שיטבח יקדים שיר ושבח ליוצר הרים · תורת הבוגעות שם, et le dernier vers : שתיים הם ריעות אבל אם נקרעות זו לזו שפירים·

4° (Fol. 141 v°.) הלכות שחיטה שסידר רבינו דוד אשכנזי «Décisions sur la manière de tuer les animaux, par R. David 'Aschkenazi». Ce traité commence par ces mots : הכל שוחטין ושחיטתן כשירה חוץ ... שוטה וקטן...

5° (Fol. 156 v°.) הלכות טריפות שסידר רבינו דוד אשכנזי «Décisions concernant les cas dans lesquels la chair des animaux est interdite aux Juifs, par R. David 'Aschkenazi». En voici le commencement : ואילו טריפות בבהמה נקובת הוושט במשהו... La fin manque.

Vélin et papier. Pet. — (Ancien fonds 170.)

311.

הלכות «Décisions», ou Abrégé du Talmud, par R. Isaac Alphasi (de Fez), fils de Jacob, auteur du xi° siècle; accompagné du commentaire de Raschi, et de tosaphoth ou gloses qui ne se trouvent pas dans les nombreuses éditions de cet ouvrage. Ce volume ne contient que les traités suivants : הלכות סנהדרין, בבא בתרא, בבא מציעא, קידושין, כתובות, יבמות, עבודה זרה, שבועות, נידה, מכות, פסחים, ביצה, סוכה, יומא, ראש השנה, מגלה, ברכות, גטין. Le commencement et la fin manquent. Quelques lacunes au milieu.

Vélin, miniatures. Gr. xiv° siècle. — (Sorbonne 7.)

312.

Le traité ברכות, la section מועד, les הלכות קטנות et le traité חולין de l'Abrégé du Talmud de R. Isaac Alphasi. Le ms. a été exécuté par Juda, fils de Benjamin 'Anâw (voyez ci-dessus n° 214), en 1247, pour Salomon, fils d'Élie.

Les trois dernières pages, écrites par une autre main, contiennent :

a. Une liste des tombeaux célèbres de la Terre sainte, dressée par un certain R. Jacob. Cette pièce commence ainsi : אלו סימני כתבי הקברות אשר הביאם ר' יעקב שליח נאמן מהרב רבינו יחיאל מפרישי אשר יש לו בישיבתו שלש מאות תלמידים והלך בא בכל גלילי ארץ ישראל ובעכו ובכל שאר גליות להוליך נדבה גדולה למדרש הגדול דפרישי·

b. הילכות בדיקה מהרב ר' אברהם ב"ר מרינום מארץ טראני «Règles pour l'examen des poumons des animaux destinés à la nourriture, par R. Abraham, fils de Marinus de Trani». C'est une pièce de vers qui commence ainsi : אדיר שליט ונעלם· נזר ובא עולם· והכל בששה נישלם· בעת ההיא·, et qui finit par ce vers : שירה שוררו גאולים בעוברם בניבכי מצולים· מי כמוכה באלים· שירה חדשה היא·

Vélin. Pet. — (Sorbonne 222.)

313.

Les traités יבמות, סנהדרין, כתובות, בבא בתרא, קרושין, et בבא מציעא de l'Abrégé du Talmud de R. Isaac Alphasi, accompagnés du commentaire de Raschi et des tosaphoth. (Voyez ci-dessus n° 311.) Aucun de ces traités n'est complet, et les cahiers du volume sont souvent transposés. On lit à la fin du traité «Baba Bathra» les deux noms d'Abraham et de Salomon Blant (בלאנט), dont l'un semble indiquer le copiste, l'autre le propriétaire du ms.

Vélin. Gr. xiv° siècle. — (Sorbonne 253.)

314.

Les traités יבמות, כתובות, גטין et קרושין de l'Abrégé du Talmud, de R. Isaac Alphasi, accompagnés du commentaire de Raschi et de gloses qui paraissent avoir été recueillies par Isaac, fils d'Abraham de Chinon, qui a écrit ce volume de sa propre main, comme l'indique une note placée en tête du ms. La fin, depuis le chapitre II du traité קרושין, manque.

Vélin. Moy. xiv° siècle. — (Sorbonne 144.)

315.

Les traités בבא קמא, בבא מציעא et בבא בתרא de l'Abrégé du Talmud, de R. Isaac Alphasi. La copie a été exécutée par Juda, fils d'Abba Mârî Hak-Kokabi (הכוכבי), et achevée au château de Muros (מורש), le premier ab 5093 (1333 de J. C.). Lacune au milieu.

Papier. Pet. — (Ancien fonds 164.)

316.

L'ordre נזיקין de l'Abrégé du Talmud, de R. Isaac Alphasi, comprenant les traités בבא קמא, בבא מציעא, בבא בתרא, סנהדרין, שבועות, נרה et עבודה זרה. Le ms. est de deux ou de trois mains différentes. La partie du milieu a été exécutée par Sabbathaï, fils d'Isaïe, et achevée en 5094 (1334 de J. C.). Il y a de nombreuses corrections sur les marges, et plusieurs lacunes dans le corps du texte.

Vélin. Pet. — (Ancien fonds 161.)

317.

Les traités נזיקין, בבא קמא, בבא מציעא et בבא בתרא de l'Abrégé du Talmud, de R. Isaac Alphasi. La fin manque; lacunes au milieu.

Vélin et papier. Moy. xiv° siècle. — (Supplément 118, Bibliothèque de l'Arsenal.)

318.

Le traité חולין et les הלכות קטנות de l'Abrégé du Talmud, de R. Isaac Alphasi. Le ms. ne commence qu'au milieu du chapitre III de חולין; et la fin de הל' מוזה, le commencement de הל' תפילין et la fin de הל' ציצית manquent.

Vélin. Pet. XIVe siècle. — (Sorbonne 209.)

319.

Les traités סנהדרין, מכות, שבועות et עבודה זרה de l'Abrégé du Talmud, de R. Isaac Alphasi. A la fin du traité שבועות, l'auteur avait traité une matière de jurisprudence talmudique en langue arabe. Cette dissertation, qui manque dans les éditions d'Alphasi, se trouve dans ce ms., traduite en hébreu par R. Abraham, fils d'Isaac le médecin. Elle est imprimée dans le recueil תומת ישרים, Venise, 1622. La fin, depuis le chapitre III du traité עבודה זרה, manque.

Papier. Pet. — (Ancien fonds 165.)

320.

פירוש מפסק רבינו יצחק אשר פירש הר' יהודה יעל"ה כ"ר בנימן הרופא וצ"ל «Commentaire sur les décisions [contenues dans les halakhoth] de R. Isaac (Alphasi), par R. Juda, fils de Benjamin le médecin». Ce volume embrasse les traités פסחים, יומא, סוכה, ביצה, ראש השנה et מגילה; il commence par ces mots : שתי שורות . . . אור לארבעה עשר לבית שמי פליגי בגמרא יש אומר מן הארץ עד שמי הקורה ויש אומר שורה אחת כמין גם שורה אחת הרואה את הקורה. . . , et finit par ceux-ci : ואם הוא צריך להזכיר אביו או רבו של חכם מזכירין בשמו אלא אם כן יאמר לו החכם דבר בשם אביו או רבו של מתורגמן שאומר כך אמר אבא מרי או מורי אבי. Le ms. a été exécuté par Sabbathaï, fils de Meschoullam, et terminé le 14 iyyar 5070 (1310 de J. C.). Beaucoup de notes, tirées des auteurs les plus célèbres, couvrent les marges. Elles semblent de la même main que le ms.

Vélin. Pet. — (Sorbonne 199.)

321.

ספר המאור «Livre de la lumière», ou Gloses sur les mots et passages difficiles de l'Abrégé du Talmud de R. Isaac Alphasi. Cet ouvrage ne doit pas être confondu avec le ס' המאור de R. Zerahya Hal-Lévi. Il finit par ces mots : ובזקנותו הוא אומר עוד ינובון בשיבה דשנים ורעננים יהיו אמן וכן יהי רצון. Le ms. a été exécuté en 5100 (1340 de J. C.), à Constantine en Afrique. Le commencement manque; lacunes au milieu.

Vélin et papier. Moy. — (Supplément 80.)

322.

כללי רבינו יונה ורבינו נסים ונימוקי ר' יוסף בן חביב ממסכת ברכות וס' מועד ונשים ונזיקין «Résumé des commentaires de R. Jona, de R. Nissim et de R. Joseph Ben-Habib sur le traité ברכות, l'ordre מועד, l'ordre נשים et l'ordre נזיקין des halakhoth de R. Isaac Alphasi», par un auteur inconnu. Ce résumé est divisé en paragraphes, dont chacun renferme la solution définitive d'une question talmudique. Le traité ברכות et l'ordre מועד embrassent mille trente-trois paragraphes, l'ordre נשים huit cent trente-deux, et l'ordre נזיקין sept cent quatre-vingt-neuf.

Papier. Pet. XVIe siècle. — (Sorbonne 197.)

323.

Commentaire de Raschi sur le traité יבמות du Talmud de Babylone. Le texte est assez correct. La fin, depuis le milieu du chapitre האשה רבה, manque.

Vélin. Moy. XIIIe siècle. — (Ancien fonds 159.)

324.

Commentaire de Raschi sur les traités שבת et ערובין du Talmud de Babylone. Notes marginales.

Vélin et papier. Moy. XIVe siècle. (Sorbonne 220.)

325.

1° Commentaire de Raschi sur le traité זבחים du Talmud de Babylone. Texte très-correct.

2° (Fol. 89.) עין הקורא להחכם . . . ר' יוסף ן' ש"ט ממלכות קשטילייא «L'Œil du prédicateur, par R. Joseph Ibn-Schem-tôb, du royaume de Castille», auteur du XVe siècle. C'est un traité d'homilétique divisé en deux parties, dont la première se divise en six livres et en vingt chapitres, la seconde en trois livres et trente chapitres. L'ouvrage commence par ces mots : לא אליכם כל יודעי דת ודין הגדולה והגבורה ותפארת לשון מדברת גדולות. . . , et finit par ceux-ci : אמנם ענין היראה ומדרגותיה יעזוב ממנו עד המאמר הד' בע"ה. (Voyez Wolf, «Bibl. hebr.», I et III, 980.)

3° (Fol. 145.) ספר היסודות לר' יצחק הישראלי «Livre des Éléments, par R. Isaac Israëli (Abou-Yakoub Ishâq Ibn-Soulaïman)», auteur du IXe siècle. C'est la traduction hébraïque, faite au XIIIe siècle par R. Abraham Ibn-Hisdaï, fils de Samuel, de l'ouvrage arabe intitulé : كتاب الاستقصات. (Voyez de Sacy, «Relation de l'Égypte par Abdollatif», p. 43-45; Wüstenfeld, «Geschichte der arab. Aerzte», p. 51.) Une traduction latine de cet ouvrage a été imprimée dans «Isaaci opera omnia», Lyon, 1515. Cette traduction diffère considérablement de la version hébraïque. Cette dernière se trouve dans plusieurs bibliothèques, entre autres dans celles de Leyde et de Parme. La préface du traducteur manque dans notre copie.

Ms. de deux écritures différentes.

Papier. Moy. XVe siècle. — (Ancien fonds 158.)

326.

Décisions relatives aux rites, aux aliments, à diverses questions du droit canon et du droit civil, par R. Jacob, fils d'Abraham, auteur du XIIe siècle. Le nom de l'auteur, connu par quelques citations des tosaphoth, résulte d'un acrostiche qui se trouve fol. 161. Lui-même cite comme ses contemporains R. Éliézer, fils de Nathan, R. Tam, etc. Cet ouvrage, qui se compose de plus de cent soixante et onze chapitres, n'est pas rédigé dans un ordre rigoureux. Il contient, outre son sujet principal, plusieurs morceaux intéressants que l'auteur a incorporés dans son texte; ainsi, par exemple: un poëme intitulé מוסרים, et qui est le מוסרי השכל attribué à R. Haï Gaon (cette pièce contient beaucoup de variantes); un extrait de l'histoire du monde (סדר עולם); les fragments d'une version des deux livres des Machabées; plusieurs extraits des midraschim; des formules de conjuration, etc. Une grande partie du livre est occupée par des commentaires sur les prières. Le ms., d'une écriture germanique, a plusieurs lacunes. Il manque les feuillets 1-38, 162, 169, 171, 211-221, 233, 234, et plusieurs feuillets à la fin, à partir du fol. 238. Notes marginales.

Vélin. Pet. XIIIe siècle. — (Supplément 29.)

327.

1° Commentaire sur le traité אבות. C'est le commentaire du מחזור de Vitry, composé par un disciple de Raschi. (Voyez sur cet ouvrage Luzzatto, dans כרם חמד, t. IV, p. 201 et suivantes.) Il vient d'être publié dans le journal כוכבי יצחק.

2° (Fol. 33.) Commentaire sur les prières de certains jours de fête, etc. (הושענה רבה, תפילת י"כ, תפילת ר"ה, ברכת כהנים, ברכת המזון, קדיש, הגדה), et sur les prières ordinaires du sabbat, paraissant appartenir à l'auteur du commentaire précédent. Le commentaire est interrompu à différents endroits par des prescriptions rituelles. Quelques-uns des morceaux contenus dans le n° précédent se retrouvent dans ce volume. L'auteur semble avoir suivi le סדור de Raschi.

3° (Fol. 76.) ספר התשב"ץ «Le livre appelé Taschbaz, ou Consultations de R. Samson, fils de Zadoq», auteur du XIIIe siècle. Cet ouvrage a été imprimé; mais le texte de cette copie, quant à la disposition, diffère complétement de celui de l'édition de Crémone.

Le ms. a été exécuté en 1386 (voir fol. 32 v°).

Vélin. Moy. — (Sorbonne 214.)

328 et 329.

Commentaire sur la Mischna, par R. Moïse, fils de Maimoun (Abou-Amran Mousa Ibn-Maimoun Ibn-ʿAbd-Allah Al-Mizri Al-Israïli Al-Kortoubi), nommé Rambam ou Maïmonide, auteur du XIIe siècle; traduit de l'arabe en hébreu par différents auteurs (Juda Alharizi, Joseph Al-Foual, Jacob Ibn-Aqzaï, Hayyim Ibn-Baka, Salomon, fils de Joseph Ibn-Yaʿqoub, Nathaniel, fils de Joseph Ibn-Almoli, et Samuel Ibn-Tibbon). Cet ouvrage a été imprimé dans la plupart des éditions de la Mischna et du Talmud. Cette copie renferme en même temps tout le texte de la Mischna, pourvu de points-voyelles. Elle est divisée en deux volumes, dont le premier contient les quatre premières parties, le second les deux dernières. Sur les marges il y a de nombreuses gloses (תוספות). A la suite de l'ordre נזיקין, le traducteur de cette partie, Salomon, fils de Joseph Ibn-Yaʿqoub, a noté la date du 3 kislev 5058 (1297 de J. C.), jour où fut achevée sa traduction. En tête de l'ordre קדושין se trouvent quelques pièces de vers de ce même R. Salomon Ibn-Yaʿqoub, de R. Abraham, fils de Samuel Ben Al-Demâgh, et de R. Isaac, fils d'Abraham, fils de Joseph, en l'honneur de R. Nathaniel Ibn-Almoli, traducteur du cinquième ordre. Ces vers ne se trouvent pas dans toutes les éditions. (Voyez sur cette copie Carmoly, «Revue orientale», II, 157.) Notre ms., d'une très-belle écriture, a été exécuté à Césène, par Joab, fils de Yehiel le médecin, de Bethel (מביתאל), pour Yehiel, fils de Joseph Della Rocca (מלרוקא), entre les années 1399 et 1401.

2 vol. Vélin. Gr. — (Ancien fonds 145 et 146.)

330.

Commentaire sur la Mischna, par R. Moïse Maïmonide, traduit de l'arabe. Ce ms. a été exécuté en partie à Bologne et en partie à Rimini, par Yeqouthiel, fils de Salomon, pour son maître le médecin Joseph de Fabriano. Le commencement, jusqu'au chapitre v du traité פסחים, manque.

Vélin. Gr. — (Sorbonne 44.)

331.

Les traités ערויות, שקלים, תמיד et מדות du commentaire de la Mischna, de R. Moïse Maïmonide. Traduit de l'arabe.

Vélin et papier. Pet. XIVe siècle. — (Ancien fonds 163.)

332.

1° Le traité אבות du commentaire de la Mischna, de R. Moïse Maïmonide, précédé des huit chapitres sur l'âme, que l'auteur a placés en tête de ce traité. Traduit de l'arabe par R. Samuel Ibn-Tibbon. Ce ms. a été exécuté à Ferrare, en 1478, par 'Aryeh, fils d'Éliézer Halpho, pour son maître Nathaniel, fils de Sabbathaï.

2° . . . פי' דניאל לר' לוי בן גרשום «Commentaire du livre de Daniel, par R. Lévi, fils de Gerson». C'est un exemplaire de l'«editio princeps» de cet ouvrage (s. l. n. d.), antérieure à l'an 1480. (Voyez de Rossi, «Annal. typogr. heb.», p. 124.)

Papier. Pet. — (Sorbonne 48.)

333.

1° Commentaire sur le traité אבות de la Mischna, par R. Moïse Maïmonide, traduit de l'arabe par R. Samuel, fils de Juda Ibn-Tibbon.

2° (Fol. 56.) מאמר תחיית המתים «Traité sur la résurrection», par le même auteur, traduit de l'arabe par R. Samuel Ibn-Tibbon.

3° (Fol. 69.) Commentaire du chapitre intitulé : חלק du traité de la Mischna סנהדרין, par le même auteur. Traduit de l'arabe. C'est un extrait du grand commentaire de Maïmonide. (Voyez les n^{os} précédents.)

4° (Fol. 84.) ספר מבחר הפנינים «Livre intitulé : Choix de perles», attribué à R. Salomon Ibn-Gabirol, auteur du xie siècle. C'est la traduction hébraïque de l'ouvrage arabe مختار الجواهر, faite au xiie siècle par R. Juda Ibn-Tibbon, et publiée pour la première fois en 1484, à Soncino. Le texte de notre copie est distribué en soixante-cinq chapitres, tandis que dans les textes imprimés et la plupart des mss. la division est de soixante-quatre.

Papier. Pet. xve siècle. — (Ancien fonds 234.)

334.

1° פי' פרקי אבות לרמב"ם ז"ל «Commentaire du traité אבות, par R. Moïse Maïmonide», traduit en hébreu; précédé de l'introduction au traité סנהדרין et des huit chapitres sur l'âme, du même auteur.

2° (Fol. 55 v°.) Explication allégorique du passage de la Genèse, du chapitre ii, verset 8, au chapitre iv, verset 26, par R. David Kimḥi. Cette pièce, qui ne se trouve pas comprise dans le commentaire de cet auteur sur la Genèse, commence par ces mots : אמר דוד בן יוסף בן קמחי ספרדי עתה אשוב לפרש הנסתר אשר מפסוק וייצר יי אלהים את האדם עד זה ספר תולדות אדם תחלה אומר כי האדם הנזכר מפסוק וייצר . . . הנגלה הוא על אדם הראשון והנסתר אמר להון, et finit par ceux-ci : הוא על שם מין האדם. . . עד כאן בצלם אלהים ובדמות מכאן ואילך הוו קנטורין ·

3° (Fol. 64.) Commentaire du livre de Ruth, par R. Abraham Aben-Ezra.

4° (Fol. 67.) Commentaire du même auteur sur le Cantique des Cantiques. Le texte diffère souvent des textes imprimés.

5° (Fol. 75 v°.) Commentaire du même auteur sur le livre d'Esther. C'est une autre recension que celle qui se trouve dans le n° 183 ci-dessus et dans les textes imprimés. Elle a été publiée en 1850, à Londres, sous le titre de : ויוסף אברהם.

6° (Fol. 86 v°.) Commentaire du même auteur sur les Lamentations de Jérémie.

7° (Fol. 93.) Commentaire du même auteur sur le livre de Job.

8° (Fol. 115 v°.) Commentaire du même auteur sur l'Ecclésiaste.

9° (Fol. 148.) Commentaire sur le Cantique des Cantiques, par R. Schemaryah, fils d'Élie, de l'île de Crète (שמריה בן הנדיב ר' אליהו הפרנס האיקריטי), auteur du xive siècle. Voici le commencement de cet ouvrage (qui est un peu endommagé) : אמר שמריא . . . לא מדעתי וטיהר לבבי ומרחבי . . . יעצוני רעיוני לשלמה ידי מחשבי. . . Il finit par ces mots : יאר פנינו במאור פניו ויקיים עלינו מקרא שכתוב יאר יי וכו' ·. Puis viennent ces vers :

קחה נא מאמרים דרושים ברורים וסתרי סתרים על אופן דבורים
בלבי צרפתים בנפשי נסכתים · בידי חקקתים ערוכים שמורים ·

10° (Fol. 186 v°.) Commentaire sur le livre de Ruth. Le commencement de la préface manque; elle finit par ces mots : ולכך נקראת רות שרו"ת מצות ציותה לה נעמי וז' מצות של בני נח הרי תרי"ג. Le commentaire commence par ces mots : ויהי וכו' בימי עתניאל בן קנז היו ששפטו את שופטיהם. . ., et finit par ceux-ci : ותורת חסד על לשונה טעמים של רות וניתנה בשבועות ·. Des gloses tirées des מרבי' ברוך ממעצתא (ממגנצא ?) sont souvent mises en regard du texte. R. Baroukh de Rothenbourg est également cité dans cet ouvrage.

11° et 12° (Fol. 192 v°.) Deux commentaires sur le Cantique des Cantiques, mis en regard l'un de l'autre. Le premier commence par ces mots : שיר הש' . . . אמרו חכמים כל הספרים קדש ושיר השירים קדש קדשים. . ., et finit par ceux-ci : לחייו כערוגת הבושם ני' ששה ספרים ולכך נתן לנו ששה סדרים; le second commence par les mots : שיר הש' . . . שירת דודי לכרמו כמ' על כרמו· כל שלמה שבשיר הש' קדש הוא קדש שלו ·, et finit par ces mots : פי' הר' אליעזר המבואר. On trouve dans ce dernier ouvrage des citations de R. Éliézer, fils de Samson de Castale ou Castel (מקשטאל), et de R. Joseph Bekhor-Schor.

13° (Fol. 196.) פי' מגלה מפרקי דר' אליעזר «Commentaire du livre d'Esther», tiré de l'ouvrage appelé : פרקי דר' אליעזר (chapitres de R. Éliézer). C'est un midrasch, cité par Azoulaï (שם הגדולים, ii), et dont voici le commencement : ר' חנינא אומר בא וראה מלכות אחשורוש שהיה עשיר יותר מכל. . .

14° (Fol. 203 v°.) ספר המשקל לר' משה ב"ר שם טוב «Livre de la Balance, par R. Moïse [de Léon], fils de Schem-tôb». Cet ouvrage, qui traite de l'âme, de la vie future et de quelques autres sujets métaphysiques et cabalistiques, porte aussi le titre de : ס' הנפש החכמה «Livre de l'âme intelligente»; il a été imprimé à Bâle en 1608.

15° (Fol. 232.) ויכוחים שעשה אותם רבי' משה ב"ר נחמן ז"ל עם פריר פולו לפני המלך בהיכל «Controverse entre R. Moïse, fils de Naḥman, et le Frère Paolo, devant le roi dans le palais». Cette controverse eut lieu devant Jacques, roi d'Aragon, en 1263, à Barcelone. Publié en 1681 par Wagenseil dans «Tela ignea Satani».

L'écriture de ce ms. est d'une seule main.

Vélin et papier. Pet. xvᵉ siècle. — (Ancien fonds 243.)

335.

1° Commentaire sur le traité de la Mischna אבות, par R. Moïse Maïmonide, traduit de l'arabe par R. Samuel Ibn-Tibbon.

2° (Fol. 44 v°.) ספר כריתות «Livre du pacte», par R. Samson, de Chinon, fils d'Isaac, auteur du xiiiᵉ siècle. C'est une méthodologie du Talmud, qui a été imprimée pour la première fois en 1515, à Constantinople. Le copiste s'est arrêté au milieu de la copie, et les quatre derniers feuillets ont été transportés à la suite des sept ouvrages suivants.

3° (Fol. 109.) Midrasch ou commentaire légendaire du Cantique de Moïse (Exode, chap. xiv, v. 30, à chap. xv, v. 18), connu sous le titre de : מדרש ויושע. Ce midrasch diffère en partie de celui qui a été publié en 1519 à Constantinople (avec le livre de Sirach), et de nouveau dans le recueil בית המדרש, Leipzig, 1853, t. I, p. 35. Notre recension est peut-être la même que la recension publiée également à Constantinople au xviᵉ siècle (s. l. n. d.). (Voyez «Catalog. libr. hebr. in Bibl. Bodl.», p. 586.) L'ouvrage se termine par ces mots : להקורא (sic) מסיים הקריאה כמשפטו עד רופאיך «Le lecteur doit ensuite continuer sa lecture jusqu'au verset 26». Cette note semble indiquer que ces sortes de légendes furent ajoutées à la lecture de la paraschah dans les synagogues.

4° (Fol. 116.) חדושים בפי' התורה «Commentaire du Pentateuque», par R. Moïse, fils de Naḥman. (Voyez ci-dessus, n° 219.) Ce n'est que le commencement de ce commentaire.

5° (Fol. 129.) Les livres x à xx des Aphorismes médicaux (פרקים) de R. Moïse Maïmonide, traduits de l'arabe par R. Nathan Hamaati, ouvrage qui a été imprimé en 1834 à Lemberg, et dont une traduction latine a paru en 1489 à Bologne. Les cinq derniers feuillets de cette copie sont transposés à la suite de l'ouvrage suivant, et au lieu de la fin du livre xx, on trouve (fol. 173 v°, ligne 20) la fin du traité sur l'asthme, par le même auteur.

6° (Fol. 164-168.) Sermon sur l'Ecclésiaste, commençant par ces mots : טוב שם משמן טוב שמן טוב יורד ... ושם טוב עולה׳ שמן, et finissant par ceux-ci : רבינו אמר אל יהי לו מושך חסד ואל יהי חונן ליתומיו אמריו לא הסתכל.

7° (Fol. 174.) Traité sur le coït, par R. Moïse Maïmonide, traduit de l'arabe par R. Zacharie, fils d'Isaac, fils de Schealtiel Ḥên, de Barcelone. Cet ouvrage, qui dans une autre copie porte le titre de מאמר המשגל (voyez Goldenthal, «Die neuerworbenen handschr. hebr. Werke der Bibl. zu Wien, etc.», p. 87), commence par ces mots : אמר משה בן עביד אלה הישראלי הקרטבי צוה׳לי אדני המלך ... שאזכור לו ההנהגה העזרת על רבוי התשמיש..., et finit par ceux-ci : והאדון יבחר לו מזה מה ושיהיה יעשה זה לפעמים וזה לפעמים והשם יתמיד הודו... Suit le nom du traducteur.

8° (Fol. 177 v°.) Traité des hémorrhoïdes (מאמר הטחורים), en sept chapitres, par le même auteur. Voici le commencement de l'ouvrage : אמר משה בן עבד האלהים הישראלי הקרטבי היה בחור מאנשי השכל והחכמה נכבד... Il finit ainsi : ועזר גדול לכל מחלתך והאל הגדול אשר מאתו כל עזר הוא יעזרך ויחלימך וירפאך ברצונך אמן.

9° (Fol. 199.) פרק לבאר בו האברי האדם העצמות והגידים והבשר והעצבים «Chapitre où l'on explique les membres de l'homme, les os, les artères, la chair et les muscles». L'auteur, après avoir parlé des membres du corps humain et de leurs fonctions, traite du sommeil et des rêves, et ensuite des facultés et fonctions de l'âme. Il cite les ouvrages d'Avicenne et d'Averroës, le ס' היסודות et le commentaire sur le livre יצירה de R. Isaac Israëli. Voici le commencement de cet ouvrage : ידוע ומפורסם כי הבורא ית' ברא העצמות לצורך העמדת הגוף וחזקתו ויהיו הבשר והגידים והעצבים נסמכים מהם... Il finit par ces mots : רק המציאות אשר יעלה׳ בסוף עד שיהיה שלמותו שלמות הנמצא הראשון בשום צד לא היה מונע אותו ממנו הצדק האלהי.

10° (Fol. 256.) זה הספר רבי יוסף גושלה וצ'ל על דרך נסתר שאלת מסני ידיד נפשי... «Livre cabalistique de Joseph Guezschalah sur le passage talmudique relatif à Bathseba et David». Le vrai nom de l'auteur est Joseph Giqatilia, et cet opuscule se trouve imprimé dans les ליקוטי שכחה ופאה d'Abraham Almalîk, Ferrare, 1556; il est indiqué au § 75 de la table du livre נפש החכמה de Moïse de Léon.

11° (Fol. 266 v°.) Question adressée par R. Juda Ḥasîd à R. Éliézer, de Worms, et la réponse de celui-ci. Voici le commencement de cette pièce : סוד היתר ששאל ר' יודא (sic) חסיד את ר' אליעזר מוורמש היאך יש ליחד לנו ליחד שמו של הק' אם כמו שאמרו רבותינו בשמים ובארץ וב' רוחות העולם והישיב אם מיוחד בדברים דכתיב...

12° (Fol. 267.) Poëme sur la vanité des choses humaines, commençant par ces vers : אנוש מה התנאה ברוב

...נדלך · ברגע תמות ובקבר תושלך, et finissant par ceux-ci : שדי תרחם נא על נשמתי ועל איברי ומיתי (*sic*) · ואשוב בשלום למנוחתי ואם אמות תהא מיתתי כפרתי·

13° (Fol. 267 v°.) Commencement du Guide des Égarés, de Maïmonide, allant jusqu'au chapitre xviii du livre premier. Lacune au milieu.

14° (Fol. 284 v°.) Dissertation sur les sephiroth, commençant par ces mots : יתברך שמו של הק"ב שהוא חי וקים... ראשית כ"ד הוא ראשון לכל וקדמון ונעלם מכל..., et finissant par ceux-ci : לכן הזכירו הג' שמות שלא יחשבו שעשו המזבח ·

15° (Fol. 289.) בן סירא «Fils de Sirach». C'est le livre du Pseudo-Sirach, publié pour la première fois à Constantinople, en 1519. L'ouvrage commence par l'histoire de la naissance de Sirach, puis vient le dialogue entre Sirach et son maître, ensuite les vingt-deux sentences en langue chaldaïque (אלפא ביתא) commençant par אוקיר לאסיא, et enfin le commentaire de ces sentences. L'histoire de la naissance de Sirach diffère dans plusieurs détails de celle qui se trouve dans Bartolocci, «Bibl. rabb.», I, 684. Les sentences et les expositions diffèrent aussi considérablement de celles qui ont été publiées par Paul Fagius en 1542. Voici le commencement des sentences : אוקיר לאסיא עד דלא יצטרך ליה · בר דלא בר על אפי מיא לימוש · גרמא דסליקך או טב או ביש גררה ·. Lacune au milieu.

Ce ms., écrit d'une seule main, a été exécuté à Venise en 1543. (Voir fol. 197 v°.)

Papier. Gr. — (Ancien fonds 206.)

336.

פי' מסכת ראש השנה חבור הרב ... משה בן אבן מיימון Commentaire du traité ראש השנה, par R. Moïse, fils d'Ibn-Maïmon, ... ». Ce ms. porte à la fin l'épigraphe citée par Azoulaï (שם הגדולים, t. I, s. v.) relative au voyage de Maïmonide en Orient. Il manque un feuillet au milieu.

Papier. Pet. — (Supplément 59.)

337.

Résumé du Talmud, ou code complet des lois civiles et rituelles du judaïsme, par R. Moïse Maïmonide. Cet ouvrage, appelé משנה תורה «Répétition de la loi», ou יד החזקה «La Main forte», et divisé en quatorze livres, a été imprimé pour la première fois en Italie avant 1480. Notre ms. ne contient que les dix premiers livres.

Vélin. Moy. xiv° siècle. — (Sorbonne 45.)

338.

Les sept premiers livres de la «Main forte» (יד החזקה), de R. Moïse Maïmonide. Écriture carrée.

Vélin. Gr. xiv° siècle. — (Sorbonne 13.)

339.

Les six premiers livres de la «Main forte», de R. Moïse Maïmonide. Fort belle écriture carrée. Le commencement, jusqu'au n° 59 de l'énumération des préceptes, manque.

Vélin. Moy. Fin du xiii° siècle. — (Ancien fonds 150.)

340.

Les six premiers livres de la «Main forte», de R. Moïse Maïmonide. Belle écriture carrée. Notes marginales.

Vélin. Moy. xiv° siècle. — (Sorbonne 12.)

341.

Les trois premiers livres de la «Main forte», de R. Moïse Maïmonide. Notes marginales.

Vélin. Moy. xiv° siècle. — (Ancien fonds 151.)

342.

Les trois premiers livres de la «Main forte», de R. Moïse Maïmonide. Il manque quelques feuillets au commencement.

Vélin et papier. Pet. xv° siècle. — (Sorbonne 188.)

343.

Le livre II et le commencement du livre III de la «Main forte», de R. Moïse Maïmonide. Le fragment du livre III précède le livre II. La copie a été exécutée par Joseph, fils d'ʿObadyah, fils d'Abraham, à Ḥamath, en 1799 de l'ère des contrats (1488 de J. C.).

Papier. Pet. — (Ancien fonds 152.)

344.

Les livres IV, V et VI de la «Main forte», de R. Moïse Maïmonide, accompagnés de notes marginales, qui, pour le contenu, s'accordent en général avec les הגהות מיימוני attribuées à plusieurs auteurs.

Vélin. Moy. xiv° siècle. — (Sorbonne 143.)

345.

Le livre V de la «Main forte», de R. Moïse Maïmonide. Cette copie a été exécutée par Ḥayyim, fils de Ḥayyim, en 5084 (1324 de J.-C.).

Vélin. Pet. — (Sorbonne 122.)

346.

Les livres VII, VIII et IX de la «Main forte», de R. Moïse Maïmonide.

Papier. Moy. xv° siècle. — (Ancien fonds 155.)

347.

Les livres VIII à XIV de la «Main forte», de R. Moïse

Maïmonide. Le ms., en caractères carrés, a été exécuté par Manoaḥ, fils de Mardochée, pour Abraham, fils de Schem-tôb, et achevé à Rome, le 1 kislev 5084 (1324 de J.-C.).

Vélin. Gr. — (Sorbonne 10.)

348.

Les livres VIII à XIV de la «Main forte», de R. Moïse Maïmonide. Écriture carrée.

Vélin. Moy. xiv siècle. — (Ancien fonds 153.)

349.

Le livre X de la «Main forte», de R. Moïse Maïmonide. D'après une note en arabe et en caractères hébreux, placée à la fin, ce ms. a été exécuté par ʿAzouz (עזוז), fils d'ʿObadyah, en 5096 (1335 de J.-C.).

Vélin. Pet. — (Ancien fonds 169.)

350.

Les livres XIII et XIV de la «Main forte», de R. Moïse Maïmonide. Le commencement manque.

Vélin. Moy. xiv siècle. — (Ancien fonds 154.)

351.

1° Le livre XIV de la «Main forte», de R. Moïse Maïmonide. La copie a été achevée le 14 kislev 5156 (1395 de J.-C.). — Lettres ornées.

2° (Fol. 62.) חשב האפוד חבור החכם הגדול דון פרופייט דוראן הלוי «Ceinture de l'éphod (Exode, chap. xxviii, vers. 6), par Don Prophiat Douran» (Ephod, אפד=אני פרפייט דוראן). Cet ouvrage, dont le titre a aussi le sens de, Supputation de Prophiat Douran, traite du calendrier juif et des théories astronomiques qui lui servent de base. Il est divisé en vingt-neuf chapitres. Copie moderne.

Vélin et papier. Moy. — (Sorbonne 234.)

352.

Commentaire sur le titre קדוש החודש (La Consécration des néoménies), faisant partie de la «Main forte» de R. Moïse Maïmonide. C'est le commentaire anonyme qui accompagne cet ouvrage dans les textes imprimés. Le commencement manque.

Papier. Pet. — (Oratoire 173.)

353.

1° Commentaire sur le titre 1er du livre I de la «Main forte» (הלכות יסודי התורה) de R. Moïse Maïmonide, par R. Juda, fils de Moïse, Romano, auteur du xiv siècle. Cet ouvrage, connu sous le titre de : בן פורת (Genèse, xlix, 22), commence par quelques vers dont voici le premier :

עת הבנות כאו לדלות · מים מימי בור מרעם

Il finit par ce distique :

עת פתח אל רחם לבי · ילד אז לי בן לא איחר
וקראתיו בשמו בן פרת · לאמר יוסף לי בן אחר ·

(Voyez de Rossi, cod. 129 et 280; Assemani, «Cat. Bibl. Vat.», p. 265.)

2° (Fol. 21 v°.) Un certain nombre d'observations et de fragments cabalistiques :

1. Fragment commençant par ces mots : והרוח תשוב אל האלהים אשר נתנה · זה שכל הנפעל. On trouve cité dans ce morceau R. Isaac Ben-Harab (probablement fils de R. Abraham, fils de David).
2. Explication des sephiroth et du premier chapitre de la Genèse. Commencement : סוד יי ... זה ספר היחוד וראוי על כל החכמים לחוקו ולאמצו... Une longue citation sous le titre : לשון החסיד, termine ce fragment, qui appartient à R. Éliézer, de Worms.
3. Pièce cabalistique de R. Moïse, fils de Naḥman : אמר הרב הקדוש ר' משה ב"ר נחמן ז"ל ית' שם הבורא שהוא חי וקים לעדי עד והוא ברחמיו יאר עיני בתורתו ויחשכני משגיאות : ראשית כל דבר שהוא ראשון לכל...
4. Remarques qui se retrouvent en partie à la suite du ספר הנפש החכמה. (Voir, par exemple, fol. 36 et § 53 du livre cité.)
5. כתר שם טוב מפי ר' אברהם מקולונייא «La Couronne du nom excellent, par R. Abraham [fils d'Alexandre] de Cologne», auteur du xiii siècle. Cet opuscule, qui traite du tétragramme et des dix sephiroth, a été publié par M. Jellinek en 1853.
6. Du tétragramme et de ses effets. Commencement : שם המפורש ומפעלותיו כמו שפרשנו אותו במדרש ר' שמעון הצדיק...
7. סוד עץ הדעת «Mystère de l'arbre de connaissance», explication mystique du chapitre iii de la Genèse, commençant par : אדם נצטוה לבלתי אכול ממנו...
8. יחוד של הרב ר' אליעזר מורמשא «De l'unité de Dieu, par R. Éliézer de Worms», commençant par ces mots : אלהינו י"י בעולם אחר וקבלת מלכותו עלינו אחד כל אשר אין בו..., et finissant par ces vers :

גביר שכל משול משל ותחור · יחי ענף באין שרש ביחוד :
תחיתו השיבהו לשרשיו · ואז ינק וגם יפרח ביחוד :
ולכן קום גמול נפשך להחיות · ודע אחד ואז תשכיל ביחוד :

9. Quelques explications sur les sephiroth, commençant par : מחשבה נקרא ראשית....

3° (Fol. 68 v°.) טעמים של חומש «Observations sur

le Pentateuque», fondées sur le calcul des lettres, etc., par un auteur nommé Salomon. L'auteur cite son maître, R. Samuel, fils de Qalonimos (père de R. Juda Hasîd); il rapporte des explications qu'il a entendues de R. Yeḥiel, fils de Joseph, de R. Yeqouthiel, fils d'Isaac, et d'un auteur qu'il nomme קהלת הספרדי. Il cite encore R. Léontin et R. Moïse Had-Darschan. A la fin il y a des observations propres à l'auteur.

4° (Fol. 90 v°.) Explication de quelques passages obscurs et cabalistiques du commentaire d'Aben-Ezra sur l'Exode, commençant par ces mots : הם אחד פירוש עצם וצורה שהם בגוף אחד : ואין כל אחד שנים..., et finissant par ceux-ci : והיה מספר כולם שלשת אלפי איש משש מאות אלף.

5° (Fol. 100 v°.) ברייתא דמשכנא «Baraïtha du tabernacle». Ce livre se compose de vingt-sept chapitres, et diffère de la ברייתא מלאכת המשכן, qui a été publiée plusieurs fois, et qui n'en contient que quatorze.

Papier. Pet. xvi° siècle. — (Ancien fonds 242.)

354.

הגהות ספר רבי משה מיימון ז"ל «Annotations sur la «Main forte» de R. Moïse Maïmonide», par un auteur inconnu. Cet ouvrage est imprimé dans les éditions de la «Main forte».

Papier. Pet. xvi° siècle. — (Sorbonne 83.)

355.

Commentaire sur les deux premiers livres de la «Main forte» de Maïmonide, par R. Samuel, fils de Mardochée. L'ouvrage commence par ces mots : אמר שמואל ב"ר מרדכי ז"ל מגמתי בזה הספר לבאר משפטי כפי מה שחבר הרב הגדול..., et finit par ceux-ci : שזו ניתנה בשלש בריתות וזו ניתנה בשלש עשרה בריתות.

Papier. Moy. xiv° siècle. — (Sorbonne 149.)

356.

Commentaire sur le livre III (ספר זמנים) de la «Main forte» de R. Moïse Maïmonide. En voici le commencement : ואדברה בעירותיך נגד מלכים אבוש. La fin manque.

Papier. Moy. xv° siècle. — (Sorbonne 150.)

357.

Commentaire sur les quatre premiers traités du livre III de la «Main forte» de R. Moïse Maïmonide. Dans ce commentaire on rapporte à chaque paragraphe les passages de la Mischna et des deux Guemaras sur lesquels se fonde le texte de Maïmonide; on indique en outre les opinions des auteurs antérieurs et postérieurs à Maïmonide. Quelques feuillets à la fin manquent.

Papier. Moy. xvi° siècle. — (Sorbonne 148.)

358.

הדינים היוצאים מהמשנה עם מה שכללה מהמנהגים והאמונות... «Règles de conduite, prescriptions rituelles, lois civiles, etc. qui résultent du texte de la Mischna, ainsi que les usages et croyances qu'elle renferme», le tout selon le commentaire de Maïmonide et selon la «Main forte» du même auteur, et disposé dans l'ordre du texte de la Mischna. L'ouvrage a été composé à Mantoue, en 1551. L'auteur est inconnu. Le volume s'arrête au milieu du chapitre IV du traité כלאים; mais à la fin on lit le chapitre I du traité בבא מציעא. Le ms. semble être autographe.

Papier. Pet. xvi° siècle. — (Sorbonne 195.)

359.

ספר התרומה לר' ברוך בר' יצחק «Livre de l'oblation, par R. Baroukh, fils d'Isaac», de Worms, auteur du xii° siècle. Cet ouvrage, qui traite des prescriptions rituelles, a été publié à Venise en 1523. Le texte de cette copie s'accorde en général avec celui de l'édition, mais quelques paragraphes de la copie sont plus développés que dans l'édition. Une préface poétique, qui commence par les mots : זה נקרא ספר התרומה · יען כי מידותיו המה..., précède l'ouvrage. Cette préface se trouve dans l'édition à la fin de l'ouvrage, avec quelques changements peu importants. De nombreuses notes couvrent les marges du ms.

La dernière page contient, écrits par une autre main, deux poëmes qui portent pour titre cette phrase : זה אומרים לברית מילה לברכת המזון. Le premier forme l'acrostiche du nom d'Éphraïm Meïr Bonin, et a pour refrain les mots ברית עולם; le second n'est qu'un fragment. Écriture carrée.

Vélin, miniatures. Pet. xiv° siècle. — (Sorbonne 172.)

360.

ספר התרומה לר' ברוך בר' יצחק «Livre de l'oblation, par R. Baroukh, fils d'Isaac», de Worms. Texte conforme à celui du ms. précédent, en général plus correct.

Vélin. Pet. xiv° siècle. — (Sorbonne 160.)

361.

ספר התרומה לר' ברוך בר' יצחק «Livre de l'oblation, par R. Baroukh, fils d'Isaac», de Worms. Le nom du copiste, Joseph, se lit sur la dernière page.

Vélin. Moy. xiv° siècle. — (Sorbonne 62.)

362.

פירוש סדר זרעים לר' שמשון בר' אברהם «Commentaire sur le traité de la Mischna זרעים, par R. Samson, fils d'Abraham», de Sens, auteur du xii° siècle. Imprimé dans les éditions du Talmud. Le commencement, jusqu'au chapitre II du traité פאה, manque.

Vélin. Moy. xiv° siècle. — (Sorbonne 135.)

363.

ספר הרקח לר' אלעזר בר' יהודה «Livre du Parfumeur, par R. Éliézer, fils de Juda», de Worms, auteur du XIIIe siècle. Cet ouvrage, qui traite des prescriptions rituelles, a été imprimé pour la première fois en 1505. Notre ms. a été exécuté par Sabbathaï, fils de Joseph, en 5212 (1452 de J. C.).

Vélin. Moy. — (Sorbonne 183.)

364.

L'ordre נשים et le traité נדה des Décisions (פסקים) ou de l'Abrégé du Talmud, de R. Isaïe de Trani, l'Ancien. (Voyez sur cet ouvrage Steinschneider, «Catal. libr. impress. Bibl. Bodl.», p. 1390.) L'ordre נשים commence ainsi : חמש עשרה ... פי' חמש עשרה נשים הן שהן מותרות לראובן והן עריות לשמעון אחיו מצד האב מפני שהן מותרות לראובן קורא אותן התנא נשים. . . . Voici le commencement du traité נדה : . . . פי' אם תראה דם תטמא טהרות שתיגע משעת ראייה ואילך. . . . Le ms. a été exécuté en Italie par Mischael, fils d'Abraham le médecin, pour Isaac, fils de Juda. En tête du volume se trouve un acte de vente du ms. de l'an 1308.

Vélin, lettres ornées. Moy. XIIIe siècle. — (Sorbonne 142.)

365.

L'ordre נזיקין des Décisions de R. Isaïe de Trani, l'Ancien. (Voyez le no précédent.) Cette partie de l'ouvrage finit (au traité הוריות) par ces mots : ותשותה מאמת המים העוברת בין הקברות והמסתכל בפני המת ויש אומר אף הקורא כתב שעל גבי הקבר. Quelques feuillets au commencement du ms. manquent.

Vélin, lettres ornées. Moy. XIIIe siècle. — (Supplément 14.)

366.

Commentaire sur les traités שבת, עירובין et ביצה, par un auteur inconnu. M. Munk regarde comme auteur de cet ouvrage R. Isaïe de Trani, par la raison que Raschi porte toujours dans notre ms. l'épithète de המורה (le docteur), comme dans les autres écrits de R. Isaïe de Trani. Du reste, les auteurs cités dans cet ouvrage sont tous antérieurs à ce dernier. Les feuillets sont transposés.

Vélin et papier. Pet. XIVe siècle. — (Sorbonne 200.)

367.

תורת האדם שחיבר הרמב"ן «La Doctrine ou l'Instruction de l'homme, par R. Moïse, fils de Nahman». Cet ouvrage traite principalement des prescriptions rituelles à observer en cas de maladie et de mort. Le dernier chapitre, qui traite de la rétribution après la mort, a été imprimé pour la première fois sous le titre de : שער הגמול, à Naples, en 1490, et l'ouvrage entier à Constantinople, en 1518.

Vélin. Pet. XIVe siècle. — (Oratoire 55.)

368.

ספר תורת האדם לרמב"ן זצ"ל «Livre appelé la Doctrine de l'homme, par R. Moïse, fils de Nahman». Une table analytique précède l'ouvrage.

Papier. Moy. XIVe siècle. — (Sorbonne 47.)

369.

1° ספר תורת האדם לרמב"ן זצ"ל «Livre appelé la Doctrine de l'homme, par R. Moïse, fils de Nahman». Copié sur l'édition de Constantinople.

2° (Fol. 115.) תשובות שאלות לרבינו משה בר נחמן ז"ל «Consultations (ou Réponses faites à diverses questions relatives au droit talmudique) de R. Moïse, fils de Nahman». C'est la copie de l'édition de Venise.

3° (Fol. 233.) הלכות ארץ ישראל «Règlements relatifs à la Terre sainte». C'est un extrait du ספר התרומה. (Voyez ci-dessus no 360.) Copie faite d'après le texte imprimé.

4° (Fol. 238.) לקוטי הפרדס אשר חבר הנשר הגדול רבינו שלמה ז"ל «Extraits du livre appelé Le Paradis, par R. Salomon, fils d'Isaac, appelé Raschi». Copié sur l'édition de Venise de 1519.

5° (Fol. 268 v°.) ביאורים יסד הגאון מהר"ר ישראל זצ"ל «Explications [du commentaire de Raschi] par R. Israel [Isserlein]». Copié sur l'édition de Venise de 1519.

6° (Fol. 290 v°.) תקנות מרבינו גרשון «Règlements de R. Gerson». Incomplet.

7° (Fol. 292.) שאלות ותשובות של הלכות שחיטה ובדיקה להרב הגדול רבינו שבתי «Consultations sur la manière d'égorger les animaux, par R. Sabbathaï. (2 pages.)

Papier. Pet. — (Sorbonne 216.)

370.

ספר מצות גדול «Le grand Livre des Préceptes», par R. Moïse, fils de Jacob, de Coucy, auteur du XIIIe siècle. Cet ouvrage, qui traite des six cent treize préceptes positifs et négatifs, a été imprimé pour la première fois avant 1480. Ce ms. a été exécuté pour Samuel, fils de Meïr, par deux copistes différents. La première partie, sur les préceptes négatifs, écrite par Moïse, fils d'Élie, a été achevée au mois d'eloul 5053 (1293 de J. C.); la seconde partie, écrite par Hayyim, fils de Meïr Lévi, a été achevée le 23 sivan 5050 (1290 de J. C.), c'est-à-dire trois ans avant la première. Quelques passages antichrétiens sont rayés.

Vélin. Moy. — (Sorbonne 43.)

371.

ספר מצות גדול «Le grand Livre des Préceptes», par R. Moïse, de Coucy. Belle écriture.

Vélin. Gr. — (Oratoire 44.)

372.

ספר מצות גדול «Le grand Livre des Préceptes», par R. Moïse, de Coucy. Ce ms. a été exécuté par Yeqouthiel, fils de Salomon, pour son maître Menaḥem, fils de Nathan, à Rimini (ארימני).

Vélin. Gr. — (Sorbonne 11.)

373.

ספר מצות גדול «Le grand Livre des Préceptes», par R. Moïse, de Coucy. Belle écriture carrée. La dernière page contient l'exposé de la Baraïtha de R. Ismaël sur les treize manières d'interpréter la loi (שלש עשרה מדות).

Vélin. Gr. xive siècle. — (Sorbonne 14.)

374.

ספר מצות גדול «Le grand Livre des Préceptes», par R. Moïse, de Coucy. Belle écriture carrée. Notes marginales. Le dernier feuillet manque.

Vélin, lettres ornées. Moy. xive siècle. — (Sorbonne 46.)

375.

La première partie, contenant les préceptes négatifs, du grand Livre des Préceptes, par R. Moïse, de Coucy. Belle écriture carrée.

Vélin, miniatures. Pet. xive siècle. — (Supplément 131.)

376.

La première partie du grand Livre des Préceptes, de R. Moïse, de Coucy. La copie a été faite à Jérusalem, par Sabbathaï, fils de Moïse Qazâni de Crète, pour Aaron, fils de Zadaqah, en 5200 (1440 de J. C.).

Papier. Moy. — (Ancien fonds 193.)

377.

La seconde partie, ou les préceptes positifs, du grand Livre des Préceptes de R. Moïse, de Coucy, précédée de l'introduction générale de l'auteur. Les cinq préceptes rabbiniques qui terminent cet ouvrage dans les autres mss. et dans les textes imprimés, ne se trouvent pas dans ce ms. Notes marginales.

Vélin. Moy. xve siècle. — (Sorbonne 42.)

378.

La seconde partie du grand Livre des Préceptes, de R. Moïse, de Coucy. Ce ms. ne renferme que les quatre-vingt-treize premiers articles. Il manque un feuillet au commencement.

Vélin. Moy. xve siècle. — (Sorbonne 53.)

379.

Le livre appelé עמודי הגולה «Colonnes de la captivité», ou ספר מצות קטן «Petit Livre des Préceptes», par R. Isaac, fils de Joseph, de Corbeil, auteur du xiiie siècle, avec les gloses (הנהות) de R. Meïr de Rothenbourg et de R. Perez, fils d'Élie. Cet ouvrage, divisé en sept parties, selon le nombre des jours de la semaine, est le résumé du «Grand Livre des Préceptes» de R. Moïse de Coucy. (Voyez les n^{os} précédents.) Il a été imprimé pour la première fois à Constantinople, vers 1510. Le texte de notre ms. diffère en beaucoup d'endroits des textes imprimés. Il se compose de trois cent sept paragraphes, dont le dernier est celui de שלא לבא על אשה נדה, suivi de deux chapitres qui ne font pas partie du ספר המצות, et dont le premier est intitulé : הילכות טבילה, l'autre : דין משפט הבכור; ce dernier se termine par les mots : סליק דין בכור מפרישת הרב רבינו יחיאל ז' ברוך. Le ms. semble appartenir à la fin du xiiie ou au commencement du xive siècle. Il a été exécuté par Éliézer, fils de Yeḥiel מונכן (Montauban?).

Vélin. Moy. — (Ancien fonds 191.)

380.

1° ספר מצוות קטן «Petit Livre des Préceptes», par R. Isaac, de Corbeil. Deux cent quatre-vingt-huit paragraphes, sans préface.

2° (Fol. 144 v°.) הילכות איסור והיתר מהרב ר' יצחק מדורא «Règles sur ce qui est prohibé et permis», par R. Isaac, de Düren. C'est l'ouvrage appelé שערי דורא «Les Portes de Doura».

3° (Fol. 162 v°.) (תשובות שמשון בר צדוק התשב"ץ) Consultations de R. Samson, fils de Zadoq. Lacune au milieu. A la fin de la copie l'auteur est nommé Samson, fils de Yô'ëz.

Les huit derniers feuillets contiennent un calendrier juif et un fragment de la «Main forte» de Maïmonide.

Le ms. a été exécuté en 5146 (1386 de J. C.). Un des propriétaires du ms. a noté en tête du volume la généalogie de sa famille, dont plusieurs membres avaient été brûlés par l'inquisition entre les années 1348 et 1399.

Vélin. Pet. — (Ancien fonds 190.)

381.

ספר מצוות קטן «Le petit Livre des Préceptes», par R. Isaac, de Corbeil, accompagné de gloses tirées d'un grand nombre d'ouvrages différents, et recueillies par R. Moïse, de Zurich. (Voyez sur cet ouvrage Zunz, «Die synagogale Poesie des Mittelalters, II, p. 211 et suivantes.) Outre les gloses principales, il y a sur les marges d'autres notes plus récentes écrites par plusieurs mains différentes. Le ms. a été exécuté par Baroukh, fils de Matathyah, pour son maître Baroukh, fils d'Élie, et terminé au mois de marheschvan 5153 (1393 de J. C.). La dernière page contient le récit de l'incendie de la synagogue de Forti (פורטי), arrivé le 28 sivan 5370 (1610 de J. C.).

Vélin. Moy. — (Sorbonne 171.)

382.

Le petit Livre des Préceptes, de R. Isaac, de Corbeil, avec la préface telle qu'elle se trouve dans le ms. de la collection de De Rossi n° 571. A la suite de l'ouvrage on lit les règlements du divorce et du déchaussement, par R. Perez. La dernière page contient un acte de vente de l'an 1422.

Vélin. Pet. xive siècle. — (Ancien fonds 221.)

383.

Le petit Livre des Préceptes, par R. Isaac, de Corbeil. Deux cent quatre-vingt-dix-huit paragraphes. Belle écriture carrée.

Vélin. Pet. xive siècle. — (Ancien fonds 220.)

384.

עמודי גולה «Les Colonnes de la captivité», ou Le petit Livre des Préceptes, par R. Isaac, de Corbeil. Deux cent quatre-vingt-quatorze paragraphes.

En tête du volume, après la table des matières, se trouve un recueil de formules et de contrats.

Vélin. Moy. xive siècle. — (Sorbonne 241.)

385.

ספר מצות קטן «Petit Livre des Préceptes», par R. Isaac, de Corbeil. Cette copie contient trois cent treize paragraphes; elle est sans préface.

Vélin. Moy. xve siècle. — (Ancien fonds 192.)

386.

ספר מצוות קטן «Petit Livre des Préceptes», par R. Isaac, de Corbeil. Le premier feuillet manque.

Vélin. Pet. xve siècle. — (Ancien fonds 216.)

387.

1° Le petit Livre des Préceptes, de R. Isaac, de Corbeil; avec les gloses de R. Perez.

2° (Fol. 139.) שערי דורא «Les Portes de Doura», par R. Isaac, de Düren.

3° (Fol. 158 v°.) ס' הפרדס לרש"י «Le livre appelé le Paradis, par Raschi». Cet ouvrage, qui est un recueil de décisions légales, a été imprimé à Constantinople en 1802. (Comparez ci-dessus n° 369, ליקוטי הפרדס.)

4° (Fol. 201 v°.) Commentaire sur le traité de la Mischna אבות, par le même auteur.

Les trois derniers ouvrages sont de la même écriture.

Vélin. Pet. xve siècle. — (Ancien fonds 219.)

388.

Le petit Livre des Préceptes, de R. Isaac, de Corbeil; avec les gloses recueillies par R. Moïse, de Zurich. (Voyez le n° 381.) Incomplet au commencement et à la fin.

Vélin. Moy. xve siècle. — (Sorbonne 176.)

389.

Le petit Livre des Préceptes, de R. Isaac, de Corbeil; avec la préface. Deux cent quatre-vingt-treize paragraphes.

Vélin. Pet. xve siècle. — (Sorbonne 109.)

390.

1° ספר מצוות קטן «Petit Livre des Préceptes», par R. Isaac de Corbeil. Trois cent seize paragraphes.

2° (Fol. 251 v°.) פסקי הוראות מהחסיד רבינו יצחק ולה"ה «Décisions de R. Isaac», de Corbeil. Cette pièce embrasse neuf pages; elle commence par ces mots: מעשה בא לפני ר"י מקורבייל... Le ms. a été exécuté par Lévi, fils de Nathanael Trevaut (טרבוט) Zebî (voyez n° 114), en 5236 (1476 de J. C.), dans la ville de רבייל.

Vélin. Pet. — (Oratoire 53.)

391.

1° Préface et introduction du Petit Livre des Préceptes, de R. Isaac, de Corbeil.

2° (Fol. 17.) Calendrier pour les années 5083 à 5206 (1323 à 1446 de J. C.), par Joseph, fils d'Éphraïm, interrompu par le copiste à l'année 5111 (1351 de J. C.), et continué à la suite de l'ouvrage suivant.

3° (Fol. 30 v°.) Recueil de règlements et pratiques (דינים ומנהגים), en usage principalement dans les communautés juives des bords du Rhin (Mayence, Spire, etc.). La première partie de ce recueil embrasse cinquante-huit paragraphes et a été composée par R. Isaac, et approuvée par R. Tordos (טורדוס) ou Todros (Théodore), fils de Moïse, R. Abraham, fils d'Isaac, R. Moïse, fils de Joseph, Meschoullam, fils de Nathan, Meïr, fils de Joseph, et Moïse, fils de Torodos (טורודוס). La seconde partie est anonyme. Elle est suivie d'un choix de prières et de lectures, où l'on trouve, entre autres, un hymne (יוצר) composé par R. Meïr, de Rothenbourg, lorsqu'il était en prison à Wurtzbourg, commençant par : ארחמך יי חזקי צור לבבי וחלקי.

4° (Fol. 93.) ברכת הפירות להר"ר מאיר «Des bénédictions ou actions de grâce que l'on prononce sur les différents fruits, par R. Meïr», de Rothenbourg.

5° (Fol. 107 v°.) Observations sur le sens symbolique des cérémonies de mariage.

6° (Fol. 109 v°.)

a. Hymne, par R. SAMUEL, commençant par : דביר זהו מיסוד בית שתיל זית. Le titre porte ces mots : רבי שמואל דג טהור ואו' אותו לשבת שיני של חנוכה בניגון שני זיתים.

b. Hymne, par R. MENAḤEM, commençant par : אין זולת מושיע וגואל וזולתך אלהים אל. Le titre porte : לשבת שיני מר' מנחם המכירי בנינון אין צור.

Le volume est terminé par quelques observations astrologiques.

Vélin. Pet. — (Sorbonne 110.)

392.

Abrégé du grand Livre des Préceptes de R. Moïse de Coucy, par R. ABRAHAM, fils d'Éphraïm, auteur du XIIIe siècle, disciple de R. Tobie et de R. Éliézer, de Metz. L'ouvrage se compose de cinq cent trente-trois articles. L'auteur l'acheva le 3 sivan 5031 (1271 de J. C.).

Vélin. Pet. — (Sorbonne 210.)

393.

1° Abrégé du grand Livre des Préceptes de R. Moïse de Coucy, par R. ABRAHAM, fils d'Éphraïm.

2° (Fol. 56.) Règles pour calculer le calendrier juif et pour établir la concordance entre le calendrier juif et le calendrier julien, pour les années 5112 à 5130 (1352 à 1370 de J. C.).

Deux écritures différentes.

Vélin. Pet. — (Ancien fonds 215.)

394.

Recueil de divers fragments, dont les feuillets sont en grande partie transposés.

Explication de plusieurs passages du grand Livre des Préceptes et du petit Livre des Préceptes. Ce sont des morceaux qui paraissent avoir été recueillis par un élève d'après le cours de son maître, ou écrits au hasard et sans ordre par l'auteur lui-même. Ils sont attribués soit à מהרר"ש קולון (R. SALOMON (?) QOLON, soit à מהררי"ק (R. ISAAC QOLON), soit à R. DAVID ב"ב (Ben-Baroukh ?) המלמד, etc. Ces explications sont interrompues par :

Règles talmudiques, qui remplissent plusieurs feuillets à des endroits divers.

Fragments des traités ראש השנה et סכות du Talmud de Babylone.

Explication des treize règles (מדות) de R. Yôsé le Galiléen, par R. DAVID de Tolède.

Les canons de R. ÉLIÉZER, fils de R. Yôsé le Galiléen.

Recueil de proverbes talmudiques, rangés par ordre alphabétique, dont voici le premier : חקלאה מלכא ליהו דיקולא מצאוריה.

L'alphabet (אלפא ביתא) de Ben-Sirah, commençant par : אוקיר לאסייא עד דלא תצטרך ליה

Fragments historiques sur les règnes des rois, la construction du temple, les persécutions du peuple d'Israël, etc.

A des endroits divers :

Gloses sur la « Main forte », de Maïmonide, finissant au chapitre VIII du הלכות עבודה זרה.

Alphabet et formules cabalistiques.

Gloses sur le traité יומא du Talmud de Babylone.

Gloses des Tosaphoth sur le traité פסחים.

Brouillon d'une lettre (sans commencement ni fin) dans laquelle l'auteur s'excuse auprès d'un rabbin qui avait été trompé sur son compte par un rabbin français.

Papier. Pet. — (Ancien fonds 166.)

395.

Décisions (פסקים) relatives aux traités du Talmud ברכות, שבת, עירובין, סוכה, ראש השנה, תענית, יומא, מגילה, מועד קטן, עבודה זרה et חולין, par R. ISAÏE, fils d'Élie, de Trani, nommé le Second, auteur du XIIIe siècle. (Voyez sur cet ouvrage Azoulaï, שם הגדולים, t. I, s. v. ישעיה הראשון et ישעיה האחרון; Assemani, « Catal. Bibl. Vat. », p. 152; et les catalogues de De Rossi et d'Uri.) Le commencement de ברכות manque.

Le traité שבת commence par ces mots : הזהירה תורה שלא לעשות מלאכה בשבת...

Commencement du traité עירובין : מבוי שהוא סתום משלש צדדיו...

Commencement du traité סוכה : צוותה תורה לישב' בסוכה בחג הסוכות לזכור הנס...

Commencement du traité ראש השנה : ארבעה ראשי שנים הן באחד...

Commencement du traité תענית : תיקנו רבותינו להזכיר גבורות גשמים...

Commencement du traité יומא : הזהירה תורה לשבות ולהתענות...

Commencement du traité מגילה : מגילה נקראת בארבעה עשר לאדר...

Commencement du traité מועד קטן : בשם שאסרה תורה לעשות מלאכה...

Commencement du traité עבודה זרה : לפני אידיהן של גוים שלשה ימים אסור לשאת ולתת עמהן. Quelques passages antichrétiens dans ce traité, et le mot גוי partout où il se rencontre, ont été rayés.

Commencement du traité חולין : מי חכם ויבן אלה נבון וידעם. . . .

Vélin. Pet. Fin du xive siècle ou commencement du xve. — (Sorbonne 97.)

396.

Décisions de R. Isaïe, fils d'Élie, de Trani, nommé le Second, relatives aux traités du Talmud ברכות, עבודה זרה, חולין, נדה et הלכות קטנות. Le texte s'accorde presque toujours avec celui du ms. précédent; il est parfois plus correct. Les feuillets ont été transposés. La plus grande partie du traité עבודה זרה se trouve en tête du volume. Il en manque quelques feuillets, ainsi que du traité חולין.

Vélin. Moy. — (Sorbonne 145.)

397.

שבלי הלקט «Épis glanés», par Sédécias, fils d'Abraham, ʿAnaw, le médecin, auteur du xiiie siècle. Cet ouvrage, qui traite des rites et cérémonies judaïques, est divisé en douze livres appelés Parterres (ערוגות), et en trois cent soixante et douze paragraphes, appelés Épis (שבולים). (Voyez sur ce livre Azoulaï, I, 155 (édit. de Wilna), et le journal «Zion», I, 93, 110.) Un abrégé en a été publié sous le même titre à Venise, en 1546. Le commencement de notre copie, jusqu'au § 10, manque.

L'ouvrage principal est suivi des traités suivants :

1. הילכות ציצית של רבינו שלמה זצ"ל «Règles sur les ציצית (voyez Nombres, xv, 37), par R. Salomon [Rascui]». Extrait de l'ouvrage פרדס.
2. תשובות הגאונים «Décisions des Gaonim», relatives aux טלית et תפילין.
3. הלכות מזוזה «Règles sur la מזוזה, ou les Inscriptions à placer aux portes» (Deutéron., ch. vi, v. 9).
4. הלכות מילה «Règles sur l'acte de la circoncision», par R. Sédécias, fils d'Abraham. Ce traité est divisé en neuf règles (דינין) et commence par ces mots : תנן בפרק ארבעה נדרים התירו חכמים· ר' ישמעאל אומר. . .
5. הילכות שמחות «Règles sur le deuil» (appelées par euphémisme «Règles sur les joies»), par le même auteur. Ce traité est divisé en cinquante-trois paragraphes et commence par ces mots : תנן התם ר' אלעזר אומר שוב יום אחד לפני מיתתך. . .
6. תיקון שטרות «Formulaire de contrats».

Vélin. Pet. xive siècle. — (Sorbonne 59.)

398.

שבלי הלקט «Épis glanés», par R. Sédécias, fils d'Abraham, ʿAnaw. La disposition de cette copie est un peu différente de celle qui est contenue dans le n° précédent. Elle commence par les deux traités : הלכות ציצית של ר' שלמה et השובות הגאונים, et finit par les הלכות שמחות et les הלכות מילה. Les diverses parties dont se compose l'ouvrage sont terminées par des pièces de vers, formant l'acrostiche du nom de l'auteur.

Vélin. Moy. xive siècle. — (Ancien fonds 290.)

399.

L'ouvrage appelé ספר תניא «Livre de Tanyâ», et qui est un abrégé de l'ouvrage שבולי הלקט, fait par un auteur inconnu, disciple de R. Juda, fils de Benjamin ʿAnaw. Ce livre a été imprimé à Mantoue, en 1514. Le commencement, jusqu'au chapitre ענין ספר תורה, manque dans notre manuscrit.

Vélin. Pet. xve siècle. — (Sorbonne 57.)

400.

ספר החינוך «Livre de l'Initiation», par R. Aaron Hal-Lévi, fils de Joseph, de Barcelone, auteur du xiiie siècle. Cet ouvrage, qui traite des six cent treize préceptes, d'après l'ordre du Pentateuque, a été imprimé pour la première fois à Venise en 1523. Cette copie a été exécutée en 5132 (1372 de J. C.), à Macerata en Italie (במצירטה), par Élie, fils de Joseph, fils de Yehiel Alterini (מן האלטריני), pour Matathyah, fils de Moïse.

Vélin. Moy. — (Sorbonne 140.)

401.

ספר החינוך «Livre de l'Initiation», par R. Aaron Hal-Lévi, fils de Joseph. Cette copie a été exécutée par Yequthiel, fils de Salomon de Bibania (מביבניא), pour Menahem, fils de Nathan, à Rimini, et achevée le 15 schebat 5138 (1378 de J. C.).

Vélin, miniature. Gr. — (Ancien fonds 188.)

402.

ספר החינוך «Livre de l'Initiation», par R. Aaron Hal-Lévi, fils de Joseph. La copie a été exécutée par Ezôbî Moïse, fils de Josué, nommé Moïse Marquis (מערקיש), en 5234 (1474 de J. C.), dans une ville de l'Italie (פה איזי היושב על הנהר הגדול נהר פר"ש בתנינים הגדולים מעדני מלך כורש. . .).

Papier. Moy. — (Ancien fonds 187.)

403.

1° ספר החנוך «Livre de l'Initiation», par R. Aaron Hal-Lévi, fils de Joseph. Cette copie a été exécutée par Juda, fils de David, pour Don Samuel, fils de Don Meïr, fils de Ben-Venista, dont on trouve la signature en tête du ms. Le volume finit par deux feuillets d'une autre écriture contenant :

2° המאמר בבחירה לר' משה הנרבני «Traité sur le libre arbitre», par R. Moïse de Narbonne, fils de Josué, auteur du xive siècle. Cet écrit, dirigé contre la Lettre d'Abner sur le fatalisme, a été publié d'après ce ms. dans la collection דברי חכמים en 1849.

Vélin. Pet. — (Oratoire 40.)

404.

תוספות «Gloses» des rabbins de France sur le traité du Talmud חולין. Ces gloses accompagnent ordinairement le Talmud dans les textes imprimés. Dans cette copie, les chapitres se suivent dans un ordre différent. Le commencement manque.

Vélin. Pet. xive siècle. — (Sorbonne 193.)

405.

פסקי הלכות שחבר הר"ר מנחם מרקנאטי זלה"ה «Décisions de R. Menahem de Recanati, fils de Benjamin, auteur du xiiie siècle. Ces décisions sur divers sujets touchant le droit et les cérémonies religieuses, au nombre de cinq cent quatre-vingt-dix-neuf, ont été imprimées à Bologne en 1538.

Papier. Pet. — (Sorbonne 248.)

406.

1° הלכות שמחות שחיבר הר' מאיר ז"ל מרוטנבורגו «Décisions relatives au deuil, attribué à R. Meïr de Rothenbourg», fils de Baroukh, auteur du xiiie siècle. Voici le commencement de l'ouvrage : לב חכמים כבית אבל ... תנן בפר' קמ' דמועד קטן... Le § 153, qui est le dernier, se termine par ces mots : מיהו נכון להחמיר כדברי מורי שאפי' הוא מיקל ואני מחמיר היה לנו לעשות כדבריו וכל שכן שהוא מחמיר ואני מיקל. Imprimé à Livourne en 1829.

2° (Fol. 123.) הלכות שמחות שחיבר ר' צדקיה ב"ר אברהם הרופא ז'ל «Décisions relatives au deuil, par R. Sédécias, fils d'Abraham [ʿAnaw], le médecin».

Vélin. Pet. xive siècle. — (Ancien fonds 300.)

407.

ספר המרדכי «Le livre appelé Mardochée», par R. Mardochée, fils de Hillel, Aschkenazi, auteur du xiiie siècle. Cet ouvrage, qui est un résumé des institutions talmudiques, suivant la méthode et l'ordre de l'Abrégé du Talmud de R. Isaac Alphâsi, est imprimé à la suite des halakhoth du même auteur. A la fin de cette copie se trouve le חרם, ou les Règlements prescrits sous peine d'anathème, par R. Gerson, et le traité סופרים. Ce ms. a été exécuté par Isaac, fils d'Éliézer, en 5178 (1418 de J. C.).

Vélin, lettres ornées. Moy. — (Sorbonne 186.)

408.

קיצור המרדכי לר' שמואל שלעטשטט «Abrégé du livre appelé Mardochée, par R. Samuel Schlettstadt», fils d'Aaron, auteur du xive siècle. (Voyez Assemani, «Catal. cod. Vat.», cod. 324, p. 309; de Rossi, cod. 397.) Cette copie a été exécutée par Frommet (ms. ורומט ou קרומט), fille de R. Isachar d'Arwyller, pour son mari, Samuel, fils de Moïse, et terminée le 7 schebat 5214 (1454 de J. C.). Notes marginales.

Vélin. Pet. — (Ancien fonds 246.)

409.

קיצור המרדכי «Abrégé du livre appelée Mardochée», par R. Samuel Schlettstadt, fils d'Aaron. Le commencement, jusque vers la fin du traité שבת, et quelques feuillets à la fin, manquent.

Papier. Moy. xvie siècle. — (Sorbonne 192.)

410.

ספר תשב"ץ «Livre appelé Taschbaz (Consultations de R. Samson, fils de Zadoq». (Voyez ci-dessus n° 327, 3°; et n° 380, 3°.) L'ordre de cette copie diffère encore de celui du texte imprimé et des deux copies mentionnées. Le texte est divisé en cinq cent quarante-six paragraphes. Le traité de R. Meïr de Rothenbourg sur les bénédictions des diverses espèces de nourriture forme le § 514. A la fin du volume se trouvent quelques extraits de l'ouvrage du même auteur, du grand Livre des Préceptes, d'un livre des pénitences, etc.

Vélin. Pet. xive siècle. — (Ancien fonds 296.)

411.

1° תשובות שאלות הרשב"א «Consultations de R. Salomon Ibn-ʾAdrath ou ʾAdereth, fils d'Abraham», auteur du xiiie siècle. Ce volume renferme deux cent cinquante-six articles, divisés en plusieurs sections, savoir : — 1. Questions de droit civil concernant les prêts, les achats et ventes, héritages, etc. (cent quinze articles). — 2. Mariage et divorce (vingt-sept articles). — 3. Des aliments licites et illicites (trente articles), suivis d'une consultation de R. Moïse Gaon, commençant par ces mots : ישראל שנשתמד ואחר כך חוזר לדין... — 4. Du sabbat et des fêtes (seize articles). — 5. Des prières obligatoires (dix-huit articles); suivis du rituel de la soirée de Pâque, par R. Salomon Ibn-ʾAdereth. — 6. Consultation sur le sens des mots : אין בודקין מן המזבח ולמעלה (מס' קדושין, chapitre iv). Cette pièce est suivie d'une note de Maïmonide tirée du commentaire sur la Mischna, et commençant par ces mots : אלו דברים אמרו מפני דרכי שלום כהן קורא ראשון, et d'une consultation cabalistique de R. Haï Gaon sur la prière תכנת שבת. — 7. Du prêt à intérêt et de l'usure (cinq articles). — 8. Des bains de purification (six articles). — Des prescriptions concernant les rouleaux du Pentateuque, etc. (neuf articles). — 9. Des vœux (vingt-huit articles). — Plusieurs de ces articles se trouvent dans le recueil imprimé des Consultations de notre auteur, et un certain nombre sont plus développés dans cette copie que dans les textes imprimés. A la fin du volume se trouve :

2° Une consultation adressée à R. Schêm-tob Phalkon, de Marseille, sur quelques questions de droit civil, notamment sur les témoignages de décès. La réponse manque.

Papier. Pet. xv° siècle. — (Oratoire 89.)

412.

חידושי יבמות « Commentaires et observations (nouvelles) sur le traité du Talmud יבמות, par R. Salomon Ibn-'Adereth ». Cet ouvrage a été imprimé avec d'autres traités à Constantinople, en 1720, sous le titre de : חידושי שבע שטות.

Papier. Pet. xv° siècle. — (Ancien fonds 171.)

413.

ספר עבודת הקדש « Livre du culte sacré, par R. Salomon Ibn-'Adereth ». Cet ouvrage, qui traite des prescriptions concernant le sabbat et les fêtes, a été imprimé à Venise en 1602.

Vélin. Pet. xv° siècle. — (Sorbonne 211.)

414.

תורת הבית « La Loi de la maison », par R. Salomon Ibn-'Adereth. Cet ouvrage, qui traite des lois rituelles qui doivent être observées dans la vie privée, a été imprimé à Crémone en 1566, et plus tard à Venise en 1608, avec quelques additions. Cette seconde édition est connue sous le titre de : תורת הבית הארוך.

Vélin. Pet. xiv° siècle. — (Ancien fonds 299.)

415.

ספר שלחן « Livre de la Table », par R. Ḥayyâ, fils de Salomon, de Barcelone. Voici la note du copiste qui donne le titre de l'ouvrage : [אני] קרשקש בכ"ר דוד דמרנדא צרפתי [כתבתי] זה הספר שנקרא שולחן שחבר [ר' ח]ייא מברצלונה זצ"ל... On lit la même indication dans la préface. L'ouvrage, qui traite des prescriptions rituelles, est divisé en quatre parties (ק"ש, תפלה, סעודה, תענית), dont chacune a plusieurs chapitres (שערים). L'auteur était contemporain et probablement le disciple de R. Salomon, fils d'Abraham 'Adereth. Notre copie, qui est très-endommagée, date de l'an 5188 (ויעקב) (1428 de J. C.). Cet ouvrage ne doit pas être confondu avec le שלחן ארבע de R. Beḥay.

Papier. Pet. — (Ancien fonds 181.)

416.

1° סדר חוקות הדינים « Série de constitutions des juges », par un auteur incertain. (Voyez Azoulaï, שם הגדולים, t. I, p. 54.) Cet ouvrage traite, en deux cent trente-six articles, du droit civil, des tribunaux, etc. Il est fondé sur le Talmud, les écrits des Gaonim et d'autres docteurs. Il commence par ces mots : סדר חוקות הדינים ומה שראוי להם לדון בעזר צור שוכן מרומים ובשם הבורא עולמים..., et finit par ceux-ci : אלא מקום שכתבו חתימת ידם . כן הוא מפורש בבבא בתרא בפר' גט פשוט . Il résulte des premières phrases du livre que l'auteur était disciple de R. Salomon Ibn-'Adereth.

2° (Fol. 95 v°.) שאלות ששאלו תלמידי סבתא ואלמריאה מרבינו יצחק אלפאסי ומרבינו האיי גאון ומרבינו יוסף הלוי ומרבינו שלמה ומרבינו חננאל כולם ז"ל אמן ותשובותיהם שהשיבו . « Questions proposées par les étudiants de Ceuta et d'Almeria à R. Isaac Alphasi, à R. Haya Gaon, à R. Joseph Hal-Lévi, à R. Salomon et à R. Ḥanan'êl; avec les réponses faites par ces docteurs ». Soixante-huit articles. A la suite se trouvent quelques décisions extraites de la « Main forte », de Maïmonide, et les דיני העסק ou lois concernant une espèce d'association appelée עסק; par R. Abraham, fils de David.

3° (Fol. 113.) משפט החרם לרמב"ן ז"ל « Règles concernant les vœux et leur annulation, par R. Moïse, fils de Naḥman ». Cette pièce forme le § 120 du livre כל בו, imprimé plusieurs fois.

4° (Fol. 120.) Consultations sur diverses questions juridiques, par R. 'Ascher, fils de Yeḥi'el. Quatre articles.

5° (Fol. 122.) תשובות שאלות להרמב"ם ז"ל ששאלו לו חכמי לוניל « Réponses de R. Moïse Maïmonide aux questions des docteurs de Lunel ». Vingt-quatre articles. Ces réponses sont datées dans notre ms. de l'an 1510 des contrats (1199 de J. C.).

6° (Fol. 134.) תשובה שאלה מהר"ר נחשון גאון ז"ל « Consultation de R. Nahschôn Gaon ».

7° (Fol. 134 v°.) תשובות שאלות לר' סעדיה גאון זצ"ל « Réponses de R. Sa'adya Gaon » à dix questions que lui avaient adressées ses disciples au sujet de la résurrection des morts. (Voir ספר האמונות והדעות.)

8° (Fol. 137.) שאלות תשובות מהרב ר' שלמה בן אדרת זצ"ל « Consultations de R. Salomon Ibn-'Adereth » sur diverses questions juridiques. Cinquante-trois articles. A la fin se trouve l'explication du sens figuré de quelques traditions rabbiniques rapportées dans le Talmud (traité בבא בתרא), par le même auteur.

9° (Fol. 177.) Explication des treize règles de l'Exégèse (שלש עשרה מדות) de R. Ismaël.

Vélin et papier. Pet. xv° siècle. — (Sorbonne 111.)

417.

Les ordres מועד et נשים de l'Abrégé du Talmud, de R. 'Ascher, fils de Yehi'el, auteur du xiiie siècle; accompagnés des hagahôth ou gloses (הגהות אשרי). Cet ouvrage est imprimé dans la plupart des éditions du Talmud. Cette copie, d'une très-belle écriture allemande, a été exécutée douze ans après la mort de l'auteur, par Éliacin, fils de Samuel Hal-Lévi, pour El'azar, fils de Meïr Salomon (voyez fol. 189 v°). La première partie a été terminée le 18 schebat 5100 (1340 de J. C.).

Vélin. Gr. — (Ancien fonds 157.)

418.

Les traités בבא קמא, בבא מציעא, בבא בתרא, שבועות, מכות, יבמות, כתובות, נטין, קדושין, נדה, מקואות et נדרים de l'Abrégé du Talmud, de R. 'Ascher, fils de Yehi'el; accompagnés des gloses ou hagahôth.

Vélin, miniatures. Moy. Commencement du xve siècle. — (Supplément 85, St-Germain 43.)

419.

Abrégé des Décisions ou de l'Abrégé du Talmud, de R. 'Ascher, fils de Yehi'el, par son fils R. Jacob. Cet ouvrage a été imprimé pour la première fois à Constantinople, en 1515. Les הלכות קטנות sont comprises dans notre copie. Notes marginales.

Vélin, lettres ornées. Moy. xve siècle. — (Sorbonne 185.)

420.

שאלות ותשובות לר' אשר בן יחיאל «Consultations (sur divers sujets du droit civil, du droit canon et des prescriptions rituelles) de R. 'Ascher, fils de Yehi'el». Ce recueil, écrit avec grand soin et précédé d'une table de matières, renferme mille soixante et dix-huit articles. Cet ouvrage a été imprimé pour la première fois à Constantinople, en 1517. Le ms. a été exécuté en 5249 (1489 de J. C.) pour R. Jacob, fils de Néhémie. (Voyez Zunz, «Zur Geschichte, etc.», p. 429 et suivantes.)

Papier. Moy. — (Ancien fonds 289.)

421.

1° שאלות ותשובות הר' אשר בן יחיאל «Consultations de R. 'Ascher, fils de Yehi'el». Ce recueil renferme quatre cent quatre-vingt-cinq articles, en partie différents des articles contenus dans le n° précédent.

2° (Fol. 126.) Lettre adressée par Isaac Zarphathi, fils de Salomon (שלמה המל"ך), à son frère Benjamin et à quelques amis; accompagnée d'une épître poétique. L'auteur, né en Allemagne d'une famille française, engage les Juifs de la Souabe, des bords du Rhin, de la Styrie, de la Moravie et de la Hongrie, à abandonner l'Allemagne et à émigrer en Turquie.

Papier. Moy. xve siècle. — (Ancien fonds 291.)

422.

Les trois premières parties (טור אורח חיים, טור יורה דעה et טור אבן העזר) du livre appelé ארבע טורים «Les (Quatre) ordres», de R. Jacob, fils d''Ascher, auteur du commencement du xive siècle. Cet ouvrage, qui est un code complet du droit civil, du droit canon et des prescriptions rituelles, a été imprimé, soit en entier, soit en partie, un grand nombre de fois. Cette copie a été exécutée à Soncino, par Perez, fils de Salomon Kohen Turnus, de 5238-5239 (1478-1479 de J. C.). La fin de la troisième partie a été écrite plus tard par une autre main. Les feuillets ont souffert de l'humidité. Un nommé Isaac Morel a écrit sur des morceaux de papier détachés ce qui avait été enlevé.

Vélin. Moy. — (Ancien fonds 147.)

423.

טור אורח חיים «Sentier de la vie», ou première partie de l'ouvrage appelé ארבע טורים «Les Quatre ordres», de R. Jacob, fils d''Ascher. Très-belle écriture. Il manque la préface et une partie de la table des matières.

Vélin, miniatures. Moy. Commencement du xive siècle. — (Sorbonne 177.)

424.

טור אורח חיים «Sentier de la vie», ou première partie des «Quatre ordres», de R. Jacob, fils d''Ascher. La copie a été exécutée par Menahem, fils d'Israël, pour Qalonimos, fils de Jacob, en 5188 (1428 de J. C.).

Le dernier feuillet contient une élégie qui a pour refrain les mots : אין מנחם, et qui forme en acrostiche deux fois l'alphabet et le nom de l'auteur. Elle est intitulée : קינה, et les derniers vers (avec le refrain אז מנחם) sont appelés נחמה. Elle traite du martyre de R. Moïse, de R. Samuel, de R. Israël, de R. 'Ascher Lévi, de R. Tobie, de R. Meïr, de R. 'Abigdor et de R. Israël Lévi. L'auteur est R. Samuel Lévi, fils du dernier.

Vélin. Moy. — (Ancien fonds 148.)

425.

טור אורח חיים «Sentier de la vie», ou première partie des «Quatre ordres», de R. Jacob, fils d''Ascher. Il manque quelques feuillets à la fin.

Papier. Moy. xve siècle. — (Sorbonne 56.)

426.

טור אורח חיים «Sentier de la vie», ou première partie des «Quatre ordres», de R. Jacob, fils d''Ascher. Le ms.

a été exécuté par Juda, fils de Joseph, pour Joseph, Jacob et Moïse, fils d'Isaac le médecin; il a été achevé le 22 marheschvan 5215 (1454 de J. C.).

Papier. Moy. — (Sorbonne 129.)

427.

טור אורח חיים «Sentier de la vie», ou première partie des «Quatre ordres», de R. Jacob, fils d''Ascher. Sans préface ni table des matières. Cette copie a été terminée le 12 tebeth 5217 (1458 de J. C.).

Papier. Moy. — (Ancien fonds 160.)

428.

טור אורח חיים «Sentier de la vie», ou première partie des «Quatre ordres», de R. Jacob, fils d''Ascher. Cette copie a été exécutée par Zeraḥ, fils de David, pour Aaron, fils de Samuel, et achevée le 1er marheschvan 5237 (1476 de J. C.).

Papier. Moy. — (Sorbonne 130.)

429.

טור אורח חיים «Sentier de la vie», ou première partie des «Quatre ordres», de R. Jacob, fils d''Ascher. Sans préface ni table. Le ms. a été exécuté par Ḥayyim, fils de Joseph Kohen.

Vélin. Moy. xve siècle. — (Sorbonne 128.)

430.

טור אורח חיים «Sentier de la vie», ou première partie des «Quatre ordres», de R. Jacob, fils d''Ascher. Le ms. est incomplet; il ne contient que les titres deux cent quatre à six cent vingt-cinq. Les feuillets sont transposés.

Vélin. Pet. xve siècle. — (Supplément 99, St-Germain 384.)

431.

יורה דעה להרב ר' יעקב בן הר' אשר ז"ל «Guide de la connaissance», par R. Jacob, fils d''Ascher. C'est la deuxième partie des «Quatre ordres». Sans préface. La copie a été exécutée à Pampelune, par Samuel, fils de Moïse ʿAbbâd, et achevée au mois d'adar II 5163 (1403 de J. C.), par Samuel, fils de Moïse.

Vélin et papier. Moy. — (Sorbonne 231.)

432.

טור יורה דעה «Guide de la connaissance», ou deuxième partie des «Quatre ordres», de R. Jacob, fils d''Ascher. La copie date de 1432.

Papier. Moy. — (Sorbonne 136.)

433.

טור יורה דעה «Guide de la connaissance», ou deuxième partie des «Quatre ordres», de R. Jacob, fils d''Ascher. Sans préface ni table des matières. La copie a été achevée le 4 adar I 5225 (1465 de J. C.), par Isaac, fils de Néhémie.

Papier. Moy. — (Sorbonne 169.)

434.

1° טור יורה דעה «Guide de la connaissance», ou deuxième partie des «Quatre ordres», de R. Jacob, fils d''Ascher. Cette copie a été exécutée par Jacob, fils d'Isaac del Portelio, à Catalayud (קלעא איוב), en 5236 (1476 de J. C.).

2° (Fol. 274.) שלחן של ארבע «La Table des quatre», par R. Beḥaï, fils d''Ascher, auteur du xiiie siècle. Cet ouvrage, divisé en quatre parties, et traitant des rites et prescriptions concernant la nourriture, a été imprimé plusieurs fois, soit avec l'ouvrage כד הקמח du même auteur, soit séparément. Il manque un feuillet vers la fin de notre copie, qui se termine par le chapitre דיני התרת נדרים.

3° (Fol. 316.) מעשה של חושן משפט «Traité sur l'exécution du pectoral du grand prêtre», sur les douze pierres et leur rapport avec les douze tribus d'Israël. Les feuillets sont transposés.

Papier. Pet. xve siècle. — (Ancien fonds 162.)

435.

טור יורה דעה «Guide de la connaissance», ou deuxième partie des «Quatre ordres», de R. Jacob, fils d''Ascher. Sans préface ni table. La copie a été exécutée par Samuel, fils d'Aqîbâ Lévi.

Papier. Moy. xve siècle. — (Sorbonne 229.)

436.

טור יורה דעה «Guide de la connaissance», ou deuxième partie des «Quatre ordres», de R. Jacob, fils d''Ascher.

Papier. Pet. xve siècle. — (Sorbonne 230.)

437.

טור יורה דעה «Guide de la connaissance», ou deuxième partie des «Quatre ordres», de R. Jacob, fils d''Ascher. Sans préface ni table.

Papier. Moy. xve siècle. — (Ancien fonds 294.)

438.

טור יורה דעה «Guide de la connaissance», ou deuxième partie des «Quatre ordres», de R. Jacob, fils d''Ascher,

Papier. Moy. xve siècle. — (Sorbonne 170.)

439.

1° טור אבן העזר «La Pierre du secours», ou troisième partie des «Quatre ordres», de R. Jacob, fils d''Ascher.

2° (Fol. 81.) טור חושן המשפט «Le Pectoral de la justice». C'est la quatrième partie du même ouvrage.

Papier. Moy. xvᵉ siècle. — (Sorbonne 153.)

440.

טור אבן העזר «La Pierre du secours», ou troisième partie des «Quatre ordres», de R. Jacob, fils d'Ascher. Il manque un feuillet au commencement et quelques feuillets à la fin.

Vélin, lettres ornées. Moy. Commencement du xvᵉ siècle. — (Sorbonne 37.)

441.

טור אבן העזר «La Pierre du secours», ou troisième partie des «Quatre ordres», de R. Jacob, fils d'Ascher.

Papier. Moy. xviᵉ siècle. — (Ancien fonds 149.)

442.

טור חושן המשפט «Le Pectoral de la justice», ou quatrième partie des «Quatre ordres», de R. Jacob, fils d'Ascher. Le dernier feuillet manque. Notes marginales.

Vélin. Pet. xvᵉ siècle. — (Sorbonne 218.)

443.

טור חושן המשפט «Le Pectoral de la justice», ou quatrième partie des «Quatre ordres», de R. Jacob, fils d'Ascher.

Papier. Moy. xvᵉ siècle. —(Sorbonne 80.)

444.

ספר עץ חיים «Livre appelé l'Arbre de la vie», par R. Samuel, fils de Zadoq Ben-Schoschan, auteur du xivᵉ siècle. Cet ouvrage, qui est un abrégé du טור אורח חיים ou «Sentier de la vie», de R. Jacob, fils d'Ascher, commence par ces mots : אמרו חז"ל לעולם ישנה אדם לתלמידו דרך קצרה וכמה כללי דבר זה בדברים ז"ל לאמר ענין רב בדברים... La fin, depuis הלכות מגלה, manque. Il y a plusieurs lacunes dans le ms.

Papier. Pet. xviᵉ siècle. — (Ancien fonds 297.)

445.

1° איסור והיתר לר' יצחק מדורא «Traité de ce qui est prohibé et licite, par R. Isaac [fils de Meïr], de Düren», auteur du xivᵉ siècle. C'est l'ouvrage connu sous le titre de : שערי דורא «Portes ou chapitres de Doura». Notre copie est pourvue des notes (הגהות) de R. Isaac תרישׁ"ן. (Voyez «Cat. der hebr. Hss. der Kais. Bibl. zu Wien», p. 56.) Les feuillets sont transposés, moitié au commencement, moitié à la fin du volume (fol. 1 à 8 et fol. 110 à 120).

2° (Fol. 9.) Formulaire d'actes civils et judiciaires.

3° (Fol. 17.) Notes sur les «Portes de Doura», tirées de différents auteurs. (Voyez l'ouvrage cité ci-dessus.)

4° (Fol. 41.) Règles à observer en égorgeant les animaux.

5° (Fol. 47.) Fragment d'un traité sur les accents toniques.

6° (Fol. 48.) ספר התפוח «Livre *De Pomo*», attribué à Aristote, et traduit de la version arabe en hébreu par R. Abraham Ibn-Hisdaï, fils de Samuel. Cette traduction a été imprimée à Venise en 1519.

7° (Fol. 50 v°.) ספר הנפש גליינוס «Livre de l'âme, de Galien», dialogue entre Galien et son disciple Moria, traduit de la version arabe en hébreu, par R. Juda, fils de Salomon, Harizi. Imprimé en 1519 avec le livre *De Pomo*.

8° (Fol. 53.) ערוגת החכמה ופרדס המזימה «Parterre de la sagesse et jardin de la pensée», par R. Abraham Aben-Ezra. Cette dissertation philosophique, écrite en prose rimée, a été imprimée dans le recueil כרם חמד, tome IV, pages 1 et suivantes.

9° (Fol. 55.) Commentaire sur les prières de la fête de ראש השנה, selon le rite des juifs allemands et polonais. Incomplet à la fin.

10° (Fol. 90.) מוסר השכל במליצה לר' האיי גאון זצ"ל «Institutions d'entendement, par R. Haï Gaon», pièce de poésie qui a été imprimée plusieurs fois. Jusqu'au vers vingt et un, le texte de ce ms. s'accorde avec le texte publié par M. Dukes, «Ehrensäulen et Denksteine, etc.», Vienne, 1837, p. 96. A partir de ce vers, notre copie contient encore dix-sept vers complétement différents des vers de l'édition citée.

11° (Fol. 90 v°.) Traité sur la manière d'égorger les animaux et d'examiner leurs poumons.

12° (Fol. 100 v°.) Explication de plusieurs proverbes tirés du Talmud.

13° (Fol. 101 v°.) Paraphrase du Cantique des Cantiques, en allemand mêlé d'hébreu, écrite en caractères hébreux. Dieu et Israël sont substitués aux deux interlocuteurs du poëme.

14° (Fol. 108.) אקדמות. Hymne en langue chaldaïque pour la fête de שבועות. Ce poëme, qui se trouve imprimé dans les rituels des juifs allemands et polonais, a pour auteur R. Meïr, fils d'Isaac le Chantre, auteur du xiᵉ siècle. Il est accompagné dans notre copie d'une version hébraïque interlinéaire et d'un commentaire. Incomplet.

Écritures de différentes époques.

Vélin et papier. Pet. — (Sorbonne 112.)

446.

1° שערי מדורא «Les Portes de Doura», par R. Isaac, de Düren. Le commencement manque.

2° (Fol. 61.) לקוטים מספר מגיד משנה שחבר ר' וידל דטולוזה «Extraits du commentaire sur la «Main forte», de Maïmonide, par R. Vidal, de Toulouse,» auteur du XIVe siècle. Ce commentaire a été imprimé pour la première fois, avec l'ouvrage de Maïmonide, en 1509, à Constantinople.

3° (Fol. 83.) הלכות שחיטה לר' יהודה החסיד בעיר וורמשא «Règlements sur la manière de tuer les animaux, par R. Juda Ha-Hasid, de Worms», fils de Samuel, auteur du XIIe siècle.

4° (Fol. 88 v°.) הגהות אשר הם סביב המרדכי וספר הנייר «Gloses qui se trouvent à la marge du livre appelé Mardochée et du livre appelé Papyrus». Ces gloses sont imprimées avec le livre Mardochée à la suite des éditions des halakhoth de R. Isaac Alphâsi. Au milieu de cette copie est intercalé l'ouvrage suivant:

5° (Fol. 97 v°.) הלכות נדה «Préceptes relatifs aux menstrues», composés par un mari pour sa femme.

6° (Fol. 161.) Quelques extraits des livres אורח חיים et יורה דעה de R. Jacob, fils d'Ascher.

Papier. Pet. XVe siècle. — (Ancien fonds 298.)

447.

1° חדושי מסכת שבועות לר"ן ז"ל «Commentaire sur le traité du Talmud שבועות, par R. Nissim», de Gerondi, fils de Ruben, auteur du XIVe siècle. Cet ouvrage a été imprimé avec les חדושים de R. Yedidya Galante, en 1608. Le commencement de notre copie manque.

2° (Fol. 65.) חדושי מסכת מכות לרמב"ן ז"ל «Commentaire sur le traité du Talmud מכות, par R. Moïse, fils de Nahman». Cet ouvrage a été imprimé en 1745 dans le livre שבעה עינים.

Le ms. a été exécuté à Arles, par Isaac Salomon Benedict, et achevé le 29 tebeth 5179 (1419 de J. C.).

Papier. Pet. — (Ancien fonds 168.)

448.

Commentaire sur le traité אבות, par R. Isaac, fils de Salomon, fils d'Israël, de Tolède. L'auteur dit à la fin de l'ouvrage qu'il le termina le 18 marheschvan 5128 (1367 de J. C.), à l'âge de 21 ans. (Voyez ci-dessus n° 169.) Il manque quelques feuillets au commencement.

Papier. Pet. — (Supplément 73.)

449.

Commentaire sur le traité du Talmud חולין, par un auteur inconnu. Les auteurs cités sont Raschi, R. Tam, Maïmonide, R. Abraham, fils de David, etc. Ce volume ne forme qu'une partie d'un ouvrage plus étendu sur le Talmud. En voici la dernière phrase: ולא נראה מעולם עוף לבן הולך אצל עורב וגם זה דבר ערב ולסברא מתקרב דבר אשר יש לו שחר ואין לו ערב.

Vélin et papier. Pet. XVe siècle. — (Sorbonne 124.)

450.

מנהגי מהרי"ל «Recueil de rites et de lois rituelles», selon les décisions de R. Jacob Lévi, fils de Moïse, rabbin à Mayence et à Worms au commencement du XVe siècle. Cet ouvrage a été imprimé plusieurs fois. La fin manque.

Papier. Pet. XVIe siècle. — (Sorbonne 187.)

451.

מנהגי מהרי"ל «Recueil de rites et de lois rituelles», selon les décisions de R. Jacob Lévi, fils de Moïse. Cette copie diffère du n° précédent, ainsi que des textes imprimés, quant à la disposition.

Papier. Moy. XVIe siècle. — (Ancien fonds 292.)

452.

1° Commentaire sur le traité אבות, par un auteur inconnu. Il commence par ces mots: היה ראוי שיאמר הב"ה נתן תורה למשה ומשה מסרה כו' וי"ל שרצה להודיענו שני ענינים גדולים האחד מעלת התורה והשני מעלת אדון הנביאים ע"ה, et finit par ceux-ci: ואומר גדלו ליי אתי ונרוממה שמו יחדו.

2° (Fol. 45.) Fragment du livre עסיס רימונים «Jus de grenades», de R. Samuel Galico, et autres fragments cabalistiques de R. Menahem 'Azaryah, de Fano.

Papier. Pet. XVIe siècle. — (Sorbonne 196.)

453.

1° Sentences tirées du Talmud de Babylone et du Talmud de Jérusalem, accompagnées d'un commentaire. L'auteur a suivi l'ordre des traités et chapitres du Talmud. Le commencement, jusqu'au chapitre IV du traité פסחים du Talmud de Babylone, manque. Une table alphabétique termine l'ouvrage.

2° (Fol. 72 v°.) Notes détachées sur divers sujets talmudiques. Explications d'un certain nombre de racines et de mots bibliques et talmudiques, formant cent quarante-huit articles.

3° (Fol. 91.) Sermon sur un passage du Midrasch, relatif au Deutéronome, chapitre XXXII, verset 2.

4° (Fol. 105.) Sermon sur le verset 25 du chapitre XVI du livre des Nombres.

5° (Fol. 118.) פסקים ושאלות ותשובות «Décisions et

consultations de R. Éliézer, fils d'Élie, de Fano. On y trouve plusieurs consultations de R. Hillel, de Modène.

Papier. Pet. xvie siècle. — (Sorbonne 207.)

454.

1° Gloses sur quelques parties du traité du Talmud כתובות, par R. Élie Mizrâhi, fils d'Abraham, auteur du xvie siècle. Incomplet.

2° (Fol. 11.) אגרת סוד הגאולה «Lettre sur le mystère de la venue du Messie», par R. Abraham Hal-Lévi Haz-Zâqên. Cette dissertation a été composée en 1519. L'auteur y cite souvent son ouvrage משרא קטרין et le נבואות נחמן. Incomplet.

3° (Fol. 22.) Fragments des Tosaphoth et de divers commentaires sur le Talmud.

Papier. Pet. — (Ancien fonds 167.)

455.

פי' מסכת אבות לר' יוסף ן' שושאן ז"ל «Commentaire sur le traité אבות, par R. Joseph Ibn-Schoschan», auteur du xvie siècle. (Voyez ci-dessus, n° 158.)

Papier. Pet. — (Supplément 76.)

456.

Observations sur divers passages des traités שבועות, ב' קמא et ב' מציעא de la Mischna, de la Guemara et des Tosaphoth, sur quelques paragraphes de la «Main forte», de Maïmonide, sur quelques passages du livre גדולי תרומה, etc. L'auteur de ce petit recueil était contemporain de R. Moïse Ganso (גאנסו), de R. Abraham בכסות, de R. Moïse נוקריל, de R. Manassé פאלומן et de R. Isaac Aschkenazi. Les huit premiers feuillets manquent.

Papier. Pet. xviie siècle. — (Ancien fonds 254.)

457.

פי' קצת דבורים ממסכת בבא קמא ממהרי"ט ומהרי"ק ז"ל «Commentaire sur divers passages du traité du Talmud בבא קמא», par deux auteurs qui ne sont indiqués que par leurs initiales, et dont l'un est problablement R. Joseph de Trani, auteur du xviie siècle. A la fin du volume se trouvent des explications de quelques autres passages tirés du Talmud.

Papier. Pet. xviie siècle. — (Sorbonne 198.)

458 à 577.

פחד יצחק «La crainte d'Isaac» (Genèse, ch. xxxi, v. 42). Encyclopédie talmudique, où les matières contenues dans le Talmud sont classées par ordre alphabétique et accompagnées d'explications parfois très-développées, d'extraits des casuistes (פוסקים), etc. par R. Isaac Lampronti, rabbin et médecin à Ferrare au xviiie siècle. La première partie de cet ouvrage, jusqu'à la lettre ט, a été imprimée en Italie. Notre copie, qui est autographe, est divisée en cent vingt volumes, dont les tomes I-LXVIII correspondent à la partie publiée. Les différents articles sont séparés les uns des autres par des feuillets blancs destinés à recevoir des additions. Cependant on n'y voit que très-rarement des corrections, et le texte publié s'accorde complétement avec celui du ms., sauf une partie de la correspondance de l'auteur, en langue italienne, qui ne se trouve que dans le ms.

120 vol. Papier. Pet. — (Supplément 62 I-CXX.)

578.

Le troisième ordre (סדר נשים) du Commentaire de R. Moïse Maïmonide sur la Mischna, en arabe, écrit en caractères hébreux. Le ms. a été exécuté à Grenade, et achevé le mercredi 13 adar 5151 (1391 de J. C.).

Papier. Moy. — (Supplément 57.)

579.

Les ordres iv, v et vi (נזיקין, קדשים et טהרות) du Commentaire de R. Moïse Maïmonide sur la Mischna, en arabe, écrit en caractères hébreux. La copie date de l'an 5229 (1469 de J. C.). Le commencement, jusqu'au chapitre iii du traité בבא בתרא, manque.

Papier. Moy. — (Supplément 58.)

580.

Le sixième ordre (סדר טהרות) du Commentaire de R. Moïse Maïmonide sur la Mischna, en arabe, écrit en caractères hébreux. Ce volume ne renferme que l'Introduction et les trois premiers traités (כלים, אהלות et נגעים). Le ms. a été exécuté dans la ville de אתיר, au xvie siècle de l'ère des Séleucides (xiiie siècle de l'ère chrétienne).

Papier. Pet. — (Ancien fonds 156.)

581.

אלמקאלה אלתאסע מן ספר מצוות לר' יפת הרופא בן צעיר נ"ע «Le neuvième livre du Livre des Préceptes de R. Japhet Ben-Za'ir le médecin», auteur caraïte du xiiie siècle, en arabe, écrit en caractères hébreux. (Voyez sur cet ouvrage Pinsker, לקוטי קדמוניות, tome II, p. 188.)

Papier. Pet. — (Supplément 52.)

582.

סדור אלמעלם (אלמלמד ou פאצל) «Rituel du maître Fadhel», en arabe, écrit en caractères hébreux. Cet ouvrage, composé par un auteur caraïte du Caire, se divise en deux parties, dont la première contient un résumé des rites et préceptes religieux des caraïtes; la seconde partie traite de quelques sujets théologiques et métaphysiques (de l'unité de Dieu, des sacrifices, etc.); elle renferme en outre un abrégé de la grammaire hébraïque et un chapitre, emprunté à Japhet Ben-Ẓa'îr, sur la transmission de la loi depuis Moïse jusqu'à 'Anan, réputé fondateur de la secte des caraïtes. L'ouvrage commence par ces mots : קיל לבעץ אלנזירים עלי מא דא עולת עלי אלכלאל אלחמידה פי נזירות... La fin manque. Lacunes au milieu.

Papier. Pet. — (Supplément 49.)

583.

1° Commentaire sur le traité אבות, en arabe, écrit en caractères hébreux, attribué à R. David. (Voyez ci-dessus, n°s 296 et 297.)

2° (Fol. 124 v°.) מעשיות «Légendes» sur Aben-Ezra, Maïmonide et autres docteurs célèbres.

Le ms. a été exécuté au Caire à une époque récente.

Papier. Pet. — (Supplément 55.)

584.

Abrégé du Livre des Préceptes (ספר מצות) de R. Samuel Al-Maghrebi, en arabe, écrit en caractères hébreux. Cet abrégé, divisé en douze livres, a été composé en 5322 (1562 de J. C.) par un auteur inconnu. Le commencement et la fin manquent.

Papier, miniatures. Pet. — (Supplément 51.)

585.

1° Statuts et règlements des communautés juives de l'Espagne, promulgués en 1432 à Valladolid, par une réunion de rabbins et de notables, sous la présidence d'un certain Don Abraham, appelé rabbin de la Corte (רב די לה קורטי). Ces statuts sont rédigés en espagnol, mêlé de beaucoup de mots hébreux. Le commencement et la fin manquent.

2° (Fol. 22.) תשובות הגאונים «Réponses des Gaonim», ou recueil de consultations de plusieurs rabbins célèbres du IXe et du Xe siècle, dont une partie inédites. En tête se trouve la Consultation de R. Scherira, publiée dans le livre יוחסין, en 1566, et de nouveau en 1845, dans le recueil חפש מטמונים.

3° (Fol. 86.) Les deux derniers chapitres de la «Main forte», de R. Moïse Maïmonide, traitant du Messie.

4° (Fol. 90.) Fragment d'un traité de décisions rituelles.

5° (Fol. 92.) Fragment d'un épisode de l'histoire des Juifs en Espagne.

6° (Fol. 93.) Les derniers feuillets du ספר הקבלה de R. Abraham, fils de David, auteur du XIIe siècle. Ce fragment, commençant à la mort de R. Isaac Alphasi, est suivi du זכרון דברי רומי «Esquisse de l'histoire romaine», et du דברי מלכי ישראל בבית שני «Histoire des rois juifs du temps du second temple». L'ouvrage a été imprimé.

7° (Fol. 118.) Le premier livre des Machabées, traduit en hébreu en 1442 par un juif espagnol, d'après la lecture qu'un chrétien lui en fit en espagnol sur la version latine.

Différentes écritures de diverses époques.

Papier. Pet. — (Supplément 79.)

586.

Recueil de prescriptions rituelles (מנהגים) concernant les prières et autres observances religieuses, en allemand, écrit en caractères hébreux, rédigé à la fin du XVe siècle.

Papier, miniatures grossières. Pet. — (Sorbonne 204.)

587.

1° Recueil de prescriptions rituelles, en allemand, écrit en caractères hébreux; par R. Samson, fils de Menahem, qui l'acheva le lundi 25 eloul 5293 (1533 de J. C.), à Soncino.

2° (Fol. 62.) Le Livre de Ruth, traduit en allemand, par le même auteur.

Ms. autographe.

Papier. Pet. — (Sorbonne 205.)

588.

Recueil de prescriptions rituelles, suivi d'un calendrier, le tout en allemand, écrit en caractères hébreux. L'ouvrage a été écrit par un certain 'Ouri, fils de Yequthi'êl, à Casal-Maggiore, au XVIe siècle.

Papier. Pet. — (Sorbonne 191.)

589.

1° Le traité אבות, traduit en allemand et accompagné d'un commentaire allemand, le tout en caractères hébreux. Commencement du commentaire : דש היישט דיא מסכתא בון דיא אבות · דרום דש דיא אבות דרינן גינענט זיין...

2° (Fol. 88 v°.) Plusieurs légendes tirées du Midrasch et du Talmud, en allemand et en caractères hébreux. L'une de ces légendes est en vers.

Le ms. a été exécuté en Italie par Anselme Lévi, pour une dame appelée Perle Wolfin.

Papier. Pet. XVIe siècle. — (Sorbonne 158.)

IV.

LIVRES LITURGIQUES.

590.

Rituel des prières ordinaires selon le rite catalan; suivi de la הגדה de la fête de Pâque, de la dernière section du Deutéronome (accompagnée à chaque verset de la paraphrase chaldaïque), et des premiers chapitres des cinq livres du Pentateuque et du livre de Josué. C'est probablement le rituel de la communauté de Barcelone.

Vélin. Pet. XIIIe siècle. — (Oratoire 39.)

591.

ספר תפלות ובקשות «Livre de prières» selon le rite catalan. Ce livre renferme, outre les prières ordinaires qui se trouvent généralement dans les textes imprimés, les hymnes ou piyyoutîm suivants :

קומי — .כל אלה הדברים — .ארון חסדך : עניין פורים
— .אלהים

— .אזהרות לר׳ שלמה : עניין שבועות

— .תמהנו מרעות — .אנשי אמונה אבדו : תיקון תענית
ביום צאת — .יוקם דם — .אבלה נפשי : תענית צ׳ גדליה
— .הן לא קצרה יד — .המועד

(תיקון אחר) — .שעה עליון — .אז בבא יום : תענית י׳ בטבת
— .יי ידועי חלאים — .אזי בעברי — .בחדש העשירי

איך — .יחלת עבדיך — אנגי בהעמיקו : תענית צ׳ אסתר
— .יי אויב גבר — .יהירים קמו — .זרים

אעורר — .אזי בבגדי — .בחדש הרביעי : תיקון י״ז בתמוז
.שעה נאסר — .אלהי ישועתנו — .יגוני

על — .זכור יי ליהודה — .זכור יי מה היה לנו : עניין ט׳ באב
.בליל זה נפלה — .יובד בו יום שמשי — .זה היה דוה לבנו
(קינה להוצאת ספר תורה) — .לכם עדה קדושה — .לבבי מר —
— .ספרי והלילי — .אילותי בגלותי — .וארץ שפל רומי
— .במקום אשרי העם

(פזמון) אנה יי רחמיך — .(פזמון) עת שערי רצון : עניין ר״ה
.משתחוים להדרת קדש — .(תוכחה) שטר עלי בעדים — .יראו
— .(פזמון) יי אדוננו מה אדיר — .(סליחה) יי אורי וישעי —
(מסתגיב) סלח נא לעון העם — .(מסתגיב) כפר לעמך ישראל
.הזה אתה

— .ובכן נקדישך מלך — .(אופן) שנאנים שאננים : ליום כ׳
(פזמון) — .מגן וארץ אשפיל etc., jusqu'à ובכן ולך תעלה קדושה
(פזמון) יום צדו — .(פזמון) יערב לפניך — .למענך אלהי
(פזמון) יה שמע — .(פזמון) יצו האל לדל שואל — .צעדי
(תוכחה) שוכני בתי — .(פזמון) יה איום זכור היום — .אביונך
.(פזמון) קראתי מצרה — .חמר

— .(רשות לס׳ עבודה) ארוממך חזקי והלקי : עניין י״כ
— .ודו״ים — .(פזמון) שמם הר ציון — .ס׳ עבודה

— .הושענות

— .(פזמון) מבטח כל היצור — .שופת שמש : תיקון הטל
— .או״א בטללי אורה

.(פזמון) מכסה שמים — .(מגן) שפעת רביבים : תיקון הגשם
או״א — .(פזמון) אל חי יפתח השמים — .לשוני בוננת —
.בנשמי אורה — Les prescriptions rituelles sont en hébreu, en arabe et en espagnol.

Vélin. Pet. XIIIe siècle. — (Ancien fonds 180.)

592.

Rituel de prières selon le rite catalan. En tête du volume se trouvent le poëme intitulé : כתר מלכות «Couronne royale», de R. Salomon Ibn-Gebirol, et les treize articles de foi selon Maïmonide. Ce rituel renferme les piyyoutîm suivants :

.אחר כל אלה הדברים — .ארון חסדך : לשבת קודם פורים
— .אכלו רעים — .אלהים עדר צאנו —

.שופת חרס : תיקון טל — .הקבצו ושמעו : אזהרות לפסח
— .(פזמון) לך לשלום —

(פזמון) יוצאת — .(אזהרות) שמור לבי : תיקון שבועות
— .(פזמון) יוצאת אל החרבה — .חפשית

— .(פתיחה) אנגי בהעמיקו (: צום אסתר) : תיקון תעניות
(תחנה) יי — .(פזמון) יהירים קמו — .(פזמון) יחלת עבדיך
.(פתיחה) אזי בבגדי — .בחדש הרביעי (: י״ז בתמוז) — .אויב גבר
— .(פזמון) שעה נאסר — .(פזמון) אלהי ישועתינו —
— .(פתיחה) אבלה נפשי (: צ׳ גדליה) — .(תחנה) יי חטופה
(:לי׳בטבת) — .(תחנה) יי עד מתי תעשן — .(פזמון) יוקם דם
(פזמון) — .(פזמון) שעה עליון — .(פתיחה) אז בבוא יום
— .(תחנה) יי אלהי ישראל — .יושב בשמים

— .(קינה) ספדי והלילי — .בחדש החמישי : תיקון ט׳ באב
— .(קינה) עד מתי יי

— .אליך יי נשאתי — .(פזמון) למתודה חטאתיו : סליחות
.תיקון הושענות

— .יה השב (: פזמונים) — .אל רם בכל : שמחת תורה
.אשריך הר העברים — .קומו ברנה — .קומה יי למנוחתך
.יקרה דת — זמרו לאל — .זרע איתנים — .צעקה יוכבד —
— .קול מבשר — .וזאת הברכה — .הודו לאל נאזר —

— .(פזמון) מכסה שמים — .שפעת רביבים : תיקון הגשם
.לשוני בוננת — .אל חי יפתח

Le volume se termine par les paraschoth et les haphtharoth des jours de fête.

Le ms. a été exécuté par Éliézer, fils de Moïse Gagos, pour Isaac, fils de Don Isaïe Kohen, et achevé le 5 schebat 5244 (1484 de J. C.), à Asbona (אשבונה).

Vélin, miniatures, lettres ornées. Pet. — (Supplément 107. St-Germain 520.)

593.

Recueil de prières (מחזור) selon le rite catalan. Incomplet du commencement et renfermant les piyyoutîm suivants :

— .(אופן) ידי רשים — .(יוצר) אסיר משחר [: עניין ר״ה]

.(פזמון) ירצה צור — .אתה כוננת — .(זולת) אלהי מעשיו
(אלכרוג) — .(מסתגיב) מלך שדי — .(פזמון) מרום מעלתו
.(מסתגיב) חסדי יי אזכיר — .(מחיה) מגדל עושם — .יחזו פנים:
— .(פזמון) לבית ישראל יחיש — .(מסתגיב) אמיץ גוזר —
(פזמון) — .(פזמון) יעלו לאלף — .(משלש) למשפט כונן —
.אדירי ישורון — .(מסתגיב) לאדיר נורא — .שני ימים
.במשפט עמך — .ההוא יקרא עמק — .יראי יי הללוהו —
(רשות) שועף [: ליום שני] — .(פזמון) קול שופר הדרור —
.(נשמת) ישורון יום זה — .(מחרך) שובי נפשי — .כמו עבד
— .(מחרך) מי יתנני עבד — .(יוצר) את אדר אלהותך —
(פזמון) יום — .(מגן) אדר היקר — .(זולת) שב מן הפסילים
— .(מסתגיב) מחסי לשחר — .(פזמון) המלך יי רום — .לריב
(מחיה) — .(כרוג) יושיע וישיב — .(מסתגיב) מראש מקדמי
.(פזמון) יצרי ראשית — .יי אלהיכם לכל קוראיו — .יונת אלם
— .(כרוג) יראה ויוקשב — .(פזמון) עת שערי רצון —
(תוכחה) — .(מסתגיב) אל איום ונורא — .(משלש) צמח צדיק
.יאתה לך תפארת — .(פזמון) מלאכי צבא — .יגדל נא חסדך
— .(תוכחה) אנא צורי וגואלי — .(פזמון) יי בקול שופר —
— .(פזמון) שני ימים מקוימים

(פזמון) יעשה — .(פתיחה) יי אלהי הצבאות : ליל צום כפור
— .(פזמון) ירצה עם אביון — .אברך את יי — .תבואה
— .(פזמון) משתחוים להדרת קדש — .(מסתגיב) יי הקשיבה
(סליחה) — .(מסתגיב) אותה נפשי — .(סליחה) מנוס אנחה
.(פזמון) יה שעה — .(תוכחה) שטר עלי — .דלתיך הלילה
.יצר עזוב — .אידכר לנא קיימיה — (סליחה) בליל עשור —
.(בקשה) יי נגדך כל — .אעזבה מחשבות — .אנשי לבב —
— .האותי

(נשמת) אסירי — .(רשות) אקום להודות לך [: ליום כפור]
.(יוצר) אלהים אל נורא — .(מסתגיב) ברכי אצולה — .עונות
— .(מאורה) אעמד במשמר — .(אופן) התעוררו תמהים —
(אלכרוג) — .(זולת) אחלה פניך — .(אהבה) אסירי תקותם
(פזמון) יי רצה — .(רשות למגן) וארץ אקוד — .אמרים עמכם
(פזמון) — .(פזמון) אחד נעלית — .(מגן) אמונת השרש — .נא
.(מחיה) אלמוד — .(אלכרוג) אמץ בן רצוי — .יענה כבוד
(אלכרוג) אל — .(פזמון) חרדים לבית תפלתם — ארחות
(פזמון) יום צעקו — .(משלש) אמון יוכח — .ביתך רצתי
— .(פזמון) אפס גאון עזי — .שעה זכרון דחי — .שבים
— .(תוכחה) אין מלה בלשוני — .(מסתגיב) אפיל תחנתי
(פזמון) — .(תוכחה) תקרב ותרצה — .(פזמון) אסיר מעל
(מסתגיב) אחרי — .(פזמון) כל המיחלים — .יצו אל ממרומו
— .אנושים וענושים — .(פזמון) האל התולה — .שובי
— .(עסתריוטא) את חטאי נכח — .(פזמון) יי מה אדם
(פזמון) — .(פזמון) מרום וקדוש שעה — .החרשים שמעו
אל אל — .(פזמון) שרפים וקדושים — .ממרום לבן עירום
.(פזמון) יום עירום אעמוד — .(פזמון) אדני האדנים — .הנורא
— .(פזמון) ידידים לבית אל — .(פזמון) נורא מכל ואיום —
(פזמון) יה — .(פזמון) אמונתך רבה — .(תוכחה) ישיני לב
אצלצלה — .אזמרה למפיק — .אליכם אקרא — .איום זכור היום
.(מגן) אלהים למשפטיך [: למוסף] — .בטרם אמון — .ברכותיך
(כרוג) — .(פזמון) נאור מקור חיים (Manque un feuillet.) —
(הוכחה) ימי — .(משלש) תמיהים מחובם — .מקשיב מענה
אנה — .חי אני תמים — .(תוכחה) מאר חלתי — .האדם צבה
.(פזמון) ידענו אלהים — .(פזמון) ישן אל תרדם — .אדון עולם
יי — (Manque un feuillet.) — .(תוכחה) שעה קולי —
.קדושתך אואל — .ברכו יי — .הממשלה — .צבאות שם כבוד
סדר — (Manque un feuillet.) — .(פזמון) אנא אל נאור —
— .(פזמון) יוספים שינית — .(רהוטה) אזנך הטה — .עבודה
(פזמון) — .(פזמון) יעזוב רשע נתיבו — .(פזמון) יספת אלהים
(Manque — .אזמר לאל — .אומללנו בנפש — .כל תהלותיך
un feuillet.) — .(מחיה) בקר וערב — .(אלכרוג) יי נאמי —
(תוכחה) — .(משלש) השכם והערב — .(אלכרוג) ארנן בצל רם
(מסתגיב) אנשי — .(פזמון) מעלות השחר — .נפשי אל צור
.מחטאתי אדאג — .(פזמון) יה אשר אשפך — .אמונה נקדשו
(אלכרוג) — (Manque un feuillet.) — .מיחד כל יום —
.(כרוג) ענך בחמלתו — .(מחיה) בבכי יונת — .כחגבים נחשבו
אנשי חסד — .(פזמון) מצעק מעלות — .(משלש) אלי הצדק —
.(פזמון) אחרית ותקוה — .(סליחה) בנשף קדמתי — .הנושאים
(פזמון) — .(פזמון) אנא בקראנו — .(פזמון) ידעו הבנים —
(פזמון) המבדיל — .(פזמון) אל נורא עלילה — .אנא יי חתמנו
— .בין קדש

Le volume se termine par le כתר מלכות «Couronne royale», de R. Salomon Ibn-Gebirol.

Vélin, miniatures, lettres ornées. Pet. xvᵉ siècle. — (Supplément 119, Arsenal.)

594.

Rituel de prières selon le rite de la communauté juive de Rome, en grande partie sans les points-voyelles, renfermant les deux piyyoutîm suivants :

אדון אומרך איום — .אשר הניא עצת גוים : עניין פורים אהללך.

Nombreuses indications rituelles. La fin manque.

Vélin. Pet. xiiiᵉ siècle. — (Sorbonne 116.)

595.

Rituel de prières selon le rite de la communauté juive de Rome et d'autres communautés juives d'Italie. Texte en partie non ponctué. Il renferme les piyyoutîm suivants :

(מי כמוך לש׳ שלפני פורים) אדון חסדך בל יחדל.
(רשות לש׳ הגדול) כך גזרו אבותינו סנהדרין.

Vélin. Pet. xiiiᵉ siècle. — (Sorbonne 118.)

596.

Rituel de prières selon le rite italien, accompagnées d'un commentaire en grande partie cabalistique. Le texte est dépourvu de points-voyelles, sauf les premières pages.

Vélin, lettres ornées. Pet. xivᵉ siècle. — (Oratoire 38.)

597.

Recueil de prières (מחזור) selon le rite de la communauté juive de Rome et d'autres communautés juives d'Italie, renfermant les piyyoutîm suivants :

—.(עושה שלום לפס׳ ולשבוע׳ וש׳עצרת) יי ישפות לנו שלום
(יום ב׳) אב לא —.(יום א׳) אב לא חמל : (למוסף דר״ה)
(עושה שלום לר״ה וי״כ) את פני יי —.אסופים אסופי —.חס
(קדושה רבה לר״ה וי״כ) ונתנה תוקף קדושת —.יום תראו
—.היום

—.(ודוי של גאון לשחרית י״כ) רש״ע קודם כל דבר
(עושה שלום לש״ע) אל —.(ודוי למנחת י״כ) במה אקדם יי
.חי יפתח השמים

(רשות אחר לברכו) ישורון קול תנה—.(רשות לברכו) יעידון
—..(רשות לנשמת לפסח) בקר אעיר אקראך —.כל עבדיך
(רשות לר״ה) —.(רשות לשבועות) אזכור מקדם פלאי אל
—.(קדיש יפה) יה שמך ארוממך —.אכרע אקוד לפני מלכי
—.(להוצאת ס״ת) אפתח נא שפתי

Très-belle écriture. La fin a été ajoutée après coup.

Vélin. Pet. xve siècle. — (Sorbonne 121.)

598.

Recueil de prières (מחזור) selon le rite de la communauté juive de Rome et d'autres communautés juives d'Italie, renfermant les piyyoutîm suivants :

—.(יוצר) אוה המלך יופי מלפנים : לש׳ הגדול של פסח
(רשות) כך נזרו רבותינו —.(זולת) אהבה קשורה אהבני חתני
(זולת) ארוסת —.(יוצר) אני חומה ושדי —.מליאי שכל ומדע
—.(רשות) כך גזרו רבותינו סנהדרין —.אמונה
—.ליל שימורים אותו אל חצה : מעריב של פסח
(סילוקא) —.(יוצר) אנעים חידושי שרים : יוצרות של פסח
.(אופן) גן נעול אושר —.צאינה וראינה שמחת יום חתונה
(עזרת) כרם אשל ידיד —.(זולת) איומה נכונה כשחר —
(יוצר אחר לפסח) —.(שירה) ברח דודי אל שכן —.משמח
—.(שירה) ברח דודי ודמה לך לצבי —.שיר אשר נואמו
—.(יוצר אחר) אדבר מישרים

(עושה השלום לפסח שבועות וסוכות) יי ישפות . . . איש
—.מלאכי

—.אוהרת ראשית לעמך

—.(רשות לנשמת) אזכור מקדם פלאי אל : עניין שבועות
אסופים —.אב לא חם —.אב לא חמל : עניין מוסף ר״ה
—.אסופי

—.יעלה תחנונינו —.אהבת צדק —.כל נדרים : סדר יה״כ
—.(עושה השלום שאו׳ בר״ה וי״כ) את פני יי יום תיראו
ונתנה תוקף קדושת —.(ווידוי של גאון) רש״ע קודם כל דבר
—.(וודוי של גאון אחר) במה אקדם יי אכף —.היום

—.את עמי טובות אבשר : יוצר לש׳ של חולו של מועד
עשה —.זה היום אישש להאמיני : מעריב לשמיני עצרת
—.בו יוסיף —.שום שכל לעלכם

—.אום כאישון נגצרה : יוצר לשמיני עצרת

(יוצר אחר) —.אמרת רגן ארוכה : יוצר של וזאת הברכה
(אחר שקרא רביעי בתורה) מרשות האל —.אחובת דוד ענוגה
.מעונה אלהי קדם ומתחת —.(אחר) אתכם אזכיר —.הגדול
.(פביט אחר) אז מרחם אמי —.אשריך ישראל מי כמוך —

(פביט) שח —.(פביט) לא אמות —.(פביט) אז כל בריות —
(פביט) אורח זו —.(פביט) איש אשר הוקרן —.ציר נאמן
(אלפביטין) —.(פביט) אם כח אגוש ככח ארי —.אלך
(פביטהון) —.(א״ב) אזלת יוכבד —.אדריינוס מלכא מהדר
—.ארכון בר נון

אלהים כוננה —.משביח שאון ימים : הבדלות למוצאי שבת
—.במוצאי יום מנוחה —.אשר נעשה

Le texte est en grande partie non ponctué. A la fin du volume se trouvent trois hymnes, dont l'un, commençant par אל ישראל נקראת לפנים, a pour auteur R. Abraham; le second, commençant par יה שמך ארוממך, R. Juda; et le troisième, commençant par השהונן והכונן, R. Joab.

Vélin. Pet. xive siècle. — (Sorbonne 120.)

599.

Recueil de prières (מחזור) selon le rite de la communauté juive de Rome et d'autres communautés juives d'Italie, renfermant les piyyoutîm suivants :

(וולת) אתה —.(יוצר) אורות גדולים שנים : לש׳ ור״ח
—.המאזין עתירה

(מי כמוכה) ארון —.אשר הניא עצת גוים : עניין פורים
—.חסדך כל יחדל

אתה הנחלתה —.אזהרת ראשית לעמך : עניין שבועות
—.תורה לעמך

—.(ביום ב׳) אב לא חס —.אב לא חמל : עניין ר״ה
—.אסופים אסופי

וידוי שסדר —.יעלה תחנונינו —.אהבת צדק : עניין י״כ
—.גאון

Les prescriptions rituelles sont très-développées.

יוסף —.יעירוני רעיוני —.שחר קמתי להודות : סליחות
.(תחינה) אל תעזביני יי אלהי —.אשר מקדם

.אתה האל עושה פלא —.אבשרה בקהל רב : סליחות דפורים
—.אלופי דת וחכמי דורות —

(סליחה לכל תענית) —.(תחינה) הנה כחומר ביד היוצר
—.אלה אזכרה —.אתה תשמע מן השמים

אליך —.זכור ברית אברהם —.(התחנון) אלהי אל תבישני
—.יומם עינינו תלויות —.יי אקרא

Le ms. a été exécuté par Yeḥi'el, fils de Daniel. La première partie a été terminée le 10 adar 5025 (1265 de J. C.).

Vélin. Pet. — (Sorbonne 125.)

600.

Recueil de prières selon le rite des juifs italiens, renfermant les piyyoutîm suivants :

—.תיאמת אור בקודש : יוצר לשבת ור״ח

אבותינו בשלותם —.בן אדם אלות : סדר תענית עשרה בטבת
.זכור ברית אברהם —.או בעזבי —.אריה מסובכו —.בעטו
—.תהיינה עיניך פקוחות —

—.קרב זאת ליהודה —.קרב אורך לעניה : עניין תענית צבור
אתה תשמע —.אתה תקום תרחם : סליחות לכל תענית צבור

— .דרשנוך בכל לב — .אני קראתיך כי תעגני — .מן השמים
— .יי אלהי הצבאות — .ישמעני אלהים

— .אל המתנשא לכל ראש : יוצר דפרשת שקלים

(מי כמוך) אדון — .זכור את אשר עשה : יוצר לפרשת זכור
— .חסדך בל יחדל

אלופי דת וחכמי — .אבשרה בקהל רב : עניין צום אסתר
.שוכן עליונים מלך מסבית — .אתה האל עושה פלא — .רורוה
— .אל אחד ואין שיני —

— .קוראי מגילה הם ירננו : עניין פורים

— .אום אשר בך דבוקה : יוצר לפרשת פרה

— .אות זה החדש : יוצר לפרשת החדש

— .אני חומה ושדי כמגדלות : יוצר לשבת הגדול של פסח
— .כך גזרו רבותינו

— .(רשות לנשמת) בוקר אעיר אקראך : עניין של פסח
— .(סילוק) צאינה וראינה דרך מישרים — .אדבר מישרים
— .(יוצר אחר) אור ישע מאושרים — .(אופן) גן נעול אוספו
(יוצר אחר) אנעים — .גן נעול נקם — .צאינה וראינה משכיל
.גן נעול אושר — .צאינה וראינה שמחת יום — .חידושי שירים
(רשות לברכו) יעידון כל — .(יוצר אחר) שיר אשר נאמו —
.(עושה שלום) יי ישפות . . . איש מלאכי חפצתי בו — .עברך
(יוצר ליום שביעי) אתה — .(ליום שני) היום האמצנו —
(עושה שלום) — .(אופן) ותען להם מרים — .היארת יומם ולילה
— .יי ישפות לנו שלום . . . אתיו אמונים

— .אופל המוני : יוצר ליום שמיני של פסח

שמור לבי — .אמונת עתים : יוצר לשבת שלפני שבועות
— .מענה

— .(רשות לנשמת) אזכור מקדם פלאי אל : עניין שבועות
— .(סילוק) וירד אב לנביאים — .(יוצר) אור ישראל קדושי
אזהרות — .אזהרות דרבנן — .(ליום שיני) אלהים בהנחילך
— .דאליהו

תחלת אורח — .ארבעים יום הם : עניין שבעה עשר בתמוז
— .אתנו לך יוצר — .אנהים במר יחידתי — .אבותינו
(תחנה מיושב) כנסת ישראל — .(שמנה עשרה) זו ממקומו
— .צועקת

— .(יוצר לשבת דאיכה) הכל אנחו במבוכה : עניין תשעה באב
.(שמנה עשרה) זכור איכה אנו שפתינו — .(זולת) איך לזמר
.אאדה עד חוג שמים — .איכה אצת באפך — .שבת סורו מני —
.איכה ישבה חבצלת — .איכה אשפתו — .איכה תפארתי —
— .זכור אשר עש — .איכה אהובים — .אהלי אני עבטתי —
איכה — .אנה אלך ואזיל — .אויל כהכנים — .אוי כי אוסרתי
עונינו — .במכת אהלה — .אוי כי מחלוקת — .אלי קונגו
— .אם תעירו — .אם תאכלנה — .אהלי איכה — .ארוכים
אויב — .אתה אבדת פרעה — .תיסתר לאלם — .אז בחטאינו
— .קץ יום — .אנכי אנכי אנחם — .אדום אמרה — .בעת נכנס
— .ויכון עולם — .בימים ההם

— .ארחמך מרחמי — .את יום פדותכם : יוצר לשבת של נחמו

סדר תפלת תענית צבור נעשה ברומא שנת פ"א לפרט בי' ה'
.כ'א בסיון כשנסעו שלוחי הקהל ללכת בחצר

אלכה — .אקרא לאלהים עליון : יוצר לשבת שלפני ר"ה
— .ואשובה

— .אעירה שחר : סדר המעמדות

(יוצר) — .(רשות לנשמת) אכרע אקוד : עניין ראש השנה
מלך — .כבודו איהל — .מלך עתיק — .מלך אזור גבורה
.אב לא חמל — .היום הרת עולם — .ונתנה תוקף — .אמיץ
— .את פני יי יום תיראו — .אסופים אסופי — .אב לא חס —
(רשות לקדיש) — .אילי צבאות — .(ליום שני) מלך אדיר
— .יה שמך ארוממך

— .אילי שובה איומתי : יוצר לשבת של שובה

יעלה — .אהבת צדק — .כל נדרים : סדר יום הכפורים
ישראל — .יה אשר גאה — .יום יעלה נקראה — .החנונינו
— .(רשות לנשמת) מי העומד — .דלתיך הלילה — .בחירי
(גאולה) אל ישראל — .קדוש אדיר בעליתו — .אז ביום כפור
— .יום מימים — .שושן עמק — .מתני אחזו — .נקראת
אין — .אשא דעי — .צפה בבת תמותה — .אנוש מה יזכה
.אשר אימתך — .אל שת מאז — .אשפכה לפניך — .ערוך אליך
— .אמרו לאלהים — .מעשה אלהינו — .אל עורך דין —
באנף — .אך אומרים לפניך — .כי אמרתך — .אמיצי שחקים
זה אל — .אילי מרום — .המכירים את המון — .לא תאניפנו
— .ויקראו זה אל זה — .מי יערוך אליך מענה — .זה אומרים
האוחז — .אליך ועדיך — .תמיר תתלונן — .אל ברוב עיצות
האומרים — .האל המאודר — .יאדירוך יאמירוך — .ביד
שופט — .ווידוי של גאון — .איהלת מתוחים — .אחד יי א'
— .ביום עשור קראתיך — .יערב חין ערכינו — .כל הארץ
.ביום הלבנת פשעי — .בני ציון היקרים — .שחר קמתי להודות
יי אל' צב' — .ביום שבהון — .יצו האל — .ישן אל תרדם —
— .יום שבת וכפורים — .שרי קודש היום — .יושב הכרובים
— .יעירוני רעיוני — .יה צור עולמים — .אלהי קדם מעונה
יוסף — .אין לי בטחון — .יה למתי צפנת — .ידידי אל ברכותו
שוכני בתי — .אזנו יצורי אלי — .תכלה ממנו — .אשר מקדם
אספו — .אודך יי כי אנפת — .מצרי ערי יצרי — .חומר
.אלהי אל תדינני — .שביה עניה — .מולך מוגי — .אנשי שכל
.אז מקדם הקדמת — .אנוש מה יצדק — .אלהי אל תבישני —
— .אמרתי לפושעים — .איום ונורא — .אדם איך ינקה —
— .אהללך בקול רם — .יום אתא לכפר — .יום אמיץ זה
אוהלך — .תמה בלוית ערגה — .אשען במעש (: תפילת מוסף)
— .אנא אזון — .אות קדושיך — .אליך נשאתי — .אץ הם
מי כמוך — .אשר יראתך — .אמרו לאלהים — .אשר אימתך
מי ימלל — .אור נוגה עטיית — .המכירים את המון — .אדיר
האוהב — .המאמירים באימה — .ונתנה תוקף — .גבורות
באור (: רשות לס' עבודה) — .אזרת עוז מלפנים — .משפט
— .אזכר סלה (: סדר עבודה) — .אוחילה לאל — .דברי נכוחות
.יום אדיר ומיוחד — .אעשה למען שמי — .אנוש איך יתכפר
אודך (: תפילת מנחה) — .אדון אביר — .יום אשר אשמינו —
טהר עם — .הקשיבה לקול — .ערכו אנא זכור — .בקול ערב
.אל אדיר רב חילו — .אתה אל רחום — .אדר בתואר — .עולם
במה — .אפננת ערוגים — .וחיות ארבע — .ובבא אהרון —
במקדש — .בת עמי לא תחשה — .ידך פשוט ופתחה — .אקדם
— .אצתי יום כפור — .איום ונורא — .אביעה כתם — .אל
איום (: תפלת נעילה) — .אומן אמונים — .אשפוך תחנה
בטרם — .תפלה לעני יעטוף — .הנקרא לאב — .אלהינו
עת שערי — .אלהים דר — .בטרם שמש בחדרו — .שמש יבא
— .אשמינו תבלע — .אל בפלשך — .אביון אשר כפיו — .רצון

Ce ms. a appartenu à Salomon de Norzi.

Vélin, lettres ornées. Pet. xivᵉ siècle. — (Ancien fonds 175.)

601.

Recueil de prières particulières selon le rite des communautés juives d'Italie. Ce recueil renferme en outre les piyyoutìm suivants :

צור. — .יום זה מכובד — .כי אשמרה שבת : פיוטים לשבת — .נברך אלהינו — .משלו אכלנו
— .במוצאי יום מנוחה — .משביח שאון ימים : הבדלות .המבדיל בין קודש — .שיר אענה כי הנה — .אלהים כוננה — .במוצאי יום קודש —

Le commencement et la fin manquent.

Vélin. Pet. xive siècle. — (Sorbonne 115.)

602.

Recueil de prières et d'invocations particulières selon le rite des communautés juives d'Italie. Ce recueil contient en outre un certain nombre de formules cabalistiques, et les chants et piyyoutìm suivants :

אשא תפלה בעד — .בשם אל חי תגיון : זמר נאה לחתן לך — .אשירה נא לאל נורא — .יפרו וירפו — .חתן וכלה — .שיר אשא לרם ונשא — .שיר ידידות — .אקרא בקול זמרה .דר בשמי מרומים — .אדון על כל — .שיר ידידות טוב להודות — .עת כי השר —

הצור תמים : צדוק הדין. — Il est fait mention dans cette prière des victimes des persécutions de l'année 4856 (1096 de J. C.) et de l'année 5056 (1296 de J. C.).

Vélin. Pet. xve siècle. — (Ancien fonds 183.)

603.

Rituel des prières quotidiennes selon le rite de certaines communautés juives d'Italie; augmenté d'un grand nombre de pièces cabalistiques et d'invocations particulières. Au milieu du volume se trouvent quelques recettes médicales.

Vélin. Pet. xve siècle. — (Ancien fonds 288.)

604.

Recueil de prières selon le rite de la communauté juive de Rome et d'autres communautés juives d'Italie, renfermant les piyyoutìm suivants :

(יוצר אחר) — .אלהינו אלהים אמת : יוצר לשבת בראשית — .איהל בעוז גבורותיו

— .במוצאי יום מנוחה — .משביח שאון ימים : הבדלות — .בשמחה נועדנו — .שיר אענה — .אלהים כוננה

— .תיאמת אור בקודש : יוצר לשבת ור"ח

(בשבת שני) — .אודך כי אנפת : יוצר לשבת של חנוכה .אזכור מעללי יה

.אתה תשמע מן השמים — .אתה תקום תרחם : עניין תענית יי אלהי — .מקוצר רוח — .אין לי ביטחון — .אהלי שודד — — .אליך יי שועתי — .יי אלהי אלהי האלהים — .הצבאות — .אל תעזבני — .זכור ברית אברהם — .תכלה ממנו אפך — .את זועמי כסופה — .בן אדם אלות : עניין עשרה בטבת .אריה מסובכו — .אבותינו בשלוותם : סליחות לצום העשור — .יומם עינינו — .תהיינה עיניך — .אז בעזובי מקרא — אלכה — .אז מקרם הקדמת : סליחות לעשרת ימי תשובה בליל על — .יה למתי צפנת — .אנוש מה יצדק — .ואשובה שחר — .ישראל עם קדוש — .שופט כל הארץ — .משכבי — .אלהי קדם מעונה — .שלומי עליון — .קמתי להודות שוכני — .יצו האל — .יוסף אשר מקדם — .איזנו יצורי אלי — .אבי אבי רכב ישראל — .ארעדה ואפחדה — .בתי חומר — .בני ציון היקרים — .דלתיך הלילה — .ירצה עם אביון לא — .ישן אל תרדם — .את פני מבין — .יעירוני רעיוני — .בקשתי

— .אלופי דת — .אכשרה בקהל רב : סליחות עניין פורים — .אביון המשווע

.שוכן עליונים — .אתה האל עושה פלא : סליחות לצום אסתר — .אל אחד ואין שיני —

— .אל המתנשא : יוצר לשבת של שקלים

— .אדון חסדך בל יחדל — .זכור את אשר עשה : יוצר לזכור

— .אום אשר בך : יוצר לפרשת פרה

.אות זה החודש : יוצר לפרשת החודש

(רשות) — .אני חומה ושדי : יוצר לשבת הגדול של פסח — .כך גזרו רבותינו

צאינה וראינה — .אדבר מישרים — .בוקר אעיר : עניין פסח צאינה — .אנעים חידושי שירים — .גן נעול אוספו — .דרך .אור ישע מאושרים — .גן נעול אושר — .וראינה שמחת יום — .ראשו כתם — .גן נעול נקם — .צאינה וראינה משכיל — — .(יוצר ליום שביעי) אתה היארתה יומם — .איש מלאכי — .(יוצר ליום שמיני) אופל המוני

— .אדון כאז גבה : יוצר של ויסע

— .אמונת עתים : יוצר לשבת שלפני שבועות

.וירד אב — .אור ישראל — .אזכור מקדם : עניין שבועות וכל — .אלהים בהנחילך (: יוצר ליום שני) — .אנכי אדיר — — .אזהרות — .כבודו יודעים — .לוהטו

אתאנו לך — .ארבעים יום הם : עניין שבעה עשר בתמוז אודך יי — .תחילת אורח — .אנהים במר יחידתי — .יוצר — .כנסת ישראל — .כי אנפת

(זולת) — .הכל אנחו (: יוצר דאיכה) : עניין תשעה באב — .איכה אצתה — .שבת סורו מני — .זכור איכה — .איך לזמר איכה — .איכה אשפתו — .אכוף לך ראש — .לנו שיחת צר זכור איש — .איכה אחובים — .אהלי אני עבטתי — .ישבה — .אנה אלך — .אויל כהכנים — .אוי כי אוסרתי — .עש — .במכת אהלה — .אוי כי מחלוקת — .איכה אילי קוננו .למי תימסתי — .למי אמרתה — .אהלי איכה — .עונינו ארוכים תיסתר — .אם יתקע שופר — .אם תעירו — .אם תאכלנה — — .איה איתן — .אויב בעה נכנס — .אתה איברתה — .לאלם — .איך אופל — .אנה אלך — .אנכי בסיני — .איה כה אומר אהלי — .אתן לך סלך — .איך השמיעוני — .אתמיד בביכיה — .ארום אמרה אין קץ — .איך תנחמוני — .אשר תאבתה אנכי אנכי — .למען תהילות — .הטה אלהי — .לך יי הצדקה — .אז בחטאינו — .ויכון עולם — .בימים ההם — .אנחם

— .ארחמך מרחמי — .את יום פדותיכם : יוצר לשבת נחמו

— .אעירה שחר על דברתיך : ס' תחנונים לעי"ת

— .מלך עתיק — .מלך אזור — .אכרע אקוד : עניין ר"ה

.אסופים אסופי — .אב לא חס — .אב לא חמל — .מלך אמיץ
אל — .יה שמך — .את פני יי — .מלך אדיר (: ליום ב') —
— .אלי שובה — .מלכי עד מתי — .ישראל

— .ישראל בחירי אל — .יעלה — .אהבת צדק : סדר י"כ
(רשות לנשמת) — .יום יעלה — .דלתיך הלילה — .יה אשר גאה
שושן — .קדוש אדיר — .אז ביום כפור — .שחי לאל יחידה
— .צפה בבת — .אנוש מה יזכה — .יום מימים — .עמק
— .אל שת מאז — .אשפכה לפניך — .אין ערוך — .אשא דעי
.מעשה אלהינו — .אל אמונה — .אל עורך דין — .אשר אימתך
אך — .כי אמרתך — .אמיצי שחקים — .אמרו לאלהים —
אילי — .המכירים תהלות — .באנף לא תאניפנו — .אומרים
ויקראו זה — .מי יערוך אליך — .זה אל זה אומרים — .מרום
.אליך ועדיך — .תמיד תתלונן — .אל ברוב עצות — .אל זה
איהלת — .האומרים אחד — .האל המאודר — .יאדירוך —
.יערב חין — .שופט כל הארץ — .ווידוי של גאון — .מתוחים
— .בני ציון — .ביום עשור — .יצו האל — .שחר קמתי —
יום שבת — .שרי קדש היום — .ישן אל תרדם — .ביום הלבנה
יעירוני — .יה צור עולמים — .אלהי קדם מעונה — .וכפורים
.יוסף אשר מקדם — .אין לי בטחון — .ידידי אל — .רעיוני
שוכני — .איזנו יצורי — .תכלה ממנו — .אביון המשוע —
אדם — .אספו אנשי שכל — .מצירי ערי יצרי — .בתי חומר
יום אתא — .יום אמיץ זה — .אמרתי לפושעים — .איך ינקה
תמה — .אשען במעש (: מוסף) — .אהללך בקול רם — .לכפר
אות — .אליך נשאתי — .אוהלך אץ תם — .בלוית עדנה
— .אמרו לאלהים — .אשר אמתך — .אנא אזון — .קדושיך
— .מי ימלל — .אור גונה — .המכירים — .אשר יראהך
אזרת עוז — .המאמירים באימה — .(לר"ה וי"כ) ונתנה תוקף
.אזכר סלה (: סדר עבודה) — .ביאור דברי נכוחות — .מלפנים
.יום אדיר ומיוחד — .אעשה למען שמי — .אנוש איך יתכפר —
— .אדון אביר — .יום היזדנו — .יום אשר אשמינו —
.טהר עם עולם — .הקשיבה לקול — .אורך בקול (: מנחה)
ובבא — .אל אדיר רב — .אתה אל רחום — .אדר בתואר —
— .במה אקדם — .אפננת ערוגים — .וחיות ארבע — .אהרון
אביעה — .יה למתי — .במקדש אל — .בת עמי — .ירך פשוט
— .אומץ אמונים — .אצתי יום כפור — .איום ונורא — .כתם
— .מערב עד ערב — .הנקרא לאב — .אב ידעך (: נעילה)
— .בטרם שמש בחדרו — .בטרם שמש יבוא — .תפילה לעני
— .תכלה ממנו — .עת שערי רצון — .אלהים דר מרומיך
— .אשמינו תבלע

אנא — .אאמיר אותך — .אכתיר זיר תהלה : עניין סוכות
את (: לש"וחה"מ) — .אומץ קצות (: ליום שני) — .הושיענא
— .אום כאישון (: לשמיני עצרת) — .השענות — .עמי טובות
— .אשרכם ישראל — .בת ברורה — .אמרת רנן (: ליום שני)
אז — .אז מרחם אמי — .מי עלה למרום — .אשריך ישראל
אורח — .איש אשר — .שח ציר — .לא אמות — .כל בריות
.אדריינוס מלכא — .אולת בכיתא — .אם כוח אנוש — .זו אלך
— .אולת בכיתא —

Ce rituel est suivi de quelques prières pour diverses circonstances de la vie; des prescriptions rituelles, en quatorze chapitres (י"ד שערים), de R. Benjamin, fils d'Abraham [ʿAnaw], le médecin; d'un calendrier de l'année synagogale; de la grammaire hébraïque de R. Moïse Kimḥi (מהלך שבילי הדעת), et de diverses recettes et observations superstitieuses sur les saignées, les tremblements des membres, etc. Les dernières pages contiennent encore un piyyout pour la fête de ש"ע : למי יפתח השמים; un autre commençant par : אחר ניגנים, et enfin un hymne commençant par : מלך עולם אשר נעלם, par R. Moïse Remos, de Majorca.

Le ms. a été exécuté par ʿObadyah, fils de ʾAmathyah.

Vélin. Pet. xive siècle. — (Sorbonne 89.)

605.

Recueil de prières (מחזור) selon le rite de la communauté juive de Rome et d'autres communautés juives d'Italie, renfermant les piyyoutim suivants :

— .איהל בעוז גבורותיו — .אלהינו אלהים אמת : יוצר לשבת
— .במוצאי יום מנוחה — .משביח שאון ימים : הבדלות
— .אתה המאזין — .תיאמת אור בקודש : יוצר לשבת ור"ח
.אזכור מעללי יה — .אודך כי אנפת : יוצר לשבת וחנוכה
— .יתנו צדקות — .אהלל אל במינים —
— .אבותינו בשלותם — .בן אדם אלות : עניין עשרה בטבת
— .תהיינה עיניך — .אריה מסובכו — .אז בעזובי
— .אל המתנשא : יוצר לפרשת שקלים
אדון הסדך כל — .זכור את אשר עשה : יוצר לפרשת זכור
— .יחדל
אלופי — .אבשרה בקהל — .אשנן עוזך : עניין צום אסתר
— .אל אחד ואין שני — .שוכן עליונים — .אתה האל — .דת
— .אום אשר בך : יוצר לפרה
— .אות זה החודש : יוצר דהחודש
כך — .ארוסת אמונה — .אני חומה : יוצר לשבת הגדול
— .גזרו
— .ליל שמורים אותו : עניין פסח
גן — .צאינה וראינה את זוהר — .אשא קולי — .בוקר אעיר
על הרי — .אוהבת השם — .ראשו אפודת — .נעול מעיין
(רשות אחר) אנעים חירומי — .ברח דודי אל מכון — .בשמים
— .יפה כתרצה — .צאינה וראינה שמחת יום — .שירים
.כרם אשל — .אחות שושנת — .איומה נכונה — .גן נעול אושר
— .שיר אשר נואמו (: יוצר אחר) — .ברח דודי אל שכן —
.כרמי שלי — .אם תקיימי — .כבודו אימץ — .אוהל נכון ונשא
צאינה — .אור ישע (: יוצר אחר) — .ברח דודי ודמה לך —
אהבוך — .ראשו כתם פז — .גן נעול נקם — .וראנה משכיל
(: יוצר אחר) — .ברח דודי עד — .על הרי בשמים — .נפש
— .גן נעול אספו — .צא' ורא' דרך מישרים — .אדבר מישרים
יה שלח (: מעריב לוושע) — .אלפביטין — .אתיית יום נאלתני
ליום) — .והעין להם מרים — .אתה היארתה (: יוצר) — .אורו
— .איש מלאכי — .אלפיביטין — .אופל המוני (: שמיני
.אמונת עתים (: יוצר לשבת הגדול של שב') : עניין שבועות
— .אזהרות — .שמור לבי מענה — .כך גזרו רבותינו —
אזכור (: ליום ראשון) — .אל נגלה בסיני (: מעריב של שב')
יש — .אנכי אדיר — .וירד אב — .אור ישראל — .מקדם
— .וכל לוהטו — .אלהים בהנחילך (: ליום שני) — .לפעולתך
— .אלפא ביתין — .אתה הוא המעלינו — .כבודו לא יודעים
— .אזהרת דרבנן

.תחלית אורח — .אתאנו לך — .ארבעים יום : עניין י"ז בתמוז
— .כנסת ישראל — .אנהים במר —
איך — .ותאמר לנחם — .תכל אנחו : יוצר לשבת של ט"ב
— .לזמר

אאדה — .איכה אצתה — .זכור איכה : עניין תשעה באב
.איכה ישבה חבצלת — .איכה אשפתו — .איכה תפארתי — .עד
אוי כי — .זכור אשר עש — .איכה אהובים — .אהלי אני —
אוי — .איכה אלי — .אנה אלך — .אויל כהכנים — .אוסרתי
.אהלי איכה — .עונינו ארוכים — .במכת אהלה — .כי מחלוקת
.אם תעירו — .אם תאכלנה — .למי תימכתי — .למי אמרת —
אויב — .אתה איבדת — .תסתר לאלם — .אז בחטאינו —
.למען תהילות — .אדום אמרה — .איך תנחמוני — .בעת נכנס
— .ויכון עולם — .בימים ההם — .אנכי אנכי אנחם —

.ארחמך מרחמי — .את יום פדותיכם : יוצר לשבת של נחמו
— .מושיעי לעתות — .מלכי עד מתי — .אל ישראל נקראת —

.אין לי בטחון — .אתה תשמע — .אתה תקום : עניין תענית
.ערכתי ואקראה — .אליך יי אקרא — .זכור ברית אברהם —
עינינו — .אל תעובני — .צקון הקשב — .ברית אזרחי —
— .הנה כחומר — .קדם אבחרנו — .תלויות

יי — .איך נפתח לפניך : סדר סליחות לכל תעניות השנה
— .איכה שפתי — .יי אלהי האלהים — .אלהי הצבאות
.אמוני עתים — .אוספו אבות — .אחינו ישראל — .שיחרנוך
אל מי — .אבלה נבלה — .על זאת תאבל — .אליך יי נשאנו —
.אויבים קמו — .אני קראתיך — .אנה מהרה כלה — .אנוסה
— .אראלים צעקו — .אבות עולם ישני — .אוחילה קירות —
— .אניד נפלאותיך — .אבות עולם אמת — .ארייוך דמעתי
.אלהים אל דמי לדמי — .אותותינו לא ראינו — .ישני חברון
אתה — .אוי לי כי גרתי — .דרשנוך בכל לב — .אני קראתיך
יוסף אשר — .או בשפוט — .אחוזנו צירים — .גילית סודך
אנוש מה — .או מקדם הקדמת — .מקוצר רוח — .מקדם
— .אהלי שודד — .את יי בהמצאו — .אקדם בנשף — .יצדק
את — .אלהים לימדתנו — .ישמעני אלהים — .אבוא היום
— .אני בעודי — .שטר עלי — .ארעדה ואפחדה — .פני מבין
.אפפו והקיפו — .אעירה שחר — .אלהים בעלונו — .ירא לבי
— .אנקת אסיר — .אשירה ואומרה — .אבי אבי רכב ישראל —
אלהי — .אלהי אל תדינני — .אביון חמשווע — .אזון תחן
אני — .אודות נפלאותיך — .תאות אדם המון — .אל תבישני
יה למתי — .שטפוני דמעותי — .בליל על משכבי — .חטאתי
— .ברכי אצולה — .מולך מוני — .אני אשמתי — .צפנת
תפילות — .שלומי עליון — .ואנחנו לא נדע — .שבייה ענייה
— .לכ"א בסיון

— .תפילה תקה — .תמיד קרוב : סדר תמיד לקרן

— .תפילה על גזירות אשכנז

שומע תפילה : סדר המעמדות, etc.

— .מלך אדיר במרומים — .אמוני נבונים : מעריב של ר"ה

— .מלך עתיק — .מלך אזור — .אכרע אקוד : ליום ר"ה
— .אב לא חם — .אב לא חמל — .מלך אמיץ — .כבודו איהל
— .ונתנה תוקף — .את פני יי יום תיראו — .אסופים אסופי

— .אילי צבאות — .מלך אדיר : ליום שני של ר"ה

— .אלי שובה : יוצר לשבת דשובה

— .יעלה תחנונינו — .אהבת צדק — .כל נדרים : עניין י"כ
— .ישראל בחירי אל — .יה אשר גאה — .יום יעלה נקראה
.קדוש אדיר — .אז ביום כפור — .שחי לאל — .דלתיך הלילה
אנוש מה — .יום מימים — .שושן עמק — .מתני אחזו —
אשפכה — .אין ערוך — .אשא דעי — .צפה בבת — .יוכה
— .אשר אימתך — .אל אמונה — .אל שת מאז — .לפניך
אמיצי — .אמרו לאלהים — .מעשה אלהינו — .אל עורך דין
באנף לא — .אך אומרים לפניך — .כי אמרתך — .שחקים
זה אל זה — .אילי מרום — .המכירים תהילות — .תאניפנו
אל ברוב — .ויקראו זה אל זה — .מי יערוך אליך — .אומרים
האל — .יאדירוך — .אליך ועדיך — .תמיד תתלונן — .עצות
ווידוי של — .איהלת מתוחים — .האומרים אחד — .המאודר
ביום עשור — .יערב חין ערכינו — .שופט כל הארץ — .גאון
.ביום הלבנת — .בני ציון — .שחר קמתי להודות — .קראתיך
יום שבת — .שרי קודש — .יצו האל — .ישן אל תרדם —
— .אלהי קדם מעונה — .שבת ראש מקראים — .וכפורים
— .ידידי אל ברכוהו — .יעירוני רעיוני — .יה צור עולמים
שוכני בתי — .איזנו יצורי — .תכלה ממנו — .אביון המשוע
אפסו אנשי — .אודך יי כי אנפת — .מצירי ערי יצרי — .חומר
יום אמיץ — .אמרתי לפושעים — .אדם איך ינקה — .שכל
אשען (: למוסף) — .אהללך בקול רם — .יום אתא לכפר — .זה
.אות קידושיך — .אליך נשאתי — .אוחלך אף תם — .במעש
אשר — .אמרו לאלהים — .אשר אימתו — .אנא אזון —
— .מי ימלל גבורות — .אור נוגה — .המכירים — .יראתך
ביאור דברי — .אורתה עוז — .המאמירים באימה — .ואראלים
אעשה למען — .אנוש איך יתכפר — .סדר עבודה — .נכוחות
אדון — .יום אשר אשמינו — .יום אדיר ומיוחד — .שמי
— .(סדר עבודה לר' אברהם א"ע) אזכיר סדר עבודות — .אביר
אדר בהואר — .הקשיבה לקול — .אודך בקול ערב (: למנחה)
— .ובבא אהרון — .אל אדיר רב — .אתה אל רחום — .נכון
— .אפננת ערוגים — .וחיות ארבע — .אלהיכם הוא שמו
— .בת עמי לא תחשה — ידך פשוט ופתחה — .במה אקדם
.אצתי יום כפור — .איום ונורא — .אביעה כתם — .במקדש אל
.אב ידעך (: לנעילה) — .אומן אמונים — .אשפוך תחינה —
.איום אלהינו — .מערב עד ערב — .טבע זיו — .הנקרא לאב —
.בטרם שמש יבא — .תפילה לעני — .מלאכים מרופפים —
— .עת שערי רצון — .אלהים דר — .בטרם שמש בחדרו —
— .אביון אשר כפיו

.אכתיר זיר (: יוצר) — .אתלונן בצל (: מעריב) : עניין סוכות
אומץ (: ליום שני) — .אנא הושיעה נא — .אאמיר אותך —
.סדר הושענות — .את עמי טובות (: לשבת של סוכות) — .קצות
עשה — .היום בשמחת — .זה היום אישש (: מעריב לש"ע) —
.אום כאישון (: יוצר) — .בו יוסיף — .נגילה ונשמחה — .שום
— .אמרת רנן (: יוצר לוזאת הברכה) — .אל חי יפתח —
אשריך — .אשריכם ישראל — .בת ברורה — .אפתח פי בשיר
.אז כל בריות — .אז מרחם אמי — .מי עלה למרום — .ישראל
אורח — .איש אשר הוקרן — .שח ציר נאמן — .לא אמות —
.אדרינוס מלכא — .אזלת בכיתא — .אם כח אנוש — .זו אלך
— .יה שמך ארוממך — .ארכון בר נון — .אזלת יוכבד —
— .יה נמצא ולא נרצה — .יה מלכי מנעה

Le traité אבות est accompagné, dans ce recueil, du commentaire de R. Moïse Maïmonide, et précédé des huit chapitres sur l'âme, du même auteur. Les prières sont suivies de prescriptions rituelles, d'un calendrier pour treize cycles de dix-neuf années, de plusieurs recettes superstitieuses, de la grammaire hébraïque de R. Moïse Kimḥi, des règles concernant la manière d'égorger les animaux et d'examiner les poumons.

Le ms. a été exécuté par Yeqouthi'el, fils de Yeḥi'el le médecin, de Bethel, pour Juda, fils de Yeqouthi'el de Camerino, et achevé le 21 juillet de l'an du monde 5161 (1401 de J. C.).

Vélin. Moy. — (Sorbonne 90.)

606.

Recueil de prières (מחזור) selon le rite de certaines communautés juives d'Italie et d'Allemagne, renfermant les piyyoutîm suivants :

ובכן — .אעדיף כל שמונה (: שמונה עשרה) : עניין חנוכה — .כבודו איהל — .אתה פני משיחך

— .איום מבראשית : יוצר דשבת וחנוכה

.שבת והחדש — .אומר בשיר משיבת : יוצר דשבת ור"ח וחנוכה — .אזכור מעללי יה —

— .תשובי אלי טרם — .אויל יעץ : סליחות לעשרה בטבת — .יה למתי צפנת — .אפפוני רעוה

— .אל המתנשא — .אשכול איווי : שבת שקלים

— .זכור את אשר עשה — .ויבא ארז : יוצר דזכור

— .שוכן עליונים — .מעריך אף : סליחות לתענית פורים — .ממיצר קראתיך — .אתה הוא — .ידידים קמו — .אלופי דת

כל — .ואילו פינו — .זכר פורים : פיוטים לשבת פורים קומה אלהים — .שיר אהבה חדש — .יום בהמן — .עצמותי — .אדון חסדך בל יחדל — .עורתה

.אמל ורבך — .אספרה אל חוק — .אמתך וחסדך : י"ח דפורים — .אחשורוש והמן — .אז בקומם — .אתה הוא מבין — — .אסתר ומרדכי

אום אשר : יוצר דפרה — .פרה אמרה קשה : זולת דפרה — .בך

אות זה : יוצר דהחודש — .ראשון אימצתה : זולת דהחודש — .החודש

— .אותות ימי גאולה : יוצר דשבת הגדול הראשון של פסח — .אז בהיות

שוקיו — .אשכלות שדים : יוצר דשבת הגדול הסמוך לפסח — .כך גזרו — .עמודי שש

(: יוצר) — .ליל שמורים אותו (: מעריב) : עניין חג הפסח ראשו כתם — .צאינה וראינה משכיל — .אור ישע מאושרים אירשה — .כדעתו אביעה (: גבורות טל) — .אהבוך נפש — .פז או"א — .אלים ביום מחוסן — .אאגדה בני איש — .ארוש .אדבר מישרים (: יוצר די' שני) — .ושחקים מזילים — .טל תן — .אתיית יום — .גן נעול אספו — .צאינה וראינה דרך — אני — .בא וגע חינוך — .אז בהעביד (: יוצר לשבת דחה"מ) מעריב) — .אצלתיך קנוייתי — .בחורה מעלמות — .ישינה אסר — .אתה היארתה (: יוצר) — .יה שלח אורו (: דויושע כבודו — .וכרב גאונך — .אבליל אלף (: לי' שני) — .רכבו — .לקהל המוניך — .מלא

אל עיר — .אמונת עתים : יוצר דשבת הגדול של שבועות — .כך גזרו — .גבורים

אילת (: יוצר) — .אל נגלה בסיני (: מעריב) : עניין חג שבועות .ארץ מטה — .ומשה עלה — .אורחות אראלים — .אהבים וכל העם — .איתו מצוות — .יי קנני — .אז בכתב אשורי — .אני חכמה (: ליום שני) — .אזהרות — .ארכין יי — .רואים ארקא — .ביתקתי זרוע — .בעלותו ההרה — .ומשה קיבל — .אלה החוקים — .אזור דהות — .אז טרם נוסדו — .הרעיש — .אזהרות דר' שלמה —

אמנם — .אשפכה מרי — .אספו עלי : סליחות לי"ז בתמוז — .אלהי

— .אאדה עד חוג — .איכה אצתה — .דוד זרעו : סדר ת"ב איכה — .איכה אהובים — .איכה אשפתו — .איכה תפארתי אם — .אנה אלך — .איכה אלי קוננו — .ישבה חבצלת — .אם תעירו — .תאכלנה — La fin manque.

Vélin. Pet. XIIIe siècle. — (Sorbonne 94.)

607.

Recueil de prières (מחזור) selon le rite de la communauté juive de Rome et d'autres communautés juives d'Italie. Texte non ponctué. Le commencement et la fin, ainsi que tout l'office du יום כפור, manquent. Ce recueil renferme les piyyoutîm suivants :

— .אלהינו אלהים אמת : יוצר אחר של שבת בראשית

— .אורות גדולים : יוצר לשבת ור"ח

— .אזכור מעללי יה — .אודך כי אנפת : יוצר לשבת וחנוכה

.אבותינו בשלוותם — .בן אדם אלות : י"ח לעשרה בטבת — .תהיינה עיניך — .אריה מסובכו — .אז בעוזבי —

— .אל המתנשא : יוצר שקלים

— .זכור את אשר עשה : יוצר לפ' זכור

— .אדון הסדך כל יחדל : רשות לשבת שלפני פורים

אתה — .אלופי דת — .אבשרה בקהל רב : עניין צום אסתר — .אל אחד — .שוכן עליונים — .האל

— .אום אשר בך : יוצר לפרשת פרה

— .אות זה החדש : יוצר לפ' החדש

— .כך גזרו — .אני חומה : יוצר לשבת הגדול

צאינה וראינה — .אדבר משרים — .בוקר אעיר : עניין פסח — .אנעים חדושי (: ליום שני) — .גן נעול אוספו — .דרך אור (: לש' וח"המ) — .גן נעול נקם — .צאינה וראנה משכיל (: ליום טוב אחרון) — .אופל המוני (: יוצר של ויושע) — .ישע — .איש מלאכי — .ותען להם — .אתה הארת

.כך גזרו — .אמונת עתים : יוצר לשבת הגדול של שבועות — .אזהרות לר' שלמה —

וכל העם — .אילת אהבים — .אזכור מקדם : עניין שבועות וירד — .אור ישראל (: ליום ב') — .אזהרת ראשית — .ראו — .אב

— .כבודו איהל — .מלך עתיק — .מלך אזור : עניין ר"ה אב — .אילי צבאות — .מלך אדיר (: ליום ב') — .מלך אמיץ .ונתנה תוקף — .אסופים אסופי — .אב לא חס — .לא חמל — .את פני יי —

אנה — .אאמיר אותך — .אכתיר זיר — .עניין סוכות — .הושענות — .אומץ קצות (: ליום ב') — .הושיעה נא

Vélin. Pet. XIIIe siècle. — (Sorbonne 103.)

608.

Recueil de prières selon le rite de quelques communautés juives d'Italie. Le commencement et la fin manquent, et il y a plusieurs lacunes au milieu. Ce volume renferme les piyyoutîm suivants :

— .ל"ש אכלו פחווים — .ליל שמורים אותו : עניין פסח
— .ל"ש סימן הוא

(בקשה) אלהי אל — .(בקשה) יי נגדך כל תאותי : עניין י"כ
— .תדינני

Vélin. Pet. xiiie siècle. — (Sorbonne 114.)

609.

Recueil de prières (מחזור) selon le rite de la communauté juive de Rome et d'autres communautés juives d'Italie. Les morceaux ne se suivent pas dans cette copie dans l'ordre habituel. En tête du volume se trouvent les hymnes suivants : יעידון יגידון. — יעידון כל עבדיך. — ידיד נפשי. — אמת לא שלחך. — Ce recueil renferme les piyyoutîm suivants :

איהל — .אלהינו אלהים אמת — .הכל יודוך : יוצר לשבת
— .בעוז

— .במוצאי יום — .משביח שאון : הבדלות

— אתה המאזין — .אורות גדולים : יוצר לשבת ור"ח

.אזכור מעללי יה — .אודך כי אנפת : יוצר לשבת וחנוכה
— .אהלל אל במינים —

.אבותינו בשלוותם — .בן אדם אלות : עניין עשרה בטבת
— .תהיינה עיניך — .אריה מסובכו — .אז בעווכי —

— .אחלך ביראח : יוצר לויגש

— .אוילים בעוברם : זולת לואלה שמות

(יוצר) אל — .אשכול איווי : דרמוש (δρόμος) לפ' שקלים
— .אעירה שחר — .המתנשא

— .(יוצר) זכור את אשר — .ויבוא ארז : דרמוש דפ' זכר
— .אדון חסדך

.אבשרה בקהל — .אלופי דת — .אשנן עוזך : עניין פורים
אל — .שוכן עליונים — .זכור אב — .אתה האל עושה —
— .אשר הניא — .אחד ואין שני

— .(יוצר) אום אשר בך — .פרה אימרה : דרמוש לפ' פרה

— .אות זה החודש : יוצר לפ' החדש

— .ארוסת אמונה — .כך גזרו — .אני חומה : יוצר לש' הגדול

.ל"ש פסח — .(מעריב) ליל שימורים אותו : עניין פסח
.כבודו אימץ — .אוהל נכון — .(יוצר) שיר אשר גואמו —
אור — .ברח דודי ודמה — .כרמי שלי — .אם תקיימי —
ראשו — .גן נעול נקם — .צאינה וראינה משכיל — .ישע
ברח דודי עד — .על הרי בשמים — .אהבוך נפש — .כתם
נן — .צאינה וראינה את זוהר — .אשא קולי — .שתחפץ
על הרי — .אוהבת השם — .ראשו אפודת — .געול מעיין
(רשות) — .אתיו אמונים — .ברח דודי אל מכון — .בשמים
(סילוק) — .(יוצר) אנעים חידושי — .בוקר אעיר אקראך
(סילוק) — .(יוצר) אדבר מישרים — .צאינה וראינה שמחת יום
.אלפביטין — .(אופן) גן נעול אוספו — .צאינה וראינה דרך
.אתה היארתה (: יוצר) — .יה שלח אורו (: מעריב דויושע) —
.איול משה (: אלפביטין) — .אופל המוניי (: יוצר ליום ח') —
(עושה השלום) — .תנון שבחיה — .מאן כוותך (: אלפב' אוחרן)
— .איש מלאכי

כך גזרו — .אמונת עתים : יוצר לשבת הגדול של שבועות
— .רבותינו מביני

.(יוצר) אזכור מקדם — .(מעריב) אל נגלה : עניין שבועות
— .(סילוק) וירד אב לנביאים — .(יוצר) אור ישראל —
(סילוק) — .(יוצר אחר) איילת אהבים — .(אופן) אנכי אדיר
(סילוק) — .אלהים בהנחילך (: יוצר ליום שני) — .וכל העם ראו
.(זולת) אתה הוא המעלינו — .(זולת) ומשה עלה — .וכל לוהטו
לית — .אנגלי מרומא — .(אלפא ביטין) ארכין יי שמייא —
אזהרת — .אזהרת ראשית — .איתו כרועו — .אנא נחית
— .אזהרת רר' שלמה — .דאליהו

אנהים — .אתאנו לך יוצר — .ארבעים יום : עניין י"ז בתמוז
— .כנסת ישראל — .תחילת אורח — .במר

איך — .הכל אנחו (: יוצר לשבת של ט"ב) : עניין ט' באב
.אתה קלים — .שבת סורו — .זכור איכה (: י"ח לט"ב) — .לזמר
איכה — .איכה תפארתי — .אאדה עד חוג — .איכה אצתח —
— .איכה אהובים — .אהלי אני — .איכה ישבה — .אשפתו
אנה — .אויל כתכנים — .אוי כי אוסרתי — .זכור אשר עש
— .במכת אהלה — .אוי כי מחלוקת — .איכה אילי — .אלך
.אם תאכלנה — .למי תימכתי — .למי אמרת — .אהלי איכה
.אתה איבדת — .תסתר לאלם — .אז בחטאינו — .אם תעירו —
אנכי אנכי — .אדום אמרה — .איך תנחמוני — .אויב בעת —
— .ויכון עולם — .בימים ההם — .אנחם

— .קרב אורך : י"ח לצ' גדליה

— .ראה נא בענינו : תפילת תענית כ"א בסיון שנת פ"א

סליחות (que le copiste avait omises dans la première partie du volume) : אוספו אבות. — אחינו ישראל. —
אבלה — .על זאת תאבל — .אליך יי נשאנו — .אמוני עתים
— .אני קראתיך — .אנא מהרה — .אל מי אנוסה — .נבלה
אראלים — .אבות עולם — .אוחילה קירות — .אויבים קמו
— .אגיד נפלאותיך — .אבות עולם — .ארייוך דמעתי — .צעקו
— .אלהים אל דמי — .אותותינו לא ראינו — .ישיני חברון
— .יוסף אשר מקדם — .דרשנוך בכל לב — .אני קראתיך אל
— .שיחרנוך בקשנוך — .את יי בהימצאו — .אקדם בנשף
— .(פתיחה) איך נפתח — .וידויים — .אליך פנינו כושנו
.אתה נילית — .אוי לי כי גרתי — .(פת' אחרת) איכה שפתי
אבי — .אפפו והקיפו — .אז בשפוט — .אחזוננו צירים —
.אוזן תחן — .אנקת אסיר — .אשירה ואזמרה — .אבי רכב
— .תאות אדם — .אלהי אל תבישני — .אלהי אל תדינני —
— .ואנחנו לא נדע — .אני אשמתי — .אורות נפלאותיך
(ס' תמיד אחר) — .(סדר תמיד) תמיד קרוב — .שלומי עליון
(ליום כפור) — .תפילה על גוירות אשכנז — .תפילה תקח
.שבת ראש מקראים — .ביום הלבנת פשעי — .יה אשר נאה
(סליחה לעקידה) — .אפסו אנשי שכל — .יה צור עולמים —
(גאולה) אל ישראל — .אביון אשר כפיו — .עת שערי רצון
(רשות לנשמת) צמאה — .(גאולה) מלכי עד מתי — .נקראת
(סליחה) — .אלהי נפלו פני — .אפתח נא שפתי — .נפשי
(רשות לקדיש) — .(סליחה) אני קראתיך — .אעירה שחר
(פיוט) — .(רשות לקדיש) יה מלכי מנעה — .יה שמך ארוממך
(רשות לסוכות) שירו לאל — .(וידוי) במה אקדם — .יה נמצא

הודו. — (סליחה) ברכי אצולה. — (רש' לקדיש) קול מהלל. — (Lacune de quelques feuillets.)

יוצר לשבת של נחמו : את יום פדותיכם. — זכור ברית אברהם. — אליך יי אקרא. — יומם עינינו. — אל תעזבוני. —

סליחות לי' ימי תשובה : אתה תקום תרחם. — אתה תשמע. — אלהים למדתנו. — או מקדם. — אהלי שודד. — אנוש מה יצדק. — אין לי ביטחון. — אבוא היום. — ישמעיני אלהים. — מקוצר רוח. — את פני מבין. — ארעדה ואפחדה. — שטר עלי. — אני בעודי. — ירא לבי. — אלהים בעלונו. — אודך יי כי אנפה. —

סליחות לליל צ' כפור : יום יעלה נקראה. — ישראל בחירי אל. — דלתיך הלילה. —

סליחות לשחרית י"כ : שופט כל הארץ. — בני ציון היקרים. — בני עמי במהלליו. — יעירוני רעיוני. — בעשור יום נילות. — יערב חין ערכינו. — קדוש שוכן עליון. — ידידי אל. — אבוא היום. — ישראל עם קדוש. — שחר קמתי להודות. — יום שבת וכפורים. — שרי קודש. —

סליחות למנחה : במקדש אל. — מולך טוני. — ידך פשוט. — כת עמי. — תפילה לעני. — בטרם שמש בחדרו. — בטרם שמש יבוא. — אלהים דר מרומיך. —

(תוכחה) שוכני בתי חומר. — לא בקשתי. — (פתיחה) יי א"צ יושב הכרובים. —

ווידוים : או"א אנקת אסיר. — אני אשמתי. — אביון המשוע. — יה למתי צפנת. — אלהי קדם מעונה. — בליל על משכבי. — תכלה ממנו. — שטפוני דמעותי. — איזנו יצורי. — מצירי ערי. — (סליחה) אני חטאתי ואשמתי. —

(רשות לנשמת) אכרע אקוד לפני. —

יוצר לשבת שלפני ר"ה : אקרא לאלהים עליון. —

עניין ר"ה : (מעריב) אמוני נבונים. — מלך אדיר במרומים. — (יוצר) מלך אזור. — (סילוק) מלך עתיק. — (אופן) כבודו איהל. — (זולת) מלך אמיץ ואיום. — אב לא חמל. — (יוצר ליום ב') מלך אדיר ונורא. — (אופן) אילי צבאות. — אב לא חס. — אסופים אסופי. — (עושה השלום) את פני יי יום תיראו. —

יוצר לשבת דשובה : אלי שובה איומתי. —

עניין י"כ : כל נדרים. — אהבת צדק. — יעלה תחנונינו. — (יוצר) אז ביום כפור. — (אופן) קדוש אדיר בעלייתו. — (רשות לשושן) מתניי אחוז. — שושן עמק. — יום מימים הוחס. — כופר פדיון. — צפה בבת תמותה. — יום אמיץ זה. — יום אתא לכפר. — אהללך בקול רם. — (: מוסף) אשען במעש. — תמה בלוית עדנה. — אוהלך אץ תם. — אליך נשאתי. — אות קדושיך. — אנא אזון. — אשר אימתך. — אמרו לאלהים. — אשר יראתך. — אור נוגה. — מי ימלל גבורות. — ואראלים בם נועצים. — המאמירים באימה. — (Ces deux derniers ajoutés après coup à la marge.) אזרת עוז מלפנים. — (רשות) ביאור דברי נכוחות. — (סדר) אזכר סלה. — אנוש אם יתכפר. — אעשה למען שמי. — יום אדיר ומיוחד. — יום אשר אשמינו. — ארון אביר. — (: מנחה) אודך בקול ערב. — אדר באדר נכון. — אתה אל רחום וחנון. — אל אדיר רב חילו. — ובבוא אהרון (sur la marge). — אפננתה ערונים. — (תוכחה) הנשמה לך. — אצתי ביום כפור. — אשפוך תחינה. — אומן אמונים. — (: תפ' נעילה) אב ידעך. — שערי ארמון (sur la marge). — איום אלהינו. — מלאכים מרופפים (sur la marge). — אבן מעמסה. — אל בפלשך. — אשמינו תבלע. — וידוי שסדר נאון. —

עניין סוכות : (מעריב) אתלונן בצל. — (יוצר) אכתיר זיר. — (אופן) אאמיר אותך. — (זולת) אנא הושיעה נא. — (יוצר ליום ב') אומץ קצות. — (יוצר לשבת של חה"מ) את עמי. — טובות. — הושענות. — (מעריב לשמ' עצרת) זה היום אישש. — (יוצר) אום כאישון. — (יוצר לזואת הברכה) אמרת רנן. — פביטין. — אל חי יפתח. —

Ces prières sont suivies de plusieurs prescriptions rituelles; d'un calendrier synagogal pour treize cycles lunaires; des quatorze chapitres de R. Benjamin ʿAnaw; d'autres prescriptions rituelles concernant les aliments, par R. Juda, fils de Benjamin; de la grammaire hébraïque de R. Moïse Kimḥi; de quelques recettes superstitieuses, et du traité אבות, accompagné du commentaire de R. Moïse Maïmonide, et précédé des huit chapitres sur l'âme, du même auteur. La fin manque. Le ms. a été exécuté par Salomon, fils de Joseph, pour ʿObadyah, fils de Moïse, et terminé à Aspilo (אספילו), le 2 nisan 5108 (1348 de J. C.).

Vélin. Moy. — (Sorbonne 91.)

610.

Recueil de prières (מחזור) selon le rite de la communauté juive de Rome et d'autres communautés juives d'Italie, renfermant les piyyoutîm suivants :

יוצר לשבת : אלהינו אלהים אמת. —

יוצר לשבת ור"ח : תיאמת אור. —

לשבת הגדול מפורים : (מי כמוכה) ארון חסדך. —

עושה השלום לפסח שבועות וסוכות : איש מלאכי. —

אזהרת דרבנן. — אזהרת דר' שלמה. — עניין תענית : (סליחה) אתה תקום תרחם. — (סליחה) אתה תשמע מן השמים. — (סליחה) אין לי בטחון. — זכור ברית אברהם. — אליך יי אקרא. — (תחינה) אל תעזביני יי. —

סדר המעמדות : שומע תפילה עדיך, etc. עניין ר"ה : אב לא חמל. — אב לא חס. — אסופים אסופי. — ונתנה תוקף. — (עושה השלום) את פני יי יום. — [: עניין י"כ] אודך כי אנפת. — אזכור מעללי יה. — בן אדם. — אלות. — (: סליחות) אבותינו בשלותם. — אז בעזבי. — אריה מסובכו. — את זועמי. — תחינה עיניך. —

יוצר לפרשת שקלים : אל המתנשא. —

לפ' זכור : זכור את אשר עשה. — י"ח לצום אסתר : אשנן עווך. — (: סליחות) אבשרה בקהל. — אלופי דת. — אתה האל עושה פלא. — שוכן עליונים. — אל אחד ואין שני. — קוראי מגילה. —

יוצר לפ' פרה : אום אשר בך. —

יוצר לפ' החדש : אות זה החדש. —

יוצר לשבת הגדול : אני חומה. — (רשות) כך גזרו. —

עניין פסח : (רשות) בקר אעיר. — (יוצר) אנעים חדושי. — (סילוק) צאינה וראינה שמחת. — (אופן) גן נעול אושר.

— .(סילוק) צ"ו דרך מישרים — .(יוצר) אדבר משרים —
.(יוצר) אור ישע — .(זולת) אתית יום — .(אופן) גן נעול אוספו
— .(אופן) ראשו כתם — .(סילוק) צ"ו משכיל שיר —
— .(יוצר של ויושע) אתה הארת — .(יוצר) שיר אשר נואמו
— .(יוצר ליום ח') אופל המוני — .(אופן) ותען להם מרים
— .אמונת עתים : יוצר לשבת הגדול של שבועות
.(יוצר) אור ישראל — .(רשות) אזכור מקדם : עניין שבועות
(יוצר אחר ליום ב') אילת — .(יוצר ליום ב') אלהים בהנחילך —
— .(אופן) אורחות אראלים — .אהבים
.תחלה אורח — .אתאנו לך — .ארבעים יום : ענין י"ז בתמוז
— .כנסת ישראל — .אנהים במר —
— .איך לזמר — .הכל אנחו : יוצר לשבת איכה
(זולת) ארחמך — .את יום פדותכם : יוצר לש' הנחמו
— .מרחמי
— .אקרא לאלהים עליון : יוצר לש' של ר"ה
(יוצר ליום א') מלך — .(רשות) אכרע אקוד [: עניין ר"ה]
(יוצר ליום ב') — .מלך אמיץ — .(אופן) מלך עתיק — .אזור
— .מלך אדיר ונורא
.תאלת יום — .אמונת אומן — .אבל במר : עניין צום גדליה
— .שלומי עליון — .אמרנו נגזרנו —
.(רשות) שמי לאל — .אלי שוכה : יוצר לשבת של שובה
— .(רשות לקדיש) יה נמצא — .מי העומד בהראה —
— .שירו לאל : רשות לנשמת חג הסוכות
— .צמאה נפשי : רשות לשמיני עצרת

Vélin. Pet. xve siècle. — (Sorbonne 126.)

611.

Recueil de prières (מחזור) selon le rite de la communauté juive de Rome et d'autres communautés juives d'Italie. Le commencement manque. Ce recueil renferme les piyyoutîm suivants :

(סילוק) צאינה — .(יוצר) אדבר מישרים : עניין פסח
(זולת) אתיית יום — .(אופן) גן נעול אוספו — .וראינה דרך
.(סילוק) צו"ר משכיל — .(יוצר אחר) אור ישע — .גאלתני
(זולת) — .(אופן) ראשו כתם — .(אופן) גן נעול נקם —
— .(שירה חדשה) ברח דודי עד שתחפץ — .אהבוך נפש
(יוצר אחר) אגעים חידושי — .(שירה חדשה) על הרי בשמים
.(אופן) גן נעול אושר — .(סילוק) צ"ור שמחת יום — .שירים
.(שירה חדשה) ברח דודי אל שכך — .(זולת) איומה נכונה —
— .(סילוק) אוהל נכון — .(יוצר אחר) שיר אשר נאמו —
.כרמי שלי לפני — .(זולת) אם תקיימי — .(אופן) כבודו אימץ
(יוצר אחר) אהבת — .(שירה חדשה) ברח דודי ודמה לך —
.(אופן) גן נעול כבודה — .(סילוק) צ"ור בני ישראל — .נעורים
(שירה חדשה) — .על הרי בשמים — .(זולת) אהובת אל —
(עושה השלום אחר) — .יי ישפות לנו — .ברח דודי לבוא
— .(יוצר דויסע) כאז גנה — .איש מלאכי
.(יוצר) אתה הארת — .(מעריב) יה שלח אורו : עניין דוויושע
— .(אלפביט) איזיל משה — .(אופן) ותען להם מרים —
— .(אלפביטין) מאן כוותך — .(אלפביט) אמר אויב —
— .(אלפביט) תכון שבחיה — .(כטית) ימא וארעא
— .אופל המוני : יוצר ליום ח'
— .(יוצר לשבת הגדול) אמונת עתים : עניין שבועות

(סילוק) — .(יוצר) אור ישראל — .(מעריב) אל נגלה בסיני
(יוצר ליום ב') אלהים — .(אופן) אנוכי אדיר — .וירד אב
— .(אופן) כבודו לא — .(סילוק) וכל לוהטו — .בהנחילך
— .(יוצר אחר) אילת אהבים — .(זולת) אתה הוא המעלנו
— .(זולת) עלה איש חכם — .(אופן) אורחות אראלים
.ארכין יי שמייא (: אלפביטין) — .(רשות לנשמת) אזכור מקדם
— ; ארעא דרקא — ;לית אנא נחית — ;אנגלי מרומא —
;ארעא זרקיעא — ;אמגן מומי — ;איתו כרועו — ;אמין שיתין
אריה — ;אית לי חד — ;איתגבר בחיליה — ;אמר יצחק —
שמור — .אתה הנחלת תורה — .אזהרת ראשית — .מתילי
— .לבי
— .אליך יי אקרא — .זכור ברית אברהם : עניין ד' צומות
— .אל תעזבני יי
אז — .אבותינו בשלותם — .בן אדם אלי : עניין י' בטבת
— .תהיינה עיניך — .אריה מסובכו — .בעוזבי
אתה — .אלופי דת — .אבשרה בקהל : עניין צום אסתר
— .אל אחד — .שוכן עליונים — .האל
תחילת — .אתאנו לך יוצר — .ארבעים יום : עניין י"ז בתמוז
— .כנסת ישראל — .אנהים במר — .אורח
(זולת) איך — .(יוצר דאיכה) הכל אנחו : עניין ט' באב
איכה — .אאדה עד חוג — .איכה אצת — .זכור איכה — .לזמר
— .אהלי אני — .איכה ישבה — .איכה אשפתו — .תפארתי
אגיל — .אוי כי אוסרתי — .זכור אשר עש — .איכה אהובים
אוי כי — .איכה אלי קוננו — .אנה אלך ואזיל — .כהכנים
.אהלי איכה — .עוונינו ארוכים — .במכת אהלה — .מחלוקת
אם — .אם תאכלנה נשים — .למי תימממתי — .למי אמרת —
.אתה איברת — .תיסתר לאלם — .אם יתקע שופר — .תעירו
אנכי — .איה כה אומר — .איה איתן — .אויב בעת נכנס —
:איך אופל — .אנה אלך אבילה (: קינות של לילה) — .בסיני
אהלי — .אגיה מלך — .איך השמיעוני — .אתמיד בבכיה —
לך יי — .אדום אמרה — .איך תנהמוני הבל — .אשר תאבת
.אז כחטאינו — .למען תהלות — .הטה אלהי אזנך — .הצדקה
— .ויכון עולם — .בימים ההם — .אנוכי אנוכי אנחם —
— .(יוצר לש' נחמו) את יום פדותכם
אתה תשמע מן — .אתה תקום תרחם : סליחות לכל תענית
— .אלכה ואשובה — .אז מקדם — .אלהים למרתנו — .השמים
.(פתיחה) יי אלהי הצבאות — .אנוש מה יצדק — .אהלי שורד
יה למתי — .אבוא היום בתפילה — .(פתיחה) יציץ צור —
שלומי — .ישראל עם קדוש — .בליל על משכבי — .צפנת
.אלהי קדם מעונה — .תכלה ממנו — .אין לי בטחון — .עליון
(פתיחה) אליך יי — .אביון המשוע — .ואנחנו לא נדע —
יוסף אשר — .אהובה אשר אורשה — .אל נכספתי — .שיועתי
— .ישמעני אלהים — .(תוכחה) את פני מבין — .מקדם
.אני בעודי — .שטר עלי — .ארעדה ואפחדה — .מקוצר רוח
בני — .ברוך אלהי עליון — .אלהים בעלונו — .ירא לבי —
— .איה נא חסדיך — .קדוש שוכן עליון — .עמי במהלליו
אלי אלי למה — .אני אשמתי — .אנקת אסיר (: ווידוים)
— .אני חטאתי ואשמתי — .לך ארך אפיים — .עזבתני
— .עזוב נא בן אדם עזוב שמץ : סליחות לי' ימי תשובה
— .(ווידוי) אנא יי אל הגדול — .עזוב נא בן אדם עזוב. עון
— .אותותינו לא ראינו — .אמוני עתים — .אחינו ישראל
— .אבלה נבלה הארץ — .אחזונו צירים — .אויה לי כי גרתי

אשפוך שיח התחנון. — אגיד נפלאותיך. — עת שערי רצון. —
ירצה עם אביון. — יי אלהי אלהים. — אפפו וחקיפו. —
תאות אדם. — אלהי אל תבישני. — יופק עתר. — יומם
עינינו. — בקר אערוך. — מולך מוני. — אזכרה ואתמוגג. —
אל מי אכנסה. — אני קראתיך. — אויבים קמו עלי. — אראלים
צעקו. — אריוך דמעתי. — אבות עולם אמת. — אוחילה קירות.
— אבות עולם ישיני. — אחזונו צירים. — מושל רום. —
ביום כפרת עווני. — שבת ראש מקראים. — אלהי אל תדינני.
— אנא זכור לאברהם. — שבייה עניה. — אורך לעניה. —
(רשות לנשמת של פסח) בוקר אעיר. —
ברכי נפשי בכל עזבונייך. — (גאולה) אל ישראל נקראת.
— (קדיש נאה) יה שמך ארוממך. —
סדר המעמדות : איה רחמים (: מכניסין). — שערי שמים.
— תורה הקדושה. — שבת הכסא. —
תחינה יפה לכל יום : אעירה שחר. —
עניין ר"ה : (מעריב) אמוני נבונים. — מלך אדיר במרומים.
— (רשות) אכרע אקוד. — (יוצר) מלך אזור. — (סילוק)
מלך עתיק. — (אופן) כבודו איהל. — (זולת) מלך אמיץ. —
אב לא חמל. — אב לא חס. — אסופים אסופי. — ונתנה
תוקף. — (עושה השלום) את פני יי. — (יוצר ליום ב') מלך
אדיר ונורא. — (יוצר לש' שלפני ר"ה) מענה רך ישיב. —
(יוצר של שובה) אלי שובה. —
עניין יה"כ : כל נדרים. — אהבת צדק. — יעלה תחנונינו.
— יום יעלה (: סליחות). — יה אשר גאה. — ישראל בחירי
אל. — דלתיך הלילה. — (רשות) מי העומד. — (אחר) מעונה
אל אדון. — (יוצר) אז ביום כפור. — (אופן) קדוש אדיר.
— שושן עמק. — יום מימים הוחס. — אנוש מה יזכה. —
צפה בבת תמותה. — אשא דעי. — אין ערוך אליך. — אשפכה
לפניך. — אל שת מאז. — אל אמונה. — אל מלך מרום. —
אשר אימתך. — מעשה אלהינו. — אמרו לאלהים. — אמיצי
שחקים. — כי אמרתך. — אך אומרים לפניך. — בקצף לא
תשפוט. — המכירים תהלות. — אילי מרום. — זה אל זה
אומרים. — מי יערוך אליך. — אל ברוב עצות. — תמיד
התלונן. — אליך ועדיך. — האומרים אחד יי. — איהלת
מתוחים. — שופט כל הארץ (: סליחות). — יערב חין. —
ביום עשור. — שחר קמתי להודות. — בני ציון. — ביום
הלבנת פשעי. — ישן על תירדם. — יצו האל. — שרי קודש
היום. — יום שבת וכפורים. — אלהי קדם מעונה. — יה צור
עולמים. — יעירוני רעיוני. — ידידי אל. — תכלה ממנו. —
אזנו יצורי. — שוכני בתי חומר. — מצירי ערי יצרי. — אודך
יי כי אנפת. — אספו אנשי. — אדם איך ינקה. — אמרתי
לפושעים. — יום אתא לכפר. — יום אמיץ. — איום ונורא. —
אהללך בקול רם. — אשען במעש (: מוסף). — תמה בלוית.
— אוהלך אץ תם. — אליך נשאתי. — אות קידושיך. —
אנא אזון. — אמרו לאלהים. — אשר יראתך. — המכירים.
— אור נונה. — מי ימלל גבורות. — ונתנה תוקף. — אזרת
עוז מלפנים. — (רשות לס' עבודה) ביאור דברי נכוחות. —
אזכר סלה. — אנוש איך יתכפר. — אעשה למען שמי. —
יום אדיר ומיוחד. — אדון אביר. — (רשות לס' עבודה) אזכיר
סדר תפילה. — (ס' עבודה) אמוני לב. — אודך (: מנחה)
בקול ערב. — אדר בתואר. — אתה אל רחום. — אל אדיר רב
חילו. — ובבוא אהרון. — וחיות ארבע. — אפננת ערוגים. —
במקדש אל. — בת עמי לא תחשה. — ידך פשוט (: סליחות)
— אביעה כתם. — איום ונורא. — אצתי יום כפור. — אומן
אמונים. — אב ידעך (: נעילה). — תפילה לעני (: סליחות).
— בטרם שמש יבוא. — בטרם שמש בחדרו. — תכלה ממנו.
— אלהים דר. — אל בפלשך. — עת שערי רצון. — אביון
אשר כפיו. —

עניין חג הסוכות : (מעריב) אתלונן בצל. — (יוצר) אכתיר
זיר. — (אופן) אאמיר אותך. — (זולת) אנא הושיעה נא.
— (הושענא) אנא אזון חין. — (יוצר ליום ב') אומץ קצות.
— (יוצר לשבת וחה"מ) את עמי טובות. — הושענות. —
(מעריב לש"ע) זה היום אישש. — (יוצר) אום כאישון. —
(לזאת הברכה) אמרת רנן. — מרשות. — בת ברורה. — אתכם
אזכיר. — אשריך ישראל. — מי עלה למרום. — אות ראשון
אנכי. — אז מרחם אמי (: אלפביטין); — אז כל בריות; —
לא אמות; — שח ציר; — איש אשר הוקרן; — אורח זו אלך;
— אם כוח אנוש; — אזלת בכיתא; — אדריינוס; — אזלת
יוכבד; — ארכון בר נון. —

A la suite de ces piyyoutîm se trouvent des prescriptions rituelles extraites principalement du ספר התרומה; des formules de contrats; un calendrier synagogal; des recettes superstitieuses; les Quatorze Portes, de R. Benjamin; les prescriptions rituelles relatives à la nourriture, par le même auteur, accompagnées d'un commentaire; et enfin les observations de R. Abraham, fils de David, sur le même sujet. Le volume se termine par les deux pièces suivantes : (יוצר לשבת שלפני ר"ה) אקרא לאלהים; et (ודוי למנחת י"כ) במה אקדם. —

Ce ms. a été exécuté par Moïse, fils de Matathias, pour Menaḥem, fils d'Abraham, à Imola; il a été achevé le 27 tammouz 5145 (1385 de J. C.).

Papier. Moy. — (Sorbonne 98.)

612.

Recueil de prières (מחזור) selon le rite de la communauté juive de Rome et d'autres communautés juives d'Italie. Ce recueil est très-abrégé et n'est pas disposé dans l'ordre habituel. Il renferme les piyyoutîm suivants :

לשבת ור"ח : תיאמת אור. —
— יעירוני רעיוני. — שחר קמתי. — יה למתי [:סליחות]
אין לי בטחון. — מצירי ערי. — איזנו יצורי. — תכלית שנאה.
— שופט כל הארץ. — בני ציון. — אלהי אל תדינני. —
מולך מוני. — יצו האל. —
עניין פסח : (רשות) בקר אעיר. —
עניין שבועות : (רשות) אזכור מקדם. —
עניין יה"כ : כל נדרים. — אהבת צדק. — יעלה תחנונינו.
— Sur la marge : יום יעלה. — יה אשר גאה. — ישראל
בחירי אל. — דלתיך הלילה. — אל כפים. — רצה עם. —
וידוי של גאון (: שחרית). —
עושה השלום לפסח : איש מלאכי. —
וידוי של גאון : במה אקדם. —
(רשות דברכו) בקר אעיר. — (רשות לקדיש) יה שמך. —

(רשות ליה"כ) — .(עושה השלום לר"ה וי"כ) את פני יי
מי העומד. — (רשות ליה"כ) אכרע אקוד. — Fragment de
la prière עבודה. —
— .אדון חסדך — .אחרי בלותי : עניין פורים
— .(עושה השלום לש"ע) אל חי יפתח
מעונה — .בת ברורה — .מרשות : עניין שמחת תורה
אז — .מי עלה למרום — .אשריך — .אשריכם — .אלהי
— .שח ציר — .לא אמות — .אז כל בריות — .מרחם אמי
— .אולת יוכבד
— .את פני מבין — .אספו אנשי : סליחות לשחרית צ' כפור
תכלה — .אביון המשוע — .שוכני בתי חומר — .אודך יי
— .אלהי קדם — .יה צור עולמים — .ידידי אל — .ממנו
ביום — .שרי קודש היום — .ביום שבתון — .ישן אל תרדם
— .יוסף אשר מקדם — .יערב חין — .ביום הלבנת — .עשור
במקדש אל — .בת עמי — .ידך פשוט — .ארעדה ואפחדה.
— .בטרם שמש יבא — .תפלה לעני — .אביעה כתם —
— .עת שערי רצון — .אלהים דר — .בטרם שמש בחדרו
— .אביון אשר כפיו

Ce ms. a été exécuté pour Nathan, fils de Samuel, en partie par Joseph, fils d'Abraham, et en partie par Meschoullam, fils de Yeḥi'el, entre les années 1417 et 1421. (Voy. fol. 80, 85, 125 v° et 205.)

Vélin. Pet. — (Sorbonne 117.)

613.

Recueil de prières (מחזור) selon le rite de la communauté juive de Rome et d'autres communautés juives d'Italie. Les pièces de ce volume ne se suivent pas dans l'ordre habituel. Il renferme les piyyoutîm suivants :

— .יום אכפי : תחינה מיושב לט' באב
— .אלהינו אלהים אמת : יוצר לשבת בראשית
— .אודך כי אנפת : יוצר לשבת וחנוכה
— .אל המתנשא : יוצר לפרשת שקלים
— .זכור את אשר עשה : יוצר לפרשת זכור
— .אום אשר בך : יוצר לפרשת פרה
— .אות זה החודש : יוצר לפרשת החודש
— .אדון חסדך : מי כמכה לשבת שלפני פורים
— .(רשות) כך גזרו — .(יוצר) אני חומה : לשבת הגדול
— .צאינה וראינה משכיל — .(יוצר) אור ישע : עניין פסח
(זולת) אהבוך — .(אופן) ראשו כתם — .(סילוק) גן נעול נקם
(יוצר לויושע) אתה — .(שירה) על הרי בשמים — .נפש
— .היארתה
— .(יוצר לשבת הסמוך לש') אמונת עתים : עניין שבועות
— .אזהרת ראשית — .איילת אהבים — .(יוצר) אור ישראל
— .אתה הנחלתה
אז — .אבותינו בשלוהם — .בן ארם אלות : עניין י' בטבת
— .תהיינה עיניך — .אריה מסובכו — .בעזובי
אתה — .אלופי דת — .אבשרה בקהל : סליחות לצ' אסתר
— .אל אחד ואין שני — .שוכן עליונים — .האל עושה
תחילת — .אתאנו לך — .ארבעים יום : עניין י"ז בתמוז
— .כנסת ישראל — .אנהים במר — .אורח

(זולת) איך — .הכל אנחו : יוצר הסמוך לשבת לט' באב
— .לזמר
אדדה עד — .איכה אצתה — .זכור איכה : י"ח לט' באב
— .איכה ישבה — .איכה אשפתו — .איכה תפארתי — .חוג
אוי — .זכור אשר עש — .איכה אהובים — .אהלי אני עבטתי
.איכה אלי — .אנה אלך ואזיל — .אויל כהכנים — .כי אוסרתי
— .עוונינו ארוכים — .במכת אהלה — .אוי כי מחלוקת —
.אם תאכלנה — .למי תימסתי — .למי אמרתה — .אהלי איכה
.אתה איברתה — .תיסתר לאלם — .אם יתקע — .אם תעירו —
אנה אלך — .אנכי בסיני — .איה כה אומר — .איה איתן —
.אהלי אשר תאבתה — .איך השמיעונו — .איך אופל — .אבילה
— .איך תנחמוני — .הטה אלהי אזניך — .לך יי הצדקה —
.בימים ההם — .אז בשבעה — .למען תהילות — .אדום אמרה
(יוצר לש' נחמו) את יום — .אז כחטאינו — .ויכון עולם —
— .אזהרות לר' שלמה — .(זולת) ארחמך — .פדותכם
(רשות לשבועות) — .(רשות לנשמת לפסח) בוקר אעיר
(רשות לצ' כפור) — .(גאולה) מלכי עד מתי — .אזכור מקדם
(: חרוזים) — .(יוצר לשבועות) אלהים בהנחילך — .מי העומד
— .אפתח נא שפתי — .שחי לאל — .יעידון כל עבדיך
— .(רשות לנשמת בר"ה) אכרע אקוד
— .(סילוק) מלך עתיק — .מלך אזור : יוצר של ר"ה
— .אב לא חמל — .(זולת) מלך אמיץ — .(אופן) כבודו איהל
(יוצר ליום ב') מלך אדיר — .אסופים אסופי — .אב לא חס
— .ונורא
.(גאולה) אל ישראל נקראת — .אלי שובה : יוצר לשבת שובה
— .(רשות) יה שמך ארוממך —
— .יעלה תחנונינו — .אהבת צדק — .כל נדרים : עניין י"כ
— .ישראל בחירי אל — .יה אשר גאה — .יום יעלה נקראה
(אופן) קדוש אדיר — (יוצר) אז ביום כפור — .דלתיך הלילה
— .אנוש מה יזכה — .יום מימים — .שושן עמק — .בעליתו
אשפכה — .אין ערוך — .אשא דעי — .צפה כבת תמותה
— .אל עורך דין — .אשר אימתך — .אל שת מאז — .לפניך
כי — .אמיצי שחקים — .אמרו לאלהים — .מעשה אלהינו
— .באנף לא תאניפנו — .אך אומרים לפניך — .אמרתך
מי יערוך — .זה אל זה אומרים — .אילי מרום — .המכירים
— .יאדירוך — .תמיד תתלוננ — .אל ברוב עצות — .אליך
— .איהלתה מתוחים — .האומרים אחד יי — .האל המאודר
.יערב חין — .שופט כל הארץ (: סליחות) — .וידוי של גאון
ביום הלבנת — .בני ציון — .שחר קמתי — .ביום עשור —
יום — .שרי קודש — .יצו האל — .ישן אל תירדם — .פשעי
— .יה צור עולמים — .אלהי קדם מעונה — .שבת וכפורים
יוסף אשר — .אין לי בטחון — .ידידי אל — .יעירוני רעיוני
— .איזנו יצורי — .תכלה ממנו — .אביון המשוע — .מקדם
— .אודך יי כי אנפת — .מצירי ערי — .שוכני בתי חומר
— .אמרתי לפושעים — .אדם איך ינקה — .אספו אנשי שכל
(: מוסף) — .אהללך בקול רם — .יום אתה לכפר — .יום אמיץ
אליך — .אוהלך אץ — .תמה בלוית עדנה — .אשען כמעש
— .אשר אימתו — .אנא אזון — .אות קדושיך — .נשאתי
.אור נוגה — .המכירים — .אשר יראתך — .אמרו לאלהים
אורתה — .המאמירים — .ונתנה תוקף — .מי ימלל —
.אזכר סלה — .אוחילה לאל — .ביאור דברי נכוחות — .עוז
.אעשה למען שמי — .אנוש איך יתכפר — .במה אקדם —

— .אדון אביר — .יום אשר אשמינו — .יום אדיר ומיוחד —
.אתה אל רחום — .אדר בתואר — .אורך בקול ערב (: מנחה)
איפננת — .וחיות ארבע — .ובכוא אהרון — .אל אדיר —
אביעה — .במקדש אל — .בת עמי — .ידך פשוט — .ערונים
— .אומן אמונים — .אצתי יום כפור — .איום ונורא — .כתם
— .מערב עד ערב — .אב ידעך (: נעילה) — .טובך הודיע
בטרם — .תפילה לעני — .אל בפלשך — .מלאכים מרופפים
עת שערי — .אלהים דר — .בטרם שמש בחדרו — .שמש יבוא
— .רצון

— .(זולת) אאמיר אותך — .אכתיר זיר : יוצר של סוכות
יוצר לשבת) — .(יוצר ליום ב׳) אומץ קצות — .אנא הושיענא
.(יוצר לשמ׳ עצרת) אום כאישון — .של חה״מ) את עמי טובות
בת — .מרשות האל — .(יוצר של וזאת הברכה) אמרת רנן —
(אלפא ביתא) אשריך — .(רהיט) אתכם אזכיר — .ברורה
.לא אמות — .(פביט) אז מרחם — .מי עלה למרום — .ישראל
אזלת — .אורח זו אלך — .איש אשר הוקרן — .שח ציר —
— .יוכבד

.(יוצר לשבת ור״ח) תיאמתה אור בקודש — .אביון אשר כפיו
(עושה השלום) אתיו — .(עושה השלום) איש מלאכי —
— .האוחז ביד — .(עושה השלום) א׳ת פני יי יום — .אמונים
.שבת הכסא — .שערי שמים (: מכניסין) : סדר המעמדות
אתה תקום (: סליחות) — .אעירה שחר — .תפלה תקח —
— .אז מקדם — .אלהים לימדתנו — .אתה תשמע — .תרחם
אבוא — .אנוש מה יצדק — .אהלי שודד — .אלכה ואשובה
יי (: פתיחות) — .מקוצר רוח — .ישמעני אלהים — .היום
.אנקת אסיר (: ודוים) — .אליך יי שועתי — .אלהי האלהים
— .יי אך בך בטח — .אלהי אל תבישיני — .אלהי אל תדינני —
.יציץ צור — .אויתיך קויתיך — .תאות אדם — .אביון המשוע
הלאל — .יופק עתר — .יעתרו חברים — .בליל על משכבי —
קדוש שוכן — .ארעדה ואפחדה — .את פני מבין — .ירכו
לך ארך — .לא בקשתי — .אלי אלי למה עזבתני — .עליון
.איה נא חסדך — .הן יום בא — .שטפוני דמעותי — .אפים
— .אל תבוא במשפט — .מעונה אלהי קדם — .מושל ברוב —
הנה — .יומם עינינו — .אלהינו בעלונו — .מאנת הנחם
שביה — .מולך מוני — .יה למתי — .ידידיך היום — .כחומר
— .עינות עמך — .בנשף קדמתי — .ישראל עם קרוש — .ענייה
.אבן מעמסה — .עם עודך היום — .בלב יום חקר — .ביום שבתון
אלהי — .אני הוא השואל — .אודה עלי — .אצולה מרוח —
יי שמעה — .י״ר ... שיהא הקץ — .אפסו אישים — .העברים
.ישיני חברון — .יי אל׳ הצב׳ יושב — .קרב אורך — .בקולינו
אני — .שטר עלי — .את יי בהמצאו — .דרשנוך בכל לב —
— .שלומי עליון — .אזון תחן — .ירא לבי — .בעודי

(זולת) אזכור — .(עושה השלום לשבת וחנוכה) יתנו צדקות
— .(עושה השלום לשמיני עצרת) אל חי יפתח — .מעללי
.(סילוק) צאינה וראינה דרך — .(יוצר לפסח) אדבר מישרים
(יוצר ליום ח׳ של פסח) אופל — .(אופן) גן נעול אוספו —
(סילוק) — .(יוצר אחר לפסח) אמת צדק ומישרים — .המוני
(יוצר אחר לפ׳) — .גן נעול נגד נהרות — .צאינה וראינה ישרה
(אופן) גן — .(סילוק) צ״ור מה נגוז — .ארומם לבעל פשרים
(סילוק) צ״ור — .(יוצר אחר) אנעים חדושי — .נעול אמוץ
(סילוק) אוהל — .(יוצר אחר) שיר אשר גואמו — .שמחת יום
— .(אופן) כבודו אימץ — .נכון

— .(סליחה) אקרא יומם ולילה — .(סליחה) אקדם בנשף
— .(סליחה) אנקתי אליך — .(סליחה) אשירה ואזמרה
(פיוט) יה נמצא ולא — .(רשות לקדיש) יה מלכי מנעה
— .נרצה

— .אתה היכנת — .אבלה נפשי : סליחות לצ׳ גדליה
— .איך אופל — .אנה אלך אבילה : קינות לליל ט׳ באב
— .איך השמעוני — .אתמיד בבכיה
(סילוק) אלכה — .אקרא לאלהים : יוצר לשבת קודם ר״ה
— .ואשוכה
— .קוראי מגלה : פיוט לפורים
— .אל תעזביני — .אליך יי אקרא : זכור ברית אברהם

Vélin. Moy. xve siècle. — (Sorbonne 178.)

614.

Recueil de prières (מחזור) selon le rite de la communauté juive de Rome et d'autres communautés juives d'Italie, renfermant les piyyoutîm suivants :

— .(זולת) אתה המאזין — .תיאמתה אור : יוצר לשבת ור״ח
(זולת) אזכור — .אודך כי אנפת : יוצר לשבת וחנוכה
— .מעללי יה
.אז בעזבי — .אבותינו בשלותם — .בן אדם : עניין י׳ בטבת
— .תהיינה עיניך — .אריה מסובכו —
— .קוראי מגילה — .(מי כמוכה) ארון חסדך : עניין פורים
אתה — .אלופי דת — .אבשרה בקהל : סליחות לצ׳ אסתר
— .אל אחד — .שוכן עליונים — .האל
— .(יוצר לכי תשא) אל המתנשא : עניין ארבע פרשיות
.(יוצר לפרה) אום אשר בך — .(יוצר לזכור) זכור את אשר
— .(יוצר דהחדש) אות זה החודש —
— .(רשות) כך גזרו — .אני חומה : יוצר לשבת הגדול
(רשות) — .ל״ש פסח — .ליל שימורים אותו : עניין פסח
.יעידון כל עבדיך — .(רשות לקדיש) יה שמך — .בקר אעיר
(אופן) — .צאינה וראינה שמחה — .(יוצר) אנעים חידושי —
— .(סלוק) אוהל נכון — .(יוצר אחר) שיר אשר — .גן נעול
(סילוק) צו״ר — .(יוצר אחר) אור ישע — .(אופן) כבודו אמץ
.(יוצר אחר) אדבר מישרים — .(אופן) ראשו כתם — .משכיל
(זולת) — .(אופן) גן נעול אוספו — .(סילוק) צ״ור דרך —
(יוצר לויושע) — .(עושה השלום) יי ישפות לנו — .אתיית יום
(יוצר ליום ח׳) אופל — .(אופן) ותען להם — .אתה תיארתה
— .המוני

(רשות) — .(יוצר לשבת הגדול) אמונת עתים : עניין שבועות
— .(סילוק) וירד אב — .(יוצר) אור ישראל — .אזכור מקדם
— .(יוצר אחר) אילת אהבים — .(יוצר אחר) אלהים בהנחילך
— .אתה הנחלת — .אזהרת ראשית — .(סילוק) וכל העם
— .שמור לבי

תחלת — .אתאנו לך — .ארבעים יום : עניין י״ז בתמוז
— .כנסת ישראל — .אנהים במר — .אורח
(סילוק) ותאמר — .(יוצר דאיכה) הכל אנחו : עניין ט׳ באב
שבת — .(י״ח לט״ב) זכור איכה — .(זולת) איך לזמר — .לנחם
— .איכה תפארתי — .אאדה עד — .איכה אצתה — .סורו
.איכה אהובים — .אהלי אני — .איכה ישבה — .איכה אשפתו
.איכה אלי — .אנה אלך — .אויל כהכנים — .אוי כי אוסרתי —
— .עונינו ארוכים — .בסכת אהלה — .אוי כי מחלוקת —

.אם תאכלנה — .למי תיממתי — .אהלי איכה
.תיסתר לאלם — .או בחטאינו — .אם יתקע — .אם תעירו —
.איה כה אומר — .איה איתן — .אויב בעת — .אתה איברת —
.איך אופל — .אנה אלך (: קינות של לילה) — .אנכי בסיני —
אהלי — .אבייה מלך — .איך השמיעוני — .אתמיד בבכיה —
.לך יי הצדקה — .בימים ההם — .אנכי אנכי אנחם — .אשר
— .ויכון עולם — .למען תהלות — .המה אלהי אזנך —
— .(זולת) ארחמך מרחמי — .(יוצר לנחמו) את יום פדותיכם
— .שחר קמתי — .אעירה שחר : סליחות לי׳ ימי תשובה
.יה למתי — .אלהי קדם — .יעירוני רעיוני — .ישן אל תרדם
— .שופט כל הארץ — .בני ציון —

.מלך אדיר במרומים — .(מעריב) אמוני גבונים : ענין ר״ה
(סילוק) מלך — .(יוצר) מלך אזור — .(רשות) אכרע אקוד —
אב — .(זולת) מלך אמיץ — .(אופן) כבודו איהל — .עתיק
(עושה השלום) — .אסופים אסופי — .אב לא חס — .לא חמל
(יוצר ליום ב׳) מלך אדיר — .ונתנה תוקף — .את פני יי
— .ונורא

— .אלי שובה : יוצר של שובה

— .יעלה תחנונינו — .אהבת צדק — .כל נדרים ; סדר י״כ
.ישראל בחירי אל — .יה אשר גאה — .יום יעלה (: סליחות)
(רשות לקדיש) — .(רשות) מי העומד — .דלתך הלילה —
(אופן) — .(יוצר) אז ביום כפור — .שחי לאל — .יה שמך
— .שושן עמק — .(רשות לשושן) מתני אחזו — .קדוש אדיר
— .אשא דעי — .צפה בבת — .אנוש מה יזכה — .יום מימים
אל — .אל שת מאז — .אשפכה לפניך — .אין ערוך אליך
.מעשה אלהינו — .אל עורך דין — .אשר אימתך — .אמונה
אך — .כי אמרתך — .אמיצי שחקים — .אמרו לאלהים —
זה אל — .אלי מרום — .המכירים — .באנף לא — .אומרים
תמיד — .אל ברוב — .האוחז ביד — .מי יערוך אליך — .זה
— .האל המאודר — .יאדירוך — .אליך ועדיך — .תתלונן
— .ודוי של גאון — .אהלתה מתוחים — .האומרים אחד
— .ביום עשור — .יערב חין — .שופט כל הארץ (: סליחות)
.ישן אל תרדם — .ביום הלבנת — .בני ציון — .שחר קמתי
יה צור — .יום שבת וכפורים — .שרי קדש — .יצו האל —
.ששפוני דמעותי — .ידידי אל — .יעירוני רעיוני — .עולמים
— .מבית צבי — .יה למתי — .אלהי קדם — .יציץ צור —
אזנו — .מצירי ערי יצרי — .ישראל עם קדוש — .ביום כפרת
אביעה — .אודך יי כי אנפת — .שוכני בתי חומר — .יצורי
.אדם איך ינקה — .מולך מוני — .ארעדה ואפחדה — .כתם
— .יום אמיץ זה — .אמרתי לפושעים — .איום ונורא —
תמה — .אשען (: מוסף) — .אהללך בקול רם — .יום אתא לכפר
— .אום קדושיך — .אליך נשאתי — .אוהלך אץ — .בלוית
.אשר יראתך — .אמרו לאלהים — .אשר אימתך — .אנא אזון
המאמירים — .מי ימלל גבורות — .אור נוגה — .המכירים —
— .(רשות לס׳ עבודה) ביאור דברי — .אזרת עוז — .באימה
אעשה למען — .אנוש איך יתכפר — .(ס׳ עבודה) אזכר סלה
.אדון אביר — .יום אשר אשמינו — .יום אדיר ומיוחד — .שמי
(ס׳ עבודה) — .(רשות לס׳ עבודה) אזכיר סדר עבודה —
— .אדר בתואר — .אודך בקול ערב (: מנחה) — .אמוני לבב
וחיות — .ובבוא אהרון — .אל אדיר רב — .אתה אל רחום
— .ברכי נפשי — .במה אקדם — .איפננתה — .ארבע
אפסו — .במקדש אל — .בת עמי — .ידך פשוט (: סליחות)

אשפוך — .אצתי יום כפור — .איום ונורא — .אנשי שכל
איום — .אב ידעך (: נעילה) — .אומן אמונים — .החינה
(: סליחות) — .מלאכים מרופפים — .שערי ארמון — .אלהינו
— .בטרם שמש בחדרו — .בטרם שמש יבא — .תפלה לעני
אביון אשר — .אל חי דלתי — .עת שערי רצון — .אלהים דר
— .כפיו

.(אופן) אאמיר אותך — .(יוצר) אכתיר זיר : ענין סוכות
.(יוצר ליום ב׳) — .אנא אזון חין — .(זולת) אנא הושיעה נא —
(יוצר לשבת של חה״מ) — .כהושעתה אלים — .אומץ קצות
.(יוצר לש״ע) אום כאישון — .הושענות — .את עמי טובות
(יוצר לזאת הברכה) — .(עושה השלום) אל חי יפתח —
אשריכם — .אתכם אוביד — .בת ברורה — .מרשות — .רנן
.אז מרחם — .מי עלה למרום — .אשריך ישראל — .ישראל
אורח — .איש אשר הוקרן — .לא אמות — .אז כל בריות —
— .אדריינוס — .אולת בכיתא — .אם כח אנוש — .זו אלך
— :ארכון בר נון — .אולת יוכבד

— .אלהינו אלהים : יוצר לשבת בראשית

Quelques prescriptions rituelles.

.הוריתה דרך — .תאלת יום — .אמונה אומן : ענין צ׳ גדליה
— .מלאכי רחמים — .שלומי עליון — .אמרנו נגזרנו —
— .מלאכי אלהים

— .אתה תקום — .(י״ח) קרב אורך : ענין תענית צבור
.הכלה ממנו — .אין לי בטחון — .אז מקדם — .אתה תשמע
— .יומם עינינו — .אל תעזבני — .זכור ברית —
— .(גאולה) מלכי עד מתי — .(גאולה) אל ישראל נקראת
— .(רשות לברכו) ישורון קול תנה

Ce ms. a été exécuté par Samuel, fils de Samuel de Modène, et achevé le 4 schebat 5244 (1485 de J. C.).

Vélin, lettres ornées. Pet. — (Sorbonne 100.)

615.

Recueil de prières (מחזור) selon le rite de la communauté juive de Rome et d'autres communautés juives d'Italie, renfermant les piyyoutìm suivants :

— .אלהינו אלהים אמת

— .אתה המאזין — .תיאמתה אור : יוצר לשבת ור״ח
(זולת) אזכור מעללי — .אודך כי אנפת : יוצר לשבת וחנוכה
— .(עושה השלום) יתנו צדקות — .יה

— .(מי כמוכה לשבת שלפני פורים) אדון חסדך
אתה האל — .אלופי דת — .אבשרה בקהל : ענין צום אסתר
— .אל אחד — .שוכן עליונים — .עושה
אז — .אבותינו בשלותם — .בן ארם אילות : ענין י׳ בטבת
— .תהיינה עיניך — .היום יקילקלו — .אריה מסובכו — .בעוזבי
— .(יוצר לשקלים) אל המתנשא : ענין ארבע פרשיות
(יוצר דפרה) אום אשר — .(יוצר דזכור) זכור את אשר עשה
— .(יוצר דהחדש) אות זה החדש — .בך
(זולת) ארוסת — .(יוצר לשבת הגדול) אני חומה : ענין פסח
.(רשות לפסח) בוקר העיר (*sic*) — .(רשות) כך גזרו — .אמונה
.(סילוק) צאינה וראינה שמחת — .(יוצר) אנעים חידושי —
— .(יוצר אחר) אדבר מישרים — .(אופן) גן נעול אוספו —
— .(אופן) גן נעול אוספו אראלים — .(סילוק) צו״ר דרך

(יוצר לוויושע) — .(סילוק) צו"ר משכיל — .(יוצר אחר) אור ישע
— .אתה היארת

שמור — .(יוצר לשבת הגדול) אמונת עתים : עניין שבועות
— .(יוצר) אור ישראל — .(רשות) אזכור מקדם — .לבי
(יוצר ליום ב') — .(אופן) אנכי אדיר — .(סילוק) וירד אב
— .אזהרת ראשית — .(סילוק) וכל העם — .אילת אהבים

.(יוצר) הכל אנחז — .(קינה) אז בחטאינו : עניין ט' באב
.איכה אצתה — .(י"ח לט"ב) זכור איכה — .(זולת) איך לזמר —
בדומיה — .איכה אשפתו — .איכה תפארתי — .אאדה עד חוג —
אוי כי — .זכור אז — .איכה אהובים — .אהלי אני — .בדד
— .איכה אלי — .אנה אלך — .אויל כהכנים — .אוסרתי
אהלי — .עזונינו ארוכים — .במכת אהלה — .אוי כי מחלוקת
— .אם תאכלנה — .למי תימתי — .למי אמרתה — .איכה
.אתה איברתה — .תיסתר לאלם — .אם יתקע — .אם תעירו
אנכי — .איה כה אומר — .איה איתן — .אויב בעת נכנס —
.איך תנחמוני — .אהלי אשר תאבתה — .אביה מלך — .בסיני
— .הטה אלהי — .כאותות אשר נפלאת — .אדום אמרה —
ויכון — .בימים ההם — אנכי אנכי אנחם — .למען תהילות
(זולת) ארחמך — .(יוצר לנחמו) את יום פדותיכם — .עולם
— .מרחמי

תהילת — .אתאנו לך — .ארבעים יום : עניין י"ז בתמוז
— .כנסת ישראל — .אנהים במר — .אורח

(יוצר) — .יה שמך — .(רשות) אכרע אקוד : עניין ר"ה
— .(אופן) כבודו איהל — .(סילוק) מלך עתיק — .מלך אזור
אסופים — .אב לא חס — .אב לא חמל — .(זולת) מלך אמיץ
(יוצר ליום ב') מלך — .(עושה השלום) את פני יי — .אסופי
— .אדיר

— .אלי שובה : יוצר לשבת של שובה

— .יעלה תחנונינו — .אהבת צדק — .כל נדרים : סדר י"כ
.ישראל בחירי אל — .יה אשר גאה — .יום יעלה (: סליחות)
.קדוש אדיר — .(יוצר) אז ביום כפור — .דלתיך הלילה —
.יום מימים — .שושן עמק — .(רשות לשושן) מתני אחזו —
.אין ערוך — .אשא דעי — .צפה בבת — .אנוש מה יזכה —
אשר — .אל אמונה — .אל שת מאז — .אשפכה לפניך —
.אמרו לאלהים — .מעשה אלהינו — .אל עורך דין — .אימתך
באנף — .אך אומרים — .כי אמרתך — .אמיצי שחקים —
.זה אל זה אומרים — .אילי מרום — .המכירים — .לא תאניפנו
.אל ברוב עצות — .ויקראו זה אל זה — .מי יערוך אליך —
.האל המהודר — .יאדירוך — .האוחז ביד — .תמיד תתלונן —
.רש"ע קודם כל דבר — .איהלהה מתוחים — .האומרים אחד —
.ביום עשור — .יערב חין — .שופט כל הארץ (: סליחות) —
.יצו האל — .ישן אל תרדם — .ביום הלבנת — .בני ציון —
— .יה צור עולמים — .יום שבת וכפורים — .שרי קודש —
.אודך יי כי אנפת — .אזנו יצורי — .תכלה ממנו — .ידידי אל
— .יום אמיץ זה — .אמרתי לפושעים — .ארם איך ינקה —
.אשען במעש (: מוסף) — .אהללך בקול רם — .יום אתא לכפר
אות — .אליך נשאתי — .אוהלך אץ — .המה בלויית —
— .אמרו לאלהים — .אשר אימתו — .אנא אזון — .קדושיך
.מי ימלל — .אור נוגה — .המכירים את המון — .אשר יראתך
— .האוהב משפט — .המאמירים באימה — .ונתנה תוקף —
(ס' עבודה) — .(רשות לעבודה) ביאור דברי — .אזרתה עוז
— .אנוש איך יתכפר — .אעשה למען שמי — .אזכר סלה

— .אדון אביר — .יום אשר אשמינו — .יום אדיר ומיוחד
— .(ס' עבודה) אמוני לבב — .(רשות לס"ע) אזכיר סדר עבודה
.אתה אל רחום — .אדר בתואר — .אודך בקול ערב (: מנחה)
במה — .וחיות ארבע — .ובבא אהרון — .אל אדיר רב —
.במקדש אל — .בת עמי — .ידך פשוט (: סליחות) — .אקדם
אשפוך — .אצתי יום כפור — .איום ונורא — .אביעה כתם —
איום — .אב ידעך (: נעילה) — .אומן אמונים — .תחינה
.תפילה לעני — .אבן מעמסה — .שערי ארמון — .אלהינו
.אלהים דר — .בטרם שמש בחדרו — .בטרם יבוא שמש —
— .אל כפלשך — .אביון אשר כפיו — .עת שערי רצון —
— .למקדימין בתפלה — .אשמינו תבלע — .קמנו בתחנון
— .(רשות לנשמת י"כ מר' יעקב מאסקולי) יודו לשמך

.(אופן) אאמיר אותך — .(יוצר) אכתיר זיר : עניין סוכות
— .(יוצר ליום ב') אומץ קצות — .(זולת) אנא הושיעה נא —
— .הושענות — .(יוצר לשבת של חה"מ) את עמי טובות
(יוצר לזאת הברכה) אמרת — .(עושה השלום) איש מלאכי
— .מעונה אלהי קדם — .בת ברורה — .מרשות — .רנן
— .מי עלה למרום — .אשריך ישראל — .אשריכם ישראל
.איש אשר הוקרן — .לא אמות — .אז כל בריות — .אז מרחם
— .אזלת בכיתא — .אם כח אנוש — .אורח זו אלך —
.אדריינוס — .אזלת יוכבד —
— .אליך יי אקרא — .זכור ברית

La fin manque.

Papier. Pet. xvie siècle. — (Sorbonne 96.)

616.

סדר תפלות מכל השנה « Ordre de prières de toute l'année », selon le rite italien. Ce rituel renferme les piyyoutîm suivants :

— .אעירה שחר — .לך אלי : בקשות
— .(זולת) אמת אומנתי — .מה מתקו טעמי : יוצר דשבת ור"ח
.יום בהמן — .כל עצמותי : פיוטים לשבת הגדול של פורים
— .שיר אהבה — .קוראי מגלה — .(זולת) קומה אלהים —
— .אדון חסדך — .יום בהמן — .זכר פורים
(רשות) כך — .שישי נות : פיוטים לשבת הגדול של פסח
— .גזרו
— .שורש בנו ישי — .(מעריב) ליל שמורים [: עניין פסח]
— .יהודה אל — .(ליום ב') יעירוני ימי קדם
(מעריב) — .(רשות לשבת הגדול) כך גזרו : עניין שבועות
יום — .(פיוט של שב') יום מעמד סיני אשים — .אל נגלה
משה — .מי עלה שמים — .לב ולשון — .מעמד סיני יום בא
— .אזהרת ראשית — .שמור לבי — .קבל תורה
(פתיחה) אלהי — .(מעריב) אמוני נבונים : סדר של ר"ה
— .(פת' ליום ב') יי נגדך כל תאותי — .אל תדינני
— .מי אל כמוך — .כל נדרים : סדר יה"כ
— .הושענות — .(מעריב) אתלונן בצל : סדר של סוכות
— .(רשות לחתן תורה) מרשות

Ce ms. a été exécuté par Joseph, fils de Ḥayyim, de Vitale, pour Mardochée Kôhên; il a été achevé le 19 tebeth 5289 (1529 de J. C.).

Vélin, lettres ornées. Pet. — (Ancien fonds 185.)

617.

Recueil de prières (מחזור) pour la première moitié de l'année synagogale, selon le rite de la communauté juive de Rome et d'autres communautés juives d'Italie. Quelques pièces du commencement sont accompagnées d'un commentaire. On y lit aussi quelques morceaux midraschiques. Le traité אבות est accompagné du commentaire de R. Moïse Maïmonide, et précédé des huit chapitres sur l'âme, du même auteur. Ce recueil renferme les piyyoutîm suivants :

אלהינו — .הכל יאמירוך — .אהלל בצלצלי : עניין שבת
.יגדל אלהים — .איהל בעוז — .ארנן לבקר — .אלהים אמת
— .(שיר ייחוד לרש"י) כל ברואי למעלה — .אדון עולם —
(:הבדלות) — .(שיר שאומרין מלאכי השרת) האדרת והאמונה
.אלהים כוננה — .במוצאי יום מנוחה — .משביח שאון ימים
— .שיר אענה

— .שיר הייחוד לר' אליהו הזקן

— .(זולת) אתה המאוין — .תיאמת אור : יוצר לשבת ור"ח
(יוצר אחר) אזכור — .אודך כי אנפת : יוצר של חנוכה
— .(עושה השלום) יתנו צדקות — .מעללי יה

אז — .אבותינו בשלותם — .בן אדם אלות : עניין י' בטבת
תהיינה — .זכור ברית אברהם — .אריה מסובכו — .בעזבי
— .עיניך

— .(יוצר לשקלים) אל המתנשא : עניין ארבע ערכים
(רשות לש' דזכור) — .(יוצר לזכור) זכור את אשר עשה
— .(יוצר של שבת פרה) אום אשר בך — .מה רב טוב
(יוצר להפסקה) אור — .(יוצר החודש) אות זה החודש
— .זרוע

.אלופי דת — .אבשרה בקהל — .אשגן עוזך : עניין צ' אסתר
שוכן — .זכור ברית — .איש ימיני — .אתה האל עושה פלא
— .אל אחד ואין שיני — .עליונים

— .אדון חסדך : מי כמוכה דפורים

.קומה קומה — .אהללך אדון — .אשר הניא : עניין פורים
— .יום שאת ויתר — .קוראי מגלה —

— .(זולת) ארוסת אמונה — .אני חומה : יוצר לשבת הגדול
(רשות) כך גזרו — .

אזכרה — .ל"ש אכלו — .ליל שמורים אותו : עניין פסח
ל"ש — .(מעריב ליל ב') ל"ש אור ישראל — .שנות עולמים
— .אור יום הנף — .אדיר

(סילוק) — .(יוצר) אנעים חדושי — .(רשות) בקר אעיר
(יוצר אחר) — .(אופן) גן נעול אשר — .צאינה וראינה שמחת
(סילוק) צ"ור — .(יוצר אחר) אור ישע — .שיר אשר נאמו
— .(זולת) אהבוך נפש — .(אופן) ראשו כתם — .משכיל
(יוצר ליום ב') — .ברח דודי עד שתחפץ — .על הרי בשמים
— .(סילוק) גן נעול אוספו — .צ"ור דרך — .אדבר מישרים
.(סילוק) צ"ור שור בעטרה — .(יוצר לשבת דחולו של פ') אהוביך
— .(אופן) דודי שליט

(רשות לברכו) יעידון — .(רשות לקדיש) יה שמך ארוממך
— .כל

כך — .(יוצר לשבת הגדול) אמונת עתים : עניין שבועות
(רשות) אזכור — .(מעריב) אל נגלה — .שמור לבי — .גזרו

(אופן) — .(סילוק) וירד אב — .(יוצר) אור ישראל — .מקדם
(יוצר ליום ב') אלהים — .(זולת) יש לפעולותך — .אנכי אדיר
— .(אופן) כבודו לא יודעים — .וכל לוהטו — .בהנחילך
.אתה הנחלת — .אזהרת ראשית — .(זולת) אתה הוא המעלנו
— .(רשות לתרגום) שפרפר קאימנא —

יום — .אתאנו לך יוצר — .ארבעים יום : עניין י"ז בתמוז
.אלה אזכרה — .אנהים במר — .תחלת אורח — .זה עריצים
— .כנסת ישראל — .שעה נאסר —

.(יוצר לשבת שלפני פורענותא) הכל אנחו : עניין ט' באב
— .דוד זרעו — .(י"ח) זכור איכה — .(זולת) איך לזמר —
איכה — .איכה תפארתי — .אארה עד חוג — .איכה אצת
.אהלי אני עבטתי — .איכה ישבה — .אז בחטאינו — .אשפתו
— .אוי כי אוסרתי — .זכור אשר עשה — .איכה אהובים —
.אוי כי מחלוקת — .איכה אלי — .אנה אלך — .אויל כהכנים
למי — .אהלי איכה — .עוגינו ארוכים — .במכת אהלה —
אם תאכלנה נשים — .אם תאכלנה — .למי תממתי — .אמרת
.אתה אבדת — .תסתר לאלם — .אם יתקע — .פרים משמיעים
אנכי — .איה כה אומר — .איה איתן — .אויב בעת נכנס —
.לך יי הצדקה — .אהלי אשר תאבת — .אביה מלך — .בסיני
— .הטה אלהי אזנך — .אצבעותי שפלו — .אש תוקד —
אנכי — .למען תהלות — .אמרה אין קץ — .איך תנחמוני
(יוצר לנחמו) — .ויכון עולם — .בימים ההם — .אנכי אנחם
— .(זולת) ארחמך מרחמי — .את יום פדותכם

אלהים — .אתה תשמע — .אתה תקום תרחם : עניין תענית
— .אהלי שודד — .אלכה ואשובה — .אז מקדם — .למדתנו
ישמעני — .אבא היום — .אין לי בטחון — .אנוש מה יצדק
.יי אלהי האלהים — .יי אלהי הצבאות — .מקוצר רוח — .אלהים
— .אלהי אל תדינני — .אנקת אסיר — .אליך יי שועתי —
תעות — .אביון המשוע — .יי אך בך בטח — .אלהי אל תבישיני
— .בליל על משכבי — .יציץ צור — .אויתיך קויתיך — .עול
.שוכני בתי חומר (: תוכחות) — .יופק עתר — .יעתרו חברים
הנה — .ארעדה ואפחדה — .את פני מבין — .הלאל ירבו —
— .אלי אלי למה — .קדוש שוכן — .יושב קדם — .כחומר
ישן אל — .שטפוני דמעותי — .לך ארך אפים — .לא בקשתי
.אל תבוא במשפט — .מושל ברוב — .איה נא חסדיך — .תרדם
— .אלהינו בעלונו — .מאנת הנחם — .מעונה אלהי קדם —
יוסף אשר — .מצירי ערי — .מולך מוני — .יה למתי צפנת
אצולה מרוח — .ישראל עם קדוש — .שביה עגייה — .מקדם
— .זכור ברית — .(וידוי ליה"כ) אודה עלי פשעי — .הקודש
— .יומם עינינו — .אל תעזביני

— .שבת הכסא — .שערי שמים : מכניסין לי' ימי תשובה
— .אעירה שחר — .תפלה תקח

— .אותותינו לא ראינו — .אלהים אל דמי לדמי

Ce recueil faisait partie d'un מחזור complet; la dernière page contient encore le commencement de עניין ר"ה. Très-belle écriture carrée.

Vélin, miniatures (dont la plupart ont été coupées). Gr. xive siècle. — (Sorbonne 8.)

618.

Recueil de prières (מחזור) pour la première moitié de l'année synagogale, selon le rite de la communauté juive de Rome et d'autres communautés juives d'Italie, renfermant les piyyoutîm suivants :

בכור — .כמוצאי יום מכוכב — .במוצאי יום מנוחה : הבדלות
— .אבי חביא נביא — .כל עם
— .שמים וארץ הרים ... מה הם אומרים : סימנים
(זולת) אתה המאזין — .תיאמת אור : יוצר לשבת ור"ח
(זולת) אזכור — .אודך כי אנפת : יוצר לשבת של חנוכה
(זולת) אל ישראל — .(יוצר אחר) יי אלהי אתה — .מעללי יה
(עושה השלום) יתנו צדקות — .נותן
(יוצר לואלה שמות) אוולים — .(יוצר לויגש) אחלך ביראה
— .בעכרם
— .אבותינו בשלוותם — .בן אדם אלות : עניין י' בטבת
— .תהיינה עיניך — .אריה מסובכו — .אז בעוזבי
(מי כמוך לשבת שלפני פורים) ארון חסדך : עניין אסתר
אלופי דת — .אתה האל עושה — .אבשרה בקהל (: סליחות)
— .אל אחד — .שוכן עליונים —
— .אל המתנשא : יוצר לכי תשא
— .זכור את אשר : יוצר דזכור
— .אום אשר בך : יוצר לפרשת פרה
— .אות זה החודש : יוצר של החודש
כך — .ארוסת אמונה — .אני חומה : יוצר לשבת הגדול
— .נגזרו רבותינו
(יוצר) אנעים — .(עושה השלום) איש מלאכי : עניין פסח
(אופן) גן — .(סילוק) צאינה וראינה שמחת יום — .חידושי
(סילוק) — .(יוצר אחר) שיר אשר נואמו — .נעול אושר
(יוצר אחר) אור ישע — .(אופן) כבודו אימץ — .אוהל נכון
(סילוק) — .(יוצר אחר) אדבר מישרים — .צ"ור משכיל —
(יוצר של ויושע) — .(אופן) גן נעול אוספו — .צ"ור דרך
(יוצר ליום ח') — .(אופן) ותען להם מרים — .אתה היארתה
— .אופל המוני
— .(יוצר לשבת הגדול) אמונת עתים : עניין שבועות
(יוצר) — .(רשות) אזכור מקדם — .(יוצר אחר) אמרי נועם
(זולה) ומשה — .(אופן) אורחות אראלים — .איילת אהבים
(סילוק) וכל לחטו — .(יוצר אחר) אלהים בהנחילך — .עלה
(יוצר אחר) — .אתה הוא המעלינו — .(אופן) כבודו לא יודעים
— .(אופן) אנכי אדיר — .(סילוק) וירד אב — .אור ישראל
— .אתה הנחלת — .אזהרת ראשית — .(זולת) יש לפעולתך
— .שמור לבי
אנהים — .תחילת אורח — .ארבעים יום : עניין י"ז בתמוז
— .כנסת ישראל — .אתאנו לך — .במר
— .(יוצר לשבת הסמוך לט"ב) הכל אנחו : עניין ט' באב
למה — .אאדה עד חוג — .זכור איכה — .(זולת) איך לזמר
— .איכה ישבה — .איכה אשפתו — .איכה תפארתי — .תריבו
אוי כי — .זכור אשר עש — .איכה אהובים — .אהלי אני
אוי — .איכה אלי — .אנה אלך — .אויל כהכנים — .אוסרתי
אהלי — .עוונינו ארוכים — .במכת אהלה — .כי מחלוקת
.אם תאכלנה — .למה תימטתי — .זכור יי מה היה לנו — .איכה
.איכה איבדתה — .תיסתר לאלם — .אם יתקע — .אם תעירו —
— .אנה אלך — .אנכי בסיני — .איה איתן — .אויב בעת
.אביה מלך — .איך השמעוני — .אחמיד בבכייה — .איך אופל
— .אדום אמרה — .איך תנחמוני — .אהלי אשר תאבתה
בימים — .אנכי אנכי אנחם — .למען תהילות — .תפלאתה מאז
(יוצר לשבת של נחמו) — .אז בחטאינו — .ויכון עולם — .ההם
— .(זולת) ארחמך מרחמי — .את יום פדותכם
— .אליך יי אקרא — .זכור ברית אברהם : עניין תענית
(אחרת) יי אלהי — .(פתיחה) איך נפתח — .אל העזביני
.(אחרת) איכה שפתי — .(אחרת) יי אלהי האלהים — .הצבאות
— .אך בך מקוה — .אתה תקום — .אתה תשמע (: סליחות) —
אנשי — .אלכה ואשובה — .אפפו והקיפו — .אלהים לימדתנו
— .אהובה אשר — .אבדו חכמי גזית — .אלהי ישראל — .אמנה
אלהים — .טוב יי לקויו — .מיאנה הנחם — .מקוצר רוח —
את יי — .איך איכה — .אזכרה ואתמוגג — .אתה כוננתה
— .אנוש מה יצדק — .אז מקדם — .אימנת מאז — .בהמצאו
את — .ירא לבי — .אני עודני — .שטר עלי — .איתן למד
.אל נכספתי — .בליל על משכבי — .אליך יי נשאתי — .פני מבין
— .אנקת אסיר — .אל חי בכל — .מלך מוגי — .אליך אליכה —
.אמוגים בני מאסינים — .ייעתרו חבירים — .ישראל עם קדוש
— .(תוכחה) ברכי נפשי — .ישיני חברון — .תאות אדם —
— .יי שמעה בקולינו — .בת ציון שמעתי

En tête du volume se trouvent un acte de vente de l'an 5140 (1380 de J. C.) et la seliḥa .ודרשנוך בכל לב

Vélin. Pet. — (Sorbonne 99.)

619.

Recueil de prières (מחזור) pour la première moitié de l'année synagogale, selon le rite de la communauté juive de Rome et d'autres communautés juives d'Italie. Ce recueil contient les piyyoutîm suivants :

— .תיאמת אור : יוצר לשבת ור"ח
— .אודך כי אנפת : יוצר לשבת וחנוכה
ישמעני — .אין לי בטחון — .אתה תקום : עניין תענית
— .אליך יי אקרא — .זכור ברית — .מקוצר רוח — .אלהים
— .שכיה עניה — .אל תעזביני — .יומם עינינו
אריה — .אבותינו בשלותם — .בן אדם : עניין י' בטבת
— .תהיינה עיניך — .אז בעוזבי — .מסובכו
— .אלהים אלהינו : יוצר לשבת בראשית
— .אל המתנשא : יוצר לפר' שקלים
— .זכור את אשר עשה : יוצר לפר' זכור
— .ארון חסדך : מי כמוכה לשבת שלפני פורים
אתה — .אלופי דת — .אבשרה בקהל : סליחות לצ' אסתר
— .אל אחד ואין שני — .שוכן עליונים — .האל עושה
— .אום אשר בך : יוצר מפר' פרה
— .אות זה החודש : יוצר מפר' החודש
(רשות לשבת הגדול) כך — .אני חומה : סדר עניני פסח
.(יוצר) אדבר מישרים — .(רשות לפסח) בוקר אעיר — .גזרו
— .(אופן) גן נעול אוספו — .(סילוק) צאינה וראינה דרך —
— .(יוצר ליום ב') אור ישע — .(עושה השלום) איש מלאכי
.(יוצר אחר) אנעים חידושי — .(אופן) ראשו כתם — .צו"ר משכיל
(יוצר של שבת של חה"מ) — .(סילוק) צו"ר שמחת יום —
(יוצר ליום אחרון) אתה — .(סילוק) אהל נכון — .שיר אעיר
(עושה השלום) — .(יוצר ליום שמיני) אופל המוני — .הארתה
— .(אחר) אתיו אמונים — .איש מלאכי
(רשות) — .(יוצר לשבת הגדול) אמונת עתים : עניין שבועות
(יוצר אחר) אור — .(יוצר) אילת אהבים — .אזכור מקדם

אוהרת ראשית — .(יוצר ליום ב') אלהים בהנחילך — .ישראל
— .שמור לבי — .(ליום ב') אתה הנחלת --
אנחים — .תחילת ארח — .אתנו לך : סליחות לי"ז בתמוז
— .כנסת ישראל — .במר
— .(זולת) איך לזמר — .הכל אנחו : יוצר לשבת דאיכה
איכה אצתה — .שבת סורו מני — .זכור איכה : עניין ט"ב
איכה — .איכה אשפתו — .איכה תפארתי — .אדדה עד —
— .אוי כי אוסרתי — .זכור אשר עש — .אהלי אני — .ישבה
אוי כי — .איכה אלי קוננו — .אנה אלך — .אויל כהכנים
אהלי איכה — .עונינו ארוכים — .במכת אהלה — .מחלוקת
איה איתן — .אויב בעת — .למי אמרת — .אז בחטאינו —
אנכי — .למען תהלות — .הטה אלה׳ — .אמרה אין קץ —
(יוצר לנחמו) — .ויכון עולם — .כימים ההם — .אנכי אנחם
— .את יום פדותכם

Texte en grande partie non ponctué.

Vélin. Pet. xve siècle. — (Sorbonne 119.)

620.

Recueil de prières (מחזור) pour la seconde moitié de l'année synagogale, selon le rite de la communauté juive de Rome et d'autres communautés juives d'Italie. Le commencement manque. Ce recueil contient les piyyoutim suivants :

— .אלי שובה : יוצר של שובה.
יעלה תחנונינו — .אהבת צדק — .כל נדרים : סדר יה"כ
ישראל בחירי אל — .יה אשר גאה — .יום יעלה (: סליחות) —
— .ירצה עם אביון — .ברוך אלהי עליון — .דלתיך הלילה —
— .(יוצר) אז ביום כפור — .(רשות לנשמת) מי העומד
— .(רשות לברכו) יעידון כל עבדיך — .(אופן) קדוש אדיר
צפה בבת — .אנוש מה יזכה — .יום מימים — .שושן עמק
אל שת — .אשפכה לפניך — .אין ערוך אליך — .אשא דעי —
— .אל עורך דין — .בארלי אומן — .אל אמונה — .מאז
כי — .אמיצי שחקים — .אמרו לאלהים — .אדיר בויעודו
המכירים — .באנף לא תאניפנו — .אך אומרים — .אמרתך
מי יערוך — .זה אל זה אומרים — .אילי מרום — .תהלות
תמיד — .אל ברוב עצות — .ויקראו זה אל זה — .אליך
— .האל המאודר — .יאדירוך — .אליך ועדיך — .תתלונן
וידוי — .איהלתה מתוחים — .האומרים אחד — .האוחז ביד
— .יערב חין — .שופט כל הארץ (: סליחות) — .של גאון
— .בעלות יום — .בני ציון — .שחר קמתי — .ביום עשור
.יה למתי — .ישן אל תרדם — .בקר אערוך — .בעשור יום
מבית — .יחידתי בצרתי — .יציץ צור — .ביום כפרת —
לא — .אליך אלכה — .יי מה אדם — .יי אך בך — .צבי
— .יצו האל — .ביום הלבנת — .אלהי אל תדינני — .בקשתי
— .שרי קודש היום — .שביה עניה — .אלהי אל תבישני
— .יה צור עולמים — .אלהי קדם — .יום שבת וכפורים
יוסף אשר — .אין לי בטחון — .ידידי אל — .יעירוני רעיוני
אזנו יצורי — .את יי בהמצאו — .דרשנוך בכל לב — .מקדם
.מצירי ערי יצרי — .את פני מבין — .שוכני בתי חומר — .אלי
ארם — .ארעדה ואפחדה — .אוספו אנשי שכל — .אודך יי —
יום אמיץ — .אמרתי לפושעים — .איום ונורא — .איך ינקה
אשען (: מוסף) — .אהללך בקול רם — .יום אתא לכפר — .זה

— .אוהלך אץ — .חטאתו היום — .תמה בלויית — .כמעש
.אשר אימתך — .אנא אזון — .אום קדושיך — .אליך נשאתי
— .המכירים את המון — .אשר יראתך — .אמרו לאלהים
.אזרת עוז — .המאמירים באימה — .מי ימלל — .אור נוגה
אעשה — .אנוש איך יתכפר — .אזכר סלה — .ביאור דברי —
— .יום אשר אשמינו — .יום אדיר ומיוחד — .למען שמי
אמוני — .(רשות לר' אא"ע) אזכיר סדר עבודה — .אדון אביר
טהר — .הקשיבה לקול — .אודך בקול ערב (: מנחה) — .לבב
— .אנא חון (sur la marge). — .אדר כתואר — .עם עולם
וחיות — .ובבא אהרון — .אל אדיר רב — .אתה אל רחום
ירך (: סליחות) — .במה אקדם — .איפננתה ערוגים — .ארבע
איום — .אביעה כתם — .במקדש אל — .בת עמי — .פשוט
.אומן אמונים — .אשפוך תחינה — .אצתי יום כפור — .ונורא
— .איום אלהינו — .מערב עד ערב — .אב ידעך (: נעילה) —
— .תפלה לעני (: סליחות) — .אבן מעמסה — .שערי ארגון
— .אלהים דר — .בטרם שמש בחדרו — .בטרם שמש יבא
אביון אשר — .עב קל — .יהיו נא אמרי פי — .עת שערי רצון
— .אשמינו תבלע — .אל בפלשך — .כפיו (sur la marge)

Au milieu de l'office du יום הכפורים, il y a quelques feuillets transposés de l'office du ראש השנה.

(רשות) שירו לאל — .(מעריב) אתלונן בצל : עניין סוכות
(יוצר) אאמיר — .(יוצר) אכתיר זיר — .הודו (sur la marge).
(הושענא).אנא אזון חין — .(זולה) אנא הושיעה נא — .אותך
(יוצר לשבת של חה"מ) את — .(יוצר ליום ב') אומץ קצות —
(מעריב לשמיני עצרת) זה היום — .הושענות — .עמי טובות
— .(יוצר) אום כאישון — .(רשות) צמאה נפשי — .אישש
בת (: אלפאביתין) — .מרשות — .(יוצר ליום ב') אמרת רנן
.אשריך ישראל — .אשריכם ישראל — .אתכם אזכיר — .ברורה
.לא אמות — .אז כל בריות — .אז מרחם — .מי עלה למרום —
— .אורח זו אלך — .איש אשר הוקרן — .שח ציר נאמן —
.אולת יוכבד — .אדריינוס — .אזלת בכיתא — .אם כח אנוש
— .ארכון בר נון —
אז — .אבותינו בשלותם — .בן אדם אלות : עניין י' בטבת
— .תהיינה אזנך — .אריה מסובכו — .בעזובי
אתה — .אלופי דה — .אכשרה בקהל : סליחות לצ' אסתר
— .אל אחד ואין שני — .שוכן עליונים — .האל

Ces hymnes sont suivis de prescriptions rituelles, tirées en grande partie du ספר התרומה; des הלכות שחיטה de R. Juda, fils de Benjamin, et de R. Benjamin, fils d'Abraham; de quelques recettes superstitieuses; de la grammaire de R. Moïse Kimhi; du poëme שער עץ החיים «Portes de l'arbre de la vie», par R. Benjamin 'Anaw; des règles pour établir le calendrier juif; d'un calendrier pour les années 1269 à 1294, et enfin du poëme appelé כתר מלכות «La couronne royale», de R. Salomon Ibn-Gebirol.

Vélin. Moy. — (Sorbonne 102.)

621.

Recueil de prières (מחזור) pour les fêtes de ראש השנה, יום הכפורים et סוכות, selon le rite de la communauté juive de Rome et d'autres communautés juives d'Italie. Ce recueil contient les piyyoutim suivants :

.אלף אדיר במרומים — .(מעריב) אמוני נבונים : עניין ר"ה
(יוצר) — .(רשות לקדיש) יה שמך — .(רשות) אכרע אקוד —
— .(אופן) כבודו איהל — .(סילוק) מלך עתיק — .מלך אזור
אסופים — .אב לא חס — .אב לא חמל — .(זולת) מלך אמיץ
(יוצר) מלך (: ליום ב') — .(עושה השלום) את פני יי — .אסופי
— .(יוצר של שובה) אלי שובה — .(אופן) אילי צבאות — .אדיר
— .יעלה תחנונינו — .אהבת צדק — .כל נדרים : סדר יה"כ
.יום יעלה — .דלתיך הלילה — .ישראל בחירי אל (: סליחות)
(יוצר) — .אלהי עם אביון — .אל כפיים — .יה אשר גאה —
— .(אופן) קדוש אדיר — .שחי לאל יחידה — .או ביום כפור
— .יום מימים — .שושן עמק — .(רשות דשושן) מתני אחוז
.אין ערוך אליך — .אשא דעי — .צפה בבת — .אנוש מה יוכה
אל — .אשר אימתך — .אשפכה לפניך — .אל תזכור לנו —
.אך אומרים — .מעשה אנוש — .מעשה אלהינו — .שת מאז
.אמרו לאלהים — .בקצף לא תשפוט — .המכירים תהילות —
ויקראו זה אל — .מי יערוך — .אילי מרום — .אמיצי שחקים —
.איהלתה מתוחים — .האוחז במידת — .אל ברוב עצות — .זה
שחר — .שופט כל הארץ (: סליחות) — .וידוי של גאון —
יערב — .ביום הלבנת — .בני ציון — .ביום שכתון — .קמתי
יה צור — .ביום כפרת — .ידידי אל — .ביום עשור — .חין
.לבית חשו — .יום שבת וכפורים — .שרי קודש — .עולמים
.איונו יצוריי — .יצו האל — .אלהי קדם — .יעירוני רעיוני —
(גאולה) — .בלב יום חקר — .אודך יי — .את פני מבין —
(גאולה) רחמיך אב — .(גאולה) אל ישראל — .מלכי עד מתי
יום אדיר — .אדם איך ינקה — .אמרתי לפושעים — .הרחמים
אשען (: מוסף) — .יום אתא — .אהללך בקול רם — .ומיוחד
— .אליך נשאתי — .אוהלך אץ תם — .תמה בלויית — .במעש
.אמרו לאלהים — .אשר אימתיך — .אות קדושיך — .אנא אזון
— .מי ימלל — .אור נוגה — .המכירים — .אשר יראתך —
ביאור — .אזרתה עוז — .המאמירים באימה — .ונתנה תוקף
.אעשה למען שמי — .אנוש איך יתכפר — .אזכר סלה — .דברי
אודך בקול (: מנחה) — .אדון אביר — .יום אדיר ומיוחד —
— .אל אדיר רב — .אתה אל רחום — .אדר בתואר — .ערב
.כמה אקדם — .איפגנת ערונים — .וחיות ארבע — .ובבא אהרון
— .במקדש אל — .בת עמי — .ידך פשוט (: סליחות) —
אשפוך — .אצתי יום כפור — .איום ונורא — .אביעה כתם
מערב עד — .אב ידעך (: נעילה) — .אומן אמונים — .תחינה
(: סליחות) — .מלאכים מרופפים — .איום אלהינו — .ערב
.בטרם שמש בחדרו — .בטרם שמש יבוא — .תפילה לעני
אשמינו — .תכלה ממנו — .עת שערי רצון — .אלהים דר —
.תבלע —

— .מצרי ערי יצרי — .מלך מוני — .יה למתי : סליחות
ישראל — .אמונים בני — .שביה עניה — .יוסף אשר מקדם
— .בנשף קדמתי — .(לנעילה) עם אודך היום — .עם קדוש
— .אצולה מרוח — .אבן מעמסה — .עינות עמך

— .(רשות ליה"כ) מי העומד

(יוצר) אכתיר — .(מעריב) אתלונן בצל : עניין חג הסוכות
— .(זולת) אנא הושיעה נא — .(אופן) אאמיר אותך — .זיר
(יוצר לשבת של חה"מ) את — .(יוצר ליום ב') אומץ קצות
(מעריב לשמיני עצרת) זה היום — .הושענות — .עמי טובות
(יוצר לזאת הברכה) אמרת — .(יוצר) אום כאישון — .אישש
.אתכם אזכיר — .בת ברורה (: אלפאביתין) — .מרשות — .רנן
— .מי עלה למרום — .אשריכם ישראל — .אשריך ישראל —
— .לא אמות — .אז כל בריות — .אז קראתני — .אז מרחם
.אתכם עמי — .אורח זו אלך — .איש אשר הוקרן — .שח ציר
.אדריינום — .אולה יוכבד — .אולת בכיתא — .אם כח —
— .ארכון בר נון —

Texte en grande partie non ponctué.

Ces hymnes sont suivis de prescriptions rituelles identiques à celles qui se trouvent dans le n° précédent (les הלכות שחיטה sont accompagnées d'un commentaire); du poëme שערי עץ החיים «Portes de l'arbre de la vie»; d'un formulaire de contrats; d'un calendrier pour les années 5131 à 5187 (1371 à 1427 de J. C.), etc. et des «Quatorze Portes», de R. Benjamin. Le volume se termine par les poésies suivantes : ראשית ויתמוך. — משכן שני. — קערת ou כני קח מיהוסף. — לבשי יחידה. — מהיכלי נלגל כסף, par Joseph Ezòbî.

Vélin. Pet. — (Sorbonne 101.)

622.

Recueil de prières (מחזור) pour les fêtes de ראש השנה, סוכות et יום הכפורים, selon le rite de la communauté juive de Rome et d'autres communautés juives d'Italie. Ce recueil semble avoir fait partie d'un maḥzôr complet. Il renferme les piyyoutîm suivants :

— .אעירה שחר : סליחה שחיבר אבן עזרה

— .(יוצר) מלך אזור — .(רשות) אכרע אקוד : עניין ר"ה
(זולת) מלך — .(אופן) כבודו איהל — .(סילוק) מלך עתיק
אב לא — .אב לא חמל — .(יוצר ליום ב') מלך אדיר — .אמיץ
— .(עושה השלום) את פני יי — .אסופים אסופי — .חס
.ונתנה תוקף —

— .אלי שובה : יוצר של שובה

— .יעלה תחנונינו — .אהבת צדק — .כל נדרים : סדר יה"כ
.ישראל בחירי אל — .יה אשר גאה — .יום יעלה (: סליחות)
(יוצר) אז ביום — .(רשות) שחי לאל — .דלתיך הלילה —
.יום מימים — .שושן עמק — .(אופן) קדוש אדיר — .כפור
אשפכה — .אשא דעי — .צפה בבת — .אנוש מה יוכה —
אשר — .אל אמונה — .אל שת — .אין ערוך אליך — .לפניך
.אמרו לאלהים — .מעשה אלהינו — .אל עורך דין — .אימתך
בקצף — .אך אומרים — .כי אמרתך — .אמיצי שחקים —
זה אל — .אילי מרום — .המכירים את המון — .לא תשפוט
תמיד — .אל ברוב עצות — .מי יערוך אליך — .זה אומרים
— .האומרים אחד — .האוחז ביד — .אליך ועדיך — .תתלונן
שופט כל (: סליחות) — .וידוי של גאון — .איהלתה מתוחים
.שרי קודש — .ידידי אל — .ביום עשור — .יערב חין — .הארץ
ישן אל — .שחר קמתי — .יעירוני רעיוני — .יום שכת —
.ביום הלבנת — .יה למתי — .יצו האל — .אלהי קדם — .תרדם
.מצירי ערי — .אודך יי — .ארעדה ואפחדה — .בני ציון —
— .יוסף אשר מקדם — .אביון המשווע — .איונו יצורי —
— .אספו אנשי שכל — .יה צור עולמים — .אין לי במחון
.איום ונורא — .אדם איך ינקה — .תכלה ממנו — .שוכני בתי
— .אהללך בקול רם — .יום אמיץ — .אמרתי לפושעים —
— .אוהלך אץ — .תמה בלויית — .אשען במעש (: מוסף)

.אשר אימתך — .אנא אזון — .אות קדושיך — .אליך נשאתי
— .מי כמוך אדיר — .אשר יראתך — .אמרו לאלהים —
— .מי ימלל — .אור נוגה — .המכירים — .בקצף לא תשפוט
.ביאור דברי — .אזרתה עוז — .האוהב משפט — .המאמירים
— .אעשה למען שמי — .אזכור סלה — .אנוש איך יתכפר —
— .יום אשר אשמינו — .אדון אביר — .יום אדיר ומיוחד
— .אדר בתואר — .טהר עם — .הקשיבה — .אודך (: מנחה)
וחיות — .ובבוא אהרון — .אל אדיר רב — .אתה אל רחום
בת — .ידך פשוט (: סליחות) — .איפננת ערוגים — .ארבע
אצתי — .איום ונורא — .אביעה כתם — .במקדש אל — .עמי
(: נעילה) — .אשפוך תחנה — .אומן אמונים — .יום כפור
— .תפילה לעני (: סליחות) — .מערב עד ערב — .אב ירעך
— .אלהים דר — .בטרם שמש בחדרו — .בטרם שמש יבוא
— .במה אקדם — .אשמינו תבלע — .עת שערי רצון
— .(לר' אברהם א"ע) אל חי בכל עצר
— .(אופן) אאמיר אותך — .(יוצר) אכתיר זיר : עניין סוכות
אנא — .(יוצר ליום ב') אומץ קצות — .(זולת) אנא הושיענא
— .(יוצר לשמיני עצרת) אום כאישון — .הושענות — .אזון חין
(: אלפאביתין) — .מרשות — .(יוצר של זאת הברכה) אמרת רנן
אשריכם — .מעונה אלהי קדם — .אתכם אזכיר — .בת ברורה
.אז מרחם עמי — .מי עלה למרום — .אשריך יש' — .ישראל
— .אם כח — .שח ציר — .לא אמות — .אז כל בריות —
— .אולת יוכבד — .אדרינוס — .אולת בכיתא
— .(אופן) איהל כעוז — .אלהינו אלהים : יוצר לשבת בראשית

Ces hymnes sont suivis de prescriptions rituelles, de quelques recettes, d'un calendrier pour les années 5154 à 5244 (1394 à 1484 de J. C.), et des lectures du Pentateuque et des Prophètes pour les différentes fêtes de l'année. Ces dernières sont précédées des piyyoutîm suivants :

— .(רשות לקדיש) יה שמך — .(גאולה) אל ישראל נקראת
— .(רשות לשבועות) אזכור מקדם — .(רשות) בוקר אעיר

Le volume se termine par les deux piyyoutîm suivants :
— .(י"ח לכל תענית) קרב אורך et שירו ליי הודו לשמו

Vélin. Pet. — (Sorbonne 228.)

623.

Recueil de prières (מחזור) pour les fêtes de ראש השנה, סוכות et יום הכפורים, selon le rite de la communauté juive de Rome et d'autres communautés juives d'Italie, renfermant les piyyoutîm suivants :

— .אעירה שחר : סדר המעמדות
— .אקרא לאלהים : יוצר לשבת שלפני ר"ה
(רשות) אכרע אקוד — .(מעריב) אמוני נבונים : עניין ר"ה
(זולת) מלך — .(סילוק) מלך עתיק — .(יוצר) מלך אזור —
— .אסופים אסופי — .אב לא חס — .אב לא חמל — .אמיץ
(יוצר ליום ב') — .(עושה השלום) את פני יי — .ונתנה תוקף
— .מלך אדיר
— .אלי שובה : יוצר לשבת של שובה
.יעלה התחנונינו — .אהבת צדק — .כל נדרים : עניין יה"כ
.יום יעלה — .דלתיך הלילה — .ישראל בחירי אל (: סליחות) —
(רשות) — .ירצה עם — .אל כפים נשאה — .יה אשר נאה —
(אופן) — .(יוצר) אז ביום — .(קדיש) יה שמך — .שחי לאל
(רשות לשושן) מתני — .(גאולה) אל ישראל — .קדוש אדיר
— .אנוש מה יזכה — .יום מימים — .שושן עמק — .אחוו
.אשפכה לפניך — .אין ערוך אליך — .אשא דעי — .צפה בבת
מעשה — .אל עורך דין — .אשר אימתך — .אל שת מאז —
— .כי אמרתך — .אמיצי שחקים — .אמרו לאלהים — .אלהינו
זה אל זה — .אילי מרום — .המכירים — .באנף לא תאניפנו
.תמיד תתלונן — .אל ברוב עצות — .מי יערוך אליך — .אומרים
— .וידוי של גאון — .איהלת מתוחים — .אליך ועדיך —
— .ביום עשור — .יערב חין — .שופט כל הארץ (: סליחות)
שרי — .יצו האל — .ביום הלבנת — .בני ציון — .שחר קמתי
.ידידי אל — .יה צור עולמים — .יום שבת וכפורים — .קדש
— .אביון המשויע — .יוסף אשר מקדם — .אין לי בטחון —
.אודך יי — .שוכני בתי חומר — .איזנו יצורי — .תכלה ממנו
אמרתי — .איום ונורא — .אדם איך ינקה — .אביעה כתם —
.אשען במעש (: מוסף) — .יום אתא — .יום אמיץ — .לפושעים
.אות קידושיך — .אליך נשאתי — .אוהלך אץ — .תמה בלויית —
אשר — .אמרו לאלהים — .אשר אימתך — .אנא אזון —
.ונתנה תוקף — .מי ימלל — .אור נוגה — .המכירים — .יראתך
אזכר — .ביאור דברי — .אזרתה עוז — .המאמירים באימה —
.אדון אביר — .אעשה למען שמי — .אנוש איך יתכפר — .סלה
— .אודך בקול (: מנחה) — .(עושה השלום) את פני יי —
.ובבוא אהרון — .אל אדיר רב — .אתה אל רחום — .אדר בתואר
— .במה אקדם — .איפננתה ערוגים — .וחיות ארבע —
בת — .אביעה כתם — .במקדש אל — .ידך פשוט (: סליחות)
אצתי — .איום ונורא — .תאות אדם — .מולך מוני — .עמי
מערב עד — .אב ירעך (: נעילה) — .אומן אמונים — .יום כפור
— .בטרם שמש יבוא (: סליחות) — .מלאכים מרופפים — .ערב
— .עת שערי רצון — .אלהים דר — .בטרם שמש בחדרו
— .אשמינו תבלע

.(אופן) אאמיר אותך — .(יוצר) אכתיר זיר : עניין סוכות
— .(יוצר ליום ב') אומץ קצות — .(זולת) אנא הושיענא —
— .(יוצר לשבת וחה"מ) את עמי טובות — .אנא אזון חין
(מוסף) אל חי — .(יוצר ליום ש"ע) אום כאישון — .הושענות
— .מרשות — .(יוצר של זאת הברכה) אמרת רנן — .יפתח
אשריכם — .אשריך ישראל — .בת ברורה (: אלפביטין)
— .לא אמות — .או כל בריות — .מי עלה למרום — .ישראל
.אולת בכיתא — .אורה זו אלך — .איש אשר הוקרן — .שח ציר
— .(עושה השלום) איש מלאכי — .אולת יוכבד —
(רשות לחתן בר') — .אלהינו אלהים : יוצר לשבת בראשית
— .מרשות אדון

אליך יי — .זכור ברית אב — .קרב אורך : סדר תענית צבור
.יי אלהי הצבאות — .יומם עינינו — .אל תעזבני — .אקרא
אלהי — .אתה תשמע — .אתה תקום — .יי אלהי האלהים —
דרשנוך — .אני קראתיך — .אלהי אל תבישני — .אל תדינני
— .אנוש מה יצדק — .או מקדם — .מקוצר רוח — .בכל לב
.יה למתי — .שבייה ענייה — .את יי בהמצאו — .אקדם בנשף
ישמעני — .מולך מוני — .אביון המשווע — .ירצה עם אביון —
אביון — .לא בקשתי — .יי שמעה — .אבוא היום — .אלהים
— .אלי אלי למה — .ירא לבי — .משבצות זהב — .אשר כפיו

La fin manque.

Vélin. Pet. xive siècle. — (Sorbonne 104.)

624.

Recueil de prières (מחזור) pour les fêtes de ראש השנה, סוכות et יום הכפורים, selon le rite de la communauté juive de Rome et d'autres communautés juives d'Italie, renfermant les piyyoutìm suivants :

יצו האל — .יעירוני רעיוני — .שחר קמתי : סדר התחנונים
— .מצירי ערי — .אלהי קדם מעונה — .ישן אל תרדם —
— .אל ישראל נקראת — .עירה שחר — .שופט כל הארץ
— .אקרא לאל עליון — .יה שמך ארוממך

— .(יוצר) מלך אזור — .(רשות) אכרע אקוד : עניין ר"ה
(זולת) מלך — .(אופן) כבודו איהל — .(סילוק) מלך עתיק
— .אב לא חס — .אב לא חמל — .ונתנה תוקף — .אמיץ
(יוצר ליום ב') — .(עושה השלם) את פני יי — .אספים אספי
— .(זולת) מלך אדיר במרומים — .מלך אדיר

— .אלי שובה : יוצר לשבת של שובה
יעלה — .אהבת ותשנא רשע — .כל נדרים : סדר יה"כ
(יוצר) — .יום יעלה — .דלתיך הלילה (: סליחות) — .תחנונינו
שושן — .מתני אחזו — .(אופן) קדוש אדיר — .אז ביום כפור
אשא — .צפה בבת — .אנוש מה יזכה — .יום מימים — .עמק
— .אל שת מאז — .אשפכה לפניך — .אין ערוך — .דעי
אמיצי — .אמרו לאלהים — .מעשה אלהינו — .אשר אימתך
.בקצף לא תשפוט — .אך אומרים — .כי אמרתך — .שחקים
אל ברוב — .מי יערוך אליך — .אילי מרום — .המכירים —
— .האוחז ביד — .אליך ועדיך — .תמיד תתלונן — .עצות
— .וידוי של גאון — .איהלת מתוחים — .האומרים אחד
— .ביום עשור — .יערב חין — .שופט כל הארץ (: סליחות)
— .שחר קמתי — .לבית חשו — .ביום כפרת — .ביום שבתון
— .יצו האל — .ישן אל תרדם — .ביום הלבנה — .בני ציון
יה צור — .אלהי קדם — .יום שבת וכפורים — .שרי קודש
— .אין לי בטחון — .ידידי אל — .יעירוני רעיוני — .עולמים
איזנו — .תכלה ממנו — .אביון המשוע — .יוסף אשר מקדם
.אודך יי — .מצירי ערי — .מוליך מוני — .את פני יי — .יצורי
— .יום אמיץ זה — .אמרתי לפושעים — .אדם איך ינקה —
תמה — .אשען במעש (: מוסף) — .אהללך בקול — .יום אתא
— .אות קדושיך — .אליך נשאתי — .אוהלך אץ — .בלווית
.אשר יראתך — .אמרו לאלהים — .אשר אימתך — .אנא אזון
— .ונתנה תוקף — .מי ימלל — .אור נוגה — .המכירים —
— .אזכר סלה — .ביאור דברי — .אזרתה עוז — .המאמירים
.יום אדיר ומיוחד — .אעשה למען שמי — .אנוש איך יתכפר
אודך בקול (: מנחה) — .אדון אביר — .יום אשר אשמינו —
— .אל אדיר רב — .אתה אל רחום — .אדר בתואר — .ערב
במה — .[אפננתה] ערוגים — .וחיות ארבע — .ובבוא אהרון
איום — .אביעה כתם — .בת עמי — .ידך פשוט — .אקדם
אב (: נעילה) — .אשפוך תחנה — .אצתי צום כפור — .וגורא
.בטרם שמש יבא — .אבן מעמסה — .איום אלהינו — .ידעך
— .עת שערי רצון — .בטרם שמש כחדרו — .אלהים דר —
— .אשמנו תבלע — .אביון אשר כפיו

(יוצר) אכתיר זיר — .(רשות) צמאה נפשי : עניין סוכות
— .איש מלאכי — .אנא הושיעה נא — .אאמיר אותך —
(יוצר לשבת וחה"מ) את עמי — .(יוצר ליום ב') קצות אומץ
— .(יוצר לש"ע) אום כאישון — .הושענות — .טובות
.בת ברורה — .מרשות — .(יוצר לוזאת הברכה) אמרת רנן
— .אז מרחם — .מי עלה למרום — .אשריך — .אשריכם —
.איש אשר הוקרן — .שח ציר — .לא אמות — .אז כל בריות
— .אל חי יפתח — .אזלת יוכבד — .אורח זו אלך —

Le volume se termine par les deux סליחות suivantes : יה אשר גאה et ישראל בחירי אל. —

Vélin. Pet. xve siècle. — (Sorbonne 123.)

625.

Recueil de prières (מחזור) pour les fêtes de ראש השנה, סוכות et יום הכפורים, selon le rite de la communauté juive de Rome et d'autres communautés juives d'Italie, renfermant les piyyoutìm suivants :

.יעירוני רעיוני — .יה למתי — .שחר קמתי : ס' מעמדות
.אלהי קדם — .ישן אל תרדם — .בני ציון — .אז מקדם —
— .עירה שחר —

— .(יוצר לשבת שלפני ר"ה) אקרא לאלהים : עניין ר"ה
(סילוק) מלך — .(יוצר) מלך אזור — .(סליק) אלכה ואשובה
(רשות לר"ה וי"כ) — .(יוצר ליום ב') מלך אדיר — .עתיק
.(גאולה) אל ישראל — .(רשות לקדיש) יה שמך — .אכרע אקוד
ונתנה — .(רשות) צמאה נפשי — .(גאולה) מלכי עד מתי —
— .אספים אספי — .אב לא חמל — .אב לא חס — .תוקף
— .(עושה השלום) את פני יי

— .אלי שובה : יוצר לשבת של שובה
— .יעלה תחנונינו — .אהבת צדק — .כל נדרים : סדר יה"כ
.ישראל בחירי אל — .יה אשר גאה — .יום יעלה (: סליחות)
(יוצר) אז ביום — .(רשות) שחי לאל — .דלתיך הלילה —
.שושן עמק — .מתני אחזו — .(אופן) קדוש אדיר — .כפור
.אשא דעי — .צפה בבת — .אנוש מה יזכה — .יום מימים —
— .אל שת מעונו — .אשפכה לפניך — .אין ערוך אליך —
אמרו — .מעשה אלהינו — .אל עורך דין — .אשר אימתך
— .אך אומרים — .כי אמרתך — .אמיצי שחקים — .לאלהים
זה אל זה — .אילי מרום — .המכירים — .באנף לא תאניפנו
.תמיד תתלונן — .אל ברוב עצות — .מי יערוך אליך — .אומרים
— .איהלתה מתוחים — .האומרים אחד — .אליך ועדיך —
.יערב חין — .שופט כל הארץ (: סליחות) — .וידוי של גאון
.ביום הלבנת — .בני ציון — .שחר קמתי — .ביום עשור —
.שרי קודש — .אלהי קדם — .יצו האל — .ישן אל תרדם —
.יעירוני רעיוני — .יה צור עולמים — .יום שבת וכפורים —
אביון — .יוסף אשר מקדם — .אין לי בטחון — .ידידי אל —
— .מצירי ערי — .איזנו יצורי — .תכלה ממנו — .המשוע
.אמרתי לפושעים — .איום ונורא — .אדם איך ינקה — .אודך יי
(: מוסף) — .אהללך בקול — .יום אתא — .יום אמיץ זה —
.אליך נשאתי — .אוהלך אץ תם — .תמה בלוית — .אשען במעש
אמרו — .אשר אימתך — .אנא אזון — .אות קדושיך —
מי — .אור נוגה — .המכירים — .אשר יראתך — .לאלהים
אזכר — .ביאור דברי — .אזרתה עוז — .המאמירים — .ימלל
יום אדיר — .אעשה למען שמי — .אנוש איך יתכפר — .סלה
אודך (: מנחה) — .אדון אביר — .יום אשר אשמינו — .ומיוחד
.אל אדיר רב — .אתה אל רחום — .אדר בתואר — .בקול ערב
(: סליחות) — .במה אקדם — .אפננת ערוגים — .ובבא אהרון —
— .ארעדה ואפחדה — .במקדש אל — .בת עמי — .ידך פשוט

.אשפוך תחנה — .אצתי יום כפור — .איום ונורא — .אביעה כתם
— .מערב עד ערב — .אב ידעך (: נעילה) — .אומן אמונים —
תפלה — .בטרם שמש בחדרו — .אבן מעמסה — .איום אלהינו
.אביון אשר כפיו — .אלהים דר — .בטרם שמש יבא — .לעני
— .אשמינו תבלע — .עת שערי רצון —
— .(אופן) אאמיר אותך — .(יוצר) אכתיר זר : עניין סוכות
— .(יוצר ליום ב׳) אומץ קצות — .(זולת) אנא הושיעה נא
(יוצר לש״ע) אום — .(יוצר לשבת וחה״מ) את עמי טובות
.(יוצר לזואת הברכה) אמרת רנן — .אל חי יפתח — .כאישון
מי עלה — .אשריך — .אשריכם — .בת ברורה — .מרשות —
— .לא אמות — .אז כל בריות — .אז מרחם — .למרום

À la suite des lectures du Pentateuque et des Prophètes se trouve le piyyout צמאה נפשי. La fin manque.

Le ms. a été exécuté par Schemtôb.

Vélin. Pet. xvᵉ siècle. — (Sorbonne 256.)

626.

Recueil de prières (מחזור) selon le rite de la communauté juive de Rome et d'autres communautés juives d'Italie, renfermant les piyyoutîm suivants :

.דלתיך הלילה — .יעלה תחנונינו — .אהבת צדק : עניין י״כ
(רשות) שחי — .ישראל בחירי אל — .יום יעלה נקראה —
קדוש — .אז ביום כפור — .יה שמך ארוממך — .לאל יחידה
שפתינו — .שושן עמק — .מתני אחוו — .אדיר בעליותו
— .צפה בבת תמותה — .כופר פדיון נפש — .ברכבות ישינים
אל שת — .אשפכה לפניך — .אין ערוך אליך — .אשא דעי
.ליושב תהלות — .אמרו לאלהים — .מעשה אלהינו — .מאז
.המכירים — .בקצף לא תשפוט — .ובכן אך חנון ורחום —
אל ברוב — .מי יערוך מענה לספר — .אלי מרום אומרים —
— .האוחז ביד — .אליך ועדיך — .תמיד תתלונן — .עצות
— .שופט כל הארץ — .ווידוי של גאון — .עד לא מכין
— .ידידי אל ברכוהו — .יה צור עולמים — .יערב חין ערכינו
.שרי קודש היום — .יום שבת וכפורים — .ביום עשור קראתיך
אלהי קדם — .בני ציון היקרים — .ביום הלבנת פשעי —
שחר קמתי — .שטפוני דמעותי — .ישן אל תירדם — .מעוגה
.אודך יי כי אנפת — .איזנו יצורי — .יעירוני רעיוני — .להודות
— .ארעדה ואפחדה — .מצירי ערי יצרי — .את פני מיבין —
יום — .אמרתי לפושעים — .איום ונורא — .אדם איך ינקה
תפ׳) — .אהללך בקול רם — .יום אתא לכפר — .אמיץ זה
תמו בלוית — .לעולם יסלח — .אשען במעש אזרח (: מוסף
.אליך נשאתי — .אהלך אץ תם — .חטאתו היום תעביר — .עדנה
— .אמרו לאלהים — .אנא אזון — .אות קדושיך אמנתי —
.מי ימלל גבורות — .אור נוגה — .המכירים — .אשר יראתך
.אורת עוז מלפנים — .המאמירים באימה — .ונתנה תוקף —
— .סדר עבודה — .אוחילה לאל — .ביאור דברי נכוחות —
— .אעשה למען שמי — .אנוש איך יתכפר — .אזכר סלה
— .אדון אביר — .יום אשר אשמינו — .יום אדיר ומיוחד
אתה אל — .אדר בתואר — .אודך בקול ערב (: תפ׳ מנחה)
אפננת — .ובבא אהרן — .אל אדיר רב חילו — .רחום וחנון
במקדש אל — .בת עמי — .ידך פשוט ופתחה — .ערוגים
אצתי ביום — .(תוכחה) איום ונורא — .במה אקדם — .והיכלו
מערב — .אב ידעך (: תפ׳ נעילה) — .אומן אמונים — .כפור
— .בטרם שמש יבוא — .בטרם שמש בחדרו — .עד ערב
— .אשמינו תבלע — .עת שערי רצון — .אלהים דר מרומיך

La fin, depuis l'office de la fête de סוכות, manque.

Vélin. Pet. xivᵉ siècle.— (Sorbonne 127.)

627.

Recueil de prières pour les fêtes de יום הכפורים et de סוכות, selon le rite de la communauté juive de Rome et d'autres communautés juives d'Italie, renfermant les piyyoutîm suivants :

.יעלה תחנונינו — .אהבת צדק — .כל נדרים : עניין יה״כ
.ישראל בחירי אל — .יה אשר גאה — .יום יעלה (סליחות)
(אופן) קדוש — .(יוצר) אז ביום כפור — .דלתיך הלילה —
אנוש — .יום מימים — .שושן עמק — .מתני אחוו — .אדיר
— .אין ערוך אליך — .אשא דעי — .צפה בבת — .מה יזכה
אשל — .אל אמונה אחד — .אל שת מאז — .אשפכה לפניך
.אמרו לאלהים — .מעשה אלהינו — .אל עורך דין — .אימתך
בקצף — .אך אומרים — .כי אמרתך — .אמיצי שחקים —
מי — .זה אל זה — .אילי מרום — .המכירים — .לא תשפוט
אליך — .תמיד תתלונן — .אל ברוב עצות — .יערוך אליך
.איהלתה מתוחים — .האומרים אחד — .יאדירוך — .ועדיך
יערב — .שופט כל הארץ (: סליחות) — .וידוי של גאון —
ביום — .בני ציון — .שחר קמתי — .ביום עשור — .חין
.[שרי] קודש היום — .האל לדל — .אל תרדם — .הלבנת
— .יה צור עולמים — .אלהי קדם — .שבת וכפורים —
— .[יוסף] אשר מקדם — .[ידידי] אל — .[יעירוני] רעיוני
.מצירי ערי — .אזנו יצורי — .תכלה ממנו — .אביון המשוע
איום — .אדם איך ינקה — .אספו אנשי שכל — .אודך יי —
— .יום אתא — .יום אמיץ זה — .אמרתי לפושעים — .ונורא
— .המה בלוית — .אשען במעש (: מוסף) — .אהללך בקול
.אנא אזון — .אות קידושיך — .אליך נשאתי — .אוהלך אץ
— .אשר יראתך — .אמרו לאלהים — .אשר אימתך —
אזרהה — .המאמירים — .מי ימלל — .אור נוגה — .המכירים
— .אנוש איך יתכפר — .אזכר סלה — .ביאור דברי — .עוז
אדון — .יום אשר אשמינו — .יום אדיר — .אעשה למען שמי
אתה — .אדר בתואר — .אודך בקול ערב (: מנחה) — .אביר
.וחיות ארבע — .ובבוא אהרון — .אל אדיר רב — .אל רחום
.ידך פשוט (: סליחות) — .במה אקדם — .איפננת ערוגים —
.איום ונורא — .אביעה כתם — .במקדש אל — .בת עמי —
אב — .אומן אמונים — .אשפוך תחנה — .אצתי יום כפור —
.מלאכים מרופפים — .איום אלהינו — .מערב עד ערב — .ידעך
— .בטרם שמש בחדרו — .תפלה לעני — .אבן מעמסה —
אביון — .עת שערי רצון — .אלהים דר — .בטרם שמש יבוא
— .אשמינו תבלע — .אל בפלשך — .אשר כפיו
.(יוצר) אכתיר זיר — .(מעריב) אתלונן בצל : עניין סוכות
(יוצר לשבת חה״מ) — .אומץ קצות — .(אופן) אאמיר אותך —
— .(יוצר לש״ע) אום כאישון — .הושענות — .את עמי טובות
(יוצר לזואת הברכה) — .(במקום עושה השלום) אל חי יפתח
— .בת ברורה (: אלפביטין) — .מרשות האל — .אמרת רנן
— .מי עלה למרום — .אשריך — .אשריכם — .אתכם אזכיר
— .שח ציר — .לא אמות — .אז כל בריות — .אז מרחם
— .אם כח אנוש — .אורח זו אלך — .איש אשר הוקרן

ארכון כר — .אולת יוכבד — .אדרינוס — .אולה בכיתא
גון. —

Ce ms. a été exécuté par Daniel, fils de Benjamin, pour Sabbathaï, fils d'Isaac; il a été terminé le 4 nisan 5159 (1399 de J. C.).

Vélin. Pet. — (Sorbonne 30.)

628.

סדר יום הכפורים «Ordre de prières pour le jour des expiations», renfermant les piyyoutîm suivants :

(: סליחות) — .יעלה תחנונינו — .אהבת צדק — .כל נדרים
דלתיך — .ישראל בחירי אל — .יה אשר גאה — .יום יעלה
יה נמצא — .ברוך אלהי עליון — .ירצה עם אביון — .הלילה
(אופן) קדוש — .(יוצר) אז ביום כפור — (sur la marge).
— .אנוש מה יזכה — .יום מימים — .שושן עמק — .אדיר
אל שת — .אשפכה לפניך — איך ערוך אליך — .אשא דעי
— .מעשה אלהינו — .אל עורך דין — .אשר אימתך — .מאז
אך — .כי אמרתך — .אמיצי שחקים — .אמרו לאלהים
.אילי מרום — .המכירים — .באנף לא תאניפנו — .אומרים
.אל ברוב עצות — .מי יערוך אליך — .זה אל זה אומרים —
.האל המאודר — .יאדירוך — .אליך ועדיך — .תמיד תתלונן —
איהלתה — (sur la marge). האוחז ביד — .האומרים אהד —
.שופט כל הארץ (: סליחות) — .וידוי של גאון — .מתוחים
.יצו האל — .ביום הלבנת — .ביום עשור — .יערב חין —
— .יה צור עולמים — .יום שבת וכפורים — .שרי קודש —
.תכלה ממנו — .אביון המשוע — .ידידי אל — .יעירוני רעיוני
.אודך יי — .מצרי ערי — .שוכני בתי חומר — .אונו יצורי —
.אמרתי לפושעים — .אדם איך ינקה — .אספו אנשי שכל —
Sur la — .אהללך בקול רם — .יום אתא — .יום אמיץ זה —
marge : יחידתי בצרתי. — .אלהי קדם — .יה למתי — בליל על
— .ישראל עם קדוש — .בני ציון — .אין לי בטחון — .משכבי
יי שמעה — .אנוש מה יצדק — .יוסף אשר מקדם — .אז מקדם
.ישן אל תרדם — .שביה עניה — .שלומי עליון — .בקולינו
— .תמה בלוית — .משען במעש (: מוסף) — .איום ונורא —
.אנא אזון — .אות קידושיך — .אליך נשאתי — .אוהלך אץ
— .אשר יראתיך — .אמרו לאלהים — .אשר אימתך —
אזרתה — .ואראלים — .מי ימלל — .אור נוגה — .המכירים
— .אנוש איך יתכפר — .אזכר סלה — .ביאור דברי — .עוז
ידך (: סליחות) — .יום אדיר ומיוחד — .אעשה למען שמי
איום — .אביעה כתם — .במקדש אל — .בת עמי — .פשוט
אב (: נעילה) — .אומן אמונים — .אצתי יום כפור — .ונורא
.תפילה לעני — .מלאכים מרופפים — .מערב עד ערב — .ידעך
— .אלהים דר — .בטרם שמש בחדרו — .בטרם שמש יבוא —
— .עת שערי רצון — (sur la marge). אביון אשר בפיו
— .אשמינו תבלע

Le dernier feuillet contient les סליחות suivantes : אלהי
. — .יציץ צור — .דרשנוך — .יי אך בך — .אל תדינני

Vélin. Pet. xive siècle. — (Sorbonne 92.)

629.

Recueil de prières (מחזור) pour le יום הכפורים, ou jour des expiations. Ce recueil renferme les piyyoutîm suivants :

(: סליחות) — .יעלה תחנונינו — .אהבת צדק — .כל נדרים
דלתיך — .ישראל בחירי אל — .יה אשר גאה — .יום יעלה
— (sur la marge). מי העומד — .שחי לאל — .הלילה
(זולת) אל — .(אופן) קדוש אדיר — .(יוצר) אז ביום כפור
אנוש מה — .יום מימים — .שושן עמק — .ישראל נקראת
— .אין ערוך אליך — .אשא דעי — .צפה בבת — .יזכה
אשר — .אל אמונה אחד — .אל שת מאז — .אשפכה לפניך
.אמרו לאלהים — .מעשה אלהינו — .אל עורך דין — .אימתך
.באנף — .אך אומרים — .כי אמרתך — .אמיצי שחקים —
מי — .זה אל זה אומרים — .אילי מרום — .המכירים —
תמיד — .אל ברוב עצות — .ויקראו זה אל זה — .יערוך אליך
— .האל המאודר — .יאדירוך — .אליך ועדיך — .תתלונן
— .וידוי של גאון — .איהלתה מתוחים — .האמרים אחד
— .ביום עשור — .יערב חין — .שופט כל הארץ (: סליחות)
.ישן אל תרדם — .ביום הלבנת — .בני ציון — .שחר קמתי
שרי — .יי אלהי הצבאות — .ביום שבתון — .יצו האל —
יה צור — .אלהי קדם — .יום שבת וכפורים — .קודש
— .אין לי בטחון — .ידידי אל — .יעירוני רעיוני — .עולמים
אונו — .תכלה ממנו — .אביון המשוע — .יוסף אשר מקדם
— .אודך יי — .מצירי ערי — .שוכני בתי חומר — .יצורי
אמרתי — .איום ונורא — .אדם איך ינקה — .אספו אנשי שכל
.אהללך בקול רם — .יום אתא — .יום אמיץ זה — .לפושעים
— .אוהלך אץ — .תמה בלוית — .אשען במעש (: מוסף) —
.אשר אימתו — .אנא אזון — .אות קידושיך — .אליך נשאתי
.אור נוגה — .המכירים — .אשר יראתך — .אמרו לאלהים —
.אזרתה עוז — .המאמירים — .ונתנה תוקף — .מי ימלל —
אעשה — .אנוש איך יתכפר — .אזכר סלה — .ביאור דברי —
.אדון אביר — .יום אשר אשמינו — .יום אדיר — .למען שמי
אתה אל — .אדר בתואר — .אודך בקול ערב (: מנחה) —
— .וחיות ארבע — .וכבוא אהרון — .אל אדיר רב — .רחום
— .ידך פשוט (: סליחות) — .במה אקדם — .איפגנת ערוגים
— .איום ונורא — .אביעה כתם — .במקדש אל — .בת עמי
— .אומן אמונים — .אשפוך תחינה — .אצתי יום כפור
— .איום אלהינו — .מערב עד ערב — .אב ידעך (: נעילה)
— .בטרם שמש יבוא — .תפילה לעני — .מלאכים מרופפים
— .עת שערי רצון — .אלהים דר — .בטרם שמש בחדרו
— .אשמינו תבלע

Ce ms. a été exécuté par Yeḥi'el, fils de Salomon, et achevé le 29 schebat 5187 (1427 de J. C.).

Vélin. Pet. — (Sorbonne 106.)

630.

1° סדר התחנונים «Ordre des supplications», selon le rite italien. Les morceaux poétiques sont les suivants :

אלהי — .ישן אל תרדם — .שחר קמתי — .יעירוני רעיוני
אעירה — .מצירי ערי — .אין לי בטחון — .יצו האל — .קדם
— .שחר

אתה תכנת. — .אבלה נפשי : סדר צ׳ גדליה — Le reste manque.

2° (Fol. 39.) מסכת פסחים «Traité de פסחים». Ce sont

des décisions rituelles relatives à la pâque, tirées du traité du Talmud פסחים. Cet ouvrage semble avoir été composé par un rabbin italien, comme l'indique la présence de certaines expressions italiennes.

Écritures de différentes époques.

Vélin et papier. Pet. — (Sorbonne 190.)

631.

Rituel pour les fêtes de ראש השנה et de יום הכפורים, selon le rite des juifs d'Avignon et du comtat Venaissin. Ce rituel renferme les piyyoutîm suivants :

(רשות) שואף — .(בקשה) אלהי אל תדינני [: ליום א']
(מחרך) מי יתנני עבד — .(אחר) ישנה בחיק — .כמו עבד
(לקדיש) יה שמך — .יצרי ויצורי — .נשמת ידידי עליון —
(יוצר) אסיר משחר — .שנ"ה שנ"ה האל יוצר — .ארוממך
(מגן) אתה — .(זולת) אלהי מעשיו — .(פזמון) יום זה מאז —
— .(אלכרוג) יחזו פנימו — .(פזמון) ירצה צור אין — .כוננת
(אלכרוג) ישראל — .(פזמון) יצרי ראשית — .(מחיה) מגדל עוז
(פזמון) יי בקול שופר — .(משלש) למשפט כונן — .להשית
— .אדירי ישורון — .סולו לרוכב — .(פזמון) שני ימים —
— .יראי יי הללוהו — .אחדש לקדש — .(פזמון) חרדו רעיוני
(פזמון להוצאת התורה) קרב — .במשפט עמך — .ההוא יקרא
ארנן (: מוסף) — .(לתקיעת שופר) יונה הבלועה — .ישעך
(זכרונות) — .(פזמון) שכינת עוזך — .(תקיינתות) לאל חי
(שופרות) אפכה — .(פזמון) שערי תפלה — .אחלה פני אל
— .(פזמון) שופר המבשר — .דמעי

— .שפתי אפתח — .לך יי הצדקה : לאשמרות ליל הכסא
— .(רהוטה) אנשי אמנה אבדו — .(סליחה) יחידה לחנות
(תוכחה)' — .(סליחה) אנא הנשא — .(מסתגאב) שוכן עד מאז
(מסתגאב) אנא — .(רהוטה) אנא מלך רחום — .ימלוך מבין
(תוכחה) שוכני בתי חמר — .(סליחה) אל דמי לכם — .אזון נא
(מסתנאב) יושבים בארצות — .(רהוטה) זכור נא לחיים —
(רהוטה) עוטה אור כשלמה — .(סליחה) יורעי תרועה בליל —
— .אנא היום קדושי — .(סליחה) עת שערי רצון —

— .(בקשה) יי יום לך — .אתה האל עושה פלא : ליום שני
— .(נשמתים) נשמת שאר יעקב — .(מחרך) רעה בשבטך
(זולת) — .(יוצר) מלך אשר דמותו — .(לקדיש) אלהי הרוחות
(פזמון) יגלה צור ישועתו — .(מגן) אביר אזרחים — .זך הכיר
(פזמון) — .(מחיה) אשורו צרף — .(אלכרוג) מאד מושך —
(משלש) אחול — .(אלכרוג) מציל מעיר — .יבואוני חסדיך
(פזמון) — .מלך כל מלך — .(פזמון) יוצר מרומים — .מנוער
(סלוק) אלהים — .(פזמון לקדושה) ידי דלים — .ימלוך מבין
(פזמון) יה — .(תקיעות למלכויות) אהלל אלהי — .אל מי
— .(פזמון) אפסי ארץ — .(זכרונות) אפחד במעשי — .מוסרך
— .(פזמון) אלהים נפלאת — .(שופרות) אנוסה לעזרה

(מסתגיב) בעוד אדני אפדני : סדר אשמרות ערב צום כפור
(מסתגיב) — .(רהוטה) מנומי קמתי — .(סליחה) אל חסדך —
(רהוטה) האל — .(תוכחה) מהרו להשיג — .שדודים נדודים
— .(סליחה) צור יעקוב — .(מסתגיב) אריד בשיחי — .יסלח
(מסתגיב) — .(רהוטה) האל מעוז — .(תוכחה) עמך בית ישראל
(תוכחה) — .(סליחה) אנא בקראנו — .קרב יי לנשברי לב
(מסתגיב) — .(רהוטה) אורח עלי פשעי — .שובה ישראל
כל אחד — .(לנועם ס' עבודה) תכון תפלתי — .אבל חטאתי
— .רואה

— .(עלי שהחיינו) לזמן הזה צור : תפלה לליל העשור
שומע — .(מסתגיב) ברכי אצולה — .(מסתגיב) אוילים מדרך
(סליחה) — .(סליחה) בליל עשור לחתכפר — .תפלה עדיך
(סליחה) יה — .(מסתגיב) אותה נפשי — .אלהים שחרתיך
(סליחת) ירצה עם אביון — .משתחוים להדרת — .לשועת
(סליחה) — .(מסתגיב) זועק בקראו — .(תוכחה) שטר עלי —
(רהוטה) אל — .(סליחה) שעה שועתי — .ירצה צום עמך
(סליחה) לעמו — .(מסתגיב) מזמור יתנו — .נגלה במדות
(סליחה) — .(סליחה) משכנות מבטחים — .ישראל יצו שדי
— .(תוכחה) אל נאור בקדש — .יום שבתון

יי יום לך — .אבל אשמתי — .(מפתח לשחרית) טרם אענה
(יוצר) — .נשמת אסירי עונות — .(רשות) אקום להודות לך —
(מאורה) — .(אופן) התעוררו תמהים — .אלהים אל נורא
(זולת) אז דברת — .(אהבה) אסירי תקותם — .אעמוד במשמר
(מגן) — .(רשות למגן לר' משה א"ע) מארץ שפלנו — .תמים
(אלכרוג) מחבש — .(פזמון) יענה כבוד אבות — .אזרח רענן
— .(פזמון) יום צרו צעדי — .(מחיה) אלוה פקד — .עצבות
(פזמון) — .(משלש) תם אהל צדק — .(אלכרוג) מרפא יהיה
(פזמון) מדמי — .(קיקלר) ובכן למדני — .יום צעקו שבים
.החרשים שמעו — .(עסתריוטא) את חטאי נכח — .הלבבות
— .(תוכחה) התבוננו ונדעה — .(פזמון) האל התולה —
(מסתגיב) — .(פזמון) מקור עיני — .(פזמון) כל מעשה יי
(פזמון) חרדים — .(פזמון) מי אל נסתר — .מי תמים יעיר
(פזמון) ממרום לבן — .(פזמון) מרום וקדוש — .לבית תפלתם
(סליק) אל אל — .(פזמון לקדושה) שרפים וקדושים — .ערום
.(תוכחה) תקרב ותרצה — .(סליחה) שופט כל הארץ — .הנורא
.(סליחה) נורא מכל ואיום — .(סליחה) בבקר בתם לבבו —
— .(סליחה) יה איום זכור — .(סליחה) תרצה לפניך —
(סליחה) — .(רהוטה) אשתחוה אפים — .(סליחה) בני תמימים
— .(סליחה) ידידים לבית אל — .לעמו ישראל יצו

(פזמון) אל מעמדי — .(מגן) אלהים למשפטיך : תפלת מוסף
.(מחיה) אילת אהבים — .(אלכרוג) משמים עינימו — .שבתי
— .(אלכרוג) מקשיב מענה — .(פזמון) נאור מקור חיים —
— .(תוכחה) ימי האדם צבא — .(משלש) תממים מחובם
(סלוק) — .(פזמון) ידי דלים — .(תוכחה) שעה קולי בהתעטפי
.(רשות לס' עבודה) אזכיר סדר עבודה — .אתה אלהי האלהים
(סליחה) — .(פזמון) אשרי עין — .(ס' עבודה) אמוני לבב —
(תוכחה) אם — .(סליחה) יערב לפניך — .יוספים שנית
(סליחה) זמן — .(סליחה) ישראל עבדיך — .חסדך שכחנו
— .הבלי

— .(אלכרוג) ישע יעטרהו — .(מגן) אנושי לב: למנחה
(משלש) אתיתי — .קדש תפארתנו — .(מחיה) מפרי שפתיו
(סלוק) אדיר אשר — .(תוכחה) נחמתי על זדוני — .מתחנן
.(תוכחה) מזמרת שירתי — .(סליחה) תערב לפניך — .עולם
— .(סליחה) קראתי מצרה —

.(אלכרוג) כחגבים נחשבו — .(מגן) אדון היושב : לנעילה
— .(אלכרוג) ענך בחמלתו — .(מחיה) בבכי יונת אלם —
(סלוק) — .(תוכחה) מצעק מעלות — .(משלש) אילי הצדק
(סליחה) — .(סליחה) בנשף קדמתי — .אנשי חסד הנושאים

(סליחה) אל נורא — .(סליחה) אחרית ותקוה — .אלהים צמאו
עלילה. — (סליחה) המבדיל בין קדש לחול — .

Le ms. date de 1453.

Vélin. Gr. — (Supplément 28.)

632.

Recueil de prières selon le rite des juifs de France. Le commencement et la fin manquent; quelques lacunes au milieu et quelques feuillets transposés. Le texte n'est pas ponctué. Ce volume renferme les piyyoutîm suivants :

עד אנה בכייה : קינה לט' באב. —
(אופן) אלפי ריבותיך — .אל מתנשא : יוצר לפרשת שקלים.
(קדושתא קלירית) אז מאז זמותה — .(זולת) אסירים כיצאו.
(פזמון) אלה אזכרה את — .אומן בשמעו — .אל נא מי יוכל —
— .(סילוק) אז ראית וכיפרתה — .אותות שקלים — .אשר נעשה
(אופן) כלולי אש — .זכור את אשר עשה : יוצר לפרשת זכור.
(זולת אחר) אערוך לך ואצפה — .(זולת) אליך אלהי שיועתי —.
אץ — .תמימים עודם — .(קדושתא) אזכיר סלה זכרון —
(סילוק) אלהים אל דמי לך — .(פזמון) זכור איש אשר — .קוצץ.
— .(שבעתא) ויבא ארז ראש —

(אופן) לבעל — .אום אשר בך : יוצר של פרה אדומה
(זולת) אחוזיך בכל — .(אופן אחר) אמר ערץ — .התפארת
(פיזמון) לטהר טמיאים — .(קדושתא) אצולת אומן — .אפסים.
— .(סילוק) אין להכין עוצם —

(יוצר) אבאר תוקף אל רם — .אות זה החודש . יוצר של ר"ח.
(פיזמון) — .אתיית עת דודים — .(אופן) יקירים ואדירים —
(שבעתא) — .(סילוק) הוא נקרא ראשון — .ראשון הוא לכם
ראשון אימצתה לפרח. —

(אופן) יריעו כל — .ארנן הסדך לבוקר : יוצר לשבת הגדול
(זולת) — .(קדושתא) אלהים בצערך הכות — .בני אלהים
— .(סילוק) אין ערוך אליך — .אריות הדיחו
ל"ש אאמיץ — .ליל שמורים אור עולמו : מעריב לליל פסח
— .פסח אכלו — .(מעריב אחר) ל"ש אותו — .עז גדולות
אור יום — .(נגין מר' מאיר לליל א') אזכרה שנת עולמים
הנף. —

— .איומה נכתרה — .וירד אלהים : מעריב של שבועות

Vélin. Pet. XIIe siècle. — (Supplément 22.)

633.

Recueil des prières ordinaires selon le rite des juifs de France, augmenté d'un grand nombre de prières particulières et de quelques prières et recettes superstitieuses. La prière עלינו s'y trouve dans sa forme primitive.

Vélin. Pet. Fin du XIIe siècle. — (Supplément 137, provenant des Archives de l'Empire.)

634.

Recueil de prières selon le rite des juifs de France. Ce recueil contient un grand nombre de prescriptions rituelles composées par un auteur de l'école de Raschi, qui avait sous les yeux le rituel de R. 'Amram Gaon, et qui en cite quelques passages. Ce volume, non ponctué, contient les piyyoutîm suivants :

אליהו — .איש הנביא אליה — .כי אשמרה : הבדלות
ויהי נועם — .את שאלתנו — .אדיר איום ונורא — .נביאיך.
רקד יום השבת — .יודעי מכאובי — .אפנה כי הנה מבשר —.
— Deux autres, dont le commencement est illisible.

סדר פסח : La Hagada. Targoum poétique de quelques morceaux du Pentateuque.

יום שקם שבט — .יום שאת ויתר — .קוראי מגילה : פורים.
— .ישורון בני מלוכה — .אשר הניא —

אנקום בריש — .יציב פתגם : רשויות. —

הושענות : סוכות. —

וישיבה — .שומרון קול תתן — .עד אנה בכיה : קינות
ברוך יי יום — .חדש ששוני — .אמרר אנחתי — .אהליבה
יום. —

על מה אחשה — .אתה הראית לדעת : פסוקים לשמחת תורה.
מי עלה — .אהלל ליי — .וזאת הברכה — .בגלל אבות —
אשריך הר — .אשריכם ישראל — .אות ראשון — .למרום
העברים. —

ישמח חתן בכלה : זמירות חתן וכלה. —

Le targoum (de Jérusalem) du Cantique de Moïse et du Décalogue.

אריא ונעי : לא תשא. —

ל"ש פסח אכלו — .ליל שמורים אותו : מערבים של פסח.
— .ל"ש אור עולמו (: מעריב אחר) — .ל"ש לשומר ישר' —
(מעריב של ויושע) אדון — .אור יום הנף — .ל"ש אאמיץ עוז
— .(מעריב ליום ח') ויושע יי אום — .ויושע רבים — .איומה
פסח אמונים. —

— .כבד הוריך בדיבור — .וירד אביר : מעריב של שבועות
(מעריב אחר) אנכי אחת — .כבד הוריך. —
— .מלך אדיר במרומים — .אמוני נבונים : מעריב של ר"ה
(מעריב לליל ב') מלך אמיץ. —

(לליל ב') אתן Commencement illisible. : מעריב לסוכות
ביום השמיני אשפוך — .(מעריב לליל ז') אעניר לך — .רוממות.
(מעריב לליל ח') אצני לסלדך — —

ביום הבכורים : מעריב מר' עזרא. —

— .ל"ש לשמר עם : אחר בניגון זה מר' עזרא לליל א' של פסח
— .אום שמורה — .אלי גואלי : מעריב לשבת הגדול

La fin manque.

Vélin. Pet. XIIIe siècle. — (Supplément 138, provenant des Archives de l'Empire.)

635.

1° Fragment d'un recueil de prières selon le rite des juifs de France. Ce fragment contient les piyyoutîm suivants :

(: מעריב לליל ב') — .ליל שמורים לשומר [: מעריב לפסח]
אור יום — .ל"ש בראות עולמו — .ליל אור עולמו נגלה
— .ויושע אדון איומה (: מעריב לשביעי) — .הנף ספירה
פסח אמונים — .ויושע יי אום למושעות (: מעריב לליל ח')
— .ויושע שושני פרח (: יוצר ליום ח') — .שיר
(זולת) — .(יוצר) ארנן חסדך לבקר : קרובץ משבת הגדול

.ישעי וכבודי — .(קרובה) אלקים בצעדך — .אז כאירסת בתולה
(פזמון) אמנה — .יצאת לישע עמך — .אל נא כרם חמד —
אלהי הרוחות — .(רשות) אבא בחיל להתייצבה — .גדולה היתה
— .יין כי יתאדם — .לכל בשר
— .אז כאירסת בתולה — .ארון חסדך : לפרשות זכר

2° (Fol. 18 v°.) Autre fragment d'un recueil de prières du même rite. Ce fragment contient les piyyoutîm suivants :

צאינה וראינה משכיל — .אור ישע מאושרים [: יוצר לפסח]
— .(זולת) אהבוך נפש — .(אופן) ראשו כתם פז — .שיר
.אאגרה בני איש — .בדעתו אביעה — .ברח דודי עד שתחפץ
— .(סדר) אילים ביום מחוסן — .תחת איילת עופר —
— .צ"ור מלך ביופיי — .(יוצר ליום ב') אפיק רנן ושירים
ברח דודי — .(זולת) אודך כי עניתני — .(אופן) גן נעול איוה
— .אל נא ערב — .(קרובה) אסירים אשר בכושר — .אל מכון
— .אז בעשר מכות — .אומץ גבורותיך — .אז כל חיתו יער
— .צ"ור שור בעטרה — .אהוביך אהבוך (: יוצר בחולו ש"מ)
— .(זולת) אלה וכאלה הריויתני — .(אופן) דודי שליט בכל מפעל
(קדושתא) אותותיך — .אתה היארתה : יוצר ליום ז' של פסח
— .אמרו לאלהים אדירים — .אזניי שמעו מופתי — .אז ראיגו
(סלוק) בעשר — .(סדר) אילי הצדק ידועים — .ידידים הטיבו
— .אפיק רנן ושירים (: יוצר ליום ח') — .מכות פתרוסים
— .(זולת) אודך כי עניתני — .(אופן) גן נעול איוה שוכן
(מחיה) — .(מגן) תחבולות עש — .(קדושתא) אימת נוראותיך
(פזמון) מה יועיל — .ארני חלד עד — .איום ונורא מי לא
— .אצולים מפרד — .רשע

Vélin. Pet. XIII° siècle. — (Supplément 141, provenant des Archives de l'Empire.)

636.

Rituel de prières selon le rite des juifs de France. Ce rituel contient, outre les prières ordinaires des jours de fête, le traité אבות, la Hagada et le targoum du Cantique de Moïse et du Décalogue.

Vélin. Pet. XIII° siècle. — (Supplément 136, provenant des Archives de l'Empire.)

637.

Rituel des prières ordinaires selon le rite des juifs de France. Ce rituel contient en outre la Hagada de la fête de Pâques.

Vélin, lettres ornées. Pet. XIII° siècle. — (Supplément 135, provenant des Archives de l'Empire.)

638.

Rituel des prières ordinaires selon le rite des juifs de France. Le commencement et la fin manquent.

Vélin. Pet. XIII° siècle. — (Supplément 139, provenant des Archives de l'Empire.)

639.

Recueil de prières (מחזור) selon le rite des juifs de France, renfermant les piyyoutîm suivants :

(אופן) לבעל — .(יוצר) אל מתנשא [: עניין פרשת שקלים]
ראשי — .אז מאז זמותה — .(זולת) אסירים כיצאו — .התפארת
.תמרו מאז — .קצובה — .שמו משותף — .מעתיק — .על כל
אומן — .אל נא מי יוכל — .תזכור להעלות — .תיפן כאון —
— .ירך תחיש — .אלה אזכרה — .בשומעו
— .(זולת) אערוך לך — .זכור את אשר : יוצר לפרשת זכור
— .אצילי מריעי — .תמימים בעודם — .(קדוש) אזכיר סלה
— .ידיאיו בתום — .זכר בו זה — .אץ קוצץ — .אל נא בלשון
— .ויאהב אומן
אספרה — .אותו מבהלת — .תמימים כרשו — .אזרח בט חוץ
— .כתר מלוכה — .אמל ורבך — .אל חוק
— .אל נא אחכמה — .אצולת אומן — .אום אשר בך
— .אמרה סגונה — .אצורה ומופרשה
— .(מר' יצחק גיאת) יסוד טעם סתרי
— .(זולת) אמהות עת נכבשה — .(יוצר) אות זה החודש
אבי כל — .אל נא רבות עשית — .(קדושתא) אתיית עת דודים
— .אדון מקדם — .חוזה
סלה — .(קדושתא) אלהים בצעדך — .(יוצר) ארנן חסדך
— .אל נא כרם — .ישעי וכבודי — .לבך ועיניך — .אדומך
— .אלהי הרוחות — .אבא בחיל — .אמנה גדולה — .ירדת לישע
(אופן) אאמיר אותך — .אכתיר זיר : יוצר ליום א' של סוכות
.(קדושתא) אוימתי בחיל — .(זולת) אנא הושיעה נא — .סלה
.אז היתה חניית — .(פזמון) אקחה פרי עץ — .אל נא עד לא —
(זולת) — .אאמיץ לנורא (: יוצר ליום ב') — .וחיות בוערות —
תשורת — .(קדשתא) ארחץ בנקיון — .אנא תרב עליצותיך
אלים — .אל נא כל תהי — .איווי סוכת דוד — .שי אלפים
— .כהשעין — .אמנם מצות. — Le reste manque.
אקשטה — .אפיק מען — .אף ברי : קדושא למוסף של ש"ע
— .יפתח ארץ — .תכנם לארץ — .ככל
(קדושתא) אחות — .אשמעה ברכה [: יוצר לזאת הברכה]
אתה — .אדירי משבעים — .אל נא הטיבה — .אשר לך
— .(רשות לחתן) מושך חסד — .ידידי אל — .הראת לדעת
אשר בגלל — .(רשות לחתן בראשית) מקדים וראש לקוראים
אשריך הר — .מי עלה למרום — .אשריכם ישראל — .אבות
— .יי בי מעיני — .העברים

Fragment des הושענות.

Autre fragment des הושענות.

Fragment de l'Ecclésiaste.

Vélin. Pet. XIII° siècle. — (Supplément 134, provenant des Archives de l'Empire.)

640.

Rituel des prières journalières selon le rite de la synagogue allemande. Ce rituel contient en outre la Hagada de la pâque, les הושענות et les piyyoutîm suivants pour la fête de שמחת תורה :

.(אופן) אשריך אום קדוש — .(יוצר) אשרי העם שלו ככה
רשות לחתן — .אתה הראת לדעת — .(זולת) אז בהקשיב —
שישו — .אשר בגלל אבות — .רשות לחתן בראשית — .תורה
— .אשריכם ישראל — .וגילו. — Belle écriture carrée.

Vélin, lettres ornées et dessins à la plume. Pet. XIII° siècle. — (Sorbonne 201.)

641.

Rituel des prières ordinaires selon le rite de la synagogue allemande. La plus grande partie du ms., depuis la prière ברכו du jour de sabbat, manque. Écriture carrée.

Papier. Moy. XIIIe siècle. — (Sorbonne 237.)

642.

Ms. à deux colonnes, dont la colonne intérieure renferme les ouvrages suivants :

1° Rituel des prières ordinaires selon le rite de la synagogue allemande. La Hagada de la pâque y est comprise.

2° (Fol. 64.) Le traité de la Mischna אבות. La fin, depuis le commencement du chapitre III, manque.

3° (Fol. 67.) ספר חיי עולם « Livre de la vie éternelle », recueil de maximes de morale et de prescriptions rituelles. Le commencement manque.

4° (Fol. 83 v°.) La section וזאת הברכה du Deutéronome, les commencements des cinq livres du Pentateuque et le premier chapitre du livre de Josué.

5° (Fol. 91 v°.) Les סליחות suivantes : שומע תפילה. — יה איום זכור. — שופט כל הארץ. — יצרי ראשית צרי תומת. — אלהים אין בלתך. — אפסו אישים. — להודות סתריי אשמתינו כי. — אנוסה לעזרה. — ירצה צום עמך. — צורים. — אלה אזכרה. — רבה.

6° (Fol. 105.) כתר מלכות « La Couronne de la royauté », hymne de R. SALOMON IBN-GABIROL.

7° (Fol. 116 v°.) דיני חמץ ומצה « Prescriptions concernant les pains azymes et le levain », extrait du livre III de la « Main forte », de R. MOÏSE MAÏMONIDE.

8° (Fol. 126 v°.) הלכות שביתת עשר « Prescriptions relatives au grand jour des expiations », extrait du même ouvrage. Ce traité est interrompu par les six ouvrages suivants :

9° (Fol. 128 v°.) L'hymne appelé אוהרות, de R. SALOMON IBN-GABIROL.

10° (Fol. 138 v°.) פירוש ההגדה « Explication de la Hagada de la fête de Pâques ». En voici le commencement : זה הספור הודעה לתינוקות למה אנו מחלקין המצה לשנים. La fin manque.

11° (Fol. 145.) Commentaire de R. MOÏSE MAÏMONIDE sur le traité אבות, traduction hébraïque. Le commencement manque.

12° (Fol. 172.) Prescriptions relatives aux fêtes de ראש השנה et de סוכות.

13° (Fol. 178.) הלכות מגלה « Décisions relatives au livre d'Esther, et sa lecture à la fête de פורים ».

14° (Fol. 183.) הלכות חנוכה « Décisions relatives à la fête de חנוכה ». Ces deux derniers traités forment la dernière partie du livre III de la « Main forte », de R. MOÏSE MAÏMONIDE.

15° (Fol. 189 v°.) הלכות שחיטה « Décisions concernant la manière d'égorger les animaux destinés à la nourriture », extrait du ספר התרומה de R. ISAAC, fils de Baroukh.

16° (Fol. 194.) הלכות טרפות « Décisions concernant les cas où la chair des animaux est impropre à la nourriture », extrait du même ouvrage.

17° (Fol. 201.) הלכות איסור והיתר « Décisions concernant les choses licites et illicites », extrait du même ouvrage.

18° (Fol. 232.) הלכות חלה « Décisions concernant la pâte qui revient au prêtre » (Nombres, chap. XV, vers. 20), extrait du même ouvrage.

19° (Fol. 238.) הלכות נדה « Décisions concernant les menstrues », extrait du même ouvrage.

La colonne extérieure contient les ouvrages suivants :

20° Quelques prières particulières, avec le סדר ר' אליהו הזקן.

21° (Fol. 16 v°.) Les psaumes CXIX à CXXXIV.

22° (Fol. 22.) Les Psaumes.

23° (Fol. 75.) Les Proverbes.

24° (Fol. 103 v°.) Le Livre de Job.

25° (Fol. 137.) Les cinq meguilloth. Il y a quelques lacunes.

26° (Fol. 165 v°.) Calendrier pour les années 5169 à 5244 (1409 à 1484 de J. C.); suivi d'un traité sur le calendrier juif.

Ce ms. a été exécuté par Juda Ruben, pour son père Isaac Raphaël, fils de Samson Ḥayyim. La date approximative du ms. est indiquée par le traité 26°.

Vélin, miniatures. Pet. — (Ancien fonds 177.)

643.

1° Rituel des prières ordinaires selon le rite de la synagogue allemande. On y trouve la Hagada, le traité אבות, les הושענות et les piyyoutìm suivants pour la fête de שמחת תורה :

אשר בנלל. — מושך חסד. — ידידי יי. — אתה הראתה. — מי עלה למרום. — אשריכם ישראל. — אבות. — Le commencement manque.

2° (Fol. 20 v°.) תשבץ « Consultations rituelles de R. SAMSON, fils de Ẓadoq ».

3° (Fol. 37.) Le petit Livre des Préceptes, par R. ISAAC, fils de Joseph, de Corbeil. Deux cent quatre-vingt-cinq paragraphes.

Ce ms. a été exécuté par Joseph, surnommé *Melekh.*

Vélin, miniatures. Pet. XIVe siècle. — (Supplément 95, St-Germain 226.)

644.

Rituel des prières ordinaires pour toute l'année synagogale, selon le rite de la synagogue allemande. Ce rituel renferme en outre les הושענות, le עניין שמחת תורה קודם ס"ת, la Hagada de la fête de Pâques, et les piyyoutîm suivants :

— .פסח אכלו — .ליל שימורים אותו : [עניין פסח] .ל"ש אדיר ונאה — .ל"ש אור ישראל — .אזכרה שנת עולמים — .(מעריב לליל ב') אור יום הנף —

(:לליל ב') — .כבד הוריך — .וירד אביר : מערבים של שבועות — .אשא דיעי — .איםן בריתו — .אלהים ביתה

.מלך אדיר במרומים — .אמוני נבונים : מערבים של ר"ה — .מלך יקשיב — .מלך אמיץ (: לליל ב') —

שמיני (: לליל ח') — .אוחזי בידם : מערבים של חג הסוכות — .אודות באר — .אחד בראשון — .אותותיו

— .אודה חסדו — .אורי וישעי : מעריב לליל ז' של פסח — .מתי אבוא

— .אמונים שיר — .ויושע יי : מעריב לליל ח' של פסח

(בניגון צאינה) (יוצר) אשרי העם שלו ככה : לשמחת תורה (זולת) אז — .(אופן) אשריך אום קדוש — .אשריך ישראל — .בקשוב

(אופן) כי אם — .אור עולם קראו : יוצר לשבת של שובה — .אלהי ישעינו (: יוצר אחר) — .אל אלהינו נשוב — .שם — .(זולת) אהובה אני

— .את השם הנכבד : יוצר לשבת חה"מ של סוכות

(אופן) לבעל — .אל נישא ארנן : יוצר לשבת בראשית — .(זולת) אחשבה לדעת — .התפארת

(אופן) לך — .אלהינו אלהים אמת : [יוצר] לשבת ור"ח איילה (: יוצר אחר) — .(זולת) אמונתך אמיתי — .אלהים אלפי — .(אופן) משרתיו עומדים — .השחר

— .אפוני אימיו : יוצר לברית מילה בשבת מר' אלעזר מננצא (יוצר אחר) אלה — .(זולת) אות ברית — .(אופן) אזורי אימה — .(זולת) אז כהעברת — .(אופן) קול דממה — .תולדות (אלהים צויתה (: ברכת המזון לברית מילה — .

: פיוטים ויוצרות ואופנים שאו' לכלות וכמו כן לחתנים .(קודם ברכו) יחדיו לב נשלם — .(לפני קדיש) שבעה שחקים (קודם שבח נותנים) — .(קודם ברכו) יחדיו בשיר מעלות — (: יוצר לחתן·לר' שמעון הגדול) אייחד — .שבח מי יגמור (זולת) אמהות עת — .(אופן) שביבי שלהבות — .שם שוכן .לך יי הגדולה (: יוצר אחר לחתן מר' קלונימוס) — .נכבשה — .(זולת) איומה כנדגלות — .(אופן) קרוב מצדיקי — — .(פיוט במקום אל אדון לנשואין) אל אדון על כל המעשים — .(לגאל ישר') אל ישראל נקראת — .(אהבה) שלשים ושתים .(ליוצר המאורות) אמרות האל — .(פיוט יפה לקדש) האל העירה (: רשויות לחתנים מר' שמעון) — .(לאהבה) לחוצה באורך — ומרשות — ; ומרשות שלומת אומן — ; מרשות שוכן עד (: לר' קלונימוס) — .ומר' שארית עם קדוש — ; שותי מימיה ומרשות — ; ומרשות קרומת קדם — ; מרשות קונה שמים (למי ידמה) — .יה בשר שר — .אתניה שבחיה — .קופאים אות — .דוי הסר (: ברכת המזון לנישואין) — .מי אדר והוד — .עולמים שנים — .טוב במלאכת — .מבראשית

.(אופן) שאו מנחה — .ארוממך אל חי : יוצר לשבת של נחמו — .(זולת) אמת משל —

(במקום אור חדש) — .אודך כי אנפת : יוצר לשבת של חנוכה — .(זולת) אין צור חלף — .שני זיתים

— .אור זרוע : יוצר לשבת של הפסקה

— .אתה אלהים וזולתך : זלתות שאו' בין פסח לשבועות אל — .אלהים אל דומי לך — .זולתך אדונים — .אזכורך דודי אחרי — .אלהים באזנינו — .אריות הדיחו — .אל חי ארנן — .נמכר

אדברה — .אבן הראשה — .אום קרואה : סליחות לי' בטבת אויבי — .(פזמון של ר' אפרים) אבותי כי בטחו — .וירוח — .ועויני

אתה האל — ..אדם בקום עלינו : סליחות לתענית אסתר ארם — .במתי מספר — .אתה האל עושה פלאות — .עושה פלא — .וחנף בקום

— .אתאנו לך יוצר — .אדאג מחטאתי : סליחות לי"ז בתמוז — .אזכרה יגוני — .שעה נאסר — .אפפונו מצוקות

— .מקוה ישראל — .(לערב ר"ה) תפילה תקח [: מכניסין] .שערי שמים — .שבת הכסא — .תורה הקדושה — .מלך מלכים — .מקות ישר'.יי — .אשר נטה שחקים — .גרוני ניחר —

Ces hymnes sont suivis de prescriptions rituelles, d'un traité sur les songes, d'un commentaire du traité אבות, d'un commentaire sur quelques יוצרות, de quelques formules d'actes civils, et d'un calendrier pour les années 5024 à 5117 (1264 à 1357 de J. C.). Belle écriture. Le nom du copiste, Éliézer, se lit en plusieurs endroits. Le commencement et la fin du volume manquent; quelques feuillets ont été transposés.

Vélin, lettres ornées et miniatures. Moy. — (Sorbonne 93.)

645.

Recueil de prières (מחזור) pour toutes les fêtes de l'année, selon le rite de la synagogue allemande. En tête du volume se trouvent quelques morceaux bibliques. Ce recueil renferme les piyyoutîm suivants :

— .מי אדר והוד — .אל נישא ארנן : יוצר לשבת בראשית — .(זולת) אחשבה לדעת — .(אופן) לבעל התפארת

(אופן) משרתיו — .אלהינו אלהים אמת : יוצר לשבת ור"ח .(יוצר אחר) איילת השחר — .(זולת) אמונתך אמיתי — .עומדים — .(אופן) לך אלים —

(אופן) כבודו אור — .אודך כי אנפת : יוצר לשבת חנוכה — .(זולת) אין צור חלף — .(מאורה) שני זיתים — .יזריח

— .אתן תהילה : זולת לש' ויושע

(וולת) אתה אהבת — .אל מתנשא : יוצר לפרשת שקלים .מי יוכל לשער — .קצובה היא ואת — .אז מאז ומותה — .עמך — .אז ראיתה וסיפרתה — .אלה אזכרה — .אומן בשומעו — .דודי זכור — .הכופר דעו — .אשכול איווי תאות [: למוסף גדי — .עין עוצם — .בכרמי מלון — .לי ישא על אברת — .קישור —

— .אור זרוע : יוצר להפסקה

(וולת) אתה מלא — .זכור את אשר עשה : יוצר לפרשת זכור

אז — .אנכי בשם אל — .ארץ מטה — .(זולת) אנכי תיכנתי
— .אתו מצות וחקים — .יי קנני ראשית — .בכתב אשורית
— .(Incomplet.) אזהרת ראשית — .אלה העדות והחקים
.(אופן) כבודו איהל — .(יוצר) מלך אזור [: לראש השנה]
אבן חוג — .תאלת זו כחפץ — .נעלה בדין — .את חיל יום —
.אדירי איומה — .אאפיר נזר איום — .אדרת ממלכה — .מצוק
אופד (: למוסף) — .מלך במשפט יעמיד — .לאל עורך דין —
.אומץ אדירי — .אף אורח משפטיך — .תיפן במכון — .מאז
— .וחיות אשר הנה — .ונתנה תוקף — .מלך עליון אל דר —
.האוחז ביד — .תהלות כבודך — .ואתה אזון — .ועמך תלוים
— .אשא דעי בצדק — .זכר תחלת — .אנסיכה מלכי —
— .(קדושתא) אתיתי לחנגך — .(יוצר) מלך אמון (: ליום ב')
שמו — .שלחתי במלאכות — .תמים פעלך — .אמרתך צרופה
— .שבתי וראה — .אתן לפועלי — .אדר והוד — .מפארים
— .אשר מי יעשה — .כל שנאני שחק — .מלך עליון אמיץ
— .אנוסה לעזרה — .אפחד במעשי — .אהללה אלהי (: למוסף)
(אופן) כי אם שם — .אור עולם קראו : יוצר לשבת דשובה
— .(זולת) אל לבבינו נשיב — .אדיר
— .יעלה תחנונינו — .כל נדרי : תפלת מעריב של יה"כ
— .סלח נא אשמות — .אמנם אשמינו — .שומע תפלה עדיך
.חיים חנן — .אותך אדרוש — .תומת צורים — .אל לבבם עמך
— .ניחמתי נפש —
— .(אופן) קדוש אדיר — .אז ביום כפור : יוצר ליה"כ
אנוש — .תאות נפש — .אמצתה עשור — .אימיך נשאתי
אדר יקר — .מורה חטאים — .איחדתה יום זה — .מה יזכה
.אמרו לאלהים — .אך אתים בחין — .אנא אלהים חיים — .אלי
על ישראל — .אשר אומץ תהילתיך — .מעשה אלהינו —
אין כמוך — .מי כמוך אדיר — .אפסי ארץ בדברו — .אמונתו
רוממו — .נאמירך באימה — .האדרת והאמונה — .באדירי
ליושב — .אמונתך בעליונים — .רוממו אדיר ונורא — .אל מלך
אל ברוב — .מי יתנה תוקף — .אין מספר לגדודי — .תהלות
— .אליך נשואות — .אליך ועדיך — .תמיד תהלונן — .עצות
האימן — .התיכן מתחת — .האדיר בשמי עליות (: רהיטים)
אנא — .לא אומר אמרת — .מי אדיר אפסיך — .כיפי שחקים
— .אל עבדיך המצא — .אנה הואל סלוח — .השם הנכבד
— .אמונים בני מאמינים — .תעלה תפלתינו — .אמנם אנחנו
אלה — .אדברה תחנונים — .אדון בפוקדך — .שופט כל הארץ
.מלכנו באנו — .ונושעה בשפכינו — .כולנו יחד — .אזכרה
— .אהללך בקול רם — .אמרתי לפושעים — .אתה מבין —
אשא — .צפה בבת — .יום מימים — .שושן עמק (: מוסף)
— .אתה ברחמיך — .אנא אזון — .אין ערוך אליך — .דעי
מי יערוך — .אילי מרום — .אמיצי שחקים — .אשר אימתך
— .איזו תהלה — .האוחז ביד — .אז מלפני בראשית — .אליך
.(סדר עבודה) אמיץ כח — .האומרים אחד — .לך יאדיר כל
.אבל אנחנו — .את הברית ואת החסד — .איך אשא ראש —
.אזכרה אלהים ואהמייה — .אשפוך שיחי — .אפס מזיח —
— .גדול עוני — .אם עבדנו — .הנה כחומר — .אנוש רמה —
.אראלים בשם — .איתן הכיר (: תפלת מנחה) — .אדיר ונאה
כי — .מיכאל מימין — .אתה אל רחום — .אדר בתואר —
— .הבט ממרומך — .כבודו אמוניו — .רכובו בערבות
.שערי ארמון — .מערב ועד ערב — .אב ידעך (: תפילת נעילה)
— .זכור ברית אברהם — .אבן מעמסה — .אז לפנות ערב —

.אצילי מריעי — .תמימים בעודם — .אזכיר סלה — .רחמים
.זכור את אשר הגויע — .אץ קוצץ — .בלשון אשר הזכרתה —
.משה רבר — .ויכן אומן [: למוסף] — .אלהים אל דמי לך —
— .שמו מיוחד — .ויקרא יקרי שם — .מזבח זבול קודש —
— .ניסי קישט — .יי עולם מלך
.תמימים כרשו — .אזרח בט חוץ — .ויאהב אומן : לפורים
— .אמל ורבך — .אספרה אל חוק — .אותו מבהלה —
(זולת) אשרי כל חוסי — .אום אשר כך : יוצר לפרשת פרה
אמרתי — .קפאון חוק — .(קדושתא) אצולת אומן — .בך
אצילי עם — .אמרה סנוגה — .אצורה ומופרשה — .אחכמה
הבין דברי — .אלהים אמת [: למוסף] — .אין לשוחח — .עולי
.ידע מקום — .והוא יסוד המעלה — .דרכה זקוקה — .חפץ
— .מקומה קבוע — .את עם לימד —
.(זולת) אל עושה נפלאות — .אות זה החודש : לפרשת החודש
רבות — .קיחת עליית — .מרימי עול — .אתיית עת דודים —
.הוא נקרא ראש — .אדון מקדם — .אבי כל חווה — .עשיתה
.הנה זה בא — .לציון דרור — .ראשון אימצת [: למוסף] —
— .מבשר עם זכיות — .ולירושלים מופת — .הנם ימים —
— .אתן קול
.(זולת) אשכולות שדים — .אתי מלבנון : יוצר לשבת הגדול
אז תשע — .לישע עמך — .ישמע לאדום — .אוני פטרי —
— .ובכן כי אין לפניך — .אדיר דר — .אז רוב ניסים — .מכוה
.ל"ש פסח אכלו — .(מעריב) ליל שמורים אותו [: לפסח]
.צאינה וראינה משכיל — .(יוצר) אור ישע — .אזכרה שנות —
— .(אופן) ראשו כתם — .דודי נועמו — .שלחייך פרדס —
.ברח דודי עד שתחפץ — .על הרי בשמים — .(זולת) אהבוך נפש
.ארשה ארוש — .תהומות הדום — .בדעתו אביעה (: למוסף) —
.אלים ביום מחוסן — .תחת אילת עופר — .אאגרה בני איש —
(מעריב לליל ב') ליל שמורים אור — .או"א טל תן לרצוה —
(יוצר) אפיק — .אור יום הנף — .ל"ש אדיר ונאה — .ישראל
.(אופן) גן נעול איוה — .צאינה וראינה מלך — .רנן ושירים
אסירים — .ברח דודי אל מכון — .(זולת) אודך כי עניתני —
אומץ — .אז על כל חיתו — .ערב אשר עלה — .אשר בכושר
(יוצר לשבת חה"מ) אהוביך — .בעשר מכות — .גבורותיך
(זולת) — .(אופן) דודי שליט — .צ"ור שור בעטרה — .אהבוך
(יוצר ליום ז') ויושע — .ברח דודי אל שאנן — .אלה וכאלה
תירגלתה — .אותותיך ראינו — .(זולת) אי פתרוס — .שושני
— .אמרו לאלהים אדירים — .שבטי יה הוצאתה — .עמוסים
[יוצר ליום ח'] ויושע אור — .חסדי יי אזכיר — .אילי הצדק
אדני — .איום ונורא מי לא — .אימת נוראותיך — .ישראל
— .אומץ גבורותיך — .אצולים מפרך — .מה מועיל רשע — .חלד
אלהים אל דמי — .אזכורך דודי : זולתות בין פסח לשבועות
אודך על כי — .אזור נא קנאות — .אליך יי שיועתי — .לך
— .אתה אלהים וזולתך — .נוראות
.(יוצר) אדון אימנגי — .(מעריב) וירד אביר [: לשבועות]
(אופן) ועתה בנים — .שעשועים נחליאל — .ואהיה שכונה —
— .אורח חיים מוסר — .(זולת) אנכי שמעתה — .שירו
שעשוע — .שבוית מרום — .אם לא אמריך — .שלמים בחנותם
(: למוסף) — .וכל העם רואים — .אלוף מסובל — .יום יום
אנכי — .(מעריב לליל ב') אל אלהים יי — .אתה הנחלתה תורה
(יוצר) — .אשריך ישראל — .אמונת אומן — .ראש לדברוה
— .(אופן) רכב תפארתו — .בפרש שדי — .אמרות טהורות

שרי — .יום כפורים זה — .ישראל נושע — .אנקת מסלדיך
קודש היום. —

— .(אופן) אאמיר אותך — .אכתיר זיר : יוצר לסוכות
.עד לא מצוקי — .אוימתי בחיל — .(זולת) אנא הושיעה נא
— .אז היתה חניית — .אקחת בראשון — .אקחה פרי עץ —
(זולת) — .(יוצר) אאמיץ לנורא (: ליום ב׳) — .וחיות ארבע
.איוי סוכת דוד — .תשורת שיי — .ארחץ בניקיון — .אנא תרב
כי אקח — .אמגם מצוה – .אלים כהשעין — .בל תחי מצות —
(זולת) — .(יוצר) את השם הנכבד (: לשבת חה״מ) — .מועד
(זולת) — .(יוצר) אום כאישון (: ליום ש״ע) — .אזכרה מקדם
— .אפיק מען — .אף ברי אותת — .אמונים אשר נאספו
(יוצר) אשרי העם שלו (: לשמחת תורה) — .אקשטה כסל
ככה. — אשריך ישראל — .הושענות. —

Vélin. Pet. xive siècle. — (Ancien fonds 178.)

646.

1°. Rituel de prières selon le rite de la synagogue allemande. Le commencement manque. Outre les prières ordinaires, la Hagada et le traité אבות, ce rituel contient les piyyoutim suivants :

(רשות למתרגם) אתא — .אקדמות מילין : סדר שבועות
ודנמא. —

(יוצר) אשרי (: לשמחת תורה) — .הושענות : סדר סוכות
.(זולת) אז בקשוב — .(אופן) אשנבי שחקים — .העם שלו ככה
— .רשות לחתן בראשית — .רשות לחתן תורה —
.ל״ש פסח אכלו — .ליל שמורים אותו (: לפסח) [: מערבות] .
— .(לליל ב׳) ל״ש אור ישראל — .אזכרה שנות עולמים —
— .(לליל ז׳) אורי וישעי — .אור יום הנף — .ל״ש אדיר ונאה
(: לשבועות) — .(לליל ח׳) ויושע יי — .מתי אבא — .אודה חסדו
— .איומה נכתרה — .(לליל ב׳) וירד אלהים — .וירד אביר
— .אנכי ראש לדיברות — .אלהים יי דיבר (: מעריב אחר)
— .ישעי צורי — .אוחזי בידם (: לסוכות) — .אשריך ישראל
(לליל ש״ע) אדיר — .אדיר הקימנו — .(לליל ב׳) אלהים יי לו
.(לליל ב׳) אעניך לך תפארה — .אנצח על חשמינית — .ונאור
— .שמיני אשפוך —

(אופן) לבעל — .אל נשא׳ארגן [: יוצר לשבת בראשית]
התפארה. — (זולת) אחשבה לדעת. —

— .שמע לשונם : לפרשת וירא

— .(אופן) כבודו אור — .אודך כי אנפת : יוצר לחנוכה
— .(זולת) אין צור חלף — .(מאורה) שני זתים

.(אופן) אביר כל גביר — .איילת חשחר : יוצר לשבת ור״ח
— .(זולת) אמונתך אמיתי —

.(יוצר) אייחד שם שוכן — .(נשמת) נשמת ישרים : לחתן
— .(אופן אחר) שביבי שלהבות — .(אופן) כבודו אופד —
ומרשות — .ומרשות שארית — .(גאולה) אל ישראל נקראת
אלהיכם — .(פיוט) יה בשר שר — .אתניה שבחייה — .איום
שיכנו. — יפרח לגוחי. —

(לברית מילה) אל׳ — .(פיוט לש׳ בראשית) אלהיכם ישכיל
.(לש׳ נחמו) אל׳ יוסיף — .(לשבת ור״ח) אל׳ יזריח — .דרוייו
— .(לחג הסוכות) אל׳ ישיב —

(אופן) ישראל — .אות שלש עשרה : יוצר לברית מילה בשבת
— .(יוצר אחר) אפוני אימיו — .(זולה) אות בריה — .חביבים
(יוצר אחר) — .(זולת) אות ברית שילשתי — .אזורי אימה
— .(זולת) אז כהעברתה — .(אופן) קול דממה — .אור תורה
— .(שירה) אלי מחוללי — .(שירה) יום ליבשה
(זולת) — .(אופן) מלאכי צבאות — .אור זרוע : יוצר להפסקה
אחור וקדם. —

.(אופן) שמך לעד — .את פני מלך : יוצר להפסקה שנייה
— .(זולת) אמור ישועתך —

— .ידועי שם — .עיזוז אדיר ירון : אופנים לאחר הפסח
ויושע אור — .(לשבת הגדול) מחוללת מהוללת — .בלולי אש
— .אריות הדיחו [: זלתות] — .לבעל התפארת — .ישראל
(אהבה) שחורה — .אל אל חי ארנן — .(אהבה) שביית עגייה
.(אהבה) יקוש בעוניו — .(אהבה) אל חי בך אחבק — .ונאוה
.אלהים לא ארע — .(אהבה) שנותינו ספו — .אל חי אקראך —
(אהבה) -- .(אהבה) שוקלי המס — .(אהבה) שכולה אכולה —
.(אהבה) יונה נשאת — .(אהבה) אחר קמתי — .שובב כלילי
— .(אהבה) אל ישר׳ נקראת —

אלהים אל — .אזכורך דודי : סדר זלתות בין פסח לעצרת
— .אחרי נמכר — .אל אל חי ארנן — .אתה אלהים -- .דומי
— .אלהים באזנינו — .(אהבה) אותך כל היום קוינו

(אופן) כבודו — .אהלל בצלצלי שמע : יוצר לפני שבועות
— .(זולת) אין זולתך — .אות

(לפ׳ ואתחנן) שתי — .(לפ׳ שלח לך) שש מאות נקראות
— .(לפ׳ תפילין) ידיד עליון — .פעמים

.(אופן) שאו מנחה — .אל שדי אתחנן : יוצר לשבת נחמו
— .(זולת) אמת משל היה —

.אם עוגינו רבו — .ישראל עמך — .אין מי אקרא : לתענית
— .את יי בהמצאו — .אויתיך קויתיך — .תבא לפניך שוועת —
— .אבן הראשה — .אדברה וירוח לי : סליחות לי׳ בטבת
— .אבותי כי בטחו — .אום קרואה

אדם — .אתה האל עושה פלאות : סליחות לתענית אסתר
— .במתי מספר — .בקום עלינו

— .אפפונו מצוקות — .אראג מחטאתי : סליחות לי״ז בתמוז
יי יי אל רחום — .רועה ישראל (: פזמונים) — .שעה נאסר
— .(סליחה) אזון תחן — .ישראל נושע ביי — .וחנון

Le traité אבות, ainsi que quelques-unes des prières ordinaires, est accompagné d'un commentaire en grande partie mystique, composé par un auteur contemporain de R. Jacob Nazir, et disciple et parent de R. Samuel de Bamberg (בבנברק). L'auteur cite souvent R. Éliézer de Worms, et rapporte, comme celui-ci, les explications mystiques transmises par R. Juda Ha-Ḥasid et par le père de ce dernier, R. Samuel Ha-Ḥasid (ר׳ שמואל החסיד והנביא). Il attaque vivement les docteurs français et ceux « des îles » (ארץ כנען ou איי הים), parce qu'ils ajoutaient ou retranchaient des mots dans les prières.

2° (Fol. 128.) Règles pour établir le calendrier juif, appliquées aux années 5150 à 5229 (1390-1469 de J. C.). Quelques feuillets de cet ouvrage sont transportés au milieu de l'ouvrage suivant.

3° (Fol. 129.) הילכות איסור והיתור מהר״ר יצחק בה״ר מאיר מדורא « Règles sur ce qui est licite et illicite », par

R. Isaac, fils de Meïr, de Düren. C'est l'ouvrage appelé שערי דורא «Portes de Doura».

4° (En regard du dernier ouvrage.) Traité sur la manière d'égorger les animaux et l'examen de leurs poumons, par R. Mardochée, fils de Hillel. Ce traité est rédigé en vers et accompagné d'un commentaire, composé probablement par l'auteur lui-même. Il a été imprimé à Venise au xvi° siècle.

5° Les trois ouvrages qui précèdent sont accompagnés à la marge des תשובות מורינו הר׳ מאיר זצ״ל, ou «Consultations (rituelles) de R. Meïr».

6° (Fol. 153 v°.) Le Petit Livre des préceptes, de R. Isaac, de Corbeil. Incomplet à la fin.

A la fin du volume se trouvent encore quelques prières et le פרק שירה, ou «Chapitre du Cantique», avec le commentaire de R. Moïse de Trani.

Vélin, lettres ornées, miniat. Moy. xiv° siècle. — (Ancien fonds 174.)

647.

Rituel de prières selon le rite de la synagogue allemande, notamment de la communauté juive de la ville de Worms. Ce rituel contient, outre les prières ordinaires, la Hagada, le traité אבות, les הושענות et les piyyoutîm suivants :

יוצר לשמחת תורה : אשרי העם שלו ככה. — אתה הראה לדעת. — רשות לחתן תורה. — רשות לחתן בראשית. — אשר בגלל אבות. — התקבצו מלאכים. — שישו וגילו. — אגיל ואשמח. — אשריך ישראל (sur la marge). —

מערבות : (לפסח) ל״ש אותו. — ל״ש פסח אכלו. — אזכרה שנות עולמים. — (לליל ב׳) ל״ש אור ישראל. — ל״ש אדיר ונאה. — אור יום הנף. — (לקריעת הים) אורי וישעי. — אודה חסדו. — מתי אבא. — (לליל ח׳) אמונת אומן. — אשירה ליי בשירה. — אל עוזר הקם. — (לשבועות) וירד אביר יעקב. — ישועות רבות. — (לליל ב׳) אלהים ביתה מושיב. — אימן בריתו. — אשא דעי. — (מעריב אחר) אל אלהים. — אנכי ראש לדברות. — אמונה אומן. — אשריך ישראל. — (לר״ה) אשרי העם יודעי תרועה. — אלהים נורא עלילה. — את לחש עתר. — (לליל ב׳) כסא אורי. — כסא אדונינו. — (לסוכות) אתה לבדך עטיתה. — אורח חיים. — ארץ יראה. — (לליל ב׳) חג האסיף. — סוכה אזמרה. — אדברה ואעידה. — (לליל ז׳) ארחמך יי. — אתה יי לבדך. — אשרי מי שראה. — ארבדה נא שלום. — (לליל ח׳) שמיני אותותיו. — שמיני אחד באחד. — אודות באר המים. —

(לברכו) ארוממך כי נשגב. — (אופן) ישעך יזכירו. — (אהבה) שחרתיך. —

יוצרות של חתנים : איחד שם שוכן. — (אופן) שביבי שלהבות. — (זולת) אמהות עת נכבשה. — מרשות (: רשויות) שוכן עד; — ומרשות שלומת; — ומרשות שותי מימיה; — ומרשות שאריה. — אתניה שבחיה. — יה בשר שר. — דבוק חתן. — (: יוצר אחר) אחר שלישים. — (אופן) אחד קדוש המדבר. — (זולת) תחת התפוח. — מרשות אלהי קדם; — ומרשות ירושת יעקוב; — ומרשות רוב עם. — (: יוצר אחר) אמנות הדורה. — (אופן) מלאכי צבאות. — (זולת) אהבת עלמות. — מרשות אל עליון; — ומרשות אילת; — ומרשות מחוקקיה; — ומרשות אסוני. — (: יוצר אחר) לך יי הגדולה. — (אופן) כבודו אופד. — (זולת) אהבת עולם. — מרשות קונה שמים; — ומרשות קדומת קדם; — ומרשות קופאים; — ומרשות קבוצה. — (: יוצר אחר) מי ימלל גבורות. — (זולת) אומרה שם עליון. — (: יוצר אחר) אדון מגיד. — (אופן) אראלים ומלאכים. — (: יוצר אחר) אמן באמון. — (אופן) בנים לאביהם. — (זולת) בת נדיב. — מרשות אל אל׳ יש׳; — ומרשות אמונת יומים; — ומרשות למודי תורה; — ומרשות להקת. — ביום טובה ונחמה. — יפרח חתן. — יברכך אלהים רם. — בחן קרב על כל המוני. — (: יוצר אחר) אביעה חידות. — (אופן) אראלים הגבוהים. — איתן בירר לבניו. — מרשות אל עליון; — ומרשות אילת אהבים; — ומרשות אגן הסהר; — ומרשות אלופים. — (: יוצר אחר) את מי נועץ. — (אופן) יקר אדון. — (שירה) ים ליבשה. — אלהיכם שיכנו שם. —

יוצר לשבת א׳ דחנוכה : אודך כי אנפת. — (אופן) שני זתים. — (זולת) אין צור חלף. —

לשבת בראשית : מי אדר והוד. — (יוצר) אל נישא ארנן. — (לאל אדון) אשישת שלוחתו. — (אופן) לבעל התפארת. — (זולת) אחשבה לדעת. —

לשבת ור״ח : (יוצר) אלהינו אלהים אמת. — (אופן) משרתיו עומדים. — (זולת) אמונתך אמיתי. — (: יוצר אחר) איילת השחר. — (אופן) לך אלהים אלפי. —

יוצר לשבת וברית מילה : אפוני אימיו. — (אופן) אזורי אימה. —

לשבת ב׳ של חנוכה : אודך כי עניתני. — (אופן) יום הודו. — (זולת) אין מושיע. —

זולת לשבת ויהי בשלח : אתן תהילה. —

יוצר להפסקה : אור זרוע. — (יוצר אחר) אורות מאופל. — זולתות בין פסח לעצרת : אתה אלהים וזולתך. — אלהים אל דמי לך. — זולתך אדונים. —

לשבת שמזכירין את הגזירות קודם ר״ח אייר : אותך כל היום קוינו. — (זולת) אלהים באזנינו. —

זולת לגזירת י״ג בסיון : אין לנו אלהים עוד. —

זולת לגזירת ארפורטא כ״ה בסיון : זולתך אין אל צדיק. — זולת לגז׳ פורצהים כ׳ בתמוז כ׳ לפ״רט : אזכרה אלהים נגינתי. —

אופן לש׳ אלה הדברים : אף אורח משפטיך. — (זולת) אודה שמך. —

יוצר של נחמו : ארוממך אלהי. — (אופן) שאו מנחה. — (זולת) אמת משל. —

זולת לשבת אנכי אנכי : אני ראשון. —

יוצר לשבת תשובה : אלהי ישעינו. — (אופן) אור ישראל. — (: יוצר אחר) אור עולם. — (אופן) כי אם שם. — (זולת) אדני מעוז. — (זולת) אל לבבינו. —

יוצר לש׳ שבין עשור לסוכות : אליך תשוקתי. — (אופן) אופני הוד. —

יוצר לש׳ חה״מ של סוכות : את השם הנכבד. — ולתות : אזכרה מקדם. — אזכורך דודי. — אליך יי שיועתי.

.אנא השקיפה — .אזור נא קנאות — .אודך על כי נוראות —
— .אהבתיך —

La fin manque.

Vélin. Moy. XIIIe siècle. — (Oratoire 37.)

648.

Recueil de prières selon le rite de la synagogue allemande. Le commencement et la fin manquent. On y trouve les piyyoutîm suivants :

.איילת השחר (: יוצר אחר) — .לך אילים : אופן לשבת ור"ח
— .(זולת) אמונתך אמיתי — .(אופן) משרתיו עומדים —

— .אתן תהילה : זולת לויהי בשלח

— .אור זרוע : יוצר להפסקה

אזכורך — .אתה אלהים : סדר ולתות שבין פסח לעצרת
.אודך על כי — .אליך שיועתי — .אלהים אל דמי לך — .דודי
— .אנא השקיפה — .אף לפי בגולה — .אזור נא קנאות —
אותך כל — .(זולת לגזירה) אלהים באוזנינו [: זולתות]
.זולתך אדונים — .(לגזירה לה׳ בתמוז) אהבתיך אהבה — .היום
— .אלהים לך אל דמי — .(לדברי ירמיהו) אל אל חי ארנן —
— .אריות הדיחו

.(אופן) שאו מנחה — .ארוממך אל חי : יוצר לשבת דנחמו
(יוצר אחר) — .(יוצר אחר) אומץ דר — .(זולת) אמת משל —
— .(זולת) אסירי התקוה — .אשיחה בדברי — .ארנן חסרך
— .(זולת אחר) אומץ דהותי

.(אופן) כי אם שם אדיר — .אור עולם : יוצר לשבת שובה
— .(זולת) אל לבבינו —

(אופן) — .את השם הנכבד : יוצר לש׳ חה"מ של סוכות
— .(זולת) אזכרה מקדם — .אשנבי שחקים

.(אופן) מכון כסא — .אלהי ישעינו : יוצר אחר לש׳ שובה
— .(יוצר אחר) אדון המרומם — .(זולת) אהובה אני —
(זולת) — .(אופן אחר) אחד קדוש — .(אופן) אור ישראל
— .אדני מעוז

(יוצר אחר) אפוני — .אור תורה : יוצר לש׳ ברית מילה
(פיוט) שבח נותנים — .(יוצר אחר) אלה תולדות — .אימיו
— .(אופן אחר) קול דממה — .(אופן) אזורי אימה — .לי
— .(אופן אחר) יקר גודלו

— .(זולת) אות ברית — .ישראל חביבים

.שחרתיך — .יאבתי פצות — .אבי ראה : פיוטים קודם נשמת
(לאילו פינו) אילו — .אשחרה לעזרי — .אל חסדך אשכים —
— .שירה בים

המלך — .המלך שיר נדבות : פיוטים קודם המלך היושב
המלך — .המלך הוא לבדו — .המלך אל עליון — .אל נקמה
— .יוצר ארץ

Très-belle écriture carrée.

Vélin. Pet. XIIIe siècle. — (Sorbonne 258 *ter*.)

649.

Recueil de prières (מחזור) pour les fêtes de פסח, de שבועות et de סוכות, et pour quelques sabbats extraordinaires, d'après le rite de la synagogue allemande. Le commencement et la fin manquent. Ce recueil contient les piyyoutîm suivants :

(אופן) מלא — .שמעוני חכמי : יוצר לשבת שיני של חנוכה
— .(זולת) אין צור חלף — .כל הארץ

.(אופן) לבעל התפארת — .אל מתנשא : יוצר לפרשת שקלים
אז מאז — .אסירים כיצאו (קרובה) — .(זולת) אתה אהבת —
אומן — .אל נא מי יוכל — .ראשי על כל ראש — .ומותה
— .ידך תחיש — .אלה אזכרה — .בשומעו

.(אופן) אלפי ריבבותיך — .זכור את אשר עמלק : יוצר לפ׳ זכור
— .(שירה) אדון חסדך — .(זולת) אערוך לך ואצפה —
— .אצילי מריעי — .תמימים עודם — .(קדושתא) אזכיר סלה
יריאיו — .זכור אשר הגויע — .אץ קוצץ — .אל נא בלשון
— .בתום

תמימים — .אזרח בט חוץ — .ויאהב אומן : קרובץ לפורים
אמל — .אספרה אל חוק — .אותו מבהלה — .כישן ארץ
— .ורבך

.(אופן) ידודון כל חיילי — .אום אשר בך : יוצר לפ׳ אדומה
אל — .(קדושתא) אצולת אומן — .(זולת) אריות הדיחו —
— .(פזמון) אמרה סנונה — .אצורה ומפורשה — .נא אמרתי
— .יסוד טעם

— .(אופן) אופני הוד — .אות זה החודש : יוצר לפ׳ החדש
אל — .(קדושתא) אתיית עת — .(זולת) אמהות עת נכבשה
— .ימי חדות — .אדון מקדם — .אבי כל חוזה — .נא רבות

— .(זולת) אז כארסתה — .ארנן חסדך : יוצר לש׳ הגדול
.אמנה גדולה — .יצאת לישע — .אל נא כרם — .אלהים בצעדך
יין כי — .אלהי הרוחות — .(רשות לסדר) אבוא בחיל —
— .יתאדם

.ל"ש לשומר ישראל — .ליל שמורים אותו [: מעריב לפסח]
(לליל ז׳) — .אור יום הנף — .(לליל ב׳) ל"ש אור עולמו —
— .(לליל ח׳) ויושע אדון — .אמונים שיר — .ויושע יי אום

(לשמחת ת׳) — .אעניד לך הפארת : מעריב לשמיני עצרת
— .מה אהבתי מעון — .אומן בפני עצמו — .את יום השמיני

— .צאינה וראינה משכיל — .אור ישע [: יוצר לפסח]
— .על הרי בשמים — .אהבוך נפש — .(אופן) ראשו כתם
.אאגרה בני איש — .ארשה ארש — .בדעתו אביעה (: במוסף)
אפיק (: ליום ב׳) — .אלים ביום מחוסן — .תחת אילת עופר —
(זולת) — .(אופן) גן נעול איוה — .צאינה וראינה מלך — .רגן
אל — .(קדושתא) אסירים אשר בכושר — .אודך כי עניתני
.אהבוך אוהביך (: לשבת חה"מ) — .אז כל חייתו — .נא ערב
(זולת) אלה — .(אופן) דודי שליט — .צאינה וראינה שור —
— .(זולת) אי פתרום — .אתה הארתה [: ליום ז׳] — .וכאלה
.אשורי שמרת — .תרגלתה עמוסים — .(קדושתא) אותותיך אז
— .אילי הצדק — .אמרו לאלהים — .אל נא אדני —
.(קדושתא) אימת נוראותיך — .(יוצר ליום ח׳) ויושע שושני
— .אצולים מפרך — .איום ונורא — .תחבולות עש

אז — .(מעריב) אנכי אחת דבר : קרובוץ מן שבועות
(זולת) — .ואהיה שכונה — .(יוצר) אדון אמנני — .מראשון
— .מישרים כל — .(קדושתא) אורח חיים — .אנכי שמעת
(רשות לדברות) אציתו — .שעשוע יום יום — .שבויית מרום
.אתה הנחלת תורה — .אזהרת ראשית (: למוסף) — .למימרי
— .יום הבכורים — .(מעריב לליל ב׳) וירד אביר יעקב —
— .(יוצר) אות ומופת — .(נשמת) נשמת שבטי ישורון
— .(זולת) אור ישראל וקדושו — .(אופן) ועתה בנים
— .אל נא ארוממך — .תורה תמימה — .(קדושתא) אמרות יי

אמת — .וירד אביר לבאר — .אז מראשית — .יה ברידתו
יהגה. —
— .(יוצר) אאמיץ לנורא — .(מעריב) אוחזי בידם : סוכות
— .אל נא בל תהי — .אוימתי בחיל — .(זולת) אנא הושיעה נא
(מעריב לליל ב') — .אקחה בראשון — .(פזמון) אלים כהשעין
(קדושתא) ארחץ — .(יוצר) אכתיר זיר — .איומתך זאת
— .אמנם מצות — .אל נא בל תהי — .איווי סכת — .בנקיון
(קדושתא) אחות — .(יוצר ליום שמיני עצרת) אום כאישון
(למוסף) — .אדורי משבעים — .אל נא הטיבה — .אשר לך
.יפתח ארץ — .אקשטה כסל — .אפיק מען — .אף ברי אותה
(זולת) אז בקשוב — .(יוצר לשמחת תורה) אשמעה ברכה —
(רשות לחתן ת') — .ידידי עדת — .אתה הראת לדעת —
אשר — .(רשות לחתן בר') מקדים וראש — .מושך חסד ליודעיו
אשריך — .שישו ושמחו — .אשריכם ישראל — .בגלל אבות
— .(יוצר לשבת חה"מ) אמנם מפי מונה — .הר העברים
(יוצר אחר) את השם הנכבד — .(יוצר אחר) אור נכון
— .ישבחונך בכל מפלל : יוצר לש' בראשית
— .הושענות
נשמת שבטי — .אתה גוחי — .לבי ובשרי : פיוטים לנשמת
.ארוממך כי נשגב — .שפל רוח — .נשמת ידידים — .ישורון
יענו — .ואילו פינו מלא — .(לאילו פינו) הנשיג ערוך —
האל — .גדול אתה — .אלהי הרוחות (: לקדיש) — .חכמי לב
— .ינדל כוחך — .שבעה שחקים — .יחד קרבי — .העירה
.יחדיו לב — .עם אשר יה — .אראה לפני אלהים (: לברכו)
.פי אמלא — .אל דרכיו — .שיר ושבח — .שירו ליי נועם —
אשישת — .אל אדון אמתו — .אל אדון על (: לאל אדון) —
— .יחדו נא יחדו — .ואתה שדי לך (: אופנים) — .שלוחתו
— .יה אנא המצאו — .אופנים וחיות — .יום הודו וכבודו
— .שלשו קדוש

Vélin. Gr. XIVe siècle. — (Supplément 18.)

650.

Recueil de prières (מחזור) pour les fêtes de פסח et de שבועות, et les sabbats appelés ד' פרשיות, selon le rite de la synagogue allemande. Ce recueil contient les piyyoutîm suivants :

(זולת) — .שני זיתים — .אודך כי אנפת [: לשבת ור"ח]
— .אין צור חלף
(זולת) אתה אהבת — .אל מתנשא : יוצר לפרשת שקלים.
.אז ראיתה וספרתה — .אומן בשומעו — .אז מאז זמותה —
— .(שבעתא למוסף) אשכול אווי —
(זולת) אתה מלא — .זכור את אשר עשה : יוצר לשבת זכור
— .תמימים בעודם — .(קדושתא) אזכיר סלה — .רחמים
אלהים אל — .זכור איש אשר — .אץ קוצץ — .אצילי מרעי
— .דמי לך
.תמימים כרשו — .אזרח בט חוץ — .ויאהב אומן : לפורים
— .אמל ורבך — .אספרה אל חוק — .אותו מבהלת
(זולת) אשרי כל חוסי — .אום אשר בך : יוצר לפרשה פרה
אצילי — .אצורה ומפורשה — .(קדושתא) אצולת אומן — .בך
— .אין לשוחח — .עם גולה
(זולת) אל עושה — .אות זה החדש : יוצר לפרשת החדש

— .אבי כל חוזה — .(קדושתא) אתית עת דודים — .נפלאות
— .(שבעתא) ראשון אמצתה — .הוא נקרא ראש
.(זולת) אומרת אני מעשי — .אתי מלבנון : יוצר לשבת הגדול
— .אז רב נסים — .אז תשע מכות — .(קדושתא) אוני פטרי
— .אדיר דר
.ל"ש פסח אכלו — .(מעריב) ליל שמורים אותו [: לפסח]
צאינה וראינה — .(יוצר) אור ישע — .אזכרה שנת עולמים —
(זולת) — .(אופן) ראשו כתם — .שני שדייך — .הנך יפה
בדעתו (: למוסף) — .ברח דודי עד שתחפוץ — .אהבוך נפש
מעריב] — .אאגרה בני איש — .ארשה ארוש — .אביעה
אור יום — .ל"ש אדיר ונאה — .ל"ש אור ישראל [: לליל ב'
(אופן) — .(סילוק) צ"ור מלך — .(יוצר) אפיק רגן — .הנף
.ברח דודי אל מכון — .(זולת) אודך כי עניתני — .גן נעול אוה
— .אז על כל חיתו — .(קדושתא) אסירים אשר בכושר —
(לשבת וחה"מ) — .בעשר מכות פתרוסים — .אומץ גבורותיך
(אופן) — .(סילוק) צ"ור שור בעטרה — .אהוביך אהבוך
— .ברח דודי אל שאנן — .(זולת) אלה וכאלה — .דודי שליט
אימת — .(זולת) אי פתרוס — .(יוצר לויושע) ויושע שושני
מה מועיל — .איום ונורא — .תחבולות עש — .נוראותיך
(מעריב לליל ב') — .אומץ גבורותיך — .אצולים מפרך — .רשע
(יוצר) אתה — .מתי אבא — .אודה חסדו — .אורי וישעי
— .תרגלתה עמוסים — .(קדושתא) אותותיך אז — .הארתה
— .אילי הצדק — .אמרו לאלהים — .שבטי יה הוצאתם
— .חסדי יי אזכיר
(יוצר) אדון — .(מעריב) וירד אביר יעקב [: לשבועות]
— .(זולת) אנכי שמעת — .(אופן) ועתה בנים — .אמנני
— .שלמים בחנותם — .תמכו כבוד — .(קדושתא) אורח חיים
אלוף — .שעשוע יום יום — .שבוית מרום — .אם לא אמריך
(מעריב לליל ב') אלהים — .אתה הנחלתה (: למוסף) — .מסבל
.(יוצר) אילת אהבים — .אשא דעי — .אמן בריתו — .ביתה
(קדושתא) ארץ — .(זולת) אנכי גדול — .אורחות אראלים —
— .אזהרת ראשית (: מוסף) — .אנכי בשם אל שדי — .מטה
— .ארכין יי שמיא — .(רשות מר' נהוראי) אקדמות מלין

Vélin. Moy. XIIIe siècle. — (Sorbonne 88.)

651.

Recueil de prières (מחזור) pour la fête de שבועות, selon le rite de la synagogue allemande, renfermant les piyyoutîm suivants :

— .(אופן) ועתה בנים — .שעשו נחלמות — .אדון אמנני
שלמים — .תמכו כבוד — .אורח חיים — .(זולת) אנכי שמעת
שעשוע יום — .שבוית מרום — .אל נא אם לא — .בחנותם
(יוצר ליום ב') אות — .אזהרת ראשית — .אלוף מסבל — .יום
.תורה תמימה — .אמרות יי — .(זולת) אור ישראל — .ומופת
תורה — .יה ברדתו — .אל נא ארוממך — .אמיצי שחק —
— .אמת יהגה — .אז מראשית — .יונת אלם — .יי תמימה
— .וירד אביר לבאר

Le reste manque.

A la fin du volume se trouve l'acte de constitution de la communauté juive de la ville de Meliana. Cet acte est daté du 10 tebeth 5073 (1318 de J. C.), et signé par les chefs de la communauté, R. Isaac, fils de Juda Kohen, et R. Samuel.

Vélin. Pet. — (Supplément 133.)

652.

Recueil de prières (מחזור) pour les fêtes du mois de tischri, selon le rite de la synagogue allemande, renfermant les piyyoutîm suivants :

שיר הייחוד. —
יראתי — .כבודו איהל — .מלך אזור [: לראש השנה]
אבן — .תאלת זו בחפץ — .אתחיל יום פקודה — .בפצרוני
.אאפיד נזר — .אם אשר בצדק — .אדרת ממלכה — .חוג מצוק
— .לאל עורך דין — .אדירי איומה — .אתה הוא אלהינו —
אופד (: למוסף) — .והחיות בוערות — .מלך במשפט יעמיד
— .אומץ אדירי — .אף אורח משפטיך — .תפן במכון — .מאז
ועסך — .וחיות אשר הנה — .ונתנה תוקף — .מלך עליון
— .האוחז ביד — .תהלות כבודך — .ואתה אזון קול — .תלואים
(: יוצר ליום ב׳) — .אשא דיעי — .זכר תהלת — .אנסיכה מלכי
.אמרתך צרופה — .(קדושתא) אתיתי לחנך — .מלך אמון
שבתי — .אתן לפועלי צדק — .אדר והוד — .תמים פועלך
אשר מי — .כל שנאני שחק — .מלך עליון אמיץ — .וראה
— .אנוסה לעזרה — .אפחד במעשי — .אהללה אלהי — .יעשה
שומע — .יעלה תחנונינו — .כל נדרי : תפלת לערבית ליה״כ
סלח נא — .תמת צורים — .יי אלהי הצבאות — .תפלה עדיך
.כי הנה כחומר — .אמנם אשמנו — .אמנם כן יצר — .אשמות
— .קדוש אדיר — .(יוצר) אז ביום כפור — .אותך אדרוש
אנוש מה — .תאות נפש — .אמצתה עשור — .אימיך נשאתי
.אדר יקר אלי — .מורה חטאים — .איחדתה יום זה — .יוכה
— .אמרו לאלהים — .אך אתים — .אנא אלהים חיים —
מי — .אפסי ארץ — .על ישראל אמונתו — .מעשה אלהינו
— .האדרת והאמונה — .אין כמוך באדירי — .כמוך אדיר
אמונתך — .רוממו אדיר — .רוממו אל מלך — .גאמירך באימה
אין מספר — .אילי שחק — .הנקדש באלפי — .בעליונים
.תמיד תתלונן — .אל ברוב עצות — .מי יתנה תוקף — .לגדודי
— .האדיר בשמי עליות — .אליך תלויות — .אליך ועדיך —
.אנא השם הנכבד — .איך אשא ראש — .אפס מזיח [: סליחות]
.אשפוך שיחי — .תגרת יד — .אנא הואל — .אדון בפקדך —
— .אמנם אלהי עולם — .אך במתח — .יי אלהי רבת —
(פזמון) שופט כל — .אמונים בני — .אמנם אנחנו חטאנו
— .אדברה תחנונים — .(פזמון) שרי קדש היום — .הארץ
— .יום אשר אשמינו — .יום אמיץ זה — .אמרתי לפושעים
.אני אני המדבר — .אנא יי האל הגדול — .אהללך בקול רם
.שלש עשרה מדות — .ותיק וחסיד — .אני הוא השואל —
.צפה בבת — .יום מימים הוחס — .שושן עמק [: למוסף] —
.אל תזכור לנו — .אין ערוך אליך — .אשא דיעי למרחוק —
אתה — .אשר אימתיך — .מעשה אלהינו — .אך אין לנו —
.מי יערוך אליך — .אילי מרום — .אמצי שחקים — .ברחמיך
לך — .ואיזו תהלה — .האוחז ביד — .אז מלפני בראשית —
— .אל תעש עמנו — .תתן אחרית — .אמיץ כח — .יאדיר
אבל אנחנו — .אופל אלמנה — .אורך תוריח — .תאמר למחות
.אדון דין — .אבואה ואשתחוה — .תעלה תפלתינו — .חטאים
יום אתא לכפר — .גדול עוני — .יי שמעה — .אמונה אומן —
אנוסה — .מיכאל מימין — .איתן הכיר — .אדיר ונאור —
את הקול — .אלהים אל דמי לדמי — .אהבת עזו — .לעזרה
.אב ידעך (: נעילה) — .אלה אזכרה — .רועה ישראל — .קול
— .רועה ישראל — .אבן מעמסה — .אז לפנות ערב —
אנא הושיעה — .אאמיר אותך — .אכתיר זיר : לסכות
— .איווי סכת דוד — .תשורת שיי — .ארחץ בנקיון — .נא
(ליום ב׳) — .כי אקח מועד — .אמנם מצות — .אלים כהשעין
— .אקחה בראשון — .איימתי בחיל — .אאמיץ לנורא
— .שמיני אחד באחד — .(מעריב לליל ח׳) שמיני אותותיו
— .אום כאישון [: יוצר לש״ע] — .הושענות — .אודות באר המים
(יוצר לש״ת) — .אקשטה כסל — .אפיק מען — .אף ברי אתת
(אופן) אשריך — .אשריך ישראל — .אשרי העם שלו ככה
— .מרשות האל הגדול — .(זולת) אז בקשוב — .אום קדוש
.שישו וגילו — .אשר כגלל אבות — .מרשות אלהי האלהים
— .אגיל ואשמח —

Vélin, lettres ornées. Moy. XIIIe siècle. — (Ancien fonds 176.)

653.

1° Recueil de prières (מחזור) pour les fêtes du mois de tischri, selon le rite de la synagogue allemande, renfermant les piyyoutîm suivants :

(קדושתא) — .(אופן) כבודו איהל — .מלך אזור : יוצר לר״ה
— .אדרת ממלכה — .אבן חוג — .תאלת זו — .אתחיל יום
מלך במשפט — .לאל עורך דין — .אדירי איומה — .אאפיד נזר
.אף ארח — .תיפן במכון — .אופד מאז (: למוסף) — .יעמיד
— .ונתנה תוקף — .מלך עליון אל דר — .אומץ אדירי —
זכר — .אנסיכה מלכי — .האוחז ביד — .וחיות אשר הנה
(קדושתא) — .מלך אמון (: ליום ב׳) — .אשא דיעי — .תחילת
שולחתי — .תמים פעלך — .אמרתך צרופה — .אתיתי לחננך
— .שבתי וראה — .אתן לפועלי — .אדר והוד — .במלאכות
— .אשר מי יעשה — .כל שנאני שחק — .מלך עליון אמיץ
— .אנוסה לעזרה — .אפחד במעשי — .אהללה אלהי (: למוסף)
.יי אלהי הצבאות — .יעלה תחנונינו — .כל נדרי [ליה״כ]
תומת — .אל לבבם — .סלח נא אשמות — .אמנם אשמינו —
.אז ביום כיפור (: יוצר מיה״כ) — .אותך אדרוש — .צורים
תאות — .אמצתה עשור — .אימיך נשאתי — .קדוש אדיר —
.אדר יקר אלי — .מורה חטאים — .איחדתה יום זה — .נפש
— .אמרו לאלהים — .אך אתים בחין — .אנא אלהים חיים —
אפסי — .על ישראל אמונתו — .אשר אומץ — .מעשה אלהינו
.מי יתנה תוקף — .אין מספר לגדודי — .אילי שחק — .ארץ
— .אליך ועדיך — .תמיד תתלונן — .אל ברוב עצות —
תעלה — .אמנם אנחנו — .אנא הואל — .האדיר בשמי עליות
(sur la יי אלהי רבת — .אמונים בני מאמינים — .תפילתינו
marge). — (sur la אל עבדיך הימצא — .אדון בפוקדך
marge). — כלנו — .אדברה תחנונים — .שופט כל הארץ
אהללך — .יום אשר אשמינו — .אמרתי לפושעים — .יחד
— .יום מימים הוחס — .שושן עמק (: למוסף) — .בקול רם
אנא — .אין ערוך אליך — .אשא רעי — .צפה בבת תמותה
.אתה ברחמיך — (sur la marge). אך אין לנו אלוה — .אזון
מי — .אילי מרום — .אמיצי שחקים — .אשר אימתך —
(Un — .האוחז ביד — .אז מלפני בראשית — .יערוך אליך
feuillet, intercalé après coup au milieu de ce piyyout,

contient les pièces suivantes : — .איזו תהילה — .לך יאדיר
איך — .אמיץ כח — .(האומרים אחד — .האחד באולמו
אשפוך — .אפס מזיח — .אבל אנחנו חטאים — .אשא ראש
את הברית ואת — .אנוש רימה — .אזכרה אלהים — .שיחי
אדיר — .יום אתא לכפר — .גדול עוני — .יי שמעה — .החסד
.אדר בתואר — .אראילים בשם תם — .איתן הכיר — .ונאור
.אב ידעך (: לנעילה) — .מיכאל מימין — .אתה אל רחום —
— .אבן מעמסה — .אז לפנות ערב —

— .(אופן) אאמיר אותך — .אכתיר זיר : יוצר לסוכות
.עד לא מצוקי — .אוימתי בחיל — .(זולת) אנא הושיעה נא
— .וחיות ארבע — .אז היתה חניית — .אקחה פרי עץ —
— .תשורת שיי — .ארחץ בנקיון — .(ליום ב׳) אאמיץ לנורא
אמנם — .אלים כהשעין — .בל תהי מצות — .איווי סוכת
— .אום כאישון (: לשמיני עצרת) — .כי אקח מועד — .מצות
אפיק — .אף ברי אותת (: למוסף) — .(אופן) אמונים אשר
— .אשרי העם שלו ככה (: לש״ת) — .אקשטה כסל — .מען
.מרשות האל הגדול — אשריך אום קדוש — .אשריך ישראל
שישו — .התקבצו מלאכים — .מרשות אלהי האלהים —
אדיר — .יי מלך נתגאה [: מעריב] — .הושענות — .וגילו
— .אהל אפדנו — .במרום

Plusieurs de ces piyyoutîm sont accompagnés de gloses ajoutées après coup sur la marge.

2° (Fol. 144.) Recueil de prières et d'hymnes selon le rite de la synagogue allemande. Écriture différente de celle du recueil précédent. Il renferme les piyyoutîm suivants :

.אך במתה — .אהון כתקח — .יי אלהי הצבאות [: סליחות]
— .אוילי המתעה — .אל באפך פן תמעיט — .אך בך לדל —
— .אורך ואמיתך — .ארון דין אם ידוקדק — .אל נא תייסר
.ירצה צום עמך — .אלהים אל דמי לך — .יי אלהי רבת צררוני
— .זכור ברית אברהם — .נקום בת בית — .אלה אזכרה —
אני הוא — .תיגרת יד אסוף — .אנא חטא — .תפלה תקח
— .אלהי העברים נקרא — .אני אני הוא המדבר — .השואל
אפסו — .אכפרה פני מלך — .מפלטי אלי צורי — .אני עבדך
אהבת — .אמנם אלהי עולם — .אריאל כהיותו — .אישים
— .אמונת אומן — .ותיק וחסיד — .משאת כפי — .עזו
— .לך יי הצדקה — .אבואה ואשתחוה

— .שיר הייחוד

— .(אהבה) שני זתים — .אודך כי אנפת [: יוצר לשבת]
(אופן) — .אודך כי עניתני (: יוצר אחר) — .אין צור חלף
— .אומצו כתופף

— .(אופן) כי אם שם — .אור עולם : יוצר לשבת תשובה
— .(זולת) אל אלהינו נשוב

.אשריך ישראל — .אשרי העם שלו ככה : יוצר לשמחת תורה
(זולת) — .ועתה בנים — .איילת אהבים — .אז בקשוב —
— .אנכי גדול בנועדים

(זולת) אי — .אתה הארתה : יוצר ליום ח׳ של פסח
— .פתרום

— .אומרת אני מעשיי : זולת של שבת הגדול

שביעי אמר — .אור לשביעי : מעריב ליל ז׳ של פסח
— .לרדוף

— .שמיני אומץ — .את יום השמיני : לליל שמחת תורה
.שמיני אחד באחד — .שמיני אותותיו : מעריב לליל שמיני
— .אודות באר המים

— .אוחזי בידם : לליל א׳ של סוכות

אדברה — .סוכה אזכירה — .חג האסיף : מעריב ליל שיני
— .ואעירה

— .אין מושיע ונואל : זולת לשבת ב׳ של חנוכה

— .(ליה״כ) שרי קודש היום

Vélin. Moy. XIIIe siècle. — (Sorbonne 168.)

654.

La Hagada ou rituel de la fête de Pâques. Immédiatement après le grand הלל se trouvent les deux chants suivants : — .פסח מצרים אסירים — .מבית און שבת מדוני

Très-belle écriture carrée du type germanique.

Vélin, lettres ornées. Pet. XIIIe siècle. — (Sorbonne 189.)

655.

1° Recueil de lamentations (קינות), formant le rituel du 9 ab, anniversaire de la destruction de Jérusalem; d'après le rite de la synagogue allemande. Le commencement manque.

— .עד אנה בכייה בציון — .על אלה ועל אלה אני בוכייה
איכה — .אאדה עד חוג — .שבת סורו מני — .אאביך ביום מבך
הלילו הה — .איכה אשפוט — .איכה אצתה — .ישבה חבצלת
אחור — .אהלי אשר תאבת — .אם תאכלנה נשים — .ליום
.איך תנחמוני — .זכור אשר עש — .איכה אומר כורת — .וקדם
הטה אלהי — .לך יי הצדקה באותות — .אתה אמרת היטב —
.אז במלאת ספק — .איכה תפארתי — .אבל אעורר — .אזנך
.מי יתן ראשי מים — .אמרתי שעו מני — .אז בהלוך ירמיהו —
— .מעוני שמים — .אתאונן ואקונן — .יבכיון מר מלאכי —
— .בליל זה יבכיון — .שכורת לא מיין — .ואת נוי חטאתי
— .ציון הלא תשאלי — .אצבעותיי שפלו — .אש תוקד בקרבי

2° (Fol. 37.) איסור והיתר של הרב ר׳ יצחק מדורא «Traité sur ce qui est licite et illicite», par R. Isaac, de Düren.

Vélin. Pet. XIVe siècle. — (Ancien fonds 182.)

656.

Recueil de prières (מחזור) pour les fêtes de ראש השנה et de יום הכפורים, selon le rite de quelques communautés de l'Afrique occidentale. (Voyez sur ce ms. «Zeitschrift für wissenschaftliche Theologie», du docteur Geiger, tome V.) Ce recueil renferme les piyyoutîm suivants :

(פזמון) — .אלהים נצב בעדת אל : אזהרות לשבת לפני ר״ה
— .אסיר תקוה

— .אחות קטנה : סליחה לערב ר״ה

(מחרך) אלהי — .יעלה ויבא אצלך : רשות ליום א׳ של ר״ה
.(נשמת) נשמת ידידי עליון — .(מחרך) רעה בשבטך — .בשם
— .(יוצר) אסיר משחר — .(קדיש) יה שמך ארוממך —

.(פזמון) יה למתי צפנת — .(מסתנאב) אבל אשמים — .בלשוני — .(פומון) יחיד אלהי אמן — .(סליחה) יום אעטוף — .(תוכחה) מזמרת שירתי — .(סליחה) מקור עיני על עוני — .(סלוק) אדיר אשר מעולם — .יה ,שעה שופכי שיחה (סליחה) — .(פומון) יה שעה שועת — .(פזמון) יה אשר אשפוך (סליחה) יצו האל — .(פזמון) אנא בקראנו — .שני חיי ומאויי (כרוג) כחנבים — .(מגן) אדון היושב (: לנעילה) — .לדל .(כרזג) ענך בחמלתו — .(מחיה) בבכי יונת אלם — .נחשבו (סליחה) — .(פזמון) ידידיך מאמש — .(משלש) אילי הצדק — (פזמון) — .(סלוק) אנשי חסד הנושאים — .מצעק מעלות (פזמון) ירך פשוט — .(פזמון) אחרית ותקוה — .בנשף קדמתי (מסתגאב) אזכיר — .(פזמון) המבדיל בין קדש — .ופתחה קצות. —

Vélin. Pet. xive siècle. — (Supplément 13.)

657.

Recueil de prières (סליחות) d'après le rite des juifs de Fez. Ce rituel renferme les prières suivantes :

(פזמון) שחר קמתי — .(פזמון) לך יי הצדקה : מעמד ליל א׳ (פזמון) בזכרי על — .(פזמון) מה רבו פלאיך — .וגם נכלמתי — .(סליחה) משאת שיר — .(פזמון) קדמנו בנשף — .משכבי — .(מסתגאב) אותה נפשי — .(סליחה) יום לאל צמאתי — .(בקשה) יי נגדך — .(תוכחה) ישיני לב

(פזמון) יחידה — .(פזמון) אף רוחי בקרבי : מעמד ליל ב׳ .(פזמון) לך תאות תהלה — .(פזמון) ידעתי אלהי — .ממסגרות — .(סליחה) ישנו נדיבים — .(פזמון) כמפעלי צור — — .(תוכחה) שוכני בתי חומר — .(מסתגאב) און זרענו — .(בקשה) אלהי אל תדינני

(פזמון) אדוני — .(פזמון) ישן אל תרדם : מעמד ליל ג׳ (פזמון) אנא יי אלהי — .(פזמון) הנה כעיני עבד — .האדונים (סליהה) אל נקרא — .(פזמון) שקדתי על דלתי — .הרוחות — .(בקשה) שמע קולי — .(תוכחה) שוממתי ברב — .בשם (פזמון) סמר — .(פזמון) אל מרום תמים : מעמד ליל ד׳ — .(פזמון) נורא מכל ואיום — .(פזמון) אביוני אדם — .גבי אמיץ — .(סליחה) יה צדקו רם — .(פזמון) יעזוב רשע נתיבו (בקשה) אמרי — .(תוכחה) שוכנים בטח — .אשר לו האזינה. —

.(פזמון) למען הפרנו — .(פזמון) צור יעקוב : מעמד ליל ה׳ — .(פזמון) יה שימה פריום — .(פזמון) שלומי עליון — (תוכחה) אין — .אנושים וענושים — .(פזמון) יי מה אדם — .(בקשה) אשר לו עוז — .מלה בלשוני

(פזמון) אסיר — .(פזמון) אנא יי רחמיך : מעמד ליל ו׳ — .(פזמון) ממרום לבן — .(סליחה) אלהא רבא — .מעל — .(סליחה) שולמית בלי תרמית — .(סליחה) יה כל לספר — .(מסתגאב) אחזתני היום — .(מסתגאב) מחסי לשחר — .(מסתגאב) שדי השוכן — .(מסתגאב) אלהים אודה שמך (בקשה) — .אדיר נוטה שחקים — .(תוכחה) יגדל נא חסדך בחסדך יה עון. —

.(פזמון) ינעם מהלל — .(פזמון) אל דמעתי : מעמד ליל ז׳ — .(פזמון) החרשים שמעו — .(פזמון) ימינך נושא עוני — .(מסתגאב) אליך את נפשי — .(מסתגאב) לא אבטח בקשתי .אלהי מעשיו — .(מאורה) אל אל גדול — .(אופן) ידי רשים (כרוג) יחזו — .(פזמין) יעלו לאלף — .(מגן) אתה כוננת — .(כרוג) ישראל להשית — .(מחיה) מגדל עוז שם יי — .פנימו — .(סלוק) יראי יי הללוהו — .(משלש) למשפט כונן —

— .(מחרך) מי יתנני עבד — .אשחרך שחר : רשות ליום כ׳ (זולת) — .(יוצר) יום זה ארוממך — .(נשמת) נשמת יראיך (מגן) אב — .(רשות למגן) וארץ אתנפל — .שב מן הפסילים — .(כרוג) יאזין צורי — .(פזמון) יחיד אלהי אמן — .המון גוים (משלש) אהוב — .(כרוג) יחיה צבאיו — .(מחיה) איתן אוהבך .(סלזק) יקר תפארת — .מלאכי צבא — .אדירי ישורון — .מבטן — .(פזמון) קול שופר הדרור —

(פזמון) ירב — .אדברה ברשיון : אזהרות לשבת שלפני י״כ גדולתי. —

משתחוים — .יעשה תבואה ופרי (: סליחות) : ליל יה״כ (סליחה) דלתיך — .(מסתגאב) יי הקשיבה — .להדרת קדש — .(סליחה) זבחי אלהים — .הלילה

(נשמת) נשמת אסירי — .אעירה שחר : רשות לנשמת — .(יוצר) אלהים אל מאז — .(מסתגאב) ברכי אצולה — .עונות (זולת) — .(אופן) התעוררו תמהים — .(יוצר) אלהי אחפש — .(מגן) אמוניו נוצר — .(רשות) וארץ אכף — .יקר חסדך (מחיה) אבן — .(כרוג) יושיע צופים — .(פזמון) יענה כבוד (כרוג) יעזורני — .(פזמון) יום צרו צעדי — .שתיה בקדש .(פזמון) יום צעקו — .(משלש) תם אהל צדק — .צדקות — .(פזמון) מדמי הלבבות — .(קיקלר) ייקר הגות — .שבים .מה אמונה — .החרשים שמעו — .(עסתריוטא) את חטאי נכח .(פזמון) מה רבו פלאיך — .רבו יתרי — .(פזמון) יום עירום — .(פזמון) בשומך אין לאבני — .(מסתגאב) מעשיך אין ערוך — .(פזמון) לידך בני עולם — .כלם יצורי חומר — .יי אבי עד — יוסד — .בחכמתך אורת — .בחכמה יסדת — .אדר יקריו — (פזמון) — .(מסתגאב) עשית ארבעה ארגים — .ארץ גבנונים .(מסתגאב) או כסאך טרם — .מלאה ימינך — .לך תאות תהלה — .(פזמון) מלאה הארץ — .(מסתגאב) הארץ אדניה — .(סלוק) אתה אל מסתתר — .בני עליון בגבהי — .קניניך יודו — .(סליחה) עת שערי רצון — .(פזמון) יד תתיר לבן — (סליחה) — .(פזמון) ימי הבלי — .(תוכחה) התבוננו ונדעה — .(פזמון ליוצר) שופט כל הארץ — .בלבב בר מאד (כרוג) ישעך — .יוספים שנית — .(מגן למוסף) יונה שוכבת — .(פזמון) אלהים מה טובו — .(מחיה) אבני קדש — .הלבש (תוכחה) — .(משלש) תמימי אורח — .(כרוג) יקח צפצוף אמנם — .אנא אדון עולם — .אז תמים בנאמני — .מאד חלתי — .אודך יושב תהלות — .אתה מושל בגאות — .כי דברך (פזמון) יספת — .על יוצרי ישעי — .(פזמון) מוסר מכיל (עסתריוטא) יחיד — .(מסתנאב) נוראות אז מני — .אלהים .ונפשי ימיה — .נפלאים אמיץ — .נפלאת אל ראשון — .המתיך — .(סלוק) יי אלהי אין ערוך — .(פזמון) יתרת כל — (רשות אחר) ארוממך — .(רשות לס׳ עבודה) אצור לספור .(פזמון) אשרי עין — .(ס׳ עבודה) אל אל אשא דעי — .חזקי — .(פזמון) אל מעמדי שבתי — .(רהוטה) אזנך הטה — .(תוכחה) שוכני בתי חומר — .(פזמון) ידענו אלהים עונותינו — .(מגן) אשלש תפלות — (סליחה) חרדים לבית תפלתם (כרוג) קדש — .(מחיה) מפרי שפתיו — .(כרוג) ישע יעטרהו (תוכחה) אין מלה — .(משלש) אתיתי מתחנן — .תפארתנו

(בקשה) אלהי — .אמרה גולה — .(תוכחה) אבי עבור —
מלטה. —

.(פזמון) יחיד מועד — .(פזמון) יום צדו צעדי : מעמד ליל ח׳
(סליחה) — .(פזמון) שמע עליון — .(פזמון) יום להטיב —
(מסתגאב) צדק — .(סליחה) כל מעשה יי — .יצו האל לדל
.(תוכחה) בהפק הזמן — .(מסתנאב) אמיץ נוזר — .ומשפט
— .(בקשה) ברחמיך אלהי — .שוכן עד מאז —

(פזמון) עת — .(פזמון) יום לריב תעמוד : מעמד ליל ט׳
(פזמון) יום בעד — .(פזמון) אל עליון שעה — .שערי רצון
.(סליחה) יעירוני רעיוני — .(סליחה) למקדים למכה — .יוצרי
— .(תוכחה) איך תמו מאויי — .(מסתגאב) יחיד לבקש —
— .(בקשה) אחלה נא פני האל — .(מסתגאב) אתה אדון

.(פזמון) אשר לו ים — .(פזמון) יום בדינך : מעמד ליל י׳
.(סליחה) עת שערי רצון — .(פזמון) יום גשתי להללך —
אוילים — .(פזמון) אל חי בכל — .(סליחה) מי יסד שמי —
— .(בקשה) ארומם אל — .מדרך

.(פזמון) יה הדרש — .(פזמון) יום אעמוד : מעמד ליל י״א
— .(סליחה) אעירה שנת עיני — .(סליחה) שני חיי —
(תוכחה) — .(מסתגאב) אדיר נוטה עליות — .(סליחה) בלב חרד
— .(בקשה) שעריך בדפקי — .מאד חלתי

(פזמון) ירצה — .(פזמון) קול יעקב יקרא : מעמד ליל י״ב
.(פזמון) כלבב בר — .(פזמון) יום באתי ליחדך — .עם חרדו
(סליחה) — .(סליחה) מקור עיני — .(פזמון) דאגתי מעוני —
.(תוכחה) נפשי אל צור — .שובו אל אביכם — .יצרי ראשיה
— .(בקשה) ששוני רב בך —

(סליחה) עמקו — .(פזמון) יה איום זכור : מעמד ליל י״ג
(סליחה) בת איומה — .(סליחה) אליך אלכה — .מחשבותיך
.(מסתגאב) אדמות ותהומות — .(סליחה) זמן הבלי — .כחמה
(בקשה) — .מי כמוך יחיד — .(תוכחה) יחידה עקבך —
— .יחידה שחרי

(פזמון) האל — .(פזמון) יה שמע משמיך : מעמד ליל י״ד
.(פזמון) קול שופר הדרור — .(פזמון) ירצה צור — .התולה
— .(פזמון) חסדיך הגבר — .(פזמון) חרדים לבית תפלתם —
.(בקשה) טרם היותי — .(תוכחה) שכחי יגונך — .אסורה בגלות
— .(בקשה) שואף כמו עבד —

(פזמון) יבואונו — .(פזמון) יוצר מרומות : מעמד ליל ט״ו
— .(פזמון) יוסד האדמה — .(פזמון) יגלה צור — .חסדיך
(סליחה) — .(סליחה) בליל על משכבי — .(פזמון) מלאך שמך
(תוכחה) אם לא — .אל אלהי נפשי — .אשר נטה שחקים
— .(בקשה) לקראת מקור — .(בקשה) שאי עין — .תדעי

(פזמון) שני — .(פזמון) ידידים לבת אל : לשבת וצום כפור
(רשות לעבודה) — .(פזמון) לא בקשתי אל — .ימים מקוימים
— .ארוממך חזקי

(פזמון) זהב — .(פזמון) ירצה עם אביון : מעמד קודם ר״ה
— .(סליחה) יד תתיר לבן — .(פזמון) שעה שועתי — .אופיר
— .(תוכחה) שטר עלי בעדים — .(מסתגאב) זועק בקראו
— .(בקשה) סלח בוראי — .אשפוך כים

— .(פזמון) שלח מלאך מליץ : מעמד לערביה ליל כפור
— .(פזמון) אבינו אל ארך אפים — .(פזמון) דלתיך הלילה
(פזמון) אנא — .אריד בשיחי — .(פזמון) אל חסדך ייחלנו
— .בקראנו

— .(פזמון) בעשור לחדש : מעמד יה״כ קודם שחרית
(פזמון) — .(פזמון) מכל טמאותיכם — .(פזמון) יום זה למרום
(סליחה) — .(סליחה) משתחוים להדרת קדש — .בליל עשור
(סליחה) — .(סליחה) יה שועת מתענה — .יום לעמוד לפניך
— .אפיל תחנתי — .(סליחה) יעשה תבואה — .זכות אבותי
(פזמון) יה צורי אור — .אדירי איומה — .בטרם שחקים
.(פזמון) יה שמך ארוממך — .(בקשה) שחי לאל יחידת — .נירי
(פזמון) אל אדון — .(מסתגאב לברכו) ברכי אצולה מרוח —
— .(סליחה) חרדו רעיוני — .יוצר רוח

(פזמון) היום — .שחר קמתי להודות : מעמד לשחרית
(סליחה) מרעיד פני — .(פזמון) שופט כל הארץ — .תישע
(סליחה) יענה כבוד — .(סליחה) יום צעקו שבים — .מורו
— .אבות

(פזמון) שמם — .(פזמון) נאור מקור חיים : מעמד למוסף
.(פזמון) אל מעמדי שבתי — .(פזמון) יה להלל — .הר ציון
והוא ידין — .(סליחה) ידי רשים — .(פזמון) יערב לפניך —
אחרי שובי — .(תוכחה) שעה קולי בהתעטפי — .לאמים
— .(סליחה) יוספים שנית — .נחמתי

.יחיד אלהי אמן — .(פזמון) קראתי מצרה : מעמד למנחה
(תוכחה) אימות — .אסיר בכלוא — .רצה רנת מתודים —
— .אומר ועושה — .עלי נפלו

(פזמון) אחרית — .(פזמון) בנשף קדמתי : מעמד לנעילה
(פזמון) — .יום משכני בחבלי — .יום אקרא בקול — .ותקוה
(לערבית) ידעו — (תוכחה) מצעק מעלות — .ידידיך מאמש
— .הבנים

— .אליך יי נשאתי : בקשה
— .המלך יי רום : פזמון עלי אלשופר
— .הושענות

Le ms. a été exécuté en 1401, dans la ville de Fez.

Vélin. Pet. — (Supplément 68.)

658.

Recueil de trois cent trois piyyoutim pour l'office de certains sabbats et des fêtes de פסח, de שבועות et de סוכות, d'après le rite de quelques communautés de l'Afrique occidentale :

— .(מחרך) כל הנפשים — .לך שדי : רשות לשבת חנוכה
(מאורה) — .(יוצר) אזכרה שש חנוכות — .(קדיש) יחדו נאמני
(זולה) אז — .(גאולה) אם קטי לחרדתי — .ימי נסים נגרך
— .בקום הצר

— .(מגן) יונה בצלמון — .ירך תחיש : זולת לפרשת שקלים
(פזמון) — .(מחיה) ירך נשאת לעם — .(פזמון) ירד צוה אז
(פזמון) זבוד — .(משלש) זיו כבודך תמוץ — .יוסיף לקנות
(סלוק) כי אתה יוצר — .(פזמון) ימי פרישה — .יה זבד
— .נגוהים

(מחרך) תרומה — .דורשי ומצילי : רשות לפרשת זכור
.(יוצר) אנגי הנותן — .(נשמת) ידועי חליים — .הרמנו
— .(מאורה) זכרון לדור אחרון — .(מאורה) איומה נאוה —
אדון — .(זולת) אגגי בהתנכלו — .(אהבה) ישרה מעגלי
— .(פזמון) יעץ הצר — .(מגן) את מלחמות יי — .חסדך
(פזמון) — .(משלש) לוכד חכמים — .(מחיה) מכנף הארץ
— .(סלוק) אמר אויב — .יאמר נא ישראל

— .(מאורה) יעלת חן עזרי — .(מאורה) ירוחם בך יתום
— .(אהבה) הידעתם ידידי — .(מאורה) אשא כנפי רעיוני
(זולת) אומץ — .(אהבה) מה תספרו — .(אהבה) יפה נוף
— .(זולת) אז ישיר ינון — .(זולת) ישועות אל — .דתותי
.(גאלה) יום ליבשה — .אותות ניחומים — .(גאלה) איה גואלנו
(רשות ליום ח׳) שירים — .(לשים שלום) אתן לכם המוני —
— .(קדיש) אכין כסאי — .(מחרך) כל עצמותי — .יקרים
— .(אופן) אל אל בני אלים — .(קדיש) אודה לאל לבש
(אהבה) — .(אהבה) אי גבורתך — .(מאורה) לו אור קדושי
(זולת) אחר — .(אהבה) ימי קדם לבן רודם — .יביא לחדרו
(לשים שלום) שם — .(גאולה) ימין עוזך — .עשר מסעות
— .משניות לפסח — .אלי מנת

.(רשות) יעירוני בשמך — .יום מעמד סיני : רשות לשבועות
— .(נשמת) נש׳ יחידים זרע — .(מחרך) דת אלהים צלך —
(ברכו) — .(קדיש) שבעה שחקים — .(קדיש) יי אלהי גדלת
(אופן) — .(יוצר) את עזו אלהותך — .שם אלהי הצבאות
(מאורה) השכל — .(אופן) יה אנא אמצאך — .אבות קדושים
(אהבה) — .(אהבה) אל ברתך — .(מאורה) צורי עון — .והדת
(אהבה) אל — .(אהבה) זהב זהב ישבו — .נודע בכל המון
.(זולת) יודעי יגוני — .(זולת) יושב קדם סלה — .יגלה לעיני
— .(רשות לאזהרות) אמון יום זה — .(גאלה) יקוש בעניו —
(אזהרות) שמור — .(רשות למצות עשה) שולמית שחרחרת
(פזמון) יום יצאה — .(פזמון) שוכן עד נאלנו — .לבי
— .כלת

— .(רשות) יורד עלי — .ישיבוני סעיפי : רשות ליום ב׳
— .(נשמת) נשמת יונה השוחרת — .(מחרך) לך להודות
(יוצר) — .(ברכו) נעים שמך — .(נשמת) נש׳ ישורון מטיף
— .(אופן) אדון בעוזו — .(אופן) לך יעריצון — .ישוב לאחור
(אהבה) ירשו — .(אהבה) אם תאהב — .(מאורה) אז מפרך
— .(זולת) יהירים הורי — .(אהבה) ישרו בעיני — .למוער
.(אופן) בצר מנוסי — .כל עצמותי — .(זולת) אבא בגבורות
(רשות למצות) — .(גאולה) יוני גאיות — (מאורה) שור צורי
— .(מצות לא תעשה) בצל שרי אחסה — .אמת עלי לספר
משניות — .(פזמון) מראש לבנים — .(פזמון) יודע מכאובנו
— .לשבועות

— .אורה אתכם ביד אל — אזהרות לשבת קודם סוכות
— .(פזמון) בשרה אל עליון

— .(רשות) יצר בך סמוך — .יצב גבול : רשות לסוכות
— .(נשמת) נש׳ ידידים פליטת — .(מחרך) אורה לשם באפי
(קדיש) הבוחר — .(יוצר) אגילה באלהי — .(קדיש) יחר קרבי
.(אופן) יה בפי קדושים — .(ברכו) שאלוני בליל — .בשירי
— .(אהבה) חופף עלינו — .(מאורה) רם אשר מרומו —
(גאולה) — .(זולה) יום נחית גאולים — .(אהבה) אחרי עושי
— .רחמי ידיד

.(מחרך) אל חי בקרבי — .יה למתי בבית : רשות ליום כ׳
— .(קדיש) בת נדיב חכי — .(נשמת) נש׳ ישורון החוגג —
(אהבה) — .(אהבה) אודה יה ולשמו — .(קדיש) שעה ניב דל
(סלוק) אין — .(גאולה) צור המקורא — .יונה מה תהגי
— .קדוש כי״י

.(מחרך) כשם אל חי הגיון — .ידועת אמונות : רשות לש״ע
— .(נשמת) נש׳ שוכני שבי — .(נשמת) נש׳ מחנות —
(אופן) — .(יוצר) אמונים מעוטרים — .(קדיש) האל העירה

(אחרת) על אודות ימי — .יסוד הכל : פתיחה לקריאת מגלה
— .(אחר) זכר פורים — .(פזמון) קוראי מגלה — .הפורים
— .(פזמון) שירו לאל

(הבדלה) — .יום פוריא יומא — .שיר אהבה חדש : לפורים
— .(תחנה לתענית פורים) יי אלהי תשועתי — .מתי יבא עת
(פזמון) — .(פזמון) יתר שאת — .(פזמון) היום יום בשורה
— .(פזמון) זרש יום במר — .השב על כנם

— .(מגן) בוחן לבבות — .יסוד טעם : זולת לפרשת פרה
— .(מחיה) בנים מבית עבדים — .(פזמון) בני אל עליון
(רהוטה) — .(משלש) בסוד אלהים — .(פזמון) בן פורת שקוייו
(סל׳ אחר) — .(סלוק) אל נערץ בסוד קרושים — .יום לך רעיוני
— .אין לשוחח עוצב

(יוצר) אמונים — .נש׳ ותיקי עמים : נשמת לפר׳ החרש
.(מאורה) יזכרו פלאך — .(אופן) אדיר אשר נעלה — .עת עלו
— .(מגן) ירח למועדים — .(זולת) ימי חדות מעוזכם —
(פזמון) — .(מחיה) יצאת לישע — .(פזמון) יה אור מסות
.(פזמון) יוצק יום יום — .(משלש) יוסיף ידו — .יודעי דעת
— .(סלוק) כי אתה אל עולם —

(פזמון) — .אמרת יי צרופה : אוהרות לשבת קודם פסח
— .זמרה עם נכאה

(רשות) — .ל״ש אכלו פחוזים — .ליל שמורים אותו : לפסח
(רשות) אכסוף — .(רשות) שלום לבן דודי — .יונה מעונה
.(רשות) שוכנת בשדה — .(רשות) שרש בנו ישי — .לימים
(נשמת) — .(מחרך) כיום ולחי — .(מחרך) יקרו נסיך —
(קדיש) יושב — .(יוצר) ארוממך בקהל עם — .נשמת חונני
— .(אופן) יענה את מהלל — .(אופן) יקרו להלל — .על כסא
(אהבה) — .(מאורה) יחיד מרומם — .(מאורה) את מחזה הוד
.(זולת) אזי בהגלותך — .(אהבה) יה למיחלים — .יונה נכספה
— .(מי כמוך) מי אשש בלתך — .(גאולה) יום פדותי —
— .(מחיה) שלח רוחך — .(מגן) שזופת שמש (: מוסף)
יה — .(פזמון) מבטח כל היצור — .(סדר הטל) בטל אצור
(לשים שלום) קוראים — .(פזמון) יום הפילי — .מראשיתך
(רשות) ידעתיך — .(לשים שלום) שלום לעיר יי — .כלבב
— .(רשות) יכילון עצמך — .(רשות) יקרה תהלתך — .בשם
מתנשא — .(נשמת) נש׳ ישראל עמך — .(מחרך) אפס בלתך
.(מאורה) אסירת צרים — .(אופן) יחיד מקדם — .מי יעשה
— .(מאורה) שמעי בת וראי — .(מאורה) יושבת חשך —
(אהבה) — .(אהבה) כמה גדרת — .(אהבה) אל אל וטובו
(גאולה) יה קום — .(זולת) יום נפלא בן עמרם — .מי יתנני
(רשות) שער — .(רשות לשבת חה״מ) שחר אבקשך — .וגלה
.(רשות) יבש בעוצר — .(רשות) שכחי ענותך — .אשר נסגר
יושבת — .(אופן) יה שכינתך — .(מחרך) שובי נפשי —
.(מאורה) שדי קדושי — .(מאורה) יעלת אהבים — .בגנים
(אהבה) — .(אהבה) יונים הושתו — .(מאורה) אל אל גדול —
(אהבה) — .(אהבה) את עצבי אגיד — .ירומון מסלותי
(לשים שלום) אל — .(גאולה) יעלוז ישורון — .חשק לבבי
(רשות) — .(רשות ליום השירה) למתי זרוע אל — .ממרומו
.(רשות) בצר פקדנוך — .(רשות) גלילי זבול — .שכל רוח
(נשמת) — .(מחרך) אומן פלאך — .(מחרך) כל הנשמה —
(קדיש) שיר — .(לואלו פינו) מושל בנאות — .נש׳ ישר׳ עמך
.(אופן) שמים מספרים — .(יוצר) אלהים פקד יהודה — .יחודש
— .(מאורה) נאוה בעוז התאזרי — .(אופן) זה לעמת זה —

(מאורה) בת בני. — (אופן) יחו לשון. — אל אשר מעשיו
(זולת) אז. — (אהבה) חולת צבי. — (אהבה) בעלת אוב —
(מחיה) אל. — (מגן) אל יפתח אוצר (: למוסף) — בעת רצון.
(פזמון) אל. — (משלש) אל מעלה נשיאים. — יפתח ידו.
— בשמים המון.

(מחרך) כל הנשמה. — אכסוף לימים : רשות לש"ת. —
(נשמת) נש' להקת עם. — (מחרך) אלהי בשם קדשך. —
(קדיש) ישראל בחירי אל. — (קדיש) אל שמחת גילי. —
(אופן) אל נערץ. — (יוצר) אומץ בעוזו. — (ברכו) אמן אמן
(מאורה) כמה לי על. — (מאורה) יום תאוה יגלה. — בסוד
(אהבה) יה עליון עורר. — (מאורה) יום אור בהיר. — מצפה
(זולת) אז מראש מקדמי. — (זולת) אהודה אל נורא. — —
(גאולה). — (גאולה) כל ימי צבאי. — (גאולה) ידעתי חי גואלי
(פזמון). — (פטירת משה) יצורי כצל כלם. — אומר לצפון
(פזמון) למי נתן. — (פזמון) יפחד וירחב. — מי עלה שמים
(פזמון) טוביה דבריה. — (פזמון) יראת יי טהורה. — צור.
(פזמון) אשריך הר העברים. — (פזמון) אז בקרוב עת —
הושענות ומשניות. — (קול מבשר) אומן הנה ישעך —
— לסוכות.

(קדיש) קול מהלל. — (מחרך לש"ע) תנו שיר על זמיר
(מאורה) חושה חסין יה. — (אהבה) יונה איך תדמי. — יגדל.
(זולת לחנוכה) ישרים. — (מאורה לחנוכה) אמרות האל —
(אחר). — (נשמת לחנוכה) נש' ישורון ישירון. — בשמו כנה
(להוצאה ס"ת) יה השב לבצרון. — נש' יונה הזוכרת. —

En tête du volume se trouvent quelques piyyoutîm ajoutés après coup, et servant de prières pour les malades :

(גאולה) יש ארוכה ומרפא. — (גאולה) אם יום פדותי. —
(אופן) יקר ארון הנפלאות. — (מאורה) אשפיל לך לבי. —
(אופן). — (רשות) אל אל שובי. — (מאורה) צורי בשורך
(גאולה) נרד וכרכם. — נקרב אנשים. —

Vélin. Pet. xve siècle. — (Ancien fonds 179.)

659.

Recueil de prières et d'invocations particulières, à l'usage des juifs de la Palestine. Ce recueil est divisé en sept chapitres, d'après les sept jours de la semaine. En tête et à la fin du volume se trouvent quelques prières en langue arabe et en caractères hébreux. Il manque un feuillet au commencement. Ce volume a appartenu à R. Salomon Al-Qabîẓ Hal-Lévi.

Papier. Pet. xviie siècle. — (Supplément 142.)

660.

1° L'hymne appelé אזהרות, par R. Salomon Ibn-Gabirol; accompagné d'un commentaire.

2° (Fol. 33 v°.) נימוקי חומש לר' ישעיה זצ"ל «Annotations sur le Pentateuque, par R. Isaïe», de Trani. Ces annotations ont été insérées dans l'ouvrage intitulé : פני דוד, et publié en 1792, à Livourne, par D. Azoulaï.

Le premier ouvrage a été écrit au xvie siècle, le second au xiiie.

Vélin et papier. Pet. — (Ancien fonds 218.)

661.

1° Prière dont tous les mots commencent par la lettre מ, appelée בקשת המימין, et attribuée ordinairement à R. Yedaya Penini, de Béziers. Dans notre copie elle est attribuée à R. Joseph 'Ezobi, de Perpignan (תמו המימין עשאם האזובי). Cette pièce a été imprimée plusieurs fois.

2° (Fol. 9.) Hymne commençant par les mots אתם בני עליון, ayant pour sujet les treize articles de foi; par R. Joseph 'Ezobi.

3° (Fol. 10 v°.) קערת כסף «Plat d'argent», épître poétique composée, à l'occasion du mariage de son fils, par R. Joseph 'Ezobi. Cette pièce a été imprimée pour la première fois en 1531, à Constantinople.

4° (Fol. 19 v°.) בחינת עולם «Examen du monde», par R. Yedaya Penini, de Béziers. (Voyez ci-dessus, n° 261, 6°.)

5° (Fol. 58.) שלש עשרה יסודות המשכיל לדוד ב"ר יום טוב בן בילא ממלכות פרטוקאל «Les treize Fondements de l'intelligence, par David, fils de Yom-Tob, Ben-Bilâ, du royaume de Portugal», auteur du xive siècle. Ce traité a été publié, avec une traduction française, en 1849, dans le recueil דברי חכמים.

6° (Fol. 71 v°.) ספר מבחר הפנינים «Livre appelé Choix de perles»; par R. Salomon Ibn-Gabirol.

7° (Fol. 131 v°.) כתר מלכות «Couronne royale»; par R. Salomon Ibn-Gabirol.

8° (Fol. 156.) ויכוח התורני עם הפילוסוף «Controverse entre un théologien et un philosophe», par R. Isaac, fils de Joseph, Ibn-Polqâr, auteur du xiiie siècle. Cette pièce, écrite en prose rimée, a été publiée d'après ce ms. dans le recueil טעם זקנים, Francfort, 1854.

9° (Fol. 189.) Règles sur la manière d'égorger les animaux. La fin manque.

Les huit premiers ouvrages ont été copiés par Barzili Maïmon, fils de Ḥayya Ḥabib.

Vélin. Pet. xive siècle. — (Ancien fonds 184.)

662.

Rituel de prières quotidiennes, selon le rite des caraïtes.

Papier. Pet. — (Supplément 47.)

663.

Prières pour les fêtes de ראש השנה et de סוכות, selon le rite des caraïtes. Écritures diverses.

Papier. Pet. — (Supplément 47 bis.)

664.

Prières pour la veille du יום הכפורים, selon le rite des caraïtes du Caire.

Papier. Pet. — (Supplément 46.)

665.

Prières pour le יום הכפורים, selon le rite des caraïtes.

Papier. Pet. — (Supplément 46 *bis*.)

666.

זמירות «Cantiques» des caraïtes de Crimée, pour les jours de sabbat et de fête, au nombre de cent cinquante-cinq, et composés en grande partie sur des airs tartares. Il y a en outre quelques cantiques en langue tartare, la traduction tartare d'un fragment de la version chaldaïque appelée תרגום שני, du livre d'Esther (chapitre I, verset 2), et le récit du martyre de Ḥanna et de ses sept enfants, composé en prose rimée, également en tartare. A la fin du volume se trouvent quelques prières et hymnes empruntés aux rituels des rabbinites. Ce volume renferme les pièces suivantes :

על — .אם אשמרה שבת — .ברוך יי לעולם אמן : לשבת
יום השבת אין — .שירו לאל איום — .אהבתך אשתה
אולם אני — .יום השביעי אל — .מתוק דבר תורה — .כמוהו
ברוך אשר — .מלכי ברא העקרים — .יה זמרתי צוה — .אדרוש
— .יצר האל את העולם' — .אשטח לאל כפי — .חנן
יום — .שיר אהבה חדש — .אלוה רם בכל עלה : לפורים
— .מאד גדלה — .אזכיר חסדי אל — .הוא אשר גלה
ממעון קדשך — .מלך עולם עליון — .אזכיר שבחות אל
יפיפיה לי — .זמרו זרע אמונים — .מגן ישעי צור — .תרחם
— .יזכור ברית הראשונים — .הר ציון
ימלוך — .שמחו איתני — .[יעירוני] ימי קדם : לפסח
— .במרומים
— .אז למרומים : לשבועות
— .אמן יהי רצון לקונך — .שלום לך ... ארוש שמח : לחתן
שלום — .שלום לך ... ידך תהי — .אכן רצון — .יקר חמדה
— .משח אלהים חי — .אצילים סגלה — .לך ... אל יענה
.יעלה לקרא חתני — .ישראל נושע בי"י — .לחתני מחמד עיני
— .ברוך משמח — .אשיר בנגונים — .יפת עין תמימה —
.יה הקשב נא אנקת — .יחי שיחי מקובל — .יקר מאד נעים
— .יחיד נורא מלך — .יצמח צבי צדקנו —
ילד אשר — .יהי שלום בחילנו — .יהי רצוי לך [: למילה]
— .מי ימלל צור — .דמי הילדים — .ירושת נחלה — .יולד
.מי מרומם על ברכה — .מרום שברתי — .אוהבי אחי וריעי
— .מרום נשא — .מושל עולם — .מה לך כבודה —
יורו שמים — .קחה מוסדות — .מתי החן ותושיה : לשבת
שירה אשיר — .שיר לאילת אהבים — .יה פתח נא — .פלאך
אל — .הר שכיר תבור — .אחר נוננים אשיר — .על שושנים
.יה אל צורי — .הוי שבי ציון — .ימהר פדותי — .מי אדמה
מתי — .אדיר שוכן — .ירחיק נדוד — .יפיפית צבי עפר —
— .אודה לאל לבב — .יעידון יגידון — .שכל מביני
אחד מי — .אלהים יחננו — .המבדיל בין קדש : להבדלה
.שחר עלה אלי — .יה שמע קולי — .רם על רמים — .יודע
— .בחר אלי מקום — .יה לך צור — .יום קראו נוצרים —
יפה — .ימהר שוכן — .עורי צפון בואי — .ידידיך אלהים
את רעיתי — .יחידתי מאד — .יה שלח אורך — .נופי משושי
ישיב — .ימי חיי שלושה — .אם אשכחך ירושלם — .תרצי
יחיד נורא — .יעיר לבב שיר — .יפרח כשושנה — .נדוד צביתי
אלי אלי — .יוצר יצר אתי — .יסוד עולם ועלתו — .את עמך
.מהלל אל להשמיע — .ארים קולי — .אודה ואקרא — .אתה
מי הקים כל — .מלך מלכי מלכים — .מי יודע ישיבני —
מה — .מעיר קדוש יבוא — .מי כמוך אלי — .אפסי ארץ
מי זאת — .מי יערוך לארוננו — .מי מדר אח — .מאד תרום
מלא עולם — .מי כמוך אלי — .מה יפו פעמי רגל — .נשקפה
— .כבוד יופי
ממרומים — .מי האיש החפץ — .מה גדלו מעשיך : לפורים
— .מי כחכם מי יודע — .הביטה אל
— .(en tartare) עכרת לן בט אוררים : לשבת
ימי חרפי — .יפרח מטהו אהרון — .יחידתי ברוב מהלל
מהר — .יערב לאלי שיחי — .יבוא ידידי בנו ידידי — .תחדש
ישעי — .יזלו מי שבע חכמות — .אי אדם אונלי (en tartare). — סיירן אטטים אול — .גומלא עלמינ (en tartare). —
— .קומה דודי אל היכלי — .ירום ונשא — (en tartare).
— .ימהר אל עליון — .אקוה לאל בוא — .אלהים חי יחיד
.יחידה יחלי וחסי — .ימלא פי תהלתך — .[...] ברוב מהלל
יראי — .יוי כגבור יצא — .יונת אלם צבי — .יהבי אל אבי —
— .שובי נפשי למנוחייכי — .יחידתי לאל תדרוש — .עליון
.אל ברוב חסדך — .יונתי זיו יפעתך — .החושקים בתורת אל
— .יוצר מידו עשר —

Suit la version tartare du second targoum du livre d'Esther, et l'histoire de la mère et de ses sept fils.

Piyyoutîm, dont plusieurs empruntés au rituel des rabbinites :

.אלהים עדר צאנו — .אחר כל אלה הדברים — .אדון חסדך
.אשרי נשוי פשע — .אברך אל אדון — .אכלו רעים שתו —
— .אשירה ואזמרה — .אכן אתה אל — .יי שפתי תפתח —
.מרום אשר תכן — .ידידי אל בני ישראל — .יגל לבי בקרבי
.אברך את שם כבודו — .יגדל אלהים חי — .ירום אלהים חי —
מלך רם — .אתה אלהי בורא הכל — .מלך עולם מקדם —
אזכרה שיר — .אשפוך תחנונים — .לך אלי תשוקתי — .ויחיד
תפלת יורדי הים — .אל נערץ בסוד קדושים — .ואשוררה
תורת — .אנשי אמונים דרשו — (en prose rimée). להרמב"ן
— .אמת היתה

Il y a quelques lacunes au milieu du volume.

Papier. Pet. — (Supplément 50.)

667.

1° «תפלה לבקרים מתהלי לדוד. Precatio matutina ex Psalmis Davidis, cum lat. interpret. ad verbum. Le texte latin est mis en regard du texte hébreu.

2° (Fol. 17 v°.) «Precatio altera metrica ad Christum». Texte latin seul, en hexamètres.

Papier. Pet. XVI° siècle. — (Supplément 140.)

668.

Prières et psaumes pour la liturgie ordinaire de toute l'année, en langue espagnole et en caractères hébreux. Plusieurs feuillets sont transposés.

Papier. Pet. XV° siècle. — (Ancien fonds 186.)

V.

THÉOLOGIE.

669.

ספר האמונות «Livre des croyances», par R. Sa'adya Gaon, fils de Joseph (Sa'id Ibn-Ya'qoub Al-Fayyoumi), auteur du x° siècle; traduit de l'arabe en hébreu par R. Berakya Nakdan. Cette version, dont il existe un certain nombre d'exemplaires dans d'autres bibliothèques (voyez Geiger, «Moses Ben Maimon», p. 38; «Literaturbl. d. Or.», t. IX, p. 553); a subi plusieurs rédactions, qui diffèrent considérablement les unes des autres. Notre copie contient une rédaction très-abrégée. Le dernier feuillet manque.

Vélin. Moy. XIV° siècle. — (Ancien fonds 194.)

670.

1° ספר נעימות «Livre des joies», système de théologie juive selon les doctrines des caraïtes; par R. Joseph Ha-Rô'eh Kohen, fils d'Abraham, auteur du x° siècle; traduit de l'arabe en hébreu par un auteur inconnu. Cet ouvrage, dont le titre arabe est المحتوى «Le Contenant», embrasse toute la dogmatique caraïte proprement dite, et fait connaître en partie les doctrines de l'école des motazales, que les caraïtes ont adaptées au judaïsme. La préface du traducteur commence par ces mots : זה הספר הנותן אמרי שפר נכבד ומאד נעלה ויקר; la préface de l'auteur commence ainsi : הודיעני דרך זו אלך כי אליך נשאתי נפשי, et l'ouvrage entier finit par ces mots : ולא עושק יתעלה שמו מזה כי אם צדיק וישר ברוך יי לעולם אמן ואמן. Il n'existe que deux copies de ce livre en Europe, l'une à Paris, l'autre à la Bibliothèque de l'Université de Leyde. (Voyez Steinschneider, «Catalogus cod. hebr. Bibl. acad. Lugduno-Bataviæ», p. 165 et suiv.)

2° (Fol. 76.) ספר מחכימת פתי «Livre qui rend sage l'homme simple», Ce traité n'est qu'un résumé de l'ouvrage précédent, et semble avoir été rédigé primitivement en hébreu.

3° (Fol. 108.) ספר משיבת נפש «Livre de la récréation de l'esprit», par R. Yeschou'a (Jésus), fils de Juda, auteur caraïte du XI° siècle. Traité dogmatique de même nature que les deux ouvrages précédents, traduit de l'arabe en hébreu. Il commence par ces mots : יתברך וישתבח ויתהדר ויתרומם ויתעלה ויתנשא שם איום ונורא..., et finit par ceux-ci : לכן הננו אתאנו לך כי אתה יי אלהינו.

4° (Fol. 120.) שאלות ותשובות לר' אבו יעקב «Consultations de R. Abou-Ya'qoub». (On a ajouté après coup au nom de l'auteur ces mots: [ישראלי?] הוא רבינו יצחק בן...) Ce traité commence par ces mots : השאלה האחת מה הדבר המגרים לאלהי ישראל להיות צדיק ולא יפול ממנו עולה ולא משוא פנים·התשובה הורה ואמר כי שני דברים הם המגרימים לבורא הכל..., et finit par ceux-ci : וכן כתוב· ולא· יכנף עוד מוריך והיו עיניך רואות את מוריך. (Voyez sur cet ouvrage Steinschneider, même ouvrage, p. 184.)

5° (Fol. 134.) פרק צדוק הדין «Chapitre de la justification du jugement». C'est une espèce de théodicée dont voici le commencement : פרק צדוק הדין דין הבורא ית"ש והסרת העול והחמס ועול ועושק וכזב וכל דבר רע; elle finit par ces mots : הדריכני בנתיב מצותיך הט לבי אל עדותיך ברוך יי וגו'. (Voyez Steinschneider, même ouvrage, p. 227.)

6° (Fol. 150.) ספר מרפא לעצם «Livre de la guérison des membres», traité dogmatique en douze chapitres, dont voici le commencement : דע יעזרך האל כי לא נברא האדם לאכול משמנים ולשתות ממתקים וללבוש בגדים...; il finit par ces mots : צדקתך צדק לעולם ותורתך אמת ברוך יי וגו'. L'auteur anonyme de cet opuscule habitait la ville de Jérusalem. Il est cité dans «Notitia Karæorum Mardochæi, etc.», p. 140.

7° (Fol. 174.) ספר עניין התפלה «Livre de l'ordre de la prière», par R. Japhet Ben-'Ali Hal-Lévi; traduit de l'arabe en hébreu par R. Tobie, fils de Moïse, auteur du XII° siècle; précédé d'une introduction poétique du traducteur. Ce poëme, qui forme l'acrostiche du nom de Siméon, fils de Mardochée, commence par ces mots : שמתי פני ורעיוני לכתוב בתחלה המעלה. Voici le commencement de l'ouvrage : הדבור בתפלה היא על עשרה אופנים; il finit par ces mots : וזה נמצאו בסדורי החכמים ז"ל אבל העירותי אני בהם בעזרת שדי תמו ונגמרו תנאי התפלות בשם נורא תהלות. Une épigraphe de l'auteur, commençant par ces mots : בעון עשרים וארבעה דברים, termine l'ouvrage.

8° (Fol. 185.) ספר המור «Livre de la myrrhe», traité dogmatique en treize chapitres, commençant par ces mots : תחלת פתחון פינו וראשית מבטא שפתינו חייבים אנו להורות..., et finissant par ceux-ci : ויקם עדות ביעקב ותורה שם בישראל אשר צוה את אבותינו להודיעם לבניהם. (Voyez Steinschneider, même ouvrage, p. 226.)

Le ms. a été exécuté à Qal'ah par Simḥa Isaac, fils de Moïse, de Louthaqa (לוצקא), de 1714-1715.

Papier. Pet. — (Supplément 127.)

671.

1° ספר חובת הלבבות אשר חיבר ר' בחיי הדיין הספרדי וצוק"ל «Livre des Devoirs des cœurs, par R. Baḥya [fils de Joseph], le Juge, l'Espagnol», surnommé Ibn-Baqoda, auteur du xie siècle; traduit de l'arabe en hébreu par R. Juda Ibn-Tibbon. Cet ouvrage, qui traite de la théologie morale, a été imprimé pour la première fois à Naples, en 1489. Notre copie offre un grand nombre de variantes. Au commencement de chaque livre, on trouve une invocation en prose rimée qui n'existe ni dans les textes imprimés, ni dans les autres ms. du même ouvrage. La préface du traducteur, en tête du livre II, n'est pas complète, et le livre X finit aux mots ומשחרי ימצאונני, qui sont suivis immédiatement de ceux-ci : נשלם השער העשירי. L'ouvrage est suivi de la pièce de vers et de la prière qui se trouvent dans la plupart des éditions. La prière est incomplète.

2° (Fol. 138 v°.) Quelques notes astrologiques relatives à l'influence de chaque signe du zodiaque sur la destinée de l'homme qui est né sous ce signe.

3° (Fol. 139 v°.) Traité de morale, connu sous le titre de : תקון מדות הנפש «Correction des qualités de l'âme». Cet ouvrage, composé en arabe sous le titre de : كتاب اصلاح الاخلاق, par R. Salomon Ibn-Gabirol, a été traduit en hébreu par R. Juda Ibn-Tibbon. Il a été publié à Riva di Trento en 1562. Notre copie ne commence qu'à la table des chapitres; la préface de l'auteur et celle du traducteur ont été omises par le copiste, et la fin du dernier chapitre manque.

4° (Fol. 150.) מסכת ברכות «Le Traité de la Mischna ברכות», accompagné de la Guemara de Babylone.

5° (Fol. 241 v°.) Histoire d'Alexandre le Grand. C'est une version du roman du Pseudo-Callisthène. Ce texte semble avoir la même source que la version française en prose. (Voyez «Alexander, Gedicht des xii^ten Jahrh., vom Pfaffen Lamprecht, etc.» Francfort, 1850, t. II, p. 497.)

Papier. Moy. xve siècle. — (Oratoire 56.)

672.

Les Devoirs des cœurs (ס' חובות הלבבות), par R. Baḥya, fils de Joseph, Ibn-Baqoda; traduit de l'arabe en hébreu par R. Juda Ibn-Tibbon. Ce texte offre quelques variantes curieuses.

En tête du volume se trouve le piyyout suivant :

רשות לנשמת דיום הכפורים) מי העומד בהראה מלך).

Papier. Pet. xve siècle. — (Ancien fonds 233.)

673.

1° Première partie du ספר חובות הלבבות, ou «Livre des Devoirs des cœurs», par R. Baḥya, fils de Joseph, Ibn-Baqoda; traduit de l'arabe en hébreu par R. Juda Ibn-Tibbon. Incomplet à la fin.

2° (Fol. 23.) Quelques tables chronologiques, établissant un calendrier synagogal pour les années 5169-5283 (1409-1523 de J. C.), et une pièce de vers d'Aben-Ezra sur le même sujet, avec son explication.

3° (Fol. 27.) Dissertation philosophique intitulée : יקוו המים «Que les eaux se rassemblent», sur le verset 9, chapitre 1 de la Genèse; par R. Samuel Ibn-Tibbon. Cet ouvrage a été publié à Presbourg, en 1837. Le commencement de notre copie manque. On a intercalé au milieu (fol. 68-69) le fragment d'un ouvrage d'astronomie.

4° (Fol. 106.) ספר מלות ההגיון «Livre des termes de la logique», par R. Moïse Maïmonide; traduit de l'arabe en hébreu par R. Moïse Ibn-Tibbon. Cet ouvrage a été publié pour la première fois à Venise, en 1550.

5° (Fol. 120 v°.) ספר צרור הכסף «Livre appelé le Faisceau d'argent», abrégé de logique, par R. Joseph Ibn-Caspi, fils d'Abba-Mari. Ce traité, qui est un extrait des travaux d'Al-Farâbi et d'Averroès sur cette matière, suit l'ordre de l'Organon, en commençant par l'Isagoge de Porphyre; puis viennent les Catégories, le livre de l'Interprétation, les Premiers et les Seconds Analytiques, et les Réfutations des sophistes. L'auteur dit avoir composé cet ouvrage pour son fils Salomon et dans le même but que deux autres de ses ouvrages, le רתוקת כסף et le שרשות כסף, c'est-à-dire pour lui faciliter l'intelligence de l'Écriture sainte. L'ouvrage commence par ces mots : אמר אבן כספי כי ראיתי קוצר ידיעת האנשים במושכלו וקוצר רוחם מעבודת הזמן עם קוצר חייהם, et finit par ceux-ci : יכול בטל ת"ל בכל אשר תעשה ובאלהים נעזר בכל. (Voyez de Rossi, n° 402.)

Le ms. a été exécuté par Moïse Hillel, fils d'Isaac Hillel, pour Nissim Maïmoun, et terminé le 19 tebeth 5132 (1372 de J. C.).

Vélin et papier. Moy. — (Ancien fonds 200.)

674.

1° ספר חובת הלבבות «Livre des Devoirs des cœurs», par R. Baḥya, fils de Joseph; traduit de l'arabe en hébreu par R. Juda Ibn-Tibbon. Cette copie n'est qu'un abrégé de l'ouvrage. Les deux premières pages contiennent la préface de R. Juda Ibn-Tibbon au traité תקון מדות הנפש de R. Salomon Ibn-Gabirol. A la suite du livre IV se trouve la note de R. 'Ascher sur la sentence אין מזל בישראל. (Voyez ci-dessus n° 181, 7°.)

2° (Fol. 46.) פרק חלק שתיקן ר' משה בן מיימון ז"ל «(Introduction au) chapitre intitulé : חלק, qui est le XIe du traité de la Mischna סנהדרין; par R. Moïse Maïmonide».

3° (Fol. 60.) פירוש מסכת אבות לר' משה בר' מימון «Commentaire sur le traité de la Mischna אבות, par R. Moïse Maïmonide». Ce commentaire est précédé des huit chapitres sur l'âme, du même auteur, et de la Boraïtha, ou chapitre supplémentaire du traité אבות, avec le commentaire de Raschi.

Les deux premiers ouvrages ont été copiés par Yeḥi'el, fils de Yeqouthi'el ʿAnaw.

Papier. Pet. XIVe siècle. — (Sorbonne 247.)

675.

1° ספר חנוך «Livre d'Énoch». Ce traité, qui est la traduction hébraïque du second chapitre de la «Doctrina clericalis» de Pierre Alfonse, a été imprimé pour la première fois avec les ouvrages suivants, en 1516, à Constantinople. Notre copie a été faite sur le texte imprimé.

2° (Fol. 13.) משלים של שלמה המלך «Apologues du roi Salomon». Copié sur le texte imprimé.

3° (Fol. 35.) משלי סנדאבר «Apologues de Sindabar». Ce sont les fables de Syntipas ou Bidpaï, traduites de l'arabe en hébreu. Copie du texte imprimé.

4° (Fol. 88.) מעשה של ירושלמי «Histoire du Jérusalémite». Cet opuscule est faussement attribué dans notre ms. à R. Abraham Maïmoun. Copie de l'imprimé.

5° (Fol. 123.) פטירת אהרון «La mort d'Aaron». Copié sur le texte imprimé.

Papier. Pet. XVIIe siècle. — (Ancien fonds 212.)

676.

1° Le livre Khozari, par R. Juda, fils de Samuel, Hal-Lévi, auteur du XIIe siècle; traduit de l'arabe en hébreu par R. Juda Ibn-Tibbon. Cet ouvrage a été publié pour la première fois en 1506, à Fano. Le commencement et la fin manquent.

2° (Fol. 85.) ספר אבן בוחן «Livre appelé la Pierre de touche», par R. Qalonimos, fils de Qalonimos. (Voyez ci-dessus, n° 188, 5°.)

3° (Fol. 133.) הנסתר מן סדר בראשית לר' דוד קמחי מפסוק ויצר יי אלהים «Sens mystique du passage de la Genèse relatif à la création de l'homme (chapitre II, verset 8, à chapitre IV, verset 26); par R. David Kimḥi». (Voyez ci-dessus n° 334, 2°.)

4° (Fol. 141.) Fragment d'un traité de philosophie, fondé en grande partie sur le «Guide des Égarés».

5° (Fol. 147.) Quelques consultations et décisions rituelles, dont l'une porte le nom de R. Matathya Trevoux (טרייבוש).

6° (Fol. 151 v°.) כתר מלכות לר' שלמה בן יהודה בן גבירול «Couronne royale de R. Salomon, fils de Juda, Ibn-Gabirol».

7° (Fol. 161.) ספר משכן העדות «Livre appelé le Tabernacle du témoignage», par R. Moïse, de Léon, fils de Schêm-Tôb. Cet ouvrage cabalistique traite, en cinq sections, du monde, de l'homme sous le rapport matériel, de l'âme, de l'enfer et du paradis. Il a été composé en 5053 (1293 de J. C.), dans la ville d'Ubeda. Il commence par ces mots : זה ספר משכן העדות אשר פוקד על פי הנר המערבי ז"ל · אמר המחבר אמנם כי זה הספר כוונתי בסוד דרכי החכמה הנוראה. La fin manque.

8° (Fol. 237.) Commentaire sur les Lamentations de Jérémie, par R. David, fils de Juda, surnommé Messer Léon, auteur du XVe siècle. L'auteur cite dans ce livre, à côté d'Aristote, de Galien, de Pline, de Boèce, etc. deux de ses propres ouvrages, l'un intitulé : מנורת מזהב, l'autre : סגולת מלכים. Ce commentaire commence par ces mots : אמר דוד . . . ידוע ומפורסם כי עניין ההצלחה האינושית הוא להוצי'. Il s'arrête au chapitre Ier, verset 6.

A la fin du volume se trouvent quelques règles grammaticales relatives à la lecture du Pentateuque, par R. Éliézer, de Terracine, et une instruction pour l'écriture des versets renfermés dans les phylactères (תפילין).

Différentes écritures de diverses époques.

Papier. Pet. — (Ancien fonds 213.)

677.

ביאור ספר בעל הכוזר «Explication du livre Khozari», par R. Nathaniel, fils de Néhémie, Caspi, auteur du XVe siècle. Ce commentaire commence par ces mots : אמר מעתיק זה הספר בשם המחברו על מה שיש . . . כי אמרו טענות ר"ל שאינם אמתיות, et finit par ceux-ci : ויהיה נפשו צרורה בצרור החיים אמן. La petite préface qui se trouve dans l'exemplaire de la collection de De Rossi (n° 395) manque dans notre ms., qui est cependant autographe, comme on le voit par une note placée à la fin du volume, dans laquelle l'auteur dit avoir terminé cette copie (וכתבתיו אני לעצמי אני המחבר) le 5 kislev 5185 (1424 de J. C.). L'auteur cite souvent de longs passages d'un autre commentaire du livre Khozari, composé par son maître Salomon, fils de Menaḥem. Les observations grammaticales à la fin du livre II n'ont pas été expliquées. D'après ce commentaire, la traduction du livre Khozari aurait été faite en 1175. Le texte du livre commenté est transcrit sur la marge. A la fin du volume se trouvent quelques prières attribuées à Aristote et à Ptolémée.

Vélin. Pet. — (Oratoire 59.)

678.

1° Commentaire sur le livre Khozari, par R. Nathaniel, fils de Néhémie, Caspi. Cette copie ne commence qu'au milieu du livre II, § 2. Elle est suivie, comme le numéro précédent, des trois prières attribuées à Aristote et à Ptolémée.

2° (Fol. 174 v°.) באור שמנה פרקים «Explication des huit chapitres sur l'âme», de Maïmonide, par un auteur anonyme. En voici le commencement : אמר הר"ם הנה בארנו... וזהו כאשר אמר הר"ם בפתיחתו בפי' המשנה. L'auteur cite, au commencement du chapitre viii, une consultation de son maître R. Phrat (פראט) Maïmoun, fils de Dimaẓa (די מצה), tirée d'un ouvrage intitulé : השכלות דבור.

3° (Fol. 181.) באור ספר רוח חן «Explication du livre intitulé : Esprit de grâce», par R. Nathaniel, fils de Néhémie, Caspi. (Voyez sur cet ouvrage le recueil כרם חמד, tome VIII, p. 152.) La copie est interrompue au milieu du chapitre iv.

Ce ms. a été exécuté par Zemaḥ, fils de Juda, en 1520.

Papier. Pet. — (Ancien fonds 214.)

679.

קול יהודה לר' יהודה מוסקאטו «La Voix de Juda, par R. Juda Mosqato», fils de Joseph, auteur du xvi° siècle. Ce livre, qui est un commentaire sur le livre Khozari, a été publié avec ce dernier ouvrage en 1594, à Venise. Ce ms. semble être autographe. A la fin du volume se trouve une note, ajoutée après coup, où il est dit que l'auteur de ce commentaire mourut à Mantoue, le 20 eloul 5350 (1590 de J. C.), et que plusieurs rabbins prononcèrent son oraison funèbre.

Papier. Moy. — (Sorbonne 208.)

680.

1° ספר יסוד מורא «Livre du Fondement de la crainte», traité de théologie et de philosophie, par R. Abraham Aben-Ezra. Cet ouvrage a été imprimé pour la première fois en 1529, à Constantinople. Notre copie date de 1489.

2° (Fol. 26.) Abrégé du commentaire sur le Pentateuque, de R. Moïse, fils de Naḥman. Le commencement manque.

3° (Fol. 139.) Observations cabalistiques sur divers sujets, par R. Moïse, de Léon. La plupart de ces notes sont imprimées à la suite de l'ouvrage הנפש החכמה du même auteur.

4° (Fol. 155 v°.) בקשה לעשר ספירות «Prière adressée aux dix sephiroth», attribuée à R. Neḥonya, Ben-Haq-Qânâ. Imprimé.

5° (Fol. 156 v°.) Fragment du ספר בהיר «Livre de splendeur», ouvrage cabalistique, également attribué à R. Neḥonya Ben Haq-Qânâ. Imprimé en partie à Amsterdam, en 1651. Ce fragment se termine par une prière intitulée : תפלת הייחוד, attribuée également à R. Neḥonya. Elle a été imprimée dans le livre חמדת הימים, Venise, 1763.

6° (Fol. 181.) Commentaire et disposition particulière du ספר יצירה. En voici le commencement : עשר שפירות בלימה כמספר י' אצבעות וכו' במלה ולשון ופה ; il finit par ces mots : והמקום והזמן נשתנו בעבור המקרה.

7° (Fol. 189 v°.) Autre commentaire sur le même ouvrage. C'est l'abrégé du commentaire d'Abou-Saḥl Dounasch Ben-Tamîm.

8° (Fol. 201.) Autre commentaire sur une portion du même ouvrage. Il commence par ces mots : אמר ר' עקיבא ג' אמות אמש כנגד אבג וכנגד אש מים רוח, et finit par ceux-ci : בעזרת אלהי יש' ית' לעולם אצליח.

9° (Fol. 209.) Autre commentaire sur une portion du même ouvrage. Il commence par ces mots : בל"ב נתיבות וכו' הן י' ספירות וכ"ב אותיות ומנצפך צופים ... Dans un ms. de la Bibliothèque de Leyde, ce commentaire est attribué à R. Moïse, fils de Naḥman. (Voyez Steinschneider, «Catalogus, etc.» p. 92.)

10° (Fol. 214 v°.) Autre commentaire sur le même ouvrage. C'est celui qui a été imprimé sous le nom de R. Moïse, fils de Naḥman, en 1562, à Mantoue. Mais le texte de cette copie est plus développé que le texte imprimé.

11° (Fol. 224.) Dissertation cabalistique sur le ס' יצירה en général, attribué dans cette copie, comme dans plusieurs autres, au même auteur. En voici le commencement : סוד יי ליריאיו... קבלה בידינו מרבותי' ז"ל ששם המפורש שהוא הנקרא יהוה נקרא..., et la fin : בתוך עומקא של הלכה האל הגדול למען טובו וחסדיו יזכנו שנעסוק בה לשמה ויזכנו לימות המשיח ולחיי העולם הבא ויי יראנו נפלאות מתורתו.

12° (Fol. 244 v°.) מאמר פלו' אלמוני בפירוש השם של יהוה ונקרא ס' כתר שם טוב «Dissertation anonyme sur le tétragramme, intitulée : Livre de la Couronne du nom excellent». Ce traité a pour auteur R. Abraham, fils d'Alexandre, de Cologne. (Voyez ci-dessus, n° 353, 2°, 5.)

13° (Fol. 252 v°.) Diverses dissertations cabalistiques :

1. Explication des dix sephiroth, attribuée à R. Moïse, fils de Naḥman (on lit vers la fin ces mots : ואנכי הצעיר... משה בר' נחמן ; mais en deux autres endroits : ואמר הרב רמב"ן). Le commencement de ce petit traité est cité par R. Moïse Botril (voyez ס' יצירה, édition de Mantoue, p. 31, jusqu'au mot כתר, l. ult.), comme

étant emprunté au ס' הפרדס de R. Aaron, chef de l'Académie de Babylone. Ce qui suit immédiatement est attribué par le même (fol. 28 v°) au livre לפני ולפנים de R. Meïr, fils de Todros, de Tolède.

2. Développement du même sujet, attribué au même auteur.
3. De la confection du candélabre.
4. Exposition cabalistique du premier chapitre de la Genèse.
5. Développement du même sujet.
6. Du devoir de l'homme de concentrer toutes ses pensées sur le Créateur.
7. Explication de la prière appelée קדיש.
8. Observations sur les ציצית, les six cent treize préceptes, sur quelques prières et formules liturgiques.
9. Commentaire sur les consultations relatives aux dix sephiroth.

14° (Fol. 279 v°.) Fragment du traité intitulé : שער הגמול «Porte de la rétribution», ou dernier chapitre du livre תורת האדם, de R. Moïse, fils de Nahman.

15° (Fol. 289.) Fragment de la première partie d'une explication cabalistique du nom de Dieu, par R. Abraham Aboul'afya. Ce dernier ouvrage est d'une autre écriture que les articles 2° à 14°.

Papier. Pet. xv° siècle. — (Ancien fonds 222.)

681.

1° Commentaire sur le livre יסוד מורא «Fondement de la crainte», d'Aben-Ezra, par R. Mardochée, fils d'Éliézer, Komtino. Cet ouvrage, divisé en douze chapitres, et composé par l'auteur pour son élève R. Joseph, à Adrianople, commence par une pièce de vers formant l'acrostiche du nom de l'auteur. Le commentaire commence par ces mots : אמר מרדכי . . . בהיותי בשביה . בארץ נכריה . בעיר אדריאנופולי . אשר נטיתי שם אהלי . . . , et finit par ceux-ci : כי זה הוא ידיעת התכלית אשר באיזה אופן ידע האדם את בוראו ישתבח ויתנשא שמו וכו. L'auteur cite dans ce livre son commentaire sur les Tables astronomiques de la Perse (fol. 6) et celui sur la Logique de Maïmonide (fol. 20 v°). Il donne le commencement des quarante-neuf middoth de R. Nathan (fol. 7 v°) et quelques extraits du commentaire du maître Vidal (R. Moïse, de Narbonne) sur le traité d'Averroès באפשרות הדבקות.

2° (Fol. 55 v°.) באור על ס' השם «Commentaire sur le Livre du Nom», d'Aben-Ezra, par le même auteur. Cet ouvrage, divisé en huit parties, a été composé par l'auteur pour son élève R. Menahem, en 1463 (voyez fol. 58 v°), et pour garantir les étudiants des fausses interprétations qu'un auteur contemporain (R. Sabbathaï Kohen?) avait publiées sur ce livre. L'ouvrage commence par ce distique :

אשרי אדם · יבטח בשם . על כל מעשיו · כי יפגשם
גם אני בו . אבטח כי אחל באור על ספר השם

Le commentaire commence par ces mots : . . . אמר מרדכי להיות שהבאור הנעשה בספרים ימשך לאחת מארבע סבות . . . , et finit par ceux-ci : ואמרו גם איננו במקרא ירצה במקומות רבים. L'auteur cite son commentaire sur le Pentateuque et celui du יסוד מורא.

3° (Fol. 79 v°.) באור ס' האחד «Commentaire sur le Livre de l'unité», d'Aben-Ezra, par le même auteur. Cet ouvrage, composé après les deux premiers (voyez fol. 79 v° et 99), commence par ces mots : אמר מרדכי . . . למה שראיתי החבור שחבר הראב"ע ז"ל על סגלות התשעה מספרים . . . , et finit par ceux-ci : ואחר שהוא קרוב אל המספר הבא שהוא הת' ידענו שבשרש ט'.

4° (Fol. 104 v°.) באור לס' ההגיון «Commentaire sur la Logique», de Maïmonide, par le même auteur. Cet ouvrage, composé antérieurement aux ouvrages précédents, et dédié à R. Isaac Zarphathi, élève de l'auteur, commence par ces mots : אמר מרדכי . . . לפי שמעלת השאלה תהיה כיתרון מעלה נושאה הדבר המעלה . . . , et finit par ceux-ci : ירצה כי התורה היא משלמת הגוף והנפש כאמרו תורת יוי תמימה משיבת נפש וכו'. L'auteur a ajouté à la fin une table alphabétique des mots dont il est traité dans l'ouvrage.

5° (Fol. 152 v°.) Questionnaire sur la logique et les syllogismes, par le même auteur. En voici le commencement : ההגיון אשר ילמדנו כיצד נקנה האמנה החלק הזה מן ההגיון הוא חכמת ההקש . מהו ההקש · ההקש הוא מאמר יורכב מב' מאמרים . . . .

Le volume, tout entier de la même main, a été exécuté du vivant de l'auteur. Il a appartenu plus tard à R. Jacob, fils de Jehi'el Kohen, de Viterbe, qui a écrit sur les deux derniers feuillets l'explication d'un passage d'Aben-Ezra (Commentaire sur la Genèse, chap. III) pour Samuel de Riéti.

Papier. Pet. — (Ancien fonds 223.)

682.

ספר מורה הנבוכים «Livre appelé le Guide des Égarés», par R. Moïse Maïmonide; traduit de l'arabe en hébreu par R. Juda Harizi. Cette copie de la version de Harizi est très-probablement unique. La première partie en a été publiée en 1851, à Londres. Le ms. a été exécuté à Rome, en 1230, par Qalonimos, fils de Yeqouthi'el Lévi Zarphati (voyez fol. 83 v°). Belle écriture carrée. Il y a une lacune dans le texte du chapitre LXXIII du premier livre, et il manque un feuillet vers la fin du volume.

Vélin. Moy. — (Supplément 64.)

683.

«Le Guide des Égarés», par R. Moïse Maïmonide; traduit de l'arabe en hébreu par R. Samuel Ibn-Tibbon. Cette version a été imprimée pour la première fois avant 1480. Notre copie a été achevée le 23 nisan 5096 (1336 de J. C.). Il manque quelques feuillets au commencement.

Vélin. Pet. — (Sorbonne 60.)

684.

«Le Guide des Égarés», par R. Moïse Maïmonide; traduit de l'arabe en hébreu par R. Samuel Ibn-Tibbon. Cette copie est suivie du glossaire des termes philosophiques, composé par le traducteur. Il est dit à la fin que la traduction fut achevée au mois de tebeth 4965 (1205 de J. C.). Le ms. a été exécuté à Majorque, par Salomon, fils d'Isaac, fils de Moïse, fils de Meïr Hap-Parḥi, et achevé le 10 nisan 5112 (1352 de J. C.).

Vélin. Moy. — (Oratoire 46.)

685.

«Le Guide des Égarés», par R. Moïse Maïmonide; traduit de l'arabe en hébreu par R. Samuel Ibn-Tibbon. Belle écriture carrée. Notes marginales.

Vélin, lettres ornées. Pet. xive siècle. — (Supplément 94.)

686.

«Le Guide des Égarés», par R. Moïse Maïmonide; traduit de l'arabe en hébreu par R. Samuel Ibn-Tibbon. La préface manque, ainsi que la fin du livre III.

Vélin. Pet. xive siècle. — (Ancien fonds 236.)

687.

«Le Guide des Égarés», par R. Moïse Maïmonide; traduit de l'arabe en hébreu par R. Samuel Ibn-Tibbon. Cette copie est précédée du glossaire des termes philosophiques, composé par le traducteur, et les deux premiers livres sont accompagnés du commentaire de R. Moïse, fils de Salomon, de Salerne.

Vélin. Pet. xive siècle. — (Ancien fonds 238.)

688.

«Le Guide des Égarés», par R. Moïse Maïmonide; traduit de l'arabe en hébreu par R. Samuel Ibn-Tibbon. Les derniers feuillets sont d'une écriture plus moderne que le reste du ms. En tête du volume se trouve le commencement d'une table des versets bibliques cités dans l'ouvrage. Les deux dernières pages contiennent un fragment de l'ouvrage שש כנפים, de R. Immanuel, fils de Jacob. Le ms. a appartenu à R. Élie Mizraḥi.

Papier. Moy. xive siècle. — (Oratoire 47.)

689.

«Le Guide des Égarés», par R. Moïse Maïmonide; traduit de l'arabe en hébreu par R. Samuel Ibn-Tibbon. Le commencement manque.

Vélin, lettres ornées. Moy. xive siècle. — (Supplément 27.)

690.

«Le Guide des Égarés», par R. Moïse Maïmonide; traduit de l'arabe en hébreu par R. Samuel Ibn-Tibbon. Le commencement de la préface du traducteur manque.

Vélin et papier. Moy. xive siècle. — (Supplément 26.)

691.

1° «Le Guide des Égarés», par R. Moïse Maïmonide; traduit de l'arabe en hébreu par R. Samuel Ibn-Tibbon. Cette copie se fait remarquer par plusieurs notes du traducteur insérées dans le corps du texte. Elle contient, en outre, de nombreuses notes marginales en hébreu et quelquefois en latin, de la main de R. ʿAzarya de Rossi, à qui ce ms. avait appartenu. On lit sur le premier feuillet ces mots : זה הספר המורה חנני שוכן מרומים · היה לי אני עזריה בן משה מן האדומים.

2° (Fol. 333.) ספר צורת הארץ «Livre de la forme de la terre», par R. Abraham, fils de Ḥayya.

3° (Fol. 381.) Fragment de la deuxième partie de la cosmographie intitulée : שערי שמים «Portes du ciel», de R. Gerson, fils de Salomon, auteur du xiiie siècle.

Écritures différentes. Le second ouvrage porte à la fin la fausse date de 1267.

Vélin et papier. Pet. xive et xve siècle. — (Sorbonne 108.)

692.

1° «Le Guide des Égarés», par R. Moïse Maïmonide; traduit de l'arabe en hébreu par R. Samuel Ibn-Tibbon.

2° (Fol. 143.) בחינת עולם לר' ידעיה מבדרש «Examen du monde, par R. Yedaya (Penini), de Béziers».

3° (Fol. 147 v°.) כתב התנצלות «Épître apologétique», relative à l'étude de la philosophie, par R. Yedaya (Penini), de Béziers. Cette épître est adressée à R. Salomon Ibn-ʾAdereth; elle est imprimée dans le recueil des Consultations (שאלות ותשובות) de ce dernier.

4° (Fol. 165.) שער הגמול «Porte de la rétribution», ou dernier chapitre du livre תורת האדם, de R. Moïse, fils de Naḥman.

Ce dernier traité est d'une autre écriture que le reste du ms.

Papier. Pet. XVe siècle. — (Ancien fonds 235.)

693.

1° ספר משכיות כסף להר' יוסף ן' כספי «Livre appelé Images d'argent», par R. Joseph Ibn-Caspi, fils d'Abba-Mari». Cet ouvrage, qui porte aussi le titre de : אוצר יי «Trésor du Seigneur», et qui est un commentaire partiel sur certains passages obscurs du «Guide des Égarés», a été publié à Francfort-sur-le-Mein, en 1848. A la suite de l'ouvrage se trouve une table des versets du Pentateuque expliqués dans ce commentaire, et à la fin on lit ces deux vers : אמת מורה אמת קרך ככנור · יתריו בו לפי חכמה סדורים : ובא פתי ולא ידע לנגן · וניגן בו ושיחה היתרים.

2° (Fol. 42.) ספר השינה והתעורה לארסטו «(Paraphrase du) Livre De somno et vigilia (Περὶ ὕπνου καὶ ἐγρηγόρσεως) d'Aristote», composée en arabe et traduite de l'arabe en hébreu. (Voyez ci-dessus, n° 185, 7°.)

Papier. Moy. XIVe siècle. — (Oratoire 58 a.)

694.

ספר משכיות כסף «Livre appelé Images d'argent», par R. Joseph Ibn-Caspi. (Voyez le n° précédent.)

Papier. Moy. XVe siècle. — (Ancien fonds 211.)

695.

Commentaire sur le «Guide des Égarés», appelé עמודי כסף «Colonnes d'argent», par R. Joseph Ibn-Caspi. Cet ouvrage a été publié avec l'ouvrage précédent, en 1848, à Francfort-sur-le-Mein. Notre ms. contient deux rédactions différentes du même livre, dont la première seulement est complète. La seconde s'arrête au chapitre LXXII du livre I. Le texte imprimé donne les soixante et douze premiers chapitres d'après cette seconde rédaction, qui, chronologiquement, semble être la première.

L'écriture est la même que dans le n° précédent.

Vélin. Moy. XVe siècle. — (Ancien fonds 210.)

696.

1° Commentaire sur le «Guide des Égarés», par R. Moïse, fils de Josué, de Narbonne, surnommé Maître Vidal, auteur du XIVe siècle. La première partie de cet ouvrage a été publiée en 1791, à Berlin, et l'ouvrage complet en 1852, à Vienne.

2° (Fol. 71.) ספר אלמנסטי «Livre de l'Almageste». C'est le sommaire d'Averroès, traduit de l'arabe en hébreu par R. Jacob, fils d'Abba-Mari, fils de Samson, Antolio. Cette version a été faite à Naples, en 1231.

3° (Fol. 111.) המאמר החמישי מספר מלחמות יי «Cinquième partie du livre intitulé, Guerres du Seigneur», par R. Lévi, fils de Gerson. Cette copie s'arrête au chapitre XCVIII.

Vélin. Moy. XIVe siècle. — (Ancien fonds 207.)

697.

Commentaire sur le «Guide des Égarés», par R. Moïse, de Narbonne. La copie s'arrête au chapitre IX du livre III.

Vélin et papier. Pet. XIVe siècle. — (Ancien fonds 309.)

698.

Commentaire sur le «Guide des Égarés», par R. Moïse, de Narbonne. Ce ms. a été exécuté en 5160 (1400 de J. C.), par Sabbathaï, fils d'Isaïc Kohen, de Saint-Jean-d'Acre. Quelques feuillets ont été transposés.

Vélin. Pet. — (Oratoire 49.)

699.

Commentaire sur le «Guide des Égarés», par R. Moïse, de Narbonne. Notes marginales et renvois aux autres ouvrages du même auteur. Deux écritures différentes.

Papier. Moy. XVe siècle. — (Oratoire 50.)

700.

1° Commentaire sur le «Guide des Égarés», par R. Moïse, de Narbonne.

2° (Fol. 89 v°.) Commentaire sur le «Guide des Égarés», par R. Schém-Tôb, fils de Joseph, Ibn-Palaquéra, auteur du XIIIe siècle. Ce commentaire, qui porte le titre de : מורה המורה «Guide du Guide», a été publié en 1837, à Presbourg.

3° (Fol. 146 v°.) ליקוטי מקור חיים «Extraits du livre intitulé : Source de la vie», de R. Salomon Ibn-Gabirol, traduits de l'arabe et rédigés par R. Schém-Tôb, fils de Joseph, Ibn-Palaquéra. Cet ouvrage a été publié, d'après ce ms., par M. Munk, en 1857.

4° (Fol. 160.) ספר הנפש «Traité de l'âme», par R. Schém-Tôb Ibn-Palaquéra. Ce traité a été publié en 1835, à Lemberg.

5° (Fol. 166.) ספר שלמות המעשים «Livre de la Perfection des œuvres», traité de morale en dix chapitres, par le même auteur, commençant par ces mots : החכמים אמרו כי שלמות הנפש המדברת בשלמות שני, et finissant par ceux-ci : ומה שתחייב הדת הוא התפלות והצדקות בעדם.

6° (Fol. 171.) Abrégé du traité du Ciel et du Monde d'Aristote, par Avicenne; traduit de l'arabe en hébreu.

7° (Fol. 177 v°.) Commentaire sur le «Guide des Égarés», intitulé : עמודי כסף «Colonnes d'argent», par R. Joseph Ibn-Caspi. (Voyez ci-dessus, n° 695.)

8° (Fol. 203 v°.) Commentaire sur le «Guide des

Égarés», intitulé : משכיות כסף «Images d'argent», par le même auteur. (Voyez ci-dessus, n° 693.)

Papier. Pet. XVe siècle. — (Ancien fonds 239.)

701.

Commentaire sur le «Guide des Égarés», par R. Moïse, de Narbonne. Ce ms. a été exécuté par Sa'adya, fils de David Hat-Témâni, et achevé à Safad, le 28 marheschvan 5246 (1486 de J. C.).

Papier. Moy. — (Ancien fonds 208.)

702.

Commentaire sur le «Guide des Égarés», par R. Moïse, de Narbonne. Ce ms. a été exécuté par Abraham, fils de Juda, pour Caleb Afendopoulo, fils d'Élie, et terminé le 24 tebeth 5248 (1488 de J. C.). Il a été copié sur le n° 698.

Vélin et papier. Moy. — (Oratoire 48.)

703.

Commentaire sur le «Guide des Égarés», par R. Moïse, de Narbonne. Ms. exécuté par plusieurs copistes.

Papier. Pet. XVe siècle. — (Oratoire 52.)

704.

Le «Guide du Guide» (מורה המורה), ou commentaire sur le «Guide des Égarés», par R. Schêm-Tôb, fils de Joseph, Ibn-Palaquéra. (Voyez ci-dessus, n° 700, 2°.) A la suite du commentaire se trouvent :

a. L'épître adressée aux rabbins français en 1390, par le même auteur, contenant la défense de ce livre contre les attaques de ces mêmes rabbins. Cette lettre a été imprimée à la suite de l'ouvrage מנחת קנאות, Presbourg, 1838.

b. Un fragment du ספר הדרבנן, contenant des définitions de quelques termes techniques employés par les philosophes physiciens. (Voyez «Literaturblatt des Or.», tome VII, p. 779.)

Le ms. a été exécuté à Jérusalem, et achevé le 29 eloul 5151 (1391 de J. C.).

Papier. Moy. — (Ancien fonds 209.)

705.

1° ספר מורה המורה «Livre appelé le Guide du Guide», ou commentaire sur le «Guide des Égarés», par R. Schêm-Tôb, fils de Joseph, Ibn-Palaquéra. Cette copie s'arrête au commencement de la deuxième partie, à la 21e proposition.

2° (Fol. 41.) ביאור על מורה הנבוכים «Explication du Guide des Égarés». L'auteur de ce commentaire n'explique que les passages difficiles de l'ouvrage et n'entre pas dans les discussions philosophiques. Cet ouvrage commence par ces mots : אמר התלמיד החשוב... ר"ל הנה מומן היה דעתך לבא אלי, et finit par ceux-ci : ונחו כו הנפשות ונהרו העינים וינפשו גופות מעמלם ומיגיעם ישתבח וכו'. R. Joseph Ibn-Caspi y est cité plusieurs fois.

Papier. Pet. XVe siècle. — (Oratoire 51.)

706.

1° Le «Guide du Guide» (ס' מורה המורה), ou commentaire sur le «Guide des Égarés», par R. Schêm-Tôb, fils de Joseph, Ibn-Palaquéra. Copie très-correcte.

2° (Fol. 129.) ספר קטן בחכמת הנפש «Petit traité sur l'âme», par le même auteur. (Voyez ci-dessus, n° 700, 4°.)

3° (Fol. 149 v°.) Explication de la vision d'Ézéchiel, précédée d'une dissertation générale sur cette vision. En voici le commencement : נקראת המרכבה הנראית לנביא במראה הנבואה כן לפי שנראתה לי. La fin manque. L'auteur cite un commentaire sur le prophète Isaïe, composé par lui-même (fol. 154 v°).

4° (Fol. 166 v°.) Quelques morceaux détachés et divers fragments :

a. Pièce de vers de soixante strophes commençant par : בורא יצורים יצר · אם עת ונצח בצר . אשב ואויב וצר · ידם מגברת. L'auteur est probablement R. 'Ascher, fils d'Abraham.

b. Prière pour ceux qui traversent la mer, en prose rimée, par R. 'Ascher, fils d'Abraham, commençant par ces mots : האל רק דמון אשר במאמרו עולם המציא.

c. Deux autres prières, par le même auteur. La première commence par ces mots : בנו תבנותיהן ראיתיך נתור אדם; la seconde par ceux-ci : עלי.

d. Fragment d'une lettre dirigée contre le disciple d'un certain R. Jacob, qui avait soutenu l'éternité de la matière, la possibilité des miracles, et l'accord de ces opinions avec la Bible. En voici le commencement : מלא שיח עברה · כאשה עוברה · על מי שהפליג בעול ומרה · בריבור על השם סרה.

e. ספר העלות לפרוקלוס והוא ל"ב מאמרים «Livre des causes, par Proclus, en trente-deux sentences». — (Une page.)

f. Diverses observations philosophiques sur quelques passages des Analytiques d'Aristote.

Le ms. semble avoir été exécuté par R. 'Ascher, fils d'Abraham, l'auteur des poésies mentionnées ci-dessus.

Papier. Pet. XVe siècle. — (Ancien fonds 352.)

707.

1° אגרת שלחה חכם אחד מתלמידי הרב... משה... «Lettre adressée par un de ses disciples à R. Moïse, et réponse de celui-ci», au sujet d'un passage du «Guide des Égarés» de Maïmonide (livre I, chapitre LXXIII), relatif à la divisibilité de l'instant (העתה) et à l'existence des ʿAnaqîm ou géants. Dans cette réponse, l'auteur raconte qu'on avait découvert de son temps, à deux milles de Rome, dans un endroit planté de vignes et appelé Casnotola (קשנוטולא), des ossements humains d'une taille gigantesque. Voici le commencement de la lettre : בתחלת הקדמותיך יצא דבר בעניין מחלוקת הפילוסופיים והמדברים בדרך והזמן והתנועה ואמרת כאשר כתב החכם האמתי הרב הגדול ר' משה זצ"ל.

2° (Fol. 5 v°.) ספר ההגיון הכולל שחבר הר"ר יוסף זצ"ל «Logique, par R. Joseph», fils de Moïse, Qelti. L'auteur se dit disciple de R. David Pardoleon, de Grèce, et il dédie son ouvrage (en lui donnant le titre de : מנחת יהודה) à R. Juda, fils de Jacob, l'Espagnol, nommé Ibn-ʿAttâr. Cet ouvrage est un abrégé de la logique aristotélique, en six livres (שערים), dont le premier est une introduction très-courte correspondant à l'Isagoge de Porphyre; le livre II, divisé en deux chapitres, un prologue et une conclusion, traite des Catégories; le livre III, en trois chapitres, avec un prologue, traite de l'Interprétation; le livre IV, en dix chapitres, du Syllogisme (Premiers Analytiques); le livre V, en quatre chapitres, de la Démonstration (Seconds Analytiques); le livre VI, en quatre chapitres, reproduit en traits généraux les Topiques, les Réfutations des sophistes, la Rhétorique et la Poétique. Voici le commencement de cet ouvrage : אמר ר' יוסף נ"ג דעתי בזה המאמר לזכור כללים במלאכת ההגיון על דרך פרקי החכם אפוקראט. A la fin se trouve le commencement d'un chapitre intitulé : בביאור נושא הגיון «Du sujet de la logique», pour lequel le copiste renvoie à un autre livre (כל זה עד סופו כתוב בספר אחר).

3° (Fol. 17.) Explication des chapitres du «Guide des Égarés» relatifs au char céleste de la vision d'Ézéchiel; précédée de l'explication de divers autres passages du même livre; par R. Élie, fils d'Éliézer, de l'île de Candie. Voici le commencement de l'ouvrage : אלו דברי החכם המופלא הפילוסוף... בשם המלמד לארם דעת ויתן לו ית' שם... עין רואה ואוזן שומעת. Il finit par ces mots : אשר האציל ליריאיו מחכמתו וגלה לנביאיו בתי נכותו ונצחנו בשלימותו ונתן לנו את תורתו. Dans cet ouvrage, l'auteur cite un commentaire qu'il avait composé sur le livre cabalistique בהיר. Les notes explicatives qui précèdent l'ouvrage principal sont relatives aux passages suivants du «Guide des Égarés : 1° au chapitre XXX du livre II, qui traite de la création; 2° à cet axiome du chapitre LVI du livre I, que l'existence est un accident de la chose qui existe; 3° aux termes «forme physique» (צורת טבעית) et «forme spécifique» (צורת מינית), employés indifféremment au chapitre I du livre I; 4° à cet axiome du chapitre II du livre I, que ni le bien ni le mal n'entrent dans la catégorie du nécessaire. En tête de ces notes se trouve une pièce de vers en langue chaldaïque, composée de dix quatrains et commençant par ces mots : אלה כל עלמיא רשליח בשמיא.

4° (Fol. 31 v°.) Notes sur des sujets divers :

1. Explication du passage suivant de l'ouvrage יסוד מורה de R. Abraham Aben-Ezra : ואם תשים אלכסון ענול כמספרו וגו'.
2. Explication de deux passages du commentaire d'Aben-Ezra sur la Genèse (Genèse, chap. II, vers. 10; chap. XVIII, vers. 20).
3. Explication des calculs d'Aben-Ezra relatifs au tétragramme.
4. Énumération des vingt-sept (vingt-quatre?) différentes espèces d'hommes, dont parle Aben-Ezra (שבני אדם על כ"ז מינים משונים מצד חוזק הנפש וגו').
5. Explication allégorique de quelques points-voyelles, et observations sur l'immatérialité de l'âme.

Tous ces morceaux ont pour auteur R. Joseph, fils de Moïse.

5° (Fol. 35 v°.) Explication allégorique du chapitre XXIX, verset 1, de la Genèse, par R. Sabbathaï Kohen, disciple de R. Élie le Philosophe. Voici le commencement de ce traité : אמר צעיר התלמידים שבתי הכהן הגולה מארץ תוגרמה אל ארץ קדר לרעות נדיות רעיוני אל משכנות הרועים... ויהי היום וישאני רוח ויביאני ירושלימה ואשתומם...

6° (Fol. 38.) Cinq chapitres relatifs à la logique, dont le II°, le III° et le IV° sont conformes aux chapitres correspondants de la Logique de R. Joseph (voyez ci-dessus 2°), et dont le dernier (בביאור נושא ההגיון) termine également la Logique de R. Joseph. Le chapitre placé en tête, et commençant par les mots : אמר מגלה הסודות, semble plutôt être le dernier de ce résumé.

7° (Fol. 42.) ההכרחי בנשים «Ce qui est indispensable aux femmes», prière pour la soirée de la pâque, mais entièrement différente de la Hagada. Elle commence par ces mots : אבוא בגבורות יי אלהים אזכיר צדקתך לבדך. A la fin on lit les noms Élie, Sabbathaï et CcHΠαC (ואב) Κασ7αμουρις.

Les deux derniers feuillets, d'écriture différente, contiennent des observations relatives à la logique; puis la lettre de R. Moïse Maïmonide, adressée à son fils, commençant par ces mots : דע בני ירחמך, et finissant par ceux-ci : יהיו בגדיך לבנים. Il est dit, en tête de cette lettre, qu'elle a été tirée d'un ouvrage de Maïmonide, nommé «Le Testament» (ס' הצווי), composé peu de temps avant sa mort. Cette lettre se trouve imprimée dans la Collection des Consultations et lettres de Maïmonide.

La dernière page contient plusieurs noms caraïtes.

Ce ms. a appartenu à Moïse, fils de Joseph, fils d'Isaïe, fils d'Abraham Ham-Melammêd, surnommé Al-Merîzî.

Papier. Moy. xve siècle. — (Ancien fonds 437.)

708.

Divers fragments de lettres, pour la plupart de R. Moïse Maïmonide, ou relatives à cet auteur :

1° Fragment d'une lettre apologétique, écrite pour la défense de Maïmonide par un rabbin d'Espagne, dont le nom, au bas de la page, a été gratté; mais les traces des mots effacés semblent indiquer le nom de ששת הנשיא ב"ר יצחק הנשיא סרקסטי «Schêscheth Nâsî, fils d'Isaac Nâsî, de Saragosse». Nous aurions donc ici la fin de l'épître adressée par R. Schêscheth aux docteurs de Lunel, pour défendre Maïmonide contre les attaques de R. Meïr Hal-Lévi, de Tolède, épître qui est citée dans l'ouvrage אבן ספיר, de R. Al-Nathan Qalqîs. (Voyez ci-après n°s 727 et 728.) Elle se termine par ces mots : והמרידים אל דברו ואוהבי תורתו. עזרת יי . תלמידכם ההולך לאור תורתכם בעל בריתכם הספרדי. . .

2° (Fol. 10 v°.) Réponse de R. Moïse Maïmonide à R. Ḥisdaï Hal-Lévi d'Alexandrie. Cette pièce est imprimée dans le Recueil des lettres de Maïmonide.

3° (Fol. 14.) Commencement de la lettre de R. Moïse Maïmonide aux docteurs de Marseille. Cette pièce est également imprimée dans le Recueil des lettres.

4° (Fol. 15.) Fragment d'une autre lettre de R. Moïse Maïmonide. (Voyez le Recueil des lettres, éd. d'Amsterdam, fol. 43 v°.)

5° (Fol. 15.) Réponse de R. Moïse Maïmonide à un musulman converti au judaïsme. Imprimé.

6° (Fol. 16.) Dernières lignes d'une lettre écrite au commencement du mois marheschvan 1613 de l'ère des Séleucides (1301 de J. C.), par R. Abraham, fils de David, descendant de Maïmonide. Deux notes, placées à la suite de cette lettre, indiquent que l'auteur était né le 24 eloul 1556 de l'ère des Séleucides (1244 de J. C.), et que son père David, né en Égypte, le 14 tebeth 1534 (1222 de J. C.), y était mort au mois d'eloul 1611 (1299 de J. C.).

7° (Fol. 16 v°.) Lettre de condoléances adressée par la communauté juive de Rome au susdit R. Abraham, à l'occasion de la mort de son père David.

8° (Fol. 18.) Fragment d'une explication de la vision d'Ézéchiel.

9° (Fol. 21.) Quelques fragments informes d'un livre théologique et du Talmud.

En tête du volume se trouve un fragment du commentaire de Rasch sur l'Exode (chapitre xv, verset 7, à chapitre xix, verset 19).

Ce ms. semble avoir renfermé des documents précieux sur la vie de Maïmonide; il a été mutilé, sans doute à une époque récente.

Vélin et papier. Pet. Commencement du xive siècle. — (Oratoire 16.)

709.

Commentaire sur une partie du maḥzor du rite de la synagogue allemande. Ce volume embrasse les liturgies des sabbats appelés ארבע פרשיות, et des fêtes de פסח et de שבועות.

Vélin. Moy. Commencement du xive siècle. — (Sorbonne 95.)

710.

1° ספר היראה לר' יונה זצ"ל «Livre de la crainte de Dieu, par R. Jonas», de Girone, fils d'Abraham, auteur du xiiie siècle. Traité de morale et de théologie, imprimé plusieurs fois.

2° (Fol. 6 v°.) אגרת המוסר «Épître sur la morale», commençant par ces mots : שמע בני וקח אמרי ומצותי, et finissant par ceux-ci : למען ילמדו ליראה. . . ומצא חן ושכל טוב בעיני אלהים ואדם.

3° (Fol. 11 v°.) ספר נותן אמרי שפר «Livre qui offre de belles sentences», commençant par ces mots : ירא האל בני ראשית אמרי.

4° (Fol. 12 v°.) אגרת הענוה והחסידות אשר שלח הר"ר משה ב"ר נחמן לבנו מעכו לברצילונה «Épître sur l'humilité et la piété, adressée par R. Moïse, fils de Naḥman, à son fils, de Saint-Jean-d'Acre, à Barcelone». Cette pièce a été imprimée plusieurs fois.

5° (Fol. 13.) האגרת ששלח הרב הנזכר לבנו בהיותו בארץ ישראל לקשתיליא «Épître adressée par le même auteur, se trouvant en Palestine, à son fils en Castille» (בהיות בנו עומד לפני המלך). Cette pièce commence par ces mots : כאשר ייסר איש את בנו, et finit par ceux-ci : ונחפץ אביך זה ילדך משה ב"ר נחמן ז"ל.

6° (Fol. 13 v°.) אגרת המוסר «Épître sur la morale», commençant par ces mots : שמע בני מוסר אביך וגו' כבר את אביך לרבות אשת אביך.

7° (Fol. 14.) הנהגת הרא"ש ז"ל «Instruction de R. 'Ascher», fils de Yeḥi'el. Imprimé plusieurs fois.

8° (Fol. 14 v°.) משקה התועלת והבטחון «Boisson pour le progrès et la confiance», prescription morale, sous la forme d'une recette médicale, et commençant par ces mots : קח שרשי הטבח ועיקרי ההודאה.

9° (Fol. 15.) Le titre דעות de la «Main forte», de R. Moïse Maïmonide. Le chapitre i et le commencement du chapitre ii manquent.

10° (Fol. 19 v°.) הנהגת המוסרים «Instruction morale», commençant par ces mots : אות לדעת שיעור הכעס, et finissant par ceux-ci : ביד אשר לא יתננה עמו הפקדון ולכי לשלום. Il y a plusieurs lacunes au milieu de ce traité.

11° (Fol. 23 v°.) לקוטות ממשלי הקדמונים «Extraits des sentences des anciens», commençant par ces mots : ויגש אלי בחור משכיל.

12° (*Ibid.*) מאמרי מוסרים ותוכחות ודברי חכמות «Paroles sages et avertissements moraux». Commencement : אמר החכם כל חכמה שלא תכנס עם בעליה למרחץ אינה חכמה. Incomplet.

13° (Fol. 62 v° - 64 v°, 24 v° - 37 v°.) ספר שלחן של ארבע «Livre appelé la Table des quatre». Cet ouvrage est attribué dans ce ms. à R. Moïse, fils de Nahman. (Voyez ci-dessus, n° 434.) Il y a une grande lacune au milieu de notre copie.

14° (Fol. 37 v°.) שער בהנהגה המשובחת «Chapitre sur la conduite à adopter pour la santé du corps».

15° (Fol. 38-59 v°, 65-82 v°.) פרקי ר' אליעזר «Chapitres de R. Éliézer». Cet ouvrage a été imprimé pour la première fois à Constantinople, en 1514. Le commencement de la table manque dans notre copie, et il y a une lacune entre les chapitres xxiii et xxxiv.

16° (Fol. 60-62 v°.) Description du paradis et de l'enfer. Cette pièce finit par ces mots : אשר אמרנו הש"י יזמין לנו מהשלם. Le commencement manque.

Tous ces ouvrages sont de la même écriture. Il y a sur la dernière page le fragment d'une explication midraschique du verset ומרדכי ידע (Esther, chap. iv, vers. 1), qui porte ce titre : מעשה ידי יוסף בר' יהושע פרונטינו ז"ל באלמלח פאס.

Les ouvrages qui suivent sont d'une écriture plus ancienne.

17° (Fol. 83.) ספר היראה «Livre de la crainte de Dieu». Même ouvrage que 1° ci-dessus.

18° (Fol. 94.) מעשה עשרה הרוגי מלכות «Histoire des dix martyrs». Ce midrasch commence par ces mots : כתיב כי עליך הורגנו כל היום. La fin manque. Il diffère de celui qui a été imprimé sous le titre de : מדרש אלה אזכרה dans le recueil בית המדרש, tome II, page 64.

19° (Fol. 102.) אותיות של ר' עקיבה «Explication cabalistique des lettres de l'alphabet, par R. ʿAqiba». Imprimé plusieurs fois.

20° (Fol. 104 v°.) פטירת משה רבינו «La Mort de Moïse». Ce midrasch, commençant par ces mots : כתיב רבות בנות עשו חיל, diffère de celui qui est imprimé sous le même titre dans le recueil בית המדרש, tome II, page 115. La fin manque.

Papier. Pet. — (Ancien fonds 224.)

711.

1° Fragment du livre appelé כתב תמים, par R. Moïse Taqou, ouvrage qui est dirigé contre les travaux philosophiques de R. Saʿadya Gaon, de R. Moïse Maïmonide, de R. Juda Ḥasîd et d'Aben-Ezra. Ce fragment, qui semble former la dernière partie du chapitre ii et le commencement du chapitre iii, a été publié, d'après ce ms., dans le recueil אוצר נחמד, 1860, fasc. iii, pages 58 et suivantes.

2° (Fol. 59.) פירוש האותיות «Explication cabalistique des lettres de l'alphabet», par R. Moïse, fils de Juda. L'auteur fixe l'arrivée du Messie à l'année 5020 (1260 de J. C.). Voici le commencement de ce traité : זה השער בפירוש האותיות והוא סוד מהסודות ומי שידעם ידיעה נבונה.

3° (Fol. 68.) Commentaire sur le Petit livre des préceptes de R. Isaac de Corbeil, par R. Abraham Ḥazqouni, fils d'Ézéchias. Cet ouvrage commence par un quatrain formant l'acrostiche du nom de l'auteur, et dont voici le premier vers : אחלה אל אשר ברא שחקים. וגם ארץ עלי תוהו בלי מה. Il finit par un autre acrostiche dont voici le dernier vers : מנת חלקי וכוסי הוא אלהי יחוקני הגות תורה תמימה.

Le volume se termine par quelques observations relatives au calendrier.

Écritures différentes.

Papier. Pet. — (Ancien fonds 286.)

712.

1° ספר יוסף המקנא «Livre appelé Joseph le Zélateur», recueil de réponses faites aux interpellations de plusieurs chrétiens sur divers textes de la Bible, par quelques rabbins français, notamment par Nathan l'Official et son fils Joseph, auteur de ce recueil. (Voyez sur cet ouvrage, connu sous le titre de : נצחון «Victoire», Zunz, «Zur Geschichte, etc.», p. 86, et Munk, dans «Histoire littéraire de la France», tome XXI, page 509.) Il commence par ces mots : ראו קראתי בשם החבור יוסף המקנא והנה בשמים עדי כי לא להתנדר מלאני לבי לסדר הסדר, et finit par ceux-ci : וזהו שנה אחת קודם מלכות הורודוס שמלכותו היה ק"ג שנה בפני הבית אין עוד. En tête du volume se trouve une table de matières, précédée d'un fragment sur les prédictions consolatrices (נחמות) relatives au Messie.

2° (Fol. 43 v°.) Controverse soutenue par R. Yeḥiʾel, fils de Joseph, de Paris, contre Dounin, juif converti, en présence du roi Louis IX et de la reine, le lundi et le mardi, 5 et 6 tammouz de l'an 5000 (25 et 26 juin 1240). Cette copie est beaucoup plus complète que celle qui a été publiée par Wagenseil, dans son ouvrage «Tela ignea Satanæ». (Voyez «Histoire littéraire de la France», tome XXI, page 507-508.)

Les dernières pages renferment différents versets du Nouveau Testament, en latin et en caractères hébreux, accompagnés d'une traduction hébraïque interlinéaire; et des explications théologiques de quelques versets de l'Ancien Testament et du Talmud.

Vélin. Pet. Fin du XIIIe ou commencement du XIVe siècle. — (Supplément 92, St-Germain 222.)

713.

1° כללי המצות ומעלותם «Généralités des commandements et leurs qualités», ou traité sur les principes généraux de différents préceptes religieux, par R. Joseph Giqatilia, fils d'Abraham, auteur du XIIIe siècle. L'auteur, dans une série de titres rangés par ordre alphabétique, expose différents principes généraux qui doivent servir de base à la pratique des préceptes, et les confirme par une série de citations talmudiques. Selon la préface, ce livre ne forme que la première partie ou l'introduction d'un ouvrage détaillé sur les préceptes. Il commence par ces mots : אמר המחבר ראיתי המון חכמי תורתינו הבאים אחר חכמת התלמוד, et finit par ceux-ci : דין תשמישי מצוה ותשמישי קדושה נתכארו במלת לאו ובמלת צו ובמלת קדש.

Le copiste, qui ne se nomme pas, dit avoir exécuté ce ms. pour son fils Isaac, et l'avoir achevé le 2 nisan 5231 (1471 de J. C.).

2° (Fol. 178.) לקוטים «Notes détachées et extraits» de différents ouvrages théologiques. Les plus considérables de ces extraits traitent du sens allégorique du tabernacle, des vases sacrés, des sacrifices, etc.

L'écriture semble être la même que celle du premier ouvrage.

Papier. Pet. — (Oratoire 54.)

714.

1° כללי המצות ומעלותם «Généralités des commandements et leurs qualités», par R. Joseph Giqatilia, fils d'Abraham. (Voyez le n° précédent.)

2° (Fol. 103.) שערי צדק «Portes de la justice», par le même auteur. Traité cabalistique sur les dix sephiroth et les différents noms de Dieu. Imprimé à Riva di Trento, en 1561, sous le nom de R. Joseph Qarnitol.

En tête du volume se trouvent les piyyoutîm suivants, composés et écrits par R. Immanuel, fils de Josué, Serero (סירירו) :

.אלהי כל הארץ — .אשיר שירה חדשה : לשבת זכור — .אז תשכני —

Papier. Pet. XVIe siècle. — (Supplément 75.)

715.

ספר מעלות המדות «Livre appelé les Degrés des vertus», livre de morale et de théologie, divisé en vingt-quatre chapitres, par R. Yeḥi'el, fils de Yeqouthi'el, 'Anaw, auteur du XIIIe siècle. Cet ouvrage a été imprimé à Crémone, en 1556. Le poëme qui termine cet ouvrage dans quelques mss. (voyez de Rossi, n° 151) ne se trouve pas dans notre copie. Ce ms. a été exécuté par Salomon, fils de Sédécias, en 5076 (1316 de J. C.).

Vélin. Pet. — (Ancien fonds 231.)

716.

1° ספר מעלות המדות «Livre appelé les Degrés des vertus», par R. Yeḥi'el, fils de Yeqouthi'el, 'Anaw. Cette copie se termine par la pièce de vers. Le commencement manque.

2° (Fol. 164.) Petit traité grammatical commençant par ces mots : .התנועות הם עשר ה' גדולות וה' קטנות

3° (Fol. 167.) ספר מעשיות «Recueil de contes», par R. Nissim, fils de Jacob. Ce recueil, qui porte aussi le titre de : חיבור יפה מהישועה, a été imprimé pour la première fois à Constantinople, en 1519. (Voyez sur cet ouvrage le recueil בכורי העתים, t. XII, p. 74 et suiv.) Le commencement et la fin manquent dans cette copie.

4° (Fol. 205 v°.) דרש עשרת הדברות «Midrasch sur les dix commandements». Imprimé dans le recueil בית המדרש, tome I, page 62.

5° (Fol. 226 v°.) מעשה תורה «Pratique de la loi», recueil de passages talmudiques et midraschiques. Ce petit traité forme le § 118 de l'ouvrage כל בו; il a été imprimé plusieurs fois.

6° (Fol. 229 v°.) מדרש ויושע «Midrasch du Cantique de Moïse».

7° (Fol. 243.) הלכות «Prescriptions rituelles».

8° (Fol. 273 v°.) .דרך ארץ זוטא Petit traité éthique, compris dans le texte imprimé du Talmud.

9° (Fol. 274 v°.) אותות עשר מלחמות מלך המשיח «Signes des dix guerres du roi Messie», traité midraschique, faisant partie de l'ouvrage אבקת רוכל «Poudre du parfumeur», et imprimé de nouveau dans le recueil בית המדרש, Leipzig, 1853, tome II, page 58. Notre copie est précédée d'une introduction et se termine par un épilogue qui ne se trouve pas dans le texte imprimé.

10° (Fol. 279 v°.) מגלת אנטיוכס «Le Livre d'Antiochus». (Voyez ci-dessus, n° 130.)

11° (Fol. 285 v°.) דרש טוב מזמור לדוד יי מי יגור באהלך «Paraphrase excellente du psaume xv», suivie de quelques prescriptions relatives à la prière. Cette paraphrase est analogue aux digressions sur le même psaume qui se lisent à la suite de la préface du ספר המנהיג.

Quelques feuillets ont été transposés.

12° (Fol. 294 v°.) Quelques décisions légales, suivies des quatre observations relatives à la fertilité et à la disette, attribuées à R. Moïse Had-Darschân; de quelques observations chronologiques et astrologiques, et d'une prescription superstitieuse de R. Éliézer, de Worms, pour obtenir la sécurité pendant le voyage.

Vélin et papier. Pet. xiv° siècle. — (Ancien fonds 232.)

717.

ספר מעלות המדות «Livre appelé les Degrés des vertus», par R. Yeḥi'el, fils de Yeqouthi'el, 'Anaw. Le commencement de la préface manque.

Papier. Pet. xv° siècle. — (Sorbonne 86.)

718.

ספר מעלות המדות «Livre appelé les Degrés des vertus», par R. Yeḥi'el, fils de Yeqouthi'el, 'Anaw. La pièce de vers de la fin manque.

Papier. Pet. xv° siècle. — (Sorbonne 217.)

719.

1° מכתב התחיה «Traité sur la résurrection», par R. Juda Ibn-Zebâra, auteur du xiii° siècle. Ce traité a été imprimé à Constantinople, en 1569. Notre copie se termine par un post-scriptum de R. Sa'adya Ibn-Danân.

2° (Fol. 27 v°.) נסכה תקנה עמלהא הרמב"ם ז"ל במצר «Règlement fait par R. Moïse Maïmonide, au vieux Caire». Ce règlement ou arrêté, rédigé en langue arabe et écrit en caractères hébreux, est relatif aux menstrues et à la purification des femmes. Il est daté de l'an 4927 (1167 de J. C.), et signé par Maïmonide et les neuf membres composant le tribunal juif du Caire. Une version hébraïque de cette pièce, faite par R. Mardochée Tama, fils d'Isaac, a été publiée dans le recueil des consultations intitulé : פאר הדור (n° 152), Amsterdam, 1765. Elle y porte la fausse date de 4977.

3° (Fol. 29.) Traité en deux chapitres sur la béatitude finale et la vie future, par R. Moïse Maïmonide, en arabe et en caractères hébreux. Ce traité, qui semble n'être qu'un fragment d'un ouvrage plus considérable, a été traduit en hébreu et publié, sous le titre de : פרקי ההצלחה, dans le recueil פאר הדור (fol. 33 et suivants).

4° (Fol. 35.) Traité sur la Providence divine et la vie future, en arabe et en caractères hébreux; par R. Moïse Kohen Ibn-Qrespîn, de Cordoue. L'auteur, né à Cordoue et établi à Tolède, vivait dans la première moitié du xiv° siècle.

5° (Fol. 45.) רסאלה וצלת מן רבי משה זצ"ל לר' יוסף בר' יהודה תלמידה «Épître adressée par R. Moïse (Maïmonide) à son disciple R. Joseph, fils de Juda». Cette lettre est écrite en arabe et en caractères hébreux. Une traduction hébraïque, incomplète, en a été publiée dans le Recueil des lettres de Maïmonide. Le complément, en arabe, a été publié par M. Munk («Journal asiatique», juillet 1842).

6° (Fol. 48.) פירוש שמע ישראל לר' משה הכהן בן קרשפין ממדינת טליטלה «Explication de la formule שמע (Deutér., chapitre vi, versets 4-9), par R. Moïse Kohen Ibn-Qrespîn, de la ville de Tolède».

7° (Fol. 51 v°.) Explication d'un passage du Midrasch rabba, relatif au verset 22 du chapitre xiv de la Genèse, par le même auteur. Cet article forme la réponse à une question qui avait été adressée à l'auteur.

8° (Fol. 52.) Explication d'un passage du Talmud de Babylone (מס' מגלה, chapitre iv, הללו בלשון רבים אמורות וגו'), par le même auteur. Cet article forme la réponse à une question qui avait été adressée à l'auteur par un habitant de Valence.

9° (Fol. 54 v°.) פירוש פרשת הנה ישכיל עבדי החמודה להר' משה הכהן ז"ל בן קרשפין «Commentaire sur les derniers versets du chapitre lii et le chapitre liii d'Isaïe, par R. Moïse Kohen Ibn-Qrespîn». A la suite de cet article se trouve une note de R. Sa'adya Ibn-Danân, qui dit l'avoir copié pour que, dans l'occasion, cette explication puisse servir à la réfutation des chrétiens. Cependant lui-même n'approuve pas cette explication, et il croit que cette prophétie d'Isaïe s'applique, non au Messie, mais au peuple juif.

Ces neuf opuscules sont tous de la même écriture, par conséquent de la main de R. Sa'adya Ibn Danân.

10° (Fol. 60.) ספר הישר «Livre du Juste», par R. Zeraḥya (Hal-Lévi Anatoli?) Yawanî (le Grec). Ce livre, qui traite de divers sujets de morale et de théologie, a été publié pour la première fois au commencement du xvi° siècle, à Constantinople, sous le nom de R. Jacob Tam. Notre copie diffère du texte imprimé quant à la division des chapitres; elle présente souvent une rédaction entièrement différente et plusieurs passages qui ne se trouvent pas dans les textes imprimés.

11° (Fol. 107.) פי' מסכת אבות לר' שם טוב בן שם טוב «Commentaire sur le traité de la Mischna אבות, par R. Schêm-Tôb, fils de Schêm-Tôb», auteur du xiv° siècle. Voici le commencement de ce commentaire : א"ר יהודה אשרי מי שעמלו בתורה ועושה נחת רוח ליוצרו גדל בשם טוב. La fin manque.

12° (Fol. 143.) ספר משכן העדות «Livre appelé le Tabernacle du témoignage», par R. Moïse, fils de Schêm-Tôb, de Léon. (Voyez ci-dessus, n° 677, 7°.) La fin de notre copie, depuis le milieu du livre II, manque.

13° (Fol. 156.) ספר זמורת האשכול «Livre appelé Cep de vigne», sermons sur les différentes sections du Pentateuque, dont chacun porte le titre de נטע (Plant). Cette copie est incomplète; elle ne contient que quelques feuillets des trois premières sections de la Genèse.

14° (Fol. 162.) חלק תורת האדם «Portion du livre appelé la Doctrine de l'homme». Cet ouvrage qui, comme le livre analogue de R. Moïse, fils de Nahman, traite de l'état de l'homme après la mort, des châtiments et des récompenses qui l'attendent, commence par ces mots : בא להודות עניני האדם אחר צאתו מן העולם הזה לאין הוא הולך לאין ישוב.

15° (Fol. 189.) ספר ארחות חיים «Livre appelé Sentiers de la vie», attribué à R. Éliézer, fils d'Isaac, nommé le Grand. Cet ouvrage a été imprimé pour la première fois en 1519, à Constantinople. Notre copie se termine par un fragment du Midrasch rabba sur les Proverbes.

16° (Fol. 200.) Fragment de l'ouvrage אבן בוחן «Pierre de touche», de R. Qalonimos, fils de Qalonimos. (Voyez ci-dessus n° 188, 5°.) A la suite de ce fragment, qui porte ici le faux titre de : ספר הבדרשי, on trouve le commencement de la lettre apologétique de R. Yedaya Penini, de Béziers, adressée à R. Salomon Ibn-'Adereth, et imprimée dans le Recueil des consultations de ce dernier, sous le n° 418.

17° (Fol. 208.) פירוש קהלת «Commentaire sur l'Ecclésiaste». En voici le commencement : הנצרך הכתוב לפי' כל אלו התוארים לפי שבנה הספר יש דברים סותרים.

18° (Fol. 216.) דרוש לתשובה «Sermon pour la semaine de pénitence, ou pour le samedi qui précède le jour des expiations».

Les neuf derniers ouvrages sont d'écritures différentes.

Papier. Pet. — (Supplément 66.)

720.

ספר הנסים חברו החכם ר' נסים זלה"ה... «Livre des miracles, par R. Nissim, fils de Moïse, fils de Salomon, fils de Moïse, descendant des exilés que Titus avait envoyés de Jérusalem à Marseille». Cet ouvrage, dont le sujet principal est l'explication rationnelle des miracles contenus dans la Bible, se compose d'une introduction générale sur divers sujets philosophiques, et d'une partie analytique disposée dans l'ordre des sections du Pentateuque. L'auteur, qui suit particulièrement Maïmonide, ne cite pas d'auteur postérieur à R. Moïse Tibbon (explication du psaume xci, verset 5 et suivants, מה שפי' החכם ר' משה תבון בספר בלקט שכחות, fol. 14 v°). L'ouvrage commence par trois vers, dont voici le premier : כי ישאלך מה זאת בנך תשיב מעשה נסים הוא לי. Voici le commencement de la préface : אמר שאלני אחד מן החברים זך השכל נקי התבנה נכסף לדעת. La préface est suivie d'une autre pièce de vers. Puis le livre commence par ces mots : תחלה אקדם לך דברים מונחים כדמות השרשים וההתחלות, et finit par ceux-ci : ולמה כתוב מן השמים השמיעך את קולו ליסרך ר"ל ליסרם מן החשך שהיה בלבם על משה ולא יחשבוהו עוד. Il y a une autre copie de cet ouvrage à la Bibliothèque médicéenne de Florence. (Voyez Biscioni, «Biblioth. Medico-Laur. Catalogus», tome I, page 41.)

Vélin et papier. Moy. xiv° siècle. — (Ancien fonds 197.)

721.

ספר מלחמות יי לר' לוי בן גרשם «Livre des guerres du Seigneur, par R. Lévi, fils de Gerson», ouvrage de théologie rationnelle en six livres, imprimé à Riva di Trento, en 1560. Comme cette édition et la plupart des manuscrits, notre copie ne renferme pas la première partie du livre V, qui forme un ouvrage à part sur l'astronomie. A la fin de la deuxième partie du livre V, l'auteur dit l'avoir terminée le 25 kislev de l'an 5089 (1328 de J. C.); la troisième partie du même livre porte la date du 2 tebeth de la même année (décembre 1328 de J. C.), et le livre VI, celle du 7 schebat 5089 (janvier 1329 de J. C.). Les deux premiers feuillets de notre copie, qui manquaient, ont été écrits à une époque récente. L'introduction manque.

Papier. Moy. xiv° siècle. — (Oratoire 58 b.)

722.

«Livre des guerres du Seigneur», par R. Lévi, fils de Gerson. Sans la partie astronomique. Cette copie a été exécutée par 'Ascher, fils de Don Samuel de Lunel, pour Isaac, fils de Nahoum Kohen, de Polcastro, en 5240 (1460 de J. C.). (Voyez fol. 94 v° et fol. 125.) Le commencement manque, et à la fin on a ajouté, d'après l'édition de Riva di Trento, la date de la composition du dernier livre et celle de l'impression.

Papier. Moy. — (Ancien fonds 202.)

723.

«Livre des guerres du Seigneur», par R. Lévi, fils de Gerson. Sans la partie astronomique. Le ms. a été exécuté par Joseph, fils de Salomon Dipara (דיפארה), et terminé le 13 addar I 5244 (1484 de J. C.).

Papier. Moy. — (Ancien fonds 203.)

724.

La première partie du livre V du «Livre des guerres du Seigneur», par R. Lévi, fils de Gerson. Cette portion, qui dans notre ms. est inexactement nommée «le second volume du livre V», offre un traité complet d'astronomie, suivant une méthode différente de celle de Ptolémée; elle est divisée en cent trente-six chapitres. Dans les chapitres vi-xi, l'auteur parle d'un nouvel instrument optique inventé par lui pour les observations astronomiques; au chapitre ix, il rapporte deux pièces de vers qu'il avait composées sur cet instrument, auquel il donne le nom de מגלה עמוקות «Découvrant les profondeurs». Ces chapitres ont été traduits en latin en 1342, pour le pape Clément VI, traduction qui se trouve au fonds latin de la Bibliothèque impériale sous le n° 7293. D'après une note placée à la fin du volume, l'auteur termina cet ouvrage le 21 kislev 5089 (24 déc. 1328 de J. C.); mais il le revit, le corrigea et le compléta pendant plusieurs années, jusqu'en 1340. (Voyez chap. xcviii, c et cxxii.) La copie du ms. a été terminée au mois d'eloul 5157 (1397 de J. C.). En 1498, ce volume passa des mains de R. David, fils de Juda (Messer Léon), entre celles du caraïte Caleb Afendopoulo. Quelques lacunes vers la fin.

Papier. Moy. — (Oratoire 58 c.)

725.

Première partie du livre V du «Livre des guerres du Seigneur», de R. Lévi, fils de Gerson. Ce ms. a été exécuté par Abraham Saül, pour Abraham Yôm-Tôb, de Jérusalem, et achevé le 14 tebeth 5270 (1510 de J. C.). Il semble avoir été copié, au moins en partie, sur le ms. précédent, car on remarque les mêmes lacunes dans les deux exemplaires.

Papier. Pet. — (Oratoire 159.)

726.

1° ספר מנורת הכסף לר' יוסף בן כספי «Livre appelé le Candélabre d'argent, par R. Joseph Ibn-Caspi», ouvrage de théologie et de métaphysique, qui traite en quatre chapitres de la création, de la vision d'Isaïe, de la vision d'Ézéchiel et de la vision de Zacharie. Voici le commencement du livre : אמר ... כונתנו בזה הספר לעשות באורים מה למעשה המרכבה וקראתיו מנורת הכסף. Il finit par ces mots : בכלל רצוני שלשה העולמות יחדו ויי על גבוהן ית'... אשרי מי לכאן ונפתח לו המפתח.

2° (Fol. 44.) ספר יצירה לאברהם אבי' ע"ה «Livre de la création, par le patriarche Abraham», traité fondamental de la cabale, attribué dans ce ms. au patriarche Abraham, comme dans d'autres mss. à Adam, ou à R. 'Aqîba. Il a été imprimé plusieurs fois. Nous n'avons ici que la rédaction abrégée du livre.

3° (Fol. 47.) ס' המשקל לר' משה בר' שם טוב דליאון «Livre de la balance», par R. Moïse, fils de Schêm-Tôb, de Léon. Cet ouvrage, qui porte aussi le titre de : ספר הנפש החכמה «Livre de l'âme intelligente», et qui traite, en cinq chapitres, de l'âme et de sa destinée après la mort, a été imprimé à Bâle, en 1608.

Vélin. Pet. xive siècle. — (Sorbonne 76.)

727 et 728.

ספר אבן ספיר לר' אלנתן בר' משה קלקיש «Livre appelé Pierre de saphir», par R. Alnathan, fils de Moïse, Qalqisch, de Constantinople, auteur du xive siècle. Ce vaste ouvrage traite, en vingt-deux sections ou propositions (הקדמות), de différents sujets théologiques, philosophiques et cabalistiques. Il est précédé d'une préface où il est question des sept arts libéraux. L'absence d'ordre et de méthode rend très-difficile de suivre l'auteur dans ses digressions, où la cabale symbolique joue un grand rôle. Les sujets principaux traités dans ce livre sont les suivants : sur les différents ouvrages consultés par l'auteur; sur les différentes formes de syllogisme; sur l'incorporéité de Dieu comme être nécessaire; sur l'étude de la loi; sur la cosmogonie; sur la Providence divine; sur le tétragramme; sur la vision d'Ézéchiel; sur la différence de la substance et de l'attribut; sur l'immortalité de l'âme et la résurrection des morts (selon les doctrines de Maïmonide); sur le sens du deuxième commandement; sur les devoirs du juge et les formes judiciaires; sur la prière; sur la prophétie; sur le tempérament des astres et leur influence; sur le sens mystique et symbolique de plusieurs passages de la Genèse et de l'Exode, etc. L'auteur, qui se nomme à plusieurs endroits (voyez tome II, fol. 110 v°, fol. 39 et fol. 149 v°), se donne, selon le procédé cabalistique de la Guematria, plusieurs autres noms, comme : קהלת, שר בן משה, שר בן איש, שר הפנים. Il cite aussi son maître, R. Isaïe, fils d'Immanuel, rabbin de Constantinople. L'ouvrage fut composé entre 1367 et 1370 (voyez t. I, fol. 175, et t. II, fol. 15).

Une description détaillée de ce livre se trouve dans les notes de M. Munk conservées à la Bibliothèque impériale.

2 vol. Vélin et papier. Gr. xive siècle. — (Oratoire 91 et 92.)

729 et 730.

ספר מכלל יופי חברו החכם ר' שמואל ש"צ (lis. צרצה) המכנה בלה"ק בן סנה «Livre appelé la Perfection de la beauté, par R. Samuel Zarza, appelé en hébreu Ben-Senê», auteur du xive siècle. Cet ouvrage, divisé en sept livres (שערים) et cent cinquante et un chapitres, et consacré principalement à l'interprétation des traditions et allégories renfermées dans le Talmud et les midraschîm, traite en même temps de plusieurs questions de philosophie, de théologie et de morale, ayant rapport au judaïsme. Il fut composé à Valence, en 1369, pendant la guerre civile entre Pierre le Cruel et son frère Henriquez (Henri II). L'auteur parle dans la préface des malheurs qui accablèrent alors toutes les communautés juives des pays de Castille et de Léon, notamment celle de la ville de Tolède, lors du siége de cette ville par Henri. Les auteurs cités dans cet ouvrage sont Aben-Ezra, Maïmonide, Samuel Ibn-Tibbon, Schêm-Tôb Ibn-Palaquéra, Isaac Al-Balag, Salomon Ibn-Palaquéra, Salomon Ibn-Tibbon, Moïse de Narbonne (Maître Vidal), etc. Au chapitre VII du livre VII il est question d'un traité de Maïmonide intitulé : אגרת הסודות. (Voyez aussi Moïse de Narbonne, מורה המורה, livre I, chapitre XXI.) L'auteur cite plusieurs fois son ouvrage מקור חיים. Voici le commencement du livre : אמר המחבר אמרו חכמי' ז"ל כי השי"ת הוא לבדו אמת ואין זלתו אמת כלו' כי הש"י לבדו הוא הברא המציאות. Il finit par ces mots : וכן כל הצדיקים שקיימו את התורה בילדותם מהו אומ' וקולי יי יחליפו כח. וגו' ובזקנותם מהו אומ' עוד ינובון בשיבה וגו'. (Voyez, sur l'auteur et sur son livre, « Literaturblatt des Or. », tome XII, pages 655 et suiv.)

Notre copie, exécutée par plusieurs copistes, est distribuée en deux volumes, dont le premier renferme les quatre premiers livres, le second les trois derniers. Il y a une lacune au XVIe et dernier chapitre du livre IV; une autre au chapitre XXX du livre VII.

En tête du volume I se trouve une pièce de vers qui forme l'acrostiche du nom de l'auteur, et dont voici le premier :

שור מציון מכלל יופי מהררי קדש הופיע.

A la fin du tome II on trouve deux notes détachées : la première sur ce passage du Talmud : 'ולא קם נביא וגו בישראל לא קם אבל באומות העולם קם; la seconde sur le chapitre III des פרקי דר' אליעזר.

2 vol. Papier. Pet. — (Oratoire 62 et 63.)

731.

Le septième livre de l'ouvrage intitulé : מכלל יופי « Perfection de la beauté », de R. SAMUEL ZARZA.

Papier. Pet. XVe siècle. — (Oratoire 205.)

732.

Abrégé du livre מכלל יופי « Perfection de la beauté », de R. SAMUEL ZARZA. Quelques-uns des chapitres de l'ouvrage sont reproduits textuellement, d'autres sont abrégés, d'autres entièrement supprimés. Cet abrégé, commençant par l'abréviation א"מ = אמר מורנו, ne semble pas provenir de l'auteur lui-même. Le ms. est de deux écritures différentes.

Papier. Pet. — (Oratoire 22.)

733.

1° ספר משכנות יעקב « Livre intitulé : Demeures de Jacob », par R. JACOB, fils de Salomon, auteur du XIVe siècle. Ce livre embrasse trois parties, portant des titres différents. La première, intitulée : בית יעקב « Maison de Jacob », traite des interprétations, soit littérales, soit allégoriques, de plusieurs passages de la Bible. La seconde partie, intitulée : ישועות יעקב « Secours de Jacob », traite des dix plaies de l'Égypte, et des mots mnémotechniques (דצך עדש באחב) par lesquels elles ont été exprimées par R. Juda. La troisième partie, avec le titre de : קהלת יעקב « Communauté de Jacob », démontre que la pratique de la loi est plus méritoire que les théories de la doctrine. Ces dissertations ont dû faire partie d'un ouvrage plus étendu. Elles commencent toutes par le mot אמיץ = אמר יעקב צרפתי.

2° (Fol. 57.) Dissertation polémique contre la doctrine de l'éternité de la matière, par le même auteur. Ce traité finit par ces mots : ומי שאין לו דומה יאר עינינו במאור תורתו כצאת השמש בגבורתו.

3° (Fol. 61.) אבל רבתי « Grand Deuil », par le même auteur. C'est le récit des pertes douloureuses que l'auteur a essuyées dans sa famille, dont plusieurs membres étaient morts de la peste qui sévissait en France dans l'année 1395.

La copie du ms., qui semble être autographe, a été terminée le 28 marheschvan 5156 (1395 de J. C.).

Vélin et papier. Pet. — (Ancien fonds 227.)

734.

ספר נצחון « Livre de la Controverse », ou réfutation du christianisme et des doctrines hérétiques, par R. YÔM-TÔB LIPMAN, de Mulhouse, auteur du XVe siècle. Cet ouvrage, divisé en sept sections, selon le nombre des jours de la semaine, et en trois cent cinquante-quatre paragraphes, selon le nombre des jours de l'année lunaire, contient autant de passages bibliques expliqués par l'auteur en faveur du judaïsme. Il a été imprimé à Altdorf, en 1644. Cette copie ne contient que trois cent trente et un textes bibliques. La préface לכו בנים et la table des matières sont placées à la fin du volume. Le commencement, jusqu'au § 9, et la fin de la table manquent.

Vélin. Pet. Commencement du XVe siècle. — (Oratoire 64.)

735.

ספר הנצחון « Livre de la Controverse », par R. YÔM-TÔB LIPMAN, de Mulhouse. La copie a été exécutée à Jérusalem par Israël, fils d'Abraham Melammêd, pour R. Isaïe, de Jérusalem. Elle a été terminée le 5 tischri 5220 (1459 de J. C.).

Papier. Moy. — (Ancien fonds 204.)

736.

מאמר ארון העדות «Traité de l'Arche du témoignage», ouvrage de théologie et de philosophie en vingt-deux chapitres, par R. Juda, fils de Joseph, Ibn-Al-Bastânî (אלבסטאני) ou Barsânî (ברסאני), auteur du xve siècle. L'auteur s'appuie principalement sur les opinions exprimées dans le «Guide des Égarés» de Maïmonide et dans les commentaires de R. Abraham Aben-Ezra. Le livre commence par ces mots : אם תשאלה על מחזה סודות נבואה או חלום, et finit par ceux-ci : אשר לו הכל והוא הכל ונרצא בכל והיה טרם כל ונרצא אחרית כל ית'... וימלא כבודו את כל הארץ. (Voyez sur cet ouvrage «Literaturblatt des Or.», tome II, page 707; Wolf, «Biblioth. Jud.», tome III, page 313; Uri, «Catal. Bibl. Bodl.», page 64, n° 347.) Le ms. a été exécuté par Juda, fils de Samuel, pour Ben-Zion Ismaël, fils de Moïse, de Viterbe. Il a été achevé le 2 kislev 5296 (1536 de J. C.). Il y a une grande lacune entre le chapitre II et le chapitre III, provenant de l'absence de ce morceau dans l'exemplaire sur lequel cette copie a été exécutée.

Papier. Pet. — (Supplément 19.)

737.

ספר אור יי «Livre appelé Clarté de Dieu», ou première partie de l'ouvrage intitulé : נר אלהים «Lumière de Dieu», par R. Ḥisdaï Qresqas, fils d'Abraham, fils de Juda, fils de Ḥisdaï, auteur du commencement du xve siècle. Cet ouvrage, divisé en quatre livres, et dirigé principalement contre l'influence de la philosophie d'Aristote sur la théologie juive, a été imprimé à Ferrare, en 1555. Notre copie diffère souvent du texte imprimé.

Papier. Pet. xvie siècle. — (Ancien fonds 225.)

738.

1° ספר מגן אבות «Livre appelé Bouclier des Pères», traité de théologie et de philosophie, en trois parties, par R. Siméon, fils de Ẓemaḥ, Douran. La première et la troisième partie de cet ouvrage ont été imprimées à Livourne, en 1785. Dans cette copie, toute la partie relative à la physique et à la médecine (livre III, chapitre IV) a été omise. La copie s'arrête à l'article sur la résurrection.

2° (Fol. 195.) Explication de quelques passages de la Haggada.

3° (Fol. 200.) פירוש המדרשות «Commentaire sur les passages haggadiques du Midrasch», par R. Yedaya Penini, de Béziers. (Voyez sur cet ouvrage Zunz, «Zur Geschichte, etc.», p. 467; de Rossi, «Mss. codices hebr.», n° 222.) Notre copie ne contient que des explications du Midrasch rabba du Pentateuque, du Midrasch Tanḥouma et du livre Siphri. Elles se terminent par l'explication de la Haggada (שלש משמרות תורה).

4° (Fol. 366.) Lettre adressée par R. Juda, fils d'Ascher, à son père R. Ascher, fils de Yeḥiel, au sujet de la métempsycose (גלגול הנפש), et la réponse de celui-ci. Ces lettres ont été publiées récemment.

5° (Fol. 368 v°.) Deux sermons très-courts, prononcés à l'occasion d'un mariage. Le premier commence par ces mots : למען שיתי אותתי אלה בקרבו; le second commence par ceux-ci : מגן לך שכרך הרבה מאד אברם אנכי. A la fin on lit cette signature : ממורי הרינ"ל זלה"ה.

6° (Fol. 374.) Énumération des anges et des astres qui, d'après les doctrines cabalistiques et astrologiques, président pendant chaque semaine aux heures du jour et de la nuit. Ce traité a été achevé le vendredi 3 tebeth 5075 (1315 de J. C.).

7° (Fol. 376 v°.) Fragment d'un commentaire sur le traité du Talmud קדושין.

8° (Fol. 382.) Observations sur l'Isagoge de Porphyre et sur les différentes parties de l'Organon d'Aristote. Elles sont signées pour la plupart de א"ס ou de א"ב א"ס.

9° (Fol. 398.) Modèles de lettres et du style épistolaire.

Écritures différentes. Quelques feuillets ont été transposés.

Papier. Moy. xvie siècle. — (Ancien fonds 205.)

739.

1° מגן אבות «Bouclier des Pères», par R. Siméon, fils de Ẓemaḥ, Douran.

2° (Fol. 199 v°.) Commentaire sur le traité de la Mischna אבות, par le même auteur. Ce commentaire, désigné dans notre ms. comme la quatrième partie de l'ouvrage précédent, a été imprimé à Livourne, en 1763.

Ce ms. a été exécuté en 1559.

Papier. Moy. — (Supplément 65.)

740.

ספר העקרים לר' יוסף אלבו «Livre des Principes fondamentaux (de la religion juive), par R. Joseph Albo», auteur du xve siècle. Cet ouvrage a été imprimé pour la première fois à Soncino, en 1485. Notre ms. a été exécuté à Venise (כלאגונה סירקה גיגריליוס) par Abraham, fils de

Jacob Benieto, pour Don Isaaç Albilia, et achevé au mois de tammouz 5214 (1454 de J. C.).

Papier. Moy. — (Oratoire 41.)

741.

ספר העקרים «Livre des Principes fondamentaux (de la religion juive)», par R. Joseph 'Albo. Cette copie a été exécutée à Pise, par Joseph, fils de Samuel, l'Espagnol, et offerte par lui à son protecteur David de Tivoli. Elle a été achevée le 16 eloul 5229 (1469 de J. C.). Les chapitres polémiques contre le christianisme (livre III, chapitres xxv et xxvi) ont été mutilés ou rayés.

Vélin et papier. Moy. — (Sorbonne 206.)

742.

ספר העקרים «Livre des Principes fondamentaux (de la religion juive)», par R. Joseph 'Albo. Cette copie a été exécutée en 5234 (1474 de J. C.).

Vélin et papier. Moy. — (Ancien fonds 195.)

743.

1° ספר העקרים לר' יוסף אלבו «Livre des Principes fondamentaux (de la religion juive), par R. Joseph 'Albo». Les chapitres xxv et xxvi du livre III sont en partie rayés.

2° (Fol. 273.) פירוש פרשת התקועית לאפ"ד «Commentaire sur le chapitre de la femme de Thecoa (livre II de Samuel, chapitre xiv), par Prophiat Douran.

3° (Fol. 286.) ספר בחינת העולם להר' אין בוניט אברם ז"ל «Livre appelé L'Examen du monde, par R. En Bonet, [fils d']Abraham [Yedaya Penini, de Béziers]».

Trois écritures différentes.

Papier. Pet. — (Sorbonne 212.)

744.

«Livre des Principes fondamentaux de la religion juive», par R. Joseph 'Albo. Le commencement et la fin du ms. manquent. Il y a quelques lacunes au milieu et plusieurs feuillets ont été transposés.

Papier. Pet. xvie siècle. — (Oratoire 43.)

745.

ספר האמונות שחבר החכם החסיד הר' שם טוב זצ"ל «Livre des croyances, par R. Schêm-Tôb [Ibn Schêm-Tôb]». Cet ouvrage, qui traite des dogmes de la religion juive dans leurs rapports avec la philosophie, a été imprimé à Ferrare, en 1556.

Papier. Pet. xvi° siècle. — (Supplément 105, S'-Germain 501.)

746.

ספר האמונות שחבר החכם החסיד הר' שם טוב ז"ל «Le Livre des croyances, par R. Schêm-Tôb [Ibn-Schêm-Tôb]». Le ms. a été exécuté par Joseph Finzi, de Lignago, pour Isaac Lôbâz, de Casino, dans le marquisat de Montferrat, et achevé à Casale Tinazo (גאזולו טינאצו), le 7 tammouz 5279 (1519 de J. C.).

Papier. Gr. — (Ancien fonds 189.)

747.

ספר דרך אמונה «Livre appelé Le Chemin de la foi», par R. Abraham, fils de Yôm-Tôb, Bibâgo, auteur du xv° siècle. Imprimé à Constantinople, en 1522. (Voyez sur cet ouvrage Munk, «Mélanges de philosophie juive et arabe», p. 507.) Le nom de l'auteur (Abraham, fils de Yôm-Tôb et non Schêm-Tôb) se lit au commencement de la copie.

Papier. Moy. xvi° siècle. — (Oratoire 42.)

748.

מנורת המאור שחבר הר"ר יצחק אבוהב «Le Chandelier de l'éclairage, par R. Isaac 'Abohab», auteur du xv° siècle; traité de morale en sept livres, imprimé pour la première fois à Constantinople, en 1514.

Ms. de deux écritures différentes.

Papier. Moy. xvi° siècle. — (Oratoire 57.)

749.

ספר ישועות משיחו להר' דון יצחק אברבנאל «Livre appelé Les Secours du Messie, par Don Isaac Abravanel», fils de Juda, auteur du xv° siècle. Cet ouvrage, qui traite du Messie, et qui est l'un des trois traités compris sous le titre de : מגדול ישועות, a été publié, d'après ce ms., en 1828, à Carlsruhe. En tête du volume, un des propriétaires du ms., R. Jacob, fils d'Isaac Roman, vivant à Constantinople en 1622, cite la lettre de l'auteur à R. Saül Kohen, dans laquelle il est question du titre du livre.

Papier. Pet. xvi° siècle. — (Ancien fonds 199.)

750.

1° Fragment d'un recueil de sermons.

2° (Fol. 14.) Les huit Chapitres sur l'âme, par R. Moïse Maïmonide. Cette copie a été exécutée par Joseph Qatab (יהוסף קתב), fils de Daniel, fils d'Élie, fils d'Uziel; elle a été terminée le 28 kislev 5167 (1407 de J. C.). Le verso du dernier feuillet contient le commencement du livre ארחות חיים.

3° (Fol. 24.) Histoire d'Alexandre le Grand. Une partie notable de ce livre s'accorde avec le récit de Joseph Ben-Gorion (livre II), tandis qu'une autre partie reproduit celui du Pseudo-Callisthène. L'épisode de l'hommage rendu par Alexandre au grand prêtre de Jérusalem (voyez Talmud de Babylone, traité תמיד, vers la fin) montre que cet ouvrage a été rédigé, et non pas seulement traduit, par l'auteur juif. Il y a encore quelques autres variantes dans ce livre (le fouet, σκῦτος, envoyé par Darius à Alexandre, devient chez notre auteur une espèce de bâton recourbé [צוקאני = چوگان], etc.). Cette copie, qui a été faite sur un exemplaire illustré par des images représentant les principaux sujets de l'histoire, a été exécutée par le copiste de l'ouvrage précédent, et en partie par son petit-fils, nommé Ḥayyim. Elle a été achevée au mois d'eloul 5188 (1428 de J. C.). Le volume dont cet ouvrage faisait partie primitivement contenait encore d'autres fables (משלי שועלים). Le commencement manque et quelques feuillets ont été transposés (les feuillets 80-90 devraient précéder le folio 24).

4° (Fol. 91.) Fragment (comprenant les n°s 304 à 323) d'un recueil de consultations. Les n°s 304 à 316 appartiennent à R. Jonathan et à R. Moïse Maïmonide.

5° (Fol. 99.) Traité médical sur les maladies, leurs causes et leur traitement. Les recettes sont en hébreu et en italien. Les auteurs cités sont Galien, Avicenne, Rhazès, etc. Le commencement manque.

6° (Fol. 123.) Fragment d'un conte en langue allemande et en caractères hébreux, imprimé plusieurs fois sous le titre de : בבא בוך «Livre de Bobo».

7° (Fol. 158.) Extraits de différents ouvrages philosophiques de R. Lévi, fils de Gerson, de R. Isaac Abravanel, de R. Moïse Maïmonide, de R. Moïse, fils de Naḥman, etc. Le commencement et la fin manquent.

Écritures de différentes époques.

Papier. Pet. — (Ancien fonds 107.)

751.

ספר אורח חיים «Livre appelé Chemin de la vie», traité de morale, par R. Raphael, fils de Gabriel, de Norzi. Cet ouvrage a été imprimé à Venise, en 1579. Notre copie, qui semble être autographe, contient à la fin les préceptes moraux (תועלות מדותיות) tirés des ouvrages de R. Lévi, fils de Gerson, et qui ont été supprimés dans l'édition.

Papier. Pet. xvi° siècle. — (Sorbonne 131.)

752.

1° אורח חיים «Chemin de la vie», par R. Raphael, fils de Gabriel, de Norzi. C'est un exemplaire imprimé de l'édition de Venise de 1579.

2° (Fol. 34.) Règles de conduite relatives aux prières journalières.

3° (Fol. 71.) Décisions juridiques, règles de conduite et sentences morales, tirées de divers traités du Talmud, par R. David, de Modène. (Voyez au commencement de la section שבת.)

Papier. Pet. xvi° siècle. — (Sorbonne 132.)

753.

1° Lettre de Ludovic Carrito, en réponse aux attaques dirigées contre son écrit intitulé : מראות אלהים «Visions de Dieu». Ce ms. autographe avait été déposé par l'auteur à la Bibliothèque de Saint-Dominique, à Gênes.

2° (Fol. 10 v°.) Lettre de Joseph Schâki (שאקי), commerçant d'Athènes, qui, après sa conversion au christianisme, portait le nom d'Angelo Giorni (יארני). Cette lettre est adressée à sa famille et aux Israélites en général, pour leur expliquer les raisons de sa conversion.

Papier. Pet. — (Supplément 143.)

754.

1° Sermon sur le texte du verset 17 du chapitre III de l'Épître aux Colossiens, par un pasteur suédois. Le sermon finit par des prières pour Gustave-Adolphe, roi de Suède, et la reine Marie-Éléonore.

Il est traduit de l'allemand ou du suédois.

2° (Fol. 14.) Discours d'ouverture d'un cours d'hébreu, sur l'utilité et la nécessité d'apprendre cette langue. Ce discours est également traduit de l'allemand ou du suédois, par l'auteur du premier ouvrage.

Le ms. semble être autographe.

Papier. Pet. xvii° siècle. — (Ancien fonds 253.)

755.

1° קצה מנ̇אדלה̈ אלאסקף «Relation de la conversion au judaïsme d'un évêque», et controverse de ce même évêque avec un évêque de ses amis. En langue arabe et en caractères hébreux. Voici le commencement de ce récit : בשם... אמא בעד אן כאן בינך וביני מן אלעלם פי דין אלמסיח שי לם יצל אליה גירנא.

2° (Fol. 31 v°.) Discours sur le Décalogue, par R. Joseph Ham-Ma'or, surnommé Al-Qirqesânî, auteur caraïte du x° siècle; en arabe et en caractères hébreux. En voici le commencement : נבתדי אלאן באתבאת אלדלאלה̈ עלי חקיקה̈ מערפה̈ אללה.

Deux écritures différentes.

Papier. Pet. — (Supplément 48.)

756.

כתאב אלהדאיה̈ אלי פראיץ̇ אלקלוב ואלתנביה עלי לואזם אלצ̇מאיר תאליף ר' בחיי בר' יוסף הדיין «Traité qui indique les devoirs des cœurs et qui rend attentif aux obligations des âmes, par R. BAḤYÂ, fils de Joseph, le Juge», nommé IBN-BAQODA. C'est l'original arabe, écrit en caractères hébreux, du livre חובות הלבבות. (Voyez ci-dessus n° 671, et Munk, «Notice sur R. Saadya Gaon», p. 4, 5 et 45.)

Vélin. Pet. — (Ancien fonds 201.)

757.

Le livre appelé Khozari, par R. JUDA, fils de Samuel, HAL-LÉVI; en arabe et en caractères hébreux. Ce ms. a été copié, en 1864, par M. Goldberg, sur un ms. de la Bibliothèque Bodléenne à Oxford (cod. hebr. n° 363).

Papier. Pet. — (Supplément 132.)

758.

1° «Le Guide des Égarés» (دلالة الحايرين), par R. MOÏSE MAÏMONIDE; en arabe et en caractères hébreux. Les deux premiers livres de ce texte ont été publiés par M. Munk, Paris, 1856-1861. Ce ms. ne contient qu'une partie du livre II (chapitre I-III et chapitre XLI jusqu'à la fin) et le livre III en entier.

2° (Fol. 92 v°.) ספר היסודות לר' יוסף בר' יהושע בן ביבש הירוע אללורקי «Livre des Éléments, par R. JOSEPH, fils de Josué, IBN-VIVAS Al-Lorqi (de Lorca, en Espagne)», auteur du XIVe siècle. Traité de physique, en neuf chapitres, précédés d'une introduction. Cet ouvrage commence par ces mots : אמר יוסף... בהיותי מתאבק עפר רגלי תלמידי חכמי דתינו, et finit par ceux-ci : קטן לא יראות המראות אשר בו כי אם קטן ומהצורות הזאת תבין כל זאת בעזרת האל ית' ויה'.

3° (Fol. 99 v°.) ספר מאמר רוח חן «Livre appelé Esprit de grâce», introduction philosophique au «Guide des Égarés» de R. Moïse Maïmonide. Cet ouvrage, d'un auteur inconnu, a été imprimé plusieurs fois.

Ce ms. a été exécuté par R. Saʿadya Ibn-Danân et achevé le 4 sivan 5239 (1479 de J. C.). Un poëme en l'honneur du «Guide des Égarés», et appartenant probablement au même R. SAʿADYA, occupe les deux pages suivantes.

Le volume se termine par quelques poésies, écrites par une autre main, et dont la première est l'élégie de R. SALOMON IBN-GABIROL, commençant par : בימי יקותיאל. Elle a été imprimée dans le «Literaturblatt des Orients», tome VII, pages 580 et suivantes. Toutes les autres ont été publiées, d'après ce ms., dans le recueil דברי חכמים, Metz, 1849.

Papier. Moy. — (Supplément 63.)

759.

Le livre II du «Guide des Égarés», de R. MOÏSE MAÏMONIDE; en arabe et en caractères hébreux. Cette copie ne commence qu'au chapitre XXV. Il y a une lacune au chapitre XXVII.

Papier. Pet. XVe siècle. — (Ancien fonds 237.)

760.

Le livre III du «Guide des Égarés», de R. MOÏSE MAÏMONIDE; en arabe et en caractères hébreux. Le commencement, jusqu'au chapitre V, manque. Quelques feuillets ont été transposés.

Papier. Pet. XVe siècle. — (Ancien fonds 230.)

761.

Le livre III du «Guide des Égarés», de R. MOÏSE MAÏMONIDE; en arabe et en caractères hébreux. Le commencement, jusqu'au chapitre XVII, et la fin, depuis le chapitre XLIX, manquent. Il y a quelques lacunes au milieu du volume (aux chapitres XVII, XVIII, XXI et XLVIII). Les feuillets ont été transposés.

Papier. Pet. XVe siècle. — (Ancien fonds 229.)

762.

Sermons d'un auteur caraïte pour le jour de jeûne du 9 ab, pour les fêtes de ראש השנה, de יום הכפורים et de סוכות; en arabe et en caractères hébreux. Ces sermons sont attribués par les caraïtes à R. DAVID, petit-fils de Maïmonide. (Voyez ci-dessus, n° 296.) Ce volume ne semble être que la deuxième partie d'un recueil de sermons pour les fêtes et les jeûnes de toute l'année. Il y a plusieurs lacunes dans ce ms.

Papier. Pet. — (Supplément 56.)

VI.

CABALE.

763.

1° ספר יצירה «Livre de la création», traité fondamental de la cabale.

2° (Fol. 3.) Commentaire sur cet ouvrage, identique à celui du n° 680, 6°.

3° (Fol. 7.) Autre commentaire sur le même ouvrage, identique à celui du n° 680, 7°, abrégé du commentaire d'Abou-Sahl Dounasch Ben-Tamîm. Cet abrégé a été fait en 4852 (1092 de J. C.). (Voyez fol. 8.)

4° (Fol. 12.) Dissertation générale sur le même ouvrage, identique au n° 680, 11°.

5° (Fol. 21 v°.) Observations cabalistiques sur la création, identiques à celles qui se trouvent dans le n° 680, 13°, 5.

6° (Fol. 22 v°.) Commentaire sur une partie du Livre de la création, identique à celui du n° 680, 8°. Dans cette copie l'on rencontre quelques sphères cabalistiques précédées de mots mystiques, au bas desquels on lit le nom d'Abram (אברם ולה"ה).

7° (Fol. 28 v°.) Quelques-unes des remarques cabalistiques qu'on lit au n° 680, 13°, 8, terminées par l'explication de la prière קדיש. (Voyez n° 680, 13°, 7.)

8° (Fol. 31.) Autre commentaire sur le Livre de la création, identique à celui du n° 680, 9°; précédé d'une préface qui commence par ces mots : תחילת היצירה צריך לאדם לידע בטוב המשקל... Le commentaire finit dans notre copie par ces mots : וזהו צרור החיים וזהו לשמור דרך עץ החיים למטע והק' יזכינו להיות נפשותינו צרורות בצרור החיים שהיא אספקלריא המאירה.

9° (Fol. 39 v°.) שער הגמול «Chapitre de la rétribution», par R. Moïse, fils de Naḥman.

10° (Fol. 64 v°.) מאמר לאבונצר אלפראבי במהות הנפש העתקת החכם הנכבד ר' זכריה (lisez זרחיא) בר' יצחק מעיר ברצילנה «Traité d'Abou-Naẓr Al-Farâbi sur l'essence de l'âme, traduit de l'arabe en hébreu par R. Zacharie (lisez Zeraḥya), fils d'Isaac, de Barcelone». (Voyez sur ce traité Munk, «Mélanges de philosophie juive et arabe», p. 352.) Il commence par ces mots : אמ' אבונצר ידיעת הדבר בכללו ואמתתו יושג בחמשה ענינים הראשון אשר הוא והשני מה הוא והשלישי אי זה הוא..., et finit par ceux-ci : וחובר הכבד בנקל שהעולם היה מתואר וקשור ונראה בו הסדר כן הבורא יתעלה ויתברך יפעל מה שירצה.

Les neuf premiers ouvrages ont été écrits par Jonathan, fils d'Abi'ézer Kohen, de Ferrare, qui a terminé sa copie le 12 iyyar 5044 (1284 de J. C.).

Vélin. Pet. — (Ancien fonds 255.)

764.

1° ספר יצירה «Livre de la création», terminé par la pièce de vers פתח ספר יסוד.

2° (Fol. 3 v°.) אנס אלגריב «Le Compagnon de l'étranger», par R. Juda, fils de Nissim, Ben-Malka, auteur du xive siècle. Cet ouvrage, écrit en arabe et en caractères hébreux, est une introduction philosophique au Livre de la création, divisée en trois sections, dont la première est un dialogue entre l'auteur (טאלב אלחיאה פי מותה, «qui cherche la vie [la véritable vie] dans sa mort [étant encore dans les liens du corps]») et son âme, par laquelle il est initié aux mystères de la philosophie. La deuxième section forme un dialogue entre un étudiant (טאלב) et un docteur (שיך), relatif à la justice absolue, aux intelligences des sphères, à l'influence des astres et aux effets mystérieux du culte et de la prière. La troisième section traite, en dix chapitres, de l'arrivée de l'homme à la science parfaite. La conclusion de ce traité est indiquée dans le titre du chapitre x : פי ביאן אן אצול אלאמור גיר מדרכה לנא בעקל ואן אלדי נדרך אצלה פלה אצל אכר אולה ודלך אלאול גיר מדרך בעקל וכיף לא סביל אדראך והו אצל אלאמור «Sur ce que les principes (ou origines) des choses ne sauraient être saisis par notre raison; la chose dont on comprend l'origine [en apparence] en a une autre, qui est la première, et cette première origine est inaccessible à la raison. En général, il n'y a aucun moyen de comprendre l'origine des choses». L'ouvrage commence par ces mots : קאל ר' יהודה... הדא כתאב אלפתה לנפסי ולמן ירא בקראיתה ממן כאן דוי אלאשתיאק, et finit par ceux-ci : פאד קד אתממנא גרצנא פי מא קד וערנא בה מן הקדמה אלפצול אלמחתאגה אלתנביה עלי פהם הפסיר ס' יצירה ואלחמד לאללה עלי דלך.

3° (Fol. 51 v°.) תפסיר ספר יצירה «Commentaire du Livre de la création», en arabe et en caractères hébreux; par le même auteur. Ce commentaire, fondé sur les principes de la philosophie platonico-péripatéticienne, commence par ces mots : אעלם איהא אלשאיק לבלוג אלמבלג אלעטים אלדי ליס בעדה שי..., et finit par ceux-ci : או פכר פיה אלעקל יכסא עטימא ולדלך קאלו ברוך כבוד יי ממקומו.

4° (Fol. 95.) תפסיר פרקי ר' אליעזר «Commentaire sur les chapitres ou aphorismes allégoriques de R. Éliézer», en arabe et en caractères hébreux; par le même auteur. Le commentaire ne s'étend que sur les chapitres 1 à LII, parce que l'auteur ne possédait pas le reste de l'ouvrage, comme il le dit lui-même dans une note à la fin de son commentaire. Le commentaire commence par ces mots : קאל יהודה... אמא בעד חמד אללה... פאני בעטים אלאשתיאק אלי אלמבלג אלשריף... Il fut terminé par l'auteur le 16 adar I 5125 (1365 de J. C.). (Voyez Geiger, «Wissenschaftliche Zeitschrift», tome II, page 157; tome V, page 443.)

Le ms. a été exécuté par 'Amram, fils de Moïse, pour Joseph, fils de Siméon. Il fut cédé par Ḥayyim, fils de ce dernier, à Mas'oud, fils de Sabbathaï, en 1397.

Papier. Moy. — (Oratoire 74.)

765.

1° ספר יצירה «Livre de la création».

2° (Fol. 5.) פירוש ס' יצירה «Commentaire sur le Livre de la création». C'est le commencement du commentaire qui a été imprimé sous le nom de R. Moïse, fils de Naḥman.

3° (Fol. 6.) פי' שם בן ד' אותיות «Explication du tétragramme», commençant par ces mots : סוד יי ליראיו ובריתו להודיעם מי שהוא ירא את יי ושלם בדעתו כאאע"ה לו..., et finissant par ceux-ci : ואח"כ החותם המעמיד הכל

וזהו תחלת הצירוף ביארנו לך ע"ם ושלום. (Voyez Assemani, «Catal. Bibl. Vat.», p. 429.) Ce petit traité est suivi de quelques règles relatives au calendrier, appliquées à l'année 5235 (1475 de J. C.); de l'énumération des démons qui président aux heures des sept nuits de la semaine; d'une épître cabalistique sur les éléments de la grammaire hébraïque; d'une dissertation sur les quarante-deux combinaisons du nom de Dieu; d'une explication cabalistique du psaume LXVII; de la prière תפלת הייחוד, etc. le tout terminé par une pièce de vers commençant par ces mots : ידי כותבו תחי לעד סמוכה.

Ces traités ont été écrits et en partie probablement composés par SIMÉON, fils de Moïse, KOHEN. (Voyez fol. 12 v° et fol. 20 v°.)

4° (Fol. 22.) פירוש ספר יצירה «Commentaire sur le Livre de la création». C'est le commentaire qui a été imprimé sous le nom de R. ABRAHAM, fils de David, Mantoue, 1532. Il est suivi d'une courte dissertation sur l'âme et de quelques observations sur les sphères.

5° (Fol. 145.) מעשה בראשית רבא ou «Grande explication midraschique et cabalistique de la création». Imprimé dans l'ouvrage ספרא דאדם קדמא, Amsterdam, 1701.

6° (Fol. 153.) Le midrasch appelé : מסכת היכלות «Traité des temples», imprimé dans le recueil ארזי לבנון, Venise, 1601. Cette copie diffère considérablement du texte imprimé.

7° (Fol. 162 v°.) Commentaire cabalistique sur les psaumes CXLIV, CXLIII et CXLII, par R. JOSEPH, fils de Schâlôm.

8° (Fol. 169.) מבוא התלמוד «Introduction au Talmud», par R. JOSEPH [fils de Juda, fils de Joseph], fils de Jacob [AQNÎN], juge à Barcelone. (Voyez Gherondi, תולדות גדולי ישראל, p. 171.)

9° (Fol. 184.) Le livre II de l'ouvrage intitulé : מכלל יופי «Perfection de beauté», par R. SAMUEL ẒARẒAH. (Voyez ci-dessus, n° 729 et 730.) Le texte de cette copie diffère souvent de celui du n° 729. La copie, qui est de la même main que les trois premiers traités contenus dans ce ms., se termine par une pièce de vers commençant par ces mots : ארומם אל אשר לו הגדולה. Le commencement du livre manque.

Papier. Pet. — (Ancien fonds 270.)

766.

1° ספר יצירה «Livre de la création».

2° (Fol. 2.) פי' ספר יצירה «Commentaire du Livre de la création», par R. ABRAHAM, fils de David.

3° (Fol. 53.) Autre commentaire sur le même livre. En voici le commencement : ישתבח ויתפאר ויתעלה שמו של מ"מ"ה הקב"ה אשר בל"ב נתיבות חכמה חקק וברא... Les «Voies» sont représentées comme les prescriptions de Dieu renfermées dans le Pentateuque. Le livre בהיר et Maïmonide sont cités dans cet ouvrage.

4° (Fol. 77.) Explication des dix sephiroth. En voici le commencement : כלל גדול אודיעך בענין י' ספירות למה הם עשר ולא אחד עשר...

5° (Fol. 82 v°.) Dissertation générale sur le Livre de la création, identique à celle du n° 680, 11°.

6° (Fol. 91.) Commentaire sur le Livre de la création, identique à celui du n° 680, 9°. Cette copie se termine par quelques notes cabalistiques détachées, dans lesquelles sont cités R. Moïse, fils de Naḥman, et son fils.

Papier. Pet. XVI° siècle. — (Ancien fonds 269.)

767.

1° Dissertation cabalistique sur le verset 26 du chapitre I de la Genèse, par R. SABBATHAÏ, fils d'Abraham, surnommé DONOLO le médecin (Δόμνουλος, voyez «Vita Nili junioris», Rome, 1624, p. 88), auteur du X° siècle. Cette dissertation, qui dans notre copie porte le titre de : ספר תיקון מדות הנפש, fait partie du commentaire du même auteur sur le Livre de la création. Elle a été publiée, d'après ce ms., par M. Jellinek, Leipzig, 1854, sous le titre de : פירוש נעשה אדם בצלמינו.

2° (Fol. 6.) Explication des dix sephiroth, identique à celle qui se trouve dans le n° 680, 13°, 1, mais plus développée vers la fin.

3° (Fol. 10.) פי' הספירות שפי' ר' מנחם תלמידו של הר' אלעזר מגרמייזא זצ"ל «Explication des dix sephiroth, par R. MENAḤEM, disciple de R. Éliézer, de Worms». En voici le commencement : כתר חכמה בינה כתיב יי בחכמה יסד ארץ וגו' פי' כתר עליון הוא הוא השכל עילת העילות...

4° (Fol. 10 v°.) Dissertation cabalistique commençant par ces mots : אז נדברו יראי הש' איש אל רעהו דברו לא נאמ' אלא נדברו כאדם המתגמגם.

5° (Fol. 14 v°.) ספר המובחר מפנינים «Livre appelé Choix de perles», par R. SALOMON IBN-GABIROL; traduit de l'arabe en hébreu par R. JUDA IBN-TIBBON. Incomplet à la fin.

6° (Fol. 24.) Fragment d'un commentaire cabalistique sur les prières des fêtes de ראש השנה et de יום הכפורים.

7° (Fol. 31 v°.) Fragment d'une dissertation cabalistique commençant par ces mots : לא כאלה חלק יעקוב יוצר הכל הוא באחד מי ישיבינו. Dans cette dissertation sont cités R. Éliézer Haq-Qalîr, R. Saʿadya Gaon et R. Samuel, fils de Qalonimos (מספר שקוד אשר תיקן), père de R. Juda Hasîd.

8° (Fol. 33 v°.) Traité de logique, commençant par ces mots : אמר אריסטוטלוס בספר ההגיון כי ההגיון נותן דרך לתחלת החכמות...

9° (Fol. 43 v°.) ספר משרת משה «Livre appelé Serviteur de Moïse», par R. Qalonimos. Cet ouvrage, qui est une apologie de Moïse Maïmonide, a été publié en 1845, à Leipzig.

10° (Fol. 54 v°.) Lettre (apocryphe) de R. Moïse Maïmonide, adressée à son fils Abraham. Cette lettre, commençant par ces mots : [דע בני] אברהם ירחמך האל כי ראוי לנו שנדע האמת, a été imprimée plusieurs fois.

11° (Fol. 55 v°.) ט' פרקים מיחוד שחבר הרמב"ם «Les neuf chapitres sur l'unité de Dieu, par R. Moïse Maïmonide».

Vélin et papier. Moy. xive siècle. — (Ancien fonds 318.)

768.

1° Commentaire sur le Livre de la création, commençant par ces mots : דע כי המחבר קרא שמו ספר יצירה והוא שם כולל כל מה שכתוב בו..., et finissant par ceux-ci : והנה המדות שהם חסד משפט וצדקה מורות החשגחה האלהית ודרכיה ומגלות ההנהגה הרוחנית ומעלותיה.

2° (Fol. 17 v°.) Épître apologétique de R. Abraham 'Aboulʿafya, intitulée : וזאת ליהודה, adressée à R. Salomon Ibn-'Adereth. Cette épître a été publiée, d'après ce ms., par M. Jellinck, Leipzig, 1853.

3° (Fol. 27 v°.) עשר הויות «Les dix Essences», traité cabalistique sur le tétragramme dans ses rapports avec les dix sephiroth, commençant par ces mots : יי שמו המיוחד הנכבד והנורא נפאר כפי משמעותו...

4° (Fol. 35 v°.) Quelques observations cabalistiques détachées, entre autres l'explication des trente-deux Voies (précédée d'une introduction), qui correspond à la dernière partie de la préface du commentaire sur le Livre de la création, attribué à R. Abraham, fils de David. (Voyez ס' יצירה, édition de Mantoue, fol. 15 v°-17 v°.)

5° (Fol. 47.) פי' שלש עשרה מדות להר'... אשר בר' אברהם בר' דוד זצוק"ל «Explication des treize attributs de Dieu, par R. 'Ascher, fils d'Abraham, fils de David». En voici le commencement : ערכתי את לבי לתור ולמצוא דברי חפץ ולבקש עניין ולהעמיד בניין..., et la fin : ונתענג עמהם בטובתם ונהנה מזיו יקר יפעתם.

6° (Fol. 63 v°.) ספר התפוח «Livre de la Pomme», attribué à Aristote, traduit de l'arabe en hébreu par R. Abraham, fils de Hisdaï.

7° (Fol. 69 v°.) Commentaire sur le Livre de Ruth, par R. Isaac, fils de Joseph, Kohen. Ce commentaire, qui semble avoir été composé peu de temps avant l'an 5160 (1400 de J. C.), commence par ces mots : דברי יצחק בן יוסף מן הכהנים אשר מאז לאמוילא מתיחשים ואני בתוך הגולה בארץ אחד מן השרים די פאה..., et finit par ceux-ci : מעת התמיד הוסר שהיה שלש שנים ועוד טרם יחריב המקדש קיסר הנה אם כן יהיה נשלם בזמן קרוב וקצר לאלף הששי בשנת מאה וששים למנין שהעולם נוצר.

8° (Fol. 87 v°.) ספר סתרי תורה «Livre des Mystères de la loi», ou commentaire cabalistique sur le «Guide des Égarés» de R. Moïse Maïmonide, par R. Abraham, fils de Samuel, Aboulʿafya. Copie conforme à celle du n° 226, 3°.

Vélin. Pet. Commencement du xve siècle. — (Ancien fonds 271.)

769.

1° Commentaire sur le Livre de la création, par R. Samuel, fils de Saʿadya, Ibn-Môtôt. Ce commentaire, qui porte le titre de : משובב נתיבות «Rétablissant les sentiers» (Isaïe, chap. lviii, vers. 12), est divisé en trois parties, dont chacune a six chapitres. La première partie, qui forme l'introduction, traite des nombres, de l'homme, de l'âme, de l'intelligence, etc. La seconde partie contient le commentaire proprement dit, et la troisième renferme différentes dissertations sur des sujets ayant rapport au Livre de la création. L'ouvrage finit par ces mots : והיה הדרך אשר תפשתי והנתיב אשר הלכתי ולא הטיתי אזני בכל המשלים לדבר זולתי מן המקובלים. Le commencement et un feuillet au chapitre ii du livre II manquent.

2° (Fol. 55 v°.) Quelques notes cabalistiques détachées :

a. Sur le verset זה שמי לעולם וגו' (Exode, chap. iii, verset 16), commençant par ces mots : תבוא בגימטריא ג' מאות וח' וס' כנגד ימות החמה...; suivie d'une note sur la distinction à établir entre les savants, les prophètes et les magiciens; le tout en arabe et en caractères hébreux. On cite dans ce morceau : ר' משה אלאשבילי צאחב אלטבעיניה.
b. Sur les différents noms de Dieu.
c. Fragment d'une explication des dix sephiroth, en arabe et en caractères hébreux, commençant par ces mots : קאלו אלפלאספא אלדהרייא לאן לא ימכן אלעלאם אן יכון מחדת...
d. Sur le verset 14 du chapitre v d'Isaïe.
e. Sur quelques agadoth, par R. Salomon Ibn-'Adereth. Incomplet.
f. Alphabet cabalistique.
g. פי אלכואכב וטבאעהא «Sur les astres et leur na-

ture», par R. Sa'adya Gaon; en arabe et en caractères hébreux.

h. Sur quelques mots qui sont écrits dans la Bible, soit *plene*, soit *defecte*. Commencement : כל אלהים שבתורה של הקב"ה חסרין. Ce traité se termine par un morceau intitulé : תיקון סופרים ז"ל.

i. Ce que l'homme doit manger de préférence dans chaque mois de l'année.

j. Sur les rapports astrologiques qui existent entre les astres et les formes des lettres de l'alphabet. Incomplet.

k. Sur le passage des Proverbes אשת חיל מי ימצא וגו' (chapitre xxxi, verset 10 et suiv.). Explication allégorique de ce passage par la relation du corps avec l'âme.

l. Explication d'une partie des prières quotidiennes.

3° (Fol. 91.) פירוש אבות לרשי ז"ל «Commentaire sur le traité אבות, par Rashi».

4° (Fol. 96.) פי' מגלה אסתר לראב"ע ז"ל «Commentaire sur le livre d'Esther, par R. Abraham Aben-Ezra». Incomplet.

5° (Fol. 98.) Commentaire sur le traité אבות, par R. Isaac Israel et R. Joseph Ibn-Schoschan. (Voyez ci-dessus n° 158, et Zunz, «Zur Geschichte, etc.», p. 438.) Cet ouvrage finit par ces mots : יי עוז לעמו יתן יי יברך את עמו בשלום. Cette copie a été exécutée, en 1496, par Ibn-Isaac Schoschan, à la Goulette, près de Tunis, où il s'était réfugié. Le commencement manque.

6° (Fol. 186.) פי' ספר משלי למשורר ר' ששת בר' יצחק ירונדי «Commentaire sur les Proverbes, par le chantre R. Schëscheth, fils d'Isaac, de Girone». En voici le commencement : אמר המתרגם יתברך האחד והאמת אשר הוא לבדו אמת הוא ינחני בדרך... (Voyez Abr. Schalom, «Commentaire sur les Proverbes», dans la Bible rabbinique de Venise, et Dukes, «Introduction aux Proverbes», p. 38.) La fin, depuis le verset 32 du chapitre xv, manque.

7° (Fol. 233.) סוד ראוייה היתה בת שבע «Explication cabalistique d'un passage du Talmud relatif à l'histoire de David et de Bethseba», par R. Joseph Giqatilia. (Voyez ci-dessus, n° 335.)

8° (Fol. 235 v°.) פי' הקדיש «Explication (cabalistique) de la prière קדיש». (Voyez Moïse, de Léon, ספר הנפש החכמה, § 11.)

9° (Fol. 238 v°.) ספר קדושה להרמב"ן ז"ל «Livre de la sainteté ou de la chasteté dans le commerce conjugal, par R. Moïse, fils de Nahman». Ce traité, divisé en six chapitres, commence par ces mots : יברכך יי וישמרך אחי בהיותך זריז ומהיר לחקור על הדרכים אשר מהן, et finit par ceux-ci : והשם ברחמיו יפקח עינינו ועיניך במאור תורתו הקדושה ויורנו לדיבוק השנתו להוליד זרע מוכן לעבודתו וליראתו.

10° (Fol. 249.) ספר שלחן של ארבע «Livre appelé Table des quatre». (Voyez ci-dessus n° 710, 13°.) L'ouvrage est attribué dans cette copie à R. Moïse, fils de Nahman. Lacune au milieu.

11° (Fol. 280.) פי' ויקרא מהר' משה ב"ן זצ"ל «Commentaire sur le Lévitique, par R. Moïse, fils de Nahman». La fin, depuis le verset 5 du chapitre viii, manque.

12° (Fol. 296.) Fragment (depuis le chapitre vi jusqu'à la fin) de l'ouvrage intitulé : משרת משה «Serviteur de Moïse», par R. Qalonimos.

13° (Fol. 303 v°.) Lettre de R. Samuel Ibn-Tibbon, adressée à R. Moïse Maïmonide. Imprimé. (Voyez sur cette copie Goldberg, טעם זקנים, p. 76.)

Différentes écritures de diverses époques.

Papier. Pet. — (Ancien fonds 272.)

770.

1° ספר מפתחות הקבלה מפי הר' ברוך שליח צבור תוגרמי «Livre appelé Clefs de la cabale, d'après R. Baroukh, ...». C'est un commentaire du Livre de la création, commençant par ces mots : זה פי' כללם ספר יצירה המקובל בידינו מפי הר"ר ברוך ז"ל בשלשה דרכי הקבלה..., et finissant par ceux-ci : ואם לא תשיגהו אל תטרח כו ולא כרצא ושוב שעל דבר זה נכרת ברית.

2° (Fol. 7.) Remarques sur l'analogie qui existe entre les quatre camps d'anges qui entourent Dieu, les quatre divisions des Israélites autour du tabernacle dans le désert, les quatre points cardinaux, etc.

3° (Fol. 10.) Explication des dix sephiroth (voyez ci-dessus, n° 680, 13°, 1), suivie des douze questions et réponses relatives aux sephiroth, et du commentaire de ce traité par R. 'Azriel ou Esdras, auteur du xiiie siècle. Cet ouvrage a été imprimé (sans le commentaire) avec le livre דרך אמונה de R. Meïr Ibn-Gabbaï, Berlin, 1850. (Voyez, sur cet ouvrage et sur l'auteur, le catalogue intitulé : הפלים, de MM. Zunz et S. Sachs, p. 45 et suiv.) L'introduction ne se trouve pas dans cette copie. Le nom de l'auteur n'y est pas indiqué.

4° (Fol. 21 v°.) Fragment d'une explication cabalistique de la liturgie שמע.

5° (*Ibid.*) Commentaire sur une partie du Livre de la création, commençant par ces mots : באתי להגיד מיעט מועד מופתי האל הגדול..., et finissant par ceux-ci : הראש סביבות המוח לקור חמתו. Pour la lutte entre le sang et les autres éléments du corps humain, on renvoie aux ouvrages d'Asaf et de Galien (אסף הירחי et גליאנוס הכפתורי).

6° (Fol. 28.) Morceaux cabalistiques détachés :

a. Le ספר האחד «Livre de l'unité», par R. Abraham Aben-Ezra.

b. Observation sur le passage והאיש משה עניו מאד (Nombres, chap. xii, vers. 3).

c. Sur le commencement de la prière appelée שמונה עשרה.

d. Sur le tétragramme.

e. Sur les sephiroth.

f. Morceau commençant par ces mots : יוסף בן עוויאל מפי ירמי' גילה סוד זה בבבל... Cette pièce traite des anges, du paradis et principalement des כרובים.

g. Explication de la prière cabalistique אדני בשמים אחד, finissant par ces mots : סליק משנת אברהם אבינו ומשנה יוסף בן עוויאל ופי' א"ב.

h. Sur le mystère des bénédictions.

i. Observation sur la קריאה העליונה, et le tétragramme en général, commençant par ces mots : מעשה היה כשביקש משה רבי' מהקב"ה לידע קריאה העליונה ורמז לו הקב"ה חצי שמו...

j. Autre observation sur le même sujet, commençant par ces mots : מעשה היה בין הקב"ה ובין משה רבי' שביקש נגד הבורא שהיה מראה לו כחו.

7° (Fol. 41 v°.) Rédaction particulière du Livre de la création, commençant par ces mots : שלשים ושתים נתיבות פליאות חכמה חקק...

8° (Fol. 45 v°.) Commencement du livre האמונה והבטחון «De la foi et de l'espérance».

9° (Fol. 46.) Commentaire sur le Livre de la création, par R. Sabbathaï Donolo. (Voyez ci-dessus n° 767.) Ce commentaire, qui porte le titre de : ספר חכמוני, commence par une introduction dans laquelle l'auteur donne quelques détails sur sa vie. Il raconte, entre autres, que la ville d'Oria, sa ville natale, fut prise par les Arabes, le lundi 9 tammouz 4685 (1er juillet 925 de J. C.). (Voyez Amari, «Storia dei musulmani di Sicilia», t. II, p. 171.) Cet ouvrage a été imprimé dans le recueil מלא חפנים en 1840. Notre copie offre plusieurs variantes. Une partie de l'acrostiche qui précède l'introduction ne s'y trouve pas. L'introduction est suivie des mots אתחיל ס' חכמוני et du morceau qui se trouve dans le n° 767. (Voyez sur cet ouvrage Luzzatto, dans כרם חמד, t. VIII, p. 97; S. Sachs, היונה, p. 55, etc.)

10° (Fol. 58.) Explication des sephiroth, commençant par ces mots : שאלת ממני ידיד נפשי להדריכך בארח מישור בענין י' ספירות ואמת כי קשה עלי..., et finissant par ceux-ci : ויצילנו משגיאות ברחמיו הרבים ויהיה לכבודו כל מעשינו אמן אמן סלה ועד.

11° (Fol 106.) Fragment de la fin de l'ouvrage intitulé : שערי אורה «Portes de la lumière», par R. Joseph Giqatilia.

12° (Fol. 114.) Dissertations cabalistiques :

a. Rédaction cabalistique de la prière appelée שמונה עשרה.

b. Différentes combinaisons des noms de Dieu, avec leurs applications cabalistiques. L'une de ces combinaisons est attribuée à R. Abraham, fils de David.

c. Observations sur les saisons, les mois, les jours et les heures, et énumération des anges qui président à ces différentes divisions du temps.

d. Sur le nom de Dieu composé de soixante et douze lettres et le nom composé de quarante-deux lettres.

e. Autre dissertation sur le nom de quarante-deux lettres.

f. Sur les différents mots qui sont en relation avec chacune des dix sephiroth. Commencement : כתר עליון א' אויר קדמון אור צח...

g. Des noms de Dieu et particulièrement du nom de soixante et douze lettres. Commencement : אמר ר' ישמעאל בן אלישע פעם אחת נכנסתי לפני ולפנים.

h. Initiation à la cabale, commençant par ces mots : הכון לקראת אלהיך ישר' הכן עצמך ויחד לבבך וטהר גופך.

13° (Fol. 161.) ספר הצירוף «Livre des combinaisons cabalistiques», par R. Abraham Aboul'afya. Cet ouvrage commence par une pièce de vers, dont voici le premier : בין אחי חכמה ממתקים · ולקוט שושנת העמקים. L'introduction commence par ces mots : הוריני יי דרכך אהלך באמיתך יחד לבבי ליראה שמך...

14° (Fol. 202.) Des différentes combinaisons du tétragramme. Ce traité commence par ces mots : דע אחי ישמרך הבורא כי השם המיוחד המעיד על אמותו...

15° (Fol. 209.) סוד דרכי האותיות והנקודות... «Mystère de la disposition des lettres et des points-voyelles...». Dans l'introduction de ce traité sont cités R. Isaac (הפי'); R. Abraham, fils de David; R. Isaac, fils de Meschoullam, de Damas; R. Salomon Kohen et R. Jacob Sephardi. L'introduction commence par ces mots : סוד דרכי האותיות והנקודות וכח השמות וסוד הפעולות ותכונותם ותבניתם סוד יי ליראיו... L'ouvrage lui-même commence par ces mots : אמר אברהם ב"ר דוד יא"ע תהילת דברי מאמרינו להודות ולהלל... Incomplet.

16° (Fol. 216.) Autre traité cabalistique sur les points-voyelles, commençant par ces mots : יוד המניע ר"ל יוד אינ' נקראת בלא חולם... Incomplet. Ce traité, comme plusieurs autres des traités cabalistiques sus-indiqués, faisait probablement partie d'un ouvrage plus vaste.

17° (Fol. 225.) Traité sur le tétragramme, fondé en grande partie sur l'ouvrage שערי אורה de R. Joseph Giqatilia, et commençant par ces mots : כתבו חכמי הקבלה האמתית כי בשם. . . .

18° (Fol. 233.) Exposition, en langue chaldaïque et avec les termes employés dans le livre de Zohar, des soixante et douze manières d'écrire et de prononcer le tétragramme, attribuée au «grand savant R. Joseph, venant de Suse, la résidence». Elle s'arrête au 58e mode (יְדִוִד).

Écritures différentes.

Vélin et papier. Pet. — (Ancien fonds 266.)

771.

1° ספר השם «Livre du nom», par R. Abraham Aben-Ezra; traité cabalistique sur le tétragramme, publié à Fürth, en 1834.

2° (Fol. 13.) עטרת זקנים «La Couronne des anciens», par R. Isaac Abravanel, fils de Juda. Commentaire philosophique sur le verset 20 du chapitre xxiii et le chapitre xxiv de l'Exode. Imprimé à Sabionetta, en 1557.

Papier. Pet. — (Oratoire 45.)

772.

סוד התפלות «Mystère des prières», ou commentaire cabalistique sur les prières ordinaires, par R. Éliézer, fils de Juda, de Worms. La préface de cet ouvrage, qui, soit par l'intention de l'auteur ou du copiste, soit par inadvertance, est placée au commencement de la prière ישתבח, contient la généalogie étendue de la famille de l'auteur, ainsi que celle de la famille de R. Juda Ḥasid et de R. Juda Kohen. (Voyez Joseph del Medigo, מצרף לחכמה.) Elle contient, en outre, le récit de l'émigration, de la Lombardie à Mayence, de R. Moïse, de Lucques. (Voyez Rappoport, «Vie de Qalir», note 19; Zunz, «Gottesdienstliche Vorträge», p. 365.) La préface commence par ces mots : (lisez קבלתי) אני אלעזר הקטן הביתי תקון תפלות מאבא מארי יהודה בר' קלונימוס בר' משה בן רבנא יהודה. . . . Le commentaire commence par ceux-ci : ברוך יי אלהי ישראל אשר לא עזב חסדו וא[מתו] מעם ישראל אשר ק[דשו] לעולם ובראם לכבודו. . . . L'ouvrage semble avoir été composé en grande partie en l'année 4948 (1188 de J.-C.), dans laquelle, d'après notre auteur, les chrétiens et les musulmans se disputaient la possession de Jérusalem, et où (le 28 du mois de schebat) des hommes armés étant entrés dans la rue des Juifs à Mayence, ceux-ci n'avaient dû leur salut qu'à un hasard providentiel. Cependant l'auteur donne pour la prière שמונה עשרה une explication qu'il dit avoir entendue de son maître, R. Juda Ḥasid, en 4977 (1217 de J. C.), année dans laquelle ce dernier mourut (באותה שנה שנפטר בה שנת תתקע"ז לפ'). Il cite aussi plusieurs piyyoutîm de R. Meschoullam, de R. Siméon, de R. Juda Hab-Babli, le ונתנה תוקף, etc., et il parle souvent du rite de la communauté juive de Mayence.

Le ms. contient quelques gloses marginales, écrites par la même main que le texte, et dont l'une, commençant par les mots : . . . אני שמחה, contient un témoignage sur une coutume des juifs en Grèce. La dernière partie du ms. a été écrite, en 1403, à Jérusalem, par Sabbathaï.

Papier. Moy. — (Ancien fonds 172.)

773.

1° כתר שם טוב «Couronne du nom excellent», par R. Abraham, de Cologne. (Voyez ci-dessus, n° 353, 2°, 5.) D'après une note placée à la fin, l'ouvrage aurait été terminé le 29 marheschvan 5145 (1385 de J. C.); mais cette date se rapporte probablement à la copie.

2° (Fol. 31.) Abrégé de l'ouvrage חובת הלבבות «Devoirs du cœur» de R. Baḥya, fils de Joseph, Ibn-Baqôda. Cet abrégé a été composé par un descendant de R. Meschoullam, fils de Jacob. La partie philosophique est presque entièrement supprimée. La prière de R. Baḥya, commençant par נפשי, est plus étendue que dans les textes imprimés du חובת הלבבות.

Papier. Pet. — (Ancien fonds 275.)

774.

1° ספר הצירוף «Livre des combinaisons cabalistiques», par R. Abraham Aboul'afya. Rédaction très-différente de celle du n° 770, 13°.

2° (Fol. 38 v°.) פי' הניקוד «Explication cabalistique des points-voyelles», par R. Abraham Aboul'afya. Ce traité commence par ces mots : דע לך אחי כי הניקוד הוא יסוד האותיות כמו שאתה רואה התנועה. . . , et finit par ceux-ci : ודע לך כמה שפי' לכל משכיל בעל קבלה בסוד חלם חמל למח לחם מחל מלח.

3° (Fol. 53.) פי' ספר יצירה «Commentaire du Livre de la création». Ce commentaire, qui n'explique qu'une partie du livre, commence par ces mots : דע כי המחבר קרא שמו ספר יצירה והוא שם כולל כל מה שכתוב בו וגלה בו. . . .

4° (Fol. 63.) וזאת ליהודה. Lettre apologétique de R. Abraham Aboul'afya. (Voyez ci-dessus n° 768, 2°.)

5° (Fol. 69 v°.) Quelques observations sur les sephiroth.

6° (Fol. 72.) Observations sur les trente-deux nethiboth. Ces observations ont beaucoup d'analogie avec l'introduction de R. Abraham, fils de David, au Livre de la création (édition de Mantoue, fol. 15 v°), et avec la seconde exposition des nethiboth (même édition, fol. 17).

7° (Fol. 73.) כתר שם טוב «Couronne du nom excellent», explication des parties cabalistiques du commentaire de R. Moïse, fils de Nahman, sur le Pentateuque, par R. Schêm-Tôb, fils d'Abraham, Ibn-Gaon.

8° (Fol. 115 v°.) ספר סתרי תורה «Livre des mystères de la loi», ou commentaire cabalistique sur le «Guide des Égarés» de R. Moïse Maïmonide; par R. Abraham Aboul'afya. (Voyez ci-dessus, n° 226.)

Vélin. Pet. xiv° siècle. — (Ancien fonds 263.)

775.

1° חיי עולם הבא «La Vie du monde futur», dissertation cabalistique sur les différents noms de Dieu, par R. Abraham Aboul'afya. (Voyez sur ce traité Jellinek, «Philosophie und Kabbala», 1854, p. 7.)

2° (Fol. 9.) Traité cabalistique sur la forme et la signification des lettres des noms de Dieu, etc., appelé ספר התמונה «Livre de la configuration». Cet ouvrage, attribué faussement soit à R. Ismaël Ben-Elischa, soit à R. Nehonya Ben-Haq-Qânâ, est divisé en quatre parties, dont chacune est précédée d'une introduction. La première partie, contenant une interprétation des soixante-douze noms de Dieu, correspond exactement, sauf la disposition, à celle du livre רזיאל הגדול de R. Éliézer, de Worms (éd. d'Amsterdam, fol. 24 v° à 31). Elle est suivie d'une explication du שם המפורש et d'une première interprétation des vingt-deux lettres de l'alphabet hébreu. La seconde et la troisième partie contiennent également des interprétations cabalistiques de l'alphabet, et la quatrième partie un commentaire sur la formule שמע ישראל. L'ouvrage a été imprimé à Korez, en 1774. Dans cette copie, les trois premiers livres sont fondus ensemble, de sorte que pour chaque lettre les trois séries d'explications se suivent sans interruption. De nombreuses notes marginales entourent le texte.

3° (Fol. 134.) ספר הנזיר «Livre du derviche». Ce livre, qui porte aussi le titre de : בן המלך והנזיר «Le prince et le derviche», est la traduction hébraïque de la version arabe du livre Barlaam et Josaphat, faite par R. Abraham, fils de Samuel, Ibn-Hisdaï. (Voyez, sur cet ouvrage, «Zeitschrift der deutschen morgenländischen Gesellschaft», t. V, p. 89; «Barlaam et Josaphat», Stuttgart, 1864, p. 316.) Cette version a été imprimée plusieurs fois.

Ces trois ouvrages sont de trois écritures différentes.

Vélin et papier. Moy. — (Ancien fonds 258.)

776.

1° ספר אמרי שפר «Livre des belles paroles», par R. Abraham Aboul'afya. L'auteur prend dans cet ouvrage le pseudonyme Zacharie. Le commencement en a été publié par M. Jellinek, «Philosophie und Kabbala», Leipzig, 1854, page 33. Notre copie commence par une pièce de vers.

2° (Fol. 105.) Quelques notes et figures relatives au char céleste de la vision d'Ézéchiel et aux lettres cabalistiques.

3° (Fol. 106 v°.) פירוש שם המפורש ושמו חיי העולם הבא וסוד מספר אותיות ירושלים «Explication du nom de Dieu (שם המפורש) appelée Vie du monde futur, et mystère du nombre des lettres du nom de Jérusalem», par R. Abraham Aboul'afya. (Voyez le n° précédent.) Cette copie commence par une pièce de vers, dont l'acrostiche donne les mots : שם המפורש יהוה, et qui dans le n° précédent se trouve au milieu du texte; elle finit par une autre pièce de vers qui forme en acrostiche les mots: רזי חיי העולם הבא. Cette copie diffère d'ailleurs considérablement de celle du n° précédent.

4° (Fol. 174 v°.) Observations cabalistiques détachées, dont une partie relative à la cabale pratique.

5° (Fol. 193 v°.) Le Livre de la création, suivi du commentaire attribué à R. Moïse, fils de Nahman.

Vélin. Pet. xv° siècle. — (Ancien fonds 274.)

777.

1° ספר אמרי שפר «Livre des belles paroles», par R. Abraham Aboul'afya.

2° (Fol. 105.) פירוש שם המפורש ושמו חיי העולם הבא «Explication du nom de Dieu appelée Vie du monde futur», par le même auteur. L'acrostiche שם המפורש יהוה se trouve ici, comme dans le n° précédent, au commencement. Celui de la fin est suivi d'un autre formant les mots : מראה הנבואה חיים כח, et d'un grand nombre de cercles cabalistiques. La rédaction de cette copie diffère encore de celles des deux numéros précédents.

Papier. Pet. xvi° siècle. — (Ancien fonds 273.)

778 et 779.

ספר הזוהר «Livre de la splendeur», commentaire cabalistique sur le Pentateuque, composé en langue chaldaïque par un ou plusieurs chefs des écoles cabalistiques du xiii° siècle. Cet ouvrage a été imprimé un grand nombre de fois. Notre copie ne renferme que la Genèse, l'Exode et le Lévitique, précédés des suppléments (תיקוני זוהר), qui, par une erreur du copiste, sont compris sous le titre de : הזוהר, tandis que l'ouvrage principal porte en tête le titre de : סתרי תורה «Mystères de la loi». Le premier volume va jusqu'au milieu de la section חיי שרה, le second jusqu'à la dernière section du Lévitique. Il manque quelques feuillets à la fin et il y a quelques lacunes au milieu.

Vélin et papier. Pet. xve siècle. — (Oratoire 77, I-II.)

780.

La Genèse, précédée de la section ויקרא du livre de Zohar. La section ויקרא est d'une autre écriture que le reste du ms. Les deux dernières sections de la Genèse manquent.

Papier. Moy. xvie siècle. — (Ancien fonds 80.)

781.

ספר הזוהר «Livre de la splendeur». Cette copie n'embrasse que la Genèse. Elle a été exécutée par Yeḥi'el Nissim, fils de Samuel, de Pise, et achevée le 28 adar 5286 (1526 de J. C.).

Papier. Pet. — (Sorbonne 113.)

782.

Diverses portions du livre de Zohar :

a. Fragment de la section בראשית, correspondant, dans l'édition de Crémone, à la colonne 120, depuis l'alinéa ויאמר jusqu'à la fin, et aux colonnes 122-124. A la fin du premier fragment le copiste a mis ces mots : כאן חסר מעט «Il y a ici une petite lacune»; une main moderne y a ajouté que la lacune était considérable.

b. Section חיי שרה, correspondant, dans l'édition citée, à la colonne 298, ligne 14, jusqu'à la colonne 317. Au passage והחוא נשמת ממש וגו' (colonne 311, ligne 17), entre les mots אורחתא et ולומנא, on lit ces mots : דכתיב והרוח תשוב אל אלהים אשר נתנה ענין תחיית המתים מצאנו אותו כתוב בספר אחר לא בדרך זה · וכתבנו אותו כפי מה שמצאנו בזה הספר לא פחות ולא יותר.

c. Section לך לך.

d. ויחי.

e. שמיני.

f. במדבר.

g. נשא jusqu'à פ' סוטה (colonne 238 de l'édition de Crémone).

h. פר' ויהי בחצי הלילה de la section בא (colonnes 64-70).

i. תרומה.

j. פנחס. Une partie est écrite sur les marges.

k. בהעלותך.

l. נשא.

m. Sections שלח, etc., jusqu'à בלק.

n. Sections תולדות à וישלח.

o. Section ויחי.

Le copiste de ces derniers fragments était disciple de R. Isaac Abo'ab. Au verso du dernier feuillet de la section ויחי se trouve le fragment d'une explication du chapitre LXIV de la Genèse, tirée du commentaire de R. Moïse, fils de Naḥman. Les pages suivantes contiennent le commencement du traité sur le commerce conjugal (voyez ci-dessus, n° 769, 9°), attribué au même auteur. Le volume se termine par un grand nombre d'autres fragments du livre de Zohar, dont l'un est désigné comme faisant partie de la section וזאת הברכה, qui n'existe pas dans les exemplaires imprimés.

Écritures différentes de diverses époques.

Papier. Pet. — (Ancien fonds 113.)

783.

Diverses sections du livre de Zohar :

a. ויקהל.
b. פקודי.
c. במדבר.
d. נשא.
e. בהעלותך.
f. שלח לך.
g. בלק.
h. פנחס.
i. ואתחנן.
j. וילך.

Le passage relatif à la bénédiction des prêtres (Nombres, chap. VI, vers. 23) est placé à la suite de la section ואתחנן, parce que le copiste l'avait trouvé à cet endroit dans les deux exemplaires qu'il avait eus à sa disposition (voyez fol. 108 et 211). Le ms. a été exécuté par Yeḥi'el Nissim, fils de Samuel, de Pise, et achevé le 15 kislev 5286 (1526 de J. C.). Notes marginales et corrections.

Papier. Pet. — (Ancien fonds 115.)

784.

Diverses sections du livre de Zohar :

a. ויקרא.
b. שמיני.
c. תזריע.
d. מצורע.
e. אמור.
f. קדושים.
g. אחרי מות.
h. Extrait de la section בא.
i. Section בשלח, incomplète.

Suivent le chapitre שבע היכלות, un extrait de la section תרומה, les sections חקת et בחקתי, etc.

Écritures différentes.

Papier. Pet. xvie siècle. — (Sorbonne 87.)

785.

1° Diverses portions du Zohar :

a. Section אמור, incomplète au commencement.

b. Section יתרו. Grande lacune au milieu (toute la partie comprise entre la colonne 139, ligne 1, et la colonne 162, ligne 4 de l'édition de Crémone). Le copiste reprend sa copie par ces mots : עוד מצאתי מס' יתרו.

c. Section תרומה et les היכלות.

2° (Fol. 125.) Traité de la pénitence et de la manière de s'y préparer, extrait de l'ouvrage משכן העדות de R. Moïse, de Léon, et commençant par ces mots : שער למודי יי והם ארבע מדות מחוברות שצריך כל בעל תשובה... (Voyez n° 676, fol. 182 et suiv.)

3° (Fol. 137.) ספר הכפרות «Livre des expiations», par R. Éliézer, fils de Juda, de Worms. Incomplet. Cet ouvrage a été imprimé à Venise, en 1589.

4° (Fol. 140.) פירוש הגדות לר' יוסף ב"ר אברהם ניקאטליא ת"מ"ך «Explication de la Hagada de Pâques, par R. Joseph, fils d'Abraham, Giqatilia». Cet ouvrage a été imprimé sous le titre de : צפנת פענח «Révélateur des mystères», à Venise, s. a. (1600). Notre copie s'arrête à la fin de la première section de la Hagada.

5° (Fol. 159.) שלחן של ארבע «La Table des quatre», attribuée à R. Bahya, fils d'Ascher, ou à R. Moïse, fils de Nahman. La fin de cette copie manque.

Écritures différentes.

Papier. Pet. xv° siècle. — (Ancien fonds 118.)

786.

1° Suppléments au Zohar (תקוני זוהר), section בראשית. Dans cette copie l'ordre des suppléments est interverti. Ils se terminent par un fragment qui traite des dix noms de Dieu appliqués aux dix sephiroth.

2° (Fol. 80 v°.) Commentaire cabalistique sur le Pentateuque, par R. Menahem, de Recanati. Cet ouvrage a été imprimé à Venise, en 1523. Notre copie est accompagnée de notes tirées de divers livres cabalistiques, tels que le Zohar, le livre פליאה, etc., et d'autres notes marginales, le tout composé par le copiste du ms., R. Sabbathaï Ben-Potho ou Photho (בכ"ר פותו), de Janina. Ce nom se trouve à plusieurs endroits au bas des notes et notamment de la première page, qui contient une petite préface de R. Sabbathaï, qui, d'après l'épigraphe, a terminé son travail le 25 sivan 5218 (1458 de J. C.).

Vélin et papier. Moy. — (Oratoire 67.)

787.

1° ספר התיקונים «Suppléments» au livre de Zohar. Section בראשית.

2° (Fol. 158.) ספר מנחת יהודה «Livre appelé Oblation de Juda», par R. Juda Hayyat, fils de Jacob, auteur du xv° siècle; commentaire du livre cabalistique intitulé : ספר המערכת, imprimé plusieurs fois avec cet ouvrage.

Papier. Moy. xv° siècle. — (Sorbonne 175.)

788.

1° Commentaire sur les suppléments (תקוני) du Zohar. L'ouvrage est divisé en chapitres (שערים) et en paragraphes (סימנים), mais cette copie s'arrête au supplément 19 (§ 1 du chapitre vi), et il y a quelques lacunes au milieu. Le commencement manque.

2° (Fol. 126.) Décisions rituelles tirées du traité du Talmud חולין, des commentateurs et des principaux casuistes. L'ouvrage semble avoir été composé en Italie à une époque assez récente. On y cite les «Quatre Ordres» de R. Jacob, fils d'Ascher, et l'auteur nomme plusieurs fois son maître, מהר"ם.

Deux écritures différentes.

Papier. Moy. xvi° siècle. — (Sorbonne 133.)

789.

ספר רעיא מהימנא «Livre du Pasteur fidèle». Cet ouvrage, qui traite principalement des préceptes de Moïse, forme une annexe du livre de Zohar et a été souvent imprimé avec ce dernier ouvrage. Le commencement du livre manque dans tous les mss., et notre copie ne commence qu'au passage qui, dans le texte imprimé, se trouve à la section משפטים. Elle est divisée en chapitres (שערים) et en paragraphes (סימנים), et accompagnée d'un commentaire très-étendu, qui porte le titre de : שמחת הקציר «La Joie de la moisson».

Papier. Moy. xvii° siècle. — (Ancien fonds 264.)

790.

1° רעיא מהימנא «Le Pasteur fidèle». Cette copie finit fol. 80, ligne 27, où commence, sans aucune interruption, un midrasch cabalistique sur les versets 6 et 7 du premier chapitre du Cantique des Cantiques. La fin manque.

2° (Fol. 83.) פירוש על דרך הקבלה על שיר השירים שחיבר... הר' יוסף אבן גקטלה «Commentaire cabalistique sur le Cantique des Cantiques, par R. Joseph Ibn-Giqatila (Giqatilia)». Cet ouvrage, cité par son auteur dans le livre גינת אגוז (éd. de 1615, fol. 15 et 58), a été, d'après une épigraphe du copiste, composé à Ségovie, en 5060 (1300 de J. C.), auprès d'une fontaine nommée par les juifs אבן מקל «Pierre de bâton», et dont l'eau avait la propriété de pétrifier les objets de bois qu'on y laissait séjourner pendant neuf jours. Le copiste, Schêm-Tôb, fils de Jacob Ibn-Poulia (אבן פולייא), de Tolède, dit que, en 1385, il y a fait lui-même des expériences. La copie a été exécutée à Negroponte sur un exemplaire appartenant à R. Isaac de Séville, et terminée au mois de kislev 5162 (1401 de J. C.). La copie est incomplète, et l'écriture effacée en beaucoup d'endroits par des taches d'eau.

3° (Fol. 87.) ... ספר סודות התורה ע"ד הקבלה שחיבר הרמב"ן ז"ל «Les Mystères auxquels R. Moïse, fils de Naḥman, fait allusion dans son commentaire sur le Pentateuque». C'est l'ouvrage intitulé : כתר שם טוב «Couronne du nom excellent», par R. Schêm-Tôb Ibn-Gaon. Le commencement de la préface diffère de celui des autres exemplaires de cet ouvrage, et à la fin de chaque section il y a de nombreuses additions. La copie, exécutée par le copiste de l'ouvrage précédent, a été terminée à Salonique au mois de tammouz 5163 (1403 de J. C.).

Les trois dernières pages du ms., écrites de la même main que les deux ouvrages précédents, renferment des notes détachées sur certains mystères fondés sur les ראשי תיבות, les גמטריאות, etc.

Papier. Moy. — (Oratoire 66.)

791.

1° ספר רעיא מהימנא «Livre du Pasteur fidèle». La copie a été exécutée à Pesaro, en 1556.

2° (Fol. 167.) ספר הזוהר הגדול «Livre du grand Zohar». Ce sont les תקונים ou suppléments du Zohar de la section בראשית. La fin manque. Même écriture que celle du premier ouvrage.

Papier. Pet. — (Sorbonne 159.)

792.

Commentaire cabalistique sur la première section de la Genèse. Ce commentaire, appelé ספר הפליאה «Livre de la merveille ou du mystère», et faussement attribué à R. Neḥonya Ben-Haq-Qânâ ou à Qânâ lui-même, a été imprimé à Korez, en 1784. L'auteur connaissait non-seulement la Mischna, la Guemara, le cycle de quinze ans, les voyelles et les accents, l'ère de Mahomet et les conquêtes des Arabes, mais aussi les expressions philosophiques des rabbins du moyen âge (telles que נשמות, טבע, יצא מן הכח אל הפועל, etc.). Il fixe la fin de l'exil à l'année 1290, et désigne cette année d'une manière qui permet de supposer qu'il vivait après l'an 1240 (ויושלם בשנת החמשים וישלימו הנוצרים שנת אלף ומאתים ותשעים). L'ouvrage aurait donc été composé entre 1240 et 1290. En différents endroits l'auteur se désigne par le nom de Naḥoum et son père par celui de Qânâ. Cette copie porte le faux titre de : ספר הבהיר.

Papier. Pet. — (Oratoire 79.)

793.

1° Le Livre de la merveille (ספר הפליאה). Il manque quelques feuillets au commencement.

2° (Fol. 226.) שאלות מפסקי הלכות ... לרבי יעקב ב"ר לוי זצ"ל ... מעיר מרי"ש «Questions au sujet de certaines observances religieuses, posées par R. Jacob, fils de Lévi, de la ville de ... (מרי"ש)», avec les réponses qui, dit-on, lui furent révélées d'une manière surnaturelle. Incomplet.

3° (Fol. 238.) Divers extraits du Zohar.

4° (Fol. 246.) Quelques notes cabalistiques sur divers sujets, tels que la relation entre Juda, le quatrième fils de Jacob, et le quatrième des dix commandements; sur les relations de certaines forces de la nature sublunaire avec celles du monde supérieur, etc.

5° (Fol. 254.) Traité sur les dix sephiroth, par R. Joseph, fils d'Abraham, Ibn-Waqqâr, auteur du XIVe siècle. (Voyez sur cet ouvrage, connu sous le titre de : יסוד הקבלה «Fondement de la cabale», שפתי ישנים, page 29, colonne 2, et «Catalog. cod. hebr. Biblioth. Acad. Lugduno-Batavicæ», page 365.)

Écritures différentes.

Papier. Pet. — (Sorbonne 152.)

794.

ספר הפליאה «Livre de la merveille ou du mystère». Cette copie a été exécutée à Rome par Ḥayyim, fils de Samuel Ibn-Gatnio, pour Immanuel, fils de Yeqouthi'el Minola (מנולה); elle a été achevée le 3 tammouz 5308 (1548 de J. C.).

Papier. Pet. — (Oratoire 80.)

795.

ספר הפליאה «Livre de la merveille ou du mystère». Cette copie a été exécutée par Abraham, fils de Samuel, de אווירערץ, demeurant à מונאל, en Istrie (אישטרייה, Autriche?), et achevée le 3 schebat 5308 (1548 de J. C.).

Papier. Pet. — (Sorbonne 213.)

796.

1° מדרש רות ע"ד הקבלה «Midrasch cabalistique du livre de Ruth». Cet ouvrage, qui fait partie de la littérature du Zohar, a été imprimé. Notre copie a été exécutée par Juda, fils de Samuel (איש פירדו), et terminée le 11 schebat 5299 (1539 de J. C.).

2° (Fol. 41.) Autre copie du même ouvrage, exécutée probablement par le même copiste.

Papier. Pet. — (Supplément 21.)

797.

1° Notes sur quelques passages du midrasch du livre de Ruth, cités dans le commentaire de R. Menaḥem Recanati sur le Pentateuque; par R. Salomon Lévi Ibn-Alqabiẓ.

2° (Fol. 3 v°.) Dissertation sur le sens d'un passage du Zohar relatif aux sépultures de Jacob, de Joseph et de Moïse; par le même auteur. Cet écrit fut composé sur la demande de R. Joseph Qaro.

3° (Fol. 15.) מדרש רות «Midrasch cabalistique du livre de Ruth». (Voyez le n° précédent.)

4° (Fol. 95.) מדרש שיר השירים «Midrasch cabalistique du Cantique des Cantiques».

Papier. Pet. xvi° siècle. — (Sorbonne 164.)

798.

1° Traité cabalistique sur le nom et les attributs de Dieu et les dix sephiroth, par R. Moïse, de Léon, fils de Schêm-Tôb. C'est l'ouvrage intitulé : ספר השם «Livre du nom», imprimé dans le recueil היכל יי, Venise, 1606. (Voyez sur ce livre Jellinek, «Beiträge zur Geschichte der Kabbala», Heft II, p. xi, et כרם חמד, t. VIII, p. 160.) Cette copie commence par les trois versets 103, 162 et 38 du psaume cxix, dont les premières lettres forment le nom de משה.

2° (Fol. 51.) Deux commentaires mis en regard l'un de l'autre, sur les parties cabalistiques du commentaire de R. Moïse, fils de Naḥman. L'un de ces deux commentaires est l'ouvrage כתר שם טוב «La Couronne du nom excellent», de R. Schêm-Tôb Ibn-Gaon, l'autre d'un auteur inconnu, contemporain et compatriote de R. Salomon Ibn-'Adereth, de Barcelone (voyez fol. 86 v°). Ce second commentaire contient des citations de R. Esdras, de R. Schêscheth, disciple de R. Moïse, etc. Le copiste a fait à l'ouvrage de nombreuses additions, et il a mis à la suite des deux commentaires d'autres explications des passages obscurs du commentaire de R. Moïse, fils de Naḥman, dont quelques-unes appartiennent à R. Schêscheth.

En tête du volume se trouve une table chronologique très-abrégée de l'histoire des Juifs jusqu'à l'an 5100 (1340 de J. C.), et à la fin un calendrier pour les années 5245 à 5301 (1485 à 1541 de J. C.).

Papier. Moy. — (Ancien fonds 256.)

799.

Fragment (pages 216 à 266) détaché d'un ms. plus volumineux et contenant les morceaux suivants :

1° Observations cabalistiques qui se retrouvent en grande partie à la suite du ס' הנפש החכמה de R. Moïse, de Léon.

2° (Fol. 2 v°.) Explication des trente-deux nethiboth, analogue à l'explication qui se trouve dans le Livre de la création, édition de Mantoue, fol. 16.

3° (Fol. 3.) סוד המרכבה «Mystère du char céleste», extrait du livre בהיר et commençant par ces mots : כתוב אחד אומר סוד יי ליראיו וכתוב אחר אומ' ואת ישרים סודו...

On y traite également des dix sephiroth.

4° (Fol. 5.) Explication des sephiroth, commençant par ces mots : והרוח תשוב אל אלהים אשר נתנה וזהו שכל הנפעל שהוא חמר לשכל ... L'auteur y cite R. Joseph Giqatilia, son maître.

5° (Fol. 6.) Vocabulaire cabalistique. Interprétation de certains mots employés dans la Bible ou dans les écrits des rabbins, et qui, d'après les auteurs cabalistes, désignent les sephiroth. Ce traité, qui dans d'autres mss. porte le titre de : סוד השרשים ou שרשים מספרי הקבלה, commence par ces mots : אות האלף מהכתובים אלהיך · י"א שהוא שם כולל כלם ... ; il est suivi d'une explication du nom de quarante-deux lettres.

6° (Fol. 10 v°.) שמושי תילים «Applications cabalistiques des psaumes», suivies d'autres règles de la cabale pratique.

7° (Fol. 20.) Trois courtes explications des sephiroth.

8° (Fol. 21 v°.) ספר היחוד «Livre de l'unité», précédé d'une dédicace signée : Joseph, fils de David, de Narbonne. La dédicace commence par ces vers :

לשמוע תור · גבור קום וערה תור · וחין בן תור · ושירים תור · ולב מור · שמעתיך לשמע אחנים · והן עתה ראיתיך ראות מור ·

Le traité lui-même commence par ces mots : שאלת ממני להאיר עיניך השאילות התשובות העולות... Incomplet à la fin.

Papier. Pet. xv° siècle. — (Ancien fonds 268.)

800.

1° Fragment d'un ouvrage cabalistique qui a sans doute pour auteur R. Moïse, de Léon. Plusieurs morceaux en sont imprimés à la suite du ס' הנפש החכמה. L'ouvrage finit par ces mots : רשאי להרהר אחריהם והקב"ה ידרכנו בתורתו.

2° (Fol. 9.) ספר המשקל «Livre de la balance», ou ס' הנפש חחכמה «Livre de l'âme de sagesse», par le même auteur (voyez ci-dessus, n° 334). Il y a à la fin une courte addition.

3° (Fol. 20 v°.) ספר מסורת הברית שחבר אותו מורי... מו"ר דוד ... ב"ר אברהם הלבן בן ר' יהודה הרב מקוצי «Livre intitulé : La Tradition de l'alliance, par mon maître R. David, fils d'Abraham Hal-Laban, fils de Juda, de Coucy »; traité de philosophie et de cabale sur Dieu, l'âme, etc., commençant par ces mots : חיוב ידיעת הקדמון האמתי שלשה שהוא נמצא והוא ממציא ושהוא אחד . . . D'après une note finale, ce traité aurait été copié sur « l'exemplaire de l'auteur, R. Juda » (*sic*).

4° (Fol. 25.) Traité cabalistique de R. Joseph Giqatilia, « auteur du livre שערי אורה », commençant par ces mots : . . . לבנה בגימטר' אהיה אדני.

5° (Fol. 32 v°.) Autre traité cabalistique, attribué à R. Joseph Giqatilia, et commençant par ces mots : שער חלק יסוד דת קיום האמונה על חלק ציצית ותפילין בסודם ותמנתם . . . Ce traité renferme les §§ 7, 8, 12, et 16 à 21 des annexes qui se trouvent imprimées à la suite du ספר הנפש החכמה, et dont la plupart appartiennent à R. Moïse, de Léon. Dans cette copie on ne trouve pas la seconde explication (ענין אחר) des sujets traités dans ces paragraphes. Le § 76, indiqué dans la table de l'ouvrage cité, et qui n'a pas été imprimé dans le corps du texte, se trouve en entier dans ce ms.

Ces divers ouvrages ont été copiés à Jérusalem, par Samuel, fils d'Abraham, en 5147 (1387 de J. C.).

6° (Fol. 44.) סוד הגלגל « Mystère de la métempsycose », ou שאלות ותשובות על סוד העבור « Questions et réponses relatives au mystère de l'intercalation des âmes ». L'ouvrage commence par ces mots : שאלות אלה נשאלו על סוד העבור אדוני שמעני נא הגלגול הזה על זו הדרך העולם נוהג או גם נשמות חדשות מאציל . . . Les réponses commencent par ces mots : תשובות החכם הפילוסוף על שאלות סוד העבור ידוע וברור הוא אצל כל חכמי לב כי שלשת האומות שהם בעלי שלשת מיני דתות . . . La fin manque.

Papier. Moy. — (Ancien fonds 196.)

801.

1° ביאור סתרי תורה להרמב"ן ז"ל « Explication des mystères auxquels R. Moïse, fils de Naḥman, fait allusion dans son commentaire sur le Pentateuque ». C'est le même ouvrage que le second commentaire du n° 798, 2°. Cette copie a été exécutée à Tarente, par Isaac, fils de Nathan Kohen. Elle a été terminée le 3 kislev de l'an du monde 5254, deux ans après l'expulsion des juifs d'Espagne (1494 de J. C.).

2° (Fol. 81.) « Livre de la disposition ». (Voyez le n° suivant.) La copie semble être de la même main que l'article 1°. Au verso du dernier feuillet se trouve une note relative aux sephiroth, commençant par ces mots : . . . לשון רב האי גאון הג' המאורות העליונות על עשרה ספירות.

3° (Fol. 147.) הכלל הג' בביאת המשיח ובעולם הנשמות ותחיית המתים « Troisième Principe général, qui traite de l'arrivée du Messie, du monde des âmes et de la résurrection des morts ». Cette section est divisée en six chapitres, mais notre copie s'arrête au commencement du chapitre IV.

Papier. Pet. — (Oratoire 84.)

802.

1° ספר המערכת « Livre de la disposition », imprimé à Ferrare et à Mantoue, en 1558. Cet ouvrage, connu sous le nom de מערכת אלהות, qui n'est que le titre du premier chapitre, est attribué à différents auteurs, soit à R. Perez le Tosaphiste, ou à R. Perez, fils d'Isaac, de Girone, soit à R. Schêscheth, disciple de R. Moïse, fils de Naḥman. Cette copie est suivie d'une note de R. Jacob, fils de Schêscheth, contenant des observations sur les deux premiers chapitres de la Genèse. Elle porte en tête ces mots : כתב ר' יעקב בר' ששת ז"ל מלשון החכם ר' יוסף בר' שמואל.

2° (Fol. 49 v°.) Vocabulaire cabalistique. (Voyez ci-dessus, n° 799, 5°.)

3° (Fol. 51 v°.) מרכבת יחזקאל « Le Char céleste d'Ézéchiel », explication de la vision d'Ézéchiel, commençant par ces mots : ויהי . . . תמצא בפסוק הזה ע"ב אותיות למספר ע"ב שמות הקדושים . . ., et finissant par ceux-ci : אין כמוך באלהים בשמים ממעל וגו'. C'est une partie du traité qui se trouve dans le n° 811, 2° (voyez ci-après), et qui paraît avoir pour auteur R. Jacob, fils de Samuel.

4° (Fol. 57 v°.) ספר יצירה « Livre de la création ».

5° (Fol. 60.) ספר הבהיר « Livre de splendeur ».

6° (Fol. 75.) מדרש רות « Midrasch cabalistique du livre de Ruth ». Cet ouvrage a été imprimé sous le titre de : יסוד שירים, à Tihingen, en 1560.

7° (Fol. 102.) Commentaire sur les prières journalières, par R. Menaḥem, de Recanati. (Voyez ci-dessous, n° 810, 9°.) Cette copie s'arrête également à la prière לאל ברוך. Le copiste a mis par erreur à la fin de l'ouvrage les mots נשלם מדרש רות.

8° (Fol. 122.) Quelques notes détachées sur divers passages de la Bible, des prières, et sur quelques prescriptions rituelles. Incomplet.

Vélin. Moy. XIVe siècle. — (Ancien fonds 92.)

803.

1° ספר המערכת « Livre de la disposition ». Cette copie, accompagnée de nombreuses notes marginales, est suivie, comme celle du n° précédent, de la note de R. Jacob, fils de Schêscheth, et d'une autre attribuée à R. Moïse, fils de Naḥman, d'après laquelle cet auteur aurait enveloppé d'un voile épais ses explications des chapitres de la Genèse relatives à la création (mais cette note est mise en doute par ces mots : ואומרים לזה [lis. כוה] היה לשונו אמנם לא נתאמת אצלינו). La copie a été faite à שיציל, dans le Frioul, par Abraham, fils d'Isaac, de Jérusalem, disciple de R. Peraḥya, sur un exemplaire appartenant à R. Menaḥem Sion, et écrit de la main de ce même Peraḥya, fils de Moïse, juge à Jérusalem. Elle a été achevée le 12 adar 5159 (1399 de J. C.). Au post-scriptum renfermant ces détails, le copiste a joint un acrostiche aux lettres d'Abraham, et quelques épigrammes.

2° (Fol. 41.) Vocabulaire cabalistique. (Voyez ci-dessus, n° 799, 5°.) La copie est de la même main que l'ouvrage précédent. Elle est suivie d'une formule d'amulette pour la femme qui est dans les douleurs de l'enfantement.

3° (Fol. 51.) שערי אורה «Les Portes de la lumière», par R. Joseph Giqatilia. Cette copie a été terminée par le même copiste à la fin du mois d'iyyar 5159 (1399 de J. C.). Une invocation composée de huit vers et une table analytique terminent l'ouvrage. Une note, signée de Caleb, fils d'Éliacin, dit que, dans un certain livre, cet ouvrage était attribué à R. Moïse, fils de Naḥman.

Les derniers feuillets du volume contiennent plusieurs notes détachées, dont l'une porte en tête ces mots : קבלה ממדרש ר' שמעון הצדיק ז"ל. Les deux dernières pages, écrites plus tard par l'un des propriétaires du ms., contiennent un document sur une discussion d'intérêts, daté du 26 ab 5233 (1473 de J. C.).

Vélin et papier. Moy. — (Oratoire 68.)

804.

1° «Livre de la disposition». Cette copie a été exécutée par Moïse, fils d'Isaac Ibn-Tibbon, pour R. Schemarya, fils de Juda, et terminée le 22 sivan 5162 (1402 de J. C.).

2° (Fol. 84 v°.) מאמר בפרוש השם של ארבע ונקר' כתר שם טוב מפי הרב ר' אברהם בר' אכשלרד מעיר קולוניאה ז"ל «Traité d'interprétation du tétragramme appelé Couronne du nom excellent, par R. Abraham, fils de R. Achselrad [ou Alexandre], de Cologne». (Voyez ci-dessus, n° 353.) Même écriture que celle du premier ouvrage.

Vélin. Pet. — (Oratoire 83.)

805.

1° «Livre de la disposition». Il manque deux feuillets au commencement.

2° (Fol. 53.) Les deux premiers livres du traité sur le calendrier juif (ספר חשבון העבור), de R. Abraham, fils de Ḥayya.

La copie du second ouvrage est plus ancienne que celle du premier.

Vélin et papier. Pet. xiv° et xv° siècles. — (Sorbonne 242.)

806.

1° «Livre de la disposition», intitulé dans cette copie : ספר מלאכת המערכת.

2° (Fol. 85.) Fragment cabalistique, relatif aux prières et finissant à la prière אתה הוא אדון הנפלאות, calquée en partie sur la prière שמונה עשרה. Le commentaire sur les agadoth de R. ʿAzriel et le ס' המצות de R. Moïse de Coucy sont cités dans ce fragment, qui, d'après une note placée en tête, a été copié sur deux exemplaires tronqués, dont l'un avait cinq feuilles (בייונש *Bogen*), et l'autre une feuille, de seize feuillets de papier (פוייל של נייר).

3° (Fol. 121.) Plusieurs observations cabalistiques, qui commencent par une consultation de R. Yehoseph, fils de Léon, relative à l'étoffe dont doit être fait le טלית. Les autres observations sont relatives aux ציצית, à la circoncision, au temple de Jérusalem, à la prière, au verset ותטמא הארץ, à l'ʿAzazel, à la récompense des justes, aux deux tables de Moïse, etc. Elles se terminent par une dissertation sur les chérubins, portant en tête ces mots : יוסף בן עוזיאל מפי ירמיה גלה סוד זה בבבל, et commençant par ceux-ci : אמר מושל ביראת אלהים לי דבר צור ישראל . . . Aben-Ezra est cité dans ce morceau.

4° (Fol. 133 v°.) Consultations de R. Moïse, fils de Naḥman, relatives à la cabale.

5° (Fol. 139.) Observations cabalistiques, parmi lesquelles les שמושי תלים et le שמירת הדרך, d'après R. Éliézer Has-Sephardi.

6° (Fol. 143.) Sur les vingt-deux lettres de l'alphabet, par R. Jacob, fils de Jacob, Kohen.

7° (Fol. 157 v°.) Notes cabalistiques sur différents sujets.

8° (Fol. 174.) פי' ברכת המזון ע"ד הקבלה «Explication cabalistique des actions de grâce après le repas».

9° (Fol. 178.) שרשים מספרי הקבלה «Racines des livres cabalistiques». (Voyez ci-dessus, n° 799, 5°.) Le second chapitre, disposé dans l'ordre des sephiroth, est désigné dans cette copie comme le troisième.

10° (Fol. 195 v°.) פרקי חבוט הקבר «Chapitres sur les tourments de la tombe». Imprimé plusieurs fois.

11° (Fol. 200.) Plusieurs fragments et notes cabalistiques sur différents sujets, dont les plus considérables traitent de la bénédiction de la lune, du nom de Dieu, des dix sephiroth (commençant par ces mots : נתתי את לבי לפרש סוד ויסוד הקדמון ...), des patriarches, des תפילין, du temple, de la bénédiction des prêtres, de quelques prières, de la création, des sacrifices, etc.

12° (Fol. 229.) שימוש חמשה חומשי תורה «Le Pentateuque appliqué aux procédés cabalistiques». Ce traité fut composé en 5197 (1437 de J. C.).

13° (Fol. 241.) Fragments et notes cabalistiques sur différents sujets, principalement sur les noms de Dieu.

14° (Fol. 268.) Commentaire cabalistique sur le Cantique des Cantiques, par R. Abraham Kohen, fils d'Ascher, fils d'Éliézer, de Lunel. Ce commentaire, commençant par ces mots : קול התור נשמע באזננו ..., est précédé de quelques vers, dont voici le premier :

תנה שכר גמול צורי ליצרי אשר החליף כבוד שמך והמיר.

D'après une note placée à la fin, l'auteur n'a pas terminé ce commentaire.

15° (Fol. 282.) Commentaire sur les Lamentations de Jérémie, par R. Moïse, de Narbonne, commençant par ces mots : טוב ללכת אל בית אבל מלכת אל בית משתה באשר הוא סוף כל האדם והחי יתן אל לבו ...

16° (Fol. 307.) Fragments et notes cabalistiques, commençant par une explication de la vision d'Ézéchiel, par R. Ḥananya (המקובל מאשטילא). L'on y trouve entre autres l'alphabet de R. 'Aqiba et le chapitre sur le paradis (פרק גן עדן).

Écritures différentes.

Papier. Pet. — (Ancien fonds 280.)

807.

«Livre de la disposition», accompagné du commentaire intitulé : מנחת יהודה «Offrande de Juda», de R. Juda Ḥayyat. Le commencement et la fin de cette copie manquent. Plusieurs cahiers ont été transposés. Les feuillets 113 à 120 appartiennent à une autre copie du même ouvrage et font ici double emploi.

Papier. Pet. xvi° siècle. — (Oratoire 82.)

808.

ספר מנחת יהודה «Livre intitulé : Offrande de Juda», par R. Juda Ḥayyat. (Voyez le n° précédent.)

Papier. Pet. xvi° siècle. — (Ancien fonds 281.)

809.

1° ספר מנחת יהודה «Livre appelé Offrande de Juda», par R. Juda Ḥayyat.

2° (Fol. 93.) ספר יצירה «Livre de la création».

Papier. Moy. xvi° siècle. — (Sorbonne 167.)

810.

1° תפילה היחוד לר' נחניה «Prière de l'unité, par R. Neḥonya». Imprimé.

2° (Fol 2 v°.) Traité sur les dix sephiroth et les mots qui s'y rapportent, commençant par ces mots : יתברך שמו של בורא כל שהוא חי וקים לעד ולנצח והוא ברחמיו יאיר עינינו ... Ce traité semble être le développement de celui qui est attribué à R. Moïse, fils de Naḥman, et qui traite du même sujet. Il est suivi de quelques observations cabalistiques détachées.

3° (Fol. 35 v°.) שערי אורה «Les Portes de la lumière», par R. Joseph Giqatilia.

4° (Fol. 120 v°.) Les douze questions et réponses relatives aux sephiroth, par R. 'Azriel, suivies d'un commentaire. (Voyez ci-dessus, n° 770, 3°.) Cette copie est suivie de quelques fragments cabalistiques, dont le premier appartient à R. 'Ascher, fils de David.

5° (Fol. 130.) «Livre de la disposition».

Papier. Pet. xvi° siècle. — (Ancien fonds 282.)

811.

ספר גנת אגוז «Livre appelé Jardin des noyers», ouvrage de cabale, par R. Joseph, fils d'Abraham, Giqatilia. Cet ouvrage, composé à Sala, en Castille, a été imprimé à Hanau, en 1615.

Papier. Moy. xiv° siècle. — (Oratoire 75.)

812.

ספר גנת אגוז «Livre appelé Jardin des noyers», par R. Joseph Giqatilia.

Papier. Pet. xvi° siècle. — (Sorbonne 154.)

813.

ספר האורה «Livre de la lumière», ou שערי אורה «Portes de la lumière», par R. Joseph Giqatilia. Cet ouvrage, qui est une introduction à la cabale, a été publié plusieurs fois. Quelques feuillets ont été transposés.

Papier. Pet. xiv° siècle. — (Ancien fonds 278.)

814.

ספר האורה «Livre de la lumière», par R. Joseph Giqatilia. La copie a été exécutée par Benjamin, fils de Joab, et terminée le 12 ab 5163 (1403 de J. C.).

Papier. Moy. — (Oratoire 72.)

815.

«Les Portes de la lumière», par R. Joseph Giqatilia. Cette copie, très-abrégée en beaucoup d'endroits, diffère considérablement du texte imprimé et de celui des mss. Notes marginales. La fin manque.

Vélin. Pet. xve siècle. — (Sorbonne 155.)

816.

ספר האורה «Livre de la lumière», par R. Joseph Giqatilia. Cette copie a été exécutée par Meschoullam, fils de Salomon, pour Jonathan Ghisi, fils de Joab, à Sovrino sur la Potenza; elle a été achevée le 2 adar 5187 (1427 de J. C.).

En tête du volume se trouvent les haphtaroth הן עבדי אתמך, רני עקרה, ואל מי תדמיוני, un commentaire cabalistique sur le psaume cxlv, et quelques notes arithmétiques. Le ms. se termine par l'explication des treize attributs de Dieu, par Rasch, l'explication des dix commandements et l'exposé des dix sephiroth.

Vélin. Moy. — (Sorbonne 137.)

817.

1° שערי אורה «Les Portes de la lumière», par R. Joseph Giqatilia.

2° (Fol. 55.) ספר נעלם «Livre mystérieux», qui traite des noms de Dieu, du sens mystique de plusieurs préceptes, de la valeur cabalistique des lettres, des points-voyelles et accents, etc. En voici le commencement : בדרך חכמה הורתיך וגו' להיות ביי מבטחך הודעתיך היום אף אני להודיעך קשט . . . Outre le Zohar, on cite dans cet ouvrage un commentaire de Ben-Avithor sur le Livre de la création.

Ces deux ouvrages ont été copiés à Miranda, par Makhir, fils de Samuel, fils de Ḥisdaï, de Salinas. Le premier a été achevé le 11 schebat 5223 (1463 de J. C.).

3° (Fol. 94.) Le livre intitulé : טעמי המצות «Raisons des préceptes», par R. Isaac, fils de Peraḥya. Le commencement et la fin de cette copie manquent et il y a plusieurs lacunes au milieu. Elle ne renferme que quatre-vingt-quatorze préceptes affirmatifs et cent douze préceptes négatifs.

Papier. Moy. — (Ancien fonds 262.)

818.

«Les Portes de la lumière», par R. Joseph Giqatilia. Le commencement et la fin manquent.

Papier. Pet. xve siècle. — (Oratoire 88.)

819.

ספר שערי אורה «Livre appelé Les Portes de la lumière», par R. Joseph Giqatilia. Très-belle écriture. Notes marginales et variantes.

Vélin. Moy. xve siècle. — (Oratoire 71.)

820.

ספר האורה «Livre de la lumière», par Joseph Giqatilia. Quelques notes marginales donnant les variantes.

Papier. Moy. xvie siècle. — (Oratoire 70.)

821.

1° «Les Portes de la lumière», par R. Joseph Giqatilia. Cette copie, exécutée par Juda, fils de Salomon, est très-abrégée en beaucoup d'endroits, et la rédaction du texte diffère souvent de celle de tous les autres exemplaires du même ouvrage.

2° (Fol. 108 v°.) Traité sur les dix sephiroth.

3° (Fol. 111.) ספר הבהיר «Livre de splendeur». C'est le même fragment, de cet ouvrage, que celui qui se trouve dans le n° 680, 5°.

4° (Fol. 129 v°.) מפתח הקבלה «Clef de la cabale», interprétation des dix sephiroth, commençant par ces mots : אודיעך בכל הדברים מתנהגים בו בעלי המרכבה ששים גבורים סביב אמרו . . . , et finissant par ceux-ci : למלכות שהיא מטתו של שלמה.

5° (Fol. 132 v°.) פי' אלף ביתא «Explication cabalistique de l'alphabet», attribué à R. 'Aqiba. Ce petit traité a été imprimé plusieurs fois.

6° (Fol. 135.) ספר צנצנת המן «Livre intitulé : Le Vase de la manne». Ce traité, divisé en cinq chapitres, traite de l'existence de Dieu et des dix sephiroth. Il commence par ces mots : לפי כשם שהמן היה נבלע בין האיברים ולא היה בו דבר לבטלה כן הוא דברי אשר העתקתי ולקטתי מספרי הגאונים מקבלי האמת אשר כל דבריהם אמת . . .

7° (Fol. 145 v°.) מדרש קהלת «Midrasch de l'Ecclésiaste», commençant par ces mots : מעשה בר' חנניה בן דוסא שראה בני עירו מעלין נדרים ונדבות לירושלם . . . La fin manque.

Le ms. est tout entier de la même main.

Papier. Pet. xvie siècle. — (Oratoire 73.)

822.

1° ספר האורה «Livre de la lumière», par R. Joseph Giqatilia. Cette copie a été exécutée à Castiglione et achevée le 13 kislev 5322 (1561 de J. C.).

2° (Fol. 156.) Le Livre de la création.

Papier. Pet. — (Sorbonne 134.)

823.

1° שערי צדק «Les Portes de la justice», par R. Joseph Giqatilia. Ce livre, qui traite des mêmes sujets que l'ouvrage précédent, semble n'être qu'une autre rédaction (probablement antérieure) de ce même ouvrage.

Il a été imprimé sous le nom de R. Joseph Karnitol, à Riva di Trento, en 1561. Cette copie ne commence qu'au fol. 3, a, ligne 16, du texte imprimé. Elle renferme un passage (fol. 44 à 48 v°) commençant par les mots : ענין צדיק ורע לו וכו׳, qui manque dans le texte imprimé et dans les exemplaires manuscrits de cet ouvrage.

2° (Fol. 48 v°.) Explications cabalistiques de la formule שמע, de la מזוזה, du sabbat, de la cérémonie du déchaussement (חליצה), etc. par le même auteur; suivies d'un passage tiré du commentaire de R. Moïse, fils de Nahman, sur la Genèse (chap. II, vers. 7).

3° (Fol. 55 v°.) לקוטי מפירוש הרמ״בן «Extraits du commentaire de R. Moïse, fils de Nahman, [sur le Pentateuque]». Ce sont principalement les passages mystiques de ce commentaire qui ont été réunis ici et expliqués dans des notes marginales. Le verso du dernier feuillet contient une recette médicale pour la guérison des blessures.

4° (Fol. 101 v°.) כתר שם טוב «La Couronne du nom excellent», par R. Schêm-Tôb Ibn-Gaon. Cette copie contient de nombreuses variantes.

5° (Fol. 140.) ספר שקל הקודש «Livre appelé Le Sicle sacré», par R. Moïse, de Léon. (Voyez sur cet ouvrage Jellinek, «Mose Ben-Schêm-Tôb», Leipzig, 1851, p. 44.) L'auteur cite souvent dans ce livre ses autres ouvrages, comme le שושן עדות (fol. 140, 156), le ספר הרמון (fol. 156) et le ס׳ הנפש החכמה (fol. 154).

6° (Fol. 166 v°.) סוד הנפש והנהגתה «Mystère de l'âme et de ses actes», traité cabalistique commençant par ces mots : ברכי נפשי את יי וכל קרבי את שם קדשו . חייבת הנפש לברך אלהים . . ., et finissant par ceux-ci : וכן כ״ב דברים עד אשר לא תחשך השמש והאור וכן כ״ב דברים יש במחזור במזמור.

7° (Fol. 179.) Trois notes cabalistiques :
a. Sur les sephiroth de la grandeur (גדולה), de la force (גבורה) et de la majesté (מלכות).
b. מעשה בראשית של החכם ר׳ אשר ז״ל «Observations sur la création, par R. 'Ascher».
c. Observations sur différents sujets.

8° (Fol. 182.) Disposition cabalistique du psaume LXVII, sous la forme d'un candélabre à sept branches, suivie de l'interprétation et de la description des douze pierres du pectoral du grand prêtre.

9° (Fol. 183.) פירוש תפילות «Explication cabalistique des prières». Ce commentaire, dont l'auteur est R. Menahem, de Recanati, s'arrête à la prière לאל ברוך. Le copiste ajoute à la fin : לא מצאתי יותר «Je n'ai pas trouvé le reste», et une main plus moderne, qui a corrigé cette copie à plusieurs endroits, y a ajouté que l'auteur lui-même n'avait pas continué ce commentaire. R. Éliézer, de Worms, R. Juda Hasîd, R. 'Azriel (explication du vers. 11 du chap. xv de l'Exode) et R. Isaac Ben-Ha-Rab (probablement R. Abraham, fils de David) sont cités dans cet ouvrage.

10° (Fol. 201.) Commentaire cabalistique sur le psaume XIX, commençant par ces mots : השמים מספרים כבוד אל וגו׳ אשר שמנו אליו מגמת פנינו לפרשו על הדרך הנעלם . . . L'auteur de ce commentaire se réfère souvent au commentaire de R. Moïse, fils de Nahman, sur le Pentateuque, et une fois il cite (fol. 207) R. Elhanan, de Corbeil, qui avait expliqué par la cabale les points-voyelles, accents, et autres signes de l'écriture hébraïque. Il manque à la fin un ou deux feuillets.

11° (Fol. 224 v°.) Notes cabalistiques sur les livres de Ruth, du Cantique des Cantiques et de l'Ecclésiaste. Ce sont surtout des calculs fondés sur le procédé appelé guematria.

12° (Fol. 230.) Fragment de la «Couronne du nom excellent». (Voyez ci-dessus 4°.) Ce fragment commence au livre des Nombres et va jusqu'à la fin. Il est suivi d'un grand nombre de notes cabalistiques appartenant probablement à l'auteur de cet ouvrage.

Ce dernier ouvrage est d'une autre écriture que le reste du ms.

Papier. Pet. XVe siècle. — (Ancien fonds 106.)

824.

1° שערי צדק «Les Portes de la justice», par R. Joseph Giqatilia. Cette copie commence ainsi : אמר יוסף בן החכם המובהק ר׳ אברהם בן גקטילא שאלת ממני . . .

2° (Fol. 72 v°.) פירוש מראות יחזקאל «Commentaire cabalistique sur les visions d'Ézéchiel» (Ezéchiel, chap. I). Cet opuscule, qui semble appartenir à un auteur nommé R. Jacob, fils de Samuel (auteur cabaliste cité dans le traité sur les dix sephiroth qui se trouve dans le n° 885, 4°), commence par ces mots : ויהי בשלשים . . . כתוב זה תמצא בו ע״ב אותיות למספר ע״ב שמות . . ., et finit par ceux-ci : אני ראשון ואני אחרון ומבלעדי אין אלהים · תם ונשלם פי׳ מראות יחזקאל לאשר יבנה בית אל על ידי יעקב בר׳ שמואל ז״ל.

3° (Fol. 89.) Traité sur les dix sephiroth, commençant par ces mots : הספירה הראשונה נקרא כתר עליון והוא האור הקדמון . . ., et finissant par ceux-ci : והוא סוד חלה ומכאן יניקת מטטרון והואל ויהוך המלאך.

4° (Fol. 97 v°.) Interprétation de l'alphabet, selon le livre תמונה. En tête de ce petit traité on lit ces mots : אלו מסוד התמונה והוא פי׳ אלפ׳ ביתא.

5°. (Fol. 100 v°.) סוד דרכי הניקוד «Mystère des règles de la ponctuation», commençant par ces mots : דבר ידוע הוא כי הנקוד בו הכרה ותנועה..., et finissant par ceux-ci : וסוד י"ה והרוח האמצעי סובב ונקצץ.

6° (Fol. 108.) Commentaire sur les dix sephiroth, commençant par ces mots : אלו י' ספירות על דרך הקבלה האמיתיה אשרי הזוכה בה · שבאלו י' ספירות תלוים שמים וארץ הים והיבשה...

7° (Fol. 112.) Explications cabalistiques de certains préceptes de la loi juive. On y trouve les chapitres suivants : a. סוד כסוי הדם. — b. סוד לא תעלה במעלות על מזבחי. — c. סוד בעניין סוכה ולולב. — d. סוד עניין התפילין. — e. עניין ספר הברית נקרא באזני העם. — f. מה שהיה טעם הקרשים. — g. עניין ארון. — h. המשכן עשר יריעות, עניין אורים ותומים. — i. ח' בגדים, נ' לולאות, כפתור ופרח. La copie s'arrête au commencement de ce chapitre.

8° (Fol. 121.) Fragment d'un commentaire cabalistique sur le Pentateuque. Ce fragment ne s'étend que sur une partie du chapitre I de la Genèse. Ce commentaire, ayant principalement pour but d'expliquer et de compléter le commentaire de R. Moïse, fils de Naḥman, commence par ces mots : בשם יי נעשה ונצליח נהיה דרכינו משכילים ... נר לרגלי דבריך ואור לנתיבתי · בראשית אמ' הרמב"ן ז"ל והטעם לכתיבת התורה בלשון הזה סתם מפני שקדמה לבריאת העולם... R. Joseph, fils de Samuel, de Catalogne, est cité dans ce fragment comme l'un des grands auteurs cabalistes.

9° (Fol. 131.) ספר משובב נתיבות «Livre qui rétablit les sentiers», commentaire sur le Livre de la création, par R. Samuel, fils de Sa'adya, Ibn-Môtôt. (Voyez ci-dessus n° 769.) L'ouvrage commence par un poëme de trente-quatre vers en l'honneur du Livre de la création, dont voici le premier : נתיבות פליאות · ואותות צבאות · אלפים ומאות · וריבי רבבות ·. Cette pièce de vers est suivie d'une préface qui commence par ces mots : שבילי מושכל ודרכי אמת לצייר בהם נתיבות סוד עולם דרכו ישרים המבקשים אמונה בכל נעלם משך טוב ודעת טעם. Les initiales de ces mots forment le nom de l'auteur. La copie s'arrête au milieu du chapitre IV de la première partie.

10° (Fol. 141.) פירוש מערכת האלהות «Commentaire sur le livre מערכת אלהות», commençant par ces mots : מערכת אלהות הוא קיום האלהות אמונה כאשר נאות...

Papier. Pet. XVI° siècle. — (Oratoire 85.)

825.

1° טעמי המצות התורה על דרך האמת לר' מנחם מריקאנאטי ז"ל «Les Raisons des préceptes de la loi, expliquées selon la cabale, par R. Menaḥem [fils de Benjamin], de Recanati». Cet ouvrage a été imprimé à Constantinople, en 1543.

2° (Fol. 56.) ספר המערכת «Livre de la disposition». (Voyez ci-dessus, n° 802.)

3° (Fol. 114.) כתר שם טוב «La Couronne du nom excellent», par R. Schêm-Tôb Ibn-Gaon.

4° (Fol. 193.) עשר הויות «Les dix Essences». (Voyez ci-dessus, n° 768, 3°.)

5° (Fol. 202.) ספר הייחוד «Livre de l'unité», traité cabalistique sur les dix sephiroth, commençant par ces mots : זה ספר הייחוד וראוי על כל החכמים לחוקו ולאמצו ולויישר נתיבות האמת...

6° (Fol. 207 v°.) סוד שם הנכבד וסוד המלאכים «Mystère du nom de Dieu et mystère des anges», d'après R. Abraham Aben-Ezra.

7° (Fol. 210 v°.) Règles pour l'emploi de certains noms cabalistiques.

8° (Fol. 215.) Explication d'un passage d'Aben-Ezra, relatif au tétragramme. (Voyez ספר השם, chap. v.) En tête de ce petit traité on lit ces mots : זה העתק מספרי עמנואל ז"ל «Ceci est tiré des ouvrages de R. Immanuel».

9° (Fol. 222.) וזאת ליהודה. Lettre adressée à R. Juda Salmon (שלמון) par R. Abraham Aboul'afya. (Voyez ci-dessus, n° 768, 2°.)

10° (Fol. 232 v°.) Les treize Attributs de Dieu (י"ג מדות), expliqués selon les principes de la cabale, par R. 'Ascher, fils de David, fils d'Abraham, fils de David. Ce traité commence par une pièce de vers dont voici le premier :

איחד אל כדת האל נתונה ושום שכל בלב שלם אמונה.

L'ouvrage lui-même commence par ces mots : הנני אני אשר ... ערכתי את לבי לתור למצוא דברי חפץ ולבקש עניין...

Les huit derniers ouvrages sont d'une écriture plus ancienne que les deux premiers.

Papier. Pet. — (Sorbonne 202.)

826.

Commentaire cabalistique sur le Pentateuque, par R. Menaḥem, de Recanati. (Voyez ci-dessus, n° 785, 2°.) Les feuillets contenant chapitre XXV, verset 33, de l'Exode, à chapitre VI, verset 2, du Lévitique, ont été transposés.

Vélin et papier. Pet. XIV° siècle. — (Oratoire 21.)

827.

Commentaire cabalistique sur le Pentateuque, par R. Menaḥem, de Recanati. Cette copie a été exécutée en 5158 (1398 de J. C.).

Vélin. Pet. — (Ancien fonds 69.)

828.

Commentaire cabalistique sur le Pentateuque, par R.

Menahem, de Recanati. La copie a été achevée le 6 schebat 5199 (1439 de J. C.).

En tête du volume se trouvent quelques fragments cabalistiques.

Papier. Pet. — (Ancien fonds 117.)

829.

Commentaire cabalistique sur le Pentateuque, par R. Menahem, de Recanati; accompagné de notes marginales, qui sont en grande partie les mêmes que celles qui se trouvent dans le n° 786, 2°, et qui appartiennent à R. Sabbathaï, de Janina. Ce ms. étant plus ancien que le n° 786, il est probable que ce dernier a été copié par l'auteur sur cet exemplaire.

En tête du volume se trouvent quelques extraits du Zohar, des suppléments du Zohar et d'autres ouvrages cabalistiques.

Le ms. est postérieur à l'an 1421, date qui se trouve au recto du premier feuillet, qui avait formé le dernier feuillet d'un commentaire sur les סליחות. Sur ce même feuillet on lit une note de R. Élie Capsoli (קפשלי), qui indique qu'il avait terminé la lecture de ce volume, avec son père, en 5280 (1520 de J. C.).

Vélin. Moy. — (Oratoire 69.)

830.

Commentaire cabalistique sur le Pentateuque, par R. Menahem, de Recanati. La copie a été exécutée par le célèbre Élie, fils d'Abraham, Mizrahi, pour son maître R. Mardochée Komtino, de Constantinople. Elle a été achevée le 15 kislev 5231 (1470 de J. C.). Il manque un feuillet au commencement.

Papier. Moy. — (Sorbonne 54.)

831.

1° La troisième et la quatrième partie du ספר התמונה «Livre de la configuration». (Voyez ci-dessus, n° 775, 2°.) Le texte de cette copie, plus développé que celui du n° 226 ci-dessus, est accompagné d'un commentaire. Chaque portion du texte est précédée du mot נירסא et de l'explication du mot פירוש. (Voyez Uri, «Catal. etc.», p. 70; Wolf, «Bibl. hebr.», t. III, p. 826.) Notre copie commence par ces mots : זהו ספר הייחוד צריך להבין אותו כל בר ישראל לידע איך הוא השם מלא ושלם ויחיד. Quelques feuillets ont été transposés.

2° (Fol. 82.) Observations sur le commentaire de Raschi sur le Pentateuque. La plupart de ces notes sont signées : מהררי"ק ז"ל (R. Joseph Qolon?).

3° (Fol. 90.) ספר הנפש מקבלה «Livre sur l'âme, selon la doctrine de la cabale». Ce traité, dans lequel sont cités R. Moïse Maïmonide, R. Moïse, fils de Nahman, l'auteur du livre צרטא ou סרטא, et R. Nehonya Ben-Haq-Qana, comme auteur du livre בהיר, est divisé en trois parties, qui traitent de la formation de l'enfant, du développement de l'homme dans ce monde et de son passage dans l'autre monde. En tête se trouvent ces deux vers :

קום נא אדוני וקח את מנחתי
והרצה את נפשי אך אם מעט היא.

Voici le commencement de l'ouvrage : אמר המחבר מפני שהנפש המשכלת הנמצאת במין האדם ... Le copiste dit à la fin avoir fait cette copie d'après un exemplaire qui se trouvait à Rome.

4° (Fol. 121.) ספר הויכוח «Livre de la controverse» entre R. Schêm-Tôb (Schaprout) et le cardinal Pietro de Luna, d'Aragon, à Pampelune. Ce traité commence par ces mots : ראיות מהכתובים על המשיח שלא יבא והוא עתיד לבא כתוב ... Incomplet. Cette copie, comme l'ouvrage précédent, a été faite à Rome sur un ms. qui se trouvait dans cette ville.

5° (Fol. 129.) Grammaire hébraïque, appelée מעשה אפד, par R. Prophiat Douran. Cette copie a été faite par Sabbathaï Demansi, fils de Sa'adya, à Caramata, et terminée le 24 schebat 5252 (1492 de J. C.). Le commencement manque.

6° (Fol. 316.) Consultation de R. Prophiat Douran sur un passage du commentaire d'Aben-Ezra sur le Pentateuque (Exode, chap. xxv, vers. 40) et sur un passage du ספר השם du même auteur. Incomplet.

7° (Fol. 328.) ספר המצות הזמניות «Livre des préceptes devant être accomplis à un temps donné», par R. Israël, fils de Joseph, fils d'Israël, de Tolède (frère de l'auteur du יסוד עולם); traduit de l'arabe en hébreu par R. Schêm-Tôb Ibn-'Adrouth. L'auteur ne cite aucune autorité postérieure au ס' העטור; il rapporte une opinion de R. Meïr Hal-Lévi, qui lui avait été communiquée par son père. Voici le commencement de l'ouvrage : אמר שם טוב אדרוטיל · בא לידי ספר נחמד ומעלה בכתם אופיר לא יסולה חברו בלשון ערב החכם ... כתיקון כל הברכות והתפלות אשר הציבור והיחיד חיבין לברך ... La copie a été exécutée par Schemaya, fils de Jacob Lerma, à Burgos, en 5249 (1489 de J. C.).

8° (Fol. 416.) Commentaire sur le livre d'Esther, composé principalement de passages tirés des agadoth. Quelques explications sont données en arabe vulgaire. Cet ouvrage commence ainsi : כתיב ביה כה אמר יי עשוקים בני ישראל ובני יהודה יחדיו ...

Écritures de diverses époques.

Papier. Pet. — (Ancien fonds 144.)

832.

La troisième partie du ספר התמונה «Livre de la configuration», accompagné d'un commentaire et suivi des dissertations sur les formes des vingt-deux lettres de l'alphabet, de R. Jacob (Kohen) Sephardi, de Ségovie.

Papier. Moy. xvi° siècle. — (Ancien fonds 259.)

833.

La troisième partie du ספר התמונה «Livre de la configuration», avec le commentaire de R. Jacob Sephardi. Le commencement, jusqu'à la lettre ר, manque.

Papier. Pet. xvi° siècle. — (Supplément 25.)

834.

Commentaire sur le «Livre de la configuration», par un auteur inconnu. La troisième partie est accompagnée de l'interprétation des lettres de l'alphabet de R. Jacob Sephardi.

Le premier feuillet contient une note qui indique qu'un certain Salomon Kohen subit le martyre au Caire, le 10 sivan 1753 des Séleucides (1442 de J. C.).

Papier. Moy. xv° siècle. — (Oratoire 76.)

835.

1° Observations cabalistiques, appartenant en grande partie à R. Jacob Kohen, fils de Jacob, Sephardi.

2° (Fol. 9.) ספר יצירה «Livre de la création».

3° (Fol. 15.) ספר גינת אגוז לר' יוסף ן' גיקטילייא «Livre intitulé : Jardin des noyers, par R. Joseph Ibn-Giqatilia».

4° (Fol. 91.) La prière אתה הוא יי לבדך, de R. Sa'adya Gaon, et la prière כתר מלכות, de R. Salomon Ibn-Gabirol. Le copiste avait eu l'intention d'écrire les prières et les cantiques composés par R. Sa'adya, R. Baḥya Ibn-Baqoda et R. Juda Hal-Lévi. Le כתר מלכות, «Couronne royale», est interrompu par l'ouvrage suivant.

5° (Fol. 99.) ספר כללים מהנקודה «Livre des règles de la ponctuation», par R. Isaac, fils de Menaḥem, ou fils de Meïr (voyez fol. 101 v° et 102 v°). Ce traité commence par ces mots : כל קמץ הבא לפני שבא יש בו מתג כמו אמרו שמרו ידך שדיך וכדומים ... L'auteur cite comme son maître R. Isaac (מאורבל, voyez Azoulaï, t. II, p. 82) ou bien R. Isaac הטולטוסי. Il cite en outre R. Qalonimos le grammairien (הנקדן) et R. Salomon le grammairien. La fin de l'ouvrage manque.

6° (Fol. 113 v°.) Fragments et notes cabalistiques, dont quelques extraits du Zohar, notamment les היכלות.

Écritures différentes.

Papier. Pet. — (Ancien fonds 283.)

836.

1° Vocabulaire cabalistique. (Voyez ci-dessus, n° 799, 5°.) Incomplet.

2° (Fol. 15.) «Livre de la disposition».

Vélin. Moy. xv° siècle. — (Ancien fonds 260.)

837.

1° Vocabulaire cabalistique. (Voyez ci-dessus, n° 799, 5°.) Incomplet. Les feuillets ont été transposés.

2° (Fol. 11.) Explications cabalistiques du nom de Dieu et des lettres de l'alphabet, parmi lesquelles se trouve l'alphabet de R. 'Aqiba (אותיות דר' עקיבה).

3° (Fol. 19.) Fragment des prescriptions rituelles, de R. Jacob Weil. Imprimé.

4° (Fol. 27.) Traité de théologie et de cabale sur la vie future et les autres agadoth qui se trouvent dans le Talmud, par R. Ézéchias Malki'el, fils d'Abraham. Cet ouvrage a été imprimé sous le titre de : מלכיאל, à Tibingen, en 1560. Notre copie commence ainsi : אמר חזקיה מלכיאל בר' אברהם · קנא קנאתי לשם הנכבד ... Le nom de l'auteur se rencontre aussi dans le corps de l'ouvrage.

5° (Fol. 84 v°.) Commentaire sur la section יסודי התורה de la «Main forte» de R. Moïse Maïmonide, par R. Juda, fils de Moïse, Romano. (Voyez ci-dessus, n° 353, 1°.)

6° (Fol. 93 v°.) Traité cabalistique, commençant par ces mots : ... תדע סוף כל דבר ההוד השם אחד.

7° (Fol. 98 v°.) תפילה להר"ם ב"ם ז"ל «Prière de R. Moïse Maïmonide», commençant par : תפילה לסגולת אישים, et terminée par la pièce de vers : גלגל סובב, composée par le fils de Moïse Maïmonide, lorsque le «Guide des Égarés» fut condamné par les rabbins de France. Suit un autre poëme en l'honneur du même ouvrage.

8° (Fol. 99 v°.) ספר המשקל לר' משה בר' שם טוב ז"ל «Le Livre de la balance, par R. Moïse, fils de Schêm-Tôb», de Léon.

9° (Fol. 111.) Dissertation historique sur l'exil des dix tribus d'Israël, commençant par ces mots : עשר גליות גלה הגלה ירושלים ואלו הן ארבע שגלה סנחרב וארבע שגלה נבוכדנצר ...

10° (Fol. 115 v°.) Dissertation cabalistique sur les sephiroth, etc., commençant par ces mots : דע כי אמת הוא שאין לומר על הכור' ית' שום דבר ...

11° (Fol. 119.) Fragment du ספר תנאים ואמוראים.

12° (Fol. 121 v°.) La Fable de l'unicorne, tirée du roman Barlaam et Josaphat, en prose rimée.

13° (Fol. 122 v°.) Fragment du livre Ben-Sira.

14° (Fol. 123.) מסכת סופרים «Le traité סופרים». (Voyez sur cet ouvrage Zunz, «Gottesdienstl. Vorträge», p. 95.)

15° (Fol. 148.) ספר התגין «Livre des ornements des lettres». (Voyez Wolf, «Biblioth. hebr.», t. I, p. 116; «Literaturblatt des Orients», t. XI, p. 149.) L'ouvrage commence par ces mots : הדין ספרי תאגי דאסיק עלי הכהן מן י״ב אבני׳ שהקים יהושע בגלגל ומסרו לשמואל ושמואל מסרו לפלטי בן ליש ופלטי בן ליש מסרו לאחיתופל . . . Il y a une lacune au milieu.

Les deux derniers ouvrages sont d'une autre écriture que le reste du ms.

16° (Fol. 160.) Testament de R. Éliézer, fils de Samuel, Lévi, de Worms, mort le 1er tischri 5118 (1357 de J. C.), à Mayence. La pièce commence par ces mots : אלה הדברים אשר יעשו בני ובנותי . . . Un feuillet a été transposé.

Papier. Pet. — (Ancien fonds 285.)

838.

1° כתר שם טוב «Couronne du nom excellent», explication des passages cabalistiques du commentaire de R. Moïse, fils de Naḥman, sur le Pentateuque, par R. Schêm-Tôb, fils d'Abraham, Ibn-Gaon. Il y a sur les marges quelques gloses de R. Menaḥem, de Recanati, et l'ouvrage est suivi de quelques observations de R. Schêm-Tôb sur les fautes qui ont été commises par les copistes de son ouvrage et sur les passages qui ont paru obscurs.

2° (Fol. 84.) Commentaire cabalistique sur le Pentateuque, commençant par ces mots : כנגד עשרה המאמרות שבהן נברא העולם שהם מדותיו חמש מהם לעליונים וחמש מהם לתחתונים. La fin, depuis le commencement du Lévitique, manque.

Vélin et papier. Pet. xiv° siècle. — (Ancien fonds 104.)

839.

1° «Couronne du nom excellent», par R. Schêm-Tôb Ibn-Gaon. Cette copie a été exécutée par Salomon, fils de Joseph, pour son maître ('Aryê Juda?).

2° (Fol. 60 v°.) ספר מבחר הפנינים «Livre appelé Choix de perles», par R. Salomon Ibn-Gabirol; traduit de l'arabe en hébreu par R. Juda Ibn-Tibbon.

3° (Fol. 72.) שערי מוסר להר״ר אביגדור כהן צדק נר״ו «Portes de la morale, par R. 'Abigdor Kohen». (Voyez Assemani, «Catalogus, etc.», p. 214.) Notre ms. ne contient que le premier feuillet de l'ouvrage.

4° (Fol. 73.) מוסר השכל לר׳ האי גאון «Morale d'intelligence, par R. Haï Gaon». Un feuillet. La suite se trouve sur un autre feuillet transposé, fol. 190.

5° (Fol. 74.) פירוש קצת ענייני התורה על דרך כלל והוא המכוון בדרך הנסתר מאשר חבר החכם כמ״ר נתן הרופא נבש״ת בפירוש התורה שלו הנקרא ספר מבחר המאמרים. «Explication cabalistique et générale de quelques sujets du Pentateuque, appelée Choix des discours, par R. Nathan [fils de Samuel] le médecin». (Voyez de Rossi, nos 1108 et 1140.) Imprimé à Livourne, en 1840. La Genèse est suivie de quelques extraits du ספר זכרון טוב du même auteur, commençant par un passage de R. Salomon Ibn-Gabirol sur le paradis.

6° (Fol. 135 v°.) Recueil de passages obscurs du commentaire de R. Abraham Aben-Ezra sur le Pentateuque.

7° (Fol. 146.) ספר התפוח «Livre de la Pomme». (Voyez ci-dessus, n° 445.)

8° (Fol. 149 v°.) Fragment de la préface de R. Juda Ibn-Tibbon au livre תקוני מדות הנפש de R. Salomon Ibn-Gabirol. Cette préface a la forme d'une dédicace adressée à R. 'Ascher, fils de Meschoullam.

9° (Fol. 150 v°.) Prière de R. Moïse, fils de Naḥman, à Jérusalem. Deux fragments de deux écritures différentes, dont l'un correspond à la page 130 v°, l'autre à la page 131 du texte de la prière imprimée à la suite du commentaire du même auteur sur le Pentateuque. Le copiste du premier morceau, David, fils de Yeqouthi'el, dit à la fin qu'il n'a pas trouvé davantage sur le long tableau (בכרור ארוך) de la communauté, et qu'il l'a écrit en 5193 (1333 de J. C.).

10° (Fol. 152.) Fragment du Zohar, commençant par : תנא רזין דרזין כד פתח ר׳ שמעון אודעזעו אתרא . . .

11° (Fol. 191.) פי׳ המחזור «Explication du recueil de prières» du rite catalan. En voici le commencement : מסתנאב יהי רצון · נערץ בקדושים · עולם השכלים · נאדר בגלילי עולם הגלגלים . . .

12° (Fol. 227.) Poëme allégorique commençant par ces vers :

[להנחיל או]הבי יש דברותי · וחידתי בעט סופר תמימה
[וסחרה] מסחר כסף הכי טוב · ומנופת וצוף תמתק טעמה

Écritures différentes.

Vélin et papier. Pet. xiv° siècle. — (Ancien fonds 105.)

840.

1° בדי הארון ומגדל חננאל «Les Barres de l'arche et la tour de Ḥanan'el», ouvrage cabalistique, divisé en cinq livres, qui traite du sens mystique des lettres, des points-voyelles, des nethiboth, etc. par R. Schêm-Tôb Ibn-Gaon.

(Voyez, quant aux détails que cet ouvrage renferme sur la vie de l'auteur, «Itinéraires en Terre sainte», de Carmoly, p. 284 et 312.) L'auteur dit (liv. III, ch. Ier) qu'il ne commença ses études cabalistiques qu'à la fin de la première moitié de sa vie, après la mort de ses maîtres, avec son ami Ḥanan'el, fils de Meïr Ben-Esquéra (אסקירא). C'est en 5075 (1315 de J. C.; voyez liv. I, chap. v) qu'il composa, étant encore en Espagne, le premier livre de cet ouvrage, qu'il termina entièrement au mois d'iyyar 5085 (1325 de J. C.), à Safad en Palestine, après s'être arrêté pendant deux ans à Tibériade, où il perdit son ami et collaborateur, auquel cet ouvrage est dédié. Il cite dans ce livre plusieurs de ses autres ouvrages, comme le זכחי צדק, contenant des prières; les livres מועצות ודעת, ספר הישר, ראש השלישים, qui tous trois traitent du sens cabalistique des lettres; un commentaire sur les אותיות de R. Sa'adya Gaon, et des traités sur le Talmud. Il cite, entre autres, R. Esdras et R. 'Azriel, de Girone (החכמים החסידים ר' עזרא ור' עזריאל מגירונה), notamment le commentaire sur les prières et le commentaire sur le Cantique des Cantiques de R. Esdras (liv. I, chap. v; liv. VI, chap. II); les deux frères R. Isaac et R. Jacob, fils de R. Jacob Kohen, de Soria, et leur disciple R. Moïse, fils de Siméon de Burgos; le שער הרזים de R. Todros Lévi, etc. L'ouvrage commence par ces mots : מצאתי און המון עמים רבים אומרים מי יראנו טוב נסה עלינו אור פניך ארוני ואראה ואפול על פני ואשתחוה ליי ..., et finit par ceux-ci : ולא יאחר כנפש המחבר והגומר בחדש אייר שנת פ"ה לפרט פה בצפת שבגליל העליון שם טוב ב'ר אברהם זלה"ה בן גאון.

2° (Fol. 117 v°.) Quelques notes détachées :

a. Note cabalistique sur le psaume LXXIII.
b. Note cabalistique sur la bénédiction des prêtres.
c. Quelques pièces de vers en l'honneur de Moïse Maïmonide et du «Guide des Égarés».
d. Une pièce de vers composée de sept distiques sur les treize articles de foi établis par Maïmonide.

3° (Fol. 120 v°.) ספר הנפש החכמה «Livre de l'âme intelligente», ou ספר המשקל «Livre de la balance», par R. Moïse, de Léon. A la suite de l'ouvrage se trouvent, comme dans le texte imprimé, des notes détachées sur différents sujets, et qui appartiennent sans doute au même auteur.

4° (Fol. 170 v°.) Consultation de R. Joseph Giqatilia sur le dicton talmudique ראויה היתה בת שבע וכו'. (Voyez ci-dessus n° 335.)

5° (Fol. 173 v°.) Quelques notes cabalistiques, probablement du même auteur, sur la prière אמת ויציב, sur la nouvelle lune, sur le passage ויכלו (Genèse, chap. II, vers. 1 à 3), sur le lévirat (חליצה ויבום) et sur le dicton talmudique יעקב אבינו לא מת. La fin du dernier paragraphe manque.

6° (Fol. 179.) Feuillet détaché d'un commentaire sur le traité מגלה du Talmud de Babylone.

Écritures différentes.

Papier. Moy. XIVe ou XVe siècle. — (Oratoire 65.)

841.

1° Commentaire cabalistique sur la section בראשית, commençant par ces mots : יי קנני ראשית ... העט' אומרת כי תפארת קנאה פי' כי כאשר נסתכל התפ' בכתר עליון ..., et finissant par ceux-ci : ג' מציאות מצא חב"ה אברהם שנ' בו ומצאת את לבבו נאמן לפניך דוד שנ' מצאתי דוד עבדי ... ישראל שנ' כענבים במדבר מצאתי ישראל. L'auteur, descendant de R. Juda Ḥasid (voyez fol. 128), vivait à la fin du XIIIe ou au commencement du XIVe siècle. Il cite R. Moïse, fils de Naḥman, et espère l'arrivée du Messie pour l'an 5118 (1358 de J. C.; voyez fol. 122). Il est fort au courant des doctrines philosophiques de son temps, et blâme certains chefs des communautés juives pour leur tolérance à l'égard des religions chrétienne, musulmane, et des doctrines monothéistes. Il réfute également la doctrine de l'éternité de la matière.

2° (Fol. 135 v°.) Explication cabalistique des différents préceptes relatifs à la pâque.

3° (Fol. 138.) Explication cabalistique de l'alphabet, commençant par ces mots : ועתה באתי להשכילך ולהודיעך בפירוש האותיות וסודותיהם ... היוד העליונה רומז לב"ע שהוא למעלה מן הכל ...

4° (Fol. 141.) Les trois explications de l'alphabet, tirées du ספר התמונה, précédées chacune de l'introduction.

5° (Fol. 166.) Quelques observations cabalistiques détachées (סוד פתח ר' אליעזר אחריו וא' כמגדל דוד וכו'; סוד ענין העריות; סוד ואז"ל כי האומן צריך לו' דברים; סוד ברכת המוציא; סוד הייחוד).

6° (Fol. 168.) Commencement d'un traité sur la cabale, qui, d'après la préface, est divisé en dix parties, dont la première est subdivisée en dix portes ou chapitres. Le premier chapitre, intitulé : שער הייחוד, renferme treize paragraphes, dont le premier et une partie du second occupent quatre-vingt-huit feuillets de ce fragment. Voici le commencement de l'ouvrage : זה ספר תולדות אדם ... וש"ה כה אמר ה' בורא השמים ... ליהוי שמיה דאלהא ... שנתן כח משפטו ותורתו לישראל דכתיב מגיד דבריו ליעקב ... שאין יודעים שאר האומות מפני מה ... Le premier paragraphe traite des dix sephiroth, des cinquante portes de l'intelligence (שערי בינה), des trente-deux nethiboth, etc.

7° (Fol. 255.) Commentaire cabalistique sur les versets 15 à 23 du chapitre IV de la Genèse.

8° (Fol. 270.) Parallèle entre les dix paroles de Dieu lors de la création, les dix commandements et les malédictions (Deutér., chap. XXVII).

9° (Fol. 272.) סוד הנחש משפטיו ומעשהו «Mystère du serpent, sa manière d'être et son action».

Papier. Pet. XVI° siècle. — (Ancien fonds 276.)

842.

1° Commentaire cabalistique sur la section בראשית. Même ouvrage que n° 841, 1°.

2° (Fol. 82 v°.) ספר משובב נתיבות «Livre qui établit les sentiers», par R. SAMUEL, fils de Sa'adya, IBN-MÔTÔT. (Voyez ci-dessus, n°s 769 et 824, 9°.)

3° (Fol. 120.) Poëme de cent cinquante-huit distiques sur les merveilles de la création, dont voici le premier :

בשם האל אשר אמר זה עזו לאמרותיו
צוה בלי מורה ומורה למצותיו

et le dernier :

ויזכה ביום יקרא לעמו פקח קוח
ויקבוץ נפוצותיו ויום החיות מתיו.

4° (Fol. 122 v°.) Petit traité sur les sephiroth.

5° (Fol. 125.) Extrait du livre בהיר.

6° (Fol. 128.) Fragment d'un traité sur les noms de Dieu et les nombres.

7° (Fol. 131.) Les אזהרות de R. SALOMON IBN-GABIROL, accompagnées d'un commentaire.

8° (Fol. 161.) פירוש י"ג מדות ר' ישמעאל «Explication des treize règles de l'interprétation de R. Ismaël».

9° (Fol. 163.) Discours sur différents passages des Psaumes et des Proverbes.

Ce ms. a été exécuté par Jacob, fils de Joseph, pour Moïse Ibn-Lasqar; il a été terminé le 13 eloul 5224 (1464 de J. C.), à Oran.

Papier. Moy. — (Supplément 70.)

843.

1° Commentaire cabalistique sur le psaume XIX. (Voyez ci-dessus, n° 823, 10°.)

2° (Fol. 20.) Notes cabalistiques relatives au trône de Salomon, à la סוכה, au לולב et au char céleste. Dans la dernière partie de cette pièce se trouve une explication du premier chapitre d'Ézéchiel et du § 9 du premier chapitre du Livre de la création. L'on y cite le ספר השיעור, le midrasch de R. Siméon le Juste, et un passage de R. Yequthi'el, qui réfute cette opinion que l'âme et le soleil émanent de la même source.

3° (Fol. 22.) Fragment, sans commencement ni fin, du ספר האורה «Livre de la lumière», de R. JOSEPH GIQATILIA. (Voyez ci-dessus, n° 813.)

4° (Fol. 38.) Explication des différents passages cabalistiques qui se trouvent dans le commentaire de R. Moïse, fils de Naḥman, sur le Pentateuque.

5° (Fol. 40 v°.) Explication des dix sephiroth, par un disciple de R. Joseph Giqatilia. (Voyez ci-dessus, n° 799, 4°.)

6° (Fol. 44.) Autre explication des dix sephiroth, commençant par ces mots : עם ה"א עשה הקב"ה שמים וארץ . . .

7° (Fol. 47 v°.) ספר כתר שם טוב «Le Livre du nom excellent», par R. ABRAHAM, de Cologne. (Voyez ci-dessus, n° 353, 2°, 5.)

8° (Fol. 50 v°.) ספר יצירה מר' שבתאי הרופא «[Explication du] Livre de la création, par R. SABBATHAÏ [DONOLO], le médecin». (Voyez ci-dessus, n°s 767 et 770, 9°.) C'est une explication très-courte du premier chapitre. On y retrouve le passage cité au nom de R. Sabbathaï dans le commentaire attribué à R. Éliézer, de Worms. (Voyez ס' יצירה, édit. de Mantoue, fol. 87.)

9° (Fol. 51 v°.) Explication cabalistique des dix sephiroth, identique à celle qui se trouve dans le n° 680, 13°, 1. Le nom de R. Moïse, fils de Naḥman, ne se trouve pas à la fin du traité.

10° (Fol. 52 v°.) סוד השרשים «Mystère des racines cabalistiques». (Voyez ci-dessus, n° 799, 5°.)

11° (Fol. 60.) ספר הבהיר «Livre de splendeur». Incomplet.

12° (Fol. 69.) Quelques notes détachées :

a. Définition de la prophétie de Moïse, d'après R. HAÏ GAON et R. NATHAN. (Voyez ערוך, s. v. אספקלר.)

b. Extrait du livre intitulé : ספר סודות, par R. YAQAR, de Cologne. (On y lit le passage suivant : ומפי הר"ר עקיבא בן דודחי בן הר"ר יצחק בן דודי רב' יהונתן זצ"ל.)

c. Exposition des vingt et une préparations nécessaires pour entrer dans le sanctuaire de la cabale. Ce morceau est intitulé : ספר סודות אחר מסוד אמונה. R. Juda Ḥasîd y est cité.

13° (Fol. 70 v°.) Sur les Chérubins. (Voyez ci-dessus, n° 806, 3°.) Cette copie commence ainsi : ספר זה נקרא שרשים וסוד זה גילה יוסף בן עוזיאל . . .

14° (Fol. 71 v°.) יחוד השם «De l'unité de Dieu», et sur les moyens de le concevoir. On trouve dans ce morceau des citations de R. Éliézer Had-Darschan, de l'alphabet de R. ʿAqiba et du ספר הקומה.

15° (Fol. 72.) Considérations sur l'ubiquité de Dieu, etc., par R. Joseph, fils de Ḥayyim. Voici le commencement de cette pièce : החכמה תחיה בעליה חיים בעולם ... הזה. Elle est suivie de quelques explications des préceptes rituels, probablement par le même auteur.

16° (Fol. 79 v°.) Questions et réponses sur les sephiroth, suivies du commentaire. (Voyez ci-dessus, n° 810, 4°.)

17° (Fol. 83.) Dissertations cabalistiques sur les sephiroth, la circoncision, le tétragramme, le nom de שדי, la création, les rapports entre la construction du temple et la création, etc. Raschi, R. Éliézer de Worms, R. Isaac de סרנגיב, R. Jacob Ben-Schéscheth, R. Isaac et R. Jacob Kohen de Ségovie, sont cités dans cette pièce.

18° (Fol. 88.) Dissertation sur le tétragramme, appelée כתר שם טוב, par R. Abraham, de Cologne.

19° (Fol. 91 v°.) Introduction au Livre de l'unité, par R. ʾAscher, commençant par ces mots : בריך רחמנא דיהיב חילא לעבדים לי אני אשר בר' דוד הרר"א בר' דוד זצק"ל אשר מלאני לבי לחפש אחר י"ג מדות ... (Voyez ci-dessus, n° 768, 5°.)

20° (Fol. 92 v°.) Explication cabalistique du premier chapitre de la Genèse, par le même auteur. Ce morceau est suivi de quelques observations cabalistiques sur le lévirat, qui se trouvent également dans le n° 806, 3°.

21° (Fol. 94.) Traité cabalistique sur l'unité, la sanctification et la bénédiction, par R. Joseph, fils de David, de Narbonne. (Voyez ci-dessus, n° 799, 8°.) Ce traité est suivi de l'énumération des trente-deux nethiboth, telle qu'elle se trouve dans la préface du Livre de la création, édition de Mantoue, fol. 16.

Le dernier article est d'une autre écriture que le reste du ms.

Vélin. Moy. xvᵉ siècle. — (Ancien fonds 265.)

844.

Commentaire cabalistique sur le psaume xix. (Voyez ci-dessus, n° 823, 10°.)

Papier. Pet. xviᵉ siècle. — (Ancien fonds 136.)

845.

1° Commentaire cabalistique sur les Psaumes. En tête du premier psaume on lit une note qui dit que le titre de ce commentaire est : כף הקטורה «La Coupe de l'encens», d'après un passage du psaume xli. Mais ce passage pourrait indiquer aussi que le titre de כף הקטורה est donné par les cabalistes aux Psaumes en général. Le commentaire commence par ces mots : אשרי ... ויש לשאל מה ראה דוד המלך ע"ה להתחיל בספרו באלף מה שלא ראה הקב"ה להתחיל בתורתו הקדושה ..., et finit (au psaume cxlvii) par ceux-ci : וזה לכם האות והוא אות האלף אשרי יושבי ... סלה.

2° (Fol. 151.) מגן דוד «Bouclier de David», traité cabalistique sur le sens mystique des vingt-deux lettres de l'alphabet et de leurs figures; par R. David Ibn-Zimra. Ce traité a été imprimé en 1713, à Amsterdam.

3° (Fol. 216.) פי' התפלות «Commentaire cabalistique sur les prières journalières», commençant par ces mots : כשאדם קם ממטתו בבקר צריך לטהר את עצמו במחשבה ובמעשה ..., et finissant par ceux-ci : בסוד פותח את ידיך כמו שכבר כתבנו למעלה.

4° (Fol. 225.) פי' ברכת הנהנין «Commentaire cabalistique sur quelques bénédictions que l'on prononce sur la nourriture, la boisson, etc.», notamment par rapport aux repas du sabbat. Ce commentaire commence ainsi : אמרו ז"ל כל הנהנה מן העולם הזה ..., et finit par ces mots : ולפיכך מאריכין בה שאלות בהרחמן ויש מקצרים מפני שאינו ממטבע חכמים.

Papier. Moy. xviᵉ siècle. — (Oratoire 32.)

846.

Commentaire cabalistique sur les Psaumes. (Voyez le n° précédent.) Le copiste de notre ms. (fol. 102 v°), comme le propriétaire du n° précédent, donne à cet ouvrage le titre de כף הקטורת. Cette copie s'arrête au psaume cxxxix.

Papier. Pet. xvᵉ siècle. — (Ancien fonds 131.)

847.

Commentaire cabalistique sur les Psaumes. (Voyez les deux nᵒˢ précédents.) Un des propriétaires du ms. a mis en tête le titre de כף הקטורת. Le commencement, jusqu'au psaume xi, manque, et la copie s'arrête au psaume cxiii par ces mots : לעולם ולעולמי עולמים וכו' תם ונשלם ....

Papier. Pet. xviᵉ siècle. — (Ancien fonds 133.)

848.

1° פירוש התפלות «Commentaire cabalistique sur les prières journalières». (Voyez ci-dessus, n° 188, 4°.)

2° (Fol. 58 v°.) פרקי הרמב"ן [«Vingt-six] Chapitres (sur différents sujets bibliques, talmudiques et cabalistiques), par R. Moïse, fils de Naḥman». On lit à la fin ces mots : נשלמו פירושי עשרים וששה פרקים לר' משה ב"ר נחמן.

Ces dissertations sont suivies de la prière appelée תפלה הייחוד, attribuée à R. Nehonya.

3° (Fol. 128 v°.) מדרש רות «Midrasch du livre de Ruth». (Voyez ci-dessus, n° 797.)

Papier. Pet. xve siècle. — (Sorbonne 203.)

849.

Traité général de la cabale. L'auteur, après avoir parlé des différentes études religieuses et philosophiques qu'on a rattachées à la loi de Moïse, telles que la Haggâda, la Halakha, la science du calendrier, la physique, la connaissance de l'intellect actif ou la métaphysique, les méditations de la vie contemplative et la cabale, entre dans de longs développements sur le véritable sens du Pentateuque et sur la manière dont il faut l'étudier. Il expose ensuite en détail les facultés de l'âme et montre les indications que le Pentateuque renferme sur ces matières. En abordant le monde surnaturel, il énumère les nombreux camps des anges de toutes les régions célestes, les noms des anges, les mystères des sephiroth, des lettres de l'alphabet, etc. L'ouvrage, surtout dans sa première partie, est écrit dans un style fort élégant. Il est précédé d'une courte introduction commençant par ces mots : אור צח ומצוחצח לעד ולנצח. L'ouvrage commence ainsi : אני תורה עם חכמה שכנתי מעונה אלהי קדם קדמתה ואחי אצלו חרותה על לוח לבו... En tête de la première page on lit ces mots : פתח דבר יאיר עיני הערה לחוות בנועם התורה ליהודים היתה אורה ושמחה וששון ויקר ואלה פתחי פיה פתחה בחכמה ובלשון מה יקר. A la fin du volume se trouvent plusieurs extraits d'ouvrages cabalistiques et philosophiques, au nombre desquels on remarque un extrait du livre sur les cinq éléments, attribué par les Arabes à Empédocle.

Papier. Pet. xvie siècle. — (Sorbonne 161.)

850.

1° באור התפלה ע"ד האמת «Explication cabalistique des prières ordinaires», commençant par ces mots : ב' ברוך אע"פי שהוא מרומם על כל ברכה יש בו ברכה שהכל מתברך ממנו... Dans ce commentaire est comprise une explication cabalistique de la prière קדיש, par R. Perez Kohen.

2° (Fol. 46.) פירוש של מרכבה בלשון קצר מפי הר"ר אלעזר בן רבינו יהודה זצ"ל «Commentaire abrégé sur la vision d'Ézéchiel, recueilli de la bouche de R. Éliézer, fils de Juda», de Worms. Ce traité, qui fait partie de l'ouvrage סודי רזיי «Mystère des mystères», se termine dans notre copie par le chapitre הלכות מלאכים, qui, d'après l'introduction, serait le premier. Le chapitre חכמת הנפש, le septième dans ce ms., finit par une pièce de vers qui donne l'acrostiche du nom de l'auteur (voyez «Literaturblatt des Or.», t. VIII, p. 343, où cette pièce est scindée en deux), et à la fin du même chapitre on lit ces mots : סליק ספר סודיי רזיי. Le chapitre הלכות מלאכים est suivi du livre סודי רזיי proprement dit, qui est désigné par ce titre au commencement et à la fin. La copie a été exécutée par Nissim, fils de Salomon Anustro (אנוסתרו).

3° (Fol. 147.) ספר טעמי מצות לא תעשה «Livre appelé Raisons des préceptes négatifs», commentaire allégorique des trois cent soixante-cinq préceptes négatifs de la loi juive. L'auteur de ce commentaire est R. Isaac Ben-Parhya, comme il résulte d'une citation de R. Salomon Alqabiz (voyez le ms. ci-dessus, n° 797, fol. 8 v°), citation qui se retrouve dans le présent ms. à l'article 20. Cette copie ne renferme que les soixante-six premiers préceptes.

Le volume se termine par un fragment cabalistique.

Écritures différentes.

Papier. Pet. — (Sorbonne 156.)

851.

1° Fragment d'une explication du nom de soixante-douze lettres (ע"ב אותיות).

2° (Fol. 9.) Amulettes, prières et prescriptions cabalistiques pour différentes circonstances de la vie.

3° (Fol. 29.) Explication cabalistique de la prière קדיש et de la prière שמנה עשרה.

4° (Fol. 35 v°.) Observations cabalistiques sur différents noms de Dieu.

5° (Fol. 45.) מעיין החכמה «Source de la sagesse», ou שמוש חמשה חומשי תורה «Versets du Pentateuque appliqués à des formules cabalistiques».

6° (Fol. 58 v°.) Prières, formules et amulettes cabalistiques pour différentes circonstances de la vie.

Papier. Pet. xve siècle. — (Ancien fonds 267.)

852.

1° ספר מראות אלהים לר' חנוך אלקסטנטיני «Livre des visions du Seigneur, par R. Énoch [fils de Salomon], de Constantinople». (Voyez ci-dessus, n° 185, 4°.)

2° (Fol. 36.) ספר צפנת פענח חברו החכם... ר' שם טוב בן שפרוט זצ"ל «Livre appelé Révélateur des secrets, par R. Schêm-Tôb [fils d'Isaac] Ibn-Schaprout». La copie de cet ouvrage ayant été laissée par son auteur chargée de corrections et d'additions, dont une portion avait été enlevée par la reliure, R. Nissim Morial, de Tarasona, se chargea de faire pour le fils de l'auteur une copie exacte et complète. Le livre est divisé en deux parties, dont la première traite du commentaire d'Aben-Ezra sur le Pentateuque en général. L'auteur cite dans cette partie plusieurs autres de ses ouvrages, comme le אבן כוהן, le commentaire sur l'Isagoge de Porphyre, un livre intitulé : דורש טוב, et qui semble être un commentaire sur le Pentateuque. La seconde partie s'occupe particulièrement des aggadoth rapportées par Aben-Ezra, et l'auteur donne souvent les explications de R. Salomon Ben-Ya'isch, de R. Abraham Ben-Atabib (אטאביב) et de plusieurs ouvrages anonymes.

3° (Fol. 336.) מאמר העין «Traité de l'œil», sur le mauvais œil, son influence, etc., commençant par ces mots : ... אמר ר' מאיר בן אלעזר נקראו דברים לפני ו' גדולי.

Ce ms. a été exécuté d'après les ordres de Caleb Afendopoulo, fils d'Élie, fils de Juda (voyez Triglandi, «Notitia Karæorum», p. 147, 148 et passim). Il a été achevé au mois de marheschvan 5248 (1487 de J. C.).

La première page du volume contient un poëme de R. Moïse Aben-Ezra, qui a été publié dans le «Literaturblatt des Orients», tome VIII, page 403.

Papier. Pet. — (Ancien fonds 143.)

853.

1° ספר מראות אלהים «Livre des visions du Seigneur», par R. Énoch, fils de Salomon, de Constantinople. Le copiste, Juda, fils de Benveniste, dit à la fin avoir exécuté cette copie pour le médecin Isaac, fils d'Éliézer, en 5245 (1485 de J. C.). Mais la copie semble être plus récente.

2° (Fol. 22.) Traité de philosophie sur la première cause et ses rapports avec les choses créées, sur l'intellect actif, sur l'âme et l'immortalité. Ce traité, qui semble avoir été composé en arabe, et dont l'auteur était très-versé dans les doctrines des philosophes arabes, surtout dans celle des Soufis, commence par ces mots : אמר המחבר יתן לך האלהים דעת ומזמה ויגד לך תעלומות חכמה ויאיר לבבך באור השכל. La fin manque. Même écriture que celle du premier ouvrage.

3° (Fol. 38.) שומר מצוה «L'Observateur de la loi», par R. Abraham Aboul'afya, explication cabalistique de la bénédiction des prêtres (Nombres, chap. vi, vers. 23 et suiv.), composée par l'auteur à la demande de R. Salomon, fils de Moïse Kohen, de Galilée, et terminée le 25 adar 5047 (1287 de J. C.). L'ouvrage est divisé en trois chapitres, dont chacun est consacré à l'explication de l'un des trois versets de la bénédiction. Il finit par ces mots : ולגלות בו קצת מטהריה ומלאתי רצונו כפי יכלתי והמקום ב"ה יגלה לנו מצפוניו ויאיר עינינו במאור תורתו ברוך חכם הרזים המגלה ליראיו. La copie a été exécutée par Josué, fils de Juda, et achevée à Alexandrie, le 24 tebeth 5197 (1437 de J. C.). Le commencement de la préface manque.

4° (Fol. 80.) פירוש עשר ספירות «Explication des dix sephiroth», identique à celle du n° 824, 3°.

5° (Fol. 97.) Autre commentaire sur les sephiroth, interprétées dans un sens rationnel et philosophique. Le traité commence par ces mots : ראשית לכל והוא ראשית כל יתבר' שם הבורא שהוא חי וקיים עדי עד .... Incomplet à la fin.

6° (Fol. 114.) Extrait du Zohar, commençant par ces mots : את חג המצות תשמור האי איהו אמר דאקרי שמור ....

7° (Fol. 127.) פירוש התפלות «Commentaire sur les prières», commençant par ces mots : ברוך כלול מכל כח ממקור החיים ומן החיים ומאור החיים .... La fin manque.

Écritures différentes.

Papier. Pet. — (Oratoire 34.)

854.

Explication cabalistique des prières quotidiennes, des prières de fête et des prières de la table, par R. Joseph Ibn-Schraga. La copie a été exécutée par Samuel, fils d'Abraham, d'Aquila (מלאקווילא), et terminée le 3 janvier 5289 (1529 de J. C.). Le commencement manque.

Papier. Pet. — (Ancien fonds 287.)

855.

Traité cabalistique sur les différentes manières de composer et de décomposer les mots et les lettres, d'en déterminer les diverses valeurs numériques, afin de découvrir le sens caché des mots et des versets de la Bible, par R. David, fils d'Aaron, Ḥiyyoun (חיון). L'auteur cite un autre ouvrage composé par lui et intitulé : מגן דוד (fol. 1 v°). Cette copie, qui est autographe, contient un grand nombre de corrections. L'ouvrage n'est pas terminé; il a été interrompu le 4 tischri 5253 (1492 de J. C.), par suite des préoccupations que donnait à l'auteur l'arrêt du roi d'Espagne relatif à l'expulsion des juifs.

Papier. Pet. — (Supplément 23.)

856.

ספר דרך אמונה «Livre appelé Chemin de la foi», par R. Meïr Ibn-Gabbaï, fils d'Ézéchiel, auteur du xvie siècle. Cet opuscule renferme les réponses de l'auteur aux dix questions qui lui avaient été proposées par son disciple Joseph Hal-Lévi, sur des sujets concernant le système métaphysique de la cabale. Ces questions occupent les deux premières pages du ms. L'ouvrage a été imprimé à Padoue, en 1562. Le dernier feuillet de cette copie manque.

Papier. Pet. xvie siècle. — (Oratoire 86.)

857.

1° אגרת חמורות «Épître sur les objets d'amour», traité de la cabale, composé par R. Élie, fils de Benjamin, pour David, fils de Benjamin (מהר אלציון), le fils de son maître (fol. 7). Après avoir blâmé sévèrement toutes les tentatives faites par Maïmonide, Joseph 'Albo, Abravanel, etc., pour concilier la philosophie avec la loi, et pour réduire le judaïsme à l'imitation du christianisme, à certains dogmes, l'auteur réfute également les travaux des cabalistes modernes, comme le זכות אדם de R. David di Rocca Martino. Il ne veut admettre qu'une doctrine cabalistique puisée aux anciennes sources de tradition du Bahîr, du Zohar, etc. Il donne aussi des extraits de la prétendue lettre de Maïmonide, dans laquelle celui-ci révoquait ses anciens écrits pour revenir à la cabale, ainsi qu'une autre lettre de R. Moïse, de Rieti, dans laquelle cet auteur exprime le regret d'avoir consacré le temps de sa jeunesse à la poésie. Une lettre de l'auteur, adressée à R. Jacob delle Corinalde (דליקורינאלדי), à Césène, termine ce traité, qui a été copié par Juda (יהודה עמי יזייא) et terminé le 22 marḥeschvan 5287 (1526 de J. C.).

2° (Fol. 25.) שערי אורה «Les Portes de la lumière», par R. Joseph Giqatilia. Le ms. ne contient que le commencement de l'ouvrage.

3° (Fol. 48.) ספר סוד היחוד «Livre du mystère de l'unité». (Voyez ci-dessus, n° 799, 8°.)

4° (Fol. 61.) Explication cabalistique de la prière שמונה עשרה.

5° (Fol. 65.) Commentaire sur les prières, par R. Menaḥem, de Recanati, avec quelques gloses et additions par R. Élie (probablement Élie, fils de Benjamin; voyez ci-dessus 1°).

6° (Fol. 120.) ספר המערכת «Livre de la disposition». (Voyez ci-dessus, n° 802.) Copie faite en 5294 (1533 de J. C.).

7° (Fol. 208 v°.) חיי עולם הבא «La Vie du monde futur», par R. Abraham Aboul'afya. (Voyez ci-dessus, n° 774, 1°.) Incomplet à la fin.

Papier. Pet. — (Ancien fonds 284.)

858.

1° ספר עץ החיים ועץ הדעת «L'Arbre de la vie et l'arbre de la science», commentaire cabalistique sur les six cent treize préceptes, par R. Juda, fils de Jacob. Les deux parties dont se compose l'ouvrage sont séparées par le traité suivant.

2° (Fol. 223.) ספר האור «Livre de la lumière», traité cabalistique sur les lettres de l'alphabet, les voyelles, les accents, etc., par le même auteur.

Papier. Pet. xvi° siècle. — (Supplément 77.)

859.

1° Recueil de notes détachées sur divers sujets de la cabale, mêlées d'interprétations cabalistiques de divers passages de la Bible.

2° (Fol. 58.) מעשה מרכבה «Traité cabalistique sur la vision d'Ézéchiel», commençant par ces mots : הקב"ה רם ונשא אף כסאו רם ונשא... La fin manque.

3° (Fol. 63.) Traité sur les trois éléments de la cabale et sur le sens mystique du nom de Dieu. Les trois éléments (תחלות הקבלה) sont : les lettres (אותיות), les combinaisons de lettres (צרופים), et les points-voyelles (ניקודים).

Les deux derniers ouvrages sont écrits de la même main.

Papier. Pet. — (Oratoire 87.)

860.

1° Explication cabalistique de la vision d'Ézéchiel. Ce traité s'accorde le plus souvent avec le traité sur le même sujet qui se trouve dans le n° 824, 2°.

2° (Fol. 61.) «Le Jus des grenades», par R. Samuel Gallico. (Voyez ci-après, n° 862.)

Papier. Pet. xvi° siècle. — (Ancien fonds 142.)

861.

Grand traité de théologie cabalistique, appelé פרדס רמונים «Parterre de grenadiers», par R. Moïse Cordovero, auteur du xvi° siècle. Cet ouvrage a été imprimé à Cracovie, en 1591. Notre copie ne contient que les livres XVII à XXXII de l'ouvrage.

Papier. Moy. xvi° siècle. — (Ancien fonds 261.)

862.

1° עסיס רמונים «Le Jus des grenades», résumé du livre appelé Parterre de grenadiers, de R. Moïse Cordovero; par R. Samuel Gallico. Cet ouvrage a été imprimé à Venise, en 1601. Notre copie porte des corrections et des additions qui semblent être de la main de R. Menaḥem 'Azaria, de Fano, et qui ont été imprimées dans la seconde édition de l'ouvrage, Mantoue, 1623.

2° (Fol. 60.) מאמר מאה קשיטה «Mélanges cabalistiques en cent chapitres» (voyez Genèse, chap. xxxiii, vers. 19), par R. Menaḥem 'Azaria, de Fano. Le ms. semble être autographe.

Papier. Pet. — (Sorbonne 166.)

863.

1° «Jus des grenades», par R. Samuel Gallico.

2° (Fol. 241.) ספר אור נערב «Livre de la douce lumière», traité cabalistique par R. Moïse Cordovero. Imprimé à Venise, en 1587.

Papier. Moy. — (Ancien fonds 257.)

864.

«Jus des grenades», par R. Samuel Gallico. La copie a été terminée le 11 adar II 5337 (1577 de J. C.).

Papier. Pet. — (Ancien fonds 279.)

865.

ספר עסים רימונים «Livre appelé Jus des grenades», par R. Samuel Gallico. Cette copie a été exécutée par 'Ascher, fils de Qalonimos, en 5342 (1582 de J. C.). A la fin du volume se trouvent quelques fables tirées de l'ouvrage משלי סנדבר.

Papier. Pet. — (Ancien fonds 277.)

866.

1° Extraits et fragments de divers ouvrages cabalistiques, entre autres une copie incomplète, ou peut-être la première rédaction du livre עסים רמונים «Jus des grenades», de R. Samuel Gallico.

2° (Fol. 132.) ספר זכות אבות «Livre appelé le Mérite des ancêtres», commentaire sur le traité אבות, par R. Abraham Galante.

3° (Fol. 158.) תקוני התשובה שדרשו גורי האר"י זצ"ל משמו «Règles de la pénitence transmises par les disciples de R. Isaac Loria (les Lionceaux du lion), au nom de leur maître». Ce traité, rédigé par R. Menaḥem 'Azaria, de Fano, en vingt-six chapitres, a été imprimé en 1600, à Venise. Notre copie contient de nombreuses corrections, qui semblent être de la main de R. Menaḥem 'Azaria, de Fano.

4° (Fol. 177 v°.) סדר של פסח בקצור «Rites de la Pâque, en abrégé».

5° (Fol. 181.) Divers fragments cabalistiques, parmi lesquels se trouve le poëme בר יוחאי, composé à la louange de R. Siméon Bar-Yoḥaï, et qu'on lit également au commencement du volume.

Papier. Pet. — (Sorbonne 162.)

867.

1° ספר שפת אמת «Livre appelé Lèvres ou Langage de la vérité», par R. Samuel Gallico, glossaire des termes cabalistiques, faisant suite au livre עסים רמונים.

2° (Fol. 60.) ספר עסיס רמונים «Livre appelé Jus des grenades», par le même auteur.

Papier, lettres ornées. Moy. xvi° siècle. — (Sorbonne 141.)

868.

ספר הצמצום «Livre de la concentration», traité cabalistique sur la création, composé par un disciple de R. Isaac Loria, d'après les leçons de son maître.

Papier. Pet. — (Supplément 149.)

869.

1° Abrégé du livre intitulé : גלי רזאי «Révélateur des secrets», composé par R. Abraham, d'après les leçons de R. Isaac Loria. (Voyez Azoulaï, t. II, p. 24, édit. de Wilna.) La copie date de l'an 1703.

2° (Fol. 16 v°.) Explications cabalistiques de différents passages du Pentateuque et du Zohar, d'après R. Isaac Loria. Cet ouvrage semble appartenir au même rédacteur que le premier; il a été écrit par le même copiste.

Papier. Pet. — (Supplément 148.)

870.

Explications cabalistiques de différents passages de la Bible, dans l'esprit et la méthode de R. Isaac Loria. Le commencement et la fin manquent.

Papier. Pet. — (Supplément 146.)

871.

פשטים מהאר"י זלה"ה «Commentaires cabalistiques de R. Isaac Loria» sur différents passages de la Bible, sur les prescriptions rituelles et divers sujets cabalistiques; recueillis par un de ses disciples. Ce recueil n'est pas rédigé dans un ordre rigoureux. Le volume se termine par une explication du verset ויחל משה את פני יי וגו' par R. David 'Ardjal (ארגאל), le livre מסורת הברית, et deux consultations de R. Jacob Lévi. Le premier feuillet contient une recette médicale.

Papier. Pet. — (Supplément 145.)

872.

Traité composé de figures qui représentent différentes conceptions de la doctrine cabalistique, telles que le trône de Dieu, la structure d'Adam le protoplaste (אדם קדמון), etc. Un texte explicatif est inscrit dans ces figures. Ce traité provient de l'école de R. Isaac Loria et de son disciple R. Ḥayyim Vital.

Vélin. Rouleau. Moy. — (Supplément 151.)

873.

Explication cabalistique des prières et des diverses observances de la loi juive, par R. Ḥayyim Vital, fils de

Joseph. Cet ouvrage, connu sous le titre de כונות לר' חיים ויטאל «Méditations de R. Ḥayyim Vital», ne forme que la première partie de l'ouvrage עץ חיים «Arbre de la vie», du même auteur. Il a été publié à Venise, en 1624. Le ms. semble être de la main de R. Menaḥem ʿAzaria, de Fano. La fin de la copie manque. Notes marginales.

Papier. Moy. — (Ancien fonds 173.)

874.

שער תלת רישין מס' אוצרות חיים «Chapitre des trois têtes», extrait du livre intitulé : Les Trésors de la vie, par R. Isaac Loria. Cet ouvrage, rédigé par R. Ḥayyim Vital, a été imprimé à Korez, en 1783.

Papier. Pet. — (Supplément 147.)

875.

ספר אדם ישר «Livre de l'homme intègre», ouvrage cabalistique, rédigé par R. Ḥayyim Vital, d'après les leçons de R. Isaac Loria. C'est un résumé complet de la cabale spéculative. L'auteur dit au début du livre qu'il se propose de résoudre les questions suivantes : Quel est le but de la création des mondes? Quel est le commencement ou le premier terme de l'émanation (אצילות) d'où est sorti l'univers? Quels sont les degrés principaux ou les formes générales qu'on peut distinguer dans l'existence, depuis l'homme primitif ou le type idéal de l'homme, formé par l'ensemble des attributs divins, jusqu'au dernier échelon des êtres? L'ouvrage commence par ces mots : ענף ראשון בענין תכלית בריאת העולמות ונבאר עתה ב' הקינות שנתעסקו בהם המקובלים ... La copie date de 5150 (1590 de J. C.).

Papier. Pet. — (Supplément 144.)

876.

1° מאמר המילואים «Traité des noms de Dieu (des pierres enchâssées)», par R. Menaḥem ʿAzaria, de Fano. Notre copie n'est qu'un résumé de cet ouvrage.

2° (Fol. 5.) תיקוני שבת מלכתא «Institutions du sabbat», par R. Naphtali (Hirz), fils de Jacob Elcana, ouvrage cabalistique composé d'après les doctrines de R. Isaac Loria et commençant par ces mots : כתיב וקראה לשבת עונג ולקדוש ה' מכובד.

3° (Fol. 35.) Dissertation cabalistique appartenant à l'école de R. Isaac Loria et intitulée : כונות ויחודים.

4° (Fol. 38.) Trois dissertations cabalistiques, intitulées : מעשה בראשית רבה, מעשה בראשית זוטא et מעשה מרכבה, par R. David, fils de Juda.

5° (Fol. 49.) ליקוטים «Mélanges cabalistiques».

Papier. Pet. — (Supplément 150.)

877.

ספר אמרות טהורות «Livre des paroles pures», recueil de différents traités cabalistiques, extraits en grande partie du פרדס רמונים de R. Moïse Cordovero, par R. Samuel Gallico, revus, augmentés et mis en ordre par R. Menaḥem ʿAzaria, de Fano. Ce recueil, comme on le voit au commencement du volume, embrasse les six ouvrages suivants : 1° עסים רמונים «Jus des grenades»; 2° שפת אמת «Langage de la vérité»; 3° יונת אלם «La Colombe muette»; 4° מעין גנים «La Fontaine des jardins»; 5° מאמר הנפש «Traité de l'âme» (en sept parties); 6° צבאות יי «Les Armées du Seigneur». Notre ms. ne renferme que le premier, le quatrième et le cinquième de ces traités, suivis de divers extraits d'autres écrits cabalistiques, principalement des ouvrages des disciples de R. Isaac Loria. Le ms. semble être autographe.

Papier. Moy. — (Sorbonne 138.)

878.

Mélanges cabalistiques de R. Menaḥem ʿAzaria, de Fano. Ce volume renferme les pièces suivantes : 1° Explications de divers passages bibliques; 2° Explication du rite de la Pâque, d'une partie de la Hagada et de la Sephira (ספירת העומר); 3° מאמר שבתות יי «Traité du sabbat»; 4° מאמר המלואים «Sur les noms de Dieu». Ms. autographe.

Papier. Pet. — (Sorbonne 194.)

879.

1° מאמר חקור דין «Traité de l'examen du jugement», sur l'action de la justice divine dans ce monde, le monde futur et après la résurrection des morts, en cinq livres, par R. Menaḥem ʿAzaria, de Fano.

2° (Fol. 106.) מאמר צבאות יי «Traité des armées du Seigneur», par le même auteur.

Ms. autographe.

Papier. Pet. — (Sorbonne 163.)

880.

ספר סוד הסודות «Livre du mystère des mystères», traité contenant soixante-dix explications cabalistiques du mot בראשית, dont plusieurs en faveur des dogmes chrétiens, par Claudio Mai (Schemaya Lévi). (Voyez sur cet auteur Wolf, «Bibl. hebr.», t. III, n° 1885 b.) C'est avant sa conversion que l'auteur a dû recevoir la lettre de R. Moïse, fils de Salomon, rabbin de Francfort-s.-M., datée du mardi 15 ab 5419 (août 1649), et dont l'auteur donne une copie en tête du volume. Cette lettre (à laquelle est jointe dans ce ms. une traduction latine) est une réponse à la demande que R. Schemaya avait adressée à l'autorité rabbinique de Francfort, afin d'obtenir l'approbation (הסכמה) pour la publication d'un commentaire sur les עשרה מאמרות de R. Menaḥem 'Azaria, de Fano. Dans cette édition devait entrer un travail de R. Moïse, fils de Salomon, qui depuis a été imprimé à Amsterdam, en 1649. Ms. autographe.

Papier. Pet. — (Ancien fonds 114.)

881.

1° «Liber Jetssira, ספר יצירה, ab Abraham patriarcha factus», version latine, accompagnée du texte hébreu.

2° (Page 14.) «Expositio triginta duarum viarum scientiæ». En latin.

3° (Page 19.) «Oratio ordinata a cabalistis, quæ dicitur ab hebreis singulis diebus mane»; en hébreu, écrit en caractères latins. Commencement : Ana becòach gedulat... suivi à chaque verset d'une traduction latine.

4° (Page 21.) «Expositio libri Jetssiræ». Commencement : «Magna confusione reperimus...». L'auteur cite surtout le commentaire imprimé sous le nom de R. Abraham, fils de David, qu'il appelle «contemporaneus R. Moysis Ægyptii».

5° (Page 33.) «Arcanum sacrorum cabal.». Commencement : «Operare in loco ad orientem sito versa facie ad occidentem...» Ce traité est écrit en langue latine et en caractères cryptographiques. Deux prières, composées d'après le dogme chrétien et la cabale, en langue et en écriture hébraïques, sont incorporées dans le texte.

6° (Page 51.) Autre traité de cabale mêlée de doctrines chrétiennes, commençant par ces mots : «In nomine creatoris omnium visibilium et invisibilium, per Cristum Dominum Nostrum. Qui vult secreta scire, secreta secrete sciat...»

Tous ces traités semblent avoir pour auteur un moine du couvent de Saint-Martin-des-Champs, vivant après Guillaume Postel.

Papier. Pet. — (Supplément 152, St-Martin-des-Champs.)

882.

«A iersando... Mon fils, je vous escris sans ambiguïté la pratique de la pierre des sages, qui contient les plus belles connaissances de la nature...». Ce traité cabalistique, appartenant sans doute au même auteur que les traités contenus dans le n° précédent, est écrit en français et en caractères cryptographiques.

Papier. Pet. — (Supplément 154, St-Martin-des-Champs 105.)

VII.

SCIENCES PHILOSOPHIQUES.

883.

La Physique d'Aristote, accompagnée du grand commentaire d'Averroès; traduite de l'arabe en hébreu par R. Qalonimos, fils de Qalonimos.

Papier. Pet. xve siècle. — (Supplément 98, St-Germain 380.)

884.

1° Les quatre premiers livres de la Physique d'Aristote, accompagnés du grand commentaire d'Averroès, traduction hébraïque de R. Qalonimos, fils de Qalonimos. Quelques lacunes au milieu du texte.

2° (Fol. 220 v°.) Résumés (קבוצי) de différents ouvrages de Galien, en deux parties :

I. a. קבוצי מאמר א' מספר גאלינוס לאגלוקן «Résumé de la première partie du livre de Galien à Glaucon» sur la guérison des maladies.

b. קבוצי המאמר השני מספר גאלינוס לאגלוקן «Résumé de la deuxième partie du livre de Galien à Glaucon».

C'est l'ouvrage Τῶν πρὸς Γλαύκωνα θεραπευτικῶν βιβλία β', traduit du grec en arabe par Ḥonaïn Ben-Isḥâq, et de l'arabe en hébreu.

c. קבוצי גאלינוס בבחראן העתקת חנין «Résumé du livre de Galien sur les crises, traduit (du grec en arabe) par Ḥonaïn [Ben-Isḥâq]». Trois chapitres.

d. קבוצי מספר גאלינו' בימי הבחראן העתקת חנין בן יצחק «Résumé du livre de Galien sur les jours critiques, traduit (du grec en arabe) par Ḥonaïn Ben-Isḥâq». Trois chapitres.

II. קבוצי ספר העלות והמקרים והוא החלק הב' מן ספר קבוצי כפר גאלינוס «Deuxième partie des extraits de Galien. Résumé du livre sur les causes et les symptômes». Traduit du grec en arabe par Ḥonaïn Ben-Isḥâq, et de l'arabe en hébreu. Incomplet.

Ces ouvrages ont été traduits en hébreu par R. Samson, fils de Salomon. (Voyez ci-après, n°s 1117 et suiv.) Le traducteur n'est pas nommé dans ce ms.

Deux écritures différentes.

Papier. Moy. xve siècle. — (Ancien fonds 315.)

885.

1° ספר אותות השמים העליונים «Le Traité des météores», par Aristote, traduit en hébreu sur la version arabe et accompagné d'un commentaire par R. Samuel Ibn-Tibbon. (Voyez ci-dessus, n° 189, 2°.)

2° (Fol. 25.) פירוש על המלה לאפשרות הדבקות «Commentaire littéral sur le traité de la possibilité de la conjonction (d'Averroès)», par R. Joseph, fils de Schêm-Tôb. (Voyez ci-dessous n° 918, 9°.) Ce commentaire, très-développé, se divise pour chaque paragraphe du texte d'Averroès en deux parties, dont la première commence toujours par le mot הפירוש et explique les paroles de l'auteur arabe; la seconde, qui porte en tête les mots אמר יוסף, contient les réflexions propres du commentateur et souvent la réfutation des opinions d'Averroès. Le tout est précédé d'une longue introduction, dans laquelle on expose le but de l'auteur arabe et celui de son commentateur. Cette copie n'est pas achevée.

3° (Fol. 107.) Petit traité cabalistique sur les sept lettres בגדכפרת, mises en rapport avec les sept planètes. Incomplet.

4° (Fol. 113.) Autre traité cabalistique sur les treize attributs de Dieu (י"ג מדות). Le commencement manque.

5° (Fol. 120 v°.) שערי צדק «Les Portes de la justice», par R. Joseph Giqatilia. (Voyez ci-dessus, n° 823.)

Écritures différentes de diverses époques.

Vélin et papier. Pet. — (Oratoire 136.)

886.

ספר מה שאחר הטבע «La Métaphysique» d'Aristote, accompagnée du grand commentaire d'Averroès; le tout traduit de l'arabe en hébreu. Cette version ne renferme que onze livres de la Métaphysique, savoir : les livres I à X et le livre XII des éditions grecques. Elle présente en outre la particularité que les deux premiers livres sont transposés, le livre α formant le premier et le A le second. Ce dernier est incomplet et commence en hébreu par ces mots : ...הניחו התחלת כל מיני הגשמים, qui correspondent aux mots ἀμφοτέρων μέντοι ταύτας ... (Voyez Aristote, édition de Bekker, t. VIII, liv. I, chap. v, p. 17.) Notre copie s'arrête, avant la fin du livre XII, par les mots : שלא יהיה ההפך לטוב ולשכל, qui correspondent aux mots grecs τὸ ἐναντίον μὴ ποιῆσαι τῷ ἀγαθῷ καὶ τῷ νῷ. (Voyez Munk, «Mélanges de philosophie juive et arabe», p. 434 et suiv.)

Papier. Moy. xv° siècle. — (Oratoire 112.)

887.

ספר מה שאחר הטבע «La Métaphysique» d'Aristote, accompagnée du grand commentaire d'Averroès; le tout traduit de l'arabe. Ce ms. contient les mêmes livres que le n° précédent; mais le livre XII est continué jusqu'à la fin, et à la suite du livre II (Γ) se trouve une note, appartenant probablement à Averroès, qui donne quelques indications sur l'ordre à suivre dans l'étude de la métaphysique. Cette version diffère souvent de celle du n° précédent; elle s'attache moins à la lettre et, dans plusieurs passages, elle est plus claire. Il semble que l'auteur de cette traduction a pris pour base de son travail le texte du n° précédent, en le corrigeant en quelques endroits. Le nom du traducteur est indiqué à la fin de l'ouvrage : R. Moïse, fils de Salomon (...מחכמי שילון).

Papier. Moy. xv° siècle. — (Oratoire 114.)

888.

La Métaphysique d'Aristote, accompagnée du grand commentaire d'Averroès, traduite de l'arabe en hébreu par R. Moïse, fils de Salomon.

Ms. de deux écritures différentes.

Papier. Moy. xiv° siècle. — (Ancien fonds 316.)

889.

La Métaphysique d'Aristote, accompagnée du grand commentaire d'Averroès, traduite de l'arabe en hébreu par R. Moïse, fils de Salomon.

Papier. Moy. xv° siècle. — (Ancien fonds 310.)

890.

פי' המאמר הנרשם באות הלמד ממה שאחר הטבע «Le Livre *lambda* (Λ), ou le XII° livre de la Métaphysique d'Aristote, avec le grand commentaire d'Averroès; le tout traduit de l'arabe en hébreu. C'est la même version que celle du n° précédent, ayant pour auteur R. Moïse, fils de Salomon. Il manque quelques feuillets à la fin, et l'écriture a souffert par des taches d'eau.

Papier. Pet. xv° siècle. — (Oratoire 115.)

891.

ספר מה שאחר הטבע «La Métaphysique» d'Aristote, traduite du latin en hébreu par R. Baroukh, fils d'Isaac, Ibn-Ya'isch, auteur du xv° siècle. Cette version ne renferme que les livres I à XII du texte grec. Elle est précédée d'une préface, dans laquelle le traducteur dit qu'il a entrepris ce travail à la demande de R. Samuel Ẓarphathi, parce que la version faite sur l'arabe avait défiguré et transformé l'œuvre d'Aristote. Il a divisé chaque livre, selon les matières qui y sont traitées, en un certain nombre de chapitres. Une table placée en tête de l'ouvrage donne une analyse fidèle et assez développée des douze livres de la Métaphysique reproduits dans cette traduction.

Papier. Pet. xvi° siècle. — (Oratoire 113.)

892.

1° L'Éthique d'Aristote, traduite du latin en hébreu par R. Meïr, fils de Salomon, Alvarès. Le traducteur dit qu'il a fait cette version sur le désir de Benveniste Ben-Labi, à Saragosse, qu'il s'est aidé d'un commentaire latin sur l'Éthique, et qu'il avait l'intention de traduire également les Économiques et la Politique.

2° (Fol. 85 v°.) Le traité des Économiques d'Aristote, traduit en hébreu par R. Abraham Ibn-Tibbon. Le traducteur dit dans la préface qu'il a fait cette version, divisée en deux parties, sur le grec.

3° (Fol. 91.) מפתח ספר המדות להר' יוסף ן' שם טוב «Clef ou Table analytique de l'Éthique, par R. Joseph, fils de Schêm-Tôb». (Voyez ci-dessous, n° 996.)

4° (Fol. 116.) מאמרים נלקטים מס' האיטיקא «Sentences choisies dans le livre de l'Éthique», par R. Schêm-Tôb, fils de Schêm-Tôb.

5° (Fol. 134.) מאמרים יקרים נלקטים מספר מאזני צדק «Sentences précieuses choisies dans le livre intitulé : Les Balances de la vérité», de Gazzâli. (Voyez ci-dessous, n° 911.) Incomplet.

Papier. Pet. xvi° siècle. — (Ancien fonds 323.)

893.

1° מאמר אלאסכנדר הפרדוסי העתקת אסחק בן חנין «Traité d'Alexandre d'Aphrodisias [sur l'âme], traduit [du grec en arabe] par Isḥâq Ben-Ḥonaïn», et de l'arabe en hébreu par R. Samuel, fils de Juda, fils de Meschoullam, fils d'Isaac, fils de Salomon Han-Nadîb, fils de Jacob Han-Nadîb פורפאייג (Propiac?), fils de David, de Marseille. C'est la traduction complète du premier livre du traité d'Alexandre, sauf l'introduction, que le traducteur a laissée de côté. On lit à la fin une épigraphe très-étendue, dans laquelle le traducteur juif raconte qu'il avait fait cette traduction en 1324, à Murcie (מורסיא), sur un exemplaire arabe fort correct; qu'il y revint quatorze ans plus tard, et qu'après avoir consacré de nouveau deux ans à ce travail difficile, il termina une nouvelle copie de sa traduction, à l'âge de quarante-six ans, dans la ville de Montélimart (מונטייל איימר). (Voyez sur David, l'aïeul du traducteur, Benjamin de Tudèle, édition d'Asher, t. I, p. 6, et t. II, p. 15.)

2° (Fol. 44.) ספר התחלות הנמצאות «Livre des principes de tout ce qui existe», par Abou-Naṣr Moḥammed Al-Farâbi; traduit de l'arabe en hébreu par R. Moïse, fils de Samuel, Ibn-Tibbon. (Voyez ci-dessus, n° 189, 3°.) Cette version a été imprimée dans le recueil ספר האסיף, Londres, 1850.

3° (Fol. 65.) Fragment de l'ouvrage שער השמים «Porte des cieux», de R. Isaac, fils d'Abraham, Ibn-Latîf. (Voyez ci-dessous, n° 982, 5°.)

4° (Fol. 68 v°.) צורת עולם קטון «La Figure du microcosme», par R. Moïse, fils de Samuel, Ibn-Tibbon. (Voyez ci-dessus, n° 185, 2°.)

5° (Fol. 74.) רוח חן «Esprit de grâce», introduction au Guide des Égarés, de Maïmonide, attribuée à R. Jacob Anatolio. L'ouvrage a été imprimé.

6° (Fol. 84.) אגרת הויכוח «Épître de la controverse», dialogue entre un théologien et un philosophe, sur l'accord de la religion et de la philosophie, par R. Schêm-Tôb, fils de Joseph, Ibn-Palaquéra. Ce traité a été imprimé à Prague, en 1610.

7° (Fol. 92.) ספר המעלות «Livre des degrés [de la perfection humaine]», traité de philosophie, par le même auteur. Notes marginales.

8° (Fol. 110.) ספר מאזני העיונים «Livre des balances des spéculations», traduit de l'arabe en hébreu par R. Jacob, fils de Makhir, Ibn-Tibbon, appelé Don Prophiat.

9° (Fol. 128 v°.) ספר העגולות «Livre des cercles», par Alḥafith 'Abdallah Ibn-Moḥammed Aboul Sa'id Al-Ptolemoeosi; traduit de l'arabe en hébreu par R. Moïse, fils de Samuel, Ibn-Tibbon. (Voyez sur cet ouvrage Uri, Catal., p. 78; «Literaturblatt des Orients», t. IX, p. 620 et suiv.)

Vélin. Moy. — (Supplément 15.)

894.

1° מאמר אלאסכנדר בנפש העתקת בן חנין «Traité d'Alexandre [d'Aphrodisias] sur l'âme, traduit [du grec en arabe] par [Isḥâq] Ben-Ḥonaïn», et de l'arabe en hébreu par R. Samuel, fils de Juda. La première partie de la copie est entourée de nombreuses notes marginales, dont la plupart appartiennent au traducteur hébreu.

2° (Fol. 41.) מאמר הנרשם באות חלמד ביאור המסתיוס «Commentaire de Thémistius sur le livre Λ' [de la Métaphysique d'Aristote]», traduit de l'arabe en hébreu. Incomplet.

3° (Fol. 48.) Commentaire moyen d'Averroès sur le traité du Ciel d'Aristote, traduit de l'arabe en hébreu par R. Salomon Ibn-Job. (Voyez ci-dessous, n° 945.)

Les deux premiers ouvrages sont de la même écriture.

Papier. Pet. — (Ancien fonds 327.)

895.

די קונסולאסיאוני ou נחמת הפילוסופיא «Le livre *De Consolatione philosophiæ*», de Boèce, traduit en hébreu par R. 'Azaria, fils de Joseph, Ibn-Abba-Mari, nommé

Bonafoux Bonfil Astruc. Cette traduction a été faite à Vitruvio (פיטרוביאו), sous le règne de Carlo Malatesta, et terminée le 28 tebeth 5183 (1422 de J. C.).

Vélin. Moy. xve siècle. — (Supplément 67.)

896.

1° ספר מליצות הפילוסופים וחידותם ומוסרם «Livre des bons mots, sentences et dictons des philosophes», recueillis et traduits en arabe par Ḥonaïn Ben-Isḥâq, et traduits de l'arabe en hébreu par R. Juda, fils de Salomon, Al-Ḥarizi. Cet ouvrage a été imprimé à Riva di Trento, en 1562. Notre copie ne contient pas la deuxième partie, sur Salomon et les démons.

2° (Fol. 24 v°.) ספר סוד הסודות «Livre intitulé : Mystère des mystères». Cet ouvrage, attribué à Aristote et contenant des conseils donnés par ce philosophe à Alexandre, a été traduit du grec en latin, puis du latin en arabe, par Yaḥya Ben-Albatrik, et de l'arabe en hébreu par un auteur anonyme. Ce traité, divisé en huit chapitres, a été imprimé en latin sous le titre de «Philosophorum maximi Aristotelis secretum secretorum, alio nomine liber moralium de regimine principum ad Alexandrum», Bononiæ, 1501, in-fol. La préface, reléguée par le copiste de ce ms. à la suite de l'ouvrage, manque.

Les deux ouvrages, écrits de la même main, ont été copiés par David.

Papier. Pet. xive siècle. — (Supplément 24.)

897.

1° ספר הראשון מהסבות «Le premier livre du traité *De causis*», traduit en hébreu par R. Juda, fils de Moïse, fils de Daniel, de Rome. La copie date de 1420.

2° (Fol. 7 v°.) Sur la résurrection des morts, par R. Moïse Maïmonide.

3° (Fol. 21.) Commentaire sur le Cantique des Cantiques, par R. Schemarya, fils d'Élie (fils de Jacob, fils de David, fils d'Élie Romano, fils de David de Rome), de Negroponte. Ce commentaire est dédié au roi Robert de Sicile. L'auteur dit dans la préface qu'il a expliqué tous les livres de la Bible en mille cahiers environ (קרוב לאלף קונטרסים), et qu'il envoyait au roi l'explication du Cantique des Cantiques et celle de la Genèse. Une autre rédaction de ce même commentaire se trouve dans le n° 334, 9° (voyez ci-dessus). La copie a été exécutée par Isaac, fils de Benjamin.

4° (Fol. 71 v°.) ספר תחכמוני «Le livre Taḥkemônî», ou ס' מנחת יהודה «Livre intitulé : Offrande de Juda», récit poétique par R. Juda Lévi, fils d'Isaac, fils de Sabbathaï. Imprimé plusieurs fois. Cet ouvrage est suivi d'une pièce de vers qui forme l'acrostiche du nom de Yeḥi'el.

5° (Fol. 85 v°.) קערת כסף «Plat d'argent», par R. Joseph 'Ezôbi.

6° (Fol. 92.) ספר ארחות עולם «Livre des voies du monde», traité de géographie, par R. Abraham, fils de Mardochée, Farizol. Imprimé. Cette copie est incomplète.

7° (Fol. 128.) Écrit (טופס הקונטרס) adressé par R. Jacob, fils de David, de Provence, à R. David, fils de Juda, surnommé Messer Léon, sur l'importance de la philosophie. D'après une note en tête de la lettre, elle aurait été composée en 1490, à Naples. Cette pièce a été imprimée dans le recueil דברי חכמים, en 1849.

Papier. Pet. — (Ancien fonds 343.)

898.

1° Abrégé de l'Isagoge de Porphyre et de diverses parties de l'Organon d'Aristote, savoir : des Catégories, du livre de l'Interprétation, et des Premiers Analytiques; par Abou-Naṣr Al-Farâbi. Traduit de l'arabe en hébreu. Cette traduction est due probablement à R. Moïse Ibn-Tibbon.

2° (Fol. 91 v°.) המאמר בסבה התכליתית להחכם הכולל ר' שם טוב בן שם טוב «Traité sur la cause finale, par R. Schêm-Tôb [fils de Joseph], fils de Schêm-Tôb». (Voyez Munk, «Mélanges de philosophie juive et arabe», p. 509, note.) L'auteur énumère les opinions des anciens sur la cause finale, et il trouve quatre opinions bien distinctes. Il discute particulièrement la quatrième, qui voit dans l'homme le but de la création. Sa propre conclusion est que le but de tout ce qui existe, tant dans les sphères célestes que dans le monde sublunaire, est de recevoir la forme convenable et de devenir l'image du Créateur. Voici le commencement du traité : בסבה התכליתית נפל מחלוקת בין החכמים הקדומים כי קצתם כפרו והכחישו מציאותה . . .

3° (Fol. 107 v°.) ביאור הכח הדברי לחכם הנזכר «Explication de la faculté rationnelle [de l'âme], par le même auteur». C'est un commentaire sur une partie du livre de l'Ame d'Aristote. (Aristote, De anima, liv. III, chap. vi à vii, éd. Bekker, t. III, p. 226 et suiv.) L'auteur dit à la fin qu'il a achevé cet ouvrage le 1er marḥeschvan 5239 (1478 de J. C.), à Almazan (ms. באלמאקסם).

4° (Fol. 155 v°.) Traité sur la matière abstraite (ὕλη) et ses rapports avec la forme, par le même auteur. Dans cet écrit celui-ci s'est proposé d'expliquer le principe matériel, opposé à la forme (באור ההתחלה החומרית). Après avoir indiqué les opinions qui avaient cours sur ce sujet avant Aristote, il expose avec détail les théories d'Aristote et de ses commentateurs; il cherche ensuite à résoudre plusieurs questions qui se rattachent à ce sujet, par exemple, si la ὕλη est une substance ou un accident, si elle existe virtuellement ou réellement, etc. Le traité commence par ces mots : הכוונה בזה המאמר ביאור ההתחלה החומרית ולהביא מאמרי הפילוסופיא אשר נאמר על זה הדרוש . . . Il a été composé à Ségovie (ms. שהביא), en 5221 (1461 de J. C.).

Le ms., qui est tout entier de la même main, a été exécuté par Joseph, fils d'Abraham, pour le médecin Guedalya, fils de R. Tam Ibn-Yaḥya. (Voyez Conforti, fol. 34.) La copie du premier ouvrage a été terminée à Constantinople, le 3 kislev 5308 (1547 de J. C.), celle du troisième le 10 adar II 5307 (1547 de J. C.), à Adrianople.

Papier. Pet. — (Oratoire 107.)

899.

1° ספר אגרת בעלי חיים «Traité sur les animaux». C'est le vingt et unième traité de l'ouvrage تحفة اخوان الصفاء, traduit de l'arabe en hébreu par R. Qalonimos, fils de Qalonimos. Imprimé pour la première fois à Mantoue, en 1557.

2° (Fol. 71.) Commentaire d'Averroès sur les livres XI à XIX du traité sur les Animaux d'Aristote (c'est-à-dire les quatre livres du traité des Parties des animaux et les cinq livres de la Génération), expliqué par R. Lévi, fils de Gerson. D'après une note qui termine l'ouvrage, cette traduction fut terminée au mois de schebat 5083 (1323 de J. C.).

En tête du volume se trouve une pièce de vers qui traite du même sujet que le premier ouvrage du ms., et dont voici le commencement : אל בורא ראשית הכל מלי . בו רבו גם ירבו מהללי . כי יצר רוח חן בכסלי . . . Les cinq premiers mots forment en acrostiche le nom d'Abraham, et les strophes donnent en acrostiche successivement les lettres de l'alphabet jusqu'à la lettre י.

Ce ms. a appartenu, en 1446, à Mardochée Finzi.

Vélin et papier. Pet. xve siècle. — (Ancien fonds 354.)

900.

אגרת בעלי החיים «Traité sur les animaux», traduit de l'arabe en hébreu par R. Qalonimos, fils de Qalonimos. (Voyez le n° précédent.) L'épigraphe qui indique la date de la traduction manque dans cette copie.

Vélin. Pet. xve siècle. — (Ancien fonds 432.)

901.

כונות הפלוספים (مقاصد الفلاسفة) «Les Tendances des philosophes», par Abou-Ḥamed-Moḥammed Ibn-Moḥammed Al-Gazzâli. Traduit de l'arabe en hébreu par R. Isaac Albalag; accompagné du commentaire de R. Moïse, de Narbonne. (Voyez Munk, «Mélanges, etc.», p. 369 et suiv.) La préface et les notes du traducteur ne se trouvent pas dans cette copie.

Vélin et papier. Pet. xive siècle. — (Oratoire 94.)

902.

כונות הפילוסופים «Les Tendances des philosophes», par Abou-Ḥamed-Moḥammed Al-Gazzâli. Traduit de l'arabe en hébreu par R. Isaac Albalag. Le texte est accompagné de nombreuses notes marginales.

A la fin du volume se trouvent, écrits par une autre main, les morceaux suivants :

a. Fragment d'un recueil de sentences commençant par ces mots : אמר חנניה אלה הדברים אשר מצאתי מחכמת ארסטו . . .
b. Une prière de confession (ודוי), commençant par ces mots : נגדן ותחלת יסודו . . .,
c. Un poëme commençant par ces mots : אברכה אל עוטה אור כשלמה, qui traite de l'histoire des Juifs jusqu'à la sortie de l'Égypte.
d. La prière יה שמך ארוממך.
e. Quelques observations métaphysiques, tirées d'Averroès (שופט = Kadhi).

Papier. Moy. xive siècle. — (Supplément 16, Jacobins St-Honoré.)

903.

1° «Les Tendances des philosophes», par Abou-Ḥamed-Moḥammed Al-Gazzâli. Traduit de l'arabe en hébreu par R. Isaac Albalag. La première partie et le commencement de la seconde partie manquent. Le premier feuillet de la troisième partie (métaphysique) a été placé en tête de l'article 3°.

A la suite de cet ouvrage se trouve une note de R. Immanuel, fils de Jacob, sur un passage du livre des Nativités d'Aben-Ezra.

2° (Fol. 37.) רובע ישראל «Le Quadrant d'Israël», description de l'instrument astronomique appelé «le quart de cercle», et de son usage; par R. Jacob, fils de Makhir, Ibn-Tibbon.

3° (Fol. 43.) Abrégé de l'Almageste, par Averroès; traduit de l'arabe en hébreu par R. Jacob Anatolio, en 4995 (1235 de J. C.). La copie a été exécutée à Naples par un certain Moïse Ibn-Tibbon, en 1346, sur le ms. autographe du traducteur. Elle a été corrigée plus tard dans quelques endroits. Elle est suivie de quelques notes explicatives du copiste.

4° (Fol. 115.) Catalogue des étoiles fixes, avec l'indication des longitudes et des latitudes, pour la première moitié du catalogue, d'après l'Almageste; par maître Schindel ou Schendel, médecin de Nuremberg. Ce traité a été composé en 1437, probablement en latin.

5° (Fol. 134.) Traité sur le cours moyen des planètes et des nœuds (?), par R. Immanuel, fils de Jacob, de Tarascon, surnommé Bonfilio. On voit, par le premier paragraphe de cet ouvrage, que l'auteur écrivait entre l'an 1300 et l'an 1340 (probablement vers 1340; voyez ci-dessous, n° 1054, 2°). Les tables astronomiques qui doivent accompagner le texte ne se trouvent pas dans notre copie. L'ouvrage commence par ces mots : א' עמנואל בן יעק' בעל כנפים ראה ראיתי לחדש ולצייר לוחות להקל על מלאכת חקירת המהלך השוה . . .

Écritures différentes.

Papier. Moy. — (Oratoire 95.)

904.

«Les Tendances des philosophes», par Abou-Hamed-Mohammed Al-Gazzâli. Traduit de l'arabe en hébreu. Cette version a probablement pour auteur R. Juda, fils de Salomon Nathan. (Voyez «Catalog. libr. mss. Bibl. Senat. Lips.», p. 290 et suiv.) Cette copie porte à la fin la date du 1er adar 5170 (1410 de J. C.). C'est probablement la date du ms.

Vélin. Pet. — (Ancien fonds 346.)

905.

תקון הדעות «Rectification des opinions», commentaire sur l'ouvrage مقاصد الفلاسفة d'Abou-Hamed Al-Gazzâli, par R. Isaac Albalag. L'auteur, partisan des doctrines d'Aristote et d'Averroès, soutient l'idée de l'éternité de la matière, blâme Maïmonide de ne l'avoir pas franchement enseignée (voyez fol. 23 v° et 45) et réfute les doctrines d'Al-Gazzâli. Il dit avoir traduit et commenté l'ouvrage de ce dernier, pour s'en servir d'introduction aux livres d'Aristote, dont il avait l'intention de donner également une version. Cette copie ne contient de la version que le commencement de chaque phrase, suivie de son explication. Tout en réfutant les cabalistes, l'auteur en distingue quelques-uns comme possédant réellement une tradition sur les choses divines. Il y a à cet égard une phrase qui a été publiée dans Carmoly, «Itinéraires, etc.», p. 281. (Dans le morceau publié, lisez : ר' יצחק הכהן דקאבשטאיין. Voyez fol. 68 v°; comparez fol. 54 et *passim*.) L'auteur, qui vivait dans la première moitié du xive siècle, donne dans un passage la date de 5094 (1334 de J. C.). (Voyez fol. 40.) Le ms. est incomplet. Il s'arrête avant la fin de la partie métaphysique.

On a relié, en tête du volume, un petit traité intitulé : ספר טעם הטעמים «Liber rationis rationum», composé par un juif converti. (Voyez Wolf, «Bibliotheca hebraïca», t. III, p. 1187 et suiv.)

Papier. Pet. — (Ancien fonds 249.)

906.

ביאור האלהיות לר' יצחק ן' שם טוב «Commentaire sur la Métaphysique (ou la seconde partie du مقاصد الفلاسفة d'Al-Gazzâli), par R. Isaac, Ibn-Schêm-Tôb». Ce commentaire s'étend non-seulement sur le texte d'Al-Gazzâli, mais aussi sur le commentaire de R. Isaac Albalag. Voici le commencement du commentaire : אבוחמד המחבר זה הספר נתן התנצלות על אשר דבר . . . L'auteur cite un autre de ses ouvrages sous le titre de : מאמר חדוש העולם «Traité de la création du monde», et ses dissertations métaphysiques (הדרושים האלהיים). L'ouvrage fut terminé à Aguilar di Campo, le 28 adar 5219 (1459 de J. C.).

Papier. Pet. xvie siècle. — (Ancien fonds 348.)

907.

1° Commentaire sur la Physique ou la troisième partie du مقاصد الفلاسفة d'Al-Gazzâli, par R. Isaïe. Les mots ועתה אשוב לפרש דברי אבוחמד, qui terminent la courte préface mise en tête de ce commentaire, semblent indiquer qu'il s'étendait sur tout l'ouvrage d'Al-Gazzâli. Mais la Physique elle-même n'est pas complète; la copie s'arrête dans ce ms. au milieu du chapitre sur l'âme humaine. L'auteur cite R. Isaac Albalag (fol. 24 v°) et ne paraît pas encore avoir eu connaissance du commentaire de R. Moïse, de Narbonne.

2° (Fol. 58.) Fragment d'une explication du commentaire de R. Moïse, de Narbonne, sur le مقاصد d'Al-Gazzâli. Ce fragment se rapporte à la deuxième partie ou la Métaphysique.

3° (Fol. 68.) Fragment d'une autre explication du commentaire de R. Moïse, de Narbonne, sur le même ouvrage. Ce fragment se rapporte également à la Métaphysique. L'ouvrage complet se trouve dans le n° 909.

4° (Fol. 83.) Fragment d'un commentaire sur la Logique ou la première partie du مقاصد d'Al-Gazzâli. L'auteur de ce commentaire est R. Isaac Kohen.

5° (Fol. 88.) Gloses sur divers passages de l'ouvrage d'Al-Gazzâli, et sur les commentaires de R. Isaac Albalag et de R. Moïse, de Narbonne. Ces gloses se rapportent principalement à la deuxième partie ou la Métaphysique, mais elles ne suivent pas l'ordre du texte.

A la suite de ces gloses se trouve, écrit de la même main, un glossaire en hébreu, en espagnol et en arabe, des termes techniques employés dans la Logique, d'après l'abrégé de la Logique de Moïse Maïmonide. Ce glossaire est suivi d'une liste d'autres termes techniques, et de quelques recettes chimiques en langue espagnole (en caractères hébreux).

6° (Fol. 96.) Fragments des questions de Jean Versor sur le traité du Ciel d'Aristote, traduites du latin en hébreu par 'Ali, fils de Joseph, Habilio (חביליו). (Voyez ci-dessous, n° 1000.) Ce sont les questions 2 à 5 du livre I. L'auteur de l'article 1°, R. Isaïe, est cité dans cet ouvrage.

7° (Fol. 104.) Autre commentaire sur la Physique

et la Métaphysique, ou la deuxième et la troisième partie du مقاصد d'Al-Gazzâli et les notes de R. Isaac Albalag, par 'Ali. Le commentaire sur la Physique n'est pas achevé; le copiste s'est arrêté au milieu d'une phrase.

8° (Fol. 161.) Fragment d'un autre commentaire sur la partie métaphysique de l'ouvrage d'Al-Gazzâli et sur les notes de R. Isaac Albalag.

9° (Fol. 167.) באור קצת לשונות מחלק הטבעיות «Explication de plusieurs passages de la partie physique» de l'ouvrage d'Al-Gazzâli. Différent des commentaires qui précèdent.

10° (Fol. 207.) Recueil de gloses sur les trois parties de l'ouvrage d'Al-Gazzâli.

Ces différentes pièces ont été écrites par autant de mains différentes et probablement à diverses époques.

Papier. Pet. — (Oratoire 137.)

908.

Commentaire de R. Moïse, de Narbonne, sur le مقاصد d'Al-Gazzâli. La copie a été exécutée par Isaac, fils de Ḥabîb, et achevée le 7 tebeth 5232 (1472 de J. C.), à Saragosse (בישיבת החכם הכולל . . . ר' אברהם בן ביבאג).

Papier. Pet. — (Ancien fonds 347.)

909.

1° Explication du commentaire de R. Moïse, de Narbonne, sur le مقاصد d'Al-Gazzâli. Un fragment de cette explication se trouve dans le n° 907, 3°.

2° (Fol. 173.) ביאור עלי לאלהיות «Commentaire sur la Métaphysique ou la seconde partie du مقاصد», par 'Ali. Le même commentaire, sur la deuxième et la troisième partie de l'ouvrage d'Al-Gazzâli, mais très-abrégé, se trouve dans le n° 907, 7°. Nous ne savons pas si l'auteur est le même que 'Ali, fils de Joseph Ḥabilio, traducteur de l'ouvrage de Jean Versor, car, en parlant des études de ses coreligionnaires contemporains, ce dernier ne mentionne qu'Aristote et Averroès, et ne parle pas de Gazzâli. D'un autre côté, l'auteur de notre commentaire ne cite aucun auteur chrétien. Il explique le texte d'Al-Gazzâli et le commentaire de R. Isaac Albalag, sans vouloir se décider pour l'une ou l'autre des opinions présentées. (Voyez fol. 227, où il s'exprime en ces termes : וא"ע"פי שהתניתי בפתיחת באור זה ובשאר מקומות מזה הבאור שאין כונתי אלא לבאר דברי אבוחא' המחבר זה הספר ודברי ר' יצחק ן' אלבלג המעתיקו מבלי שאכין להקור ולדרוש איזה מהם הוא אשר דבר האמת הנה ספני שקם . . .) Il fait une exception, cependant, en réfutant une opinion de R. Isaïe, le même qui est cité dans la traduction de Jean Versor. L'auteur était sans doute contemporain de R. Moïse, de Narbonne, dont le commentaire sur le مقاصد lui était inconnu. La fin de notre copie manque.

3° (Fol. 233.) ביאור טבעיות למאישטרי מנואל «Explication de la Physique ou de la troisième partie du مقاصد d'Al-Gazzâli, par Maître Manuel». On lit fol. 233 v° ces mots : והנה כבר אמרתי בפתיחת זה הספר כי כונתי בזה המאמר אינו אלא לבאר דברי אבוחמד המחבר זה הספר ודברי ר"י ן' אלבלג המעתיק זה הס' מל' ערב לל' עבר . . . כדי לבאר דבריהם מלה במלה מבלי שאכוין להבחין בדבריהם מן האמת או מן השקר . . . En rapprochant ce passage de celui qui a été transcrit ci-dessus à l'article 2°, on est porté à regarder les deux commentaires comme ayant fait partie d'un même ouvrage, et à voir dans l'auteur du premier, 'Ali, et dans celui du second, Maître Manuel, une seule et même personne, qui, en quittant l'Espagne musulmane pour l'Espagne chrétienne, aurait accepté ce dernier nom. Du reste, le fragment du commentaire sur la Physique, qui se trouve dans le n° 907, 7°, est un abrégé de notre ouvrage. La fin de cette copie manque.

Le ms. a été exécuté par un certain Samuel.

Papier. Pet. xv° siècle. — (Ancien fonds 344.)

910.

1° ס' הפלת הפילוסופים (تهافة الفلاسفة) «Destruction des philosophes», par Abou-Ḥamed Moḥammed Al-Gazzâli. Traduit de l'arabe en hébreu par R. Zeraḥya Hal-Lévi, fils d'Isaac, Saladin (שלדין), auteur du xiv° siècle. (Voyez sur cet ouvrage Munk, «Mélanges de philosophie juive et arabe», p. 372 et suiv.) La traduction hébraïque a été faite à la demande de Don Benviste Ben-Labia, fils de Don Salomon Ben-Labia. La préface du traducteur, qui manquait dans ce ms., semble avoir été ajoutée par R. Jacob Roman, qui possédait ce volume en 1619.

2° (Fol. 60.) קונטרס שחבר אבוחאמד אחר ההפלה לגלות דעתו לחכמים והוא כונות הכונות והמבין יבין «Mémoire composé par Abou-Ḥamed [Al-Gazzâli] après la Destruction, afin de révéler sa [véritable] opinion aux savants; et ceci est la Tendance des tendances. *Sapienti sat*». Traduit de l'arabe en hébreu par R. Isaac, fils de Nathan. (Voyez Munk, «Mélanges, etc.», p. 380; Steinschneider, «Catalog. codd. hebr. Acad. Lugd. Batav.», p. 45 et suiv.)

3° (Fol. 66.) ספר הפלת ההפלה (تهافة التهافة) «Livre intitulé : Destruction de la Destruction», ou réfutation du livre d'Al-Gazzâli, par Averroès. Traduit de l'arabe en hébreu par Qalonimos, fils de David, fils de Théodore. Une traduction latine faite sur la version hébraïque par Calo Calonyme se trouve dans le dernier volume de l'édition de Venise des Œuvres d'Averroès. La préface du traducteur manque dans cette copie.

4° (Fol. 178.) ספר הבדל הנאמר במה שבין התורה והחכמה מן הדבקות חבור החכם הכולל השופט האלהי בן רשד (فصل المقال في الموافقة بين السنة والشريعة) «Traité sur l'accord de la philosophie et de la religion, par Averroès»; traduit en hébreu. Après avoir prouvé par quelques versets du Coran que l'homme a le devoir de rechercher la vérité, l'auteur distingue entre les pratiques religieuses, pour lesquelles cet accord est nécessaire, et les vérités théoriques, sur lesquelles les opinions peuvent différer, et que le philosophe retrouve dans le Coran au moyen de l'interprétation. (Voyez Munk, «Mélanges, etc.», p. 438 et 456, et ci-dessous, n° 954.) Dans cette traduction, le mot Coran est toujours rendu par תורה ou הספר.

5° (Fol. 184.) ספר הנהגת הבית לארסטו הנקרא איקונומיק «Le Livre des Économiques d'Aristote», traduit en hébreu par R. Abraham Ibn-Tibbon. (Voyez ci-dessus, n° 892, 2°.) La préface du traducteur ne se trouve pas dans cette copie. Les deux parties du traité sont réunies en une, quoiqu'on lise en tête les mots המאמר הראשון.

Le ms., qui est tout entier de la même main, a été exécuté par Baroukh Cardinal (קרדניאל). La date a été effacée.

Papier. Pet. — (Ancien fonds 345.)

911.

1° ספר מאזני צדק (ميزان العمل) «Livre intitulé : Balances de la vérité», traité de morale, par Abou-Hamed Mohammed Al-Gazzâli; traduit de l'arabe en hébreu par R. Abraham, fils de Samuel, Ibn-Hisdaï. Cette version a été imprimée en 1839, à Leipzig.

2° (Fol. 67.) מסכת פורים «Traité de Pourîm», farce pour la fête d'Esther. Imprimé.

Deux écritures différentes.

Papier. Pet. — (Ancien fonds 248.)

912.

מאזני צדק «Balances de la vérité», par Abou-Hamed Mohammed Al-Gazzâli. Traduit de l'arabe en hébreu par R. Abraham Ibn-Hisdaï.

Papier. Pet. — (Ancien fonds 247.)

913.

1° ספר חיואן בן יקטן הנקר' יחיאל בן עוריאל «Livre intitulé : Haïwân Ben-Yoqtan, nommé en hébreu Yehi'el Ben-Uriel». C'est le roman philosophique intitulé : حى بن يقظان, par Abou-Bekr Mohammed, Ibn-Abdou-'lmâlik, Ibn-Tofaïl; traduit en hébreu et accompagné d'un commentaire par R. Moïse, de Narbonne. Le texte arabe de cet ouvrage a été publié avec une traduction latine sous le titre de «Philosophus autodidactus, etc.», Oxford, 1671. (Voyez, sur cet ouvrage et sur le commentaire, Munk, «Mélanges, etc.», p. 417 et 504.)

2° (Fol. 136.) ס' הפלת הפילוסופים «Destruction des philosophes», par Abou-Hamed Mohammed Al-Gazzâli. Traduit de l'arabe en hébreu par R. Zerahya Hal-Lévi, fils d'Isaac, Saladin.

Papier. Pet. xv° siècle. — (Ancien fonds 508.)

914.

Le roman philosophique Hayy-Ibn-Yoqtân, par Abou-Bekr Mohammed Ibn-Tofaïl; traduit de l'arabe en hébreu sous le titre de : Yehi'el-Ben-Uriel, et accompagné du commentaire de R. Moïse, de Narbonne. Le commencement et la fin manquent.

Papier. Pet. xv° siècle. — (Ancien fonds 509.)

915.

1° כתאב חיואן בן יקטאן הנקרא יחיאל בן עוריאל «Le livre Haïwân-(Hayy)-Ibn-Yoqtân [par Abou-Bekr-Mohammed Ibn-Tofaïl], nommé [en hébreu] Yehi'el-Ben-Uriel»; accompagné du commentaire de R. Moïse, de Narbonne. Il y a une grande lacune dans cette copie (fol. 76), qui semble résulter de l'omission d'un feuillet oublié par le copiste.

2° (Fol. 81.) Commentaire moyen d'Averroès sur la Métaphysique d'Aristote, traduit de l'arabe en hébreu par R. Qalonimos, fils de Qalonimos. Le commentaire s'étend sur toute la Métaphysique, à l'exception du livre Λ, qui n'était pas complet dans les versions arabes. (Voyez ci-dessus, n° 886.) Le XIII° et dernier livre (le XIV° du texte grec) était également incomplet dans la version arabe qu'Averroès avait sous les yeux; elle était interrompue vers la fin du chapitre II et finissait à ces mots du texte grec : ἐπισκήσειε δ' ἄν τις τὴν σκέψιν... τὴν πίστιν ὡς εἰσί. Le XI° (XII°) livre se termine par une épigraphe, dans laquelle Averroès dit avoir achevé cette partie de son travail le lundi 9 safar 570 de l'hégire (1124 de J. C.), en sortant d'une grave maladie. Il ajoute que son commentaire rendait plus exactement que celui de Thémistius le sens d'Aristote. A la fin du XII° (XIII°) livre, il exprime la crainte de n'avoir pas toujours bien saisi la pensée profonde et obscure du philosophe grec, et il se propose d'y revenir dans un examen minutieux de l'ouvrage. Dans une épigraphe au XIII° (XIV°) livre, Averroès exprime ses regrets de ne pas posséder le texte tout entier, et il promet de faire plus tard un grand commentaire sur la Métaphysique. Le commentaire moyen fut terminé le dimanche 25 du mois rabi'a'lawwal, 570 de l'hégire (1124 de J. C.). L'édition latine des Œuvres d'Aristote ne renferme pas cet ouvrage. La traduction hébraïque fut achevée le 13 sivan 5071 (juin 1311 de J. C.). (Voyez ci-dessous, nos 954, et 989, 3°.)

3° (Fol. 160.) מאמר לאבונצר אלפראבי בכונות ארסטו בספרו מה שאחר הטבע «Traité d'Abou-Nazr Al-Farâbi sur le but de la Métaphysique d'Aristote». Ce traité, qui remplit la dernière page de ce ms., n'a pas été achevé par le copiste. Une copie plus complète, mais également inachevée, se trouve dans le n° 989, 4°.

Le ms. a été exécuté par Samuel (מדרוטיאל) et achevé à Saragosse, le 13 tischri 5235 (1474 de J. C.).

Papier. Moy. — (Oratoire 120.)

916.

ספר חי בן יקטן ר"ל יחיאל בן עוריאל עם פירוש הנרבוני ז"ל «Le livre intitulé : Hayy-Ibn-Yoqtân [par Abou-Bekr Mohammed Ibn-Tofaïl], [traduit en hébreu] sous le titre de : Yehi'el-Ben-Uriel, et accompagné du commentaire de R. Moïse, de Narbonne». Cette copie a été exécutée par Isaac Lévi, à Constantinople, et terminée le 2 tischri 5257 (1496 de J. C.).

Papier. Moy. — (Oratoire 90.)

917.

1° קצור מכל מלאכת ההגיון «Abrégé de la Logique, ou résumé de l'Organon d'Aristote», par Abou-'l-Walid Mohammed Ibn-Ahmed Ibn-Roschd, nommé Averroès; traduit de l'arabe en hébreu par R. Jacob, fils de Makhir, appelé Don Prophiat Tibbon. D'après une épigraphe, cette version a été terminée au mois de kislev 5050 (1289 de J. C.). Elle a été imprimée en 1559, à Riva di Trento.

2° (Fol. 94.) מאמר לאבונצר אלפרבי בתנאי ההקש המופתי ותנאי האמת «Dissertation d'Abou-Nazr Al-Farâbi sur les conditions du syllogisme démonstratif et les conditions de la vérité», traduite de l'arabe en hébreu. (Voyez ci-dessous, n° 1008, 2°.)

3° (Fol. 101.) Abrégé des premières parties de l'Organon (Isagoge, Catégories, traité de l'Interprétation, traité du Syllogisme), par Abou-Nazr Al-Farâbi; traduit de l'arabe en hébreu, probablement par R. Moïse Ibn-Tibbon. (Voyez ci-dessus, n° 898, 1°.) Le dix-huitième et dernier chapitre sur le syllogisme est répété une seconde fois d'après une autre copie arabe.

4° (Fol. 176.) קצור אחר לאבונצר אלפרבי ספר המבוא «Autre Abrégé de l'Isagoge, par Abou-Nazr Al-Farâbi». C'est le même traité que le traité correspondant de l'article 3°, dans une version différente.

5° (Fol. 184.) מאמר קטן אחר לאבונצר אלפרבי באיכות ההקש וההוראה וביאורים לפי דרכי הקדמונים «Autre petit Traité sur la manière de former le syllogisme et la démonstration, et sur leur explication d'après la méthode des anciens, par Abou-Nazr Al-Farâbi». C'est l'abrégé des Premiers Analytiques. D'après une épigraphe, ce traité a été traduit de l'arabe en hébreu par R. Moïse Ibn-Tibbon, en 5013 (1253 de J. C.). Le traducteur dit qu'il a entrepris ce travail, parce que son grand-père (Juda Ibn-Tibbon) «avait traduit le traité d'Al-Farâbi qui suit immédiatement celui-ci» (כי מצאתי שהעתיק זקני החכם הספר הבא אחר זה מן החבור הזה לאבונצר אלפרבי).

Vélin et papier. Pet. xive siècle. — (Ancien fonds 333.)

918.

1° קצור מכל מלאכת ההגיון «Abrégé de la Logique», par Averroès; traduit de l'arabe en hébreu par R. Jacob, fils de Makhir. A la suite de cet ouvrage on lit un extrait du ספר אלשפא (كتاب الشفا) d'Avicenne, qui traite de la division des sciences, et un passage tiré du commentaire d'Averroès sur la Physique d'Aristote.

2° (Fol. 34.) ספר השמע הטבעי קצור בן רשד «Résumé de la Physique d'Aristote, par Averroès; traduit de l'arabe en hébreu par R. Moïse, fils de Samuel, Ibn-Tibbon. Le traducteur s'est nommé à la fin du traité.

3° (Fol. 55 v°.) כללי ספר השמים והעולם לארסטו «Résumé du livre du Ciel et du Monde d'Aristote», par Averroès; traduit de l'arabe en hébreu par R. Moïse Ibn-Tibbon.

4° (Fol. 69.) ספר ההויה וההפסד «Le Livre de la Génération et de la Corruption», d'Aristote, analysé par Averroès; traduit de l'arabe en hébreu par R. Moïse Ibn-Tibbon.

5° (Fol. 74 v°.) ספר אותות עליונות «Le Livre des Météores d'Aristote», résumé par Averroès, et traduit de l'arabe en hébreu (comme l'indique une épigraphe) par R. Moïse Ibn-Tibbon.

6° (Fol. 92 v°.) כללי ספר הנפש לארסטו «Résumé du livre de l'Ame d'Aristote», par Averroès; traduit de l'arabe en hébreu par R. Moïse Ibn-Tibbon.

7° (Fol. 107 v°.) ספר החוש והמוחש «Le Livre du Sens et du Sensible», par Averroès; traduit de l'arabe en hébreu par R. Moïse Ibn-Tibbon. C'est l'analyse des petits traités d'Aristote connus sous le titre de «Parva Naturalia», et qui chez les Arabes étaient compris sous la dénomination كتاب الحس والمحسوس. La traduction porte la date du mois de tammouz 5014 (1254 de J. C.). On lit à la suite de ce traité une note sur l'existence, qui, selon Avicenne, est un accident de l'être, tandis qu'Averroès soutient l'identité de l'existence et de l'être.

8° (Fol. 119 v°.) מה שאחר הטבע «La Métaphysique» d'Aristote, résumée par Averroès; traduite de l'arabe en hébreu. La traduction, qui a sans doute pour auteur R. Moïse Ibn-Tibbon, n'est pas achevée; le cinquième et dernier livre manque. Elle porte à la fin la date du 25 sivan 5018 (1258 de J. C.). Ce traité est suivi d'une dissertation sur la métaphysique, tirée de divers ouvrages d'Averroès.

9° (Fol. 151.) Traité sur la question de savoir si l'intellect hylique est capable ou non de comprendre les formes séparées, par Averroès; traduit de l'arabe en hébreu par un auteur inconnu, et accompagné d'un commentaire de R. Moïse, de Narbonne. Ce traité, qui en hébreu est désigné quelquefois sous le nom de מאמר בשכל ההיולני «Traité de l'intellect matériel», ou sous celui de מאמר באיפשרות הדבקות «Traité sur la possibilité de la conjonction», est cité dans Ibn-Abi-Oçaïbia sous le titre de : كتاب فى الفحص هل يمكن العقل الذى فينا وهو المسمى بالهيولانى ان يعقل الصور المفارقة باخره او لا يمكن ذلك وهو المطلوب الذى كان ارسطوطاليس وعدنا بالفحص عنه فى كتاب النفس. (Ms. du suppl. ar. n° 673, fol. 203.) Le commentaire de Moïse, de Narbonne, fut achevé le 7 tammouz 5104 (1344 de J. C.), à Perpignan. (Voyez Steinschneider, «Catalog. codd. hebr. Acad. Lugd. Batav.», p. 19 et suiv.) Ce traité est suivi d'une note additionnelle d'Averroès, commentée par R. Moïse, de Narbonne.

10° (Fol. 167 v°.) מאמר בעצם הגלגל «Traité de la substance des sphères», par Averroès; traduit de l'arabe en hébreu, accompagné d'un commentaire de R. Moïse, de Narbonne. A la suite de ce traité se trouvent une dissertation sur la même matière, intitulée : אגרת לגשם השמימי «Traité du corps céleste», et quatre chapitres qui se rattachent encore au même sujet; le tout d'Averroès. La traduction latine de ces traités (sans le commentaire), augmentés d'un septième chapitre et disposés dans un ordre un peu différent, a été imprimée dans l'édition latine des Œuvres d'Aristote (Venise, 1562, tome IX) sous le titre de : «Averrois Cordubensis sermo de substantia orbis». Dans l'introduction au commentaire sur les quatre chapitres qui accompagnent le traité principal, Moïse, de Narbonne, parle d'une ancienne version latine où ces différents petits ouvrages étaient rassemblés sous ce titre sommaire : «De substantia orbis». Le commentaire a été achevé le 5 adar II 5109 (1349 de J. C.).

Le ms. tout entier est de la même main. Très-belle écriture.

Vélin. Pet. xvᵉ siècle. — (Oratoire 96.)

919.

1° Abrégé de logique, ou résumé de l'Organon d'Aristote, par Averroès; traduit de l'arabe en hébreu par R. Jacob, fils de Makhir. La copie a été exécutée par Sabbathaï, de Candie, pour R. Moïse (מצרידי); elle a été achevée le 5 tammouz 5245 (1485 de J. C.).

2° (Fol. 71 v°.) באור לספר הנפש להחכם ר' לוי בן גרשם «Commentaire [sur le résumé d'Averroès] du livre de l'Ame, par R. Lévi, fils de Gerson». L'auteur s'excuse à la fin de l'ouvrage de n'avoir peut-être pas toujours rendu exactement la pensée d'Averroès, ayant travaillé sur une copie très-fautive et ayant été souvent réduit à faire des conjectures. Le commentaire fut achevé au mois de tebeth 5084 (1323 de J. C.).

3° (Fol. 141 v°.) פי' ספר השמים והעולם «Explication du livre du Ciel et du Monde», ou notes sur divers passages du commentaire moyen d'Averroès sur le traité du Ciel d'Aristote, par un auteur anonyme. Dans deux endroits on trouve des gloses signées du nom de R. Mardochée Komtino.

4° (Fol. 165 v°.) ספר השמים והעולם מפירו' החכם ר' לוי בן גרשום זצ"ל «Commentaire [sur le résumé d'Averroès] du livre du Ciel et du Monde [d'Aristote], par R. Lévi, fils de Gerson». Selon notre ms., ce commentaire aurait été achevé au mois d'eloul 5096 (1336 de J. C.); mais la véritable date est, sans doute, celle de 5081 (1321 de J. C.), qu'on lit dans d'autres copies de cet ouvrage.

Les trois derniers ouvrages ont été copiés par Elkana, fils de Sabbathaï (גלימידי), et achevés le 1ᵉʳ eloul 5241 (1481 de J. C.).

Papier. Pet. — (Oratoire 97.)

920.

Commentaire moyen d'Averroès sur l'Isagoge de Porphyre et les livres qui composent l'Organon d'Aristote; traduit de l'arabe en hébreu. Les cinq premiers livres, savoir : l'Isagoge (ספר המבוא), le livre des Catégories (ספר המאמרות), le livre de l'Interprétation (ס' המליצה), les Premiers Analytiques ou le livre du Syllogisme (ס' ההקש), et les Seconds Analytiques ou le livre de la Démonstration (ס' המופת), ont été traduits par R. Jacob, fils d'Abba-Mâri, Anatolio, en 1232. Les deux derniers, savoir : les Topiques ou le livre de la Dialectique (ספר הניצוח), et le livre des Réfutations des sophistes (ספר ההטעאה), ont été traduits par R. Qalonimos, fils de Qalonimos, en 1313. Le tout est précédé d'une préface de R. Jacob Anatolio.

Papier. Moy. — (Oratoire 98.)

921.

Commentaire moyen d'Averroès sur l'Isagoge de Porphyre et les quatre premières parties de l'Organon d'Aristote; traduit de l'arabe en hébreu par R. Jacob, fils d'Abba-Mâri, Anatolio. Cette copie contient le post-scriptum du traducteur.

Papier. Pet. xve siècle. — (Oratoire 101.)

922.

Commentaire moyen d'Averroès sur l'Isagoge de Porphyre, les Catégories et le livre de l'Interprétation d'Aristote; traduit de l'arabe en hébreu par R. Jacob, fils d'Abba-Mâri, Anatolio. Il manque quelques feuillets au commencement et à la fin.

Vélin. Pet. xve siècle. — (Ancien fonds 357.)

923.

Commentaire moyen d'Averroès sur l'Isagoge de Porphyre, le traité des Catégories et le traité de l'Interprétation d'Aristote; traduit de l'arabe en hébreu par R. Jacob, fils d'Abba-Mâri, Anatolio. Ce ms. a été achevé le 11 kislev 5185 (1425 de J. C.). D'après une note placée en tête du volume, ce ms. a été, en 1538 (sous le règne du doge André Gritti), la propriété d'un nommé Paulus, juif converti.

Vélin. Pet. — (Ancien fonds 340.)

924.

Commentaire moyen d'Averroès sur l'Isagoge de Porphyre, le traité des Catégories et celui de l'Interprétation d'Aristote; traduit de l'arabe en hébreu par R. Jacob, fils d'Abba-Mâri, Anatolio. A la fin du volume on lit quelques fragments du poëme מקדש מעט de R. Moïse, de Rieti. Ce ms. a appartenu à R. Samuel Archivolti, qui en fit hommage à R. David, de Porta-Leone (משער אריה).

Papier. Pet. xvie siècle. —(Ancien fonds 338.)

925.

Commentaire moyen d'Averroès sur les Catégories, le livre de l'Interprétation, les Premiers et les Seconds Analytiques d'Aristote; traduit de l'arabe en hébreu par R. Jacob, fils d'Abba-Mâri, Anatolio. Cette copie, d'une très-belle écriture, était précédée de la Logique de Maïmonide, dont il ne reste plus que le dernier feuillet.

Vélin. Moy. xive siècle. — (Ancien fonds 304.)

926.

1° Commentaire moyen d'Averroès sur le traité des Catégories, le livre de l'Interprétation et les Premiers Analytiques d'Aristote; traduit de l'arabe en hébreu par R. Jacob, fils d'Abba-Mâri, Anatolio.

2° (Fol. 166.) Traité de logique, par un auteur anonyme; traduit de l'arabe en hébreu par R. Abraham Abigdor. Cette version, comme l'indiquent les mots הנה מהעתק הנוצרי (et la lettre 'נ) fréquemment répétés, et la présence de certains termes employés dans les écoles chrétiennes du moyen âge, a été faite avec le secours d'une traduction latine. Voici le commencement du traité: ההגיון הוא כלי החכמות והוא הנותן דרך ישר קצר ומתוקן אל התחלתן . . . La copie n'est pas terminée.

Ces deux ouvrages ont été copiés par Yeqouthi'el, fils de Moïse Romano, pour Emanuel, fils de Benjamin, à באפיצי, près de Bénévent. Le premier a été achevé le 13 juillet 5232 (1472 de J. C.).

3° (Fol. 197.) La première partie du مقاصد d'Abou-Hamed Al-Gazzâli; traduit de l'arabe en hébreu par R. Isaac Albalag, et accompagné du commentaire de R. Moïse, de Narbonne.

Papier. Pet. — (Ancien fonds 336.)

927.

Commentaire moyen d'Averroès sur le traité des Catégories, le livre de l'Interprétation et les Premiers Analytiques; traduit de l'arabe en hébreu par R. Jacob, fils d'Abba-Mâri, Anatolio.

Papier. Pet. xve siècle. — (Ancien fonds 337.)

928.

1° Commentaire moyen d'Averroès sur le traité des Catégories d'Aristote; traduit de l'arabe en hébreu par R. Jacob, fils d'Abba-Mâri, Anatolio.

2° (Fol. 24 v°.) ספר אומנות הנצוח (كتاب الجدل) «Traité de la dialectique ou des topiques», par Abou-Nazr Al-Farâbi; traduit de l'arabe en hébreu. (Voyez Ta'arifat s. v. سفسطة et الجدل; de Sacy, «Anthol. gramm.», p. 473.) Le traducteur, dans sa préface, parle de la difficulté de traduire en hébreu des livres écrits en langue arabe, langue aussi riche que l'autre est pauvre; il cite à ce propos la préface de R. Sa'adya à la version du Pentateuque et Ben-Hafni. Notes marginales.

3° (Fol. 33.) Commentaire moyen d'Averroès sur le traité de l'Interprétation d'Aristote; traduit de l'arabe en hébreu par R. Jacob, fils d'Abba-Mâri, Anatolio.

4° (Fol. 59.) Deux courtes dissertations philosophiques, dont la première commence par ces mots : חלק מאמר הסבוב שהן הקדמות זאת התולדה, et la seconde par ceux-ci : חבור האפשרי וההכרחי בתמונה הראשונה; par Averroès. (Voyez ci-dessous n° 960, 3°.) La copie n'est pas terminée.

5° (Fol. 63.) ספר הקש «Livre du syllogisme», par Abou-Nazr Al-Farâbi; traduit de l'arabe en hébreu par R. Moïse Ibn-Tibbon. (Voyez ci-dessus, n° 908, 5°.) Le post-scriptum manque dans cette copie.

6° (Fol. 85.) מלות מהר"ם ב"ם ז"ל «Termes de logique,

par R. Moïse Maïmonide»; traduit de l'arabe en hébreu par R. Moïse Ibn-Tibbon.

7° (Fol. 98.) Commentaire moyen d'Averroès sur les Seconds Analytiques; traduit de l'arabe en hébreu par R. Jacob, fils d'Abba-Mâri, Anatolio.

8° (Fol. 147.) ההגיון ממשטרו פיאטרו שפאנו «La Logique de maître Pietro Spano»; traduite du latin en hébreu par R. Juda, fils de Samuel Schalôm. C'est le «Tractatus de logica» de Petrus Hispanus ou Jean XXI. (Voyez Fabricius, «Bibliotheca græca», éd. de Harles, t. XI, p. 337; «Bibliotheca lat. med.», t. IV, p. 45.) L'ouvrage original se trouve parmi les mss. latins de la Bibliothèque impériale (ancien fonds n° 6657).

Papier. Pet. xve siècle. — (Ancien fonds 330.)

929.

1° Commentaire moyen d'Averroès sur le traité de l'Interprétation; traduit de l'arabe en hébreu par R. Jacob, fils d'Abba-Mâri, Anatolio.

2° (Fol. 34.) Traité de logique, traduit de l'arabe en hébreu par R. Abraham Abigdor. (Voyez ci-dessus, n° 926, 2°.) Cette copie est également incomplète.

3° (Fol. 71.) Commentaire moyen d'Averroès sur les Premiers Analytiques; traduit de l'arabe en hébreu par R. Jacob Anatolio.

4° (Fol. 171 v°.) פרקים כוללים על כל אשר יצטרך אל ידיע' לבא באומנו' הדבר חבור אבונצר אלפראבי «[Cinq] Chapitres qui embrassent tout ce qu'il faut savoir pour aborder l'art de la logique, par Abou-Nazr Al-Farâbi»; traduit de l'arabe en hébreu par R. Moïse Ibn-Lanis (אבן לאנס). (Voyez l'original arabe de ce traité ci-dessous, n° 1008, 3°.)

5° (Fol. 179.) Commentaire moyen d'Averroès sur les Seconds Analytiques; traduit de l'arabe en hébreu par R. Jacob Anatolio.

Ces ouvrages ont été copiés par Éliézer, fils de Salomon, et terminés le 7 schebat 5222 (1462 de J. C.).

6° (Fol. 227.) ספר הספוסטאניה «Traité des réfutations des sophistes», par Abou-Nazr Al-Farâbi; traduit de l'arabe en hébreu.

7° (Fol. 241.) ספר אומנות הנצוח «Traité de la dialectique ou des topiques», par le même auteur; traduit de l'arabe en hébreu. (Voyez ci-dessus, n° 928, 2°.)

8° (Fol. 251.) Commentaire moyen d'Averroès sur le traité de l'Interprétation; traduit de l'arabe en hébreu par R. Jacob Anatolio. Incomplet. Même écriture que celle des cinq premiers articles.

Papier. Pet. — (Ancien fonds 320.)

930.

1° Commentaire moyen d'Averroès sur les Premiers et les Seconds Analytiques; traduit de l'arabe en hébreu par R. Jacob Anatolio. Le commencement manque. On voit par une épigraphe (fol. 60 v°) que ce ms. renfermait autrefois aussi le commentaire sur les Catégories et le livre de l'Interprétation.

2° (Fol. 61.) Sommaire des traités aristotéliques du Sens et du Sensible, de l'Ame et de la Métaphysique, d'après les travaux d'Averroès; par R. Juda, fils de Salomon, Kohen. L'auteur, dans une note finale, dit qu'il avait primitivement composé cet ouvrage en langue arabe, et que, s'étant rendu en Toscane et dans les États de l'Église, il l'avait traduit en hébreu. Du livre du Sens et du Sensible il ne reste plus que la fin. Cet ouvrage n'est qu'une partie du livre intitulé : מדרש החכמה. (Voyez Steinschneider, «Catalogus codicum hebr. Biblioth. Acad. Lugd. Batav.», p. 53 et suiv.)

3° (Fol. 85 v°.) ספר ההתחלות הנמצאות לאבונצר אלפראבי «Livre des principes des choses qui existent, par Abou-Nazr Al-Farâbi»; traduit de l'arabe en hébreu par R. Moïse, fils de Samuel, Ibn-Tibbon. (Voyez ci-dessus, n° 189, 3°.)

4° (Fol. 104.) Le traité des Météores d'Aristote; traduit de l'arabe en hébreu et accompagné d'un commentaire par R. Samuel Ibn-Tibbon. (Voyez ci-dessus, n° 189, 2°.)

5° (Fol. 124 v°.) Livre du Sens et du Sensible, par Averroès; traduit de l'arabe en hébreu par R. Moïse Ibn-Tibbon. (Voyez ci-dessus, n° 909, 7°.)

6° (Fol. 139.) ספר היסודות «Livre des éléments», par R. Isaac Israëli.

7° (Fol. 154 v°.) ספר סוד הסודות «Livre du mystère des mystères», attribué à Aristote. (Voyez ci-dessus, n° 896, 2°.)

8° (Fol. 166.) ספר האבנים «Livre des pierres», autre ouvrage attribué à Aristote; traduit de l'arabe en hébreu.

9° (Fol. 174.) מאמר לאבונצר אלפראבי במהות הנפש «Traité sur l'essence de l'âme, par Abou-Nazr Al-Farâbi»; traduit de l'arabe en hébreu par R. Zerahya, fils d'Isaac, de Barcelone. (Voyez ci-dessus, n° 763, 10°.) La fin manque.

10° (Fol. 177.) Sentences des philosophes, recueillies et traduites en arabe par Honaïn-Ben-Isuâq, et traduites de l'arabe en hébreu par R. Juda Al-Harizi. (Voyez ci-dessus, n° 896, 1°.) Le commencement manque.

Vélin. Moy. xive siècle. — (Ancien fonds 305.)

931.

Commentaire moyen d'Averroès sur les Premiers Analytiques; traduit de l'arabe en hébreu par R. Jacob, fils d'Abba-Mâri, Anatolio.

Vélin. Pet. xiv° siècle. — (Ancien fonds 321.)

932.

1° Commentaire moyen d'Averroès sur les Seconds Analytiques; traduit de l'arabe en hébreu par R. Jacob, fils d'Abba-Mâri, Anatolio.

2° (Fol. 39 v°.) Commentaire moyen d'Averroès sur le livre des Topiques; traduit de l'arabe en hébreu par R. Qalonimos, fils de Meïr Nasi. La traduction a été terminée le 9 eloul 5073 (1313 de J. C.).

3° (Fol. 100.) Commentaire moyen d'Averroès sur le livre des Réfutations des sophistes; traduit de l'arabe en hébreu par R. Qalonimos, fils de Qalonimos Nasi. La traduction a été terminée le 5 tischri 5074 (1313 de J. C.).

4° (Fol. 126 v°.) Commentaire moyen d'Averroès sur la Rhétorique; traduit de l'arabe en hébreu par R. Todros Todrosi. Imprimé à Leipzig, en 1841.

5° (Fol. 230 v°.) Commentaire d'Averroès sur la Poétique; traduit de l'arabe en hébreu par R. Todros Todrosi. (Voyez «Die handschriftl. hebr. Werke der K. K. Hofbibl. zu Wien», p. 135.)

Ce ms. a été exécuté par Yehi'el, fils de Joab, de Bethel, pour Moïse, fils d'Isaac, et terminé au mois d'adar 5193 (1433 de J. C.).

Vélin. Pet. — (Ancien fonds 322.)

933.

1° Commentaire moyen d'Averroès sur les Topiques; traduit de l'arabe en hébreu par R. Qalonimos, fils de Meïr Nasi. Le post-scriptum manque dans cette copie.

2° (Fol. 96.) Commentaire moyen d'Averroès sur les Réfutations des sophistes; traduit de l'arabe en hébreu par R. Qalonimos, fils de Qalonimos. Post-scriptum comme dans le n° précédent.

3° (Fol. 132.) Commentaire moyen d'Averroès sur la Rhétorique; traduit de l'arabe en hébreu par R. Todros Todrosi.

4° (Fol. 286.) Commentaire moyen d'Averroès sur la Poétique; traduit de l'arabe en hébreu par R. Todros Todrosi.

Ce ms. a été exécuté à Ferrare, par Isaac Zareq, fils de Zerahya, pour le médecin Benjamin, fils d'Élie. Il a été terminé au mois de sivan 5208 (1448 de J. C.).

Vélin et papier. Pet. — (Ancien fonds 332.)

934.

1° Commentaire moyen d'Averroès sur les Topiques; traduit de l'arabe en hébreu par R. Qalonimos, fils de Meïr Nasi. Le nom du traducteur et la date de la traduction sont indiqués à la fin de l'ouvrage.

2° (Fol. 56 v°.) Commentaire moyen d'Averroès sur les Réfutations des sophistes; traduit de l'arabe en hébreu par R. Qalonimos, fils de Qalonimos. Sans post-scriptum.

La copie a été terminée le 6 schebat 5226 (1466 de J. C.).

Papier. Moy. — (Ancien fonds 306.)

935.

1° Analyse de la Physique d'Aristote, par Averroès; traduite de l'arabe en hébreu par R. Moïse Ibn-Tibbon. Le commencement manque.

2° (Fol. 41.) Analyse du traité du Ciel d'Aristote, par Averroès; traduite de l'arabe en hébreu par R. Moïse Ibn-Tibbon.

3° (Fol. 68.) Analyse du traité de la Génération et de la Destruction, par Averroès; traduite de l'arabe en hébreu par R. Samuel Ibn-Tibbon.

4° (Fol. 79.) Analyse de la Météorologie d'Aristote, par Averroès; traduite de l'arabe en hébreu par R. Moïse Ibn-Tibbon. A la suite de ce traité se trouvent deux notes, dont l'une est tirée du كتاب الشفا d'Avicenne.

5° (Fol. 112 v°.) Analyse du traité de l'Ame d'Aristote, par Averroès; traduite de l'arabe en hébreu par R. Moïse Ibn-Tibbon, en 1244, comme l'indique un post-scriptum.

Suivent deux pages contenant une série de thèses relatives à l'âme. La première, qui conclut à la destruction de l'âme, finit par ces mots : וזה מבואר ואם לא ישמחנו. Les deux pages suivantes donnent des définitions de termes de physique et de logique. Les deux dernières pages du ms. contiennent le commencement de l'analyse des «Parva Naturalia» d'Averroès.

Vélin et papier. Pet. xiv° siècle. — (Ancien fonds 350.)

936.

1° Analyse de la Physique d'Aristote, par Averroès; traduite de l'arabe en hébreu par R. Moïse Ibn-Tibbon. Le commencement manque. Notes marginales.

2° (Fol. 43.) Analyse du traité du Ciel d'Aristote,

par AVERROÈS; traduite de l'arabe en hébreu par R. MOÏSE IBN-TIBBON.

3° (Fol. 70.) Analyse du traité de la Génération et de la Destruction, par AVERROÈS; traduite de l'arabe en hébreu par R. SAMUEL IBN-TIBBON, comme l'indique un post-scriptum.

4° (Fol. 80 v°.) Analyse du traité de l'Ame d'Aristote, par AVERROÈS; traduite de l'arabe en hébreu par R. MOÏSE IBN-TIBBON.

5° (Fol. 110.) Analyse des petits traités connus sous le titre de «Parva Naturalia», par AVERROÈS; traduite de l'arabe en hébreu par R. MOÏSE IBN-TIBBON. (Voyez ci-dessus, n° 918, 7°.)

Papier. Pet. XVe siècle. — (Ancien fonds 331.)

937.

באור השמע הטבעי לאבן רשד «Commentaire [moyen] d'AVERROÈS sur la Physique d'Aristote»; traduit de l'arabe en hébreu par R. QALONIMOS, fils de Qalonimos, et accompagné de l'explication de ce commentaire par R. LÉVI, fils de Gerson. Cette copie contient un post-scriptum dans lequel Averroès dit avoir terminé cet ouvrage le 1er redjeb 565 de l'hégire (1170 de J. C.). (Voyez «Catal. libr. mss. Biblioth. Senat. Lips.», p. 291, où on lit la date du 1er redjeb 563.) Le traducteur, dans un autre post-scriptum, dit avoir terminé sa version à Arles, le 19 eloul 5076 (1316 de J. C.), lorsqu'il était âgé de trente ans. Les deux éditions de Venise des Œuvres d'Aristote ne renferment que la traduction latine des trois premiers livres de cet ouvrage, le traducteur, R. Jacob Mantino, n'ayant pu achever son travail.

Papier. Gr. XVe siècle. — (Oratoire 123.)

938.

ביאור אבן רשד לשמע טבעי «Commentaire [moyen] d'AVERROÈS sur la Physique d'Aristote»; traduit de l'arabe en hébreu par R. QALONIMOS, fils de Qalonimos. Les dernières pages du ms. renferment une note sur la quadrature de la figure de la lune (רבוע התמונה הירחית).

Papier. Pet. XVe siècle. — (Oratoire 125.)

939.

1° Commentaire moyen d'AVERROÈS sur la Physique d'Aristote; traduit de l'arabe en hébreu par R. QALONIMOS, fils de Qalonimos. Épigraphe de l'auteur comme dans le n° 937.

2° (Fol. 56 v°.) Commentaire moyen d'AVERROÈS sur le traité de la Génération et de la Destruction; traduit de l'arabe en hébreu par R. QALONIMOS, fils de Qalonimos. Ce traité est suivi d'une autre rédaction des deux premiers chapitres du livre VIII du commentaire moyen sur la Physique. (Voyez ci-dessous, n° 943.)

3° (Fol. 79.) Commentaire moyen d'AVERROÈS sur le traité de l'Ame; traduit de l'arabe en hébreu par R. MOÏSE IBN-TIBBON. Suivent quelques notes du traducteur relatives au commentaire d'Averroès sur le traité de l'Intellect, d'Alexandre d'Aphrodisias.

4° (Fol. 108.) Analyse d'AVERROÈS des traités d'Aristote connus sous le titre de «Parva Naturalia (De sensu et sensibili; De memoria et reminiscentia; De somno et vigilia; De insomniis; De longitudine et brevitate vitæ)»; traduite de l'arabe en hébreu par R. MOÏSE IBN-TIBBON. (Voyez ci-dessus, n° 918, 7°.)

En tête du volume se trouve une table, par ordre alphabétique, des chapitres du Talmud. Incomplet. Le ms. a appartenu successivement à R. Juda 'Albo et à son fils R. Isaac.

Papier. Moy. XVe siècle. — (Ancien fonds 302.)

940.

1° Commentaire moyen d'AVERROÈS sur la Physique d'Aristote; traduit de l'arabe en hébreu par R. QALONIMOS, fils de Qalonimos. Épigraphe comme dans le n° 937. Suivent les deux premiers chapitres du livre VIII, d'après l'autre version. (Voyez le n° précédent.)

2° (Fol. 111.) Commentaire moyen d'AVERROÈS sur le traité de l'Ame; traduit de l'arabe en hébreu par R. SCHÊM-TÔB, fils d'Isaac, auteur du XIIIe siècle. (Voyez ci-dessous, n° 965, 2°.)

3° (Fol. 161.) La Métaphysique, ou la seconde partie du مقاصد d'ABOU-ḤAMED AL-GAZZÂLI; traduite de l'arabe en hébreu et accompagnée d'un commentaire par R. ISAAC ALBALAG. La fin manque.

4° (Fol. 214.) Le traité des Météores d'ARISTOTE; traduit de l'arabe en hébreu et accompagné d'un commentaire par R. SAMUEL IBN-TIBBON. La fin manque.

5° (Fol. 247.) La Physique, ou la troisième partie du مقاصد d'ABOU-ḤAMED AL-GAZZÂLI; traduite de l'arabe en hébreu et accompagnée d'un commentaire par R. ISAAC ALBALAG.

Le ms. a été exécuté par le médecin Salomon Hal-Laban, fils d'Isaac, les traités 3° et 5° à איסטורוולו, en 1470, lorsque le copiste étudiait sous le médecin Isaac, fils d'Elkana; le traité 1° à קוטרון, en 1472, lorsqu'il eut atteint l'âge de vingt-quatre ans.

Papier. Moy. — (Ancien fonds 314.)

941.

1° Commentaire moyen d'AVERROÈS sur la Physique

d'Aristote; traduit de l'arabe en hébreu par R. Qalonimos, fils de Qalonimos. Dans le post-scriptum de l'auteur, le copiste a commis deux erreurs de date.

2° (Fol. 155 v°.) Commentaire moyen d'Averroès sur le traité du Ciel d'Aristote; traduit de l'arabe en hébreu par R. Salomon, fils de Joseph, Ibn-Job. (Voyez ci-dessous, n° 945.)

Le ms. a été exécuté par Zemah, fils de Yedidya, et achevé le 30 tischri 5285 (1524 de J. C.). Quelques notes marginales.

Vélin et papier. Pet. — (Oratoire 126.)

942.

Commentaire moyen d'Averroès sur la Physique d'Aristote; traduit de l'arabe en hébreu par R. Qalonimos, fils de Qalonimos. Épigraphe de l'auteur. Les marges des premiers feuillets contiennent une partie du commentaire de R. Lévi, fils de Gerson.

Papier. Pet. xvie siècle. — (Ancien fonds 325.)

943.

1° Commentaire moyen d'Averroès sur la Physique d'Aristote; traduit de l'arabe en hébreu. Cette traduction diffère un peu de celle qui se trouve dans les n^{os} précédents.

2° (Fol. 77.) Commentaire moyen d'Averroès sur le traité de la Génération et de la Destruction; traduit de l'arabe en hébreu par R. Qalonimos, fils de Qalonimos. Cette copie ne contient pas le post-scriptum du traducteur.

3° (Fol. 103.) Commentaire moyen d'Averroès sur le traité de l'Ame; traduit de l'arabe en hébreu par R. Moïse Ibn-Tibbon.

Papier. Moy. xve siècle. — (Oratoire 124.)

944.

Commentaire moyen d'Averroès sur la Physique d'Aristote; traduit de l'arabe en hébreu. La traduction diffère encore plus considérablement que la précédente de la version que renferment les n°s 937 et suivants.

Papier. Pet. xve siècle. — (Oratoire 131.)

945.

1° באור ס' השמים והעולם לאבן רשד «Commentaire [moyen] d'Averroès sur le traité du Ciel (Περὶ οὐρανοῦ) d'Aristote»; traduit de l'arabe en hébreu par R. Salomon, fils de Joseph, Ibn-Job. D'après un post-scriptum, cette version a été terminée à Béziers, en 1259. Cette copie renferme aussi l'appendice dans lequel Averroès traite les questions qu'il avait soulevées dans le premier livre de ce commentaire.

2° (Fol. 119.) Commentaire moyen d'Averroès sur le traité de la Génération et de la Destruction; traduit de l'arabe en hébreu par R. Qalonimos, fils de Qalonimos. Post-scriptum du traducteur.

3° (Fol. 175 v°.) Explication de l'Analyse d'Averroès des livres XI à XIX du traité des Animaux d'Aristote, par R. Lévi, fils de Gerson.

La copie de l'article 2° a été terminée en 1398, celle du dernier ouvrage en 1395.

Vélin et papier. Pet. — (Ancien fonds 351.)

946.

Commentaire moyen d'Averroès sur le traité du Ciel d'Aristote; traduit de l'arabe en hébreu par R. Salomon Ibn-Job. La copie a été exécutée par Juda, fils d'Éliézer, et achevée le 1er eloul 5201 (1441 de J. C.).

Les dernières pages du volume contiennent un petit traité philosophique en prose rimée, intitulé : ערוגת המזמה ופרדס החכמה «Parterre de la pensée et jardin de la sagesse», par R. Abraham Aben-Ezra. Ce traité a été imprimé dans le recueil כרם חמד, tome IV.

Papier. Moy. — (Oratoire 133.)

947.

1° Commentaire moyen d'Averroès sur le traité du Ciel d'Aristote; traduit de l'arabe en hébreu par R. Salomon Ibn-Job.

2° (Fol. 91 v°.) Commentaire moyen d'Averroès sur le traité de la Génération et de la Destruction; traduit de l'arabe en hébreu par R. Qalonimos, fils de Qalonimos. La traduction porte à la fin la date du 9 marheschvan 5077 (1316 de J. C.).

3° (Fol. 130 v°.) Commentaire moyen d'Averroès sur le traité des Météores; traduit de l'arabe en hébreu par R. Qalonimos, fils de Qalonimos. D'après le post-scriptum, la traduction fut achevée à Arles, le 28 marheschvan 5077 (1316 de J. C.).

4° (Fol. 181.) Commentaire moyen d'Averroès sur le traité de l'Ame; traduit de l'arabe en hébreu par R. Moïse Ibn-Tibbon. La traduction porte à la fin la date du 18 iyyar 5063 (1303 de J. C.), et, d'après une autre leçon indiquée à la marge, celle de 5061 (1301 de J. C.).

5° (Fol. 230 v°.) Commentaire de R. Moïse, de Narbonne, sur le traité de l'Intellect matériel d'Averroès. (Voyez ci-dessus n° 918, 9°.)

Vélin et papier. Pet. xve siècle. — (Ancien fonds 326.)

948.

1° Commentaire moyen d'Averroès sur le traité du Ciel d'Aristote; traduit de l'arabe en hébreu par R. Salomon Ibn-Job. La copie a été exécutée en 1484 par Josué, fils de Moïse, Nagares.

2° (Fol. 84.) Analyse d'Averroès des traités d'Aristote compris sous le titre de «Parva Naturalia»; traduite de l'arabe en hébreu par R. Moïse Ibn-Tibbon. (Voyez ci-dessus, n° 918, 7°.)

Le dernier feuillet du volume porte une note de la main du caraïte Caleb Aphendopoulo, qui l'avait acquis en 1499.

Papier. Pet. — (Oratoire 132.)

949.

Résumé d'Averroès du traité des Météores d'Aristote; traduit de l'arabe en hébreu par R. Moïse Ibn-Tibbon. (Voyez ci-dessus, n° 918, 5°.) Le ms. a appartenu à Caleb Aphendopoulo.

Vélin. Pet. xv° siècle. — (Oratoire 134.)

950.

1° Commentaire moyen d'Averroès sur la Météorologie d'Aristote; traduit de l'arabe en hébreu par R. Qalonimos, fils de Qalonimos. Le nom du traducteur n'est pas indiqué.

2° (Fol. 100.) Commentaire moyen d'Averroès sur le traité de l'Ame; traduit de l'arabe en hébreu par R. Moïse Ibn-Tibbon.

Le ms. a été exécuté par Isaac Kohen, en 1486.

Papier. Pet. — (Oratoire 135.)

951.

1° Commentaire moyen d'Averroès sur le traité de l'Ame d'Aristote; traduit de l'arabe en hébreu par R. Moïse Ibn-Tibbon.

2° (Fol. 25.) Commentaire moyen d'Averroès sur le traité de la Génération et de la Destruction; traduit de l'arabe en hébreu par R. Qalonimos, fils de Qalonimos.

3° (Fol. 62.) Commentaire moyen d'Averroès sur le traité des Météores; traduit de l'arabe en hébreu par R. Qalonimos, fils de Qalonimos. Le nom du traducteur n'est pas indiqué.

4° (Fol. 95.) ס' החפץ השלם «Livre appelé le Bijou parfait», ou traduction hébraïque des deux premiers livres du كتاب التصريف d'Al-Zahravi, par R. Meschoullam, fils de Jona.

Vélin et papier. Moy. — (Ancien fonds 312.)

952.

Commentaire moyen d'Averroès sur le traité de l'Ame; traduit de l'arabe en hébreu par R. Moïse Ibn-Tibbon. Dans une note finale, le copiste attribue cette version par erreur à R. Isaac, fils de Schêm-Tôb.

Papier. Pet. xv° siècle. — (Oratoire 116.)

953.

1° Commentaire moyen d'Averroès sur le traité de l'Ame; traduit de l'arabe en hébreu par R. Schêm-Tôb, fils d'Isaac, de Tortose.

2° (Fol. 42 v°.) Résumé du même traité par Averroès; traduit de l'arabe en hébreu par R. Moïse Ibn-Tibbon. On lit à la fin ces mots : נשלם ס' הנפש ויבא אחריו ס' הויה והפסד ואעפ"י שהוא ראשון אליו בכל הספרים וכן הדין נותן.

Le ms. est très-endommagé par l'humidité et en partie illisible.

Papier. Moy. xiv° siècle. — (Ancien fonds 313.)

954.

Commentaire moyen d'Averroès sur la Métaphysique d'Aristote; traduit de l'arabe en hébreu par R. Qalonimos, fils de Qalonimos. (Voyez ci-dessus, n° 915, 2°.) D'après un post-scriptum du copiste, la version a été achevée le 13 sivan 5071 (1311 de J. C.).

Vélin. Moy. xv° siècle. — (Ancien fonds 311.)

955.

Commentaire moyen d'Averroès sur la Métaphysique d'Aristote; traduit de l'arabe en hébreu par R. Qalonimos, fils de Qalonimos. Cette copie a été exécutée par Juda Gagonia (גאגוניאה), à Calatayud, et terminée le 27 sivan 5229 (1469 de J. C.).

Papier. Pet. — (Ancien fonds 324.)

956.

1° Commentaire moyen d'Averroès sur l'Éthique à Nicomaque; traduit de l'arabe en hébreu. La traduction latine de ce commentaire a été imprimée dans les Œuvres d'Aristote, éditions de Venise.

2° (Fol. 97 v°.) כונות הפלוסופים (مقاصد الفلاسفة) «Les Tendances des philosophes», par Abou-Hamed Al-Gazzâli. Traduit de l'arabe en hébreu par R. Isaac Albalag; accompagné de la préface, des gloses et des dissertations du traducteur, et du commentaire de R. Moïse, de Narbonne.

3° (Fol. 209 v°.) ספר הפלת ההפלה (تهافت التهافة) «La Destruction de la Destruction», ou réfutation de la

«Destruction des philosophes» d'Al-Gazzâli, par Averroès; traduite de l'arabe en hébreu par R. Qalonimos, fils de David, fils de Todros. Le traducteur parle dans la préface de son savant homonyme et contemporain Calo Calonyme, auteur de la traduction latine de cet ouvrage.

4° (Fol. 311.) Abrégé de la Logique, ou résumé de l'Organon d'Aristote, par Averroès; traduit de l'arabe en hébreu par R. Samuel, fils de Juda, fils de Meschoullam, de Marseille, au mois de tebeth 5090 (1329 de J. C.). Le traducteur dit dans un post-scriptum qu'il a entrepris cette nouvelle traduction, parce que l'ancienne (celle de R. Jacob Ben-Makhir, voyez ci-dessus n°s 917 et suiv.) contenait beaucoup d'erreurs; mais le texte de notre version ne diffère que rarement de celui de R. Jacob.

5° (Fol. 348.) Résumé de la Physique d'Aristote, par Averroès; traduit de l'arabe en hébreu par R. Moïse Ibn-Tibbon.

6° (Fol. 374.) Analyse du traité du Ciel d'Aristote, par Averroès; traduite de l'arabe en hébreu par R. Moïse Ibn-Tibbon.

7° (Fol. 390.) Analyse du livre de la Génération et de la Destruction, par Averroès; traduite de l'arabe en hébreu par R. Moïse Ibn-Tibbon.

8° (Fol. 396.) Analyse du livre des Météores, par Averroès; traduite de l'arabe en hébreu par R. Moïse Ibn-Tibbon.

9° (Fol. 416.) Paraphrase des livres XI à XIX du traité des Animaux d'Aristote, par Averroès; traduite de l'arabe en hébreu par R. Jacob, fils de Makhir.

10° (Fol. 482.) כללי ספר הנפש «Résumé du livre de l'Âme», ou exposé de la doctrine d'Aristote sur l'âme, par Averroès; traduit de l'arabe en hébreu par R. Moïse Ibn-Tibbon.

11° (Fol. 499.) Analyse du livre d'Aristote sur le Sens et le Sensible (Parva Naturalia), par Averroès; traduite de l'arabe en hébreu par R. Moïse Ibn-Tibbon.

12° (Fol. 513.) Résumé du livre de la Métaphysique, ou exposé des doctrines métaphysiques d'Aristote, par Averroès; traduit de l'arabe en hébreu par R. Moïse Ibn-Tibbon. La traduction n'est pas achevée; le livre V manque.

Le ms. tout entier est de la même main. Le copiste, dans une pièce de vers mise en tête du volume, a donné à ce recueil le titre général de : שושן למודים «Lis des études».

Vélin. Moy. — (Oratoire 93.)

957.

1° מאמר בשכל ההיולאני «Traité de l'Intellect matériel», par Averroès; traduit de l'arabe en hébreu, et accompagné du commentaire de R. Moïse, de Narbonne. (Voyez ci-dessus, n° 918, 9°.)

2° (Fol. 24 v°.) מאמר בעצם הגלגל «Traité de la substance des sphères», par Averroès; traduit de l'arabe en hébreu, suivi de quelques dissertations sur le même sujet par le même auteur. Le tout accompagné du commentaire de R. Moïse, de Narbonne. (Voyez ci-dessus, n° 918, 10°.)

Le ms. a beaucoup souffert de l'humidité.

Papier. Pet. — (Oratoire 122 *bis*.)

958.

Explication de divers commentaires d'Averroès, par R. Lévi, fils de Gerson, savoir :

1° Explication du commentaire moyen sur l'Isagoge de Porphyre.

2° (Fol. 14.) Explication du commentaire moyen sur les Catégories.

3° (Fol. 35.) Explication du commentaire moyen sur le traité de l'Interprétation.

Ces commentaires ont été traduits en latin par Jacob Mantino, et publiés dans le tome I des Œuvres d'Aristote, éd. de Venise.

4° (Fol. 59 v°.) Commencement de l'explication du commentaire moyen sur les Premiers Analytiques. Écriture différente.

5° (Fol. 69.) Explication du commentaire moyen sur les Seconds Analytiques. L'auteur dit avoir terminé ce livre au mois d'ab 5083 (1323 de J. C.). Voulant faire un commentaire très-développé, il y a renoncé, ayant appris qu'un philosophe de son pays avait fait un tel travail (fol. 149 v°).

6° (Fol. 151.) Explication du commentaire moyen sur les Premiers Analytiques. Incomplet.

Les articles 5° et 6° sont encore d'une écriture différente.

Papier. Pet. — (Oratoire 99.)

959.

1° Fragment des gloses de R. Lévi, fils de Gerson, sur le commentaire moyen des Catégories. Ce fragment est suivi du tableau des différentes formes du syllogisme qu'on trouve à la fin de la traduction de R. Jacob Anatolio.

2° (Fol. 10.) פי' לספר המופת «Commentaire sur les Seconds Analytiques», par R. Abraham, fils de Yôm-Tôb, Ibn-Bibago. On lit dans la préface de cet ouvrage que l'auteur l'avait composé à la demande d'un de ses amis, en prenant pour guide le commentaire d'Averroès, et en réfutant en même temps les opinions contraires de R. Lévi, fils de Gerson. L'auteur avertit qu'il n'avait eu à sa disposition qu'une version latine très-fautive du commentaire d'Averroès. L'ouvrage fut terminé à Huesca, en 1446. La copie, faite par Moïse, fils d'Abraham, de Ciudat (voyez ci-dessous, n° 1030, 4°), est datée de Constantinople, 20 marheschvan 5259 (1498 de J. C.).

3° (Fol. 81.) Dissertation d'Averroès sur quelques points obscurs des Premiers Analytiques; traduite de l'arabe en hébreu. Cette dissertation a été traduite en latin et imprimée dans les Œuvres d'Aristote, édition de Venise, 1562 (tome I, part. III), sous le titre de : «Averroïs Quæsita in libros Logicæ Aristotelis» (quæsitum IV, fol. 81 et suiv.). D'après l'épigraphe, ce traité a été achevé le 15 du mois rabi'a II, 591 de l'hégire (1195 de J. C.). La copie, faite par Moïse, fils d'Abraham, de Ciudat, a été achevée à la nouvelle lune de kislev 5259 (1498 de J. C.).

4° (Fol. 86.) אגרת הפטירה למעולה אבובכר בן אלצאיג «La Lettre d'adieux (رسالة الوداع), par l'illustre Abou-Bekr-Ibn-Al-Zâyegh», nommé Ibn-Bâdja (Avempace); traduite de l'arabe en hébreu par R. Juda-Ben-Vivas. (Voyez Munk, «Mélanges de philosophie juive et arabe», p. 386 et 387.) D'après quelques autres manuscrits, le nom du traducteur était Hayyim, fils de Juda. (Voyez «Catal. Biblioth. Senat. Lipsiensis», p. 309 et suiv.) La préface du traducteur manque dans notre ms.

5° (Fol. 94.) מאמר לאבובכר בן אלצאיג נמשך לאגרת הפטירה «Traité d'Abou-Bekr-Ibn-Al-Zâyegh, faisant suite à la Lettre d'adieux»; traduit de l'arabe en hébreu par R. Juda-Ben-Vivas.

6° (Fol. 96.) ספר הנהגת הבית לארסטו הנקרא איקונומיקש «Le Traité des Économiques d'Aristote», traduit de l'arabe en hébreu par R. Abraham Ibn-Tibbon. (Voyez ci-dessus, n° 892, 2°.)

Les articles 4°, 5° et 6° sont encore de la main de Moïse, fils d'Abraham.

7° (Fol. 101.) ספר דרכי הראיות בסברות הדת לשופט אבן רשד «Livre appelé la Méthode des preuves, ou la manière de démontrer les opinions religieuses, par Averroès, le juge»; traduit de l'arabe en hébreu. (Voyez ci-dessus n° 910, 4°, et Munk, «Mélanges, etc.», p. 438, 456 et suiv.)

8° (Fol. 123 v°.) Traité de philosophie (sans titre), par Abou'l-Hadjâdj Yousouf Ben-Yahya, Israélite du Maghreb. Ce traité, qui est sans doute traduit de l'arabe, considère la nature de l'être nécessaire ou absolu, le principe des choses et la création de la matière, au double point de vue de la raison et de la théologie. (Voyez sur ce traité «Journal asiatique», juillet 1842, p. 56-58.)

9° (Fol. 129 v°.) מאמר אבו חאמד אלגזאלי בתשובת שאלות נשאל מהם «Discours d'Abou-Hamed Al-Gazzâli, en réponse à quelques questions qui lui avaient été adressées»; traduit de l'arabe en hébreu par R. Isaac, fils de Nathan. Ce traité est appelé, à la fin de notre copie, ספר העיון «Livre de la spéculation». (Voyez ci-dessus, n° 910, 2°, et Munk, «Mélanges, etc.», p. 380.)

Papier. Pet. — (Oratoire 111.)

960.

1° Gloses de R. Lévi, fils de Gerson, sur le commentaire moyen des Premiers Analytiques. Il est dit à la fin de cette copie que l'ouvrage a été terminé au mois d'adar 5083 (1323 de J. C.).

2° (Fol. 92.) ביאור המאמר הראשון הנמצא לפילוסוף אבן רשד בקצת עניני ספר ההקש «Commentaire sur le premier des discours d'Averroès relatif à divers sujets des Premiers Analytiques», par R. Lévi, fils de Gerson. (Voyez ci-dessus, n° 959, 3°.) Le commentaire suit, verset par verset, le texte d'Averroès. La fin manque.

3° (Fol. 105.) Dissertation d'Averroès sur une difficulté que présente le chapitre XVI du livre I des Premiers Analytiques; traduite de l'arabe en hébreu par R. Qalonimos, fils de Qalonimos. La traduction latine de ce traité a été publiée dans les Œuvres d'Aristote, édition de Venise, 1562 (tome I, part. III, fol. 98, quæsitum VIII).

4° (Fol. 108.) Fragment du commencement du commentaire moyen d'Averroès sur les Seconds Analytiques.

5° (Fol. 110.) Dissertation d'Averroès sur quelques points obscurs des Premiers Analytiques. (Voyez ci-dessus l'article 2°, et n° 959, 3°.)

Les feuillets 104 et 105 doivent suivre le feuillet 115. Deux écritures différentes.

Papier. Pet. XV° siècle. — (Oratoire 103.)

961.

Explication du commentaire moyen d'Averroès sur les Seconds Analytiques, par R. Lévi, fils de Gerson. Même épigraphe qu'au n° 958, 5°.

Papier. Moy. Commencement du XV° siècle. — (Ancien fonds 307.)

962.

Explication de divers commentaires d'Averroès sur Aristote, par R. Lévi, fils de Gerson :

1° Explication du résumé de la Physique, achevée, d'après ce ms., à la fin de sivan 5081 (juin 1321 de J. C.).

2° (Fol. 32.) Explication du résumé du traité du Ciel, achevée au mois d'eloul 5081 (septembre 1321 de J. C.).

3° (Fol. 58 v°.) Explication du résumé du traité de la Génération et de la Destruction, achevée également au mois d'eloul 5081.

4° (Fol. 70.) Explication du résumé du traité des Météores. La date de la composition manque dans ce ms.

5° (Fol. 132 v°.) Explication du résumé du traité de l'Ame. Incomplet.

Le ms., qui semble tout entier de la même main, a été exécuté par Isaac Schawirat (שויראת), en 1453. Les premiers feuillets sont déchirés.

Papier. Moy. — (Oratoire 129.)

963.

Explication de divers commentaires d'Averroès sur Aristote, par R. Lévi, fils de Gerson :

1° Explication du commentaire moyen sur la Physique, achevée au mois de tammouz 5081 (juillet 1321 de J. C.).

2° (Fol. 164 v°.) Explication du résumé du traité du Ciel.

3° (Fol. 246.) Explication du résumé du traité de la Génération et de la Destruction.

4° (Fol. 281 v°.) Explication du résumé du traité des Météores, achevée au mois de tebeth 5082 (janvier 1322 de J. C.).

Papier. Pet. xv° siècle. — (Oratoire 127.)

964.

1° Explication du commentaire moyen d'Averroès sur la Physique, par R. Lévi, fils de Gerson.

2° (Fol. 157 v°.) באור ספר אותות עליונות מהרב שלמה מאורגול ז"ל «Explication [du résumé d'Averroès] du traité des Météores, par R. Salomon, d'Urgol (?)». (Quant au nom de l'auteur, voyez Wolf, «Biblioth. hebr.», t. III, 1051 et 1063; Zunz, «Zur Geschichte, etc.», p. 472; le Catalogue des mss. hébreux de la Bibliothèque de Vienne, p. 141.)

3° (Fol. 214 v°.) באור ספר ההויה והפסד «Explication [du résumé d'Averroès] du livre de la Génération et de la Destruction». Ce commentaire appartient probablement au même auteur que le commentaire précédent.

4° (Fol. 237 v°.) באור ספר הנפש מהר' פורפאש ז"ל «Explication [du commentaire moyen d'Averroès] du livre de l'Ame, par R. Porfas (?)». Le nom de Porfas, qui peut-être n'est qu'une autre forme du nom de Profiat, semble être le nom vulgaire de R. Salomon, l'auteur des deux commentaires précédents, car par la méthode et la concision cet ouvrage ressemble beaucoup aux deux autres. L'auteur s'est servi de la traduction de R. Moïse Ibn-Tibbon, en la rectifiant quelquefois par celle de R. Schêm-Tôb, fils d'Isaac. Il manque un feuillet au commencement.

Le ms., qui semble être tout entier de la même main, a été exécuté par Élie. La copie du premier ouvrage a été terminée le 17 tebeth 5215 (1455 de J. C.). Le volume appartenait en 1494 à Salomon Revidki (רבידקי).

Papier. Pet. — (Oratoire 128.)

965.

1° Explication du commentaire moyen d'Averroès sur la Physique, par R. Lévi, fils de Gerson. La date de la composition ne se trouve pas dans cette copie, qui a été exécutée par Joseph, fils de Schalom ʿAnbi (voyez ci-dessous n° 983, 12°), et achevée le mardi 27 iyyar 5223 (שנת אברכה, 1463 de J. C.). Mais il semble que le copiste s'est servi des débris d'une copie plus ancienne, qu'il a intercalée dans la sienne.

2° (Fol. 136 v°.) Commentaire moyen d'Averroès sur le traité de l'Ame d'Aristote, traduit de l'arabe en hébreu par R. Schêm-Tôb, fils d'Isaac, de Tortose. (Voyez ci-dessus n° 940, 2°.) Une dissertation détaillée sur cette version et sur l'auteur se trouve dans les notes de M. Munk, conservées à la Bibliothèque impériale. (Voyez ci-après chapitre Bibliographie.) Notre copie finit par ces mots : ובכאן נשלם ס' הנפש לארסטו עם באור ן' רשד המעיין במדינת מורסיא במחוז ספרד . Ces mots, qui manquent dans l'original arabe et dans les autres exemplaires de la traduction, semblent appartenir au traducteur, et c'est la version qui aurait été terminée à Murcie. Des notes autographes de R. Schalom ʿAnbi couvrent les marges. La copie, exécutée également par son fils, a été achevée le mercredi (ms. יום ה') 5 ab 5220 (1460 de J. C.).

Papier. Pet. — (Oratoire 117.)

966.

Commentaire sur la paraphrase (d'Averroès) du traité des Parties des animaux et du traité de la Génération, par R. Lévi, fils de Gerson. (Voyez ci-dessus n° 956, 9°.) L'auteur dit, dans une note à la fin, qu'il a terminé son travail au mois de schebat 5083 (janvier 1323 de J. C.).

Nous apprenons par la même note qu'il n'existait pas de commentaire d'Averroès sur cet ouvrage d'Aristote.

Papier. Pet. xve siècle. — (Oratoire 138.)

967.

1° Explication du commentaire moyen d'Averroès sur la Physique d'Aristote, par R. Moïse, de Narbonne. L'auteur, après avoir expliqué chaque chapitre d'après Averroès, soulève un certain nombre de questions qu'il cherche à résoudre. Cette copie est sans titre ni introduction; il y a, à partir du chapitre v, de nombreuses lacunes, le copiste, Isaac Kohen (voyez ci-dessus, n° 907, 4°), n'ayant eu à sa disposition, à ce qu'il semble, qu'un exemplaire incomplet.

2° (Fol. 110.) Explication du commentaire moyen d'Averroès sur le traité de l'Ame. Ce traité finit par ces mots : ובכאן נשלם הבאור לס' הנפש ואם חסרנו בו באור הכח הדברי כי ייעד מורנו ויחכנו עד עת בא דברו בע"ה ואז יהיה הבאור שלם «Ici se termine le commentaire sur le livre de l'Ame. Si nous avons passé l'explication du chapitre relatif à la faculté intelligente de l'âme, c'est parce que notre maître a fait une promesse au sujet de cette partie. Nous attendons qu'il l'ait remplie, et alors le commentaire sera complet». Notre commentaire semble être le résumé de notes, rédigées d'après les leçons de R. Schêm-Tôb, fils de Joseph, fils de Schêm-Tôb, par un de ses disciples. Le commentaire spécial de R. Schêm-Tôb sur la faculté rationnelle de l'âme se trouve dans le n° 898, 3°.

3° (Fol. 172.) Explication du commentaire moyen d'Averroès sur le traité de la Génération et de la Destruction. Ce traité appartient probablement au même auteur que l'article précédent.

4° (Fol. 207.) באור השמע להחכם ר' שם טוב נ' שם טוב «Explication [du commentaire moyen d'Averroès] de la Physique, par R. Schêm-Tôb [fils de Joseph], fils de Schêm-Tôb». Ce traité a été achevé à Almazan, le 2 marheschvan 5241 (1480 de J. C.). (Voyez ci-dessus, n° 898.)

Les trois derniers ouvrages sont de la même écriture.

Papier. Pet. — (Ancien fonds 329.)

968.

1° באור המאמר בעצם הגלגל «Commentaire sur le traité *De substantia orbis*» d'Averroès, par R. Élie del Medigo, fils de Moïse. L'auteur, qui, sous le nom d'Elias Hebræus Cretensis, avait publié plusieurs traités en latin, avait composé ce commentaire également en latin et dédié à Pico della Mirandola; plus tard il l'a rédigé en hébreu. Dans la préface, il cite sa traduction latine du commentaire d'Averroès sur la Politique de Platon. (Voyez «Heliæ Cretensis ... in doct. Averrois sup. libr. Physic. adnotat.», Venise, 1551, au commencement.) Cet ouvrage fut terminé à Bassano, le 5 marheschvan 5246 (octobre 1485 de J. C.).

2° (Fol. 79.) Deux dissertations philosophiques du même auteur :

a. Si l'intellect matériel est un dans tous les hommes ou s'il y a autant d'intellects que d'hommes.

b. Si l'intellect matériel peut comprendre les substances séparées de la matière.

Ces dissertations, composées primitivement en latin et dédiées à Pico della Mirandola, furent achevées au mois de schebat 5242 (1482 de J. C.). Elles terminaient la série des questions que l'auteur avait été chargé d'élaborer par son protecteur.

Le ms. a été exécuté par Matathya Ḥazzan, fils de Moïse, en 1492.

Papier. Pet. — (Ancien fonds 328.)

969.

1° Interprétation des termes de la logique, par R. Moïse Maïmonide; traduite de l'arabe en hébreu par R. Moïse Ibn-Tibbon. Cet ouvrage a été imprimé plusieurs fois.

2° (Fol. 13 v°.) Abrégé de la Logique d'Aristote, intitulé : צרור הכסף «Le Faisceau d'argent», par R. Joseph Ibn-Caspi. Cet ouvrage renferme l'abrégé de l'Isagoge, des Catégories, du livre de l'Interprétation, des Premiers et des Seconds Analytiques et des Réfutations des sophistes, livres qui, selon l'auteur, sont seuls nécessaires pour la parfaite intelligence des livres saints. (Voyez ci-dessus, n° 673, 5°.) Notre copie est incomplète. Il manque quatre ou cinq feuillets à la fin.

Vélin. Moy. xive siècle. — (Oratoire 109.)

970.

1° באור מלות הגיון «Interprétation des termes de la logique», par R. Moïse Maïmonide; traduite de l'arabe en hébreu par R. Moïse Ibn-Tibbon. Notes marginales.

2° (Fol. 12.) Commentaire moyen d'Averroès sur l'Isagoge de Porphyre et sur les Catégories d'Aristote, traduit de l'arabe en hébreu par R. Jacob Anatolio. (Voyez ci-dessus, n° 920.) La préface du traducteur est placée dans ce ms. entre l'Isagoge et les Catégories.

3° (Fol. 39.) אבן בחן «La Pierre de touche», livre de morale, par R. Qalonimos, fils de Qalonimos. (Voyez ci-dessus, n° 188.)

4° (Fol. 73.) Prière appelée בקשת המימין, composée de mots dont chacun commence par la lettre מ, et attribuée à R. Yedaya Penini ou à R. Joseph 'Ezobi. (Voyez ci-dessus, n° 661.) A la fin on lit ces mots : תמו המימין עשאם האוהבי ז"ל. (Voyez «Literaturbl. des Or.», t. I, p. 715.)

A la suite de cette prière se trouve le commencement d'une autre appelée : ים קהלת «Mer [d'airain] de Salomon», et qui se compose également de mots dont chacun commence par la lettre ם. Elle a pour auteur R. Schêm-Tôb, fils d'Isaac, Ibn-Orbital. (Voyez «Literaturbl. des Or.», t. VII, p. 780.)

5° (Fol. 76.) יסוד מורא «Base de la crainte [de Dieu]», traité de théologie par R. Abraham Aben-Ezra. Imprimé plusieurs fois.

A la suite de cet ouvrage se trouve un tableau des différentes opinions relatives à la Providence émises par Épicure, Aristote, Maïmonide et Lévi, fils de Gerson, comparées à la doctrine orthodoxe et aux opinions du livre de Job.

6° (Fol. 87.) Fragment du recueil intitulé : מנחת קנאות «Offrande de jalousie», et qui contient des lettres adressées par plusieurs savants à R. Salomon 'Adereth et à R. 'Ascher, fils de Yeḥi'el. Imprimé en 1838, à Presbourg. Ce fragment embrasse les n°s 67 à 76.

Vélin et papier. Moy. xv° siècle. — (Oratoire 108.)

971.

1° מלות ההגיון «Termes de la logique», par R. Moïse Maïmonide. Traduit de l'arabe en hébreu par R. Moïse Ibn-Tibbon.

2° (Fol. 19 v°.) Abrégé de logique, traduit du latin en hébreu.

3° (Fol. 39 v°.) Commentaire moyen d'Averroès sur l'Isagoge et le traité des Catégories, traduit de l'arabe en hébreu par R. Jacob Anatolio. La fin manque.

Vélin et papier. Pet. xiv° siècle. — (Sorbonne 250.)

972.

1° Fragment de l'Explication des termes de la logique de R. Moïse Maïmonide, traduit de l'arabe en hébreu par R. Moïse Ibn-Tibbon.

2° (Fol. 9 v°.) Commentaire moyen d'Averroès sur l'Isagoge, le traité des Catégories et le traité de l'Interprétation; traduit de l'arabe en hébreu par R. Jacob Anatolio.

3° (Fol. 65.) Fragment du traité des Réfutations des sophistes de 'Abou-Naṣr Al-Farâbi; traduit de l'arabe en hébreu. (Voyez ci-dessus n° 929, 6°.)

Vélin. Pet. xiv° siècle. — (Ancien fonds 335.)

973.

1° ספר חכמה כללית לאריסטוט' «Traité de la science universelle d'Aristote». Cet écrit est absolument étranger à l'aristotélisme. Ce ne sont que les vingt et un premiers feuillets d'une dissertation générale sur tous les êtres, depuis la divinité, considérée comme cause créatrice du monde, jusqu'aux éléments. Il y est question des démons, de l'âme humaine et des âmes du monde, des cieux, de la terre et de la santé de l'homme. Cet ouvrage est sans doute traduit de l'arabe. L'auteur paraît s'être inspiré du péripatéticisme arabe et de la doctrine d'Alexandrie.

2° (Fol. 22 v°.) ספר הכריתות «Traité de chirurgie», par maëstro Bruno; traduit du latin en hébreu par R. Hillel, fils de Samuel, de Vérone. (Voyez sur cet ouvrage Tiraboschi, «Storia della letteratura ital.», t. IV, p. 345, et sur la version, de Rossi, n° 1281.) Cette copie commence par une pièce de vers, dont voici le premier : לכל אדם היה נודר לשרת בחכמתך ואל תדור לרפא. Sur les marges, les mots techniques sont traduits en italien (écrit en caractères hébreux).

Le ms. est daté du 21 marḥeschvan 5139 (1379 de J. C.).

Vélin. Pet. — (Ancien fonds 319.)

974.

1° ספר רוח חן «Livre appelé Esprit de grâce», introduction philosophique au «Guide des Égarés» de Moïse Maïmonide, par un auteur inconnu. (Voyez ci-dessus, n° 758, 3°.)

2° (Fol. 21.) פי' כ"ה הקדמות שבמורה «Commentaire sur les vingt-cinq propositions du Guide des Égarés (introduction de la seconde partie)».

3° (Fol. 62 v°.) שאלות ותשובות בקבלה «Questions et réponses relatives à la cabale», par R. 'Azri'el, finissant par ces mots : עד כאן לשון החכם והר"ר עזריאל שקבל מפי הר' הגדול ז"ל. (Voyez Zunz et Sachs, הפליט, p. 54.)

4° (Fol. 73.) פרוש צורת האותיות «Explication des figures des lettres», par R. Jacob, fils de Jacob, Kohen Sephardi, composée par l'auteur pour son ami R. Mardochée Kimḥi. (Voyez ci-dessus, n° 832.)

Ce traité est suivi : 1° d'une pièce qui traite des סגולת ou propriétés avantageuses que l'on obtient en récitant les différents versets du psaume cxix; 2° de divers fragments midraschiques et cabalistiques, parmi lesquels se trouve une courte histoire de Cyrus, racontée d'après des sources latines.

5° (Fol. 96.) ס' האולם וההיכל «Livre appelé le Parvis et le temple», poëme philosophique, par R. Moïse, de Rieti. Publié à Vienne, en 1851, sous le titre de : מקדש מעט «Petit sanctuaire».

Ce poëme est suivi d'une pièce de vers ayant pour refrain ce distique : מחכמת כל בני קדם ומכל חכמת מצרים . מצוה מאירת עינים . בעין שכלי חן מצאה .

6° (Fol. 142.) Explications de quelques passages agadiques.

7° (Fol. 155.) ספר סדר עולם «Histoire du monde». Imprimé plusieurs fois.

8° (Fol. 177 v°.) Explication des dix sephiroth, commençant par ces mots : אמרו חכמים בעשרה מאמרות נברא העולם וקבלנו כי הם י' ספירות . . .

Un distique placé à la fin de l'article 2° fait connaître le nom du copiste de ce ms., Mardochée, fils d'Abraham Moïse Kokhab.

En tête du volume se trouvent des définitions d'un certain nombre de mots techniques, appartenant pour la plupart aux sciences médicales.

Papier. Pet. — (Ancien fonds 240.)

975.

1° ספר רוח חן «Livre appelé Esprit de grâce». (Voyez le n° précédent.)

2° (Fol. 14.) ספר אותות השמים לארסטו «La Météorologie d'Aristote», traduite de l'arabe en hébreu par R. Samuel Ibn-Tibbon.

3° (Fol. 54.) ספר צירוגיאה שעשה רווירי הרופא «Livre de chirurgie, composé par le médecin Rovero»; traduit du latin en hébreu. C'est le traité de Roger de Parme, chancelier de l'université de Montpellier. (Voyez Sprengel, «Geschichte der Arzneikunde», t. II, p. 543, et ms. lat. de la Bibliothèque impériale, anc. fonds 7035, 3°.) La version hébraïque est sans préface. Dans l'épigraphe, le copiste a mis au-dessus du nom de רווירי celui de ברוקרדו (Brocardo).

4° (Fol. 81.) לקוטים מספרי הרפואה «Extraits de divers traités de médecine».

5° (Fol. 94.) Diverses recettes pour la composition des onguents, poudres, etc.

6° (Fol. 104.) Autre recueil de recettes médicales. Écriture différente de celle des cinq premiers articles.

Papier. Pet. xvi° siècle. — (Ancien fonds 349.)

976.

1° Traité appelé יקוו המים, ou dissertation philosophique sur le verset 9 du chapitre I de la Genèse, par R. Samuel Ibn-Tibbon. (Voyez ci-dessus, n° 673, 3°.) Cette copie a été exécutée par Juda, fils de Jacob, lors de son séjour dans l'école de R. Joab, à Rome. Le commencement manque.

2° (Fol. 105.) פיסקי בבא בתרא מרבי ישעיה ז"ל «Décisions rituelles relatives aux sujets du traité du Talmud Baba Bathra, par R. Isaïe», de Trani, l'Ancien. (Voyez ci-dessus, n° 364.)

Vélin et papier. Pet. — (Ancien fonds 228.)

977.

1° Questions et réponses d'Albert le Grand relatives aux six choses physiques nécessaires à la vie, traduites du latin en hébreu par R. Moïse Ibn-Ḥabîb. Voici le commencement de l'ouvrage : אמר משה ן' נ"ע ראיתי להעתיק בלשון עברי שאלות ותשובות מהחכם אלבירטו בששה הדברים הטבעיים ההכרחים אל הגוף כפי חכמת הרפואה אשר הם רכות התועלת . השאלה הראשונה . מדוע היה המותר בדברים אשר בהם אנחנו חיים . . .

2° (Fol. 33.) Fragment d'un traité de médecine qui semble avoir pour auteur Arnauld de Villa-Nova. Les feuillets sont en grande partie renversés.

3° (Fol. 49.) Commentaire moyen d'Averroès sur l'Isagoge, les Catégories et le livre de l'Interprétation; traduit de l'arabe en hébreu par R. Jacob Anatolio. La copie du livre de l'Interprétation a été exécutée par Samuel, de Marseille, pour R. Yôm-Tôb, fils de Menahem.

4° (Fol. 116.) Fragment d'un traité sur les saignées, par Abou'lqasîm Al-Zahrawi; traduit de l'arabe en hébreu.

5° (Fol. 121.) Dissertation d'Averroès sur une difficulté que présente le chapitre xvi du livre I des Premiers Analytiques; traduite de l'arabe en hébreu par R. Qalonimos, fils de Qalonimos. (Voyez ci-dessus, n° 960, 3°.)

Même écriture que celle de l'article 3°.

6° (Fol. 180.) Fragments du Zohar et d'autres livres cabalistiques.

7° (Fol. 192 v°.) Fragments de médecine, tirés d'Avicenne, de Jean de Mesues, etc.

Écritures de diverses époques.

Papier. Pet. — (Sorbonne 257.)

978.

בתי הנפש והלחשים «Vers sur l'âme et les dénominations de Dieu (Isaïe, chap. III, vers. 20)», poëme philosophique de mille huit cent quarante-six vers, divisé en dix chapitres, par R. Lévi, fils d'Abraham. (Voyez sur cet ouvrage, composé en 5036 (1276 de J. C.), «Literaturblatt des Orients», t. XI, p. 552 et suiv.) A la fin du premier chapitre l'auteur parle de ses malheurs et de la nécessité dans laquelle il est de vivre loin de son pays. Le poëme est accompagné d'un commentaire écrit avant l'année 1345. (Voyez fol. 147 v°.)

Papier. Pet. xv° siècle. — (Ancien fonds 244.)

979.

1° בתי הנפש והלחשים «Vers sur l'âme et les dénominations de Dieu», par R. Lévi, fils d'Abraham. Le texte est accompagné de notes explicatives, qui sont en partie analogues au commentaire du n° précédent.

2° (Fol. 80.) ספר התולדות «Livre des nativités», par R. Abraham Aben-Ezra. (Voyez ci-dessus, n° 189, 5°.) Le chapitre תקופות השנים «Les Révolutions des années» termine la copie. Le copiste se nommait Sabbathaï.

Vélin. Pet. xvᵉ siècle. — (Oratoire 206.)

980.

בתי הנפש והלחשים «Vers sur l'âme et les dénominations de Dieu», par R. Lévi, fils d'Abraham; avec un commentaire qui est presque identique à celui du n° précédent. La copie a été exécutée par Israël, fils d'Isaac Delates.

Vélin. Pet. — (Ancien fonds 504.)

981.

בתי הנפש והלחשים «Vers sur l'âme et les dénominations de Dieu», par R. Lévi, fils d'Abraham; avec un commentaire par R. Salomon. La copie a été exécutée par Abraham, fils de Ḥayyim.

Papier. Moy. xviᵉ siècle. — (Ancien fonds 502.)

982.

1° ספר גנזי המלך «Livre appelé les Trésors du roi», traité philosophique, par R. Isaac, fils d'Abraham, Ibn-Latif. Dans cet ouvrage, l'auteur expose les principes de la métaphysique et explique un grand nombre de passages du Pentateuque d'une manière allégorique. Un extrait de ce livre a été publié dans Carmoly, «Revue orientale», tome I, pages 61 et suivantes.

2° (Fol. 49 v°.) ס' צורת העולם «La Forme du monde», par le même auteur; traité de physique suivant les doctrines de la cabale.

3° (Fol. 80.) ס' צרור המור «Livre appelé le Sac de myrrhe», traité de cabale, par le même auteur.

4° (Fol. 85.) ס' רב פעלים. Propositions de physique et de métaphysique, par le même auteur. Incomplet.

5° (Fol. 90.) ס' שער השמים «Livre appelé Porte des cieux», par le même auteur. Cet ouvrage, divisé en quatre parties, embrasse toutes les questions de théologie et de philosophie. Il a été composé par l'auteur avant les ouvrages précédents. Cette copie a de nombreuses lacunes et plusieurs feuillets ont été transposés.

Papier. Pet. xivᵉ siècle. — (Ancien fonds 226.)

983.

1° Le livre appelé בחינת עולם «Examen du monde», par R. Yedaya Penini. (Voyez ci-dessus, n° 261, 6°.) Le commencement de cette copie manque.

2° (Fol. 8.) קערת כסף «Plat d'argent», par R. Joseph 'Ezobi. (Voyez ci-dessus, n° 661, 3°.)

3° (Fol. 10.) ס' שקל הקדש «Livre appelé le Sicle sacré», traité de morale, divisé en vingt-deux chapitres, et en vers, par R. Joseph Kimḥi. (Voyez sur cet ouvrage le journal «Zion», t. II, p. 97 et suiv.; et «Literaturblatt des Orients», t. VII, p. 727 et suiv.)

4° (Fol. 31.) Dissertations sur différents passages des œuvres philosophiques de Moïse Maïmonide, qui sont réputés contraires à la loi juive et qui ne semblent pas exprimer la vraie opinion de l'auteur. Une longue citation de Maïmonide (ידוע שכל חכמי אומות העולם והם הפילוסופים הגדולים ...) forme le commencement, et un extrait du כתאב אלכפאיה de R. Abraham Maïmonide, la fin de ce traité.

5° (Fol. 42.) מלות ההגיון «Les Termes de la logique», par R. Moïse Maïmonide. Traduit de l'arabe en hébreu par R. Moïse Ibn-Tibbon. Le livre est précédé de quelques observations sur les syllogismes, par R. Schalom 'Anbi.

6° (Fol. 51.) הגיון על דרך כונות לאבו חמד «Logique d'après le livre المقاصد d'Abou-Ḥamed [Al-Gazzâli]»; suivie d'une explication du char céleste de la vision d'Ézéchiel.

7° (Fol. 63.) ס' הגיון לר' אליה הפילוסוף האלהי «Logique, par R. Élie, le métaphysicien». (Voyez Steinschneider, «Catalog. codd. hebræor. Acad. Lugd. Bat.», p. 239.)

8° (Fol. 73.) מאמר רוח חן «Traité intitulé : Esprit de grâce». (Voyez ci-dessus, n° 758, 3°.) L'ouvrage est attribué dans cette copie à R. Jacob Anatolio.

9° (Fol. 83.) Le chapitre xii, relatif au Messie, du livre intitulé : מלחמות השם «Les Guerres du Seigneur», de R. Lévi, fils de Gerson.

10° (Fol. 93.) ס' משרת משה «Livre intitulé : Serviteur de Moïse», par R. Qalonimos. (Voyez «Literaturblatt des Orients», t. VIII, p. 404.)

11° (Fol. 111.) Commentaire sur les quatre premiers livres de la Physique d'Aristote, par R. Schalom 'Anbi.

12° (Fol. 277.) Commentaire sur le premier titre du livre I (הלכות יסודי התורה) de la «Main forte» de Maïmonide, par R. Schalom 'Anbi. La copie n'est pas terminée.

Le ms. tout entier est de la même main.

Papier. Pet. — (Ancien fonds 245.)

984.

Traités philosophiques de R. Yedaya Penini :

1° ספר השכל הנרצה בשם הנהוג הידוע כתב הדעת «Livre de l'intellect, désigné sous le nom usité et connu de כתב הדעת (Livre de la connaissance)». Ce traité n'est que la paraphrase et le développement d'un opuscule d'Al-Farâbi, intitulé : كتاب العقل والمعقولات «De l'Intellect et des choses intelligibles». (Voyez ci-dessus, n° 185, 9°.)

2° (Fol. 22.) הדעות בשכל החמרי «Les Opinions sur l'intellect matériel ou passif». L'auteur y distingue cinq opinions différentes : celle d'Alexandre d'Aphrodisias, celle des commentateurs d'Aristote en général, celle de quelques commentateurs en particulier, celle d'Averroès et celle d'Al-Farâbi.

3° (Fol. 23 v°.) המאמר בהפכי המהלך «Traité sur les opposés en fait de mouvement ou de direction». C'est l'explication détaillée d'un passage du grand commentaire et du commentaire moyen d'Averroès sur le livre du Ciel d'Aristote (livre I, somme 6, dans les Œuvres d'Aristote, Venise, 1562, t. V, fol. 20 et 276 v°).

4° (Fol. 32 v°.) כתב ההתעצמות «Livre de consolidation». Dans cet écrit, l'auteur répond aux objections de celui pour qui il avait composé le traité précédent, et cherche à corroborer ses opinions par de nouveaux arguments.

5° (Fol. 66.) Dissertation sur la question de savoir si les individus (אישים = أشخاص) de la même espèce, en différant d'accidents, diffèrent aussi dans leur forme essentielle, ou bien si la forme est inhérente à l'espèce et l'embrasse tout entière, de sorte que les individus ne diffèrent que par les accidents. Cet ouvrage est sans doute le même que celui qui, dans un commentaire du בחינת עולם, imprimé à Prague, en 1598, est mentionné sous le titre de : ס' הצורות המיניות. (Voyez «Literaturblatt des Orients», t. VII, p. 403.) Nous apprenons, par un passage de cette dissertation (fol. 74), que R. Yedaya avait composé, sous le titre de : מדבר קדמות (par allusion au passage du Deutéronome, chap. II, vers. 26), un commentaire sur les vingt-cinq propositions (הקדמות) placées par Moïse Maïmonide en tête de la deuxième partie du «Guide des Égarés».

(Voyez sur ce ms. «Archives israélites», année 1847, p. 67 et suiv.)

Papier. Pet. xve siècle. — (Oratoire 119.)

985.

1° Le livre intitulé : צרור הכסף «Le Faisceau d'argent», ou abrégé de la Logique d'Aristote, par R. Joseph Ibn-Caspi. (Voyez ci-dessus, n° 673, 5°, et 969, 2°.) La préface et l'Isagoge manquent dans cette copie.

2° (Fol. 80 v°.) Commentaire sur divers passages du «Guide des Égarés», savoir : sur les chapitres LXVIII, LXIX, LXX et LXXII de la première partie, sur les vingt-cinq propositions qui se trouvent en tête de la deuxième partie, et sur quelques passages isolés de cette même partie; par un auteur inconnu. Le commencement du commentaire sur les vingt-cinq propositions (אמר המפרש אחי בן אוני בעלות על רעיוני עניני אלו ההקדמות...) montre que ce traité a été composé pour le frère de l'auteur, nommé Benjamin. L'auteur est peut-être R. Zeraḥya, auteur de l'article suivant, ou R. Hillel, de Vérone. (Voyez le Catal. des mss. hébreux de la Bibliothèque de Vienne, p. 86.)

3° (Fol. 103.) Lettre adressée par R. Zeraḥya, fils d'Isaac, de Barcelone, pendant son séjour à Rome, à R. Hillel, de Lombardie (de Vérone?), en réponse à quelques questions relatives au «Guide des Égarés». Cette lettre n'entre pas en matière, elle renvoie à une autre épître sur le même sujet, que l'auteur avait adressée à l'un de ses parents, R. Juda, fils de Salomon, de Barcelone, et promet une réponse ultérieure. Elle est remarquable par une attaque violente contre R. Moïse, fils de Naḥman, et par la mention d'un grand commentaire sur les Proverbes, que R. Zeraḥya avait terminé.

Papier. Pet. xve siècle. — (Oratoire 100.)

986.

1° Le livre appelé צרור הכסף «Le Faisceau d'argent», par R. Joseph Ibn-Caspi. Cette copie porte le titre suivant : ספר ההגיון בקצור לחכם אבונפש דלאנליטרא ז"ל «Abrégé de la logique, par Abonfos ou Bonafoux, de l'Argentière».

2° (Fol. 64.) פי' מגלת אחשורש «Commentaire sur le livre d'Esther», par R. Abraham Aben-Ezra.

3° (Fol. 75 v°.) Traité d'Averroès, adressé à un de ses amis, sur la conjonction de l'intellect abstrait ou universel avec l'homme, ou de l'intellect actif avec l'intellect passif, considérée au point de vue d'Aristote et d'autres philosophes anciens. (Voyez ci-dessus, n° 918, 9°, et Munk, «Mélanges, etc.», p. 437.) Ce traité, qui est la traduction hébraïque de l'ouvrage cité par Ibn-Abi-Oçaïbia sous le titre de : مقالة في اتصال العقل المفارق بالانسان, a été traduit en latin et publié dans les Œuvres d'Aristote, édition de Venise, 1562, tome IX, fol. 148 (De animæ beatitudine, chap. I-III) et fol. 155 v° (Libellus de connexione intellectus, etc.).

4° (Fol. 81 v°.) מאמר מהות השכל «Traité sur l'essence de l'intellect actif», par Averroès; traduit de l'arabe en hébreu. Cet écrit se trouve traduit presque en entier dans le chapitre IV du traité «De animæ beatitudine» (Œuvres d'Aristote, édition de Venise). Le texte hébreu est imprimé à la suite du שער השמים de R. Gerson, fils de Salomon.

5° (Fol. 84 v°.) מאמר מהות הנפש «Traité sur l'essence de l'âme», par ABOU-NAẒR AL-FARÂBI; traduit de l'arabe en hébreu par R. ZERAḤYA, fils d'Isaac, de Barcelone. (Voyez ci-dessus, n° 763.) Le nom du traducteur n'est pas indiqué dans cette copie.

6° (Fol. 91 v°.) Divers extraits d'un traité de philosophie, dont l'auteur est inconnu. Ces extraits s'étendent sur les chapitres I, II, III, IV et VII de l'ouvrage. Le chapitre I traite de la substance en général, des catégories, de la nature de l'âme et de l'intellect; le chapitre II, des éléments; le chapitre III, du mélange des éléments et des tempéraments (מזגים); le chapitre IV, des humeurs (חלטים); le chapitre VII, des facultés naturelles de l'homme (כחות). Des extraits du même ouvrage se trouvent dans le n° 707, fol. 38, précédés des mots אמר מגלה הסודות.

Papier. Pet. XVe siècle. — (Oratoire 105.)

987.

ספר אבן בוחן «Livre appelé la Pierre de touche», ou réflexions morales et philosophiques, par R. QALONIMOS, fils de Qalonimos. (Voyez ci-dessus, n° 188, 5°.)

Papier. Pet. XVe siècle. — (Oratoire 61.)

988.

1° שלמות הנפש «La Perfection de l'âme», traité sur l'âme et ses facultés, par R. MOÏSE, de Narbonne. (Voyez Munk, «Mélanges, etc.», p. 505.) Notes marginales. Quelques feuillets ont été transposés.

2° (Fol. 87.) ספר הדרושים הטבעיים «Dissertations physiques», ou recueil de petits traités sur diverses questions qui se rattachent à la Physique d'Aristote; traduit de l'arabe en hébreu et accompagné d'un commentaire de R. MOÏSE, de Narbonne. (Voyez Munk, *l. c.*, p. 504.) Ces dissertations sont dans ce ms. au nombre de sept, savoir :

a. Démonstration de la proposition d'Aristote (Physique, livre VII, *init.*) : que tout ce qui se meut a un moteur; par AVERROÈS.

b. (Fol. 88 v°.) Note sur la proposition : que le mouvement circulaire est parfait (Physique, livre VIII, vers la fin); sur le syllogisme qui sert à démontrer cette proposition, et sur la conclusion qu'on peut en tirer pour prouver que le mouvement circulaire est antérieur au mouvement droit, qui est imparfait; par AVERROÈS.

c. (Fol. 89.) Dissertation d'AVERROÈS, ayant pour but de démontrer que l'opinion des péripatéticiens et celle des motecallemîn, sur l'existence du monde, se rapprochent l'une de l'autre, en ce que les uns et les autres admettent que la matière n'est pas née de quelque chose, et que sa naissance ne tombe ni dans le temps, ni dans l'espace, qui n'existent qu'avec elle et par elle. Ibn-Abi-Oçaïbia mentionne ce traité dans ces termes : مقالة فى ان ما يعتقده المشاؤون وما يعتقده المتكلمون من اهل ملتنا فى كيفية وجود العالم متقارب فى المعنى

d. (Fol. 91 v°.) Dissertation d'AVERROÈS sur la question de savoir si le mouvement a un commencement, suivant les opinions de Platon et d'Aristote (Physique, livre III; traité de la Génération et de la Destruction, livre II).

e. (Fol. 92 v°.) שאלה לחכם אבולקאסם בן אדריס «Question d'ABOUL-QÂSIM BEN-IDRIS», ou réponse d'AVERROÈS à une objection faite contre la preuve alléguée par Aristote pour l'existence de la matière première (ὕλη). Ibn-Abi-Oçaïbia cite un ouvrage analogue parmi les ouvrages d'Averroès (مقالة فى فسخ شبهة من اعترض على الحكيم وبرهانه فى وجود المادّة الاولى وتبيين ان برهان ارسطو هو الحق المبيّن).

f. (Fol. 94.) Note d'ABOU-DJAFAR-BEN-SABÂQ, pour démontrer que la matière première ne naît ni ne périt.

g. (Fol. 95.) Note sur la définition du temps, par AVERROÈS. C'est peut-être l'opuscule indiqué par Ibn-Abi-Oçaïbia, sous le titre de : مسئلة فى الزمان.

Le ms. a été exécuté par Jacob Alchita (אלכיתה).

Papier. Pet. XVe siècle. — (Oratoire 118.)

989.

1° Commentaire philosophique sur les premiers chapitres de la Genèse et particulièrement sur la création, par R. JUDA, fils de Moïse, fils de Daniel, de Rome. L'explication de chaque verset commence ordinairement par ces mots : אחר הנחת משה רבינו באמצעות השפע האלהי. L'ouvrage se termine par ces vers : שוקק אל מי רוח דעת יצורים · רוח חדוש חודש בידי תעודה : ישקה מים ילד חנן אלהים · מבור בית לחם גור אריה יהודה :. Le commencement manque.

2° (Fol. 28 v°.) Trois dissertations d'AVERROÈS :

a. Critique de la classification des êtres, établie par Avicenne, en êtres possibles par eux-mêmes, êtres possibles par eux-mêmes et nécessaires par d'autres, et enfin êtres qui sont nécessaires par eux-mêmes. (Voyez Munk, «Mélanges, etc.», p. 358.)

b. Sur la manière dont la classification d'Avicenne pourrait être interprétée.

c. מאמר בדעת הקדום «Traité sur la prescience», c'est-à-dire sur la manière dont les choses existent dans la prescience divine avant leur existence dans le monde.

Ces trois dissertations ont été traduites de l'arabe en hébreu par R. Todros Todrosi, en 5100 (1340 de J. C.). Elles sont suivies de quelques extraits du grand commentaire sur la Métaphysique.

3° (Fol. 32 v°.) Commentaire moyen d'Averroès sur la Métaphysique d'Aristote; traduit de l'arabe en hébreu par R. Qalonimos, fils de Qalonimos. Cette copie renferme le post-scriptum du traducteur. (Voyez ci-dessus, n°s 915 et 954.) Une autre épigraphe, qui porte la date de 5056 (1296 de J. C.), semble provenir de l'exemplaire arabe sur lequel le traducteur a fait sa version.

4° (Fol. 212 v°.) מאמר אבונצר אלפראבי בכונת ארסטו בספרו מה שאחר הטבע «Dissertation sur le but qu'Aristote s'est proposé dans sa Métaphysique, par Abou-Nazr Al-Farâbi». Cette copie est plus complète que celle du n° 915 ci-dessus, mais la fin manque.

Papier. Pet. xve siècle. — (Ancien fonds 356.)

990.

1° ספר סגלת המלכים «Livre appelé Trésor des rois», abrégé de logique, de physique et de métaphysique, en vers, par R. Abraham, fils de Meschoullam Abigdor. L'auteur dit dans la préface qu'il a composé cet ouvrage, «destiné aux hommes d'élite», à l'âge de dix-sept ans, en 1367.

2° (Fol. 40.) בתי הנפש והלחשים «Vers sur l'âme et les dénominations de Dieu», par R. Lévi, fils d'Abraham. (Voyez ci-dessus, n° 978.) Avec le commentaire.

Papier. Pet. xve siècle. — (Oratoire 200.)

991.

שאלות ותשובות על מבוא מאמרות ומליצה לחכם מארשילי «Questions et réponses sur l'Isagoge, les Catégories et le traité de l'Interprétation, par Marsilio»; traduit du latin en hébreu par R. Abraham, fils d'Isaac, fils de Juda, fils de Samuel Schalom. Ce sont sans doute les «Suppositiones magistri Marsilii, Parisiensis». (Voyez Fabricius, «Biblioth. latina», t. V, p. 33.) Ce ms. contient trente-quatre suppositions sur le premier, trente et une sur le second et treize sur le troisième des trois traités.

Papier. Pet. xvie siècle. — (Ancien fonds 339.)

992.

1° הגיון לר' יוסף היוני «Logique de R. Joseph, le Grec», abrégé de la Logique aristotélique, divisé en six livres (שערים). (Voyez ci-dessus, n° 707, 2°.)

2° (Fol. 18.) פירוש פרקי המרכבה «Explication des chapitres relatifs au char céleste», c'est-à-dire des sept premiers chapitres du livre III du «Guide des Égarés», par R. Élie, fils d'Éliézer, de Candie. (Voyez ci-dessus, n° 707, 3°, et Geiger, «Melo-Chofnayim», xxvii.) Selon notre copie, l'ouvrage porterait aussi le titre de יסוד תורה «Fondement de la doctrine». L'auteur cite un commentaire qu'il avait composé sur le livre בהיר. A la suite de notre commentaire se trouvent plusieurs notes explicatives sur d'autres passages du «Guide des Égarés», dans lesquels l'auteur se nomme expressément. La copie est incomplète.

3° (Fol. 43.) Introduction à la logique, par R. «Élie, le philosophe». Cet ouvrage, attribué par Wolf («Bibl. hebr.», t. I, p. 150, et t. III, p. 94) et de Rossi («Catal.», n° 772) à R. Élie Beschyizi, appartient sans doute à l'auteur de l'ouvrage précédent, R. Élie, fils d'Éliézer, de Candie.

4° (Fol. 57 v°.) ספר הדקדוק לר' משולם האזובי ז"ל «Grammaire hébraïque, par R. Meschoullam 'Ezôbi [fils de Ḥonaïn]». L'auteur composa cet ouvrage en 1279, à Ségovie, pour le jeune fils de R. Isaac, fils de Samuel, et l'intitula : אגורת אזוב «Bouquet d'hysope».

5° (Fol. 75.) בעל כנפים «L'Ailé», dictionnaire des rimes, par R. Joseph, fils de Ḥayyim. Cet ouvrage, dédié à R. Todros ou Théodore, a été composé à la fin du xiie ou au commencement du xiiie siècle. (Voyez ci-dessus, n° 82.) En voici le commencement : בעל כנפים לכה ופרוש . כנפי שלום לשולחך לרב טודרוס : השר נשיא האל וראש גולה ׃ על אף זמן יבנה אשר יהרום.

6° (Fol. 111.) אות נפש «Le Désir de l'âme», explication des passages obscurs du commentaire de R. Abraham Aben-Ezra sur le Pentateuque. (Voyez ci-dessus, n° 190.) Cette copie s'arrête à la fin de la section וילך.

Vélin et papier. Pet. xve siècle. — (Oratoire 106.)

993.

1° ספר מקדש מעט «Livre intitulé : Le petit Sanctuaire», par R. Moïse, fils d'Isaac, de Rieti, auteur du xve siècle. Cet ouvrage, écrit en vers, imitant la Divine Comédie du Dante, et divisé en deux parties (אולם «portique» et היכל «temple»), contient un exposé général des sciences d'après les principaux philosophes arabes et juifs, des doctrines théologiques, etc. Il a été imprimé à Vienne, en 1851.

2° (Fol. 40.) Pièces relatives à un procès entre plusieurs habitants israélites de Forli, jugé par le tribunal israélite de cette ville, en 1536.

3° (Fol. 77.) ספר עברנות. Petit traité du calendrier juif, avec des tables, par R. Jacob Mercaria. C'est un exemplaire imprimé de l'édition de Riva di Trento, de l'an 1561.

4° (Fol. 107.) Traité sur le calendrier juif, par un auteur inconnu.

Papier. Pet. xvi° siècle. — (Sorbonne 243.)

994.

1° Traité de logique, commençant par ces mots : ההגיון הוא מלאכת המלאכות וחכמת החכמות. Dans un post-scriptum du copiste, placé à la fin du volume, cet ouvrage est désigné comme un abrégé de la Logique de Maître Paul (Paulus de Venetiis, voyez Fabricius, «Bibl. lat.», t. V, p. 220; ms. du fonds latin de la Bibliothèque impériale, n° 6433). Mais ce traité ne porte pas les caractères d'une traduction, et Maître Paul y est cité lui-même, en même temps que Radulphus Strodi (שטרודו, voyez fol. 30 v°). L'auteur mentionne en outre «un commentaire sur les livres de la Logique (d'Aristote)», qu'il avait composé antérieurement.

2° (Fol. 45.) Commentaire moyen d'Averroès sur l'Isagoge de Porphyre, traduit de l'arabe en hébreu par R. Jacob Anatolio; précédé de la préface du traducteur et suivi d'une note relative à une observation d'Averroès sur quelques opinions de Porphyre.

3° (Fol. 54.) Commentaire moyen d'Averroès sur le traité des Catégories.

4° (Fol. 68.) Commentaire moyen sur le traité de l'Interprétation.

Ces deux traités sont également traduits de l'arabe en hébreu par R. Jacob Anatolio. Le nom d'Averroès est toujours rendu par אבן רוודו.

5° (Fol. 84.) Quelques dissertations philosophiques :

a. כללים מה מס' המבא «Quelques Règles tirées du traité de l'Isagoge».

b. טענות על ס' המבא «Discussions relatives au traité de l'Isagoge».

c. כללים טובים מספר המאמרות «Bonnes Règles tirées du traité des Catégories».

d. הגדרים שנתן מאשטרו פאולו «Définitions [de logique] données par Maître Paul».

6° (Fol. 96.) רוח חן «Esprit de grâce». (Voyez ci-dessus, n° 973.)

7° (Fol. 109.) Quelques tables, présentant différentes divisions de la science médicale.

8° (Fol. 116.) קצור מס' השמע הטבעי «Abrégé de la Physique [d'Aristote]». Cet ouvrage, qui résume les résultats de la Physique sous la forme de théorèmes, ne s'étend que jusqu'au commencement du livre V. Il est sans doute traduit du latin, et commence par ces mots : התולדה הראשונה ממאמר הראשון מס' השמע כי בחכמת הטבע . . .; il finit par ceux-ci : ע"כ מקצור מס' השמע הטבעי העתקתיו שנת רמ"ג ש"ל. Averroès, désigné simplement par le nom de המפרש «le commentateur», et Boëce (De la Consolation de la philosophie) y sont cités. D'après la dernière phrase du livre, il semble avoir été dicté au copiste par l'auteur lui-même. Le verso du dernier feuillet contient une note relative au commencement du «Guide des Égarés».

9° (Fol. 140.) Première partie d'un ouvrage qui, d'après la préface de l'auteur, devait traiter, sommairement et d'après les versions hébraïques, de tous les sujets de philosophie. En voici le commencement : נתתי את לבי לדרוש ולתור בחכמה העליונה הנשאה והרמה אמרתי אחכמה . . . Cette première partie a pour objet la météorologie. L'auteur y cite Aristote, Averroès et R. Samuel Ibn-Tibbon.

10° (Fol. 156.) כונות הפילוסופים «Les Tendances des philosophes», par Abou-Hâmed Al-Gazzâli. Traduit de l'arabe en hébreu et accompagné du commentaire de R. Moïse, de Narbonne.

Le ms., tout entier de la même main, a été exécuté par Pinchas, fils de Juda Israël, fils d'Abraham 'Obadya (מקמריה), et achevé le 8 adar 5248 (1488 de J. C.).

Papier. Pet. — (Ancien fonds 334.)

995.

1° Le livre appelé עץ חיים «Arbre de la vie», traité sur la création du monde, par R. Abraham Bibago, fils de Yôm-Tôb. Le commencement manque.

2° (Fol. 46.) דרך אמונה «Le Chemin de la foi», par le même auteur. (Voyez ci-dessus, n° 747.) Le commencement manque.

3° (Fol. 240 v°.) זה ינחמנו (Genèse, chap. v, vers. 29). Homélie sur la création du monde, par le même auteur. La fin manque.

Ces trois ouvrages sont de la même main.

4° (Fol. 269.) Traité de géométrie, suivi de quelques règles d'arithmétique.

5° (Fol. 297.) Abrégé des prescriptions relatives à l'examen des poumons des animaux destinés à la nourriture.

Les deux derniers traités sont de la même écriture.

Vélin et papier. Pet. — (Ancien fonds 250.)

996.

Commentaire sur les dix livres de l'Éthique d'Aristote, par R. Joseph, fils de Schêm-Tôb. (Voyez sur l'auteur et sur cet ouvrage, Munk, «Mélanges, etc.», p. 508 et suiv.) A la suite de ce livre on trouve un sommaire de tous les chapitres de l'Éthique. (Voyez ci-dessus n° 892; 3°.) Ce ms. semble avoir été écrit en Espagne du vivant de l'auteur. On y trouve plusieurs notes marginales de la main de Moïse Rovas (משה ב"ר יוסף ארובש), médecin juif de l'île de Chypre, que Franciscus Roseus, de Ravenne, chargea à Damas de la traduction des quatorze livres de la Théologie attribuée à Aristote. (Voyez Fabricius, «Bibl. gr.», éd. de Harles, t. III, p. 278.)

Papier. Moy. — (Oratoire 121.)

997.

Commentaire sur l'Éthique d'Aristote, par R. Joseph, fils de Schêm-Tôb. L'analyse de l'ouvrage d'Aristote termine le volume.

Papier. Moy. xvie siècle. — (Ancien fonds 308.)

998.

1° ספר מכלל יופי «Livre appelé Perfection de beauté», traité complet de logique, par R. Juda, nommé Messer Léon, de Mantoue. L'ouvrage est divisé en deux parties, dont la première, divisée en cinq livres (שערים) et cinquante-quatre chapitres, traite des catégories, des syllogismes et de la démonstration; la seconde, en trois livres et vingt-neuf chapitres, de la dialectique et de la sophistique. Il est dit dans un post-scriptum que l'auteur avait commencé cet ouvrage le 17 tebeth 5215 (1455 de J. C.), et l'avait terminé le 18 schebat de la même année. La copie, qui est de différentes mains, a été achevée le 26 adar 5240 (1480 de J. C.). Les chapitres IV et V du livre II de la deuxième partie manquent.

2° (Fol. 127 v°.) פי' ספר המופת «Commentaire sur les Seconds Analytiques», par le même auteur. La base de ce travail n'est pas le texte d'Aristote lui-même, mais le commentaire moyen d'Averroès, où les paroles de l'auteur grec et celles du commentateur arabe se trouvent confondues. Le commentateur juif a soin de distinguer les deux textes et fait remarquer les divergences des différentes traductions.

Écritures différentes.

Papier. Pet. — (Oratoire 104.)

999.

Commentaire sur l'Isagoge de Porphyre, sur les Catégories et le livre de l'Interprétation; par R. Juda, nommé Messer Léon. Ce commentaire est composé d'après la même méthode que celui du n° précédent. En tête de l'Isagoge et des Catégories se trouve une préface de l'auteur.

Papier. Moy. xvie siècle. — (Oratoire 102.)

1000.

Questions sur les huit livres de la Physique d'Aristote, par Jean Versor; traduites du latin en hébreu par 'Ali, fils de Joseph, Habillo (עלי בן יוסף חביליו). Le traducteur dit dans sa préface que les juifs de son temps adoptaient généralement les doctrines péripatéticiennes et notamment celles d'Averroès, si peu d'accord avec la religion, tandis que les théologiens chrétiens consolidaient les doctrines bibliques. C'est pour cela qu'il a traduit les Questions sur l'âme de saint Thomas d'Aquin et quelques autres traités du même auteur, et qu'il avait résolu de traduire les Questions de Jean Versor sur la Physique, sur le traité du Ciel, sur le traité de la Génération et de la Destruction et sur le traité de l'Ame. (Sur Jean Versor, voy. Græsse, «Literargesch., etc.», t. IV, p. 688.) L'ouvrage a été imprimé à Cologne, en 1492. La traduction fut terminée à Monçon, en Aragon, le 27 schebat 5232 (1472 de J. C.). Le ms. semble être autographe. Il y a à la fin une pièce de vers qui forme l'acrostiche des mots : המעתיק עלי חביליו.

Papier. Pet. — (Oratoire 130.)

1001.

Commentaire sur l'Éthique d'Aristote, par un auteur inconnu. L'auteur, suivant la méthode de saint Thomas d'Aquin et d'Albert le Grand, qui sont très-souvent cités, était sans doute chrétien, et l'ouvrage, composé en latin, a probablement été traduit en hébreu par un juif espagnol (les termes techniques sont souvent expliqués en espagnol). Un passage où il est question «du péché qu'on commettrait en mangeant de la viande de porc», a été substitué, il semble, par le traducteur à un précepte de l'Église catholique qui se trouvait dans l'original latin. Cette copie ne commence qu'à la somme II du deuxième livre. On lit à la fin ces mots : העתקתי אותו וכתבתיו ממה ששמעתי אני שמואל בר שלמה אטורטוש נבת מפי מורי החכם השלם הכולל הפילוסוף האלהי ר' ברוך בן יעיש נרו והשלמתיו בעיר בינאבינטי בשנת רמ"ה... «J'ai extrait et écrit ce commentaire, moi, Samuel, fils de Salomon, Atortos, d'après les leçons de mon maître ... R. Baroukh, fils de Ya'isch; je l'ai achevé à Bénévent en 5245 (1485 de J. C.)». Cette note est suivie d'une pièce de vers, formant l'acrostiche du nom de Samuel, fils de Salomon.

Papier. Pet. — (Ancien fonds 342.)

1002.

Commentaire sur l'Éthique d'Aristote. (Voyez le n° précédent.)

Papier. Pet. xv° siècle. — (Oratoire 122.)

1003.

Commentaire sur l'Éthique d'Aristote. (Voyez les deux n°s précédents.)

Papier. Pet. xvi° siècle. — (Ancien fonds 341.)

1004.

1° מאמר ברבוי הצורות «Traité sur la multiplicité des formes». Dans cet écrit on examine si les choses ont des formes multiples ou si elles n'ont qu'une seule forme; si l'homme, par exemple, a une forme de la vie, une forme de la raison, etc. Le mot forme est, naturellement, pris dans le sens péripatéticien.

2° (Fol. 30.) צורות היסודות «Les Formes des éléments», par Don Isaac Abravanel. (Voyez ci-dessous, n° 1006, 2°.)

3° (Fol. 37.) Opuscules philosophiques de R. Abraham, fils de Yôm-Tôb, Bibago. Ce sont des réponses à diverses questions de philosophie qui avaient été proposées à l'auteur.

4° (Fol. 60.) מאמר בהיולי «Traité sur la matière abstraite», par R. Schêm-Tôb, fils de Joseph, fils de Schêm-Tôb. (Voyez ci-dessus, n° 898, 4°.)

5° (Fol. 74.) Petit traité philosophique sur ce qui constitue le corps physique.

6° (Fol. 77.) Dissertation sur cette question : Si l'existence est un accident de l'être (אם המציאות מקרה קרה לנמצא).

7° (Fol. 97.) Dissertation sur un passage du livre VI de la Physique d'Aristote, où le philosophe pose en principe que tout ce qui change est nécessairement divisible (כל משתנה כבר חויב בהכרח שיהיה מתחלק).

8° (Fol. 102 v°.) Autre copie de l'article 5° de ce ms.

9° (Fol. 106.) Observations sur différents passages de la Physique d'Aristote, probablement par Robert, de Lincoln; traduites du latin en hébreu. Le nom de l'auteur est écrit dans ce ms. ליקוניאינשיש.

10° (Fol. 117.) Observations sur le traité de l'Ame, par le même auteur; traduites en hébreu.

11° (Fol. 121.) Analyse du traité de l'Intellect d'Alexandre d'Aphrodisias, par Averroès; traduite de l'arabe en hébreu et accompagnée du commentaire de R. Joseph, fils de Schêm-Tôb, qui a été achevé à Ségovie au mois d'octobre 1454.

12° (Fol. 145.) ספר גנזי המלך «Livre appelé les Trésors du roi», par R. Isaac Ibn-Latîf. (Voyez ci-dessus, n° 982.)

Écritures différentes.

Papier. Pet. — (Supplément 71.)

1005.

1° הגיון קצר «Abrégé de logique», précédé de la définition de chacune des dix catégories d'Aristote. A la dernière page on trouve la traduction italienne (en caractères hébreux) de plusieurs termes de logique. L'auteur de cet abrégé est inconnu.

2° (Fol. 12 v°.) הגיון אחר קצר «Autre Abrégé de logique», en treize chapitres, dont l'auteur est également inconnu. Le traité est terminé par la définition de la nature, de l'espace et du temps, selon la Physique d'Aristote. Il est suivi du chapitre vii (partie mathématique) de l'ouvrage בתי הנפש והלחשים de R. Lévi, fils d'Abraham.

3° (Fol. 21.) ריב התלמוד והפילוסופיא «Dispute entre le Talmud et la Philosophie». Ces deux sciences plaident avec beaucoup d'amertume devant une assemblée de sages, et se reprochent mutuellement leurs torts. La Philosophie n'oublie pas de se vanter de la faveur marquée que lui avait accordée Maïmonide. Les juges donnent gain de cause au Talmud, qui seul conduit l'homme par une voie sûre à la vie éternelle. La Philosophie, indignée, en appelle au jugement de tous les hommes éclairés et lance ses traits contre les talmudistes. La paix est enfin rétablie par une clause aux termes de laquelle chacun, avant d'aborder l'étude de la philosophie, sera obligé de s'appliquer à celle du Talmud. Cet opuscule, dont l'auteur est inconnu, est écrit en prose rimée.

4° (Fol. 24.) שש כנפים «Les six Ailes», traité astronomique en six chapitres sur les conjonctions, les oppositions, les éclipses, etc., par R. Immanuel, fils de Jacob, de Tarascon, auteur du xiv° siècle. Les tables astronomiques auxquelles ce traité sert d'introduction, manquent dans cette copie.

A la suite de ce traité se trouve une esquisse de l'art poétique, commençant par sept distiques. On y donne sept règles qui, pour le contenu, sont les mêmes que celles qu'on lit dans le chapitre xviii du livre תחכמוני.

5° (Fol. 29.) ס' המורא דר' שמריה הגאון ז"ל «Le Livre de la crainte [de Dieu], par le Gaon R. Schemarya». C'est une réfutation des opinions des philosophes sur l'origine du monde et sur le créateur, faite au point de vue du judaïsme et d'après le premier verset de la Genèse et du psaume xix. Cet ouvrage a été composé en 1346, et l'auteur semble être le même que R. Schemarya, fils d'Élie, de l'île de Crète. (Voyez ci-dessus, n° 897, 3°.) Une particularité remarquable de cet écrit est l'emploi, contre l'usage, du tétragramme יהוה, même dans le sens de אלהים et de בורא.

6° (Fol. 45.) פי' ארבעה פרקים של מדע «Commentaire sur quatre chapitres du livre מדע», c'est-à-dire sur les quatre premiers chapitres du traité יסודי התורה de la «Main forte» de Maïmonide.

7° (Fol. 49 v°.) פי' אחר על ד' פרקים של מדע «Autre Commentaire sur quatre chapitres du livre מדע». C'est le même que celui des n°s 185 et 352 ci-dessus, et qui a pour auteur R. Juda Romano.

8° (Fol. 64 v°.) Notes détachées sur divers sujets, savoir :

a. Sur un théorème tiré du Talmud, d'après lequel la diagonale est au carré comme 1 à 1 $\frac{2}{5}$. Le copiste dit de ce traité : מצאתי זה הפירוש ולא נודע אצלי מי מחברו.

b. Sur les lettres בגדכפת et אהוי, par R. Nathan, le médecin.

c. Sur un passage du commentaire d'Aben-Ezra sur le Pentateuque (Exode, chap. xxxiii, fin).

d. Sur un autre passage du même ouvrage (Exode, chap. iii, vers. 14).

Ces notes sont suivies du commencement d'un traité sur la sphère, traduit du latin ou de l'espagnol en hébreu.

9° (Fol. 72.) השגות על החכם הפילוסוף האלהי למהרא"ם בספר המבוא «Observations critiques de R... contre les notes du savant métaphysicien sur l'Isagoge». Le savant contre lequel sont dirigées ces critiques, est R. Lévi, fils de Gerson. (Voyez ci-dessus, n° 958.)

A la suite de ce traité se trouve une note sur un passage du commentaire d'Aben-Ezra sur la Genèse (chap. xlvii, vers. 29).

10° (Fol. 84.) ס' הצמחים לארסטו «Livre des plantes d'Aristote», traduit de l'arabe en hébreu par R. Qalonimos, fils de Qalonimos. (Voyez sur ce livre apocryphe Fabricius, «Bibl. græc.», éd. de Harles, t. III, p. 244.)

11° (Fol. 100.) קצור המספר מהרב ר' יהודה ן' בירגה «Abrégé d'arithmétique, par R. Juda Ibn-Verga», auteur du xv° siècle. L'ouvrage traite, en deux sections, des nombres entiers et des fractions; chaque section est divisée en plusieurs chapitres (מינים = انواع), où il est traité successivement de l'addition, de la soustraction, de la multiplication et de la division, des proportions et des racines carrées.

12° (Fol. 110 v°.) כלי האופקיי מהרב ר' יהודה ן' בירגה «Instrument de l'horizon (servant à connaître le moment du lever et du coucher des astres pour les différentes longitudes et latitudes), par R. Juda Ibn-Verga». L'auteur dit dans la préface qu'il a inventé cet instrument afin que l'on puisse préciser le temps exact des diverses pratiques religieuses. L'ouvrage a été composé à Lisbonne, vers 1457. (Voyez section III, chap. xxi.)

13° (Fol. 118 v°.) לדעת מדת כל דבר מהר"ר יהודה ן' בירגה «Moyen de connaître la mesure de toute chose, ou Méthode pour mesurer les hauteurs», par R. Juda Ibn-Verga.

14° (Fol. 120.) Abrégé d'astronomie, par le même auteur. L'auteur y expose brièvement le cours du soleil, de la lune et des planètes, ainsi que l'état des étoiles fixes du zodiaque et des vingt-huit mansions lunaires. Les observations ont été faites à Lisbonne dans l'espace de plusieurs années, dont la dernière était l'an 1457. L'ouvrage commence par ces mots : זה ספר תולדות השמים והארץ בהבראם בתמונה כדורית להיותה היותר נכבדת . . .

15° (Fol. 128.) Notes détachées sur différents sujets, notamment relatives à divers passages du commentaire d'Aben-Ezra sur le Pentateuque. On voit par l'une de ces notes que l'ensemble du ms. n'est pas postérieur à l'an 1490 (voyez fol. 132 v°).

Le ms. a été exécuté par plusieurs mains. Les articles 1° à 6° ont été copiés par Élie Gabbaï, mais les cahiers ont été transposés.

Papier. Pet. — (Oratoire 110.)

1006.

1° Le livre intitulé : עטרת זקנים «Couronne des anciens», commentaire philosophique sur un passage de l'Exode (chap. xxiii, vers. 20, et chap. xxiv), notamment sur l'idée de la divinité chez les anciens, par Don Isaac Abravanel. Imprimé à Sabioneta, en 1557.

2° (Fol. 37 v°.) צורות היסודות «Les Formes des éléments», par le même auteur. Imprimé en même temps que l'ouvrage précédent.

3° (Fol. 41 v°.) ס' זכות אדם «Livre appelé Justification d'Adam», ou interprétation allégorique et philosophique du récit de la Genèse relatif à Adam et Ève. L'ouvrage a été imprimé, d'après ce ms., dans le journal לבנון, Paris, 1864-1865.

Papier. Pet. xvi° siècle. — (Oratoire 28.)

1007.

1° אור עמים «La Lumière des nations», études sur divers sujets de philosophie, par R. 'Obadya Sforno. Cet ouvrage a été imprimé à Bologne, en 1537. Notre copie a été exécutée par Samuel Ogodilos, et achevée le 27 nisan 5332 (1572 de J. C.).

2° (Fol. 29.) קצת מעניני חכמת המספר. «Quelques Parties d'arithmétique», qui traitent de diverses propriétés des nombres, des puissances, des racines, des nombres entiers et des fractions, etc. L'auteur cite, pour certaines opérations, les termes techniques arabes. La copie est incomplète.

3° (Fol. 37.) Les Éléments d'Euclide, traduction hébraïque. La fin manque.

Papier. Moy. — (Ancien fonds 435.)

1008.

1° Résumé de la Logique, par Averroès, en arabe et en caractères hébreux; avec la version hébraïque de R. Jacob, fils de Makhir, en regard. On ne connaît aucun autre exemplaire de ce traité d'Averroès en arabe. La copie a été exécutée par Esdras, fils de Salomon Gatnio, de Saragosse. (Voyez ci-dessus, n° 185.) Elle a été terminée le 3 tischri 5117 (1356 de J. C.). Le copiste a indiqué un certain nombre de variantes à la marge. Le premier feuillet manque.

2° (Fol. 97 v°.) אלקול פי שראיט אליקין כלאם אבונצר «Des Conditions de la certitude [dans la démonstration], par Abou-Nazr [Al-Farâbî]»; en arabe et en caractères hébreux. Cette dissertation est divisée en deux parties, qui traitent des conditions de la démonstration impliquant une certitude absolue, et de la certitude non absolue. (Voyez ci-dessus, n° 917, 2°.)

3° (Fol. 100.) פצול יחתאג אליהא פי צנאעה אלמנטק תאליף אבינצר מחמד בן מחמד אלפראבי «Chapitres indispensables à l'étude de la logique, par Abou-Nazr,... Al-Farâbî». C'est une espèce d'introduction à l'étude de cette science, divisée en cinq chapitres. (Voyez ci-dessus, n° 929, 4°.)

Ces deux traités sont de la même main que le premier ouvrage.

Papier. Moy. — (Ancien fonds 303.)

1009.

1° Commentaire moyen d'Averroès sur le traité de la Génération et de la Destruction; en arabe et en caractères hébreux. D'après un post-scriptum d'Averroès, ce traité a été terminé le 5 djoumadi II 567 de l'hégire (1171 de J. C.). Il manque un feuillet au commencement.

2° (Fol. 46 v°.) תלכיץ כתאב אלאתאר אלעלויה לארסטו «Commentaire moyen [d'Averroès] sur le traité des Météores d'Aristote»; en arabe et en caractères hébreux.

3° (Fol. 102 v°.) תלכיץ כתאב אלנפס לארסטו «Commentaire moyen [d'Averroès] sur le traité de l'Ame d'Aristote»; en arabe et en caractères hébreux.

4° (Fol. 155 v°.) תלכיץ כתאב אלחס ואלמחסוס ללפקיה אלקצ׳י אבו אלוליד בן רשד «Commentaire moyen [lisez : Résumé] du livre du Sens et du Sensible (Parva Naturalia), par ... Averroès», en arabe et en caractères hébreux. Il manque un feuillet au commencement.

Ce ms. a été exécuté sur les ordres de Don Benveniste-Ben-Lâbî (באמר אלוזיר אלאגל טאלב אלמעארף באחת עלי אלחקאיק ...), en 5162 (1402 de J. C.).

Vélin. Pet. — (Ancien fonds 317.)

VIII.

MATHÉMATIQUES, PHYSIQUE, ASTRONOMIE, ASTROLOGIE.

1010.

ספר היסודות לאקלידס «Le Livre des Éléments d'Euclide», en quinze livres (dont les deux derniers sont attribués à Hypsiclès); traduit en hébreu sur la version arabe par R. Moïse, fils de Samuel, Ibn-Tibbon. D'après un post-scriptum, la traduction a été terminée le 7 eloul 5030. Ce ms. a appartenu à Meïr Boniaq (בוניאק) Kohen Miliabi (מיליאבי, de Miliab?).

Vélin et papier. Moy. xiv° siècle. — (Ancien fonds 434.)

1011.

1° Les Éléments d'Euclide, traduction hébraïque de R. Moïse Ibn-Tibbon. Les démonstrations ont été omises par le copiste, ainsi que la date de la traduction. Le premier livre manque.

2° (Fol. 65 v°.) ספר חלוף המבטים לאקלידס «L'Optique d'Euclide», traduite de l'arabe en hébreu. Sur les marges il y a quelques notes en arabe et en caractères hébreux, tirées du commentaire de Thabit-Ben-Qorra.

3° (Fol. 93 v°.) ספר המראים לאקלידס «La Catoptrique d'Euclide», traduite de l'arabe en hébreu. Ce ms. ne contient que le commencement du traité.

Vélin. Pet. xiv° siècle. — (Ancien fonds 469.)

1012.

1° ספר היסודות לאקלידס «Le Livre des Éléments d'Euclide» (les livres XIV et XV attribués à Hypsiclès); traduit de l'arabe en hébreu par R. Moïse Ibn-Tibbon. La version porte la date du 17 eloul 5030 (1270 de J. C.).

2° (Fol. 247 v°.) Fragment du Traité d'arithmétique de R. Élie, fils d'Abraham, Mizrahi. On ne trouve dans ce ms. que l'introduction, le chapitre I et une partie du chapitre II du premier livre.

Écriture caraïte.

Papier. Pet. — (Oratoire 151.)

1013.

Les Éléments d'Euclide, traduction hébraïque de R. Moïse Ibn-Tibbon, datée du 7 eloul 5030 (1270 de J. C.). Le ms. a été exécuté par Perez, fils de Moïse Foà, pour Élie, fils d'Isaac, de Maestre.

Papier. Moy. xve siècle. — (Ancien fonds 433.)

1014.

1° Les Éléments d'Euclide, traduction hébraïque de R. Moïse Ibn-Tibbon. La date de la traduction manque dans cette copie.

2° (Fol. 151.) Divers théorèmes de connues géométriques. Le commencement manque.

3° (Fol. 159.) Abrégé de l'Almageste de Ptolémée, en neuf livres, par Abou-Mohammed Djâber Ibn-Aflàh (nommé Geber), de Séville; traduit de l'arabe en hébreu par R. Jacob, fils de Makhir. La traduction a été complétée et rectifiée par R. Samuel, fils de Juda, nommé Miles, de Marseille. La copie est interrompue au milieu du livre V, et les figures n'ont été tracées que jusqu'au commencement du livre III. (Voyez Casiri, «Bibl. arab.», t. I, p. 345.)

4° (Fol. 195 v°.) Fragments des livres I et II (chap. I-X, XII, XIV du livre I, et chap. I-VI du livre II) de l'Almageste de Ptolémée.

Sur la dernière page se trouvent quelques vers en langue tartare et en caractères hébreux.

Le ms. a été exécuté par Élie, fils d'Éliézer, caraïte. La date n'est plus lisible.

Papier. Moy. — (Oratoire 150.)

1015.

1° Le livre I et le commencement du livre II des Éléments d'Euclide. Cette traduction diffère de celle de R. Moïse Ibn-Tibbon. Elle est assez moderne, et accompagnée de quelques notes explicatives.

2° (Fol. 30.) Sentences, maximes et traditions, tirées du traité du Talmud ברכות.

3° (Fol. 61.) סימני תשובות הרשב"א «Table de matières des Consultations de R. Salomon, fils d'Adereth». Cette table est disposée dans l'ordre des livres de la «Main forte» de Maïmonide.

Papier. Moy. xvie siècle. — (Sorbonne 239.)

1016.

1° מבוא בליאנוס «Introduction de Balianus», ou traité d'astrologie judiciaire, attribué à Apollonius, de Thyane. Cet ouvrage, divisé en cinq livres (מאמרים), et traduit en hébreu sur la version arabe de Honaïn-Ben-Ishâq, traite principalement de l'influence des figures des astres. Il est sans doute identique avec celui qui existe en arabe parmi les mss. de l'Escurial. (Voyez Casiri, «Bibl. arab.», t. I, p. 361 et 362.) Le commencement de cette copie manque.

2° (Fol. 19.) ספר התמרים «Livre des palmiers ou des dattes». C'est un traité sur les effets magiques que l'on peut obtenir au moyen d'une figure d'oiseau faite d'une masse dans laquelle entrent les branches et surtout les fruits du palmier, ainsi que certains aromates. L'ouvrage se compose de deux livres, dont l'un comprend la partie théorique, c'est-à-dire des considérations générales sur la magie, et le second la partie pratique, exposant la manière de préparer la masse en question et les résultats que l'on peut en obtenir. Cet ouvrage a été composé en arabe par Abou-Aflàh, de Saragosse, pour son disciple, Abou-Mas'oud, de Séville, et une société d'amateurs au Maroc. Il a été traduit en hébreu par un auteur inconnu.

3° (Fol. 44.) סוד הולדות «Mystère des nativités», petit traité astrologique, traduit probablement de l'arabe. La fin manque.

Vélin et papier. Pet. xive siècle. — (Oratoire 196.)

1017.

ספר אלמגסטי לבטלמיוס «L'Almageste de Ptolémée», traduit de l'arabe en hébreu par R. Jacob, fils d'Abba-Mâri, Anatolio. Les tables manquent.

Vélin. Moy. xive siècle. — (Ancien fonds 439.)

1018.

1° L'Almageste de Ptolémée, traduit de l'arabe en hébreu par R. Jacob Anatolio. Les tables et la plupart des figures ne se trouvent pas dans cette copie.

2° (Fol. 167.) Abrégé de l'Almageste, par Averroès; traduit de l'arabe en hébreu par R. Jacob Anatolio. Dans un post-scriptum il est dit que cette traduction a été faite en 4991 (1231 de J. C.), dans la ville de Naples. (Voyez une épigraphe un peu différente du même ouvrage dans le Catalogue des mss. hébreux de Vienne, p. 175.)

3° (Fol. 212 v°.) המאמר השלש עשר בעגולים אשר בכדור «Treizième livre des Cercles qui sont possibles dans une sphère». Cette dissertation, divisée en quatre chapitres et devant servir d'introduction à l'Almageste, a été traduite de l'arabe. L'auteur arabe de ce traité est nommé Ibn-Sal (אבן ס"ל, fol. 217 v°).

Papier. Moy. xv° siècle. — (Ancien fonds 438.)

1019.

L'Almageste de Ptolémée, traduit de l'arabe en hébreu par R. Jacob Anatolio. Les tables manquent en grande partie, l'espace en a été laissé en blanc.

Papier. Moy. xvi° siècle. — (Oratoire 161.)

1020.

L'Almageste de Ptolémée, traduit de l'arabe en hébreu par R. Jacob Anatolio. La plupart des figures et les tables manquent. Cette copie a été terminée le 12 adar 5267 (1507 de J. C.). Le nom du copiste a été effacé.

Papier. Pet. — (Ancien fonds 451.)

1021.

1° ספר האלפרגאני «Livre d'Alfargâni», ou abrégé d'astronomie (de l'Almageste de Ptolémée), par Mohammed Al-Kathîr Al-Farghâni; traduit de l'arabe en hébreu par R. Jacob Anatolio. Le traducteur dit au commencement et à la fin de l'ouvrage qu'il a fait sa traduction sous la dictée d'un savant chrétien (ce qui veut dire, sans doute, qu'il a travaillé sur une version latine qu'un savant chrétien lui expliquait en langue vulgaire), et qu'il a rectifié sa version d'après l'original arabe. Aux trente-deux chapitres dont se compose l'ouvrage d'Al-Farghâni, le traducteur en a ajouté un trente-troisième, qui traite de la longueur des jours et des nuits suivant les différentes latitudes et longitudes. Notes marginales.

2° (Fol. 31.) Traité d'astronomie, par Abou-'Ali Ibn-Al-Hassan Ibn-Al-Haïtham; traduit de l'arabe en hébreu par R. Salomon Ibn-Patir. (Voyez le Catalogue des mss. hébreux de Vienne, p. 177, et de Rossi, n° 568.) Ce traité est sans doute la traduction de l'ouvrage intitulé : مقالة في هيئة العالم. (Voyez Ibn-Abi-Oçaïbia, ms. de la Bibliothèque impériale, supplément arabe n° 673, fol. 210 v°.) L'introduction poétique du traducteur ne se trouve pas dans cette copie.

3° (Fol. 49.) ספר חלוף המבטים לאקלידס «L'Optique d'Euclide», traduite de l'arabe en hébreu d'après la version de Thabet-Ben-Qorrà.

4° (Fol. 60 v°.) ס' המראים לאקלידים «La Catoptrique d'Euclide», traduite de l'arabe en hébreu.

5° (Fol. 63.) מאמר טלוקוס בכדור המתנועע «Traité d'Autolycos sur la sphère en mouvement (Περὶ σφαίρας κινουμένης)», traduit de l'arabe en hébreu.

6° (Fol. 67.) Note sur les deux lignes dont il est question dans le «Guide des Égarés» (liv. I, chap. lxxiii), avec l'explication de Prophiat Douran. (Voyez ci-dessous, n° 1026, 3° et 4°.)

7° (Fol. 70 v°.) Traité sur l'usage de la table appelée Zafiha, par Abou-Isḥâq Ibrahîm-Ben-Yaḥya Ibn-Al-Zarqâla (Azarchel), auteur du xi° siècle; traduit de l'arabe en hébreu. L'auteur rend compte en soixante et un chapitres de la manière de se servir de cet instrument qu'il avait inventé lui-même pour mesurer la hauteur des astres. (Voyez Am. Sédillot, «Mémoire sur les instruments astronomiques des Arabes», p. 30.) La traduction a été faite sans doute par R. Jacob, fils de Makhir. (Voyez ms. lat. de la Bibl. impér., ancien fonds 7195.) La préface de l'auteur, traduite par R. Moïse, fils de Juda, Galiano, et qui manque dans la plupart des mss., se trouve en tête de cette copie.

8° (Fol. 89.) Destruction du quadrant ou quart de cercle, par Mohammed Ibn-Mohammed; traduit de l'arabe en hébreu par R. Moïse, fils de Juda, Galiano. L'auteur avait composé deux traités sur cette matière. Notre version présente le traité abrégé.

Écritures différentes.

Papier. Pet. — (Oratoire 182.)

1022.

1° Abrégé d'astronomie, par Al-Farghâni; traduit de l'arabe en hébreu par R. Jacob Anatolio. (Voyez le n° précédent.)

2° (Fol. 49 v°.) Traité d'astronomie, par Abou-'Ali Ibn-Al-Haïtham; traduit de l'arabe en hébreu par R. Salomon Ibn-Patir. (Voyez n° 1021, 2°.)

Vélin et papier. Pet. xv° siècle. — (Oratoire 183.)

1023.

1° פירוש ספר אלפרגאני «Commentaire sur le livre d'Al-Farghâni». La version qui a servi de base à ce commentaire est celle de R. Jacob Anatolio, sauf quelques variantes de mots et de passages. Le commentaire ne commence que par le second chapitre, et il semble que la copie a été faite sur un exemplaire incomplet. Le chapitre xxii est laissé également en blanc. Le chapitre xxxiii, qui ne fait pas partie de l'ouvrage d'Al-Farghâni, mais seulement de la version hébraïque, est compris dans ce commentaire. Quelques gloses marginales, qui semblent appartenir à un élève de Prophiat Douran, accompagnent le texte.

2° (Fol. 61.) קצור אלפרגאני «Abrégé [de l'Astronomie] d'Al-Farghâni». Ce résumé s'arrête au chapitre xx.

3° (Fol. 69 v°.) Plusieurs observations et discussions

astronomiques, dont un grand nombre sont attribuées à R. Prophiat Douran.

4° (Fol. 87.) Les chapitres de la Physique et de la Théologie, tirés de l'ouvrage: הצלת הנפש (كتاب النجاة) d'Avicenne; traduits de l'arabe en hébreu par R. Todros Todrosi. (Voyez fol. 159 v°.) Cet ouvrage a été imprimé en arabe à la suite du Canon (Rome, 1593). La Théologie est incomplète; elle s'arrête au passage qui correspond dans le texte arabe imprimé à la page 64, ligne 9.

5° (Fol. 159 v°.) Deux dissertations d'Averroès (voyez ci-dessus n° 989, 2°, *a* et *c*), traduites de l'arabe en hébreu par R. Todros Todrosi. En tête de la première il y a une note du traducteur, qui dit avoir terminé son travail au mois d'adar 5100 (1340 de J. C.).

6° (Fol. 163 v°.) ס' עין משפט «Livre appelé Source du jugement», soixante théorèmes du système aristotélique, par Abou-Nazr Al-Farâbi (ابو نصر = אבי ישע), traduits de l'arabe en hébreu par R. Todros Todrosi. La version commence par une pièce de vers. (Voyez Steinschneider, «Catalogus librorum hebræor. in Bibl. Bodl., etc.», col. 2682.)

7° (Fol. 173.) Commentaire sur une partie du Canon d'Avicenne. Incomplet. Écriture différente de celle des articles 1° à 6°.

Papier. Pet. xv° siècle. — (Ancien fonds 452.)

1024.

Abrégé de l'Almageste, par Abou-Mohammed Djâber Ibn-Aflâh; traduit de l'arabe en hébreu par R. Jacob, fils de Makhir, et Samuel, fils de Juda, nommé Miles, de Marseille. (Voyez ci-dessus, n° 1014, 3°.) Le second traducteur, R. Samuel, dit dans un post-scriptum qu'il a terminé son travail à Aix, le 1er tebeth 5096 (1336 de J. C.). La copie a été exécutée par Caleb Afendopoulo, sur le ms. autographe de Samuel, fils de Juda. Elle a été achevée le 2 sivan 5242 (1482 de J. C.).

Papier. Pet. — (Oratoire 165.)

1025.

Abrégé de l'Almageste, par Abou-Mohammed Djâber Ibn-Aflâh; traduit de l'arabe en hébreu par R. Jacob, fils de Makhir, et R. Samuel, fils de Juda (Miles, de Marseille). La copie a été exécutée par Caleb Afendopoulo et achevée le 17 ab 5282 (1522 de J. C.).

Papier. Pet. — (Oratoire 164.)

1026.

1° Notes sur l'abrégé de l'Almageste d'Averroès, par R. Prophiat Douran (אפ"ד). (Voy. ci-dessus, n° 1018, 2°.) A la fin du traité se trouve une énumération des passages de l'Almageste qui ont été critiqués et rectifiés par Djâber Ibn-Aflâh.

2° (Fol. 31 v°.) Dissertation sur le jour astronomique et sur la longueur des jours et des nuits aux différentes époques de l'année dans les différentes latitudes, par le même auteur.

3° (Fol. 40 v°.) Note sur les deux lignes dont il est question dans le «Guide des Égarés» (liv. I, chap. LXXIII), et dont l'une est une ligne droite, l'autre une courbe, qui, en se prolongeant à l'infini, se rapprochent sans cesse, sans jamais se rencontrer.

4° (Fol. 41 v°.) Explication développée de la note précédente, par R. Prophiat Douran. Cette pièce est suivie de quelques notes détachées et de divers fragments astronomiques.

5° (Fol. 59.) Méthode de calcul pour trouver approximativement le rapport du diamètre à la circonférence, par R. Immanuel, fils de Jacob. Le rapport trouvé par l'auteur est un peu plus de 21600 : 67861. Ce traité est suivi de quelques autres règles de calcul, notamment de l'extraction de la racine carrée. A la fin on explique un passage du ספר יצירה relatif à l'arithmétique (סֵפֶר סְפָר וספור).

Vélin et papier. Pet. xv° siècle. — (Oratoire 163.)

1027.

1° ספר חכמת הכוכבים «Abrégé d'astronomie», en dix-sept chapitres, attribué à Ptolémée, et traduit de l'arabe en hébreu par R. Moïse Ibn-Tibbon, qui acheva son travail le 15 tebeth 5006 (1246 de J. C.). C'est peut-être l'ouvrage intitulé par les Arabes : كتاب سير السبعة (voyez Casiri, «Biblioth. arab.-hisp.», t. I, p. 350), et qui semble être identique à la Ὑπόθεσις τῶν πλανωμένων (voy. Wenrich, «De auctorum græcorum versionibus, etc.», p. 232). Dans une note placée à la fin de cette version, l'ouvrage est désigné sous le titre de: ספר בשלמיום במלאכת הסדורית.

2° (Fol. 57.) ספר האשפרה «Livre de la sphère», ou traité sur les sphères célestes, divisé en quatre chapitres, qui correspondent à peu près aux quatre chapitres du «Tractatus de sphæra» de Jean de Sacrobosco, que l'auteur semble avoir paraphrasé. Il cite les opinions d'Aristote, de Ptolémée, d'Alfarghani et d'Avicenne (אריסטוטיל, אביסנה, פטולומיו, אלפרגני). La manière dont ces noms sont écrits montre que l'auteur était un juif italien, qui n'a puisé qu'aux sources latines.

3° (Fol. 69 v°.) ספר רובע ישראל «Livre appelé le Quadrant d'Israël», par R. Jacob, fils de Makhir. (Voyez ci-dessus, n° 903, 2°.)

Vélin. Pet. xiv° siècle. — (Oratoire 162.)

1028.

1° Abrégé du traité d'arithmétique (Ἀριθμητικὴ εἰσαγωγή), en deux livres, de Nicomaque, de Gerasa, accompagné d'un commentaire par Abou-Solaïman Rabi'a-Ben-Yahya, évêque d'Elvire (en Espagne); traduit de l'arabe en hébreu par Qalonimos, fils de Qalonimos. Dans la préface de cet ouvrage, dédié à l'un de ses anciens condisciples, l'auteur (qui est encore expressément nommé à la fin du premier livre, ou dans quelques mss. à la fin du second livre) rappelle à son ami leurs études communes sous l'illustre Ya'qoub Ben-Ishâq-Ibn-Al-Kendi. Il dit que, d'après l'avis de leur maître, ils avaient rectifié la traduction arabe de Nicomaque, faite sur le syriaque par Habîb-Ben-Bahriz, le nestorien, pour Taher Ben-Al-Hosaïn, (surnommé) Dhou'l-Yeminaïn (Ambidexter). La méthode de l'auteur de cet abrégé est à peu près celle d'Averroès dans ses commentaires moyens. Il a cependant intercalé à plusieurs endroits des notes d'Al-Kendi sur le texte primitif de Nicomaque. Dans une épigraphe, l'auteur de la version hébraïque dit avoir terminé son travail en 5077 (1317 de J. C.), à l'âge de trente ans.

2° (Fol. 54 v°.) בספור ענייני הכוכבים הנבוכים «Sur tout ce qui est relatif aux planètes», par Ptolémée. Traduit de l'arabe en hébreu par R. Qalonimos, fils de Qalonimos, qui termina son travail le 8 nisan, probablement de la même année 1317. Le traducteur s'excuse des imperfections de sa version par le mauvais état de son original arabe. Cet ouvrage est suivi des premières lignes du traité des Nativités d'Al-Kendi.

3° (Fol. 93.) ס' הארבע מאמרות «Le *Quadripartitum*» (Τετράβιβλος σύνταξις μαθηματική) de Ptolémée, traduit de l'arabe en hébreu par R. Juda, fils de Salomon, Kohen, de Tolède.

4° (Fol. 113.) ס' הפרי הנקרא מאה דבורים «Le Livre du Fruit, appelé *Centiloquium*», de Ptolémée, accompagné du commentaire d'Abou-Djafar Ahmed-Ibn-Yousouf-Ibn-Ibrahim, auteur du IIIe siècle de l'hégire (il mentionne la chute des Toulomides en Égypte comme un fait contemporain); traduit de l'arabe en hébreu par R. Qalonimos, fils de Qalonimos, qui a terminé son travail le 20 eloul 5074 (1314 de J. C.). Une traduction latine de ce commentaire a été publiée en 1493, sous le nom d'Ali Heben Rodan. (Voyez Steinschneider, «Catalog. codd. hebr. Acad. Lugd. Bat.», p. 369.)

5° (Fol. 148.) Fragment de l'Épître morale attribuée à Aristote, traduite de la version arabe d''Ali Ibn-Rodhwan, en hébreu, par R. Juda, fils de Salomon Harizi. Imprimé à Riva di Trento, en 1559.

6° (Fol. 151.) Diverses règles relatives à la géomancie.

7° (Fol. 156.) אגרת בקצור המאמר במולדות «Traité abrégé des nativités», par Abou-Yousouf Ibn-Ishâq Al-Kendi; traduit de l'arabe en hébreu par R. Qalonimos, fils de Qalonimos, qui a terminé son travail le 21 eloul 5074 (1314 de J. C.).

8° (Fol. 161 v°.) אגרת בעלות המיוחסות אל האישים העליונים המורות על הויות הנשמים בג"ה «Traité des causes attribuées aux corps célestes pour la formation des pluies», par Al-Kendi; traduit de l'arabe en hébreu par R. Qalonimos, fils de Qalonimos, le 21 eloul 1314.

Le ms. a été exécuté par Samuel, fils de Meïr, et terminé le 5 iyyar 5102 (1342 de J. C.).

La dernière page du ms. contient une note relative aux tables astronomiques, que le copiste présente au nom de son contemporain R. Lévi (האשל הגדול ר' לוי יצ"ו).

Papier. Pet. — (Ancien fonds 470.)

1029.

1° Abrégé du traité d'arithmétique de Nicomaque, de Gerasa, accompagné d'un commentaire, par Abou-Solaïman Rabi'a Ibn-Yahya, évêque d'Elvire; traduit de l'arabe en hébreu par R. Qalonimos, fils de Qalonimos. (Voyez le n° précédent.)

2° (Fol. 31-42 et 86-193.) Traité d'arithmétique, par R. Élie Mizrahi. Incomplet depuis la fin du livre II. Cet ouvrage est interrompu au milieu par les deux traités suivants.

3° (Fol. 45.) ס' המספר לר' אברהם ן' עזרא «Traité d'arithmétique, par R. Abraham Aben-Ezra». (Voyez sur cet ouvrage «Journal des mathématiques», t. VI, p. 275.)

4° (Fol. 72.) Manuel d'arithmétique en trois livres, par R. Isaac, fils de Moïse 'Ali. Incomplet. Il n'y a que le livre I, dont les deux derniers chapitres manquent également.

5° (Fol. 194.) Traité d'arithmétique et d'algèbre, traduit du latin ou de l'italien par R. Mardochée Finzi, de Mantoue, qui commença sa traduction le 24 novembre 1473. On voit, par une note placée en tête de l'ouvrage, que le texte latin, qui lui-même est peut-être une traduction d'un original arabe, existait déjà en 1344. Les deux premiers feuillets renferment une table de cent quatre-vingt-quatorze problèmes ou équations résultant, d'après le maître Dardi de Pise, des rapports des cinq quantités numériques appelées le nombre, la racine, le produit (censo), le cube, et le produit du produit ou la quatrième puissance.

6° (Fol. 236.) מספר ר' לוי ב"ג «Traité d'arithmétique, par R. Lévi, fils de Gerson». Ce traité est divisé en deux livres (מאמרים), dont le premier, qui traite des principes généraux, est fondé sur les livres VII, VIII et IX d'Euclide. Le second livre, qui présente l'application de ces principes, est divisé en six chapitres, consacrés aux différentes espèces de calcul (addition, soustraction, etc.). Cette copie ne contient pas la note qui se trouve dans un exemplaire de la bibliothèque de De Rossi (n° 836), d'après laquelle cet ouvrage a été terminé au mois de nisan 5081 (1301 de J. C.).

7° (Fol. 296.) ספר אבו כאמל (ms. פאמל) בתחבולות המספר «Livre des artifices du calcul, par Abou-Kamil», traduit en hébreu. Le traducteur a ajouté à la traduction quelques gloses qui commencent par les initiales א"מ"פ, et qui semblent désigner R. Mardochée Finzi. La version hébraïque aurait donc été faite sur le latin ou sur l'italien, ce qui est démontré d'ailleurs par l'orthographe de quelques noms propres. L'original arabe se trouve probablement à la Bibliothèque de l'Université de Leyde sous le titre de : طرايف الحساب لابى كامل المصرى. (Voyez le Catalogue de la Bibl. de Leyde, p. 452, n° 1052.)

Papier. Moy. xvie siècle. — (Oratoire 153.)

1030.

1° ספר המעשה בכדור הגלגל לקסטא בן לוקא «Traité sur l'usage de la sphère armillaire (céleste?), par Qostâ-Ibn-Louqâ», auteur du ixe siècle; traduit de l'arabe en hébreu par R. Jacob, fils de Makhir. Cet ouvrage, intitulé en arabe : كتاب فى العمل بالكرة النجومية ou كتاب فى العمل بالكرة الكبيرة (voyez Casiri, «Bibl. arab. hisp.», t. I, p. 420; Ibn-Abi-ʿOçaïbia, ms. du suppl. arabe de la Bibl. impériale, n° 673, fol. 134 v°; Catal. de la Bibl. de Leyde, p. 455), est divisé en soixante-cinq chapitres. On trouve dans un ms. arabe de la Bibliothèque impériale (ancien fonds 1157, fol. 57 v°-61) un petit traité anonyme intitulé : فى العمل بالكرة ذات الكرسى, divisé en vingt-cinq chapitres, qui est un extrait de notre ouvrage.

2° (Fol. 25.) Les chapitres xxxiii et xxxiv d'un ouvrage qui traite d'un instrument astronomique, probablement le quart de cercle (*quadrans*) qui est décrit par R. Jacob, fils de Makhir, dans le livre רבע ישראל. Le chapitre xxxiii est intitulé : במעשה הכלי, et traite de la méthode mathématique qui sert à établir l'instrument en question. Le chapitre xxxiv est intitulé : במופתים המיוחדים לזה הכלי «Des démonstrations qui se rapportent particulièrement à cet instrument». Cet ouvrage a été composé primitivement en hébreu. R. Jacob, fils de Makhir, y est cité plusieurs fois.

3° (Fol. 35 v°.) Différentes propositions géométriques sur les propriétés des triangles et du cercle.

4° (Fol. 45 v°.) פירוש לכלי האצטרולב בסבותיו המוחשות חבר החכם כבוד ר' משה דסיבדאה יצ"ו ב"ר אברהם דסיבראת «Explication de l'instrument appelé astrolabe, dans ses causes sensibles, par R. Moïse, fils d'Abraham, de Ciudad», auteur du xve siècle. (Voyez ci-dessus, n° 959, 2° et 3°.) Ce traité a vingt-huit chapitres, mais il semble être incomplet à la fin.

5° (Fol. 75.) Traité sur la manière de construire l'instrument astronomique appelé Al-Ẓafiḥa (voyez ci-après l'article 6°), par R. Mardochée Komtino. L'auteur dit dans la préface qu'ayant possédé cet instrument et en ayant fait hommage au seraskir (ms. השופט הגדול קרי לשקר), et vu la difficulté de s'en procurer un autre, il avait composé cet ouvrage pour son disciple Menaḥem, pour pouvoir lui-même s'en construire un.

6° (Fol. 83 v°.) אגרת המעשה בלוח הנקרא צפיחה לאבי יצחק בן אלזרקאלה «Traité sur l'usage de la table appelée Ẓafiḥa, par Abou-Isḥâq-Ibn-Al-Zarqâla»; traduit de l'arabe en hébreu par R. Jacob, fils de Makhir. (Voyez ci-dessus, n° 1021, 7°.)

7° (Fol. 107.) ספר פירוש האצטרולב «Traité sur l'usage de l'astrolabe», en quarante chapitres; traduit de l'arabe en hébreu par R. Jacob, fils de Makhir. Le nom de l'auteur arabe n'est pas indiqué, mais il résulte de plusieurs passages (chap. ii et xxviii) que cet ouvrage a été composé à Cordoue, dans le premier quart du ve siècle de l'hégire. Il semble être le même que le livre intitulé : كتاب فى العمل بالاسطرلاب d'Abou'l-Qasim-Aḥmed-Ibn-Alsafar. (Voyez Ibn-Abi-ʿOçaïbia, ms. du suppl. arabe de la Bibl. impériale n° 673, fol. 184.)

8° (Fol. 114.) Commencement d'un traité sur la construction de l'astrolabe.

On a relié en tête du volume deux ouvrages imprimés :

1. שער הגמול להרמב"ן «Chapitre de la Rétribution, par R. Moïse, fils de Naḥman», édition de Ferrare, 1556.
2. כבוד אלהים «La Gloire de Dieu», traité du souverain bien et du but final de la connaissance humaine, par R. Joseph, fils de Schêm-Tôb, Ferrare, 1556.

Papier. Pet. xvie siècle. — (Oratoire 60.)

1031.

1° ספר המעשה בכדור הגלגל לקסטי בן לוקא «Traité sur l'usage de la sphère armillaire, par Qostâ-Ibn-Louqâ»; traduit de l'arabe en hébreu par R. Jacob, fils de Makhir. Dans cette copie on lit à la suite du nom de l'auteur ces mots : לאבו חסן עבד עלה בן יחיאל . . ., qui sont sans doute la transcription fautive de ces mots : لابى الحسن عبد الله بن يحيى, et qui désignent probablement le prince qui avait chargé l'auteur de composer cet ouvrage.

2° (Fol. 12 v°.) אגרת המעשה בלוח הנקרא צפיחא לאבי יצחק בן אזרקאלה «Traité sur l'usage de la table appelée Zafiḥa, par Abou-Isḥâq-Ibn-Al-Zarqâla»; traduit de l'arabe en hébreu par R. Jacob, fils de Makhir. (Voyez ci-dessus, n° 1021, 7°.)

3° (Fol. 26.) Éléments d'arithmétique et de géométrie, par R. Mardochée, fils d'Éliézer, Komtino. Cet ouvrage est divisé en deux livres et chaque livre en quatre parties (חלקים). La fin de la troisième partie et toute la quatrième partie du livre II manquent.

4° (Fol. 68.) ספר מראה האופנים (Ézéchiel, chap. 1, vers. 16) «Livre appelé Aspect des cercles, ou Indicateur [du mouvement] des sphères», par Jean de Sacrobosco («Tractatus de sphæra»); traduit du latin en hébreu par R. Salomon, fils d'Abraham Abigdor. A la fin du chapitre II, le traducteur a intercalé une pièce de vers de vingt-sept distiques, qui doit servir à remémorer les dix principaux cercles parallèles du globe. Cette traduction, datée du mois d'adar 5159 (1399 de J. C.), a été imprimée en 1720 avec le livre צורת הארץ d'Abraham, fils de Ḥayya.

5° (Fol. 83.) מאמר בתכונה לבן היתם «Traité d'astronomie, par Ibn-Haïtham [Abou-ʿAli-Al-Ḥasan-Ibn-Al-Ḥasan]»; traduit de l'arabe en hébreu par R. Jacob, fils de Makhir. Le nom du traducteur manque dans cette copie. (Voyez, sur une traduction différente du même ouvrage, ci-dessus, n° 1021, 2°.)

6° (Fol. 102.) ראשית חכמה «Le Principe de la sagesse», ou introduction générale à l'astronomie, par R. Abraham Aben-Ezra. (Voyez ci-dessus, n° 259, 4°.)

7° (Fol. 131.) רובע ישראל «Le Quadrant d'Israël», par R. Jacob, fils de Makhir. (Voyez ci-dessus, n° 903, 2°.)

8° (Fol. 147 v°.) כ' כלי הנחשת «Traité de l'instrument de cuivre», c'est-à-dire de l'astrolabe, par R. Abraham Aben-Ezra. Il existe de cet ouvrage trois rédactions différentes. (Voyez ci-après n°s 1045, 6°, et 1053, 1°.) La rédaction qui se trouve dans notre ms., la moins développée, a dû être écrite en 1148, car l'auteur indique la position des étoiles fixes pour la même année (fol. 154), passage qui ne se trouve pas dans les deux autres rédactions. Dans l'une d'elles seulement il est dit qu'on indiquera les lieux des étoiles tels qu'ils étaient (כאשר היו) dans l'année 4906 (1146 de J. C.). L'ouvrage commence par une pièce de vers dont voici le premier : ברוך מכונן ארשת שפה והחכמים בני שת. L'ouvrage a été imprimé à Königsberg, en 1845.

9° (Fol. 155 v°.) רסאלה לכלי האופקיי «Traité sur l'instrument de l'horizon», par R. Juda-Ibn-Verga. (Voyez ci-dessus, n° 1005, 12°.)

10° (Fol. 165.) Traité d'astrologie, ou de l'influence des astres sur le monde sublunaire, par un auteur inconnu. L'auteur a pour but d'établir l'accord entre cette science et les principes de la religion juive; mais il soutient en même temps que l'influence des astres ne s'étend pas sur toutes les choses sublunaires, qu'elle ne saurait atteindre l'âme rationnelle, et par conséquent porter aucune atteinte à la liberté de l'homme. Un titre ajouté après coup désigne cet ouvrage comme appartenant à Aben-Ezra. Mais cet auteur y est cité lui-même plusieurs fois, et un passage (fol. 188) nous apprend que ce traité fut composé en 1311.

11° (Fol. 208.) כלי חמדה «L'Instrument précieux», par R. Isaac, fils de Salomon, Ibn-Al-Ḥadab (יצחק בן שלמה בן צדיק המכונה אלחדב הספרדי). L'auteur de cet opuscule traite en deux livres (אגרות), divisés le premier en quatre, le second en seize chapitres, de la construction et de l'usage d'un instrument astronomique inventé par lui-même à Syracuse, en Sicile, l'an 5156 (1396 de J. C.), et destiné à faire connaître la position véritable des planètes avec plus d'exactitude et plus facilement qu'avec la Zafiḥa d'Ibn-Al-Zarqâla et les autres instruments alors usités. L'ouvrage commence par ces vers : כלי חמדה לך חמדה עלי כל . לך חמדה ושם יקר ונעים (lisez : שלמה, d'après le n° 1051, 8°) ויצחק בן אלחדב הוא נמעך . שהיל חמדה ונטע שעשועים .

Écritures différentes.

Papier. Pet xvi° siècle. — (Oratoire 156.)

1032.

Livre appelé עיגול דר' נחשון «Période de R. Naḥschon», ou calendrier rabbinique perpétuel. Ce calendrier renferme treize cycles de dix-neuf ans, l'auteur croyant par erreur qu'au bout de cette période les cycles et les formes des années se reproduisaient exactement dans le même ordre. En tête se trouve le tableau de treize cycles de dix-neuf ans, depuis le cycle 261 jusqu'au cycle 273, correspondant aux années 4941 à 5187 (1181 à 1427 de J. C.). Cet ouvrage a été imprimé plusieurs fois.

Vélin. Pet. xiii° siècle. — (Supplément 108, Saint-Germain 535 *bis*.)

1033.

1° ספר המולדות לאלבובאטיר «Livre des nativités, par Alboubatir [Abou Bekr]»; traduit de l'arabe en latin, et du latin en hébreu par R. Isaac Albou-Albîr (אלבואלביר). La traduction latine de cet ouvrage, qui elle-même est faite probablement sur une version hébraïque, existait déjà en 1218; elle a été imprimée pour la première fois à Venise, en 1492. L'auteur y est nommé Albubather, magni Alchasili Alcharsi filius... (Voyez Ludov. Hain, «Repertorium bibliographicum», t. I, p. 67.) La traduction hébraïque a été achevée au mois de nisan 5258 (1498 de J. C.).

2° (Fol. 91.) Traité d'arithmétique et d'algèbre, traduit en hébreu par R. MARDOCHÉE FINZI. (Voyez ci-dessus, n° 1029, 5°.)

Papier. Pet. — (Oratoire 198.)

1034.

מבוא הגדול מחכמת התכונה לאבו מעשר «Grande Introduction à l'astrologie, par ABOU-MA'SCHAR (MOḤAMMED IBN-'OMAR-AL-BALKHI)»; traduite en hébreu sur une version latine par R. JACOB, fils d'Élie. Le ms. est daté du mois d'eloul 5199 (1439 de J. C.).

Papier. Gr. — (Oratoire 192.)

1035.

Traité d'astronomie, par ABOU-'ALI-AL-ḤASAN IBN-AL-ḤASAN IBN-AL-HAÏTHAM; traduit de l'arabe en hébreu par R. JACOB, fils de Makhir, qui, d'après une note placée à la fin de l'ouvrage, acheva sa traduction au mois d'eloul 5035 (1275 de J. C.). (Voyez ci-dessus, n° 1031, 5°.)

Vélin et papier. Pet. XIV° siècle. — (Oratoire 174.)

1036.

1° Traité, en sept chapitres, sur l'éclipse totale du soleil, arrivée le lundi dernier jour de l'année 471 de l'hégire (3 juillet 1079), par le vézir et cadi ABOU-'ABD-ALLAH MOḤAMMED-IBN-MO'ÂD, de Séville; traduit de l'arabe en hébreu par R. SAMUEL, fils de Juda, nommé MILES, de Marseille.

2° (Fol. 7.) אגרת בעמוד השחר «Traité sur l'aurore», par le même auteur; traduit de l'arabe en hébreu par R. MILES, de Marseille.

3° (Fol. 10.) מאמר בתנועת הככבים הקימים «Traité sur le mouvement des étoiles fixes», par ABOU-ISḤÂQ AL-ZARQÂLA; traduit de l'arabe en hébreu par R. MILES, de Marseille.

4° (Fol. 24.) קצור אלמגסטי «Abrégé de l'Almageste», par DJÂBER IBN-AFLÂḤ; traduit de l'arabe en hébreu par R. JACOB, fils de Makhir, et R. MILES, de Marseille. (Voyez ci-dessus, n° 1025.)

Papier. Pet. XV° siècle. — (Oratoire 181.)

1037.

1° Traité de musique, par ABOU-SALT-'OMAYYA-IBN-'ABD-AL-'AZÎZ, auteur du XI° siècle; traduit de l'arabe en hébreu. Ce traité, divisé en cinq chapitres, ne semble former qu'une partie d'un grand ouvrage encyclopédique; il est désigné par ces mots placés en tête : האופן הרביעי מן החלק השני בחכמת המוסיקי «Quatrième *fenn* de la seconde partie. Sur la musique».

2° (Fol. 22 v°.) Traité élémentaire de musique, en six chapitres, par R. JUDA, fils d'Isaac. Il semble résulter de la préface que cet auteur est en même temps le traducteur de l'ouvrage précédent.

Papier. Pet. XV° siècle. — (Oratoire 207.)

1038.

Tables astronomiques, par R. ABRAHAM, fils de Ḥayya. Ces tables ont été composées vers l'année 4884 (1124 de J. C.) (voyez fol. 9). Une note, placée en tête du volume, désigne faussement comme auteur de cet ouvrage R. Abraham Zaqoto.

Vélin. Moy. XIV° siècle. — (Ancien fonds 456.)

1039.

1° ספר החזיון «Livre d'astronomie spéculative», par R. ABRAHAM, fils de Ḥayya. Cet ouvrage est identique au livre intitulé : צורת הארץ «La Forme de la terre», qui a été imprimé (incomplet) à Bâle, en 1546.

2° (Fol. 46.) Extraits du Zohar, notamment de la partie du Lévitique, qui est presque complète. Écriture différente de celle du premier ouvrage.

Vélin et papier. Moy. — (Sorbonne 181.)

1040.

1° ס' צורת הארץ «Livre de la forme de la terre», par R. ABRAHAM, fils de Ḥayya.

2° (Fol. 39.) ס' שער השמים «Livre appelé Porte du ciel», manuel de physique, d'astronomie et de métaphysique, par R. GERSON, fils de Salomon, auteur du XIII° siècle. La fin de la copie manque.

Vélin et papier. Pet. XV° siècle. — (Ancien fonds 461.)

1041.

Livre de la forme de la terre, par R. ABRAHAM, fils de Ḥayya. Ce ms. a appartenu à Menaḥem, fils de Sabbathaï, de Nola, et à son fils Élie.

Papier. Moy. XV° siècle. — (Ancien fonds 442.)

1042.

1° Gloses sur l'ouvrage צורת הארץ de R. Abraham, fils de Ḥayya.

2° (Fol. 5 v°.) שש כנפים «Les six Ailes», traité d'astronomie, par R. IMMANUEL, fils de Jacob. (Voyez ci-dessus, n° 1005, 4°.)

3° (Fol. 34.) Tables astronomiques, établies d'après les tables persanes et accompagnées d'un texte explicatif en douze chapitres, par R. SALOMON, fils d'Élie, SCHARBIT

Haz-Zahab, de Salonique. Cet ouvrage, comme on le voit par plusieurs passages du texte, a été composé en 5134 (1374 de J. C.). Plusieurs feuillets ont été transposés.

Papier. Moy. xvᵉ siècle. — (Oratoire 186.)

1043.

Commentaire sur le livre צורת הארץ de R. Abraham, fils de Ḥayya. La copie s'arrête au milieu de l'ouvrage.

Papier. Pet. xviᵉ siècle. — (Ancien fonds 458.)

1044.

1° ס' חשבון מהלכות הכוכבים «Calcul de la marche des étoiles», par R. Abraham, fils de Ḥayya. Cet ouvrage forme la seconde partie du livre צורת הארץ, et traite, comme ce dernier, de la partie spéculative (חכמת החזיון) de l'astronomie. Les notes d'Aben-Ezra, qui accompagnent ordinairement cet ouvrage, se trouvent aussi dans notre ms.

2° (Fol. 78.) Abrégé de l'Astronomie d'Al-Farghâni, par R. Jacob, fils d'Abba-Mari, Anatolio. (Voyez ci-dessus, n° 1021.)

3° (Fol. 132 v°.) ס' ראשית חכמה «Livre du principe de la sagesse», par R. Abraham Aben-Ezra.

4° (Fol. 192 v°.) ס' הטעמים «Livre des raisons», par le même auteur. Cet ouvrage, divisé comme le précédent en dix chapitres, et prenant également pour point de départ l'année 1148, semble n'être qu'une rédaction différente et abrégée du «Principe de la sagesse»; faite par l'auteur lui-même ou par un de ses disciples. Cette rédaction est sans préface et n'annonce pas, comme l'ouvrage précédent, un commentaire (פירוש · הטעמים) comme complément.

5° (Fol. 217 v°.) ס' הטעמים «Livre des raisons», par le même auteur. C'est le même traité que celui qui se trouve dans le n° 259, 8°. (Voyez ci-dessus.)

6° (Fol. 240.) ס' המבחרים «Livre des élections», par le même auteur. Ce traité est entièrement différent de celui qui se trouve dans le n° 189, 8°.

7° (Fol. 249 v°.) ס' העולם «Livre du monde», par le même auteur. Ce traité est différent de celui qui se trouve dans le n° 189, 9°.

Vélin. Pet. xivᵉ siècle. — (Ancien fonds 457.)

1045.

1° Tables astronomiques de R. Abraham, fils de Ḥayya, faisant suite au livre חשבון המהלכות du même auteur. Ces tables sont différentes de celles du même auteur qui se trouvent au n° 1038. Incomplet à la fin.

2° (Fol. 89.) Traités astrologiques de R. Abraham Aben-Ezra («Principe de la sagesse», «Livre des raisons astrologiques», «Livre des nativités», «Livre des interrogations», «Livre des luminaires», «Livre des élections», et «Livre du monde et des conjonctions des planètes». Voyez ci-dessus, nᵒˢ 189 et 259).

3° (Fol. 177 v°.) ס' השאלות למשאללה «Livre des interrogations, par Maschallah»; traduit de l'arabe en hébreu.

4° (Fol. 180.) ספר למשאללה בקדרות הלבנה והשמש וחבור הכוכבים ותקופת השנים «Traité de Maschallah sur les éclipses de la lune et du soleil, la conjonction des planètes et la révolution des années (des saisons)»; traduit de l'arabe en hébreu. Ce petit traité, composé de douze chapitres, renferme quelques observations sur les éclipses et les conjonctions au point de vue de l'astrologie judiciaire. Une version latine de ce traité, par Jean de Séville, se trouve dans plusieurs mss. de la Bibliothèque impériale.

5° (Fol. 185.) פירוש כלי הנחשת «Explication de l'astrolabe».

6° (Fol. 188.) פירוש כלי הנחשת «Explication de l'astrolabe», par R. Abraham Aben-Ezra. (Voyez ci-dessus, n° 1031, 8°.)

7° (Fol. 196 v°.) ספר העולם «Livre du monde», traité astrologique, par R. Abraham Aben-Ezra. Différent du traité portant le même titre mentionné ci-dessus article 2°, et des autres rédactions du même ouvrage.

8° (Fol. 201.) פי' האצטורלב «Traité sur l'astrolabe», par R. Jacob, fils de Makhir. (Voy. ci-dessus, n° 1030, 7°.)

9° (Fol. 210.) ספר הרמס «Livre d'Hermès», traité d'astrologie, attribué à Hermès; traduit de l'arabe en hébreu. La fin manque.

Vélin et papier. Moy. xivᵉ siècle. — (Oratoire 187.)

1046.

Tables astronomiques, par R. Abraham, fils de Ḥayya. (Voyez le n° précédent.)

Vélin. Moy. — (Oratoire 189.)

1047.

1° ס' חשבון העבור «Traité du calendrier juif», considéré dans ses rapports avec l'astronomie, par R. Abraham, fils de Ḥayya. Cet ouvrage a été publié à Londres, en 1851. Notre copie s'arrêté au dernier chapitre du livre III, qui traite du calendrier chrétien.

2° (Fol. 63.) טעמי העבור וסודותיו «Les Raisons de l'intercalation et ses mystères», traité du calendrier juif, par R. Élie Kohen. Cet ouvrage a été composé en 1401.

3° (Fol. 75 v°.) אגרת האיצטורלב «Traité de l'astrolabe», par R. Abraham Aben-Ezra. (Voyez ci-dessus, n° 1031, 8°.) La pièce de vers mentionnée ci-dessus est précédée dans cette rédaction d'un quatrain dont voici le premier vers :

אל חי לך אתחננה · עזר לבן עזרא תנה ·

4° (Fol. 84.) אגרת האסטרולב לאליהו כהן «Traité de l'astrolabe», par R. Élie Kohen. Ce traité est suivi d'un chapitre sur l'éclipse solaire.

5° (Fol. 96.) אגרת האסטרולב לבטלמיוס «Traité de l'astrolabe, par Ptolémée». On lit à la fin de ce traité, attribué à tort à Ptolémée, qu'il a été traduit du grec en hébreu par R. Salomon, fils d'Élie, Scharbit Haz-Zahab. Il est suivi d'un chapitre relatif au même sujet, où l'on explique particulièrement certaines lignes tracées sur l'astrolabe.

6° (Fol. 109 v°.) רובע ישראל «Le Quadrant d'Israël», par R. Jacob, fils de Makhir. (Voyez ci-dessus, n° 903, 2°.)

7° (Fol. 125.) אגרת המעשה בלוח הנקרא צפיחא «Traité sur l'usage de l'instrument appelé Ẓafîḥa», par Abou-Isḥâq Ibn-Al-Zarqâla ; traduit de l'arabe en hébreu par R. Jacob, fils de Makhir. (Voyez ci-dessus, n° 1021, 7°.)

8° (Fol. 139 v°.) Notes sur l'Almageste. Incomplet.

9° (Fol. 146 v°.) Traité du calendrier juif, sans titre ni nom d'auteur, composé au milieu du xv° siècle.

10° (Fol. 166.) זה הביאור עשה הנשיא ר' שמואל דשקולא על לוחות החכם שאן בוטא בונגודן «Commentaire du nasi R. Samuel d'Ascola sur les tables astronomiques de San Bota Bongodan (?)». L'auteur de ces tables avait calculé les conjonctions, les oppositions et la position du soleil pour une période de trente et une années solaires, à partir de l'année 1361, en établissant qu'au bout de cette période tout devait se succéder dans le même ordre.

11° (Fol. 169.) Explication des tables de Phaouris (פאוריש) pour les sept planètes.

12° (Fol. 172.) Explication des tables d'Isaac Al-Ḥadab, par son fils Isaac.

13° (Fol. 174 v°.) ספר תכונה לר' לוי זצ"ל «Traité d'astronomie [et de chronologie], par R. Lévi». Cet ouvrage, divisé en quarante chapitres, fut composé en 674 de l'hégire, 5036 de la création (1276 de J. C.), à Montpellier. (Voyez chapitres xiii, xx et xxxv.) L'auteur est probablement R. Lévi, fils d'Abraham, fils de Ḥayyim, auteur du livre לוית חן.

14° (Fol. 221.) ראשית חכמה «Principe de la sagesse», traité d'astrologie, par R. Abraham Aben-Ezra. (Voyez ci-dessus, n° 259, 4°.)

15° (Fol. 255 v°.) Notes sur le premier livre du Canon d'Avicenne. L'auteur de ces notes est probablement R. Prophiat Douran, car on lit en tête de cet opuscule l'abréviation לאפ"ד.

Papier. Moy. — (Oratoire 171.)

1048.

1° Traité de géométrie et de trigonométrie, divisé en quatre livres. Il résulte de l'introduction que l'auteur de ce traité vivait en France et qu'il composa cet ouvrage pour servir de guide à ses coreligionnaires dans le partage des propriétés et dans d'autres opérations sembables, qui, d'après la loi juive, demandaient une exactitude rigoureuse. L'auteur de cet ouvrage est probablement R. Abraham, fils de Ḥayya.

2° (Fol. 65.) Commentaire sur le Livre de la création, par Abou-Sahal (Dounasch) Ben-Tamîm; traduit de l'arabe en hébreu. (Voyez sur cet ouvrage «Journal asiatique», juillet 1850, p. 7 et suiv.) Notre copie n'est pas achevée, et la préface de l'auteur ne s'y trouve pas.

3° (Fol. 95.) Autre commentaire sur le même ouvrage, par un auteur inconnu; traduit de l'arabe en hébreu. Un extrait de cet ouvrage a été publié dans le livre קנטרס המסורת, Tubingue, 1846, d'après un ms. où il est attribué à R. Isaac Israëli, qui y est identifié avec Dounasch-Ben-Tamîm. (Voyez «Journal asiatique», *l. c.*, p. 13.) Le commencement de notre copie manque.

4° (Fol. 110.) Petit traité astrologique sur les sept aspects, par R. Immanuel, fils de Jacob.

5° (Fol. 112 v°.) פי' לקצת ספרי החכם ראב"ע מספרי המשפט פירשם החכם משטרו ליאון ז"ל «Annotations sur quelques ouvrages astrologiques de R. Abraham Aben-Ezra, par Maître Léon (Lévi, fils de Gerson?)». Ces gloses se rapportent surtout au livre ראשית חכמה et au ס' הטעמים.

6° (Fol. 119 v°.) אגרת החכם ... מאישתרי פרופיית הלוי אל ... מאישתרי שאלתיאל גרסיאן נ"ר «Lettre de Maître Prophiat Lévi [Douran] à Maître Schealti'êl Gracian», en réponse à quelques questions astrologiques.

Vélin et papier. Pet. xv° siècle. — (Oratoire 160.)

1049.

1° Traité d'arithmétique, par R. Abraham Aben-Ezra. (Voyez sur cet ouvrage «Journal de mathématiques», t. VI, année 1841.) Les trois premiers chapitres manquent. Ce traité est suivi de quelques règles et problèmes de géométrie et d'arithmétique.

2° (Fol. 43.) קצור יסוד עולם «Abrégé de la cosmographie» de R. Isaac Israëli, fils de Joseph, composé en arabe par R. Joseph, fils de R. Isaac, et traduit de l'arabe en hébreu par R. Isaac, fils de Salomon, fils d'Israël. L'auteur, qui avait commencé cet abrégé du vivant de son père, est mort avant de l'avoir terminé (כי נפטר בחצי ימיו ב[י]מי הזקן אביו).

3° (Fol. 66.) Fragments de quelques sermons et introduction du livre intitulé : «Aiguillon des élèves», de R. Jacob Anatolio. (Voyez ci-dessus, n° 215.)

4° (Fol. 78.) ס' כריתות «Livre de l'alliance», ou règles des déductions rabbiniques, par R. Samson, fils d'Isaac (fils d'Isaac, fils de Yequouthi'el, fils d'Isaac), de Chinon. Imprimé à Constantinople, en 1515.

5° (Fol. 144.) Lettre, datée de l'an 5198 (1438 de J. C.), adressée par R. Élie, prédicateur à Jérusalem, à ses deux fils Ḥayyim et Baroukh, à Ferrare. L'auteur de cette lettre donne quelques détails sur la vie des juifs de Jérusalem, sur les juifs indépendants de l'Abyssinie, et sur l'existence des diverses tribus d'Israël en Asie, renseignements qu'il avait recueillis de la bouche de deux israélites venus à Jérusalem, l'un d'Abyssinie, l'autre de Bassore. Cette lettre est autographe.

Écritures différentes.

Papier. Pet. xve siècle. — (Ancien fonds 450.)

1050.

1° Traité d'arithmétique, par R. Abraham Aben-Ezra.

2° (Fol. 30.) Traité de la mesure des différentes figures et des corps géométriques, par un auteur anonyme. Voici le commencement de ce traité : תשבורת כל מרובע הוא במנות ארכו ברחבו.

3° (Fol. 48.) Un chapitre sur la géométrie tirée du livre לוית חן (מספר לוית חן בחלק חכמת התשבורת) de R. Lévi, fils d'Abraham. Ce chapitre traite des rapports entre les arcs et les cordes.

4° (Fol. 51.) ספר השם «Livre du nom (tétragramme)», par R. Abraham Aben-Ezra. En tête de ce traité on lit l'explication d'un passage du commentaire d'Aben-Ezra sur l'Ecclésiaste (chap. vii, vers. 27), commençant par ces mots : כי בהתחבר אחת לאחת. A la suite du traité se trouvent quelques notes sur le livre des Éléments d'Euclide, par un disciple de R. Jacob, fils de Makhir. Il y a une lacune au milieu.

5° (Fol. 60.) Abrégé de cosmographie, divisé en seize chapitres, par Avicenne; traduit de l'arabe en hébreu. En voici le commencement : בשם יי אל עולם נחבר ספר אחד נקבץ בו המאמרים . . . On a écrit en regard du traité, sur la marge, le chapitre du livre לוית חן qui traite de la métaphysique.

6° (Fol. 73.) באור עשיית האצטורלב «De la manière de construire l'astrolabe», par R. Immanuel, fils de Jacob.

7° (Fol. 78.) מלאכת המזכרת «L'Art de la mnémonique», traité rédigé d'après les leçons de Pietro-Francesco d'Orvieto, qui enseignait la mnémotechnie à Bologne, en 1419, aux grands de la ville; traduit du latin ou de l'italien en hébreu par R. Mardochée Finzi, en 1445.

Le dernier ouvrage est d'une autre écriture que le reste du ms.

Vélin. Pet. xve siècle. — (Ancien fonds 449.)

1051.

1° Traité d'arithmétique, par R. Abraham Aben-Ezra; précédé d'une note explicative (inachevée) sur la règle de division donnée par Aben-Ezra, et suivi d'autres notes arithmétiques.

2° (Fol. 50.) Le livre intitulé: «Theorica plantarum», par Gérard, de Crémone; traduit du latin en hébreu par le médecin Juda, fils de Samuel, nommé Astruc Salom. Le traducteur, dont le nom se trouve en entier au commencement de la préface, dit avoir entrepris cette version sur la demande de deux étudiants, Raphaël, fils d'Isaac, de Faenza, et Sabbathaï, fils de Mardochée, de Sulmona.

3° (Fol. 66.) ס' המולדות «Traité des nativités», par R. Abraham Aben-Ezra. (Voyez ci-dessus, n° 189, 5°.)

4° (Fol. 92 v°.) ס' למשאללה בקדרות הלבנה והשמש וחבור הכוכבים ותקופת השנים «Traité de Maschallah sur les éclipses de la lune et du soleil, la conjonction des planètes et la révolution des années»; traduit de l'arabe en hébreu. (Voyez ci-dessus, n° 1045, 4°.)

5° (Fol. 95 v°.) ס' השאלות «Livre des interrogations», traité d'astrologie, par R. Abraham Aben-Ezra. Rédaction différente du traité qui se trouve n° 189 et ci-après n° 1056. Cette copie est suivie de quelques notes détachées sur la manière de découvrir un voleur, de deviner la grossesse d'une femme, etc., au moyen de l'astrologie.

6° (Fol. 108.) מגלה הסתרים «Le Révélateur des mystères», traité des constellations du zodiaque, des figures qui les représentent, de leurs rapports avec les membres du corps humain et de leur influence sur certaines maladies. L'auteur de ce petit traité astrologique n'est pas connu.

7° (Fol. 118.) ס' מראות הכוכבים «Traité des aspects des astres», description d'un instrument inventé en 1417, à Vienne (בינגה), pour observer particulièrement la position des planètes et des nœuds, par «Maître Jean, . . . de la basse Allemagne» (מאי' גואן משימוני מגלנדרינו מאשכנז השפלה); traduit (du latin?) en hébreu, avec des additions, par R. David, fils de Meïr Qalonimos, en Italie, l'an 1466.

8° (Fol. 128.) כלי חמדה «L'Instrument précieux», par R. Isaac, fils de Salomon, Ibn-Al-Ḥadab. (Voyez ci-dessus, n° 1031, 11°.) Les derniers feuillets sont déchirés.

Le ms. a été exécuté par Muscato, fils de Menaḥem, en 1482.

Papier. Pet. — (Oratoire 157.)

1052.

1° Traité d'arithmétique, par R. Abraham Aben-Ezra. Un passage du chapitre VII, relatif à l'extraction de la racine carrée, et qui ne se trouve pas dans les autres copies de cet ouvrage, est attribué ici à R. El'azar (מכאן דברי אלעזר־עד כאן דברי אלעזר). Le traité est suivi d'un certain nombre de problèmes.

2° (Fol. 42.) ביאור כלי האצטורלאב «Traité sur l'astrolabe», en quarante chapitres; traduit de l'arabe en hébreu. (Voyez ci-dessus, n° 1030, 7°.) Cette version est différente de celle du n° 1030; le dernier chapitre notamment est plus court que dans la traduction de R. Jacob, fils de Makhir. On lit sur la marge les termes techniques de l'astrolabe, en arabe, et quelques notes explicatives de la main du copiste du ms., nommé Joseph.

Ce traité est suivi : 1° de quelques notes astronomiques; 2° d'une note sur la manière de trouver approximativement la racine carrée d'un nombre qui n'est pas un carré complet (cette note est tirée d'une seconde rédaction de l'arithmétique d'Aben-Ezra [והוא מספר המספר השני לבן עזרא]); 3° de quelques problèmes d'arithmétique et de géométrie (l'auteur de ces problèmes renvoie à un ouvrage intitulé : ראשית מלאכת השמים, dans lequel il parlerait de la mesure des arcs); 4° d'une indication sur la manière de faire les franges (אריג של עבות הנקרא שבולת).

Papier. Moy. xve siècle. — (Ancien fonds 436.)

1053.

1° ס' האצטרולב «Traité de l'astrolabe», par R. Abraham Aben-Ezra. (Voyez ci-dessus, n° 1031, 8°.) Une lacune, qui se trouve entre les chapitres XXIV et XXVII, a été remplie à la fin de l'ouvrage par une main plus moderne, qui a recopié également les derniers chapitres, à partir du chapitre XXIX.

2° (Fol. 38 v°.) ס' כלי הנחשת «De la construction de l'astrolabe», par R. Mardochée Komtino.

3° (Fol. 77.) ביאור עשיית הכדור «Traité sur la construction de la sphère armillaire».

4° (Fol. 78 v°.) ס' המעשה בכדור הגלגל «Traité sur l'usage de la sphère armillaire», par Qosta-Ibn-Louqa; traduit de l'arabe en hébreu par R. Jacob, fils de Makhir. (Voyez ci-dessus, n° 1030.) Cette copie renferme la préface, qui manque dans la plupart des mss.

Papier. Pet. xvie siècle. — (Oratoire 184.)

1054.

1° ס' האצטורלב «Traité de l'astrolabe», par R. Abraham Aben-Ezra. (Voyez ci-dessus, n° 1031, 8°.)

2° (Fol. 11.) באור עשיית האצטורלאב לר' עמנואל בן יעקב «Traité sur la construction de l'astrolabe», par R. Immanuel, fils de Jacob.

3° (Fol. 13.) באור כלי הקוודרנט «Traité du quadrant», par R. Jacob, fils de Makhir. C'est l'ouvrage רבע ישראל. (Voyez ci-dessus, n° 903, 2°.)

4° (Fol. 19.) Différentes explications sur la manière de se servir des tables astronomiques de R. Abraham, fils de Ḥayya.

5° (Fol. 26.) Différentes notes astronomiques :

1. Note, attribuée à Ptolémée, sur les neuf comètes.
2. Note sur les tables astronomiques de R. Immanuel, fils de Jacob.
3. Note de R. Immanuel, fils de Jacob, sur les balances d'Énoch ou d'Hermès mentionnées dans le Livre des nativités d'Aben-Ezra.

6° (Fol. 28.) Traité sur le cours moyen des planètes, par R. Immanuel, fils de Jacob. (Voyez ci-dessus, n° 903, 5°.) Ce traité est suivi d'une note du même auteur sur les chiffres décimaux désignant des nombres entiers ou des fractions. Cette note est intitulée : דרך חלוק.

7° (Fol. 32 v°.) Fragment d'un ouvrage d'astrologie.

8° (Fol. 36.) ס' פנים לפנים «Livre appelé Face à face», traité astrologico-médical, attribué à Hippocrate.

9° (Fol. 37 v°.) כללים ... ממלאכת שרורייאה «Recueil de règles ou d'aphorismes de chirurgie».

10° (Fol. 39 v°.) ספר מבוא הנערים «Livre d'introduction pour les jeunes gens», ou traité élémentaire des fièvres, par Géraud, de Solo; traduit en hébreu par R. Abraham, fils de Meschoullam, Abigdor. (Voyez ci-après, n° 1123.)

11° (Fol. 42.) Traité sur les médicaments digestifs et purgatifs, tant simples que composés, par Arnaud de Villa-Nova; traduit du latin en hébreu par R. Abraham Abigdor, en 1381, dans la ville d'Arles.

12° (Fol. 44.) מבוא במלאכה «Introduction à la pratique», traité des médicaments, d'après le premier *fenn* du quatrième livre du Canon d'Avicenne; par un médecin de Montpellier, appelé Albert Brouat (ברואט); traduit du latin en hébreu par R. Abraham Abigdor, qui s'était procuré cet ouvrage, comme les deux précédents, à Montpellier, où il faisait ses études.

13° (Fol. 56 v°.) מאמר ערך החלוף «Traité sur la valeur de l'inégalité», par R. Immanuel, fils de Jacob. Cet opuscule traite des inégalités du cours du soleil et de la lune, et de la nécessité de mettre ces inégalités en compte pour fixer exactement les moments des conjonctions, des oppositions, des éclipses, etc., attendu que les tables astronomiques renferment à cet égard des erreurs considérables. A la suite de ce traité se trouve une note du même auteur sur un passage difficile du livre צורת הארץ, relatif à l'éclipse de la lune.

14° (Fol. 63.) ס' התחלות הנמצאות «Les Principes des choses», par Abou-Nazr Al-Farâbi. Traduit de l'arabe en hébreu par R. Moïse Ibn-Tibbon. (Voyez ci-dessus, n° 189, 3°.)

15° (Fol. 72 v°.) Commentaire de Themistius sur le livre Λ de la Métaphysique d'Aristote; traduit de l'arabe en hébreu par R. Moïse Ibn-Tibbon, en 1255.

16° (Fol. 81.) Explication du traité des Animaux, par R. Lévi, fils de Gerson. (Voyez ci-dessus, n° 966.) La copie est incomplète, le commencement et la fin manquent. Ce dernier ouvrage est d'une autre écriture que le reste du ms.

Papier. Moy. — (Oratoire 184 *bis*.)

1055.

1° Principes de la sagesse, par R. Abraham Aben-Ezra. (Voyez ci-dessus, n° 1044, 3°.) Une note placée à la fin dit que l'ouvrage a été terminé au mois de tammouz 4908 (1148 de J. C.). Notes marginales.

2° (Fol. 27 v°.) Livre des raisons, par le même auteur. Même rédaction que n° 1044, 4°. Cette copie commence par une pièce de vers, dont voici le premier : יבורך אל מגלה נעלמים · ומספר פלאיו הם עצומים.

3° (Fol. 38.) שאלות למשאללה «Questions astrologiques de Maschallah», traduction hébraïque.

4° (Fol. 39 v°.) ספר למשאללה בקדרות הלבנה והשמש וחבור הכוכבים ותקופת השנים «Traité de Maschallah sur les éclipses de la lune et du soleil, les conjonctions des planètes et la révolution des années»; traduit de l'arabe en hébreu. (Voyez ci-dessus, n° 1045, 4°.)

5° (Fol. 41.) ספר השאלות «Livre des interrogations [astrologiques]», par R. Abraham Aben-Ezra. Même rédaction que n° 189, 6°.

6° (Fol. 48 v°.) ספר המאורות «Livre des luminaires», par le même auteur. (Voyez ci-dessus, n° 189, 7°.)

7° (Fol. 52.) ספר הפרי הנקרא מאה דבורים «Livre du Fruit, appelé *Centiloquium*», par Ptolémée, accompagné du commentaire d'Abou-Djafar Ahmed-Ibn-Ibrahîm (ou Ibn-Yousouf-Ibn-Abi-Ibrahîm); traduit de l'arabe en hébreu par R. Qalonimos, fils de Qalonimos. Une traduction latine de ce commentaire a été imprimée sous le nom d'«Ali Heben Rodan» (Ali Ibn-Rodhwan), en 1493. (Voyez sur cet ouvrage Steinschneider, «Catal. cod. hebræor. Acad. Lugd. Batav.», p. 368 et suiv.) Ce traité est suivi d'une pièce intitulée : תלמי ממשפטי הכוכבים עם שובל .«Ptolémée, sur les jugements [astrologiques] des comètes», qui se termine par une note astrologique d'Aben-Ezra.

8° (Fol. 68.) אגרת בקצור המאמר במולדות «Traité abrégé des nativités», par Abou-Yousouf Ya'qoub-Ibn-Ishâq-Al-Kendi; traduit de l'arabe en hébreu par R. Qalonimos, fils de Qalonimos. La traduction porte la date du 21 eloul 5074 (1314 de J. C.).

9° (Fol. 70.) אגרת בעלות המיוחסות אל האישים העליונים המורות על הוית הגשמים «Traité des causes attribuées aux corps célestes pour la formation des pluies», par le même auteur; traduit de l'arabe en hébreu par R. Qalonimos, fils de Qalonimos, le 21 eloul 5074 (1314 de J. C.).

10° (Fol. 73 v°.) אגרת בלחויות ובמטר הנקראת האגרת המספקת «Traité des humidités et de la pluie, appelé Traité suffisant», par le même auteur; traduit de l'arabe en hébreu, probablement par R. Qalonimos.

Ce ms., d'une fort belle écriture, semble avoir été exécuté du vivant du traducteur, R. Qalonimos, dont le nom est suivi une fois (fol. 66 v°) de la formule יצ"ו.

Vélin. Pet. — (Ancien fonds 465.)

1056.

1° Traités astrologiques de R. Abraham Aben-Ezra, savoir :

1. ראשית חכמה «Principe de la sagesse».
2. ס' הטעמים «Livre des raisons [astrologiques]».
3. ס' המולדות «Livre des nativités».
4. ס' שאלות «Livre des interrogations».
5. ס' המאורות «Livre des luminaires».
6. ס' המבחרים «Livre des élections».
7. ס' העולם ומחברות המשרתים כלם «Livre du monde et des conjonctions des planètes».

(Voyez ci-dessus, n°s 189 et 259.)

2° (Fol. 88.) משפטי מולדות «Traité des nativités».

3° (Fol. 100.) אגרת בקצור המאמר במולדות «Traité abrégé sur les nativités», par Abou-Yousouf Ya'qoub Ibn-Ishâq Al-Kendi; traduit de l'arabe en hébreu par R. Qalonimos, fils de Qalonimos. (Voyez le n° précédent.)

Papier. Pet. xv° siècle. — (Oratoire 177.)

1057.

Traités astrologiques de R. ABRAHAM ABEN-EZRA. (Voyez le n° précédent.) Copie peu soignée.

Papier. Pet. XVIIe siècle. — (Oratoire 178.)

1058.

1° Livre des interrogations, par R. ABRAHAM ABEN-EZRA. (Voyez ci-dessus, n° 189, 6°.) Cette rédaction commence par ces mots : ... ראשי חכמי המזלות היו שנים.

2° (Fol. 8 v°.) Livre des élections astrologiques, par le même auteur. (Voyez ci-dessus, n° 189, 8°.) Cette rédaction commence par ces mots : חכמי התורה מודים שיש יכולת באדם ....

3° (Fol. 13 v°.) ס' משפטי המזלות «Livre des jugements des constellations ou de l'astrologie judiciaire».

4° (Fol. 26.) Livre des raisons astrologiques, par R. ABRAHAM ABEN-EZRA (voyez ci-dessus, n° 259, 8°), commençant par ces mots : הנה הואלתי לשום מוסד.

5° (Fol. 39 v°.) חבור לרמב"ם ז"ל בחכמת העבור «Traité du calendrier juif, par R. MOÏSE MAÏMONIDE». Ce traité a été publié dans le recueil דברי חכמים, Metz, 1849.

6° (Fol. 50.) Les quatre derniers chapitres (שערים) d'un vaste ouvrage d'astrologie divisé en trente-cinq chapitres, et composé probablement dans la première moitié du XIIe siècle. (Voyez fol. 50 et 81 v°.) Il paraît que cet ouvrage, qui renferme des notions fort étendues sur l'astronomie de l'époque, appartient à R. ABRAHAM, fils de Ḥayya, qui, dans son livre צורת הארץ, parle de son intention d'écrire un livre sur l'astrologie. Les quelques citations d'Aben-Ezra qu'on y rencontre doivent être attribuées à une rédaction postérieure.

Vélin et papier. Moy. XIVe siècle. — (Oratoire 194.)

1059.

1° ס' הגורל «Traité de géomancie», attribué à R. ABRAHAM ABEN-EZRA, et finissant par ces mots : הצורה החמישית. תם ס' הגורל אשר חיבר הר"ר אברהם אבן עזרא זלה"ה. Le commencement manque.

2° (Fol. 18 v°.) Autre traité de géomancie, par un auteur anonyme, finissant par ces mots : ואתה תגיל בה' בקדוש ישראל תתהלל ... אני נפתלי בר' ברוך כ"ץ יצ"ו הכותב.

3° (Fol. 67 v°.) Autre traité de géomancie, par R. JUDA, commençant par ces mots : זה הוא הלימוד מחכמת ייאומנציאה הנקראת מלאכת משפטי הגורל.

Le ms. est de la main de Naphthali, fils de Baroukh. (Voyez fol. 67.).

Papier. Pet. XVIe siècle. — (Ancien fonds 467.)

1060.

1° Deux extraits d'un ouvrage de mathématiques, ayant pour auteur R. ISAAC, fils de Juda. Le premier de ces extraits renferme l'explication de quelques propositions contenues dans le traité du Talmud ראש השנה, relatives aux néoménies (notamment le passage פעמים באה ארוכה פעמים בא בקצרה). Le second extrait renferme l'explication d'un passage du traité סוכה, où il est question des rapports entre le cercle et le carré circonscrit ou inscrit.

2° (Fol. 19.) Commentaire sur les sept premiers chapitres de la troisième partie du «Guide des Égarés», par R. ÉLIE, fils d'Éliézer, de Candie. (Voyez ci-dessus, n° 992, 2°.)

Vélin. Pet. XVe siècle. — (Oratoire 197.)

1061.

1° חבור בחכמת העבור «Traité de la science de l'intercalation ou du calendrier juif», par R. MOÏSE MAÏMONIDE. (Voyez ci-dessus, n° 1058, 5°.)

2° (Fol. 22.) Traité de géométrie et de trigonométrie. (Voyez ci-dessus n° 1048, 1°.) Cette copie a été exécutée par Abraham Kohen, pour R. Élie, fils de Moïse, et achevée le 23 tebeth 5224 (1463 de J. C.).

3° (Fol. 106.) ספר מזוקק «Livre purifié», abrégé d'astronomie, par 'OMAR-IBN-MOḤAMMED (עומר בן מחמד מצומאן); traduit en hébreu par R. MOÏSE le Grec, fils d'Élie, qui avait appris cette science, sous la direction d'un maître musulman (מולאנא אחמט), dans cet abrégé même. Le traducteur mentionne une autre version hébraïque du même traité.

4° (Fol. 140.) Livre du nom (tétragramme), par R. ABRAHAM ABEN-EZRA. Ce traité est suivi de quelques problèmes arithmétiques.

5° (Fol. 148.) Traité de l'astrolabe, par le même auteur. (Voyez ci-dessus, n° 1031, 8°.)

6° (Fol. 164.) Du calcul de l'intercalation, par R. ABRAHAM, fils de Ḥayya. Incomplet.

7° (Fol. 197.) פנים במשפט «Face de l'astrologie judiciaire», introduction à l'astrologie en tant que cette science peut être utile au médecin, par ARNAUD DE VILLANOVA. Traduit du latin en hébreu par R. SALOMON, fils de Meschoullam, ABIGDOR, qui a fait cette version à l'âge de quinze ans. L'original latin de ce traité se trouve à la Bibliothèque impériale, fonds latin, ancien fonds n° 7337, fol. 9 et suiv.

8° (Fol. 210.) Commentaire sur le traité de la logique de Maïmonide et sur l'Isagoge de Porphyre. La copie s'arrête au commencement de ce dernier traité. L'ouvrage commence par ce distique : אֹהודה לְיוצרי בְּשירות וּתפילות • וְכינות אנשים אעתיר לחלות : לְתמוך אשורי מפח מסילות • בְּשוקדי להנות בספר המזלות. Les lettres initiales marquées semblent indiquer le nom de l'auteur, Albo.

Écritures différentes.

Papier. Pet. — (Ancien fonds 447.)

1062.

ספר שער השמים «Livre intitulé : La Porte du ciel», manuel de physique, d'astronomie et de métaphysique, par R. Gerson, fils de Salomon. (Voyez ci-dessus, n° 691, 3°.) La deuxième partie ou la partie astronomique manque dans ce ms. A la fin on trouve une traduction (différente de celle du n° 986, 3° et 4°, ci-dessus) des deux petits traités de métaphysique d'Averroès et trois chapitres du livre I de la «Main forte» de Maïmonide, par lesquels R. Gerson a terminé son ouvrage. Dans les textes imprimés, on n'a reproduit que l'un des deux traités d'Averroès et l'on a également supprimé les chapitres de Maïmonide.

Papier. Pet. xve siècle. — (Sorbonne 240.)

1063.

«La Porte du ciel», par R. Gerson, fils de Salomon. (Voyez le n° précédent.) Cette copie ne contient pas la deuxième partie de l'ouvrage; elle a à la fin les mêmes additions que le n° précédent.

Papier. Pet. xve siècle. — (Ancien fonds 353.)

1064.

Tables astronomiques, par R. Jacob, fils de Makhir, composées vers l'an 1300.

Vélin. Pet. xive siècle. — (Oratoire 190.)

1065.

1° ס' רובע ישראל «Livre appelé le Quadrant d'Israël», par R. Jacob, fils de Makhir. (Voyez ci-dessus, n° 903, 2°.)

2° (Fol. 20 v°.) באור כלי האצטורלאב לחכם בטלמיוס «Traité de l'astrolabe, de Ptolémée». C'est le même ouvrage que n° 1030, 7°, traduit de l'arabe en hébreu par R. Jacob, fils de Makhir.

3° (Fol. 35.) ספר המעשה בכדור הגלגל «Traité sur l'usage de la sphère armillaire», par Qosta-Ibn-Louqa; traduit de l'arabe en hébreu par R. Jacob, fils de Makhir. (Voyez ci-dessus, n° 1030, 1°.) Dans notre ms. la traduction porte la date de 5016 (*sic*) (1256 de J. C.). (Voyez fol. 35 et 60 v°.)

4° (Fol. 61.) כלי חמדה «L'Instrument précieux», par R. Isaac, fils de Salomon, Ibn-Al-Ḥadab. (Voyez ci-dessus, n° 1031, 11°.)

5° (Fol. 70 v°.) ספר הפרי «Livre du Fruit», ou le «Centiloquium», de Ptolémée, accompagné du commentaire d'un auteur arabe appelé ʿAli; le tout traduit en hébreu sur une version latine, par R. Jacob, fils d'Élie. C'est le même ouvrage, avec le même commentaire, que celui qui se trouve au n° 1055, 7°, dans la traduction de R. Qalonimos. Dans cette dernière copie, le commentateur est nommé Abou-Djafar. Quoi qu'il en soit, l'auteur de ce commentaire, qui vivait au iiie siècle de l'hégire, ne peut pas être ʿAli-Ibn-Rodhwan, qui vivait au ve siècle.

6° (Fol. 98 v°.) Traité sur l'application de l'astrologie à la médecine, par R. David, fils de Yôm-Tôb, Poʿel.

7° (Fol. 104.) Traité de géomancie, traduit du latin en hébreu. Le traducteur dit dans sa préface que l'auteur du traité ne s'étant pas nommé, lui aussi veut rester inconnu.

Papier. Pet. xve siècle. — (Oratoire 175.)

1066.

Traité d'astrologie judiciaire, théorique et pratique, par R. Lévi, fils d'Abraham, commençant par ces mots : שער הארבעים בכחות הכוכבים ומפעלם ומשפטיהם על צד הכלל «Chapitre quarantième. Des puissances des astres, de leur influence et de leurs lois, en général». Cet ouvrage est désigné dans l'Astronomie de R. Lévi (voyez ci-dessus n° 1047, 13°, chap. xl) par ces mots : והנה זה השער נמצא אתי יותר באריכות בספר בפני עצמו באריכות שלם ושם הספר שער הארבעים ודי לי בזה. L'auteur indique deux conjonctions, dont l'une avait eu lieu en 1256 et dont l'autre était attendue en 1345. Il cite en outre deux de ses ouvrages : le סודות התורה et le כתי הנפש. Dans un appendice, les grands événements de l'histoire juive (tels que la naissance de Moïse, celle de David, la destruction du temple, etc.) sont considérés sous le rapport de l'influence des astres. Les années 5118 (1358 de J. C.) et 5163 (1403 de J. C.) sont désignées comme celles auxquelles fait allusion le livre de Daniel (chap. xii, vers. 11 et 12).

Les deux derniers feuillets du ms. contiennent le fragment d'un commentaire sur le Talmud.

Vélin et papier. Moy. xive siècle. — (Ancien fonds 446.)

1067.

ספר משפטי הכוכבים לעלי בן אבי אלרגאל «Traité d'astrologie judiciaire, par ʿAli-Ibn-Abi-Al-Ridjâl (Aben-Raghel). Ce traité, composé en arabe (voyez Casiri, «Bibl. arab. hisp.», t. I, p. 344), fut d'abord traduit en espagnol par R. Juda, fils de Moïse; cette traduction fut mise en latin par Ægidius de Theobaldis, de Parme, et Pierre, de Reggio. C'est sur cette version latine qu'a été faite la traduction hébraïque par R. Salomon Don Drobis ou Devisis. (Voyez le Catalogue des mss. hébreux de Vienne, p. 185.) Le ms. latin de la Bibliothèque impériale (fonds Notre-Dame, n° 166), qui contient la traduction latine de cet ouvrage, porte, au lieu d'Ægidius de Theobaldis, Egregius de Theobaldis.

Il manque quelques feuillets à la fin de notre ms.

Papier. Moy. xve siècle. — (Oratoire 195.)

1068.

ס' יסוד עולם «Livre intitulé : Fondement du monde», par R. Isaac Israëli, fils de Joseph. Ce traité, composé à Tolède en 1310, a été imprimé à Berlin en 1777 et en 1846. Cette copie se termine par un chapitre supplémentaire intitulé : שער המלואים, et qui traite du cours des cinq planètes.

Papier, lettres ornées. Moy. — (Oratoire 169.)

1069.

1° ספר יסוד עולם «Livre intitulé : Fondement du monde», par R. Isaac Israëli, fils de Joseph. Le chapitre supplémentaire ne se trouve pas dans ce ms.

2° (Fol. 134 v°.) אורח סלולה «Le Sentier aplani», ou tables astronomiques, précédées d'une explication en neuf chapitres, par R. Isaac, fils de Salomon, Ibn-Al-Ḥadab. Dans sa préface, l'auteur rejette les tables de R. Immanuel, fils de Jacob, et celles d'un autre astronome qu'il appelle הפועל (R. Jacob Poʿel). Au lieu de suivre Albatani, il a pris pour modèle les tables plus simples d'Ibn-Ar-Raqqâm, de Tunis.

3° (Fol. 168 v°.) שש כנפים «Les six Ailes», par R. Immanuel, fils de Jacob. (Voyez ci-dessus, n° 1005, 4°.)

4° (Fol. 178.) Tables des conjonctions et des oppositions (הקיבוצים והניגודים), par R. Isaac Kohen, de Syracuse.

5° (Fol. 182 v°.) אגרת האצטורלב «Traité de l'astrolabe», divisé en deux parties, dont la première, en six chapitres, traite de la construction de l'astrolabe, la seconde, en trente-six chapitres, de son emploi. L'auteur anonyme semble s'être servi de l'ouvrage d'Aben-Ezra sur le même sujet.

Le ms. a été exécuté à Syracuse, en Sicile, et l'article 1° a été achevé le 23 iyyar 5251 (1491 de J. C.).

Papier, lettres ornées. Moy. — (Oratoire 169 *bis*.)

1070.

1° יסוד עולם «Le Fondement du monde», par R. Isaac Israëli, fils de Joseph. Le chapitre שער המלואים se trouve dans cette copie.

2° (Fol. 117.) שער השמים «La Porte du ciel», traité d'astronomie en vingt-deux chapitres, par le même auteur. Cet ouvrage, composé par l'auteur en 1320, à l'usage de son fils Joseph, traite particulièrement du cours des sept planètes selon le système de Ptolémée; il est suivi de tables très-détaillées, précédées de quelques observations sur le travail de l'auteur, par R. Moïse Kohen Ibn-Qrispîn, de Tolède. Ces observations portent la date de 1336.

Le fragment d'une lettre de R. Isaac, fils de Joseph Ḥêlo, se trouve fol. 97.

Papier. Moy. xvie siècle. — (Ancien fonds 441.)

1071.

Les trois premiers livres de l'ouvrage intitulé : «Fondement du monde», par R. Isaac Israëli, fils de Joseph.

Vélin et papier. Pet. — (Oratoire 176.)

1072.

1° Les livres IV et V du livre appelé «Fondement du monde», par R. Isaac Israëli, fils de Joseph.

2° (Fol. 116.) חקות שמים «Les Lois du ciel», abrégé de l'ouvrage précédent, en huit chapitres, par R. Isaac, fils d'Elḥanan, fils de Ḥayyim Oẓtari (אוצטארי).

Papier. Moy. xvie siècle. — (Ancien fonds 443.)

1073.

1° Le livre appelé שער השמים «Porte du ciel», par R. Isaac Israëli, fils de Joseph. (Voyez ci-dessus, n° 1070, 2°.) Il manque quelques feuillets au commencement et à la fin.

2° (Fol. 31.) ספר הגורלות «Livre des sorts», ou traité de géomancie, par le médecin R. Moïse Galiano.

3° (Fol. 38.) Traité d'astrologie, commençant par ces mots : כתוב בסודות חנוך שראוי להסתכל בתקופת שנת המחברת הגדולה או האמצעית או הקטנה.

Écritures de diverses époques.

Papier. Moy. — (Oratoire 172.)

1074.

1° Les quatorze premiers chapitres du livre intitulé : «Porte du ciel», par R. Isaac Israëli, fils de Joseph.

2° (Fol. 25.) Le livre intitulé : «Forme de la terre», par R. Abraham, fils de Ḥayya. Il manque quelques feuillets au commencement.

3° (Fol. 59.) החרוז שעשה רבינו משה בן מימון זצ"ל על שמירת הבריאות «Poëme sur la conservation de la santé, par R. Moïse Maïmonide». Cette pièce de vers, composée de cent vingt-quatre distiques, a été imprimée plusieurs fois sous le titre de : רפואות הגויה ; elle est généralement attribuée à R. Juda Harizi.

Les deux dernières pages, ainsi que le feuillet qui sépare les deux premiers articles (fol. 24), contiennent quelques pièces de vers intitulées : חרוזים על המורה, et qui pour la plupart ont été imprimées dans le recueil דברי חכמים, Metz, 1849.

Le ms. a été exécuté à Damas, et terminé le 3 eloul 5242 (1482 de J. C.).

Papier. Moy. — (Oratoire 170.)

1075.

שש כנפים «Les six Ailes», traité d'astronomie, par R. Immanuel, fils de Jacob. (Voyez ci-dessus, n° 1005, 4°.)

Vélin. Pet. xive siècle. — (Supplément 87, St-Germain 140 bis.)

1076.

שש כנפים «Les six Ailes», par R. Immanuel, fils de Jacob.

Vélin. Pet. xive siècle. — (Oratoire 191.)

1077.

1° שש כנפים «Les six Ailes», par R. Immanuel, fils de Jacob.

2° (Fol. 32.) Gloses sur les «Six Ailes», par R. Moïse, fils d'Isaïe, rédigées probablement en 1386. (Voyez fol. 34 v° et 35.)

3° (Fol. 42.) העיגול מרב נחשון «Cycle de R. Nahschôn. (Voyez ci-dessus, n° 1032.) Notre copie finit par ces mots : נשלם עיגול דרב נחשון . נאם הנחמד שמשון.

A la fin du volume se trouve une pièce de vers dont le sujet est la vanité des choses humaines et qui commence par ces mots : אספו עמים ושמעו וראו ראו ותדעו · איש אל יחדל חדול · כקטן כגדול: Elle forme l'acrostiche de ces mots : אני יוסף בר שלמה פטר זכר צדיק לברכה אמן. La dernière page contient une explication, en allemand et en caractères hébreux, des mots difficiles de quelques prières de la veille du יום הכפורים.

Vélin, miniatures. Pet. xve siècle. — (Ancien fonds 445.)

1078.

1° שש כנפים «Les six Ailes», par R. Immanuel, fils de Jacob. Le copiste, Uziel, a conduit jusqu'à l'année 1490 les tables (לוח התקפים) que l'auteur avait calculées jusqu'à l'an 1408. Suivent quelques observations sur les התקופות, les éclipses et la nature des sphères, puis des tables (nommées עמודי שכל) pour calculer le moment de l'apparition de la nouvelle lune, et les קביעות à partir de l'an 1490.

2° (Fol. 35 v°.) Les qebi'oth des quatorze combinaisons possibles, avec toutes les conséquences possibles pour fixer le calendrier synagogal.

3° (Fol. 40.) אורח סלולה «Le Sentier aplani», par R. Isaac, fils de Salomon, fils de Zadiq, Ibn-Al-Hadab. (Voyez ci-dessus, n° 1069, 2°.) La table des cycles lunaires commence par le cycle 274 (finissant en 5206 ou 1446 de J. C.).

Vélin. Pet. — (Ancien fonds 466.)

1079.

1° שש כנפים «Les six Ailes», par R. Immanuel, fils de Jacob. Entre la dissertation astronomique et les tables se trouvent : 1° une observation d'opposition pour le mois de tebeth 5240 (décembre 1479 ou janvier 1480); 2° deux chapitres sur les éclipses du soleil et de la lune; le tout en arabe et en caractères hébreux.

2° (Fol. 26 v°.) ס' כוונות הפלוסופים «Livre des tendances des philosophes», par Abou Hamed Al-Gazzâli; traduit de l'arabe en hébreu par R. Isaac Albalag, et accompagné du commentaire de R. Moïse, de Narbonne. (Voyez ci-dessus, n° 901.) Cette copie s'arrête au milieu de la seconde partie.

3° (Fol. 76.) Premier livre du traité «De causis», traduit en hébreu par R. Juda, fils de Moïse, Romano (voyez ci-dessus n° 897, 1°), commençant par ces mots : עת גור אריה ראך עומד לפני מלאך ובנדיך צואים מחלצות הלבישך וישם על ראשך ציץ אבני המלואים, et finissant par ceux-ci : תמו העתקת דברי גור אריה בהוכחת קצת מהחגיון על ידי הרופא יצחק והעתיקו לאדון מלך רובי ר גו בלשון נוצרי והמלך הפילוסוף הנזכר שבחו מזאת ההעתקה ושמו עטרת ראשו. Ces mots sont suivis d'un quatrain et de l'explication d'un passage du Livre de la Pomme, relatif aux âmes.

Papier. Moy. xve siècle. — (Ancien fonds 444.)

1080.

שש כנפים «Les six Ailes», par R. Immanuel, fils de Jacob.

Papier. Pet. xvie siècle. — (Ancien fonds 453.)

1081.

1° Diverses propositions d'arithmétique relatives à la division, à l'extraction de la racine carrée, etc., par R. Immanuel, fils de Jacob.

2° (Fol. 15.) Observations sur différents points d'astronomie.

3° (Fol. 28 v°.) כלי הנחשת «L'Instrument de cuivre», par R. Abraham Aben-Ezra. Même rédaction que n° 1031, 8°.

4° (Fol. 49 v°.) כלי חמדה «L'Instrument précieux»,

par R. Isaac, fils de Salomon, Ibn-Al-Ḥadad. (Voyez ci-dessus, n° 1031, 11°.)

5° (Fol. 60 v°.) Théorèmes et problèmes de géométrie, qui semblent traduits de l'italien.

En tête du volume se trouvent également quelques théorèmes de géométrie.

Sur la dernière page se lit le nom de l'un des propriétaires du ms., Meïr Boniaq Kohen.

Papier. Pet. xv° siècle. — (Ancien fonds 471.)

1082.

1° Tables astronomiques, calculées pour la ville de ושקה, composées vers l'an 5111 (1351 de J. C.).

2° (Fol. 11 v°.) כתאב גריב פי תפציל אלאזמאן ומצלח אלאבדאן «Écrit extraordinaire sur la division du temps et l'avantage des corps», par Abou'l-Ḥasan Gharîb Ibn-Sa'id Al-Kâtib, auteur du iv° siècle de l'hégire; en arabe et en caractères hébreux. (Voyez Casiri, «Bibl. arab. hisp.», t. I, p. 273.) Ce traité contient le calcul de la durée des jours et des nuits pour l'année entière, suivant les principes du calendrier chrétien. Il indique en même temps les fêtes, les mansions de la lune, et les jours propices pour les travaux d'agriculture et la préparation des médicaments. En voici le commencement : קאל ... הדא כתאב געל מדכרא" באוקאת אלסנה ופוצלהא (*sic*) ועדד אלשהור ואיאמהא ומגארי אלשמס פי ברוגהא. . . .

Les feuillets blancs entre le premier et le second ouvrage sont couverts de quelques extraits des ouvrages de médecine de R. Isaac Israëli, fils de Salomon. L'article 2° est suivi de l'énumération des éclipses du soleil et de la lune depuis le 30 juin 1349 jusqu'au 5 août 1402. Cette pièce a été composée entre le 30 juin 1349 et le 10 décembre de la même année (pour la première de ces dates, on parle d'une éclipse qui a déjà eu lieu; pour la seconde, d'une éclipse qui est encore à venir). Puis vient un morceau (en arabe et en caractères hébreux) d'Al-Farâbi (מן מקאלה אבו נצר אלפראבי) sur les jours qui doivent être choisis de préférence pour la préparation des médicaments.

3° (Fol. 35 v°.) Pharmacopée de Nicolas, ou pharmacopée de l'Université de Montpellier, traduite en hébreu. Cette traduction est différente de celle de R. Jacob Qâtân (voyez ci-dessous, n° 1132, 3°); elle est disposée dans un ordre particulier. La liste des médicaments et la description des recettes s'arrêtent au n° 137. Dix feuillets, qui séparent la préface du commencement du livre, contiennent les morceaux suivants :

a. La préface de Nicolas, en langue espagnole et en caractères hébreux.

b. Quelques recettes, tirées du même ouvrage, en latin (et en caractères latins).

c. Un fragment d'un ouvrage de médecine.

d. Un extrait du livre intitulé : מגרבאת בן אלפכאר «Expériences d'Ibn-Al-Fakhkhâr» (ابن الجزار?); en arabe et en caractères hébreux.

e. Un grand nombre de prescriptions médicales, empruntées en partie aux مجربات d'Abd-Allah Ibn-Abou-Moḥammed Al-Schakfi Al-Sousi (voyez Casiri, t. II, p. 130); en arabe et en caractères hébreux. La suite de ce morceau se trouve à la fin de l'ouvrage de Nicolas.

4° (Fol. 88.) כתאב אקראבאדין «Pharmacopée», par R. Moïse Ibn-Ardout; en arabe et en caractères hébreux. Incomplet. Huit feuillets, qui séparent la table du commencement de l'ouvrage, sont remplis d'observations détachées relatives à la médecine.

Le volume tout entier et une partie des morceaux intercalés sont de la même main.

Vélin. Pet. xiv° siècle. — (Ancien fonds 462.)

1083.

Tables pour connaître la véritable position du soleil par rapport à l'écliptique, pendant les années 1361-1391 de l'ère chrétienne. Ces tables paraissent avoir fait partie d'un ouvrage d'astronomie.

Papier. Pet. — (Sorbonne 225.)

1084.

פי' ר' מרדכי כומטיאנו אל לוחות הפרסיים «Explication des tables des Persans (tables de Jezdedjerd), par R. Mardochée, fils d'Éliézer, Komtiano». On voit par l'introduction que ce commentaire fut composé en 5185 (1425 de J. C.).

Papier. Pet. xvi° siècle. — (Oratoire 179.)

1085.

1° Explication des tables de Jezdedjerd, par R. Mardochée Komtiano.

2° (Fol. 34.) ס' תקון כלי הנחשת «Traité sur la construction de l'astrolabe», par R. Mardochée Komtiano.

3° (Fol. 49.) ס' השם «Livre du nom», ou interprétation du nom de Dieu, par R. Abraham Aben-Ezra.

4° (Fol. 53.) ס' האחד «Livre de l'unité», par le même auteur.

5° (Fol. 56.) Commentaire sur le livre יסוד מורא «Fondement de la crainte de Dieu», d'Aben-Ezra; par R. Mardochée Komtiano. (Voyez ci-dessus, n° 681, 1°.)

A la fin du volume se trouvent quelques tables astronomiques.

Papier. Pet. XVIe siècle. — (Oratoire 180.)

1086.

ארח סל[ו]לה «Le Sentier aplani», par R. Isaac, fils de Salomon, Ibn-Al-Hadab. (Voyez ci-dessus, n° 1078.)

Vélin. Pet. XVe siècle. — (Ancien fonds 459.)

1087.

1° קצור המספר לר' יהודה ן' וירגה «Abrégé d'arithmétique, par R. Juda Ibn-Verga». (Voyez ci-dessus, n° 1005, 11°.)

2° (Fol. 9.) באור ללוחות שעשה המלך דון אלפונשו «Explication des tables Alphonsines».

Papier. Pet. XVe siècle. — (Oratoire 158.)

1088.

1° Livre d'arithmétique, composé de problèmes sur les quatre règles et la règle de trois.

2° (Fol. 24.) Traité sur le calendrier juif, commençant par ces mots : מאן דבעי לידע מולד של חודש אחד יחשוב ... Écriture différente.

La dernière page du ms. contient une pièce de vers commençant par ces mots : אם תרצה חשוב מולד בגילה • ותדע רק סכום שנים וגבולה et formant l'acrostiche du nom d'Abraham, fils de Jacob. Fol. 22 v° on lit (de la même écriture que ce poëme) une note chronologique qui se termine par ces mots : וזה כתבתי על ברכי תוך התפיסה בעלילת ממזור יום ד' ט"ו אלול שנת חמשת אלפים ומאתים ושלשים ושש וביום ראשון של פסח התחיל בע"ה ועדיין אנו תפוסים והנורא ירחם על עמו ויפריס ברחמיו העצומים אבכיר.

Papier. Pet. — (Ancien fonds 448.)

1089.

1° כללים קצרים לדעת קביעות השנים והחדשים «Courtes Règles pour savoir fixer les années et les mois». Traité du calendrier juif, calculé pour treize cycles de dix-neuf ans, à commencer par la première année du cycle 276, ou l'an 5226 (1466 de J. C.).

2° (Fol. 52.) Autre petit traité du calendrier juif.

3° (Fol. 71.) Le traité חולין de l'Abrégé du Talmud de R. Isaac Alphasi. (Voyez ci-dessus, n° 311 et suiv.)

Le dernier ouvrage est d'une autre écriture que les deux premiers.

Papier. Pet. — (Sorbonne 246.)

1090.

1° ביאור לוחות החכם ר' יעקב פועל «Explication des tables astronomiques de R. Jacob Pô'êl», par un auteur anonyme. Le commentaire commence par ces mots : אמר בעבור שהיתה החכמה הלימודית וכו' ואמר שהחכמה הלימודית...

2° (Fol. 26.) פי' אלפרגני «Commentaire sur l'Astronomie d'Al-Farghâni», par R. Juda Ibn-Verga. C'est la version de R. Jacob Anatolio qui a servi de base à ce commentaire.

3° (Fol. 57.) Fragment d'un traité d'astronomie.

4° (Fol. 64.) אגרת מספקת «Traité suffisant», explication, en cinquante-cinq chapitres, de tous les termes d'astronomie, par Caleb Aphendopoulo. L'auteur dit dans la préface, en s'adressant à son ami, pour lequel il avait composé ce traité, que déjà, dans un livre intitulé : גל עיני, il avait exposé d'une manière systématique, mais plus concise, la science de l'astronomie. Il cite en même temps son ouvrage גן המלך. Notre copie est incomplète au commencement, et à la fin depuis le chapitre XXII.

Écritures différentes.

Papier. Pet. XVe siècle. — (Ancien fonds 460.)

1091.

1° Tables astronomiques très-détaillées, qui paraissent avoir été composées au XVe siècle.

2° (Fol. 101 v°.) ספר המולדות לאלבובאטיר «Livre des nativités d'Alboubatir» (Abou-Bekr), traduit du latin en hébreu par R. Isaac Albo Albir (יצחק אלבו אלביר), réfugié espagnol. (Voyez ci-dessus, n° 1033.) Écriture différente.

Papier. Moy. — (Oratoire 188.)

1092.

1° Manuel d'astronomie, par un auteur anonyme, commençant par ces mots : מפני אורך הגלות ורוב הלחץ נאבדה חכמת חכמינו ובינת נבוננו תסתתר, et finissant par ceux-ci : ובכלל זה החכמה חברו בו חכמי הנסיון ספרים רבים וברוך השם ית' המלמד וכו'.

2° (Fol. 18 v°.) ס' הנפש לגאלינוס «Livre de l'âme, par Galien», opuscule apocryphe, traduit de l'arabe en hébreu par R. Juda Harizi, et imprimé en 1519. (Voyez ci-dessus, n° 445.)

3° (Fol. 21.) ס' הגלגל «Livre de la sphère», abrégé du «Tractatus de sphæra», de Jean de Sacrobosco, par R. Salomon, fils d'Abraham Abigdor. (Voyez ci-dessus, n° 1031, 4°.) Incomplet à la fin.

4° (Fol. 30.) ספר חשבון המהלכות «Calcul de la marche des astres», par R. Abraham, fils de Hayya. (Voyez ci-dessus, n° 1044, 1°.) Une note placée à la fin dit que ce traité a été terminé à Barcelone le 23e jour de l'ʿOmar (8 iyyar), un vendredi, à midi, de l'année 5896 (10 avril 1136). Il y a probablement une faute dans cette date. A la suite de ce traité se trouvent : 1° un extrait de l'Almageste (Des cordes et des arcs du cercle), par R. Jacob, fils de Makhir; 2° des observations sur la conjonction et l'opposition du soleil et de la lune (le point de départ est le commencement du 257ᵉ cycle lunaire, ou l'an 4865); 3° une table des latitudes et des longitudes de soixante-sept localités; 4° quelques sentences sur la signification cabalistique du tabernacle et des vases sacrés, par R. Abraham Aben-Ezra. (Voyez «Literaturbl. des Or.», t. X, p. 430.)

5° (Fol. 83.) גלילי כסף «Rouleaux d'argent», commentaire sur le livre d'Esther, par R. Joseph Ibn-Caspi. Cet ouvrage, dédié par l'auteur au médecin Don ʾElʿazar Kohen Ibn-ʾArdout, a été composé dans l'île de Mayorque, entre le mois d'ab 5091 et le mois de schebat 5092 (1331-1332 de J. C.). L'auteur dit qu'après cette époque il retourna à Barcelone, où il demeurait avec son fils aîné.

6° (Fol. 89.) ערוגת החכמה ופרדס הדכור «Parterre de la sagesse et paradis de la réflexion», par R. Abraham Aben-Ezra. Imprimé dans le recueil כרם חמד, tome IV.

7° (Fol. 93.) ס' כונות הפילוסופים «Livre des tendances des philosophes», par Abou-Ḥamed Al-Gazzâli; traduit de l'arabe en hébreu par R. Isaac Albalag. (Voyez ci-dessus, nº 901.) Notre ms. ne contient que la première partie ou la Logique.

8° (Fol. 115 vº.) ספר השם «Livre du nom», par R. Abraham Aben-Ezra. A la fin du traité se trouve l'explication d'un passage du chapitre vi, par R. Éliézer, de Norzi.

9° (Fol. 122 vº.) פי' הניקוד «Explication [cabalistique] des points-voyelles», par R. Abraham Aboulʿafya.

10° (Fol. 143.) פי' ס' יצירה «Commentaire sur le Livre de la création», commençant par ces mots : דע כי המחבר קרא שמו ספר יצירה והוא שם כולל על מה שכתוב...

11° (Fol. 158 vº.) וזאת ליהודה. Lettre de R. Abraham Aboulʿafya, adressée à R. Salomon Ibn-ʾAdereth. (Voyez ci-dessus, nº 768, 2°.)

12° (Fol. 167.) הקדמת הדקדוק «Introduction à la grammaire [hébraïque]», par R. Benjamin, fils de Juda, ʿAnaw, de Rome. Ce traité a été imprimé en tête de la grammaire intitulée : מהלך, de R. Moïse Kimḥi.

13° (Fol. 172.) *a*. Addition au chapitre xii de l'article 4° ci-dessus, par l'auteur même de l'ouvrage. Cette addition se trouve également dans le nº 1044, à la fin de l'ouvrage. — *b*. Calculs des tables astronomiques de R. Abraham, fils de Ḥayya, pour le 268ᵉ cycle (5073-5092).

Le ms., qui semble être tout entier de la même écriture, a probablement été exécuté à Perpignan ou à Narbonne, villes pour lesquelles une note marginale (fol. 81) fixe le couchant et le levant par rapport à Jérusalem.

Papier. Pet. xviᵉ siècle. — (Ancien fonds 464.)

1093.

1° Traité d'arithmétique, divisé en trois livres, par R. Élie, fils d'Abraham, Mizraḥi. Cet ouvrage a été imprimé à Constantinople, en 1533. Il y a dans cette copie deux lacunes, chacune d'un feuillet.

2° (Fol. 128.) Abrégé du traité d'arithmétique de Nicomaque, de Gerasa, accompagné d'un commentaire, par Abou-Soulaïman Rabiʿa Ibn-Yaḥya; traduit de l'arabe en hébreu. (Voyez ci-dessus, nº 1029.)

Au verso du premier feuillet on trouve une pièce de vers, composée de quinze distiques et contenant la règle de la soustraction des fractions, par R. Joseph, fils de Joël, Vivas (ליחס בני ביבאס).

Papier. Moy. xviᵉ siècle. — (Oratoire 154.)

1094.

תקון יששכר «Règlement d'Isachar», calendrier juif pour les années 5299 à 6000 (1539 à 2240 de J. C.); suivi d'un recueil de prescriptions rituelles, par R. Isachar, fils de Mardochée, Ibn-Schoschan. L'auteur, originaire de l'Afrique occidentale et établi à Safad en Galilée, composa cet ouvrage en 1539, pendant ses voyages. Imprimé plusieurs fois. Ce ms. paraît être autographe.

Papier. Pet. — (Oratoire 185.)

1095.

1° Manuel d'arithmétique, par R. Isaac, fils de Moïse ʿAli, d'Oriola, en Aragon (יצחק בכ"ר משה עלי נ"ע הספרדי ממדינת אוריאולה ממלכות ארגון). Cet ouvrage est divisé en trois parties, dont la première traite de l'addition, de la soustraction, du redoublement, de la division par moitié, de la multiplication, de la division et de l'extraction des racines carrées et cubiques, tant pour les nombres entiers que pour les fractions; la seconde partie renferme les règles des proportions et divers problèmes; enfin la troisième présente très-sommairement des règles relatives à la géométrie élémentaire, notamment à la mesure du triangle, du parallélogramme et du cercle. L'auteur semble avoir vécu au xviᵉ siècle, à Constantinople, car le copiste, Abraham Kohen, a mis sur un des premiers feuillets une note écrite l'an 961 de l'hégire (1554 de J. C.), et au bas de l'une des notes marginales dont il a accompagné l'ouvrage, il ajoute ces mots : מפי

המחבר הספר «de la bouche de l'auteur du livre». En parlant des poids et des mesures des différents pays et de leurs rapports mutuels, l'auteur cite en premier lieu ceux de Constantinople. Au commencement et à la fin de l'ouvrage se trouvent quelques pièces de vers, qui présentent le nom du copiste sous forme d'acrostiche.

2° (Fol. 81.) ס' צורת הארץ «Livre de la forme de la terre», par R. Abraham, fils de Ḥayya.

3° (Fol. 116.) Calendrier pour les cycles lunaires 277 à 282 ou les années 5245 à 5358 (1485 à 1598 de J. C.), par R. Sabbathaï, fils d'ʿObadya. Il y a une lacune entre les feuillets 116 et 117, due à une erreur du copiste.

4° (Fol. 122 v°.) ס' תיקון כלי הנחשת «De la Construction de l'astrolabe», par R. Mardochée Komtino ou Komtiano. Pour ce qui concerne l'usage de l'astrolabe, l'auteur s'en réfère à Aben-Ezra.

5° (Fol. 157.) Traité de l'astrolabe, traduit de l'arabe en hébreu par R. Jacob, fils de Makhir. (Voyez ci-dessus, n° 1030, 7°.)

6° (Fol. 178.) Abrégé du traité d'arithmétique de Nicomaque, de Gerasa, avec un commentaire, par Abou-Soulaïman Rabiʿa-Ibn-Yaḥya; traduit de l'arabe en hébreu.

Au commencement et à la fin du volume se trouvent différentes notes détachées relatives à l'astronomie et au calendrier juif.

Ces ouvrages (à l'exception peut-être de l'article 4°) semblent être de la même écriture que l'article 1°.

Papier. Pet. — (Oratoire 155.)

1096.

משפטי הגורל ומעשהו «Règles et pratiques du sort», traité de géomancie, par un anonyme, commençant par ces mots : . . . אם רצונך לעשות ואת המלאכה ותמצא האמת.

Papier. Pet. xvie siècle. — (Sorbonne 184.)

1097.

Commentaire sur un livre d'astronomie qui traite, en deux parties, des sept sphères et des étoiles fixes. Le texte commenté, traduit sans doute du latin (voyez fol. 47 v°), n'est donné que pour le premier chapitre de la première partie, relatif au soleil. Il est très-vraisemblable que le texte latin, qui fut composé en 1460 de J. C. (בזמן המחבר בשנת אלף וארבע מאות וששים שנה מלדת א"ה [=איש הנוצרי]), était l'original. Le commentaire a été composé par un juif italien (voyez fol. 21 v°), au milieu du xvie siècle (ובזמננו ש״א לפ״ק, voyez fol. 69), qui avait été initié dans cette science par un chrétien (voyez fol. 107 v°). Le ms. est de plusieurs mains.

Papier. Pet. — (Ancien fonds 454.)

1098.

1° Règles pratiques pour le calcul des teqouphôth et d'autres époques du calendrier juif, suivies de quelques tables astronomiques, dont l'une indique l'époque du carême et de la pâque chrétienne, pendant les dix-neuf ans d'un cycle lunaire. On a inséré au milieu de ces tables le fragment d'un divan, qui contient une pièce de vers adressée à R. Moïse Ben-Ḥadib.

2° (Fol. 17.) שארית יוסף «Les Restes de Joseph», traité du calendrier juif, en vers, par R. Joseph, fils de Schêm-Tôb, fils de Josué. Cet ouvrage, accompagné d'un commentaire par l'auteur lui-même, a été composé en 5188 (1428 de J. C.). Il a été imprimé pour la première fois à Salonique, en 1521. Cette copie, ainsi qu'une partie des tables mentionnées ci-dessus, a été exécutée en 1561 (voyez fol. 13 et 18).

3° (Fol. 31 v°.) Observations détaillées sur toutes les parties du calendrier juif et chrétien et leur concordance, accompagnées de tables astronomiques. Le point de départ de ces calculs est l'année 1523. On lit à la fin que la copie a été vendue à Rome, le 17 février 1545.

Papier. Pet. — (Ancien fonds 463.)

1099.

Abrégé (اختصار) des Éléments d'Euclide, en arabe et en caractères hébreux. Cet abrégé comprend toutes les propositions, mais les démonstrations sont plus concises que dans le texte primitif. Le ms. est d'une très-belle exécution.

Vélin. Pet. xve siècle. — (Oratoire 152.)

1100.

כתאב בטלמיוס אלפלודי פי אלתעאלים והו אלמערוף בכתאב אלמגסטי «Livre sur les sciences, connu sous le nom d'Almageste, par Ptolémée Alfouloudi» (altération de Claudius); en arabe et en caractères hébreux. Très-belle écriture, avec toutes les figures et les tables astronomiques. On trouve des renseignements sur cette copie dans une note en arabe, placée à la fin, dont voici la traduction : «Le copiste dit : Une partie de ce livre, depuis le commencement jusqu'à la seconde figure du paragraphe 13 du livre V, est de la main du savant parfait et métaphysicien R. Todros, fils de Moïse, Ben-Al-Qostantini, qui l'a écrite l'an 5140 (1380 de J. C.), ici à Catalayud, comme il me l'a dit. Quant au reste de l'ouvrage, jusqu'à la fin, ainsi que toutes les tables et figures, c'est moi, Todros, fils de l'excellent savant R. Moïse, fils du susdit savant parfait et métaphysicien R. Todros Ben-Al-Qostantini, qui l'ai copié. La copie a été terminée le lundi, 4 sivan 5235 (1475 de J. C.), ici à Calatayud; que Dieu garde la ville... ». D'après cette note, il se serait écoulé presque un siècle entre l'exécution des deux parties de ce ms. D'ailleurs, l'écriture est la même dans les deux parties; seulement, depuis le livre VI, les titres ne sont plus, comme dans les cinq premiers livres, écrits à l'encre bleue ou rouge, et, dans ces titres, les mots المنسوب الى التعالم ne sont plus suivis de la formule المعروف بكتاب المجسطى.

Vélin. Moy. — (Ancien fonds 440.)

1101.

1° כתאב תאודוסיוס פי אלכרה̈ « Les Sphériques de Théodose »; en arabe et en caractères hébreux. C'est probablement la traduction de Qosta-Ibn-Louqa.

2° (Fol. 56.) רסאלה̈ אלאסטרלאב לאבי צלת « Traité de l'astrolabe, par Abou-Ẕalt ['Omayya Ibn-'Abdou'l 'Aziz] »; en arabe et en caractères hébreux. (Voyez Wüstenfeld, « Geschichte der arabischen Aerzte, etc. », p. 92.)

Papier. Pet. xiv° siècle. — (Oratoire 167.)

1102.

1° Fragment d'un traité d'astronomie qui porte le titre de : זיג בן אלצפור, et qui finit par ces mots : פמא כרג פהו בית אלאכוה̈ אן שא אללה. Le commencement manque.

2° (Fol. 5.) רסאלה̈ אלרבע דאירה̈ עמלהא ואלעמל בהא « Traité sur le quadrant, sa construction et son usage », par Mohammed Ibn-Yousouf-Ibn-Al-Istada (אסתאדה), divisé en seize chapitres. L'ouvrage commence par ces mots : אלחמד ללה מבתדע אלאשיא מן גיר מתאל אחמדה עלי אלדואם ואלאתצאל...

3° (Fol. 12.) Quelques chapitres d'un ouvrage d'astronomie de Djabir Ibn-Aflâḥ, de Séville.

4° (Fol. 31.) Un grand nombre de tables astronomiques sur la marche des planètes, depuis le commencement de l'ère chrétienne jusqu'à l'an 1512, et calculées pour le méridien de Novare, en Italie.

Tous ces ouvrages sont écrits en arabe et en caractères hébreux. Une concordance de l'année 5088 avec 1327 de J. C. (fol. 56) semble fixer la date du ms.

Papier. Pet. — (Ancien fonds 455.)

1103.

Traité de géomancie, en arabe et en caractères hébreux. Cet ouvrage, divisé en dix-neuf chapitres, commence par ces mots : כאב אלואיל פי אלנוצרה כארגה ופצולה אלפצל אלאוול פי אלחכום... L'orthographe, le style et le langage sont fort négligés.

Papier. Pet. xvii° siècle. — (Ancien fonds 468.)

1104.

Calendrier musulman pour les années 1081 à 1090 de l'hégire, en arabe et en caractères hébreux. Les chiffres ont la forme européenne.

Papier. Pet. xvii° siècle. — (Supplément 157.)

1105.

1° איל טראטאדו דילא אישפירה « Le Traité de la sphère », par Jean de Sacrobosco; traduit du latin en espagnol et écrit en caractères hébreux.

2° (Fol. 23.) Recueil d'opuscules astrologiques sur les nativités, les jours et les heures favorables à certaines entreprises, etc. A la fin du traité se trouve une espèce d'almanach, en espagnol et en caractères hébreux, où l'on indique la nature de l'année sous le rapport de la température, etc., selon que le 1er janvier tombe tel ou tel jour de la semaine.

Papier. Pet. xvi° siècle. — (Oratoire 168.)

IX.

MÉDECINE ET CHIRURGIE.

1106.

1° ס' הפרקים לאבוקרט בפירוש גאליאנוס « Les Aphorismes d'Hippocrate, avec le commentaire de Galien »; traduits en hébreu, sur la version arabe de Ḥonain Ben-Isḥâq (nommé dans les mss. hébreux הישראלי), par R. Nathan Hamathi. L'auteur de cette traduction dit l'avoir entreprise pour répondre aux reproches des savants chrétiens que les juifs ne possédaient pas de livres de science. Il a omis l'introduction du traducteur arabe. Cette traduction fut terminée le 22 adar 5043 (1283 de J. C.).

2° (Fol. 141.) ספר הקדמת הידיעה « Livre des Pronostics » (Προγνωστικά) d'Hippocrate, avec le commentaire de Galien; traduit en hébreu sur la version arabe de Ḥonaïn-Ben-Isḥâq (voyez fol. 163). Cette traduction a été faite sans doute par R. Nathan Hamathi.

3° (Fol. 202.) ס' לאבוקראט באוירים ובזמנים והמימות והארצות « Traité sur l'air, les temps, les eaux et les terres, par Hippocrate »; traduit en hébreu, sur la version de Ḥonaïn-Ben-Isḥâq, par R. Nathan Hamathi.

Papier. Moy. xiv° siècle. — (Ancien fonds 360.)

1107.

Les Aphorismes d'Hippocrate, avec le commentaire de Galien; traduction hébraïque de R. Nathan Hamathi. La traduction latine du texte d'Hippocrate et quelques gloses en hébreu, écrites de la même main que le ms., couvrent les marges de la première moitié du volume.

Papier. Moy. xve siècle. — (Ancien fonds 362.)

1108.

ס' הפרקים לאבוקראט בפי' גאליאנוס «Les Aphorismes d'Hippocrate, avec le commentaire de Galien»; traduction hébraïque de R. Nathan Hamathi. Notre copie, d'une très-belle exécution, a été faite par Josué, fils de David, Kohen (נרדו), et achevée le 19 sivan 5220 (1460 de J. C.).

Vélin. Moy. — (Ancien fonds 359.)

1109.

ס' הפרקים לאבוקראט בפי' גאליאנוס «Les Aphorismes d'Hippocrate, avec le commentaire de Galien»; traduction hébraïque de R. Nathan Hamathi. Il manque quelques feuillets à la fin du ms. et un feuillet a été transposé.

Papier. Pet. xve siècle. — (Ancien fonds 395.)

1110.

1° ספר הפרקים «Les Aphorismes» d'Hippocrate, avec le commentaire de Galien; traduction hébraïque de R. Nathan Hamathi.

2° (Fol. 123 v°.) החלק הראשון מהמלאכה לחכם מאי' ברנארט דגורדו «Première partie de l'Art de la médecine, de maître Bernard de Gordon»; traduit du latin en hébreu. Incomplet.

3° (Fol. 151.) יואניסי הגדול ונקרא חונין בערבי ספר שאלות לחנן בר' יצחק «... Livre des interrogations, de Honaïn-Ben-Ishâq»; traduit de l'arabe en latin et du latin en hébreu.

4° (Fol. 174 v°.) ספר ההקזה «Traité de la saignée», traduit de l'arabe en hébreu.

Papier. Pet. xve siècle. — (Ancien fonds 396.)

1111.

Les Aphorismes d'Hippocrate, avec le commentaire de Galien; traduction hébraïque. Cette version semble avoir été faite sur un texte latin. Le commentaire est très-abrégé. Les premiers feuillets de cette copie sont chargés de notes marginales de la même écriture que le texte, dont quelques-unes portent en tête l'abréviation א"ה, et une fois (fol. 10) en toutes lettres les mots: אמר הלל (R. Hillel, de Vérone?).

On a intercalé dans ce ms. un fragment de la version hébraïque du «Petit Art» de Galien, accompagné du commentaire d'Ali-Ibn-Rodhwan.

Papier. Moy. xive siècle. — (Ancien fonds 363.)

1112.

1° Les Aphorismes d'Hippocrate, accompagnés du commentaire d'un auteur inconnu. Le texte d'Hippocrate se rapproche beaucoup de celui du n° précédent et il est identique à celui qui a été imprimé à Rome («Hippocrati Coi, cognomento Divini, sententiæ definitivæ, græce, latine, hebraïce, M. Ant. Gaiotii, ... studio», Rome, 1647). L'explication, qui est toujours précédée des mots אמר המפרש, est quelquefois suivie d'une addition qui commence par : אמר התלמיד. (Voyez de Rossi, n° 1185.) Les feuillets ont été transposés.

2° (Fol. 35.) Les deux premiers chapitres (فنّ) du quatrième livre du Canon d'Avicenne, traduction hébraïque de R. Nathan Hamathi.

A la fin du volume se trouvent quelques recettes.

Papier. Moy. xve siècle. — (Ancien fonds 361.)

1113.

פי' על פרקי אבוקראט «Commentaire sur les Aphorismes d'Hippocrate». Le mauvais état des premiers feuillets du ms. empêche de reconnaître le nom de l'auteur de ce commentaire; mais il ressort de plusieurs passages qu'il a été composé par un élève du médecin Raphaël, fils de David Kohen, de Lunel. L'auteur y a fait entrer la substance des commentaires de Galien et des savants chrétiens. Le texte d'Hippocrate est donné d'après la version de R. Nathan Hamathi. Notre ms. paraît être composé de trois fragments de l'ouvrage, que l'on a réunis. Il y a plusieurs lacunes.

Papier. Moy. xve siècle. — (Ancien fonds 358.)

1114.

ס' מלאכה קטנה «Le livre intitulé : Le Petit Art» de Galien, accompagné du commentaire d'Ali-Ibn Rodhwan; traduit de l'arabe en hébreu par R. Samuel Ibn-Tibbon, qui, d'après l'épigraphe, termina son travail le 10 eloul 4959 (1199 de J. C.), à Béziers. Des notes marginales, qui se trouvent surtout au commencement du volume, portent souvent en tête l'abréviation פאר, quelquefois שא.

Papier. Pet. xive siècle. — (Ancien fonds 398.)

1115.

«Le Petit Art» de Galien, avec le commentaire d'Ali-Ibn-Rodhwan; traduit de l'arabe en hébreu par R. Samuel Ibn-Tibbon. Sur le premier feuillet du ms. on lit le nom de Meïr Gerson, de Balmès, suivi de quelques définitions.

Vélin et papier. Pet. XIVe siècle. — (Ancien fonds 399.)

1116.

1° ס' יואניציו «Livre de JOHANNITIUS», ou introduction au «Petit Art» de Galien, par ḤONAÏN-IBN-ISḤÂQ; traduit de l'arabe en latin et du latin en hébreu. (Voyez Johannitius, «Isagoge in Artem parvam Galeni», Argent., 1534.) Dans l'épigraphe de notre ms. le titre du livre (Τεχνή) est corrompu en טיט.

2° (Fol. 12 v°.) Les Aphorismes d'HIPPOCRATE, traduits en vers sous le titre de : ספר אנור.

3° (Fol. 29.) Divers traités sur les urines :

a. מראות השתנים ממש' מאורו «Des Couleurs des urines, par maître MAURUS».

b. שערי השתן «[Treize] Chapitres sur l'urine», par JOḤANAN HAY-YARḤOUNI.

c. מראות שתן הנשים «Des Couleurs de l'urine des femmes».

d. מראות השתן להיובקראניס «Des Couleurs de l'urine», par HIPPOCRATE (?), en dix-huit chapitres.

e. מראות השתנים ממש' יארדו דקרימונא «Des Couleurs des urines, par maître GIARDOT, de Crémone».

Tous ces ouvrages sont de la même écriture.

4° (Fol. 55.) Recueil de recettes pour diverses maladies, tirées de différents livres de médecine.

5° (Fol. 77.) Traité de logique, par R. MOÏSE MAÏMONIDE; traduit de l'arabe en hébreu par R. MOÏSE IBN-TIBBON.

Écritures différentes.

Papier. Pet. — (Ancien fonds 401.)

1117.

1° קבוצי ס' גאלינוס במלאכה קטנה «Résumé du livre de GALIEN, intitulé : Le Petit Art».

2° (Fol. 21.) קבוצי גאלינוס בדפק למתלמדים «Résumé du livre de GALIEN sur le pouls, pour les élèves» (في النبض, Περὶ τῶν σφυγμῶν, τοῖς εἰσαγομένοις), en un livre.

3° (Fol. 39 v°.) פרקים מס' השתן לגאלינוס «Chapitres tirés du livre de GALIEN sur les urines» (كتاب البول, Περὶ οὔρων). Le traducteur hébreu fait remarquer dans une note que ce traité, ainsi que le traité suivant sur le marasme, ne fait pas partie du recueil des Résumés des ouvrages de Galien (sur les seize ouvrages de Galien dont les Arabes faisaient des résumés (جوامع), voyez Târîkh Al-Ḥoukama, p. 112); mais, les ayant trouvés dans le ms. arabe qui renfermait les Résumés, il les a insérés ici.

4° (Fol. 42.) קבוצי הצמוק «Résumé du livre de GALIEN sur le marasme» (في الذبول, Περὶ μαρασμοῦ).

5° (Fol. 47.) קבוצי גאלינוס לאגלוקן בטבע «Résumé du livre de GALIEN sur la nature, adressé à Glaucon» (كتاب الى اغلوقن في شفاء الامراض, Τῶν πρὸς Γλαύκωνα θεραπευτικῶν βιβλία β′), en deux livres.

6° (Fol. 98 v°.) קבוצי ס' גאלינוס ביסודות כפי סברת אבוקראט לאלכסנדרים «Résumé de l'ouvrage de GALIEN sur les éléments, d'après l'opinion d'Hippocrate, pour les Alexandrins» (كتاب الاسطقسات على ارآء ابوقرط, Περὶ τῶν καθ' Ἱπποκράτην σΊοιχείων).

7° (Fol. 107 v°.) קבוצי ס' גאלינוס במזג «Résumé du livre de GALIEN sur le tempérament» (كتاب المزاج, Περὶ κράσεων), en trois livres.

8° (Fol. 123 v°.) קבוצי ס' גאלינוס בכחות הטבעיות «Résumé du livre de GALIEN sur les facultés naturelles» (كتاب القوى الطبيعية, Περὶ δυνάμεων φυσικῶν), en trois livres.

9° (Fol. 139.) קבוצי ס' הנתוח למתלמדים «Résumé de l'anatomie [de GALIEN] pour les commençants» (في التشريح, Περὶ ἀνατομῆς, τοῖς εἰσαγομένοις), en cinq livres.

10° (Fol. 165 v°.) קבוצי ס' העלות והמקרים «Résumé de l'ouvrage [de GALIEN] sur les causes des maladies et les symptômes» (كتاب العلل والاعراض, Περὶ τῶν ἐν τοῖς νοσήμασιν αἰτίων καὶ συμπΊωμάτων), en six livres. Ce traité est désigné dans ce ms. comme «la sixième partie des Résumés de Galien».

11° (Fol. 198 v°.) קבוצי ס' גאלינוס בידיעת עלות האברים הפנימיים הידוע בספר האברים הכואבים «Résumé de l'ouvrage de GALIEN sur la diagnose des maladies des parties intérieures, connu sous le titre de : Livre sur les membres souffrants» (كتاب تعرف امراض الاعضآء الآلمة, Περὶ διαγνώσεως τῶν πεπονθότων τόπων), en six livres.

12° (Fol. 230 v°.) קבוצי ס' גאלינוס במיני הקדחות «Résumé de l'ouvrage de GALIEN sur les différentes fièvres» (كتاب الحميات, Περὶ διαφορᾶς πυρετῶν), en deux livres.

13° (Fol. 239.) קבוצי ס' גאלינוס בבחראן «Résumé de l'ouvrage de GALIEN sur la crise» (كتاب البحران, Περὶ κρίσεων), en trois livres.

14° (Fol. 249 v°.) קבוצי מאמר גאל' בימי הבחראן «Résumé du traité de GALIEN sur les jours critiques» (كتاب ايام البحران, Περὶ κρισίμων ἡμερῶν), en trois livres.

15° (Fol. 255 v°.) קבוצי ס' גאלינוס בתחבולת הרפואה «Résumé de l'ouvrage de GALIEN sur l'art de guérir» (كتاب حيلة البرء, Θεραπευτικῆς μεθόδου βιβλία ιδ′), en sept livres. Le traducteur arabe dit à la fin qu'il a dû s'arrêter au milieu du livre VII, parce qu'il n'avait trouvé aucune trace (רשם) du reste de ce livre et des sept livres suivants.

16° (Fol. 334 v°.) קבוצי ס' גאלינוס בהנהגת הבריאות «Résumé du livre de Galien sur la conservation de la santé» (كتاب تدبير الاصحّا, Ὑγιεινῶν βιϐλία ζ'), en six livres.

Tous ces livres ont été traduits en hébreu, sur la version arabe de Ḥonaïn-Ben-Isḥâq, par R. Samson, fils de Salomon. La traduction a été terminée le 8 eloul 5082 (1322 de J. C.).

Le ms. a beaucoup souffert de l'humidité et est en grande partie illisible. A la fin du volume se trouve un fragment du dictionnaire de R. David Kimḥi.

Papier. Moy. xvᵉ siècle. — (Ancien fonds 365.)

1118.

Résumés des ouvrages suivants de Galien : 1° Des éléments; 2° Du tempérament; 3° Des facultés naturelles; 4° Des causes des maladies et des symptômes; 5° Des membres souffrants; 6° Sur les différentes fièvres; 7° Sur la crise; 8° Sur les jours critiques; 9° Sur l'art de guérir; 10° Sur la conservation de la santé (incomplet au commencement).

Le traité sur les causes des maladies est désigné dans ce ms. comme «la troisième partie des Résumés de Galien». On lit à la fin ces mots : תמו קבוצי המאמר הששי ובתמם תמו קבוצי ס' הנהגת הבריאות לגאלינוס וכו נשלם כלל ס' הקבוצים לאלכסנדריים ולאל העוזר השבח והתהלה ... העתיקו הקצין ר' שמשון בן הקצין ר' שלמה ז"ל «Ici finit le résumé du sixième livre et en même temps le résumé du livre De la conservation de la santé; et par là se termine la totalité des Résumés des Alexandrins... traduits en hébreu par R. Samson, fils de Salomon». Suit la date de la traduction (8 eloul 5082).

Papier. Moy. xivᵉ siècle. — (Ancien fonds 364.)

1119.

1° כללי ספר גאלינוס אל אגלוקן בטבע «Abrégé du traité de Galien sur la nature, adressé à Glaucos»; traduit en hébreu sur la version arabe de Ḥonaïn-Ben-Isḥâq, par R. Samson, fils de Salomon.

2° (Fol. 46.) ס' החלוק והחלוף «Livre de la division et de la distinction», par Rhazès; traduit de l'arabe en hébreu par R. Moïse Ibn-Tibbon. (Voyez ci-après, n° 1121.) La copie est incomplète.

3° (Fol. 109.) Fragment d'un traité de médecine, sans commencement ni fin.

Papier. Pet. xvᵉ siècle. — (Supplément 109, Sᵗ-Germain 562.)

1120.

1° ס' הכבוסים והטהרות הגופיות מאמר אבוקראט וגליאנוש «Des Purgatifs et des différentes manières de purger le corps, d'après Hippocrate et Galien», par Gérard, de Solo (?) (voyez ci-après, nᵒˢ 1128, 8°, et 1190, 4°). Traduit du latin en hébreu. Cet ouvrage, divisé en quatre-vingt-huit chapitres, est appelé (probablement par le traducteur) בועז ויכין (Livre des Rois, liv. I, chap. vii, vers. 21), «parce que, dit-il, ce traitement a la force (בו עז) de rendre la santé et de rétablir (להכין) le corps». La copie n'est pas terminée. Le nom de l'auteur ne se trouve pas dans cette copie.

2° (Fol. 25.) מאמר הטחורים «Traité sur les hémorrhoïdes», en sept livres, par R. Salomon, fils de Joseph, de Grenade. Ce traité a été composé au mois de sivan 5025 (1265 de J. C.), à Béziers. Il commence par ces mots : שער הראשון במהות הטחורים ומיניהם וסבותיהם רע כי הטחורים הם תוספות ..., et finit par quelques vers, dont voici les derniers : שלמה בן גביר יוסף עשאו . בני איוב בני חורים ושרים : ומולדתו [ב]עיר רמון ספרד . ושם קברות אבותיו הגברים : והיום שם ברוש (lisez בדרש) עיר תחנותו · ובחר בה למושב לו לדורים : ובחמשת אלפים החבירו · שנת עשרים וחמש ליצירים : והחל בו בחדש סיון לחבר . ובו השלים דבריו הישרים:.

A la suite de cet opuscule se trouvent quelques observations relatives au même sujet et ayant pour auteur ʿAli-Ibn-Yousouf (Ibn-Djordji-Ibn-Aḥmed-Ibn-Ibrahim) Abi-Khalouf.

3° (Fol. 43 v°.) Consultation médicale de R. Moïse Maïmonide sur la constipation et l'hypochondrie, composée pour un prince contemporain de l'auteur. (Voyez Carmoly, «Histoire des médecins juifs», p. 54.) Ce traité, traduit de l'arabe en hébreu par R. Moïse Ibn-Tibbon, commence par ces mots : הגיע אל העבד הקטן משה בן ... מצות השר האדוני המלכיי החסידיי יגדיל השם מעלתו ושלחה אלינו על יד שליח .... Il y a quelques lacunes dans cette copie.

4° (Fol. 58 v°.) Consultation médicale de R. Moïse Maïmonide sur le coït; traduite de l'arabe en hébreu. Ce traité porte en tête le titre suivant : יבא אחר זה מאמר ההכרעה שיש לי בספר אחר כי גם הוא לו ולמלך אחר שהיה מעבר הנהר פרת עשה שני אלו המאמרים מימון בן עובדיה. Il commence par ces mots : אמר משה בן עבד האלהים הישראלי צוני האדון הנכבד יתמיד האל כבודו שמזכיר לו ההנהגה העוזרת על רבוי, et se termine par quelques recettes.

5° (Fol. 62 v°.) מאמר במיעוט המשגל «Sur l'Usage modéré du coït», par ʿObaïd-Ibn-ʿAli-Ibn-Djourâdja-Ibn-Ḥilouf Al-Ḥakîm (עביט בן עלי בן גׄוראגׄה בן הילוף אלחכים). Traduit de l'arabe en hébreu.

6° (Fol. 66 v°.) Quelques morceaux détachés :

1. מקושי הילדה «Des Difficultés de l'accouchement», fragment accompagné de quelques dessins qui représentent les positions de l'enfant dans le sein de sa mère.
2. Commencement du livre מוסרי הפילוסופים, par Honaïn-Ben-Ishâq.
3. Commencement du livre הנהגת הבריאות «De la Conservation de la santé», par R. Jacob, fils de Juda. En voici les premiers mots : אמר יעקב בן יהודה כשהסתכלתי בחכמות ונתתי אל לבי לתור אחרי המוימות ולראות איזה תכשר . . . (Voyez le Catalogue des ms. hébreux de Vienne, p. 169.)
4. Observation sur les signes qui indiquent qu'un malade recouvrera sa santé ou mourra.
5. ס' הידים «Traité de chiromancie».
6. Calendrier chrétien, en allemand et en caractères hébreux. En voici le commencement : צי : יורש שק ויינור לא ימים : זי : יא · (les syllabes צי, זי, יא, etc. indiquent les jours).

7° (Fol. 77.) Commentaire d'Ali-Ibn-Rodhwan sur le «Petit Art» de Galien; traduit de l'arabe en hébreu par R. Samuel Ibn-Tibbon. (Voyez ci-dessus, n° 1114.) La copie n'est pas terminée.

8° (Fol. 131 v°.) Morceaux détachés :

1. Notes relatives au calendrier.
2. Observations d'astrologie judiciaire. Incomplet au commencement.
3. Observations sur la température, en partie par R. Moïse Had-Darschan.
4. Réflexions sur la structure du corps humain et quelques prescriptions diététiques qui en sont déduites. La fin manque.

Le volume semble être tout entier de la même main.

Vélin. Pet. xive siècle. — (Ancien fonds 393.)

1121.

ס' החלוק והחלוף לאלראזי «Le Livre de la division et de la distinction», par [Abou-Bekr-Mohammed-Ibn-Zakariyya] Ar-Râzi (Rhazès), composé en arabe sous le titre de : في التقسيم والتشجير, et traduit en hébreu par R. Moïse Ibn-Tibbon, en 1283.

A la fin du volume on lit un grand nombre de recettes, dont quelques-unes sont écrites en arabe et en caractères hébreux.

Papier. Pet. xive siècle. — (Ancien fonds 418.)

1122.

1° Fragment de l'ouvrage de Rhazès intitulé : Des propriétés des membres des animaux, etc. (Voyez ci-après, article 7°.) Les quatre feuillets dont se compose ce fragment ont été transposés (ils doivent se suivre dans l'ordre suivant : 2, 3, 1, 4).

2° (Fol. 5.) Fragment (chap. xxiv à lix) d'un traité de pathologie générale. L'auteur de cet ouvrage vivait du temps du pape Martin (probablement Martin IV; voyez fol. 20 v°), dont le secrétaire avait été traité par lui. Il cite souvent Avicenne, Rhazès, Galien, Roger et Constantin. Il a omis de traiter plusieurs parties de son sujet, en renvoyant le lecteur à son ouvrage ס' הישר הגדול (voyez fol. 21 v°, 25 et 25 v°). Les feuillets ont été transposés en partie à la suite de l'article suivant.

3° (Fol. 11.) Fragment (chap. x à xxxix) d'un traité sur les urines, dans lequel sont cités Galien, Rhazès, Vidal de Florence, Isaac Israëli et Honaïn-Ben-Ishâq (חנניה בן יצחק ישראלי). L'ouvrage est d'un auteur juif.

4° (Fol. 13, 15, 17 v° - 25.) Deux fragments (le commencement et chap. xxi à xliv) d'un traité de chirurgie, en soixante et un chapitres, par un auteur qui était disciple de R. Nathan, de Montpellier (l'auteur du livre צרי הגוף?). On lit deux recettes de R. David Zarphath au bas du fol. 13 v°. Feuillets transposés.

5° (Fol. 14 et 16.) Fragment d'une matière médicale, disposée par ordre alphabétique et finissant par ces mots : תם בקהל טראני. Ce fragment est suivi de quelques recettes.

6° (Fol. 27 v°.) Tableau astrologique, suivi d'une table astronomique.

7° (Fol. 26, 31-41 v°, 47-55 v°.) מסגולת איברי בעלי חיים ותועליותם והיזקם «Des Propriétés des membres des animaux, du bien et du mal qu'ils peuvent produire», par Rhazès. Traduit de l'arabe en hébreu.

8° (Fol. 42-46, 58-63.) Deux fragments de l'ouvrage צרי הגוף «Baume du corps», par R. Nathan, fils de Joël, Palaquéra.

9° (Fol. 56 et 57.) Dissertation sur les douze pierres précieuses du pectoral du grand prêtre et les douze tribus d'Israël, commençant par ces mots : אבן תרשיש מראהו כקצף על פני המים.

Écritures différentes. Au fol. 46 v° on lit un acte de vente de l'an 1463.

Papier. Moy. xve siècle. — (Ancien fonds 384.)

1123.

1° Commentaire sur le livre IX (Pathologie) de l'Almançouri de Rhazès, par Géraud (גיראבט), de Solo; traduit du latin en hébreu par R. Léon Joseph, de Carcassonne. Le traducteur, qui a ajouté à sa version des notes et des éclaircissements tirés d'autres ouvrages, a terminé son travail le 4 tischri 5163 (1402 de J. C.).

(Voyez cependant Pasini, «Cat. Taur.», p. 19.) Dans une longue préface, le traducteur parle de l'insuffisance des ouvrages écrits en hébreu et notamment de l'inexactitude des traductions d'ouvrages arabes, et il cite pour exemple l'ancienne version du Canon d'Avicenne, rectifiée depuis peu par Joseph de Lorca. Il aborda donc les ouvrages des chrétiens en commençant par le «Lilium medicinæ» de Bernard de Gordon, dont il existait une traduction hébraïque assez fidèle, et il étudia le latin. Depuis dix ans, il avait entendu parler des ouvrages remarquables de deux auteurs récents, Géraud, de Solo, et Jean, de Tornamire. Mais il avait vainement cherché à se les procurer à Montpellier, à Avignon et ailleurs; car ces livres étaient non-seulement rares, mais les savants de Montpellier avaient prononcé l'anathème contre quiconque les vendrait à un infidèle. Enfin il les obtint en 1394. Il commença par traduire Géraud, qu'il voulait faire suivre de Jean, de Tornamire, qui était de son temps à la tête des savants de Montpellier, et qui se distinguait par son esprit exempt de préjugés envers les médecins juifs. Les additions du traducteur sont marquées par l'abréviation : אליה = אמר ליאון יוסף המעתיק.

2° (Fol. 321.) «Traité des fièvres», par Géraud, de Solo; traduit du latin en hébreu par R. Abraham, fils de Meschoullam, Abigdor, en 1379. Dans la préface ce traité est intitulé : מבוא הנערים «Isagoge tironum». Mais l'ouvrage de Géraud connu sous ce titre est entièrement différent de cette traduction. (Voyez ci-après, n° 1177.) Peut-être l'auteur avait-il composé deux ouvrages élémentaires sous le même titre. (Voyez Astruc, «Mémoires pour servir à l'histoire de la Faculté de médecine de Montpellier», p. 173.)

Papier. Pet. xve siècle. — (Oratoire 144.)

1124.

1° Commentaire sur le livre IX de l'Almançouri de Rhazès, par un auteur inconnu. Les titres des divers chapitres démontrent que le commentateur travaillait sur un texte latin de Rhazès. Avant chaque explication, il donne quelques détails sur le sujet, d'après un auteur qu'il indique par les lettres ר״ש. Il cite, en outre, Arnaud, de Villanova, Jean, de Sottomania, le commentateur de l'«Antidotarium», etc. Le commencement, jusqu'au chapitre III, manque. On a mis en tête du volume le faux titre de : תאליף אבו מרשד.

2° (Fol. 101.) Abrégé des principes de la médecine, par Avicenne; traduit de l'arabe en hébreu.

3° (Fol. 123 v°.) Conseils au médecin, commençant par ces mots : במה שיאות על הרופא שישמור מן הצואות יאות עליו שיאמין מן האלוה ית׳ ויירא ממנו בהנהגת החולים. Incomplet.

4° (Fol. 128.) Quelques notes médicales, en arabe et en caractères hébreux. Écriture différente de celle du reste du ms.

5° (Fol. 130.) ס׳ תמורת הסמים «Livre des équivalents des drogues», recueil, par ordre alphabétique, des remèdes faciles à trouver et pouvant remplacer d'autres que l'on ne pourrait se procurer, composé par Dioscoride, pour son oncle, et traduit en hébreu (sur une version latine) par R. ʿAzarya, nommé Bonafous. Le traducteur donne le titre de l'ouvrage en ces termes : מצאתי בין ספרי הגוים זה הלוח שמו בלשון [יון] אמנטי בלא מינון (ἀντιϐαλλομένων [Περὶ τῶν]) שר״ל ספר תמורת הסמים.

6° (Fol. 133 v°.) Deux consultations médicales :

a. Consultation sur la peste, datée de l'an 1399, par maëstro Giovani, de Cenobarba (רציגוברבא); traduite du latin en hébreu.

b. Consultation sur la peste, par maëstro Francesco de Ganili (די גאנילי, Gagnali?), de Bologne; traduite du latin en hébreu par R. Josué, de Bologne.

7° (Fol. 140.) מאמר נכבד בסמים «Traité des poisons», par R. Moïse Maïmonide; traduit de l'arabe en hébreu par R. Moïse Ibn-Tibbon. La copie s'arrête au milieu de l'ouvrage, le copiste n'ayant à sa disposition qu'un exemplaire incomplet.

8° (Fol. 148.) פרטיקולא (Praticula) «Petit Pratique», traité de remèdes composés et rares pour toutes les maladies, par Cardone, de Pavie; traduit du latin en hébreu.

Papier. Pet. xvie siècle. — (Ancien fonds 417.)

1125.

ס׳ בידיעת השתן «Le Diagnostic de l'urine», par R. Isaac, fils de Salomon, Israëli. Traduit de l'arabe en hébreu. La traduction latine de ce traité a été imprimée avec d'autres ouvrages du même auteur dans «Ysaaci opera omnia», Lyon, 1515. Notre copie a été exécutée par Menaḥem Ẓemaḥ, fils d'Abraham Jacob, fils de Benjamin, fils de Yeḥi'el, pour Sabbathaï, fils d'Abraham, fils de Moïse Uri. La date de la copie a été altérée.

Vélin. Pet. xive siècle. — (Ancien fonds 426.)

1126.

Traité des fièvres, par R. Isaac, fils de Salomon, Israëli; traduit de l'arabe en hébreu. Le commencement, jusqu'au milieu du livre II, et la fin manquent.

Vélin et papier. Pet. xive siècle. — (Ancien fonds 425.)

1127.

1° ספר הקדחות «Traité des fièvres», par R. Isaac,

fils de Salomon, Israëli; traduit de l'arabe en hébreu. La fin du livre V manque.

2° (Fol. 97.) Commencement du livre II du Canon d'Avicenne, traduit de l'arabe en hébreu.

3° (Fol. 104.) Fragment de la consultation de R. Moïse Maïmonide sur la constipation et l'hypochondrie, traduit de l'arabe en hébreu par R. Moïse Ibn-Tibbon. (Voyez ci-dessus, n° 1120, 3°.)

Vélin. Pet. xiv° siècle. — (Ancien fonds 423.)

1128.

1° ס' המסעדים «Traité sur les aliments», par R. Isaac, fils de Salomon, Israëli, ou seconde partie du كتاب الادوية والاغذية (Liber diætarum particularium). Traduit de l'arabe en hébreu. Ce traité était précédé dans notre ms. de la traduction des Aphorismes d'Hippocrate, dont il ne reste que les dernières lignes.

2° (Fol. 33.) ספר מהרפואה מהחכם ן' משואי «Traité de médecine, par Ibn-Mesué» (Yahya-Ibn-Mâseweih), nommé Jean, de Damas. C'est la deuxième section de la première partie du traité intitulé : «Du Choix, des correctifs et de l'application des médicaments qui relâchent et des médicaments composés (De delectu, de castigatione et usu medicamentorum purgantium, كتاب في تركيب الادوية المسهلة واصلاحها وخاصّة كل دوا منها ومنفعته, voyez Ibn Abi-'Oçaïbia, ms. du supplément arabe de la Bibliothèque impériale, n° 673, fol. 104 v°)», qui forme le livre II du traité complet de médecine (voyez ci-après, n° 1130). Traduit de l'arabe en latin et du latin en hébreu par un auteur qui nous est inconnu.

Suit sans interruption :

3° (Fol. 60.) «Antidotaire» (اقرابذين), ou deuxième partie du livre II du traité de médecine de Jean, de Damas. Traduit de l'arabe en latin et du latin en hébreu.

Ces trois articles sont de la même écriture.

4° (Fol. 95.) ספר הנהגת הבריאות שחבר מאשטרו ארנב דבילא נובא למלך דון גואן גאקומו «Du Régime de la santé, composé par Arnaud, de Villanova, pour le roi Don Juan Giacomo». C'est la traduction du «Regimen sanitatis, ad inclytum regem Aragonum». (Voyez «Arnaldi Villanovani opera», Basil., 1585, col. 787.) La copie a été exécutée par Samuel, fils de David Beryllo (אבן שוהם המכונה בורלא), et terminée à Tarente, le 14 iyyar 5226 (1466 de J. C.).

5° (Fol. 108.) ... הדיבור ביינות כפי התחלפות החליים «Traité sur les vins, selon les différentes maladies», dédié au roi Robert par Arnaud, de Villanova. C'est un abrégé en hébreu du traité «De vinis». (Voyez «Arnaldi opera», col. 582.)

6° (Fol. 111.) מבוא הנערים «Introduction pour les jeunes gens» (Introductorium juvenum), par Géraud, de Solo; traduite du latin en hébreu par R. Abraham Abigdor, fils de Meschoullam. (Voyez ci-dessus, n° 1123, 2°.) A la fin se trouvent quelques recettes.

7° (Fol. 119.) פרח הרפואות «Fleur des médicaments», traité sur les effets de certains remèdes, par Géraud, de Solo. Traduit du latin en hébreu. La copie a été terminée le 6 iyyar 5226 (1466 de J. C.). Le nom du copiste (Samuel, fils de David) a été effacé et remplacé par ces mots : קניתי זה הספר אני יום טוב ן' פאראג' ופרעתיו לר' יהודה.

8° (Fol. 128.) ס' הכבוסים והטהרות «Des Remèdes qui nettoient et purgent le corps», par Gérard, de Dontis (רידונטיש). Traduit du latin en hébreu. (Voyez ci-dessus n° 1120, 1°.) La copie a été terminée à Tarente, le 13 tebeth 5225 (1464 de J. C.). Le nom de l'auteur a été ajouté à la fin par une main plus récente. Ce traité est suivi de plusieurs recettes (d'écritures différentes).

9° (Fol. 166.) Traité de pathologie, en sept livres, composé probablement par un auteur juif. Aben-Ezra y est souvent cité. Il y a cependant plusieurs interpolations. Le premier livre manque.

10° (Fol. 182.) Mémoire (מגלה) sur les purgatifs, par Arnaud, de Villanova; traduit du latin en hébreu. On a ajouté à la version la fausse date de 5041.

Les deux derniers feuillets contiennent quelques notes détachées relatives à la médecine.

Les articles 4° à 10° sont de la même main.

Papier. Moy. — (Ancien fonds 386.)

1129.

Ce ms. contient les fragments suivants :

1° Fragment d'un traité des urines. (Fol. 1-5.)

2° Fragment d'un autre traité sur les urines, qui finit par ces mots : וככל שעה מג' שעות ולמעלה מהלילה בקור ואח"כ מחמם. (Fol. 6-8.)

3° Fragment d'un traité de pathologie, finissant par ces mots : ויבשל במים וישים על הנפח וירפא. (Fol. 8 v°-29 v°, 50-52 v°.)

4° Fragment d'une série de recettes et d'opérations de chirurgie. (Fol. 30-43 v°.)

5° Fragment d'une autre série de recettes. (Fol. 44-47 v°.)

6° Des diverses couleurs de l'urine. (Fol. 47 v°-49 et fol. 58.)

7° Autre traité des urines, commençant par ces mots : שנים עשר שערים יש במראה השתן. (Fol. 53 v°-57 v°.)

8° Recettes pour différentes maladies. Dans ce morceau, on cite un passage d'Asaph. (Fol. 58 v°-73.)

9° Fragment d'un traité de médecine, dans lequel l'auteur a fait entrer une grande partie du ס' רפואות d'Asaph. (Fol. 74-95 v°.)

10° Quelques recettes. (Fol. 96-97 v°.)

Ces ouvrages ne sont point des traductions. Le langage est très-pur, malgré la présence d'un grand nombre de mots tirés du latin et des langues néo-latines (par ex. : קולירא, פלימאה, קוטדיאנא, quotidiana; אינולייא, aiguille, etc.) Excepté Isaac Israëli (fol. 53 v°) et Asaph, aucun auteur n'y est cité.

Le ms. tout entier est de la même écriture carrée.

Vélin. Pet. XIII° siècle. — (Ancien fonds 414.)

1130.

1° Cours de médecine, divisé en six livres, par Jean, de Damas; traduit de l'arabe en latin et du latin en hébreu. Ces six livres forment chacun un ouvrage à part et se trouvent souvent séparément. Notre ms. ne contient que les deux premiers livres. Le premier livre est divisé en quatre-vingt-onze chapitres, dont le dernier est intitulé : מתחלואי הלב. Le livre II se divise en deux parties, dont la première traite, en deux sections, des médicaments simples (מאמר הרפואות הפשוטות), et la seconde, appelée קראבדין «Antidotaire», des médicaments composés. La première section de la première partie du livre II a été traduite par R. Samuel, fils de Jacob. La traduction de la deuxième partie de ce livre (קראבדין) diffère de celle du même traité qui se trouve sous le n° 1128, 3°.

2° (Fol. 153.) Fragment du Canon d'Avicenne (depuis le paragraphe (مقالة) 3 du chapitre (فن) IV du livre IV, jusqu'à la fin du livre), en arabe et en caractères hébreux. La copie est datée de 5288 (1528 de J. C.). Quelques feuillets ont été transposés.

Papier. Moy. — (Ancien fonds 379.)

1131.

1° Livre I du traité de médecine de Jean, de Damas; traduit de l'arabe en latin et du latin en hébreu. Cette traduction est différente de celle du n° précédent.

2° (Fol. 84.) מהעצה והטבעים והתנאים של רפואות המשלשלות והמורכבות «Du Choix, des correctifs et de l'application des médicaments qui relâchent et des médicaments composés», ou première partie du livre II du traité de médecine de Jean, de Damas. Traduit de l'arabe en latin et du latin en hébreu par R. Samuel, fils de Jacob.

3° (Fol. 128.) מאמר קרבדין «Antidotaire», ou deuxième partie du livre II du même ouvrage. Traduit de l'arabe en latin et du latin en hébreu. La traduction est la même que celle du livre correspondant du n° précédent.

Ces trois articles ont été copiés par Samuel Pinehas Sephardi et achevés le 19 tebeth 5241 (1480 de J. C.).

4° (Fol. 161.) Traité des fièvres, en trois parties, par Antoine (Guainerius), de Pavie (voyez Fabricius, «Bibl. lat.», t. I, p. 126; Sprengel, «Geschichte der Arzneikunde», t. II, p. 619); traduit du latin en hébreu par R. Salomon, fils de Moïse Schalom, Sephardi. Dans sa préface, le traducteur dit qu'il se proposait de traduire également un ouvrage important, intitulé : ס' הפנדיטטי («Pandette», version italienne du Ḥavi de Rhazès?), et le livre העצה מהמונטאנייני («Consilia medica» de Bartholomée Montagnano).

Papier. Moy. XV° siècle. — (Ancien fonds 389.)

1132.

1° מהעצה והטבעים והתנאים של רפואות המשלשלות והמורכבות «Du Choix, des correctifs et de l'application des médicaments qui relâchent et des composés», par Jean, de Damas. Traduit de l'arabe en latin et du latin en hébreu par R. Samuel, fils de Jacob. En tête de cette copie on lit ces mots : והועתק מקרוב מהערבי אל הלעז בעיר מצרים (sic) ועתה אמנם העתקתיו אני שמואל ב"ר יעקב מהלעז אל העברי בקאפואה. La copie s'arrête au chapitre intitulé : מן המואריאון. Elle est suivie de quelques recettes pour les maladies des yeux, en arabe et en caractères hébreux.

2° (Fol. 88.) האנטידוטו «Antidotaire», par le même auteur; traduit en hébreu sur la version latine. La traduction est la même que celle du n° 1128.

3° (Fol. 148.) La Pharmacopée de Nicolas ou de la Faculté de Montpellier; traduite du latin en hébreu par R. Jacob Haq-Qatan.

4° (Fol. 185.) ס' השתנים לר' יצחק הישראלי העתקת קונשטשתי «Traité des urines, par R. Isaac Israëli, traduction de Qontasti (Constantin)». C'est la traduction hébraïque faite sur la version latine de Constantin l'Africain.

5° (Fol. 233.) Petit traité de médecine, composé par un médecin de l'école de Salerne. Les médicaments sont disposés selon leurs forces purgatives pour les diverses humeurs, et selon leur degré de chaleur, de froid, de sécheresse et d'humidité. En voici le commencement : אמר המחבר אני השבע והרוה והממולא ממאכל הראשון מטלח הרפואות. Lacune au milieu.

Papier. Pet. XVI° siècle. — (Ancien fonds 408.)

1133.

1° Deuxième section de la première partie du traité intitulé : « Du Choix, des correctifs et de l'application des médicaments qui relâchent et des composés », par Jean, de Damas. Traduit de l'arabe en latin et du latin en hébreu par R. Samuel, fils de Jacob.

2° (Fol. 81.) מאמר קרבדין « Antidotaire », ou deuxième partie du livre II du traité de médecine du même auteur. Traduit en hébreu. Même traduction que 1130, 1°.

3° (Fol. 176 v°.) המאמר בתחלואי הטחורים « Traité des hémorrhoïdes », par R. Salomon, fils de Joseph, de Grenade. (Voyez ci-dessus, n° 1120, 2°.) Cette copie ne commence qu'aux mots ראוי לתת להם מן המשקים du chapitre III, et finit avant la fin du chapitre VI.

4° (Fol. 192.) Quelques règles diététiques, commençant par ces mots : בעבור כי יד מתן האל היא רחבה והיא משפעת. . . .

A la fin du volume se trouvent quelques articles de la Pharmaçopée de Montpellier.

Vélin. Pet. XVe siècle. — (Ancien fonds 409.)

1134.

1° ס' הרקוח « L'Antidotaire », par Jean, de Damas; traduit en hébreu. Traduction différente des deux autres mentionnées ci-dessus. La copie a été exécutée par Sabbathaï, nommé El'azar, et terminée au mois de tebeth 5250 (1490 de J. C.).

2° (Fol. 37.) Pharmacopée de Nicolas ou de la Faculté de Montpellier; traduite du latin en hébreu. Suivent quelques recettes.

3° (Fol. 73.) Traité des fièvres, par Antoine, de Pavie; traduit du latin en hébreu par R. Salomon, fils de Moïse Schalom, Sephardi. (Voyez n° 1131, 4°.) On lit à la fin quelques fragments de médecine tirés de différents ouvrages, entre autres une série de questions et réponses relatives aux fièvres (les questions commencent par א"ש [אמר שואל?] et les réponses par א"ע [אמר עונה?]). Un morceau intitulé : ס' מבא הרפואה, contient des définitions des termes généraux de philosophie et de médecine.

4° (Fol. 121.) ס' מבא הרפואה « Introduction à la médecine », par Ḥonaïn-Ben-Isḥâq; traduite de l'arabe en latin et du latin en hébreu. (Voyez ci-dessus, n° 1116.)

5° (Fol. 132 v°.) ס' הנסיונות « Livre des expériences », par R. Abraham Aben-Ezra. (Voyez Carmoly, « Histoire des médecins juifs », p. 46, et ci-après, n° 1170.)

Papier. Moy. XVe siècle. — (Ancien fonds 381.)

1135.

1° ארגוזא « Ardjouza », ou traité de médecine en vers, du mètre-*redjz*, en deux parties (l'une comprenant la théorie de la médecine, l'autre la médecine pratique), par Avicenne; traduit de l'arabe en hébreu par R. Salomon, fils de Joseph, de Grenade. Le commencement manque.

2° (Fol. 95.) Les Aphorismes d'Hippocrate, traduits du grec en arabe et de l'arabe en hébreu par R. Nathan Hamathi.

Le ms. a été exécuté par Meïr, fils de Joseph Ẓarphathi.

Vélin. Pet. XVe siècle. — (Ancien fonds 507.)

1136.

Le Canon d'Avicenne, traduit de l'arabe en hébreu par R. Nathan Hamathi. Le texte de la version a été corrigé à plusieurs endroits. La copie a été exécutée par Abraham Ibn-Qarsaf (ן' קרשף) pour le médecin Daniel, fils de Samuel Daniel; elle a été terminée à Vilialon (ויליאלון), le 2 adar II 5247 (1487 de J. C.).

Papier, lettres ornées. Gr. — (Ancien fonds 370.)

1137.

Les deux premiers livres du Canon d'Avicenne, traduits de l'arabe en hébreu par R. Nathan Hamathi. Le livre II s'arrête au mot וגאג.

Vélin, lettres ornées. Gr. XIVe siècle. — (Ancien fonds 374.)

1138.

Diverses portions du Canon d'Avicenne, dans la traduction de R. Nathan Hamathi :

a. Le livre I. L'introduction du traducteur et celle de l'auteur manquent, ainsi que la table analytique.
b. La première partie du livre II.
c. Les chapitres (فنّ) I et II du livre IV.

A plusieurs endroits le texte primitif de la traduction a été changé et corrigé. A la fin du volume se trouvent des tables alphabétiques.

Papier. Moy. XVIe siècle. — (Ancien fonds 369.)

1139.

Les parties suivantes du Canon d'Avicenne, traduit de l'arabe en hébreu par R. Nathan Hamathi :

a. Le livre I.
b. Le § 1 du chapitre I du livre III.
c. Les chapitres I et II et les §§ 1 et 2 du chapitre III du livre IV.

Cet exemplaire contient la préface du traducteur. Les variantes de la version latine sont souvent indiquées à la marge.

Papier. Moy. XVIe siècle. — (Ancien fonds 377.)

1140.

Le premier livre du Canon d'Avicenne, traduit de l'arabe en hébreu par R. Nathan Hamathi. La préface du traducteur n'est pas précédée de la pièce de vers.

Vélin. Moy. xve siècle. — (Ancien fonds 373.)

1141.

Le second livre du Canon d'Avicenne, traduit de l'arabe en hébreu par R. Nathan Hamathi. Le texte est le même que celui du n° 1135.

Papier. Pet. xive siècle. — (Ancien fonds 372.)

1142.

Le second livre du Canon d'Avicenne, traduit de l'arabe en hébreu par R. Nathan Hamathi. Cette copie commence par le distique suivant : אוחיל תמיד אל אל גוחי מכין צעדי מרים קרני : ביום אשאל תמיד עזרו · בעת אחל ספר שני :. A la fin du volume se trouve un acte de vente du ms., daté d'Avignon du 1er ab 5184 (1424 de J. C.). La dernière page contient une autre note d'un propriétaire du ms., qui dit avoir vu la note autographe qui termine le commentaire sur la Mischna de R. Moïse Maïmonide.

Vélin et papier. Pet. — (Ancien fonds 427.)

1143.

1° Les deux premiers chapitres du livre IV du Canon d'Avicenne, traduits de l'arabe en hébreu par R. Nathan Hamathi. Le commencement manque.

2° (Fol. 86.) גרם המעלות (II Livre des Rois, chap. ix, vers. 11) « Échelle des degrés », traité de médecine composé en arabe par R. Josué, fils de Joseph, Ibn-Vivas, de Lorca, pour Don Benveniste, fils de Salomon Ibn-Labia (המכונה די לה קבאליריאה), et traduit de l'arabe en hébreu par R. Joseph Vidal, fils de Benveniste, Ibn-Labia. La copie est datée de l'an 5244 (1484 de J. C.).

Papier. Pet. — (Ancien fonds 407.)

1144.

1° Le premier chapitre du livre IV (traité des fièvres) du Canon d'Avicenne, traduit de l'arabe en hébreu par R. Nathan Hamathi.

2° (Fol. 45 v°.) Interprétation des termes de la logique, par R. Moïse Maïmonide. Traduit de l'arabe en hébreu par R. Moïse Ibn-Tibbon. Ce traité était précédé du ס' היסודות de R. Isaac Israëli, dont il ne reste que la dernière page.

3° (Fol. 57.) Commentaire sur les deux premiers chapitres du livre I du Canon d'Avicenne, par R. Joseph, fils de Josué, Ibn-Vivas, de Lorca. Le nom de l'auteur ne se trouve pas dans cette copie. (Voyez ci-après, n° 1147.) Il vivait dans la seconde moitié du xive siècle et était contemporain de R. Esdras, fils de Salomon Ibn-Gatnio (voyez ci-dessus, n°s 185 et 1008, et Uri, « Catalog. Bodl. », n° 159) et père du célèbre Hieronymus de Sancta Fide (Josué, de Lorca, voyez le n° précédent).

Écritures différentes. Quelques feuillets ont été transposés.

Vélin et papier. Moy. — (Oratoire 140.)

1145.

Le second livre du Canon d'Avicenne, traduit de l'arabe en hébreu par R. Zeraḥya, fils d'Isaac, fils de Schealti'el, Sephardi, de Barcelone (זרחיה בן יצחק חן ז' ב' י'·בן שאלתיאל הספרדי); à la fin du volume : הספרדי. Cette version commence par ces mots : כבר בארנו בס' הראשון ענין אמרנו זאת הרפואה חמה . . . En tête du volume se trouve une liste alphabétique des drogues mentionnées dans la seconde partie du livre. Le dernier feuillet contient une table des poids et mesures tirée du livre חיבור אלסאהר. La copie (ou la traduction elle-même?) a été exécutée pour le médecin Isaac Hal-Lévi.

Vélin. Moy. xve siècle. — (Ancien fonds 375.)

1146.

1° Le livre IV (à l'exception des chapitres iii, iv et v qui traitent de la chirurgie) du Canon d'Avicenne, traduit en hébreu. Cette traduction diffère de celle de R. Nathan Hamathi; on ignore le nom de l'auteur. La copie a été exécutée par R. Aaron Saxo (אהרן זחשא), de Magdebourg (ממיידבורג?).

2° (Fol. 79.) Matière médicale, disposée par ordre alphabétique; abrégé du livre II du Canon d'Avicenne. A la fin se trouvent deux tables alphabétiques, qui contiennent la synonymie des matières en arabe, en latin et en espagnol.

Même écriture que celle du premier ouvrage.

Vélin, miniature. Moy. xive siècle. — (Ancien fonds 378.)

1147.

Le livre I et la première partie du livre II du Canon d'Avicenne; traduits de l'arabe en hébreu par R. Joseph, fils de Josué, Ibn-Vivas, de Lorca. La copie se termine par ces mots : נשלם המאמר הראשון וששה פרקיו ת"ל ית' אמן ובהשלמו שלם מה שהעתיק החכם המעולה ר' יוסף ב"ר יהושע לורקי ז"ל מחבור השר אבו עלי ב"ס היא ההעתקה הנבחרת « Ici finit la première partie (du livre II), renfermant six chapitres, et par là se termine la portion de l'ouvrage d'Avicenne qui a été traduite par le grand savant R. Joseph, fils de Josué, de Lorca; c'est la version préférée ». L'auteur de cette version a pris pour base celle de R. Nathan Hamathi, en en rectifiant les erreurs et en traduisant de nouveau les passages obscurs ou mal traduits.

Vélin. Pet. xve siècle. — (Ancien fonds 406.)

1148.

Le premier livre du Canon d'Avicenne, traduit de l'arabe en hébreu par R. Joseph Ibn-Vivas, de Lorca. Les premiers feuillets contiennent des notes marginales signées : Juda.

Vélin et papier. Moy. xve siècle. — (Ancien fonds 376.)

1149.

Le premier livre du Canon d'Avicenne, traduit de l'arabe en hébreu par R. Joseph Ibn-Vivas, de Lorca. Ce texte a subi quelques changements. Nombreuses notes marginales, dont la plupart portent le nom de Galiano (R. Moïse, fils de Juda Galiano?). Un certain nombre de ces notes, ajoutées par le copiste, donnent les variantes de la version latine.

Papier. Moy. xve siècle. — (Ancien fonds 371.)

1150.

1° Commentaire sur le premier livre du Canon d'Avicenne, par R. Joseph Ibn-Vivas, de Lorca. Cette copie s'arrête à la fin du chapitre II, comme celle du n° 1144, 3°. Il y a une lacune vers la fin.

2° (Fol. 93.) Résumé du traité de l'Ame d'Aristote, par Averroès; traduit de l'arabe en hébreu par R. Moïse Ibn-Tibbon.

Deux écritures différentes.

Vélin et papier. Moy. — (Ancien fonds 368.)

1151.

קצור באור הראשון מן' יעיש לרב ר' יעקב קפאנטון «Abrégé du commentaire sur le premier livre [du Canon d'Avicenne] d'Ibn-Ya'isch, par R. Jacob Qaphanton». La copie a été exécutée par Jacob Israël. En tête du volume se trouvent quelques notes détachées.

Papier. Pet. xvie siècle. — (Ancien fonds 405.)

1152 à 1160.

Commentaire sur le premier livre et quelques parties du second livre du Canon d'Avicenne, par R. Jacob, fils de Nathan, Ibn-Ḥandali. Il y a plusieurs lacunes dans cette copie.

9 vol. Papier. Pet. — (Supplément 159-167.)

1161.

Commentaire sur les deux premiers chapitres du livre IV du Canon d'Avicenne, traduit du latin en hébreu. On a mis en tête du ms. le faux titre de : ס' רפואות לגינטיל; mais Gentilis est cité lui-même dans cet ouvrage. (Voyez fol. 82 et 86 v°.)

Papier. Pet. xve siècle. — (Oratoire 143.)

1162.

ס' השמוש «Livre des manipulations ou d'usages pratiques», par Aboul-Qâsim Khalaf Al-Zaḥrâwi (Aboulcasis); traduit de l'arabe en hébreu par R. Schém-Tôb, fils d'Isaac, de Tortose (כבי הטרטוש). Le texte arabe, intitulé: كتاب التصريف لمن عجز عن التاليف «Livre des manipulations pour celui qui est incapable de composer des recettes», divisé en vingt-neuf livres, auxquels on en a ajouté un trentième, a été publié avec une traduction latine à Oxford, en 1778. La traduction hébraïque a été terminée au mois de nisan 5018 (1258 de J. C.), à Marseille. L'auteur l'a revue plus tard, car il cite un événement arrivé en 5021 (1261 de J. C.). Notre ms. ne renferme que la préface du traducteur, la table des matières, le livre I et le commencement du livre II.

Vélin et papier. Moy. xve siècle. — (Ancien fonds 382.)

1163.

ס' השמוש «Livre des manipulations», par Aboul-Qâsim Al-Zaḥrâwi; traduit de l'arabe en hébreu par R. Schém-Tôb, fils d'Isaac, de Tortose. Ce ms. renferme les livres XVIII à XXX de l'ouvrage.

Vélin. Gr. xive siècle. — (Sorbonne 252.)

1164.

Les livres XXI à XXVI du Livre des manipulations d'Aboul-Qâsim Al-Zaḥrâwi, traduits de l'arabe en hébreu par R. Schém-Tôb, fils d'Isaac, de Tortose. Ces chapitres ont été détachés d'un exemplaire complet de cet ouvrage.

Papier. Pet. xive siècle. — (Ancien fonds 419.)

1165.

1° מאמר המשיחות מספר הצירוף «Traité des onguents, tiré du Livre des manipulations» d'Aboul-Qâsim Al-Zaḥrâwi. C'est le livre XXV de cet ouvrage, et c'est par erreur que le copiste a mis en tête et à la fin du traité ces mots : ובהשלמת זה הספר יחתם הספר. Une autre épigraphe, qui attribue cette version à R. Nathan Hamathi (והעתיקו ר' נתן המאתי באנ"ד), n'est pas plus fondée que la première.

2° (Fol. 17 v°.) ... ס' מלאכת הרפואה משרורגיאה «Traité de chirurgie», vulgairement nommé [d'après le commencement de l'ouvrage] Post mundi fabricam, par maître Roger (de Parme); traduit du latin en hébreu. (Voyez Sprengel, «Histoire de la médecine», t. II, p. 416, de la traduction française.)

3° (Fol. 43 v°.) Traité de chirurgie, par Guillaume, de ... (דקונגיינש); traduit du latin en hébreu par R. Isaïe, qui probablement est aussi l'auteur de la version de l'ouvrage de Roger, de Parme.

4° (Fol. 60 v°.) ס׳ החבורות והנגעים «Traité de chirurgie», par Roland, de Parme; traduit du latin en hébreu. (Voyez Sprengel, «Histoire de la médecine», t. II, p. 417.)

5° (Fol. 86.) ס׳מלאכת היד הנקרא פראטיקא משרורגיאה «Traité de chirurgie appelé Pratica chirurgiæ», par un auteur anonyme; traduit du latin en hébreu. En voici le commencement : לדקירת הראש אדם כי קרה לו שידקר בראש. . . .

6° (Fol. 100 v°.) מאמר הדפק ליוחנן הירחני «Traité du pouls, par R. Yohanan Yarhouni». L'ouvrage finit par ces mots : הם ונשלם בעזר אל עולם מאמר הדפק ליוחנן הירחני ולאסף היהודי ולשאר חכמי הודו וחכמי מפרס נזכרים פה בפרטות בנ״ה.

7° (Fol. 103 v°.) Traité des urines, par Théophile; traduit du latin en hébreu. (Voyez Sprengel, ouvrage cité, p. 221.)

8° (Fol. 108.) המאמר השביעי כללים וקבוצים ממלאכת התחבושה «Septième livre. Règles relatives à l'art chirurgical». C'est le septième livre de l'Almançouri de Rhazès, traduit de l'arabe en hébreu par R. Schêm-Tôb, fils d'Isaac. Cette version est différente de celle qui est citée dans le שפתי ישנים. Incomplet.

Le dernier ouvrage est d'une autre écriture que le reste du ms.

9° (Fol. 121.) ספר מעשה אמן «Travail de l'artisan», traité de chirurgie, composé en hébreu par un auteur anonyme, qui cite presque à chaque page les opérations faites par son père. En voici le commencement : אדם כי יהיה בעור בשרו פצע או חבורה ונרתק עורו ובשרו.

10° (Fol. 148.) ס׳ רולנדינה «Rolandina», ou manuel de chirurgie, par Roland, de Parme. C'est le même ouvrage que l'article 4° ci-dessus, dans une traduction différente.

Les derniers feuillets contiennent un grand nombre de recettes et d'observations détachées.

Papier. Pet. xive siècle. — (Ancien fonds 429.)

1166.

Le trentième et dernier livre du Traité des manipulations d'Aboul-Qâsim Al-Zahrâwi, traduit de l'arabe en hébreu par R. Schêm-Tôb, fils d'Isaac. La fin, à partir du chapitre lxxviii de la deuxième partie, manque.

Papier. Pet. xive siècle. — (Ancien fonds 430.)

1167.

ספר החפץ השלם «Livre appelé le Bijou parfait», traduction hébraïque du livre arabe qui a pour auteur Aboul-Qâsim Al-Zahrâwi, et dont une traduction latine a été publiée sous le titre de : «Liber theoricæ necnon practicæ». L'auteur de la version hébraïque est R. Meschoullam, fils de Jonas, qui, comme on le voit dans sa préface, croyait traduire le كتاب التصريف. Cette copie s'arrête au chapitre des maladies de la matrice, faisant partie du deuxième livre de l'ouvrage.

Papier. Moy. xive siècle. — (Ancien fonds 383.)

1168.

ס׳ החפץ השלם «Le Bijou parfait», par Aboul-Qâsim Al-Zahrâwi; traduit de l'arabe en hébreu par R. Meschoullam, fils de Jonas. Cette copie a été exécutée par Isaac, fils de Salomon (דלבארי), pour David, fils de Menahem Zarphathi (דטריקרנו), et terminée (à מילפה) le 15 adar 5214 (1454 de J. C.).

Papier. Moy. — (Ancien fonds 388.)

1169.

Traité complet de pathologie, composé de cinq cent soixante-neuf paragraphes, où l'on fait connaître la nature de toutes les maladies particulières, à commencer par celles du cerveau, ainsi que leurs symptômes, leur diagnostic et leur traitement. C'est la traduction hébraïque de plusieurs parties de l'ouvrage persan intitulé : ذخيرهٔ خوارزمشاهى, par Zaïn ed-dîn Ismaïl Ibn-Hosaïn Al-Djordjâni (voyez Hadji-Khalfa, t. III, p. 330), dont plusieurs livres se trouvent à la Bibliothèque impériale, de même que l'extrait de ce livre intitulé : الاغراض الطبيّه (mss. pers. de l'ancien fonds 146, 147, 148 et 149; du supplément 54). Des dix livres qui forment cette encyclopédie médicale (voyez ms. pers. de l'ancien fonds 147, fol. 278 v° et 352 v°, où le dixième livre est désigné comme le dernier, tandis que Hadji-Khalfa en compte douze), cette version renferme :

a. Le livre VI (§§ 1 à 371).
b. Le livre VII (§§ 372 à 410).
c. Le livre VIII (§§ 411 à 439).
d. Le livre IX (§§ 440 à 483).
e. La troisième partie du troisième traité du livre V, jusqu'à la fin du livre (§§ 484 à 518).
f. Le cinquième traité de la deuxième partie du livre III (§§ 519 à 526).
g. Les chapitres iii et iv de la deuxième partie du troisième traité du livre V (§§ 527 et 528).

Le reste (§§ 529 à 569) paraît être tiré d'un autre ouvrage persan ou arabe.

Nous ne connaissons aucun autre ouvrage persan qui

ait été traduit en hébreu. On ne rencontre aucune indication relative au traducteur ni à l'époque de la traduction, qui, en général assez fidèle, abrége quelquefois le texte original. Il y a quelques lacunes dans la copie.

Vélin et papier. Moy. — (Oratoire 142.)

1170.

1° ספר הנסיונות מהרפואה «Livre des expériences médicales», par R. Abraham Aben-Ezra, manuel de médecine, divisé en dix chapitres. L'auteur dit dans la préface qu'il a composé ce traité en vue de ceux qui n'ont pas à leur portée un médecin habile et qui ne peuvent pas se procurer les remèdes nécessaires. A côté de plusieurs observations et prescriptions scientifiques, on en rencontre d'autres fondées sur la cabale et l'astrologie.

2° (Fol. 14.) ספר הקדחות לר' יצחק הישראלי «Traité des fièvres, par R. Isaac Israëli», fils de Salomon.

3° (Fol. 113 v°.) מאמר על השקוי ושלשת מיניו «Traité sur l'hydropisie et ses trois espèces», par R. Isaac, fils de Salomon, Israëli. Cet opuscule n'est pas mentionné par Ibn-Abi-Oçaïbia et ne se trouve pas non plus dans l'édition latine des œuvres d'Isaac. Après avoir défini les trois variétés d'hydropisie, qui sont l'*anasarca* (הבשרי, اللحمي), l'*ascites* (הנודי, الزقي) et la *tympanites* (התפי, الطبلي), l'auteur en expose brièvement les symptômes et le traitement.

4° (Fol. 117.) Table des matières du Traité des fièvres de R. Isaac Israëli. Dans cette table, le livre I est divisé en deux chapitres, le livre II en seize, le livre III en onze, le livre IV en vingt-neuf et le livre V en vingt-cinq. Le Traité d'hydropisie est indiqué comme appendice.

Le ms. a été terminé au mois de tebeth 5185 (1424-1425 de J. C.).

Papier. Moy. — (Oratoire 141.)

1171.

1° מראות השתן «Des Couleurs de l'urine». Ce traité, attribué dans notre ms. à R. Isaac Israëli, est, à quelques changements de disposition près, identique à celui du n° 1116, 3° *d*, et appartient, par conséquent, à Gerhard, de Crémone.

2° (Fol. 5.) ס' השלמת הטבע והמזג «Perfectionnement de la nature et du tempérament». Traduit de l'arabe en hébreu. (Voyez ci-dessous, n° 1190, 4°.)

3° (Fol. 29.) Prescriptions relatives à la saignée, commençant par ces mots : ... עתה נדבר בעניני ההקזה.

4° (Fol. 36.) Aphorismes médicaux en vers. En voici le commencement : דע לך כי חומר אחר יש · מתחת גלגל ירח : מת הוא בלתי רוח חיים · אך אור גלגל בו זורח. Cette pièce est suivie de quelques observations sur les couleurs des évacuations (הצואה) et sur la valeur des poids médicaux.

5° (Fol. 44.) Introduction à la médecine, commençant par ces mots : גוף האדם מחובר מאברים פשוטים והם הנקראים דומים . . .

Suit une page contenant un tableau des jours de chaque mois où l'on peut pratiquer des saignées, par le médecin Nicolas. Traduit en hébreu.

6° (Fol. 52.) Fragment du livre VIII (sur les fièvres) d'un traité de pathologie générale.

Papier. Pet. xv° siècle. — (Ancien fonds 424.)

1172.

ספר המכלל «Encyclopédie des sciences médicales» (كليات, *Colliget*), par Averroès; traduite de l'arabe en hébreu par R. Salomon, fils d'Abraham, Ibn-Daoud, qui, d'après ce qu'il dit dans sa préface, a traduit cet ouvrage en même temps qu'il a traduit et commenté l'Ardjouza d'Avicenne. La copie a été terminée le 25 adar 5230 (1470 de J. C.). Le dernier feuillet contient quelques observations sur les urines, d'après les auteurs chrétiens.

Papier. Moy. — (Ancien fonds 387.)

1173.

1° ספר הפרקים «Aphorismes médicaux», par R. Moïse Maïmonide; traduits de l'arabe en hébreu par R. Nathan Hamathi. Cette version a été publiée à Lemberg, en 1834.

2° (Fol. 92 v°.) מאמר אלרבו «Traité de l'asthme», par le même auteur; traduit de l'arabe en hébreu par R. Samuel Benveniste.

3° (Fol. 112.) מאמר הטחורים «Traité des hémorrhoïdes», par le même auteur; traduit de l'arabe en hébreu. A la fin se trouve une recette attribuée au fils de Moïse Maïmonide (נסחת השר אבו עמרם).

4° (Fol. 115 v°.) Traité des poisons (מאמר נכבד), par le même auteur; traduit de l'arabe en hébreu par R. Moïse Ibn-Tibbon, qui probablement est aussi l'auteur de la version du traité précédent, car à la fin de notre ouvrage on lit ces mots : נשלמו המאמרים לרמב"ם זצ"ל והעתיקו (*sic*) החכם ר' משה בר' שמואל . . . .

5° (Fol. 126.) מאמר השלשול «Traité de la diarrhée», par Averroès; traduit de l'arabe en hébreu, sous les auspices de R. Moïse, fils de Naḥman (par R. Jacob Haq-Qatan?). Notre ms. ne contient que la préface du traducteur, en prose rimée, suivie d'une consultation d'Averroès intitulée : על תרעומת השלשול.

6° (Fol. 127 v°.) מאמר בשכחה ובמה שיוליד הזכרון «Traité sur l'affaiblissement de la mémoire et sur ce qui peut la fortifier», par Abou-Djafar Ibn-Al-Djazâr; traduit de l'arabe en hébreu. Ce traité n'est pas mentionné par Ibn-Abi-Oçaïbia parmi les ouvrages de l'auteur.

7° (Fol. 129 v°.) המאמר לחולי מלנכוניא «Mémoire sur la mélancolie», par R. Isaac, fils de Salomon, Israëli, commençant par ces mots : אמר יצחק נשוב עכשו למקום שהיינו עסוקים בו . . . Ce traité fait probablement partie d'un autre ouvrage.

8° (Fol. 132 v°.) מאמר השקוי «Traité de l'hydropisie», par le même auteur. (Voyez ci-dessus, n° 1170, 3°.)

9° (Fol. 135.) מאמר על רבוי המשגל «Traité sur la diète dans le coït», par R. Moïse Maïmonide; traduit de l'arabe en hébreu. A la suite de cet ouvrage se trouve une recette, par le fils de Moïse Maïmonide (נסחת בן השר אבו עמרן משה בן . . .).

Le dernier feuillet, qui probablement devait se trouver en tête du ms., contient le titre, quelques vers de R. Moïse Maïmonide qui forment le commencement du commentaire sur la Mischna, et une autre pièce de vers composée en l'honneur de cet auteur et commençant par ces mots : אדון יצרו אסיר יוצר וקונו . . .

Vélin et papier, dessins à la plume. Moy. xiv° siècle. — (Ancien fonds 367.)

1174.

Aphorismes médicaux, par R. Moïse Maïmonide; traduits de l'arabe en hébreu par R. Nathan Hamathi. La fin du livre XXV manque.

Papier. Pet. xiv° siècle. — (Oratoire 146.)

1175.

1° Traité de l'asthme, par R. Moïse Maïmonide; traduit de l'arabe en hébreu par R. Samuel Benveniste. Cet article a été détaché d'un ms. qui contenait encore deux autres ouvrages, comme on le voit par un acte de vente à la fin de ce traité, signé : Isaac, fils d'Abraham, de Villanova, et daté du mois de sivan 5085 (1325 de J. C.).

2° (Fol. 47 v°.) Consultation sur la constipation et l'hypochondrie, par le même auteur; traduite de l'arabe en hébreu. (Voyez ci-dessus, n° 1120, 3°.)

3° (Fol. 63.) Introduction à la médecine, par Ḥonaïn Ben-Isḥâq; traduite en hébreu sur la version latine.

Les deux dernières copies proviennent de la bibliothèque de Raphaël Ḥayyim, fils de Moïse ʿAmram Altino. Écritures différentes.

Vélin et papier. Pet. — (Ancien fonds 413.)

1176.

1° מאמר אלרבו «Traité de l'asthme», par R. Moïse Maïmonide; traduit de l'arabe en hébreu par R. Samuel Benveniste. Le ms. est incomplet et ne contient que la fin du chapitre xii et le chapitre xiii, qui est le dernier de l'ouvrage.

2° (Fol. 11 v°.) ס' הנהגת הבריאות «Traité sur le régime de la santé», par Arnaud, de Villanova; traduit du latin en hébreu.

3° (Fol. 38 v°.) Commentaire sur les deux premiers chapitres du Canon d'Avicenne, par R. Joseph, fils de Josué, Ibn-Vivas, de Lorca. (Voyez ci-dessus, n°s 1144, 3°, et 1150, 1°.) Ce texte est un peu abrégé. Il y a quelques lacunes au milieu. La copie a été exécutée par Barzili, fils de Maïmon Ḥabîb, à Alizano.

Vélin et papier. Pet. — (Sorbonne 245.)

1177.

1° מישיר המתחילים «Le Guide des commençants», manuel de médecine, par Géraud, de Solo; traduit du latin en hébreu par Léon Joseph, de Carcassonne. C'est la traduction du traité connu sous le titre de : «Introductorium juvenum», et différent de celui qui se trouve au n° 1123, 2°. Le traducteur, n'ayant pas trouvé l'ouvrage original complet, y a joint la traduction du traité suivant :

2° (Fol. 45 v°.) Traité sur les urines, par Jean, de Tornamire.

Vélin et papier. Pet. xv° siècle. — (Oratoire 166.)

1178.

Les trois premières parties du traité de chirurgie de Guillaume de Saliceto, de Plaisance; traduites du latin en hébreu. En tête du ms. se trouve l'épigramme suivante : אמר זמן לכסיל היה רופא · הרוג את האנשים וקח הונם : יתרון לך על כל מלאכי מות · כי הם ימיתון האדם חנם · Le ms. a été exécuté par Isaac, fils de Salomon Delbari (דלבארי), pour son propre usage, et terminé à Viesti (בישטי) sur l'Adriatique, en 5216 (1455 de J. C.). Sur le dernier feuillet le copiste a noté la date de la naissance de son fils Salomon, né à Barletta (ברליטא), le 6 schebat de la même année. Différentes recettes remplissent les dernières pages.

Papier. Pet. — (Ancien fonds 415.)

1179.

ספר צירוניאה «[Les trois premières parties du] Traité de chirurgie», par Guillaume de Saliceto, de Plaisance. Traduit du latin en hébreu. (Voyez le n° précédent.)

Papier. Moy. xv° siècle. — (Oratoire 149.)

1180.

ספר צירוניאה «Livre de chirurgie», par Guillaume de Saliceto, de Plaisance; traduit du latin en hébreu. Cette traduction diffère de celle du n° précédent et s'arrête au commencement du livre III.

Vélin. Moy. XIVe siècle. — (Sorbonne 174.)

1181.

1° Petit Manuel de thérapeutique, par R. Abraham, fils de Schêm-Tôb, commençant par ces mots : בשם רופא חולים הנה לך חיבור בדרך קצרה אשר אם יבין אותו החולה . . . Le traité se termine par le chapitre XXVI du livre VII du «Breviarium» de Jean, fils de Sérapion, un extrait de Gentilis, et un certain nombre de recettes.

2° (Fol. 12.) Livre I du traité de médecine de Jean, de Damas; traduit en hébreu. (Voyez ci-dessus, nos 1130 et 1131.) La traduction est la même que celle du n° 1130. La copie s'arrête avant la fin de la seconde partie du livre.

3° (Fol. 111.) Livre II du même ouvrage, intitulé : מהעצה והטבעים והתנאים של רפואות המשלשלות והמורכבות «Du Choix, des correctifs et de l'application des médicaments qui relâchent et des médicaments composés». La première section de la première partie du livre a été traduite en hébreu sur la version latine par R. Samuel, fils de Jacob, de Capoue. La traduction de la deuxième partie (קרבדין) est identique à celle des nos 1130 et 1131.

4° à 7° (Fol. 200 v°.) Livres III à VI du traité de médecine de Jean, de Damas; traduits en hébreu sur la version latine. Le livre III (הס' השלישי אשר ידבר בו מהנהגות המכות) est divisé en dix chapitres, le livre IV (הס' הרביעי אשר יבאר בו מהמכות המורכבות ומהמקרים) en sept chapitres, le livre V (הס' החמישי אשר יקרו למכות אשר ידבר בו מהנהגת פירוד החיבור אשר יקרה בורידים ובעצבים) en quatorze chapitres, et le livre VI (הס' הששי אשר ידבר בו מהנהגת האברים הנידיים והעצמות) en six chapitres.

8° (Fol. 245.) ס' אבן סינא בקצרה «Abrégé du Canon d'Avicenne», en dix livres.

A la fin du volume se trouvent :

a. Dessin du corps d'un homme, avec indication des artères et des veines, et des différents signes du zodiaque sous l'influence desquels elles sont placées.
b. Dessin du buste d'un homme, avec indication des parties de l'œil.
c. Division des sept climats et explication de la figure *a*, d'après maître «Rinaldo, de Villanova» (Arnaud), tirée de l'ouvrage : פנים במשפט, traduit du latin.

Vélin. Gr. XIVe siècle. — (Ancien fonds 380.)

1182.

1° חבור ברפואה בדרך קצרה «Petit Manuel de médecine», par R. Abraham, fils de Schêm-Tôb. (Voyez le n° précédent.)

2° à 7° (Fol. 11 v°.) ספר יואנים הדמשקי אבן מסואי «Cours de médecine, par Jean, de Damas, fils de Mesué»; traduit de l'arabe en latin et du latin en hébreu (la première section de la première partie du livre II, par R. Samuel, fils de Jacob). Entièrement conforme aux livres correspondants du n° précédent.

8° (Fol. 242 v°.) ספר אבן סינא בקצרה «Abrégé du Canon d'Avicenne».

Ce ms. semble avoir été copié sur le n° précédent.

Vélin. Moy. XIVe siècle. — (Sorbonne 182.)

1183.

חכמת נשלמת במלאכת היד «L'Art complet de chirurgie», par Lanfranchi, de Milan (ליאון פרנקו), qui a composé cet ouvrage à Paris, en 1296, en l'honneur du roi Philippe (le Bel), et à la demande du chef des médecins de l'Université, Jean de Passounat (נואן די פאשונאט), et de ses auditeurs, d'après un petit manuel qu'il avait fait auparavant. Ce traité semble avoir été composé (et non traduit) en hébreu. La fin manque.

Papier. Moy. XVe siècle. — (Ancien fonds 394.)

1184.

L'Art complet de chirurgie, par Lanfranchi. (Voyez le n° précédent.) Le commencement manque.

Papier. Pet. XVe siècle. — (Ancien fonds 428.)

1185.

1° שושן הרפואה «Le Lis de la médecine» (Lilium medicinæ), par maître Bernard de Gordon, composé en 1304 et traduit du latin en hébreu, à Narbonne, en 1387, par R. Yeqouthi'el, fils de Salomon. Voici la note qui termine cette version et qui présente quelques difficultés : ונשלם זה הספר שנת אלף ושלש מאות וארבעה בחדש (lis. ביום) חמשי לחדש פיבריר מהשנה המכרת לחשבונם העתקתיו אני יקותיאל ב"ר שלמה מל' לטין ללשוננו הקדש פה נרבונה והשלמתיו בחדש אייר שנת קמז לפרט האלף הששי בארבעה עשר בו ובכאן נשלם החלק מהמלאכה אשר חברו החכם הרופא מאישטרי ברנט דיגורדו במונפישליר והעתקתיה אני יהודה ב"ר שלמה בבוץ דרוך תלאה השם יזכני . . .

2° (Fol. 193.) בהנהגת החדות «Sur le Traitement dans les maladies aiguës», par le même auteur.

3° (Fol. 194 v°.) לוח התחבולה «Table de l'artifice», par le même auteur.

4° (Fol. 198.) ס' הגבולים «Traité des pronostics», par le même auteur.

Ces trois traités forment des appendices au «Lis de

la médecine» et ont été traduits probablement en même temps que ce dernier ouvrage.

Le ms. a été exécuté à Bologne, par Isaac, fils d'Abraham Ḥên, pour le médecin Élie, fils de Sabbathaï. En tête du volume se trouve un fragment du «Lis de la médecine», écrit par le même copiste.

Vélin, lettres ornées. Gr. xiv° siècle. — (Ancien fonds 390.)

1186.

1° שושן הרפואה «Le Lis de la médecine», par Bernard de Gordon; traduit du latin en hébreu par R. Yeqouthi'el, fils de Salomon. Cette copie a été exécutée par Ḥalafta (Sofêr), fils d'Abraham (Sofêr) de Marseille, pour maître Joseph Périer (פריייר), à Ancone; elle a été achevée à Mondovi (מונדאביאו) le 28 sivan 5196 (1436 de J. C.). Il manque un feuillet au commencement.

2° (Fol. 218.) Traité des urines, par R. Isaac, fils de Salomon, Israëli; traduit de l'arabe en hébreu. (Voyez ci-dessus, n° 1125.) La copie a été faite pour le même maître Joseph, par Salomon Samuel Privat, et terminée le 7 ab de la même année.

Papier. Moy. — (Ancien fonds 391.)

1187.

Traité des drogues, incomplet au commencement et à la fin; traduit probablement de l'arabe. Comme le volume avait une pagination hébraïque, on voit qu'il manque au commencement vingt-deux feuillets contenant quarante-sept médicaments. Le quarante-huitième commence par ces mots: פוה וכן בלשוננו לטי רוביאה לעז רונה. Chaque article renferme des extraits de Dioscoride et de Galien, et souvent d'Abou-Hanifa, de Hobaisch, de Maser-Djaviè, d'Isaac Ibn-Amran, de Rhazès, d'Ibn-Mesué, de Solaiman Ibn-Ḥasan, etc.

Vélin et papier. Moy. xiv° siècle. — (Ancien fonds 392.)

1188.

Traité d'hygiène, divisé en huit livres, par Magnino, de Milan, médecin d'André de Florence, évêque d'Arles (voyez «Gallia christiana», t. III, p. 336); traduit du latin en hébreu. Cet ouvrage n'est pas la traduction du «Regimen sanitatis» attribué tantôt à Magnino, tantôt à Arnaud de Villanova (voyez «Arnaldi de Villanova opera», Basil., 1582, p. 658; Fabricius, «Bibliotheca med. et inf. latinit.», t. III, p. 4; Tiraboschi, «Storia della letterat. ital.», t. V, p. 412), mais la traduction d'un autre traité d'hygiène attribué également à Arnaud de Villanova et qui se trouve dans le ms. lat. de la Bibliothèque impériale, ancien fonds, n° 6972, sous le titre de: «Arnaldi de Villanova tractatus de aquis, de aere, de vinis, de pane, de leguminibus». Notre traduction finit par ces mots: נשלם זה הספר והלמוד השמני . . . שנת אלף ושלש מאות וששים (שלשים?) בחנת ש' מרטין חברו מאנני רופא אדני (אנדרי?) מידיאולאנינסיניוס.

Le commencement de la table des matières manque.

A la fin du volume se trouve un petit traité sur l'art de découper et de servir aux tables des grands (ס' מעשה כריתות הבשר לשרת על שלחן הנכבדים); traduit également du latin.

Papier. Pet. xv° siècle. — (Ancien fonds 355.)

1189.

La grande Chirurgie de Gui de Chauliac, médecin du pape Clément VI; traduite du latin en hébreu. Le commencement, jusqu'au chapitre III, et la fin, depuis la seconde doctrine du traité VII, manquent.

Vélin et papier. Moy. xv° siècle. — (Ancien fonds 385.)

1190.

1° Traité des médicaments, incomplet au commencement et à la fin. Les médicaments sont énumérés d'après les quatre éléments physiques et selon leurs premières, secondes et troisièmes forces.

2° (Fol. 21.) שר המשקים «Le Chef des boissons», recueil de formules de tisanes pour différentes maladies, composé par R. Salomon Sephardi, à Béziers; traduit en hébreu par un anonyme (פלני אלמוני). Notre ms. ne contient que le commencement de l'ouvrage.

3° (Fol. 24.) ס' הרקוח «Pharmacopée», par Nicolas, de Montpellier, renfermant cent trois recettes.

Ces trois articles sont de la même écriture.

4° (Fol. 44.) ס' המבוא למלאכת הרפואות «Introduction à la médecine», par Ḥonaïn-Ben-Isḥâq; traduite de l'arabe en hébreu par un auteur anonyme. La version commence par ces vers : הדר משכיל כהדרת מלאכי רום · ושפלי עם כשנהבים וקופים : כבית מדרש דרוש משכיל וחכם · וישרי לב נקיי גוף וחפים : ובשוק תמצאה זולל וסובא · ומלעינים וילדי נאפופים : ומה אאריך להפרידם והנה · כחלוף אור וחושך נחלפים : עדי נשפי נבון לבב נגוהים · וננהי כל חסר מדע נשפים : ; puis l'auteur énumère vingt-quatre ouvrages de médecine (les sept premiers de théorie et dix-sept autres de pratique) qu'il avait traduits pendant les années 17, 18 et 19 du cycle lunaire 261 (1197 à 1199 de J. C.). Voici les titres de ces ouvrages : 1. ס' חנואן, ou introduction au Τέχνη de Galien (voyez ci-dessus, n° 1116, 1°). 2. Le livre Τέχνη sous le titre de : המאסף לכל המחנות (mentionné à la fin du n° 1116, 1°). 3. Les Aphorismes d'Hippocrate, sous le titre de : אגור (voyez ci-dessus, n° 1116, 2°). 4. Les Pronostics d'Hippocrate, sous le titre de : ס' החידות וההשנחות (voyez ci-dessous, n° 1191). 5. Le traité des urines, par Théophile le philosophe. 6. Le traité du pouls, par Philarète (voyez ci-après, article 6°). (Les six ouvrages qui précèdent se trouvent souvent réunis dans les mss. latins.) 7. Le Pantechne (פנטיגני) de Moḥammed Ar-Razi, sous le titre de : ס' מלא מחזיק (le Ḥâvi?). 8. Le livre des purgations et purifications du corps (ס' הכבוסים והטהרות הגופיות, voyez ci-dessus, n° 1120, 1°). 9. Le traité des urines, par Isaac Israëli (voyez ci-dessus, n° 1125). 10. Le livre du secret (ס' הסתר), qui traite des maladies des femmes et des parfums. 11. Le livre des aliments (ס' המסעדים), de R. Isaac Israëli, appelé en latin « Dietæ particulares » (voyez ci-dessus, n° 1128, 1°). 12. Livre des générations, appelé Genesis, qui traite de la conception et de la grossesse. 13. Livre de la matrice (?), d'après Galien (ס' האם על גלינוס). 14. Un livre intitulé : Pratica (פרטיקא). L'auteur dit que plusieurs médecins ayant composé des Pratiques, il a fait choix des meilleures. 15. Le Viatique, de R. Isaac Israëli, sous le titre de : יאיר נתיב (voyez de Rossi, n° 1168. Il est douteux que cet ouvrage soit d'Isaac Israëli; il semble plutôt être identique à la traduction faite sur l'arabe qui se trouve à la Bibliothèque Bodléienne sous le titre de : צירת הדרכים, voyez Uri, « Catal. »). 16. Livre des maladies, d'après Galien, intitulé : Passionarius (c'est l'ouvrage de Gariopontus; voyez Fabricius, « Biblioth. lat., etc. », t. II, p. 18). 17. Traité des fièvres, de R. Isaac Israëli (voyez ci-dessus, n° 1126). 18. Le livre des synonymes. 19. Le livre des degrés (ס' המעלות; c'est probablement l'ouvrage de Constantin l'Africain, voyez « Constantini opera », Basil., 1536, t. II, p. 342). 20. Le livre du perfectionnement de la nature et du tempérament (voyez ci-dessus, n° 1171, 2°). 21. La Petite Pharmacopée, appelée Antidotarius. 22. Le traité des plantes (ס' העשבים). 23. Un autre traité des plantes intitulé : מאסר. 24. Le traité des oiseaux de proie et de chasse et des maladies auxquelles ils sont sujets. (Voyez ms. latin de l'anc. fonds, n° 7019.)

5° (Fol. 111.) ס' הדפק « Traité du pouls », par Philarète; traduit du latin en hébreu par l'auteur de la version précédente.

Vélin et papier. Pet. — (Ancien fonds 403.)

1191.

1° Grand recueil de formules de médicaments et de remèdes pour les différentes maladies, tirées de divers ouvrages. L'auteur de ce recueil dit dans la préface que « le temps étant court et le travail long pour des ouvriers paresseux », il a glané dans les livres de médecine et noté les remèdes faciles à trouver et à préparer, et éprouvés par l'expérience. Cet ouvrage occupe les feuillets 1 à 72, 143 à 188, 211 à 283. Les recettes sont écrites tantôt en hébreu, tantôt en latin (et en caractères latins); dans ce dernier cas, les feuillets se suivent parfois de gauche à droite. On a inséré dans cette copie le traité du Pouls, par Asaph (fol. 55 v°), un extrait du livre שערי ההרכבות, de R. Todros, de Cavaillon; le traité des Fièvres, de R. Abraham, fils de David, Coslari; et deux traités sur les couleurs des urines, dont le second appartient à R. Yoḥanan Yarḥouni.

2° (Fol. 73.) Consultation de R. Moïse Maïmonide sur la constipation et l'hypochondrie; traduite de l'arabe en hébreu par R. Moïse Ibn-Tibbon. (Voyez ci-dessus, n° 1120, 3°.)

3° (Fol. 89.) Introduction à la médecine, par Ḥonaïn Ben-Isḥâq; traduite de l'arabe en latin et du latin en hébreu. (Voyez ci-dessus, n° 1116, 1°.)

4° (Fol. 99.) קערת כסף « Le Plat d'argent », par R. Joseph 'Ezobi.

5° (Fol. 103.) ספר אגור « Le Livre d'Agour », ou les Aphorismes d'Hippocrate, traduction hébraïque faite sur la version arabe, par ordre alphabétique. Quelques explications sont intercalées dans le texte.

6° (Fol. 124.) ס' החידות וההשגחות « Livre des problèmes et des observations », traduction hébraïque du livre du Pronostic d'Hippocrate.

7° (Fol. 134 v°.) מאמר בקדחות דבריות ומיני הקדחות « Des Fièvres épidémiques et des différentes espèces de fièvres », par R. Abraham, fils de David, Coslari (אמר בן השלם דוד אברהם בנו אבי החכם יחצאל הקשלרי), mémoire composé lors de l'épidémie qui ravageait la Provence, la Catalogne et l'Aragon.

8° (Fol. 141 v°.) עזר אלהי « Secours de Dieu », traité sur la corruption de l'air et les épidémies, composé, pendant que sévissait la peste, par Jean, de Bourgogne, né à Lyons, et traduit du latin en hébreu par R. Benjamin, fils d'Isaac, de Carcassonne. L'auteur dit dans la préface que déjà en 5022 (1262), lorsque l'épidémie éclata une première fois, il avait composé un traité analogue, commençant par les mots אלי אלי.

9° (Fol. 194 v°.) Chiromancie, accompagnée de figures.

10° (Fol. 285.) Introduction au traité אבות, et les huit chapitres sur l'âme, par R. Moïse Maïmonide. Traduit de l'arabe en hébreu par R. Samuel Ibn-Tibbon. Avec la préface du traducteur.

11° (Fol. 308.) Commentaire sur le premier titre de la « Main forte » de Moïse Maïmonide, par R. Juda, fils de Daniel, Romano.

12° (Fol. 331.) Commentaire de R. Moïse Maïmonide sur le dernier chapitre du traité סנהדרין, depuis l'énumération des treize articles de foi jusqu'à l'explication de la quatrième mischna; traduit de l'arabe en hébreu. La traduction est différente de celle qui se trouve dans les textes imprimés.

13° (Fol. 337.) Préface et quelques paragraphes du Grand Livre des préceptes, de R. Moïse, de Coucy.

14° (Fol. 355.) ס' התפוח «Livre de la Pomme», attribué à Aristote. A la fin se trouvent quelques sentences tirées du livre מבחר הפנינים.

15° (Fol. 361.) ס' רוח חן «Esprit de grâce». (Voyez ci-dessus, n° 758, 3°.)

16° (Fol. 382 v°.) מבחר הפנינים «Choix de perles», par R. Salomon Ibn-Gabirol. Traduit de l'arabe en hébreu. Quelques sentences tirées du livre מסרי הפילספים se trouvent à la fin.

17° (Fol. 408 v° à 476 et fol. 189 v° à 193 v°.) Livre de Khozari, par R. Juda Hal-Lévi; traduit de l'arabe en hébreu par R. Juda Ibn-Tibbon, et précédé de la préface de R. Juda, fils d'Isaac, Ben-Cardinal. (Voyez de Rossi, n° 625.)

Les articles 9° à 17° sont d'une autre écriture que le reste du ms.

Papier. Pet. xv° siècle. — (Ancien fonds 404.)

1192.

ס' צרי הגוף «Livre appelé Baume du corps», par R. Nathan, fils de Joel, Palaquéra. Ce volume ne contient, des quatre parties dont se compose l'ouvrage, que les deux premières et les cinq premiers traités de la troisième partie. L'auteur, qui vivait au xiii° ou au xiv° siècle, en Espagne, cite dans la préface son père comme l'un des grands médecins de son époque (ראש הרופאים אבי הבקיאים אבא מרי ז"ל). (Voyez de Rossi, n° 1343.) Il y a quelques lacunes dans cette copie.

Papier. Pet. xiv° siècle. — (Oratoire 147.)

1193.

Première partie (partie théorique), divisée en cinq traités, d'un ouvrage de médecine fort étendu, composé par un auteur juif très-versé dans la littérature médicale des Arabes. L'auteur cite le livre צרי הגוף, la Bible, le Talmud et le système du calendrier juif. Il emploie souvent des termes arabes, ne trouvant pas de mots hébreux propres à les rendre. L'auteur arabe le plus récent mentionné dans cet ouvrage (fol. 98 v°) est Nazir ed-dîn Tousi (fin du xiii° siècle). L'introduction manque, et le ms. s'arrête au milieu du ch. i de la première partie du V° traité. Le feuillet 111 se place entre les feuillets 127 et 128.

Papier. Pet. xv° siècle. — (Oratoire 145.)

1194.

ס' המעלות ברפואה «Le Livre des degrés ou choses utiles en médecine», par R. Abraham Yaḥsara (יחסרא, voyez fol. 128 v°). A la fin se trouvent quelques extraits du «Petit Art» de Galien.

Papier. Pet. xvi° siècle. — (Sorbonne 224.)

1195.

1° Traité des médicaments, simples et composés, traduit probablement du latin ou de l'italien. Incomplet au commencement et à la fin.

2° (Fol. 98.) Traité de la peste, par maître Pietro, de Tussignano; traduit du latin en hébreu. (Voyez Sprengel, «Histoire de la médecine», t. II, p. 538, de la trad. française.)

3° (Fol. 114.) Traité de pathologie, par un auteur juif anonyme, qui cite dans cet ouvrage, outre Hippocrate, Galien et Dioscoride, le Ḥâvi de Rhazès, Ibn-Haïtham, le Taisir d'Ibn-Zohâr, le traité de l'asthme de Maïmonide, Zahrâwi, Jean de Damas, Ibn-Aldjazar, Alghafiki, etc. L'ouvrage est incomplet et porte le faux titre de Zahrâwi.

Écritures différentes.

Papier. Pet. — (Ancien fonds 422.)

1196.

ספר אך חכמתי (Ecclésiaste, chap. ii, vers. 9). Manuel de médecine, en vers (du mètre hezedj), divisé en sept chapitres (שבלים) et accompagné d'un commentaire intitulé : ארך אפים (Exode, chap. xxiv, vers. 6), par R. Gerson, fils d'Ézéchias, du pays d'Avignon (בארץ האיוב), qui composa cet ouvrage pendant sa captivité à קרטאין (Cordouan?), en 5179 (1418-1419 de J. C.). Dans sa préface, l'auteur parle de trois autres de ses ouvrages : un traité de grammaire intitulé : שבעה עינים, qu'il avait composé à l'âge de vingt-cinq ans; un traité d'astronomie, en 5040 distiques, intitulé : שבע מזבחות, composé dix ans plus tard, et enfin un traité sur l'immortalité de l'âme, intitulé : זה היה חלקי מכל עמלי. C'est à l'âge de quarante-cinq ans que, dans sa prison, entre les mois marheschwan et kislev de l'an 5179, encouragé par l'apparition de ses anciens maîtres Todros, Maïmoun et Moïse Kohen, qu'il avait vus dans un songe, il rédigea ce manuel, pour son fils Ézéchias, sous forme d'un dialogue entre un père et un fils. Le commentaire fut terminé le 25 tebeth de la même année. L'ouvrage renferme en tout quatre-vingt-une questions.

Le ms., qui est autographe, a été achevé au mois d'adar 5180 (1420 de J. C.). Sur les premiers feuillets les initiales sont écrites en lettres romaines ornées (AMR = אמר, B = במותי, T = נו = תנו).

Vélin. Pet. — (Oratoire 148.)

1197.

1° ס' ניקיון «Livre de la purgation», traduction hébraïque d'un livre italien intitulé : «Cure» (קורי), par Pietroncello (פיטרונצילו). L'auteur de la version est R. Menahem-Ben-Tekhêleth (תכלת).

2° (Fol. 50 v°.) ס' ד' מדות «Livre des quatre mesures», traité de médecine, par Jean de La Place (יואני דילא פלצא), traduit en hébreu, probablement par l'auteur de la version précédente. Dans une pièce de vers que le traducteur a mise en tête de l'ouvrage, se trouve le distique suivant : וצור יאיר נתיבי להשיבי · אשר נקרא שמו נורא עלילה : אלי עירי ראות אמי ואחי · בני ביתי בשיר ששון וצהלה :

3° (Fol. 63.) Des fièvres, des urines et du pouls. Opuscule d'un auteur nommé Alexandre, commençant par ces mots : אני אליסנדרוס תרתי בלבי וראיתי מרוב עניני הרפואות....

4° (Fol. 67.) Fragment du traité de médecine attribué à Asaph, commençant par ces mots : וידבר אסף על מחלקות הגוף לתוצאותיו פשר בריאותו מן הגוף מתחיל מן הראש כי הראש... La rédaction de ce morceau est différente de celle du n° 1129, 9. Quelques observations médicales suivent ce fragment. Elles sont écrites par une autre main, excepté une note commençant par ces mots : נשאל בפני למורי דודי מאישטרי שלמה מדוע תעפש הלבנה הדברים המקבלים לעפוש, qui est de la même écriture que le reste du ms.

5° (Fol. 82 v°.) Tablettes (הטבולי) médicales tirées de divers livres de médecine par Magister Salernus. A la suite de ces tablettes on trouve :

a. Une partie du traité mentionné ci-dessus 3°, attribué ici à Alexandre, de Macédoine.

b. Résumé de différentes observations du pouls et des couleurs des urines, par le médecin Orso. La plupart de ces observations sont écrites en latin et en caractères hébreux.

6° (Fol. 94 v°.) Chirurgie de Roger, fils de Brocardo, traduite du latin en hébreu. A la fin se trouvent de nombreuses recettes, écrites en arabe et en caractères hébreux.

7° (Fol. 115.) Traité de médecine, d'Asaph (אסף בן ברכיהו הירחוני רב הרופאים).

8° (Fol. 136 v°.) Trois traités sur les couleurs des urines :

a. Traité anonyme commençant par ces mots : הס' בזה יגיד ויבאר שמות וראיות השתנים.

b. Traité d'Alexandre, qui se trouve ici répété pour la troisième fois. (Voyez ci-dessus, 3° et 5° *a.*)

c. Traité d'Asaph Hay-Yarhouni.

Le copiste se nommait Yeraḥmi'el, fils de Samuel.

Vélin. Pet. xve siècle. — (Ancien fonds 420.)

1198.

Recueil de recettes pour différentes maladies, par un médecin italien. Les médicaments sont désignés par leurs noms italiens. On y rencontre quelques amulettes.

Papier. Pet. — (Ancien fonds 431.)

1199.

Dessins de différentes plantes, accompagnés en partie d'une courte description et de quelques indications sur l'usage de ces plantes en médecine. Le ms. est défectueux.

Papier. Pet. xve siècle. — (Sorbonne 219.)

1200.

Traité de thérapeutique, par le docteur Vidal Balschon. L'auteur, dont le nom hébreu était Moïse, dit dans une note qu'il a terminé cet ouvrage à Reggio en Calabre, le 5 tebeth 5265 (1504-1505 de J. C.), dans la 13e année après l'expulsion des juifs de la Sicile.

Papier. Pet. — (Ancien fonds 410.)

1201.

1° פצול אבקראט עלי אלמסלה ואלגואב «Les Aphorismes d'Hippocrate, disposés en forme de questions et de réponses», en arabe et en caractères hébreux. Commencement de l'ouvrage : סאל אלסאיל למא קאל אבקראט אלעמר קציר קאל אלמגיב למא כאנה אלי צנאעה אלטב....

2° (Fol. 13.) ס' המדות להחכם גואן וירשוריו «Traité de morale, par Jean Versorio» (Versor), en questions et réponses; traduit du latin en hébreu. La copie n'est pas terminée.

3° (Fol. 51.) ס' שערי צדק לה"ר משה בר' נחמן ז"ל «Livre appelé les Portes de la justice», par R. Moïse, fils de Nahman. Sur le commerce conjugal. D'après l'épigraphe, la copie a été exécutée en 1501, par R. Isaïe, de Messine. Le petit-fils de ce rabbin, Isaac de Messine, a ajouté une note à cette épigraphe.

4° (Fol. 63.) מלות ההגיון לרמב"ם ז"ל «Les Termes de la logique», par R. Moïse Maïmonide. Traduit de l'arabe en hébreu par R. Joseph, fils de Josué, Ibn-Vivas, de Lorca, et dédié à R. Esdras, fils de Salomon, Ibn-Gatnio. Deux gloses marginales sont signées : Élie, de Messine. La copie a été exécutée par Joseph, fils d'Isaïe, de Messine.

5° (Fol. 77.) אבן בחן «La Pierre de touche», par R. Qalonimos, fils de Qalonimos. C'est un exemplaire de l'édition de Naples de 1489 (ed. princeps).

6° (Fol. 127.) בחינת העולם «L'Examen du monde», par R. Yedaya Penini. C'est un exemplaire de l'editio princeps (Soncini, 1484). Quelques gloses marginales manuscrites sont signées: י"מ (Isaïe, de Messine?) et ש"אן.

7° (Fol. 147.) Quelques pièces de vers composées par En Salomon Dapieri (דאפיאירי) ou da Fiera en l'honneur de son savant et influent ami R. Meïr.

8° (Fol. 159.) ביאור הקדמת המורה «Commentaire sur l'introduction du Guide des Égarés», par R. David, fils de Salomon, Ibn-Yahya, ms. autographe, précédé d'une lettre adressée par l'auteur à R. Isaïe, de Messine, ami de son oncle Guedalya, fils de David, Ibn-Yahya. Dans cette lettre il raconte qu'il avait rempli les fonctions de prédicateur à Lisbonne, depuis dix-sept ans, lorsque, accusé de prêter secours aux convertis espagnols qui fuyaient leur pays pour rentrer dans le judaïsme, il fut forcé de se réfugier à Naples et de là à Corfou.

9° (Fol. 189.) Fragment d'un commentaire sur l'Isagoge et les Catégories, d'après la rédaction de l'Analyse d'Averroès.

10° (Fol. 198.) Index des passages bibliques qui sont l'objet d'une hagada talmudique. Cette table s'arrête à la fin des premiers Prophètes.

Écritures différentes.

Papier. Pet. xvi° siècle. — (Ancien fonds 397.)

1202.

1° Les Aphorismes d'Hippocrate, avec le commentaire de R. Moïse Maïmonide; en arabe et en caractères hébreux. La copie ne commence que vers la fin du livre III. On a mis en tête du volume un titre inexact.

2° (Fol. 60.) כתאב מגנס פי אלבול «Livre de Magnus sur les urines», en arabe et en caractères hébreux, commençant par ces mots : קאל אן אצנאף אלבול אלגזיה̈ כתירה̈ ואול אצנאפה צנפאן..., et finissant par ceux-ci: פנחן נאעלון הדא אלמוצע אנפצאל אלמקאלה̈ ולואהב אלעקל אלחמד כתירא בלא נהאיה̈ ולא אנקצי סבח תב' ותע'. (Voyez تاريخ الحكما, s. v. مغنس.)

3° (Fol. 80 v°.) אלרסאלה̈ אלאפצלייה̈ «Consultation adressée à [Al-melik] Al-Afdhal» (fils aîné de Saladin), sur la constipation et l'hypochondrie, par R. Moïse Maïmonide; en arabe et en caractères hébreux.

4° (Fol. 121 v°.) אלרסאלה̈ אלטבייה̈ פי אלבואסיר «Traité sur les hémorrhoïdes», en arabe et en caractères hébreux, par le même auteur.

5° (Fol. 135 v°.) מקאלה̈ פי צנאעת אלמנטק «Traité sur la logique», par le même auteur; en arabe et en caractères hébreux. La fin, depuis le chapitre vii, manque.

Le ms. date de 5226 (1465-1466 de J. C., voyez fol. 79 v°).

Papier. Pet. — (Ancien fonds 412.)

1203.

1° Abrégés de quelques ouvrages de Galien, par R. Moïse Maïmonide; en arabe et en caractères hébreux. C'est une partie de l'abrégé des seize livres de Galien. (Voyez Tarikh Al-Houkamâ, ms. de la Bibliothèque impériale, Supplément arabe n° 672, p. 112, et ci-dessus, n° 1117.)

2° (Fol. 117.) כתאב אלאמראץ̇ אלחאדה̈ לאבוקראט שרח גאלינוס «Traité des maladies aiguës, par Hippocrate, commenté par Galien»; en arabe et en caractères hébreux. C'est la traduction arabe, faite par Honaïn Ben-Ishaq, du traité Περὶ διαίτης ὀξέων. Le ms. ne renferme que les trois premiers livres.

Plusieurs cahiers de ce ms. ont été transposés et il y a quelques lacunes.

Vélin, miniatures et lettres ornées. Pet. xiv° siècle. — (Supplément 60.)

1204.

Le premier livre du Canon d'Avicenne, en arabe et en caractères hébreux. La copie a été achevée le 21 tebeth 5272 (1512 de J. C.).

Papier. Pet. — (Supplément 121, Bibliothèque de l'Arsenal.)

1205.

Le premier livre du Canon d'Avicenne, en arabe et en caractères hébreux. Ms. de deux écritures différentes, incomplet à la fin.

Papier. Moy. xv° siècle. — (Supplément 126.)

1206.

Les chapitres x à xvii du troisième livre du Canon d'Avicenne, en arabe et en caractères hébreux. Le premier et le dernier de ces chapitres sont incomplets. Les feuillets se suivent sans ordre. Le faux titre de: שרח אלמונז, ouvrage attribué à Aboulwalid Ibn-Al-Haladjin, a été mis en tête, et cet autre au milieu (fol. 67): תשרי אלמונז ותשריק אלאבדאן, ouvrage attribué à Aboulwalid Ibn-Khansevi (כנסוי) Ibn-Abi-Djenah. Entre la première et la seconde partie du ms. (fol. 67) et à la fin (fol. 215 v°) on a ajouté une note, d'après laquelle cet auteur aurait vécu vers 143 «après Mahomet».

Papier. Pet. xv° siècle. — (Ancien fonds 416.)

1207.

Les chapitres III à VII du quatrième livre du Canon d'Avicenne, en arabe et en caractères hébreux. Le chapitre III ne commence qu'au milieu de la première partie. La même main qui a ajouté deux faux titres au ms. précédent a mis en tête de celui-ci le titre suivant : כתאב אסראר חכמה אלדוניא, ouvrage attribué à Aboulwalid Ibn-Abou-Merwan, et à la fin du chapitre VI, une note, conçue en arabe incorrect, d'après laquelle, au chapitre VII, commencerait un nouvel ouvrage intitulé: חכמה אלצלאטין.

Quelques pages blanches, qui se trouvaient entre les chapitres VI et VII (fol. 155 v° et suiv.), ont donné place, à une époque plus récente, à un petit traité intitulé : מהמהות הה' הנקרא בלשונם קינטה אישנסיאה «Sur la cinquième essence, appelée en latin Quinta essentia (Quintessence)», par un savant nommé Reymond (רומון), probablement Raymond Lulle. (Voyez «Act. sanct. Junii», t. V, p. 706.) Cette cinquième essence, que l'auteur désigne aussi par les mots השמים האנושים (cœlum humanum), serait formée par de l'eau distillée d'une certaine manière et purifiée de toute particule terrestre. Cette eau, ajoutée à différents mélanges, leur donnerait des vertus particulières.

A la fin du volume se trouvent quelques observations médicales.

Vélin. Pet. XIVe siècle. — (Ancien fonds 421.)

1208.

כתאב שרח כליאת אלקאנון «Commentaire sur les généralités ou le premier livre du Canon d'Avicenne», par Fakhr-ed-dîn Mohammed Ibn-'Omar Ar-Râzi, en arabe et en caractères hébreux. Bien que notre ms. soit un peu plus complet que le ms. arabe de la Bibliothèque impériale qui renferme le même ouvrage (Suppl. arabe, n° 1015, 1°), il n'embrasse pas le premier livre du Canon en entier. Du reste, d'après le Tarikh Al-Ḥoukamâ, l'auteur n'a pas achevé son travail. Dans l'invocation (خطبة), le copiste juif a remplacé le nom de Mahomet par celui de Moïse.

Papier. Moy. XVe siècle. — (Ancien fonds 366.)

1209.

תפסיר מסאיל אלכתאב אלאול מן אלקאנון «Commentaire sur le premier livre du Canon d'Avicenne»; en arabe et en caractères hébreux. L'auteur musulman de ce commentaire nous est inconnu.

Papier. Moy. XIVe siècle. — (Oratoire 193.)

1210.

Les Aphorismes médicaux de R. Moïse Maïmonide; en arabe et en caractères hébreux. Ce ms. ne contient qu'une partie de l'ouvrage, savoir : les livres I à IX (le dernier incomplet), une portion du livre XXIV et le livre XXV presque en entier.

Papier. Pet. — (Ancien fonds 402.)

1211.

Traité de l'asthme, par R. Moïse Maïmonide; en arabe et en caractères hébreux. Le commencement et la fin manquent, et quelques feuillets ont été transposés.

Papier. Pet. XVe siècle. — (Ancien fonds 411.)

1212.

כתאב תנטים אלחאוי «Livre de la bonne disposition du Ḥâvi», manuel complet de médecine, par R. Juda, fils d'Abraham, de Tolède; en arabe et en caractères hébreux. L'auteur dit dans sa préface, qu'ayant reconnu dans le Ḥâvi de Rhazès et dans l'abrégé de cet ouvrage (voyez Hadji-Khalfa, tome III, page 12) l'absence de tout ordre logique, il a entrepris, vu l'utilité du livre sous tous les autres rapports, de disposer d'après un autre ordre les matières qu'il contient, pour en rendre la lecture plus facile.

Papier. Pet. XVe siècle. — (Ancien fonds 400.)

1213.

Traité des médicaments composés, divisé en quarante-neuf chapitres; en arabe et en caractères hébreux; commençant par ces mots : אעלם אן אלארויה בעצהא נבאתיה ובעצהא מעדניה ובעצהא חיואניה ואלמעדניה...

Papier. Pet. — (Supplément 61.)

X.

PHILOLOGIE.

1214.

מחברת מנחם בן סרוק «Lexique hébreu, par Menaḥem Ben-Sarouq», auteur du Xe siècle. Cet ouvrage a été publié à Londres, en 1854. Le commencement de l'introduction manque.

Vélin. Pet. XIIIe siècle. — (Ancien fonds 481.)

1215.

1° ס' אותיות הנוח לר' יהודה חיוג «Traité sur les [verbes à] lettres quiescentes», par R. Juda Ḥayyoudj», auteur du Xe siècle; traduit de l'arabe en hébreu par R. Moïse Ibn-Giqatilia, de Cordoue, pour le nâsi R. Isaac, fils de Salomon. (Voyez sur cet ouvrage «Journal asiatique», 1850, t. XVI, p. 247.) Il a été publié.

2° (Fol. 49.) מעשה אפד «L'ouvrage d'Ephod», grammaire hébraïque, par R. ISAAC, fils de Moïse, LÉVI, nommé PROPHIAT DOURAN. (Voyez aussi ci-dessus, n° 351, 2°.)

En tête du volume se trouve la liste des grammairiens qui a été publiée par Wolf, «Bibl. hebr.», t. I, p. 337; t. II, p. 595.

Le ms. a été exécuté par Ézéchias Român Ibn-Baqôda, en 1600.

Papier. Pet. — (Oratoire 199.)

1216.

ספר הרקמה «Livre des parterres émaillés», grammaire hébraïque, composée en arabe par ABOUL-WALID MERWAN (JONAS) IBN-DJANAḤ; traduite en hébreu par R. JUDA IBN-TIBBON. (Voyez «Journal asiatique», 1850, t. XVI.) Cette version a été publiée d'après les mss. de la Bibliothèque impériale, Francfort, 1856. A la fin du volume se trouvent les trente-deux middôth de R. Yôsê le Galiléen.

Vélin. Moy. XIVe siècle. — (Ancien fonds 473.)

1217.

ספר הרקמה «Livre des parterres émaillés», par ABOUL-WALID MERWAN (JONAS) IBN-DJANAḤ; traduit de l'arabe en hébreu par R. JUDA IBN-TIBBON.

Papier. Pet. XIVe siècle. — (Ancien fonds 490.)

1218.

ספר הערוך «Dictionnaire rabbinique», par R. NATHAN, fils de Yeḥi'el, de Rome. Imprimé plusieurs fois. Cette copie, très-soigneusement exécutée en caractères carrés, a été achevée au mois de kislev 5113 (1352 de J. C.). Il y a une lacune considérable, depuis le mot טרקסון jusqu'au mot כרן.

Vélin. Gr. — (Supplément 88, St-Germain 188.)

1219.

ספר הערוך «Dictionnaire rabbinique», par R. NATHAN, fils de Yehi'el, de Rome. Cette copie contient un certain nombre de passages, notamment des citations arabes, qui manquent dans les textes imprimés et dans la plupart des mss. Elle a été exécutée à Forli, dans les Romagnes, et achevée le 20 eloul 5173 (1413 de J. C.).

Vélin. Moy. — (Sorbonne 180.)

1220.

Vocabulaire rabbinique. Les mots du livre 'Aroukh sont transcrits en caractères romains et expliqués très-brièvement en italien.

Papier. Pet. XVIe siècle. — (Supplément 156.)

1221.

1° Recueil des homonymes, par R. JUDA IBN-BAL'AM (ABOU-ZAKARIYYA-YAḤYA). Cet ouvrage, traduit de l'arabe, est connu sous le titre de : كتاب التجنيس. (Voyez «Literaturblatt des Orients», t. VII, p. 454 et suiv., p. 659 et suiv.; t. IX, p. 458 et suiv.; — «Wissenschaftliche Zeitschrift, etc.», du docteur Geiger, t. V, p. 408 et suiv.) Le commencement de cette copie, jusque vers la fin de la lettre ב, manque.

2° (Fol. 17.) ס' אותיות הענינים הנמצאים במקרא «Sur les Particules qui se trouvent dans la Bible», par le même auteur; traduit de l'arabe en hébreu. (Voyez sur cet ouvrage «Wissenschaftliche Zeitschrift, etc.», p. 408 et suiv., et «Literaturblatt des Or.», t. IX, p. 483.)

3° (Fol. 34 v°.) ס' הפעלים שהם מנוית השמות «Traité sur les verbes dérivés de substantifs», par le même auteur; traduit de l'arabe en hébreu.

4° (Fol. 43.) ס' צחות «Livre de la pureté [du langage]», par R. ABRAHAM ABEN-EZRA. Imprimé.

5° (Fol. 115.) יסוד מורא וסוד תורה «Fondement de la crainte de Dieu et mystère de la loi», livre de théologie, par R. ABRAHAM ABEN-EZRA. Imprimé.

6° (Fol. 139 v°.) ס' מאוני לשון הקודש «Livre appelé Balances de la langue hébraïque», par le même auteur. Imprimé.

7° (Fol. 186 v°.) טעמי המקרא «Des Accents de la Bible», par R. JUDA IBN-BAL'AM. Traduit de l'arabe en hébreu. Cette version a été imprimée à Paris, en 1565, par Robert Étienne.

8° (Fol. 231.) ס' ראשית הלקח «Livre appelé Commencement de la science [grammaticale]», par R. SAMUEL, fils de Jacob. La fin manque.

Le ms. a été exécuté par Menaḥem, fils de Benjamin, dans les derniers mois de l'année 5077 (1318 de J. C.).

Vélin. Pet. — (Ancien fonds 497.)

1222.

1° ספר צחות «Livre de la pureté [du langage]», traité de grammaire hébraïque, par R. ABRAHAM ABEN-EZRA. La copie n'est pas achevée.

2° (Fol. 23.) פי' תהלים «Commentaire sur les Psaumes», par le même auteur. Cet ouvrage fut terminé au mois d'eloul 4916 (1156 de J. C.).

Le ms. a été exécuté par Moïse, fils de Juda, fils de Schalom.

Vélin. Pet. XIVe siècle. — (Sorbonne 232.)

1223.

1° ספר צחות «Livre de la pureté», par R. Abraham Aben-Ezra.

2° (Fol. 40.) בתי הנפש והלחשים «Vers sur l'âme et les dénominations de Dieu», par R. Lévi, fils d'Abraham. (Voyez ci-dessus, n° 978.) Cette copie a été exécutée par Meïr, fils d'Isaac, pour Samuel, fils d'Uziel, en 5211 (1451 de J. C.).

Vélin et papier. Pet. — (Oratoire 201.)

1224.

1° ספר צחות «Livre de la pureté», par R. Abraham Aben-Ezra.

2° (Fol. 56 v°.) Lettre adressée par R. Isaac Kohen à Messer Marco Lippomano, à Venise, savant hébraïsant du xv° siècle. (Voyez Tiraboschi, «Storia della letteratura ital.», t. VI, p. II, p. 1155 et 1213.) Cette lettre traite de la conjugaison arabe.

Vélin. Pet. — (Ancien fonds 488.)

1225.

ספר הרקמה «Livre des parterres émaillés», traité de grammaire hébraïque, composé par R. Isaac Hal-Lévi, fils d'Éliézer, pour son disciple Aaron, fils d'Abraham. (Voyez sur cet ouvrage «Literaturblatt des Orients», t. II, p. 689; t. VII, p. 705.) L'auteur avait habité la ville de Bagdad, et il montre à plusieurs endroits de son ouvrage une connaissance parfaite des mœurs et de la langue du pays (p. ex.: והשוער בל' ערלים יקרא תרראע «et le scho'er est nommé dans la langue des chrétiens *tarra'* [فاعل]»; voyez fol. 2 v°, 73, etc.). Ce ms., probablement unique, est incomplet à la fin. Deux propriétaires ont marqué leurs noms sur le premier feuillet, avec la date de 1602 et de 1608, probablement de l'ère des Séleucides (1291 et 1298 de J. C.). En tête du volume se trouvent ces mots : [هالوى] نقش بخط مصنف ربى اسحق, et la préface commence ainsi : נאם הרב הגדול המעוז והמגדול מרנו ורבנו יצחק הלוי יש"ל. Il résulte de ces mots que le ms. a été exécuté du vivant de l'auteur.

Papier. Pet. — (Ancien fonds 501.)

1226.

חלק הדקדוק מס' המכלל «Partie grammaticale du traité complet de la langue hébraïque», par R. David Kimḥi. Cet ouvrage a été imprimé plusieurs fois. Notre copie, très-soigneusement exécutée, a été collationnée au xvi° siècle avec un autre manuscrit; les variantes se trouvent à la marge, ainsi que les renvois des versets cités.

Vélin. Gr. Fin du xiii° ou commencement du xiv° siècle. — (Ancien fonds 472.)

1227.

1° Première partie ou partie grammaticale du traité complet (מכלל) de la langue hébraïque, par R. David Kimḥi.

2° (Fol. 160 v°.) ס' כתר שם טוב ... מפי הר' אברהם בר אקשלקו מקלוניא «Livre appelé Couronne du nom excellent», par R. Abraham, fils d'Aqselqo [Achselrad ou Alexandre], de Cologne. (Voyez ci-dessus, n° 353, 2°, 5.) Une pièce de vers placée à la fin nous apprend que la première copie de ce traité a été faite par Juda et terminée le 9 kislev 5064 (1303 de J. C.).

Le ms. a été exécuté par Yeḥi'el, fils de Joab, et terminé le 6 iyyar 5114 (1354 de J. C.).

Vélin. Pet. — (Ancien fonds 483.)

1228.

Première partie ou partie grammaticale du traité complet (מכלל) de la langue hébraïque, par R. David Kimḥi.

Papier. Moy. xvi° siècle. — (Ancien fonds 477.)

1229.

Première partie ou partie grammaticale du traité complet (מכלל) de la langue hébraïque, par R. David Kimḥi (ms. קִמְחִי), texte hébreu pourvu de points-voyelles et accompagné d'une traduction latine. La copie a été exécutée par le célèbre Alphonse, de Zamora, sur l'avis de maître Pablo Nuñez Coronel, pour Édouard Léon, ambassadeur d'Angleterre auprès de Charles-Quint. Elle a été terminée le 2 novembre 1527.

Papier. Moy. — (Ancien fonds 474.)

1230.

Première partie ou partie grammaticale du traité complet (מכלל) de la langue hébraïque, de R. David Kimḥi (ms. קִמְחִי), texte hébreu pourvu de points-voyelles, et accompagné d'une traduction latine, différente de celle du n° précédent. Le ms. est incomplet et ne contient que le premier quart de l'ouvrage.

Papier. Moy. xvi° siècle. — (Ancien fonds 476.)

1231.

Première partie ou partie grammaticale du traité complet (מכלל) de la langue hébraïque, par R. David Kimḥi (ms. קִמְחִי). A la fin se trouve, écrit d'une main plus récente, le paradigme de la conjugaison hébraïque.

Papier. Pet. xvi° siècle. — (Ancien fonds 492.)

1232.

1° Première partie ou partie grammaticale du traité complet de la langue hébraïque, par R. David Kimḥi.

2° (Fol. 89.) כללי הניקוד «Règles de la ponctuation», par R. Jacob, fils de Ḥayyim, fils d'Isaac, Ben-Adonia. Copie du texte imprimé qui se trouve dans les Bibles rabbiniques.

3° (Fol. 100 v°.) פרק במשקלי השיר «Chapitre sur la métrique [hébraïque]», par R. Sa'adya Ibn-Danân. L'auteur donne, suivant la méthode des grammairiens arabes, après chaque mètre (נהר = بحر), des exemples tirés de ses propres poésies et des poésies arabes traduites en hébreu, dans le rhythme de l'original.

Le ms. a été exécuté par Soliman (סלימן בר ידירוחע בכפר אמצמזי דעל נהר אנוגל) et terminé le 7 ab 5326 (1566 de J. C.).

Papier. Moy. — (Ancien fonds 482.)

1233.

ס' השרשים «Livre des racines», ou seconde partie du traité complet (מכלל) de la langue hébraïque, par R. David Kimḥi. Imprimé plusieurs fois. Notre copie a été exécutée par Abraham, fils de Ḥayyim, pour son frère Joseph (voyez ci-dessus, n° 992, 5°); elle a été terminée au mois d'iyyar 5052 (1292 de J. C.).

Vélin. Moy. — (Ancien fonds 475.)

1234.

ס' השרשים «Livre des racines», ou seconde partie du traité complet (ס' מכלל) de la langue hébraïque, par R. David Kimḥi. Cette copie a été exécutée à Lugo (לוגו) et terminée le 26 eloul ou 25 août 5143 (1383 de J. C.).

Vélin. Moy. — (Ancien fonds 484.)

1235.

ס' השרשים «Livre des racines», ou seconde partie du traité complet (מכלל) de la langue hébraïque, par R. David Kimḥi. Les citations bibliques ne sont pas ponctuées dans cette copie.

Vélin. Moy. xv° siècle. — (Sorbonne 179.)

1236.

ס' השרשים «Livre des racines», ou seconde partie du traité complet (מכלל) de la langue hébraïque, par R. David Kimḥi. Cette copie a été exécutée à Césène, par Schém-Tôb Dafara, fils de Moïse, pour Juda, de Meldola, et achevée le 16 adar II 5197 (1437 de J. C.).

Vélin. Moy. — (Supplément 89, S'-Germain 189.)

1237.

ס' השרשים «Livre des racines», ou seconde partie du traité complet (מכלל) de la langue hébraïque, par R. David Kimḥi. La copie a été exécutée par Siman-Tôb, fils de David (originaire de Barcelone et établi plus tard à Syracuse), pour Samuel, fils de ... (nom illisible). Elle a été commencée à Jérusalem et terminée à Hébron, le 21 kislev 5199 (1438 de J. C.).

Papier. Moy. — (Ancien fonds 478.)

1238.

1° ס' פתח דברי «Livre appelé Commencement de mes paroles», grammaire hébraïque, par un auteur anonyme du xiii° siècle. Imprimé pour la première fois à Naples, en 1492.

2° (Fol. 75.) Première partie ou partie grammaticale du traité complet (מכלל) de la langue hébraïque, par R. David Kimḥi.

Vélin et papier. Pet. xiv° siècle. — (Ancien fonds 493.)

1239.

1° פתח דברי «Commencement de mes paroles». (Voyez le n° précédent.)

2° (Fol. 52 v°.) La première partie du traité complet de la grammaire hébraïque, par R. David Kimḥi.

3° (Fol. 120.) רוח חן «Esprit de grâce», introduction au «Guide des Égarés». (Voyez ci-dessus, n° 758, 3°.)

4° (Fol. 132.) ביאור רוח חן «Explication du livre appelé Esprit de grâce», par un auteur anonyme, commençant par ces mots : הנמצאים ר"ל מי שיש להם מציאות שאינם גשם. ...

5° (Fol. 145.) לשון למודים (Isaïe, chap. L, vers. 4) «La Langue savante», traité de grammaire, par R. Salomon, fils d'Abba-Mari, Yarḥi (de Lunel), commençant par ces mots : אמר שלמה ... ימי פקדה ולילות עמל מכו לי התחלתי ... La copie n'est pas terminée. Sur les marges des premiers feuillets se trouve le commencement d'un traité de grammaire intitulé : ס' היסוד, par R. Abraham Aben-Ezra.

Ces ouvrages sont tous de la même écriture. A la fin de l'article 2° on lit la date du mois d'ab 5229 (1469 de J. C.).

6° (Fol. 177.) רוח חן «Esprit de grâce», même ouvrage que l'article 3° ci-dessus.

7° (Fol. 192.) Observations grammaticales détachées, sur les lettres אהוי, sur les lettres בגדכפת, et sur les points-voyelles. Une partie de ces remarques sont tirées du livre עט הסופר, de R. David Kimḥi.

Papier. Pet. — (Ancien fonds 494.)

1240.

1° פתח דברי «Commencement de mes paroles».

2° (Fol. 94.) Introduction à la grammaire hébraïque, par R. Benjamin, fils de Juda, ʿAnaw. (Voyez n° 1092, 12°.)

Le ms. a été achevé le 12 ab 5234 (1474 de J. C.).

Papier. Pet. — (Sorbonne 238.)

1241.

פתח דברי «Livre appelé Commencement de mes paroles». La préface manque, ainsi que la liste des suffixes à la fin du ms. Les dernières pages sont occupées par quelques règles de la grammaire hébraïque.

Papier. Pet. xviᵉ siècle. — (Ancien fonds 495.)

1242.

Paradigmes de toute la conjugaison hébraïque, accompagnés de quelques règles de grammaire. D'autres règles de grammaire ont été ajoutées après coup sur les marges.

Ce ms. a appartenu en 1492 à Ambroise de Cambrai, chancelier de l'Université de Paris.

Vélin. Pet. xivᵉ siècle. — (Ancien fonds 496.)

1243.

Glossaire hébreu-français (le français écrit en caractères hébreux). Cet ouvrage, disposé par ordre alphabétique, est rédigé d'après le même système que les glossaires mentionnés ci-dessus, nᵒˢ 301 et 302. Seulement les mots français présentent des formes moins anciennes. L'ouvrage finit par ces mots : תרשיש מין אבן טובה כמ' תרשיש שוהם . ויש שהוא שם אומה כמ' אלישה ותרשיש ופר"ר האבן דומה לתכלת . ל"א שם ים כמ' אניות תרשיש ... ת"ל ... נשלם ספר אמרי שפר ... Suit l'explication des mots chaldaïques de la Bible. Le commencement du ms. manque et il y a quelques lacunes au milieu.

Papier. Moy. xvᵉ siècle. — (Ancien fonds 486.)

1244.

ספר השרשים הנקרא שרשות כסף «Livre des racines, appelé Chaînes d'argent», par R. Joseph Ibn-Caspi. Ce lexique est disposé d'après un ordre systématique et très-rationnel, et la méthode de l'auteur est rigoureusement philosophique. (Voyez sur cet ouvrage Wolf, «Bibl. hebr.», t. I, p. 542; «Literaturblatt des Orients», t. VIII, p. 481.)

Papier. Pet. xvᵉ siècle. — (Oratoire 202.)

1245.

ס' מעשה אפוד «Livre appelé Œuvre d'Éphod», grammaire hébraïque, par R. Prophiat Douran. (Voyez ci-dessus, n° 1215, 2°.) La copie a été exécutée à Ferrare, par Isaac Zarâq, pour Joab Ẓebî, fils de Yeḥi'el, de Modène; elle a été achevée au mois de sivan 5218 (1458 de J. C.).

Vélin et papier. Pet. — (Sorbonne 157.)

1246.

ס' מעשה אפוד «Livre appelé Œuvre d'Éphod», par R. Prophiat Douran.

Papier. Pet. xvᵉ siècle. — (Ancien fonds 487.)

1247.

ס' לבנת הספיר «Livre appelé Pierre de saphir (Exode, chap. xxiv, vers. 10)», traité de grammaire hébraïque, par R. Juda, appelé Messer Léon. Cet ouvrage, terminé par son auteur le 18 eloul 5214 (1454 de J. C.), est divisé en deux parties, onze portes, cent vingt-deux chapitres et cent trente-huit paragraphes. En tête du volume se trouvent quelques distiques adressés à l'auteur par R. Joseph Zarqâ.

Papier. Pet. xviᵉ siècle. — (Ancien fonds 489.)

1248.

ערמת חטים (Cantique des Cantiques, chap. vii, vers. 3) «Gerbes de froment», dictionnaire de rimes, par R. Juda Hasch-Schaʿari. En voici le commencement : מליצי רעי שאהבה נפשי הפצירו בי ... (Voyez Wolf, «Bibl. hebr.», t. II, p. 1392.) La copie n'est pas terminée, elle s'arrête à la syllabe רוק.

Papier. Pet. xvᵉ siècle. — (Ancien fonds 503.)

1249.

1° מפתח הדקדוק «Traité élémentaire de la grammaire hébraïque».

2° (Fol. 25.) Autre traité de grammaire, notamment sur les accents (טעמים).

3° (Fol. 80.) ס' שפת יתר «Livre appelé Lèvre ou Langue excellente», traité de grammaire, par R. Abraham Aben-Ezra. Imprimé.

Les deux premiers ouvrages ont été copiés par Schraga, fils d'Isaïe.

Papier. Pet. — (Sorbonne 249.)

1250.

1° כללי הדקדוק «Règles de grammaire», par R. David Don Yaḥya, rabbin à Naples (מרביץ תורה בנאפולי) au xviᵉ siècle. Commencement : פרק א' בגדר הלשון הלשון הוא קבוץ אחרי הקולות ... Ce traité est suivi de deux résumés très-courts de la grammaire hébraïque.

2° (Fol. 33.) ס' הבחור «Traité [de grammaire] pour l'adolescent», par R. Élie Lévita. Cet ouvrage a été imprimé.

3° (Fol. 74 v°.) Règles de la ponctuation, par R. Jacob, fils de Ḥayyim. (Voyez ci-dessus, n° 1232, 2°.)

4° (Fol. 95.) שער שברי לוחות «Porte des Fragments

des tables», observations sur les abréviations et les termes techniques qui se trouvent dans la Massore, par R. Élie Lévita. Imprimé à Venise, en 1566.

5° (Fol. 102.) Vers mnémoniques, attribués à R. Sa'adya Gaon (indiquant combien de fois chaque lettre de l'alphabet se rencontre dans la Bible), accompagnés d'un commentaire par R. Élie Lévita. Imprimé.

6° (Fol. 106.) Quelques extraits de la Massore, disposés dans l'ordre des sections du Pentateuque; suivis de l'Énigme relative aux lettres quiescentes (אהוי), par R. Abraham Aben-Ezra.

Papier. Pet. xvi° siècle. — (Ancien fonds 491.)

1251.

1° ספר הבחור «Livre destiné à l'adolescent», grammaire hébraïque, par R. Élie Lévita.

2° (Fol. 12.) ס' ההרכבה «Livre de la composition», glossaire des mots rares et difficiles et des formes verbales irrégulières, par le même auteur. Copié sur l'édition princeps (Rome, 1518).

3° (Fol. 52.) Fragment d'une prosodie.

4° (Fol. 55.) Livre intitulé : בחינת עולם «Examen du monde», par R. Yedaya Penini.

5° (Fol. 71.) קערת כסף «Plat d'argent», par R. Joseph 'Ezôbi.

6° (Fol. 80.) ספר טובי «Livre de Tobie», traduit en hébreu. C'est la même rédaction que celle qui a été publiée par Sébastien Münster.

7° (Fol. 91.) ס' אותיות הענינים «Livre des particules», lexique des adverbes, des prépositions et des conjonctions de la langue hébraïque, par R. Juda Ibn-Bal'am, auteur du xi° siècle. Cette copie semble avoir été faite sur le n° 1221.

8° (Fol. 109.) ס' זכרונות «Livre des souvenirs», par R. Élie Lévita. (Voyez ci-dessus, n°s 134 et 135.) Ce n'est que la préface de l'ouvrage.

9° (Fol. 117.) Explication des chapitres chaldaïques du livre de Daniel, tirée du commentaire de R. Lévi, fils de Gerson.

Papier. Moy. — (Supplément 10.)

1252 et 1253.

Dictionnaire hébreu-latin, en deux volumes, sans commencement ni fin.

2 vol. Papier. Moy. — (Supplément 168.)

1254.

«Lexicon latino-hebraicum, consarcinatum ex lexico Buxtorfiano. Nonnullas voces græcas, nec non plurimas hebraicas et syriacas vel chaldaicas adjeci ex nomencl. Eliæ Levitæ, ...».

Papier. Pet. xvii° siècle. — (Supplément 112, S'-Germain 635.)

1255.

Dictionnaire hébreu-latin, composé par un auteur inconnu, d'après le livre 'Aroukh, les travaux de Sébastien Münster et d'autres savants. Les lettres ל, מ et ת ont été ajoutées après coup et ne sont pas élaborées; les lettres ר et ש manquent.

Papier. Pet. xvii° siècle. — (Ancien fonds 499.)

1256.

Petit dictionnaire hébreu-chaldéen-latin, par un auteur inconnu. On lit sur le premier feuillet ce titre : «Lexicon pentaglotton hebraicum et chaldaicum».

Papier. Pet. xvii° siècle. — (Supplément 91, S'-Germain 191 *bis*.)

1257.

«Dictionarii hebræi et investigandarum radicum methodus brevissima et facillima». En voici le commencement : אבב . ד . ה . ח . . .
(spica, martius, viror — perire — velle — pater — acies)

Papier. Pet. xvii° siècle. — (Fonds des traductions 3, Bibliothèque S'-Victor.)

1258.

«Linguæ sanctæ radices novo ordine propositæ. Præmittuntur verbales quæ ad primam pertinent conjugat. Subsequentur quæ ad secundam si quæ sint, tandem quæ ad tertiam, positis in ultimo loco verbis secundam duplicantibus et monosyllabis, rhythmicis versibus, ad philebræorum commoditatem, servato in qualibet littera alphabetico ordine terminativo».

Papier. Pet. xvii° siècle. — (Fonds des traductions 4.)

1259.

Les Racines hébraïques mises en vers français, suivies du paradigme du verbe פקד.

Papier. Pet. xvii° siècle. — (Fonds des traductions 10.)

1260.

«L'Abrégé de mes Racines [hébraïques]». La traduction n'est ajoutée que rarement.

Papier. Pet. xvii° siècle. — (Fonds des traductions 2.)

1261.

1° Fragment des Racines hébraïques, en vers français.

composées sur le modèle des Racines grecques de Lancelot. Ce fragment ne contient que la lettre א et le commencement de la lettre ב.

2° Abrégé très-élémentaire de la grammaire hébraïque. En latin.

3° Analyse grammaticale du commencement de la Genèse.

Papier. Pet. XVII° siècle. — (Supplément 169.)

1262.

«Les Racines hébraïques mises en vers, par M. FOURMONT l'aîné . . . Paris, 1740». Les racines arabes sont souvent écrites à côté des racines hébraïques.

Papier. Pet. — (Fonds des traductions 11.)

1263.

Glossaire sur une partie des Prophètes et des Hagiographes. On indique la racine simple de chaque mot du texte.

Papier. Pet. XVII° siècle. — (Supplément 110, St-Germain 612 *bis.*)

1264.

«Hoc volumen complectitur observationes varias quæ ad linguæ hebraicæ studium apprime conducunt. Continet etiam primam partem scholiorum hebraicorum in librum Geneseos usque ad caput [XVI]», par JÉRÔME BEL (?), de Blois. En latin. Ce ms., qui semble être autographe, a été exécuté à La Rochelle, entre les années 1585 et 1586. Très-belle écriture. Les feuillets se suivent de droite à gauche.

Papier, dessins à la plume. Pet. — (Oratoire 204.)

1265.

Analyse grammaticale des Psaumes et des Proverbes, précédée d'une traduction hébraïque du Pater, de l'Ave Maria, du Credo et du Décalogue. En latin.

Papier. Pet. XVI° siècle. — (Supplément 158.)

1266.

Recueil d'observations sur la syntaxe hébraïque, les anomalies, les figures, les particules, etc.; par ARNOLD BOOT. En latin. Le premier article, intitulé, «De literis ministerialibus», est daté de Londres, mai 1634.

Ms. autographe.

Papier. Pet. — (Supplément 104, St-Germain 472.)

1267.

«Brevis ac facilis ad linguam sanctam introductio». En latin.

Papier. Pet. XVII° siècle. — (Fonds des traductions 7, Jacobins St-Honoré.)

1268.

1° «Institutiones in linguam hebraicam absolutissimæ». En latin.

2° (Commençant du côté droit du volume.) אוצר לשון הקדש «Trésor de la langue hébraïque», lexique hébreu-latin; suivi d'un dictionnaire des abréviations usitées dans le style hébreu.

L'auteur de ces opuscules est inconnu.

Papier. Pet. XVII° siècle. — (Supplément 101, St-Germain 459.)

1269.

1° «Compendium grammaticæ hebraicæ». En latin.

2° (Page 99.) «Index vocum quas Græci, Latini atque etiam Galli ab Hebræis mutuati sunt». En latin. En voici le commencement : א aleph, a, unde ἄλφα, ἀλφάω, alphabet; אב pater, a quo avus, abbas, abbé . . .

3° (Page 205.) «Supplementum radicum hebraicarum quæ in priori syllabo non inveniuntur».

L'auteur de ces opuscules est inconnu.

Papier. Pet. XVII° siècle. — (Supplément 113, St-Germain 6.)

1270.

Recueil de notes philologiques, exégétiques et théologiques; en latin.

Papier. Pet. XVII° siècle. — (Supplément 170.)

1271.

«Méthode facile pour apprendre l'hébreu», grammaire hébraïque en français, suivie d'un vocabulaire hébreu-français; par un auteur inconnu.

Papier. Pet. XVII° siècle. — (Oratoire 203.)

1272.

«Méthode nouvelle pour apprendre la langue hébraïque». En français. Les feuillets se suivent de droite à gauche.

Papier. Pet. XVII° siècle. — (Fonds des traductions 6.)

1273.

«Grammaire hébraïque, composée par le Père Dom BARTHÉLEMY PÉTIS DE LA CROIX, religieux bénédictin de la congrégation de Saint-Maur, mort à Saint-Germain-des-Prez, dont il était bibliothécaire, âgé de cinquante-neuf ans, le 4 avril 1721».

Papier. Pet. — (Fonds des traductions 5.)

1274.

«Grammaire hébraïque, par M. FOURMONT l'aîné, professeur en langue arabe au Collége royal de France . . . Paris, 1737».

Papier. Pet. — (Fonds des traductions 12.)

1275.

«Grammaire hébraïque, composée par M. FOURMONT l'aîné, conseiller du roi, sous-bibliothécaire de la Bibliothèque de Sa Majesté . . . ».

Papier. Moy. XVIIIe siècle. — (Fonds des traductions 8.)

1276.

Notes philologiques et exégétiques pour un cours d'exégèse; en français. Ces notes s'étendent sur une partie des Psaumes.

Papier. Pet. XVIIIe siècle. — (Supplément 171.)

1277.

Dictionnaire arabe-hébreu, écrit en caractères hébreux, composé par R. JACOB, fils d'Isaac, ROMAN IBN-BAQODA. L'ouvrage commence par ces mots : אא על משקל פאע שם עץ וזכור קול אֵימָה רבוי אמאם . . . Dans un post-scriptum, l'auteur dit qu'il a tiré les racines de ce dictionnaire du lexique arabe-turc intitulé : مرقات (voyez Hadji Khalfa, t. V, p. 497), et du livre ترجمان صحاح (voyez Hadji Khalfa, t. IV, p. 96). Il avait l'intention de collationner plus tard son travail sur le dictionnaire nommé اختری (voyez Hadji Khalfa, t. I, p. 192). Le ms., qui est autographe, a été terminé à Constantinople, le 27 tischri 5390 (1630 de J. C.).

Papier. Pet. — (Ancien fonds 498.)

1278.

אלתרגמאן (الترجمان) «Dictionnaire» arabe-turc, écrit en caractères hébreux, par 'ALI-BEN-NASRA BEN-DAOUD. (Voyez sur cet ouvrage Hadji Khalfa, t. II, p. 277, sous le titre de : ترجمان اللغة.) Ce ms. est de la même écriture que le n° précédent.

Papier. Pet. — (Ancien fonds 500.)

XI.

HISTOIRE.

———

1279.

סדר עולם זוטא «L'Histoire en abrégé», faisant suite à l'ouvrage : סדר עולם רבה. Imprimé plusieurs fois.

Papier. Pet. XVe siècle. — (Supplément 20.)

1280.

ספר יוסיפון «Livre appelé Yosippon», ou histoire des juifs, par JOSEPH BEN-GORION. L'ouvrage est précédé de l'introduction de R. JUDA LÉON (המכונה ליאון), fils de Moïse, nommé MASCONO (משקונו, משקוני ou משקומ). L'auteur de cette introduction dit qu'au milieu des persécutions il avait cherché une consolation dans la lecture de cette histoire. Il n'en avait eu d'abord que quatre exemplaires assez défectueux, et, plus tard, un cinquième plus complet que les autres, qu'il avait pris pour base de sa rédaction, en y insérant cependant les récits qui y manquaient et qui se trouvaient dans les autres exemplaires. Il a divisé ensuite le premier livre de l'ouvrage en soixante et quatorze chapitres, le deuxième livre en trente-deux chapitres, le troisième en douze chapitres, le quatrième en cent vingt chapitres, le cinquième en quarante-cinq chapitres, et le sixième en trois cent quarante-cinq chapitres. Cette introduction a été mise à profit par l'éditeur de la seconde impression de Constantinople de l'an 1510, bien que la disposition des chapitres y ait été changée. Le ms. a été exécuté par Juda, fils de Salomon, de Camerino, habitant de Lucera (לוצירא דליסרציני), pour le médecin Raphaël Kohen, de Lunel, habitant de Manfredonia, dans le royaume de Naples. Elle a été terminée le 17 eloul 5232 (1472 de J. C.).

Vélin et papier. Moy. — (Ancien fonds 301.)

1281.

Traduction de vingt-sept inscriptions funéraires des cimetières juifs de Sparte et de Misitra, par FOURMONT l'aîné. La plupart de ces inscriptions sont du XVIe et du XVIIe siècle. Ms. autographe.

Papier. Moy. XVIIIe siècle. — (Fonds Fourmont l'aîné.)

XII.

POÉSIE.

———

1282.

1° משלי סנדבאר «Paraboles de SINDBAD», ouvrage connu sous le titre de : «Histoire des sept sages». Traduit en hébreu. Cette version a été imprimée plusieurs fois. Le dernier feuillet contient un conte sur le roi Salomon.

2° (Page 39.) כלילה ודמנה «Kalila et Dimna». Traduit de l'arabe en hébreu. (Voyez sur cette version les «Notices et extraits des manuscrits, etc.», t. IX, p. 451 et suiv.)

3° (Page 221.) Préceptes relatifs à la manière d'égorger les animaux, par R. JUDA (יעלה), fils de Benjamin. Autre écriture que le reste du ms.

Papier. Pet. XVe siècle. — (Ancien fonds 510.)

1283.

1° בן המלך והנזיר «Le Prince et le Religieux», paraphrase hébraïque en prose rimée du livre Barlaam et Josaphat, par R. Abraham Ben-Ḥisdaï. (Voyez ci-dessus, n° 775, 3°.)

2° (Fol. 102 v°.) אבן בוחן «Pierre de touche», par R. Qalonimos, fils de Qalonimos.

Le ms. a été exécuté par Ben-Lévi, et achevé au mois de nisan 5183 (1423 de J. C.).

Vélin et papier. Pet. — (Sorbonne 215.)

1284.

1° Les Séances de R. Juda Al-Ḥarizi. Imprimé plusieurs fois. Cette copie a été exécutée par Abraham, fils de Samuel, de Padoue, et terminée à Rieti, le 28 ab 5071 (1311 de J. C.). Elle est suivie de quelques lettres, rédigées probablement par le copiste.

2° (Fol. 70 v°.) תוצאות חיים (Proverbes, chap. IV, vers. 23) «Sources de la vie», poëme moral en cinquante-huit chapitres, par R. Moïse, fils de Nathaniel, fils de Salomon. Cet ouvrage a été imprimé dans le recueil שתי ידות, par R. Menaḥem, de Lonzano. Le nombre des pièces de vers est de plus de trois cents, quoique l'auteur n'en indique que deux cent quarante-huit. (Voyez fol. 95.) A la suite de l'ouvrage on lit un certain nombre de vers adressés à l'auteur par En Isaac Barfat, Moïse Al-Aẓig, En Isaac Vidal, En Escapat Mâlîr Lévi, Don Bongoda Marqedil, En Bonafous Vidal et d'autres; quelques distiques, composés par Don Salomon Ibn-Labia, maëstro Astruc Damôk, Abraham Joseph Ḥazzân et En Isaac Salvat Meïr. Les deux derniers feuillets contiennent un calendrier chrétien en langue provençale et en caractères hébreux, renfermant les principaux saints.

3° (Fol. 101.) ס' גורלות «Livre des sorts», traité de géomancie, commençant par ces mots : הרוצה לחשוב בגורלות אלו יחפש יחשוב ... Il est suivi de quelques observations relatives à l'interprétation des songes et des indications sur le calendrier juif, commençant par l'année 5242 (1482 de J. C.).

4° (Fol. 119.) Traité de la sphère, par Jean de Sacrobosco; traduit du latin en hébreu par R. Salomon, fils d'Abraham, Abigdor. (Voyez ci-dessus, n° 1031, 4°.) Le commencement manque.

5° (Fol. 133.) Explication cabalistique des accents, commençant par ces mots : אלפא ביתא הפוכה רמז על הגאולה ...

6° (Fol. 134.) Explication cabalistique de la création, commençant par ces mots : ארוני הואיל וחפצך לבא בדרכי החכמה ... סוד יי ליריאיו סוד גדול ומופלא ...

7° (Fol. 139 v°.) Explication cabalistique de plusieurs sections du Pentateuque.

8° (Fol. 143.) Remarques cabalistiques sur différents sujets.

Écritures différentes.

Papier. Pet. — (Ancien fonds 506.)

1285.

ספר תחכמוני «Livre appelé Taḥkemôni», ou les séances de R. Juda Al-Ḥarizi. Le texte de ce ms. diffère considérablement de celui des textes imprimés; plusieurs passages, et notamment des vers, manquent dans ce ms.; d'autres, qui se trouvent dans le ms., manquent dans les textes imprimés. C'est surtout dans la cinquantième et dernière séance que notre ms. contient un grand nombre de poésies inédites.

Papier. Pet. xv° siècle. — (Sorbonne 236.)

1286.

ספר המחברות לר' עמנואל זלה"ה «Les Compositions [poétiques] de R. Immanuel», fils de Salomon. Cet ouvrage a été imprimé.

Vélin. Pet. xiv° siècle. — (Sorbonne 235.)

1287.

ס' המחברות לר' עמנואל זלה"ה «Les Compositions [poétiques] de R. Immanuel».

Papier. Pet. xv° siècle. — (Sorbonne 233.)

1288.

1° מלחמות האיברים «Guerre des membres du corps», par R. Yôm-Tôb Soriano. C'est une petite composition rimée, renfermant une dispute sur la prééminence entre la tête, les mains, le cœur, les pieds et l'esprit. Cet opuscule a été copié par David, fils de Moïse, de Tolède, en 1511. Le copiste a ajouté à son post-scriptum son parafe précédé de ces mots : אי פורקי איש וירדד פירמי אקי מי נומרי (y porque es verdad fermè aqui mi nombre).

2° (Fol. 10.) Traité d'astronomie, par Abou-Isḥâq Ibn-Al-Bidroudji (Alpetragius, de بطروج, Los Pedroches, près de Cordoue; voyez Gayangos, Almakkari, t. I, p. 174 et 345; t. II, p. 103); traduit de l'arabe en hébreu par R. Moïse Ibn-Tibbon. L'original arabe de cet ouvrage se trouve à la Bibliothèque de l'Escurial sous le titre de : كتاب في الهيئة, où l'auteur est nommé Nour-eddîn Al-Batroudji Al-Ischbili. (Voyez Casiri, «Bibl. ar. hisp.», t. I, p. 396.) Une traduction latine, due à Michel Scot et datée de 1217, se trouve dans deux mss. de la Bibliothèque impériale (ancien fonds n° 7399, fonds de Sorbonne n° 1820); une autre traduction latine, faite sur l'hébreu par Calo Calonymos, a été publiée à Venise, en 1531. L'auteur raconte qu'il a été amené à composer cet ouvrage par Ibn-Tofaïl, qui lui avait exposé un nouveau système astronomique n'admettant ni excentriques ni épicycles. Selon le propre aveu de l'auteur, ses hypothèses ne reposent pas sur l'observation. Ayant été traduit en latin en 1217, ce traité a dû être composé dans les dernières années du XIIe siècle. La version hébraïque fut achevée le 27 sivan 5019 (1259 de J. C.).

Une description détaillée de ce ms. se trouve dans les notes de M. Munk, conservées à la Bibliothèque impériale. (Voyez ci-après, n° 1298.)

Autre écriture que celle du premier ouvrage. La place des figures a été laissée en blanc.

Papier. Pet. — (Oratoire 139.)

XIII.

LETTRES ET FORMULAIRES.

1289.

Recueil de lettres et de poésies hébraïques de quelques savants juifs et chrétiens, comme R. JACOB ABEN-DANA, JOSEPH DE VOISIN, etc. Les poésies, adressées à diverses personnes, comme Gilbert de Gaumis, Jean Christophe Wagenseil, Claude Hardi, Claude Cafitan, Jean Godwin, Jean Buxtorf, Jacques Gafarelli, etc., ont été composées par CLAUDIO MAÏ (SCHEMAYA LÉVI). Ms. autographe.

Papier. Pet. — (Supplément 100, St-Germain 390 *ter*.)

1290.

Modèles de lettres hébraïques sur divers sujets, par CLAUDIO MAÏ. Ms. autographe.

Papier. Pet. — (Supplément 102, St-Germain 460.)

1291.

Recueil de lettres en hébreu, par CLAUDIO MAÏ. Ms. autographe.

Papier. Pet. — (Supplément 103, St-Germain.)

1292.

1° Trois lettres d'un style très-recherché, sur quelques sujets de morale et de théologie. Les deux premières portent la signature de אסף האורחי «'Asaph, l'Oriental».

2° (Fol. 5.) Recueil de proverbes tirés du Talmud et disposés par ordre alphabétique.

3° (Fol. 46 v°.) Fragment d'un recueil d'annotations au commentaire de Raschi sur le Pentateuque. Ce fragment s'étend du chapitre XLI de la Genèse au chapitre XLI de l'Exode.

Écritures différentes.

Papier. Pet. — (Sorbonne 221.)

1293.

1° תופסי רשטרות «Formules de contrats», de transactions et d'actes de l'état civil de différentes espèces.

2° (Fol. 42.) חיי עולם «La Vie éternelle», manuel de morale et d'exercices religieux.

3° (Fol. 51.) הלכות נדה «Prescriptions relatives aux menstrues et aux purifications», extrait du livre שערי דורא de R. ISAAC, de Düren.

4° (Fol. 61.) קערת כסף «Plat d'argent», par R. JOSEPH 'EZÔBI.

Deux écritures différentes.

Papier. Pet. — (Sorbonne 251.)

XIV.

BIBLIOGRAPHIE.

1294.

1° «Guilelmi Postelli opera, ex Bibliotheca Gesneri», énumération des ouvrages de Guillaume Postel, d'après la «Bibliotheca Gesneri»; en latin écrit en caractères cryptographiques. (Voyez ci-dessus, n°s 881 et 882.)

2° (Page 30.) «Ex lib. 3 Doctoris dubitantium Rabbi Mosis, Ægyptii», en latin, finissant par cette phrase: «Hactenus ex Rabbi Mose, cujus quædam opiniones rejiciendæ sunt, ut sapienti facile liquet».

3° (Page 124.) «Ex cabalistis magnis». Commencement: «Ab eterno creata est anima. . . ». En latin et en caractères cryptographiques, mêlé de latin écrit en caractères romains.

Ce recueil, écrit de la même main que les n°s 881 et 882, semble aussi avoir le même auteur.

Papier. Pet. — (Supplément 153, St-Martin-des-Champs 105 *bis*.)

1295.

1° «Bibliotheca rabbinica domus Oratorii Parisiensis, scripta anno mundi 5462, Christi 1702». Ce catalogue, disposé par ordre alphabétique des auteurs, embrasse les mss. hébreux et les livres rabbiniques imprimés transportés à la Bibliothèque Mazarine.

2° (Fol. 31.) «Catalogus librorum orientalium qui

in Bibliotheca Oratorii Parisiensis asservantur, descriptus a cel. P. Ric. Simon». En tête du ms. on lit cette note : «De hoc catalogo vide Ric. Simon Epist., edit. 2ª, nº 9119, p. 13».

Ms. autographe.

Papier. Moy. — (Fonds des traductions 9, Oratoire.)

1296.

Catalogue des mss. hébreux de la Bibliothèque impériale, rédigé par Compiègne et revu par l'abbé Renaudot. (Voyez, sur ce catalogue, la Notice de M. Reinaud sur le Catalogue des mss. orientaux, «Journal asiatique», octobre-novembre 1855.)

Papier. Gr. — (Supplément 182.)

1297.

«Catalogus omnium hebraicorum voluminum quæ in Regia Bibliotheca servantur, in quo non item, ut in cæteris, sola auctorum, librorum et editionum nomina recensentur, sed etiam de cujusque libri argumento, ratione et via copiose disputatur, sic ut plerumque quidquid cognitione dignum in eo continetur, accurate sciri possit, etiamsi liber ipse nullatenus attingatur». En latin.

Papier. Gr. xviiiᵉ siècle. — (Supplément 155.)

1298.

Catalogue raisonné des nºˢ 1 à 159 des mss. hébreux du fonds de l'Oratoire, par M. Munk. La plupart de ces bulletins ont été maintenus dans le présent Catalogue sans changements; plusieurs ont été abrégés, d'autres développés, selon les exigences du cadre adopté pour les catalogues des autres fonds de la Bibliothèque impériale. L'auteur a reproduit en grande partie les notices relatives aux ouvrages de philosophie dans son ouvrage: «Mélanges de philosophie juive et arabe», Paris, 1859.

Papier. Pet. — (Supplément 172.)

1299.

1° Catalogue sommaire des mss. hébreux du Supplément (les nºˢ 1 à 115 par M. Munk).

2° (Fol. 32.) Catalogue sommaire des nºˢ 160 à 207 des mss. hébreux du fonds de l'Oratoire, par M. Munk.

3° (Fol. 50.) Catalogue sommaire des mss. hébreux du fonds de la Sorbonne, par M. Munk.

Papier. Gr. — (Supplément 181.)

1300 à 1304.

Catalogue des mss. hébreux de la Bibliothèque impériale, par M. Derenbourg. Ce catalogue est divisé en cinq volumes, dont les deux premiers contiennent les descriptions des mss. de l'ancien fonds; le troisième, les cent premiers numéros du Supplément; le quatrième, les mss. du fonds de l'Oratoire, et le cinquième, ceux du fonds de la Sorbonne. Les bulletins de chaque division se suivent dans l'ordre des anciens numéros. Ce travail, qui a servi de base au présent Catalogue, contient pour l'ancien fonds les recherches propres à l'auteur. Pour le fonds de l'Oratoire, il présente l'abrégé du Catalogue mentionné sous le nº 1298; et, pour le fonds de la Sorbonne et le Supplément, la copie exacte du nº 1299, sauf les additions qui y ont été faites dans ces dernières années. Ce catalogue était réservé par son auteur à une nouvelle révision, pour l'indication de renvois et pour des citations laissées en blanc.

5 vol. Papier. Pet. — (Supplément 173 à 177.)

1305 à 1307.

Catalogue des mss. hébreux de la Bibliothèque impériale, transcription du catalogue de M. Derenbourg, revue par M. Franck, avec les bulletins d'un bon nombre de livres cabalistiques entièrement rédigés par ce dernier. Pour le surplus, M. Franck s'est borné, la plupart du temps, à de pures modifications de rédaction qui ne changent en rien le fond du travail primitif. Les bulletins, au nombre de 1082, sont classés dans un ordre particulier qui n'a pas été maintenu dans le présent Catalogue.

3 vol. Papier. Pet. — (Supplément 178 à 180.)

SUPPLÉMENT.

1308.

1° Fragment du commentaire de R. David Kimhi sur les premiers Prophètes. Ce fragment s'étend sur les derniers chapitres du livre des Juges et les premiers chapitres du livre I de Samuel.

2° (Fol. 10.) Le livre Yosippon, ou histoire des Juifs, par Joseph Ben-Gorion. Exemplaire imprimé de l'édition princeps. Les premiers feuillets manquent.

Papier. Moy. — (Sorbonne 173.)

1309.

ספר יראים «Livre des hommes qui craignent Dieu», par R. Éliézer, fils de Samuel, de Metz. Cet ouvrage, qui, d'après les paroles de l'auteur, avait pour but de discréditer les stériles discussions des talmudistes et de recommander l'étude des origines des différentes prescriptions, a été imprimé en abrégé et dans un ordre entièrement différent, à Venise, en 1566. Notre copie commence par une courte préface, qui, dans un acrostiche, présente le nom d'Éliézer Lévi. L'ouvrage est divisé en sept «colonnes» (עמודים), dont chacune renferme un certain nombre de paragraphes (ווין). La première colonne a pour objet les mariages prohibés (עריות); la seconde, les prescriptions concernant la nourriture (אכילות); la troisième, les objets dont il est défendu de tirer la moindre jouissance (איסורי הנאה); la quatrième, les avantages pécuniaires dont il est défendu de profiter ou dont on ne doit pas frustrer son prochain; la cinquième, les prescriptions dont la transgression offense Dieu et les hommes; la sixième, les prescriptions dont la transgression offense Dieu seul; la septième enfin traite des commandements dont l'observation nous conserve l'amour de Dieu et des hommes. Dans les dernières lignes l'auteur parle de lui-même et dit que la mort lui ayant enlevé toutes ses filles, il ne reste plus rien pour témoigner de son existence que cette œuvre de plume. (Voyez sur notre ms. Azoulaï, שם הגדולים, t. I, p. 24; Carmoly, «Revue orientale», t. I, p. 279.)

Vélin et papier. Pet. XIVe siècle. — (Ancien fonds 251.)

1310.

1° איסור והיתר «Traité de ce qui est licite et illicite», par R. Isaac, de Düren. (Voyez ci-dessus, n° 445, 1°.)

2° (Fol. 30 v°.) ברכות מהר"ם «Les Bénédictions, de R. Meïr [de Rothenbourg]». (Voyez ci-dessus, n° 391, 4°.)

3° (Fol. 41 v°.) Prescriptions relatives aux menstrues et aux purifications, par R. Isaac, de Düren.

Ce manuscrit date de l'an 5272 (1512 de J. C.).

Papier. Pet. — (Ancien fonds 295.)

1311.

1° פי' ממלות זרות מחבור «Interprétation des mots difficiles de la «Main forte [de Maïmonide]». Ce traité ne s'étend que sur les trois premiers livres de l'ouvrage.

2° (Fol. 15 v°.) הביאור ממלות זרות מרמב"ם «Explication des mots difficiles [de la «Main forte»] de R. Moïse Maïmonide». Ce traité, qui embrasse également les trois premiers livres, s'accorde souvent avec l'article 1°; mais les explications sont en général plus développées, et s'étendent non-seulement sur les mots, mais aussi sur des passages entiers du texte. Le livre שבולי הלקט est le plus récent des ouvrages qui y sont cités. Notre traité est suivi d'une notice sur les auteurs et l'ordre des livres bibliques, et de quelques notes explicatives tirées de Raschi et du livre ערוך.

3° (Fol. 85.) Notes relatives au calendrier juif :

a. Extrait du chapitre הלכות קדוש החודש de la «Main forte» de R. Moïse Maïmonide.

b. Règle pour toutes les dispositions du calendrier pour treize cycles de 19 ans.

c. Le théorème XXXVI du livre שער השמים de R. Lévi, fils d'Abraham.

d. Le § XLVII du Grand Livre des Préceptes, de R. Moïse, de Coucy.

e. Une table pour les années 5183 à 5280 (1423 à 1520 de J. C.), etc.

4° (Fol. 122.) קצת מחדושי ספר המצות כמו שפירושם ר' יחיאל פווה צרפתי «Une partie des gloses sur le [Grand] Livre des Préceptes, par R. Yehiel Foi, le Français». Notre ms. ne contient que les deux premiers feuillets de cet extrait, relatif au précepte du שופר.

Papier. Pet. XVe siècle. — (Ancien fonds 241.)

1312.

En tête du volume se trouvent quelques conseils, en prose rimée, sur la manière de préparer la lessive.

Manuel de blanchissage à l'usage d'une femme juive allemande, en allemand et en caractères hébreux. Chaque feuillet du volume présente un cercle divisé en un certain nombre de compartiments, et ayant au centre une petite main mobile, dont l'index montre un des chiffres écrits près de la circonférence, chiffre indiquant la quantité des objets dont les noms sont marqués au haut du feuillet.

Papier. Pet. XVIe siècle. — (Sorbonne 244.)

1313.

Fragments du Talmud de Babylone. Ces fragments, au nombre de trois, appartiennent au traité «Baba Bathra» et correspondent : 1° aux fol. 11 *a* et 13 *a*; 2° aux fol. 19 *a*, 21 *a*; 3° aux fol. 157 *b*, 167 *a* et 172 *a* du texte imprimé. L'écriture semble appartenir au XIIe ou au commencement du XIIIe siècle.

Ces fragments ont été donnés à la Bibliothèque impériale par M. de Saulcy.

Vélin. Moy. — (Supplément 183.)

MANUSCRITS
DU
FONDS SAMARITAIN.

ANCIEN FONDS ET FONDS DIVERS.

1.

Le Pentateuque hébreu selon la rédaction des Samaritains, écrit en caractères samaritains. (Voyez sur ce ms. Morin, «Opuscula hebræo-samaritica», Paris, 1657, p. 96.) Le ms. semble être du xe ou du xie siècle. Le commencement, jusqu'au verset 2 du chapitre xviii de la Genèse, et la fin, depuis le verset 6 du chapitre vii du Deutéronome, manquent. Il y a une lacune de cinq feuillets entre les feuillets 153 et 154, s'étendant du chapitre xiv, verset 39, du Lévitique au chapitre xvii, verset 4.

Le ms. porte la signature et le chiffre de Peiresc.

Vélin. Pet. — (Ancien fonds 2.)

2.

Le Pentateuque hébreu selon la rédaction des Samaritains, écrit en caractères samaritains. C'est ce ms. même qui servit à l'imprimerie pour l'édition du P. Morin. Le P. Morin en parle souvent dans ses travaux sur le samaritain. (Voyez «Exercitationes, etc.», p. 8; — «Antiquitates ecclesiæ orientalis», Londres, 1682, p. 198 et 261; — Le Long, «Bibliotheca sacra», t. I, p. 83 et suiv.; — Houbigant, «Prolegomena», p. 84.) Il a été copié par un Samaritain nommé Abraham, fils de Jacob. Dans une note placée à la fin de l'Exode, écrite par un certain Ab-Naphousa ([illegible]), qui avait fait l'acquisition du volume, on trouve la date de l'an 782 de l'hégire [[illegible]] (1380 de J. C.).

Le ms. semble être du xiiie siècle. Il a été acquis à Damas en 1616 par Pietro della Valle, et légué en 1623 par Harley de Sancy au couvent de l'Oratoire.

Vélin. Moy. — (Oratoire 11.)

3.

Le Pentateuque hébreu selon la rédaction des Samaritains, écrit en caractères samaritains. Ce ms. est composé de deux ou trois copies différentes exécutées à diverses époques et dont la Genèse est la plus ancienne. A la fin de la Genèse se trouve un acte de vente du ms., portant la date de 780 de l'hégire (1378 de J. C.). Un autre acte de vente, daté du mois Rabi'a i ([illegible]) de l'an 987 de l'hégire (1578 de J. C.), se lit à la fin de l'Exode. Enfin un troisième acte, placé à la fin du Lévitique, présente encore une autre date, devenue illisible. Il manque : le commencement de la Genèse jusqu'au verset 5 du chapitre v (complétés à une époque récente, le commencement, jusqu'au verset 5 du chapitre iii, et le chapitre iv, verset 1 à 19, se sont perdus de nouveau); Genèse, chapitre viii, verset 2, à chapitre xviii, verset 21; Lévitique, chapitre xiv, versets 17 à 28; chapitre xix, verset 20, à chapitre xxvii, verset 32; Nombres, chapitre iii, verset 36, à chapitre iv, verset 5; Deutéronome, chapitre xxi, verset 11, à chapitre xxii, verset 6; chapitre xxv, verset 19, à chapitre xxvi, verset 19; chapitre xxi, verset 16 jusqu'à la fin. D'autres lacunes ont été remplies à une époque récente, et quelques feuillets ont été transposés.

Vélin. Pet. — (Ste-Geneviève.)

4.

Le Pentateuque hébreu selon la rédaction des Samaritains, écrit en caractères samaritains. Ce ms. est composé de deux exemplaires différents; la copie la plus récente, qui commence par l'Exode et où l'on trouve encore la dernière page de la Genèse, a été complétée par une copie plus ancienne de la Genèse. Le ms. semble être du XIIIe siècle. Une note de l'un des propriétaires, placée à la fin de la Genèse, porte la date de 806 de l'hégire (1403 de J. C.).

Vélin. Moy. — (Oratoire 12.)

5.

Le Pentateuque hébreu selon la rédaction des Samaritains, écrit en caractères samaritains. Ce ms. peut avoir 400 ans. On lit dans un acte de vente du ms., placé à la suite de la Genèse, et signé d'un certain Obadias, de Damas, la date suivante : [illegible] (967 de l'hégire, 1559 de J. C.). Le premier feuillet (Genèse, chap. 1, vers. 1 à vers. 21) manque. On a mis, en place du feuillet manquant, un feuillet d'un autre ms. à deux colonnes, dont la première contient le texte hébreu, en caractères samaritains, des 11 premiers versets de la Genèse, et la seconde une version arabe de ces mêmes versets, écrite en caractères samaritains. Il manque en outre : Exode, chapitre XIX, verset 24, à chapitre XX, verset 22; Lévitique, chapitre XI, verset 25, à chapitre XIII, verset 38; Nombres, chapitre XVIII, verset 24, à chapitre XX, verset 5, chapitre XXXIII, verset 30, à chapitre XXXIV, verset 17; Deutéronome, chapitre XVIII, verset 16, à chapitre XX, verset 8. Ce ms. a été acheté à Damas, en 1628, pour Peiresc. C'est par erreur qu'on a appliqué à ce ms. la description donnée par le P. Morin du ms. tritaple de Peiresc, qui est maintenant à la Bibliothèque Barberine, à Rome. (Voyez «Mémoires de l'Acad. des inscript.», t. XLIX, p. 6 et 7.)

Vélin. Moy. — (Ancien fonds 1, Peiresc.)

6.

Fragments du Pentateuque hébreu-samaritain (Exode, chapitre III, verset 17, à chapitre VI, verset 16, et chapitre XIV, verset 24, à chapitre XX, verset 18), en caractères samaritains. Ce ms., rapporté par M. de Saulcy de son dernier voyage en Palestine, et offert par lui à la Bibliothèque impériale en 1865, a été décrit par M. l'abbé Bargès, «Notice sur deux fragments d'un Pentateuque hébreu-samaritain, etc.», Paris, 1865.

Il semble être du XIIIe siècle.

Vélin. Moy. — (Nouveau fonds 1.)

7.

«Varietates Pentateuchi hebraici et samaritani, a R. P. Johanne Morino Belisensi, Oratorii Jesu presbytero, collectæ». Le second feuillet du ms. contient cette note : «Ce ms. est très-précieux; je l'ai communiqué en 1767 au docteur Benjamin Kennicot, qui en fera usage». Cette note est signée : M. Les pages du ms. sont divisées en deux colonnes, dont la droite contient les mots du texte hébreu, et la colonne gauche les variantes de la rédaction samaritaine (écrites en caractères hébreux). L'auteur a souvent ajouté aux leçons du texte samaritain celles des autres versions anciennes.

Papier. Pet. — (Ste-Geneviève.)

8.

Prières et hymnes du culte samaritain, en langue samaritaine. Ce ms. est composé de deux parties, qui semblent écrites par deux mains différentes. Les pages de la seconde partie sont disposées en deux colonnes. Le ms. nous paraît être du XVe siècle.

Papier. Pet. — (Ancien fonds 4, Peiresc.)

9.

Lexique hébreu-arabe-samaritain, écrit en caractères samaritains. Les pages du ms. sont disposées en trois colonnes, dont la première contient le mot hébreu, la deuxième son correspondant arabe, la troisième son correspondant samaritain. La colonne du milieu présente aussi quelques mots arabes en caractères arabes. Le ms. porte à la fin cette épigraphe :

[illegible]
[illegible]
[illegible]
[illegible]
[illegible]

(881 de l'hégire, 1476 de J. C.)

Papier. Pet. — (Ancien fonds 6, Peiresc.)

10.

1° Chronique des Samaritains, s'étendant depuis le commencement du monde jusqu'à l'an de l'hégire 322, par Abou'l-Fath Ibn Abou'l Hasan; en arabe mêlé de samaritain. (Voyez Nicoll, «Bibliothecæ Bodleianæ cod. manuscr. oriental. catal.», p. 4; — Paulus, «Neues Repertorium, etc.», t. I, p. 117; — de Sacy, «Chrestomathie arabe», p. 333.) Cet ouvrage vient d'être publié à Gotha, à l'aide de plusieurs manuscrits, par M. Vilmar.

Le commencement de notre copie manque et il y a plusieurs lacunes au milieu.

2° (Page 270.) Abrégé de la loi mosaïque selon les Samaritains, par Abou'l-Faradj Ben-Isḥâq Ben-Kenar; en arabe mêlé de samaritain.

Le ms. date de l'an 930 de l'hégire (1523 de J. C.).

Papier. Pet. — (Ancien fonds 5, Peiresc.)

11.

1° Lettre originale du grand prêtre des Samaritains de

Naplouse, datée de l'an de l'hégire 998 (1589 de J. C.) et adressée à Joseph Scaliger.

2° (Fol. 3.) Lettre originale des Samaritains du Caire, datée de la même année et adressée au même Scaliger, en caractère cursif.

(Voyez sur ces lettres le «Repertorium» d'Eichhorn, t. XIII, p. 266 et 273, et «Notices et extraits, etc.», t. XII, p. 162.)

3° (Fol. 5.) Traduction latine de ces deux lettres.

Vélin et papier. Moy. — (Ancien fonds 3, Peiresc.)

TABLE

DES

DIVISIONS DU CATALOGUE DU FONDS HÉBREU

ET DES MATIÈRES SE RATTACHANT À CHACUNE D'ELLES.

I. Textes et traductions de l'Écriture sainte. Nos 1 à 132. — 326. 585, 7°. 587, 2°. 642, 4°, 21° à 25°. 666. 1251, 6°.

II. Concordances, ouvrages massorétiques et commentaires. Nos 133 à 305. — 1 à 31. 34. 36. 37. 38. 39. 40. 42. 44. 48 et 49. 50. 53. 55. 65. 66. 67. 68 et 69. 72. 73. 82. 86. 87. 98, 2°. 105. 106. 107. 111. 114. 332, 2°. 334, 3° à 13°. 676, 8°. 680, 2°. 708. 710, 18°, 20°. 716, 3°, 4°, 6°, 9°, 10°, 11°. 719, 13°, 17°. 738, 2°, 3°. 768, 7°. 1092, 5°. 1222, 2°. 1250, 6°. 1251, 8°, 9°. 1292, 3°. 1308.

III. Halâkha. Talmud, droit canon et droit civil, pratiques religieuses. Nos 306 à 589. — 11. 29. 40. 152, 2°. 169, 2°. 181, 2°, 5°. 185, 3°. 187, 2°. 198, 3°. 242. 262, 4°. 599. 604. 605. 609. 611. 617. 620. 621. 622. 630, 2°. 634. 642, 2°, 3°, 7°, 8°, 11° à 18°. 643, 2°, 3°. 644. 646, 3° à 5°. 651. 655, 2°. 661, 9°. 671, 4°. 674, 2°, 3°. 676, 5°. 710, 13°. 716, 5°, 7°, 12°. 719, 2°, 11°. 738, 7°. 739, 2°. 750, 4°. 752, 2°, 3°. 765, 8°. 769, 3°, 10°. 785, 5°. 788, 2°. 793, 2°. 831, 7°, 8°. 837, 3°, 5°. 840, 6°. 866, 2°, 4°. 983, 12°. 995, 5°. 1005, 6°, 7°. 1015, 2°, 3°. 1089, 3°. 1191, 11° à 13°. 1282, 3°. 1293, 3°. 1309. 1310, 1° à 3°. 1311, 1°, 2°, 4°.

IV. Livres liturgiques. Nos 590 à 668. — 33. 74. 359. 391, 6°. 424. 445, 14°. 672. 676, 6°. 706, 4°. 714. 835, 4°. 837, 7°. 839, 9°. 842, 7°. 902. 970, 4°.

V. Théologie. Nos 669 à 762. — 173, 5°. 180, 2°. 181, 3°, 4°, 6° à 8°. 185, 5°. 187, 2°, 3°. 188, 5°, 6°. 189, 10°, 12°. 191, 2°. 214, 4°. 226, 2°. 227, 2°. 255. 261, 6°. 262, 2°, 3°. 272, 6° à 8°. 273, 2°, 5°. 276, 3°. 307, 2°. 325, 2°. 327, 2°. 333, 2°, 4°. 334, 15°. 335, 13°. 416, 7°, 9°. 445, 9°, 14°. 453, 3°, 4°. 454, 2°. 596. 605. 609. 617. 642, 10°. 644. 661, 4°, 6°, 8°. 743, 2°, 3°. 750, 2°. 753, 2°. 754, 2°. 755, 2°. 765, 9°. 767, 5°, 9°, 11°. 768, 5°. 769, 9°, 12°. 770, 8°. 773, 2°. 801, 3°. 816. 817, 3°. 831, 4°, 6°. 837, 4°. 839, 2°, 3°, 8°, 11°. 842, 8°. 848, 2°. 850, 2°. 852, 2°. 897, 2°. 970, 5°, 6°. 982, 5°. 983, 3°, 9°, 10°. 995, 2°, 3°. 1005, 5°. 1030. 1049, 3°, 4°. 1060, 2°. 1085, 5°. 1191, 10°, 16°, 17°. 1201, 3°, 6°, 8°. 1221, 5°. 1251, 4°. 1284, 2°. 1293, 2°. 1294, 2°.

VI. Cabale. Nos 763 à 882. — 173, 4°. 187, 2°. 188, 3°, 4°. 196, 2°. 226, 3°, 4°. 228, 2° à 8°. 242. 334, 2°, 14°. 335, 10°, 11°, 14°. 353, 2° à 5°. 394. 452, 2°. 596. 602. 603. 646. 676, 3°, 7°. 680, 3° à 13°, 15°. 707, 4°. 710, 19°. 711, 2°. 714, 2°. 719, 12°. 726, 2°, 3°. 885, 3° à 5°. 974, 2° à 4°, 6°, 8°. 977, 6°. 982, 2°, 3°. 1039, 2°. 1085, 3°, 4°. 1092, 4°, 8° à 11°. 1227, 2°. 1284, 5° à 8°. 1294, 3°.

VII. Sciences philosophiques. Nos 883 à 1009. — 185, 2°, 4°, 7°, 9°. 189, 2°, 3°. 214, 2°. 228, 2°. 232, 2°. 273, 5°. 307, 2°. 403. 445, 6° à 8°. 661, 5°. 673, 3° à 5°. 676, 4°. 681, 4°, 5°. 692, 2°. 700, 3° à 6°. 704. 706, 2°, 4°. 707, 2°, 4°, 6°. 733, 2°. 738, 4°, 8°. 750, 7°. 758, 3°. 763, 10°. 764, 2° à 4°. 767, 8°. 768, 6°. 771, 2°. 839, 7°. 853, 2°. 1023, 4° à 6°. 1028, 5°. 1054, 14° à 16°. 1061, 8°. 1079, 2°, 3°. 1092, 2°, 7°. 1116, 5°. 1120, 6°. 1144, 2°. 1150, 2°. 1191, 14°, 15°. 1201, 2°, 4°, 5°, 9°. 1202, 5°. 1223, 2°. 1239, 3°, 4°, 6°. 1283, 2°.

VIII. Mathématiques, physique, astronomie, astrologie. Nos 1010 à 1105. — 127. 189, 4° à 9°, 13°. 259, 3° à 9°. 262, 2°, 3°. 273, 4°, 5°. 380. 391, 2°. 393, 2°. 604. 605. 609. 611. 620. 621. 622. 642, 26°. 644. 646, 2°. 671, 2°. 673, 2°. 688. 691, 2°, 3°. 696, 2°, 3°. 716, 12°. 724. 725. 738, 6°. 758, 2°. 805, 2°. 816. 849. 903. 908, 2° à 5°. 979, 2°. 993, 3°, 4°. 995, 4°. 1005, 4°, 8°, 11° à 14°. 1007, 2°, 3°. 1120, 6°, 8°. 1122, 6°, 9°. 1284, 3°, 4°. 1288, 2°. 1311, 3°.

IX. Médecine et chirurgie. Nos 1106 à 1213. — 259, 10°. 325, 3°. 335, 5°, 7° à 9°. 604. 605. 609. 611. 620. 622. 633. 750, 5°. 884, 2°. 951, 4°. 973, 2°. 975, 3° à 6°. 977, 2°, 4°, 7°. 994, 7°. 1023, 7°. 1051, 2°. 1059, 9° à 12°. 1074, 3°. 1082, 2° à 4°.

X. Philologie. Nos 1214 à 1278. — 5. 11 et 12. 140 à 144. 147, 3°. 189, 11°. 273, 3°. 445, 5°. 604. 605. 609. 620. 676. 716, 2°. 831, 5°. 992, 4°, 5°. 1005, 8°. 1092, 12°.

XI. Histoire. Nos 1279 à 1281. — 326. 394. 585, 5°, 6°. 641, 5°. 750, 3°. 837, 9°, 11°. 974, 7°. 983, 2°. 1308, 2°.

XII. Poésie. Nos 1282 à 1288. — 25. 92. 185, 8°. 326. 328 et 329. 335, 12°. 445, 10°. 583, 2°. 589, 2°. 620. 621. 661, 3°. 675, 2° à 5°. 706, 4°. 750, 6°. 758. 775, 3°. 837, 7°, 12°. 839, 4°, 12°. 840, 2°. 842, 3°. 852. 897, 4°, 5°. 899. 902. 911, 2°. 974, 5°. 1005, 4°. 1014. 1074. 1088. 1191, 4°. 1201, 7°. 1251, 5°. 1284, 2°. 1293, 4°.

XIII. Lettres et formulaires. Nos 1289 à 1293. — 187, 2°. 188, 2°. 276, 4°. 394. 421, 2°. 445, 2°. 611. 621. 707. 708. 719, 5°. 738, 9°. 767, 10°. 769, 13°. 1149, 5°.

XIV. Bibliographie. Nos 1294 à 1307.

Supplément. Nos 1308 à 1313.

TABLE ALPHABÉTIQUE
DES TITRES HÉBREUX.

Dans cette table, on n'a pas tenu compte des mots ספר et מאמר qui précèdent souvent les titres des ouvrages, ni des particules par lesquelles ces mots sont rattachés aux titres.

TABLE ALPHABÉTIQUE DES AUTEURS

(FONDS HÉBREU)

AVEC INDICATION, EN FRANÇAIS, DE LEURS OUVRAGES.

32.

(Les manuscrits samaritains ne comprenant que deux pages, il a paru inutile d'en dresser des tables.)

ADDITIONS ET CORRECTIONS.

Page 4, ligné 15, *lisez* n° 11, *au lieu de* n° 6.

Page 21, n° 185, 3°. Ce commentaire est l'ouvrage intitulé : בן פורת de R. Juda Romano, qui se trouve encore aux n°s 353, 837, etc.

Page 23, n° 189, 7°, *lisez* המאורות, *au lieu de* חמאורות.

Page 25, n° 196, 2°, *lisez* «Commentaire cabalistique sur le char céleste», *au lieu de* «Commentaire cabalistique du chariot».

Page 33, n° 259, dernière ligne, *lisez* (n° 189), *au lieu de* (n° 159).

Page 60, n° 447, *lisez* Nissim, de Girone, *au lieu de* Nissim, de Gerondi.

Page 61, n° 454, 2°, *lisez* Haz-Zâqên, *au lieu de* Haz-Zâqên.

Page 90, n° 642, 15°, *lisez* R. Baroukh, fils d'Isaac, *au lieu de* Isaac, fils de Baroukh.

Page 117, n° 719, 12°, *lisez* n° 676, 7°, *au lieu de* n° 677, 7°.

Page 140, n° 826, *lisez* n° 786, 2°, *au lieu de* n° 785, 2°.

Page 149, n° 857, 7°, *lisez* n° 775, 1°, *au lieu de* n° 774, 1°.

Page 162, n° 928, 5°, *lisez* n° 917, 5°, *au lieu de* n° 908, 5°.

Page 163, n° 930, 5°, *lisez* n° 918, 7°, *au lieu de* n° 909, 7°.

Page 164, n° 932, 2°. Quoique le nom du traducteur de cet ouvrage se lise dans plusieurs mss., ainsi que nous l'avons indiqué, il est cependant plus sûr d'attribuer la version à R. Qalonimos Ben-Qalonimos, fils de Meïr Nasi.

Même observation pour 933, 1°.

TABLE DES MATIÈRES

CONTENUES

DANS CETTE SÉRIE.

FIN DE LA SÉRIE.

www.ingramcontent.com/pod-product-compliance
Ingram Content Group UK Ltd.
Pitfield, Milton Keynes, MK11 3LW, UK
UKHW012020240726
13965UKWH00002B/476